CONTOS COMPLETOS

MONTEIRO LOBATO
CONTOS COMPLETOS

BIBLIOTECA AZUL

Texto fixado conforme as regras do novo Acordo Ortográfico da Língua Portuguesa (Decreto legislativo nº 54, de 1995).

Editora responsável Ana Lima Cecilio
Editoras assistentes Erika Nogueira Vieira
Juliana de Araujo Rodrigues
Preparação Fábio Bonillo
Revisão Bruno Costa

Capa e projeto gráfico Mariana Bernd
Tratamento de imagens Karmo
Xilogravura da capa Denis Araujo da Silva (Xiloceasa)

1ª edição, 2014
2ª reimpressão, 2016

CIP-BRASIL. Catalogação na publicação
Sindicato nacional dos editores de livros, RJ

L778c

Lobato, Monteiro, 1882-1948
Contos completos / Monteiro Lobato. - 1. ed. - São Paulo : Biblioteca Azul, 2014.
il.

ISBN 978-85-250-5583-5

1. Conto brasileiro. I. Título.

14-08795 CDD: 869.93
CDU: 821.134.3(81)-3

Direitos de edição em língua portuguesa adquiridos por Editora Globo S/A
Avenida Nove de Julho, 5.229
01407-907 São Paulo-SP
www.globolivros.com.br

APRESENTAÇÃO

URUPÊS (*1918*)

CIDADES MORTAS (*1919*)

SUMÁRIO

NEGRINHA (*1920*)

O MACACO QUE SE FEZ HOMEM (*1923*)

APRESENTAÇÃO

OS IMPRESCINDÍVEIS CONTOS DE MONTEIRO LOBATO

Beatriz Resende

Este volume apresenta aos leitores os quatro livros de contos que Monteiro Lobato publicou em vida: *Urupês*, em 1918; *Cidades mortas*, 1919; *Negrinha*, 1922 e *O macaco se fez homem,* em 1923. A algumas das obras foram acrescentados, em edições seguintes, outros contos. O próprio Lobato, anotou, em alguns dos textos, o ano em que fora escrito.

Todas as obras, portanto, foram editadas durante a Primeira República, a República Velha que dura da Proclamação até a Revolução de 1930 e é deste país que Monteiro Lobato se ocupa sob formas diversas em suas provocantes narrativas.

Escrevendo longe da capital, do "Rio-cartão-postal", do "Rio civiliza-se" nos anos que se seguiram às reformas do prefeito Pereira Passos, o autor também não se deixa levar pelas ilusões dos paulistas da Semana Moderna, da Pauliceia Desvairada. Nem a avenida Rio Branco nem o Teatro Municipal de São Paulo representam o que poderíamos chamar de *Brasil real*. Mas é este que interessa a Lobato.

No *Brasil real* dos anos 1920, a república proclamada por militares era marcada pelo autoritarismo, o povo continuava excluído das decisões sobre o destino do país, o campo servia às oligarquias unicamente fonte de extração de riqueza distribuída em desigualdade extrema, aos negros pouco lhes servia a abolição recente, partilhando com os pobres as desditas impostas pela ordem escravocrata ainda em vigência.

Tomando o conjunto dos quatro livros de contos, o que torna as narrativas de Lobato originais, atribuindo-lhes um caráter revelatório comparável ao que Euclides da Cunha dá ao sertão e Lima Barreto aos subúrbios do Rio de Janeiro, é apresentar ao leitor a imensa pobreza do país, o atraso em que a maior parte da população permanecia imersa, as dificuldades em se implantar um regime realmente republicano, a convivência do atraso com ímpetos vanguardistas.

A contundência com que constrói a imagem do país, as imagens que apresenta da gente que o habita, as situações e os conflitos de seus personagens não só provocaram recepção favorável imediata como permanecem importantes no quadro da cultura brasileira sobretudo pela forma que Lobato, nestes textos, dá à realidade que quer mostrar, a da ficção.

Nas quatro obras que temos diante de nós, Lobato não nos fala como "intérprete do Brasil", mas como narrador, como ficcionista, e é a partir de seu sucesso como contista que irá aparecer o ensaísta de *Ideias de Jeca Tatu* e outras obras de reflexão crítica, de pensamento social e político que irão se seguir.

UMA TEORIA DO CONTO

Para Lobato, o conto é mesmo a narrativa de "causos" e deve se desenrolar levando com ele o leitor atento à sucessão dos fatos. No conto "O 'Resto de Onça'", da segunda reunião de textos, *Cidades mortas*, o autor apresenta sua teoria do conto, a partir de seus modelos, Maupassant e Kipling.

> Quero conto que conte coisas; conto donde eu saia podendo contar a um amigo o que aconteceu, como fulano morreu, se a menina casou, se o mau foi enforcado ou não.

Na nossa literatura daquele momento, o escritor opõe à escrita acadêmica de Alberto de Oliveira, a que falta sal e tem gordura demais, as narrativas de Cornélio Pires e Arthur Azevedo onde "há drama, comédia ou pelo menos uma anedota original".

A origem dessas narrativas curtas está nas histórias que ouve, nos relatos que se espalham, em recriações de fábulas ou mitos tradicionais que vão se transformando nas ficções que se sucedem.

Muito tempo depois, é também sabendo ouvir de maneira toda especial a gente do interior e seus "causos", incorporando e recriando sua linguagem, que Guimarães Rosa criará sua obra em contos.

No mesmo "O 'Resto de Onça'", Lobato mesmo explica bem a importância desse movimento – quem conta um conto aumenta um ponto – na gênese de suas narrativas curtas:

> Contos andam aí aos pontapés, a questão é saber apanhá-los. Não há sujeito que não tenha na memória uma dúzia de arcabouços magníficos, aos quais para virarem obra de arte, só falta o vestuário da forma, bem cortado, bem cosido, com pronomes bem colocadinhos.

Esses "arcabouços magníficos" podem vir de recursos da literatura romântica, sobretudo o contraste entre o grotesco e o sublime como apresentado por Victor Hugo em seu *Prefácio de Cromwell* e realizado em *O corcunda de Notre-Dame*.

Segundo anotações do autor, "Bocatorta", incorporado a *Urupês,* seria um de seus primeiros contos. No texto, seu Quasimodo é um negro deformado e assustador, figura horrorizante, que se torna um espécime de gabinete de curiosidade a ser apreciado por visitantes da fazenda, contrastando com a jovem filha dos donos que dizem "linda como uma santa". A partir da oposição grotesco/sublime, o conto cria suspense e segue velozmente até o momento em que o grotesco domina. Morta a moça, o ser deformado, o monstro de nosso interior, a desenterra para o único beijo possível. Escreve o autor:

> Um quadro hediondo antolhou-se-lhes de golpe: um corpo branco jazia fora do túmulo abraçado por um vulto vivo, negro e coleante como um polvo.

Comentando o texto em ensaio fundamental sobre o autor, Silviano Santiago assim define a cena: "Vida, amor e morte se entrelaçam conflituosamente, como numa escultura decadentista".[1]

Além do gosto pelo grotesco, Lobato toma emprestado do Romantismo não a idealização de personagens ou situações – o que é mesmo alvo de suas críticas, como o índio de Alencar –, mas certos formatos, como o folhetim, desdobrando-se em episódios narrativos em "Os negros". Neste conto longo, importantíssimo por vários temas caros a Lobato, não falta sequer o recurso ao fantástico, ao incrível fantasioso que dá aquele sal que considera imprescindível ao conto na construção do enredo que vai do amor romântico à história de terror.

Em relatos de *fait-divers*, em episódios rocambolescos, às vezes mesmo farsescos, tipos vão sendo construídos: o caçador de onça que já fora parcialmente devorado por um felino em "Resto de onça", o contador de piadas cujo drama é desejar se tornar sério em "O engraçado arrependido", o doutorando carioca "cada vez 'mais outro' desempenado, com tiques de carioca, 'ss' sibilantes, roupas caras e uns palavreados técnicos de embasbacar" em "Pollice verso", os filhos malandros dos fazendeiros quebrados de "O comprador de fazendas", o infeliz e incompreendido homem de bem cuja desgraça vem de um simples ato de honestidade em "Um homem honesto", e o personagem que o aproximará de contos e crônicas de Lima Barreto – o funcionário público.

O conto também pode ser o relato de "causos" que correm pelo interior, como em "Mata-pau", a história de Elesbão, traído pela mulher, conforme contou seu camarada. Ali diz Lobato: "Grandes folhetinistas andam por este mundo de Deus perdidos na gente do campo, ingramaticalíssima, porém pitoresca no dizer como ninguém".

O conto remete, na memória do leitor contemporâneo, às "estórias" de Guimarães Rosa, como a fábula da mulher que vive com um jovem, seu

1. Santiago, Silviano. "Monteiro Lobato hoje: ponto e virgula". In: ------- *Ora(direis) puxar conversa*. Belo Horizonte: Editora UFMG, 2006.

filho adotivo: "Viviam como filho e mãe, dizia ela; como marido e mulher, resmungava o povo".

Outro caso é o conto apresentado pelo narrador que em suas viagens visita uma velhinha que costura à porta de casa uma colcha para o casamento da neta. Entre idas e vindas fica sabendo pelo "zum-zum corrente no bairro" que filho de um sitiante levara da casa Pingo d'Água, a jovem, e com ela o sentido da vida da avó.

Neste clássico da nossa literatura que é "Colcha de retalhos", a emoção que o leitor partilha com o narrador vem do conhecimento da gente simples da roça, da proximidade que se instala no tom lírico com que constrói a história tão triste, para concluir, vendo mais uma vez o fato como uma cena: "Que quadro imensamente triste, aquele fim de vida machucado pela mocidade louca!..."

Nos contos mais recentes, acrescentados a volumes anteriores, junto com a linguagem que se moderniza, surge também um tom mais leve que não teme o cômico e se aproxima da crônica como em "A Facada Imortal", datado de 1942, que se passa quase todo em bares da cidade, como o "Café Guarany, com y grego", onde "ficávamos horas trabalhando para a Antártica". No mesmo ensaio citado, Silviano Santiago menciona o conto como "verdadeira obra prima".

A ESTÉTICA NATURALISTA-NACIONALISTA

Quando *Urupês* é publicado, Monteiro Lobato já era importante nos meios intelectuais paulistas como crítico de artes visuais, escrevendo regularmente nos jornais do estado de 1915 a 1919. Ele mesmo pintor, ainda que não fizesse das artes plásticas ofício, ilustra a primeira edição de *Urupês*.

Tadeu Chiarelli, em livro definitivo para a compreensão da obra de Monteiro Lobato e suas propostas estéticas, afirma que na São Paulo daquela época, "Lobato era o líder da crítica de arte, fazendo sombra a outros críticos tanto na qualidade de seus escritos quanto na influência que exercia no público leitor".

É nesta condição que publica em *O Estado de S. Paulo* o artigo "A propósito de Anita Malfatti", depois republicado em *Ideias de Jeca Tatu* com o título "Paranoia ou mistificação". À crítica que faz à artista serão atribuídos efeitos imperdoáveis sobre o que é considerado retrocesso em sua obra posterior.

A partir desde episódio, Chiarelli desenvolve em *Um jeca nos vernissages*[2] duas afirmações da maior importância. Uma é identificar os princípios da estética de Lobato, princípios estes que se estendem das artes visuais à sua literatura, na intenção de formalizar um programa naturalista-nacionalista para a arte brasileira.

Considerando Lobato o crítico de arte mais singular surgido em São Paulo nas primeiras décadas do século XX, Chiarelli aponta no romancista uma fidelidade à verdade como base da estética naturalista. Afirmando que para Lobato o moderno em pintura era o naturalismo, e entre nós, especialmente o de Almeida Júnior e Wasth Rodrigues, explica:

> O naturalismo nacionalista em artes visuais queria ser uma tentativa de superação do atraso e da dependência do país, nesta área, em relação às nações europeias.
>
> A arte moderna para Lobato era a arte naturalista, preocupada com a captação do ambiente, um comentário pictórico do dia a dia.

A outra tese, igualmente importante, do estudioso de Monteiro Lobato é que as interpretações demonizadoras que os primeiros modernistas fizeram das restrições de Lobato à pintura da Anita Malfatti, a desautorização de sua condição de crítico de arte e, finalmente, o não reconhecimento do papel do escritor na modernização da arte no Brasil, vêm do que do desejo de formular uma "História ideal do Modernismo", pelos que estavam interessados em "construir uma história do Modernismo de maneira a só evidenciar os seus aspectos positivos".

Para avaliar melhor o papel de uma estética naturalista nacionalista como forma de olhar a sociedade daquele momento e, neste sentido, fazer literatura, nos basta ver o quanto está próxima de tal proposta a primeira

2. Chiarelli, Tadeu. *Um jeca nos vernissages*. São Paulo: Edusp, 1995.

fase da obra romanesca de Oswald de Andrade com a trilogia *Os condenados – A trilogia do exílio* (que reúne os romances *Alma*, *A estrela do absinto* e *Escada*),[3] que se inicia em 1922, numa escritura completamente diversa dos fragmentários romances que se seguirão. Em especial no primeiro romance, *Alma,* Oswald está bem próximo da proposta de Lobato.

É Oswald quem, em carta escrita vinte e cinco anos depois dos conflitos modernistas, propõe a Monteiro Lobato: "Esqueçamos a estética e a Semana de Arte e estendamos as mãos à sua oportuna e sagrada xenofobia".

Na carta, identifica-se com o antigo companheiro de *garçonnière*, cuja ocupação está relatada no diário coletivo *O perfeito cozinheiro das almas deste mundo*,[4] pelo desejo de proximidade da realidade como impulso de construção literária: "Temos a rua, dura para trilhar, a mesa sem dosséis para escrever e a missão dolorosa e sobranceira de dizer o que pensamos". Mais ainda, naquele outro momento, põe-se ao lado do antigo amigo na afirmação de uma forma de nacionalismo necessária.

> Ele (o Jeca) durante trinta anos garantiu a unidade da pátria contra os tubarões loiros da primeira Holanda, estendeu os tentáculos nacionais pelo trilho continental das bandeiras, lutou com o Bequimão nas estradas maranhenses, bateu-se mais de uma vez nas ruas de Recife, ombreou com os negros revoltados de Salvador, com os mineradores paulistas, com os farroupilhas, trabalhou o sertão e a cidade... fez o Brasil.

É munido de preceitos forjados na vivência das artes visuais que o crítico se transforma em escritor em seu primeiro livro, *Urupês.* Diante da maior parte dos contos que compõem o livro, mas lendo também narrativas posteriores, percebemos o quanto a experiência com as artes plásticas impregna sua escrita.

3. Essa primeira fase do Oswald de Andrade romancista pode ser encontrada no volume *Os condenados – A trilogia do exílio*, publicado pela Biblioteca Azul.
4. Também publicado pela Biblioteca Azul.

Tomemos o primeiro dos contos de *Urupês*, "Os faroleiros", e teremos a impressão de estar diante de uma das inúmeras "marítimas" que os artistas pintavam na transição do século XIX para o XX: o mar e um farol distante com sua luz.

> Cessam os olhos de rever as imagens que desde a meninice lhe são habituais. Para os ouvidos só há ali, dia e noite, ano e ano, o marulho das ondas às chicotadas no enroscamento da torre; e para a vista, a eterna massa que ondula, ora torva, ora azul. Variantes únicas, as velas que passam de largo, donairosas como graças, ou os transatlânticos penachados de fumo.

Ou, para outro exemplo, voltemos ao início do comovente "Colcha de retalhos":

> Por estes dias de março a natureza acorda tarde.
>
> Passa as manhãs embrulhada num roupão de neblina e é com espreguiçamentos de mulher vadia que despe os céus da cerração para o banho de sol.
>
> A névoa esmaia o relevo da paisagem, desbota-lhe as cores. Tudo parece coado através dum cristal despolido.

Se chegarmos às descrições dos interiores das casas da roça, com seus potes, suas chitas, seus arremedos de cozinha, estaremos também bem próximos de quadros como "Cozinha caipira", de Almeida Júnior, quadro de 1895.

A identificação da literatura de Lobato com a pintura de Almeida Júnior, que admira, se faz não apenas pela estética realista mas também pela escolha de temas. Gilda de Mello e Souza, em ensaio em que identifica os traços renovadores de artistas precursores do Modernismo, mostra o quanto Almeida Júnior renova assuntos e personagens, vinculando as figuras ao ambiente e afirma: "É com ele que ingressa pela primeira vez na pintura o homem brasileiro".[5]

É curioso que a plasticidade da escrita de Monteiro Lobato tenha sido logo percebida por um autor que não se ocupava de coisas das artes visuais, o carioca Lima Barreto.

5. Mello e Souza, Gilda de. *O baile das quatro artes.* São Paulo: Duas cidades, 1980, p. 224.

Em crônica publicada na *Revista Contemporânea* de 22 de fevereiro de 1919, Lima comenta o sucesso de *Urupês*, de que fala com entusiasmo, destacando as qualidades visuais da estética naturalista-nacionalista do paulista.

> A sua roça, as suas paisagens não são coisas de moça prendada, de menina de boa família, de pintura de discípulo ou discípula da Academia Julien: é da grande arte do nervoso, dos criadores, daqueles cujas emoções e pensamentos saltam logo do cérebro para o papel ou para a tela. Ele começa com o pincel, pensando em todas as regras do desenho e da pintura, mas bem depressa deixa uma e outra coisa, pega a espátula, os dados e tudo o que ele viu e sentiu sai de um só jato, repentinamente, rapidamente.[6]

Monteiro Lobato teve um papel de fundamental importância na vida e obra de Lima Barreto, não só como estímulo intelectual em momentos em que o escritor desanimava com o pouco sucesso de sua literatura, mas na divulgação e permanência da obra do romancista. Foi pela decisão de Lobato editor que Lima Barreto publicou um romance, pela primeira vez, impresso no Brasil. Ao contrário do que acontecera com *Triste fim de Policarpo Quaresma*, impresso em Portugal às custas do próprio autor, Monteiro Lobato publica *Vida e morte de M.J. Gonzaga de Sá* em São Paulo. E, ainda que a edição saia "matadinha", como diz Lobato, Lima Barreto, pela primeira vez é pago por seu trabalho como romancista.[7]

CENAS DA POBREZA

Outra peculiaridade dessas narrativas curtas é que é principalmente dos pobres, pertencentes a diversos segmentos da vida na República, que Monteiro Lobato fala.

6. Lima Barreto, Afonso Henriques. "Problema vital". In: ------- *Toda crônica*. Organização de Beatriz Resende e Rachel Valença. Rio de Janeiro: Agir, 2004. Pag. 456
7. cf. Cavalheiro, Edgard. *A correspondência entre Monteiro Lobato e Lima Barreto*. Rio de Janeiro: MEC/Departamento de Imprensa Nacional, 1955.

No universo de sua ficção, como no país dos anos 1920, não há dinheiro, há poucos empregos conseguidos sempre pela estrutura do favor, não há possibilidade de ascensão social. Ao escritor, também fazendeiro e editor, não interessam os personagens elegantes da sociedade emergente que se moviam entre as metrópoles europeias e nossas capitais, assim como também não vê o país com a lentes frequentes do ufanismo. Sua estética como sua ética, se ocupa do que falta ao país e a seus habitantes e não com as ilusões da modernidade, com suas *baratinhas*, melindrosas e almofadinhas, viagens a Paris e outros luxos partilhados por poucos.

O país de Lobato é realmente pobre. No campo e nas cidades do interior, mas mesmo nas grandes cidades, morre-se de fome. A luta pela comida é uma batalha diária. A sobrevivência é conseguida com trocas ou vendas dos objetos mais fundamentais, sejam móveis ou livros de estudante. Aos ex-escravos resta o favor dos antigos donos em troca de trabalhos gratuitos. É isso ou morrer de fome. Os funcionários públicos dividem-se em duas categorias: os que assinam o ponto e os que trabalham. Os pequenos funcionários que exercem de fato suas funções encontram toda sorte de dificuldades para morar e alimentar os filhos.

São pobres, muito pobres, os que fazem a riqueza dos homens na República Velha e ocupam as páginas dos livros de contos de Lobato.

A estética naturalista-nacionalista serve bem à vontade de pintar os quadros dessa realidade adversa e caminha junto à intenção de denunciar desigualdades. O *locus* de onde fala, a área agrária de São Paulo, reforça sua visão da pobreza. É no estado de São Paulo que se multiplicam as cidades decadentes, espaços abandonados pelas mudanças de rumo da produção agrícola, especialmente o café. No campo, também fazendas aparecem abandonadas por proprietários quebrados.

No conto "Cidades mortas", do livro de mesmo nome, falando da região do vale do Paraíba, constata: "Ali tudo foi, nada é. Não se conjugam verbos no presente. Tudo é pretérito".

Em "Café! Café!", em que o proprietário que detesta a República, que culpa de toda calamidade, insiste na monocultura do café, "A fazenda era uma desolação; a penúria extrema; os agregados andavam esfomeados, as roupas em trapo, imundos, mas a trabalhar ainda".

O inspetor agrícola do conto "O luzeiro agrícola" não sabia o que era pé de café, mas em outros tempos fora um poeta. Naquela fase da vida de preocupações literárias, diante de sua "magreza de Fagundes Varela", diziam "Não é a poesia, não, coitado, é fome..." até o dia em que mete a tesoura às melenas e às custas de pistolões busca emprego. "Cansado de ouvir estrelas em jejum, de amar a lua no céu sem possuir queijo na terra, acatou a voz do estômago e quebrou a lira – para viver."

Em "Duas cavalgaduras", conto de 1923 de *O macaco se fez homem*, o estudante amigo dos livros que vive no Rio de Janeiro, "na dolorosa miséria de rapaz pobre, solto sem padrinhos na voragem carioca", também enfrenta a fome:

> O estômago, porém, é de Sancho. Não digere contemplações. Exige pão. E a fome, um dia apresentou ao estudante o seu inexorável *ultimatum*: mata-me ou mato-te.
>
> Um só recurso lhe restava: reduzir a pão duro seus amados livros.

Nem mesmo a emigrante alemã do caso dos quatrocentos mil-réis narrado em "Dona Expedita" (de *Negrinha*) está livre das dificuldades em conseguir garantir a sobrevivência, no sonho de um emprego doméstico por quatrocentos mil-réis, disputado com dona Expedita, senhora da pequena burguesia empobrecida que anunciava em jornal seus préstimos de "tomadeira de conta" ou dama de companhia, "graus levemente superiores à crua profissão normal de criada comum".

É bem interessante o personagem recorrente do funcionário público. Longe da capital onde os *empregados do governo* frequentemente gozam de situação mais confortável ou, ao menos, mais segura, também estes beiram a miséria.

O estafeta de "Um suplício moderno" (*Urupês*) é antes uma vítima do que um beneficiado pelo Estado.

> O governo, por malévola indicação dum chefe político, hodierno sucedâneo do "familiar" do Santo Ofício, nomeia um cidadão estafeta do correio entre duas cidades convizinhas não ligadas por vias férrea.

Esfalfado pelo trabalho que exerce sem condições mínimas que garantam seus deslocamentos, o estafeta começa a definhar de canseira e fome. Move-se ininterruptamente entre os quilômetros que separam remetente e destinatário: "além das calamidades fisiológicas, econômicas e sociais chovem-lhe em cima as metereológicas".

> O patrão-governo pressupõe que ele é de ferro e suas nádegas de aço (...) pressupõe ainda que os cem mil-réis do salário são uma paga real de lamber as unhas. E basta uma falha, um atraso e o poderoso governista, entre uma viagem à Europa e outra, assina-lhe a demissão "a bem do serviço público".

Afinal, como constata Venâncio, fiscal da "Câmara Municipalzinha de Itaoca" que resolve tentar, inutilmente, ser fazendeiro, "ser empregado público de inferior categoria e por mal dos pecados demissível: será isso programa que seduza alguém?".

Com vinte contos ganhos num bilhete premiado, o fiscal compra um sítio. O esforço pouco adianta quando os parentes invadem a fazendinha para poder comer à vontade. A partir daí é a falência e a volta para Itaoca antes de morrerem de fome. Diante da fragilidade dos recursos econômicos, com o dinheiro que vem e vai, não há loteria que resolva a vida mesmo da baixa classe média, restrita, na Primeira República, quase unicamente aos funcionários públicos.

Na mesma crônica citada em que Lima Barreto elogia *Urupês*, nosso romancista e funcionário público, maximalista e combativo em suas crônicas, falando de *Problema vital*, livro de ideias de 1918, em que Lobato vê o homem rural como um doente, vítima do descaso do governo em relação ao saneamento básico, cobra do escritor paulista proposta mais radical diante situação dos que dependem a economia agrária nos anos 1920.

> Onde está o remédio, Monteiro Lobato? Creio que é procurar meios e modos de fazer desaparecer a "fazenda".
>
> Precisamos combater o regime capitalista na agricultura e latifúndio, dividir a propriedade agrícola, dar a propriedade da terra ao que cava a terra e planta e não ao doutor que vive na "Casa Grande" ou no Rio ou em São Paulo. Já é tempo de fazermos isto e é isto que eu chamaria o "Problema vital".[8]

Escritos em momento de especiais dificuldades econômicas vividas pelos homens do campo, é nos dois últimos contos de *Urupês*, "Velha praga", de 1914 e "Urupês", do mesmo ano, publicado inicialmente em brochura de quarenta páginas, que surge o personagem que tomará formas diversas na obra de Lobato, alavancando a venda de seus livros: o Jeca Tatu.

Em "Velha praga", a praga do campo, as queimadas, é comparada à praga da guerra. E sintetiza com amargor: "Infelizmente, no Brasil subtrai-se; somar ninguém soma", e o caboclo é "uma quantidade negativa". Apresentado, naquele primeiro momento, como parasita da terra, o caboclo é: "espécie de homem baldio, seminômade, inadaptável à civilização, mas que vive à beira dela na penumbra das zonas fronteiriças". Refratário aos movimentos do progresso, vive "encoscorado numa rotina de pedra, recua para não adaptar-se".

Em "Urupês", o mesmo Jeca com sua lombeira, preocupado em "espremer todas as consequências da lei do menor esforço", surpreendentemente, levanta-se de sua posição habitual, de cócoras em frente ao fogo para "quentar", pitando sua palhinha, e, de tempos em tempos, e vai votar e vota no Governo. Não tem sequer a noção do país em que vive, "o sentimento de pátria lhe é desconhecido", mas obedece ao chefe que guarda seu "diploma" de eleitor e quando é chegado o momento vota no "homem que manda em nós tudo".

É sobretudo a denúncia da submissão do Jeca aos interesses do Governo que em recompensa o despreza, junto à convicção de que a falta de saneamento básico é a causa de sua "lombeira", que irá transformar o Jeca

8. Idem, ibidem

Tatu em personagem símbolo da identidade nacional que Monteiro Lobato estava interessado em construir. Em *Ideias de Jeca Tatu,* de 1919, reunião de trinta e cinco artigos publicados em jornais, Monteiro Lobato muda sua visão desse protótipo de brasileiro. Em carta a seu correspondente constante, Godofredo Rangel, em 1917, Lobato escreve: "Virei a casaca. Estou convencido de que Jeca Tatu é a única coisa que presta neste país".[9]

Quando Rui Barbosa, então candidato à presidência, cita *Urupês* e o Jeca em conferência feita no Teatro Lírico do Rio de Janeiro, o destino do livro está definitivamente traçado. As vendas disparam, em menos de um ano três edições são vendidas e Lobato, já editor, prepara uma terceira de sete mil exemplares.

Como costuma acontecer, no Brasil, para um autor, vender é o maior de seus pecados. Oswald de Andrade, em sua língua ferina, anota em *O perfeito cozinheiro das almas deste mundo*:

> Na salinha da Revista metralhada de estalidos de Remington, Lobato tira talões de recibo e grita para o Caiubi – 10 Urupês, 30 Sacis, 40 Mulas-sem-cabeça. Nacionalismo e comércio. O país que lê.[10]

OS NEGROS: RACISMO OU DEFESA?

Não sem razão, "Negrinha", conto de 1920, faz parte da seleção dos *Cem melhores contos brasileiros do século*, organizada por Ítalo Moriconi.

Em texto comovente, sensível e contundente, a ternura com que a menina negra "boa para dar uns cocres" é criada pela ficção de Lobato, provoca um daqueles momentos de leitura de que jamais esquecemos. Comovente como os órfãos de Charles Dickens, Oliver Twist e outros, a

9. Sobre a trajetória de Jeca Tatu e a criação do Jeca Tatuzinho, ver o importante ensaio de Gláucia Soares Bastos, "Jeca Tatuzinho: patriotismo e propaganda" in: *Lajolo*, Marisa e *Ceccantini*, João Luís (Org.) *Monteiro Lobato, livro a livro.* São Paulo: Editora Unesp/ Imprensa Oficial, 2009.
10. *O perfeito cozinheiro das almas deste mundo.* São Paulo: Biblioteca Azul, 2014, p. 183 da transcrição do fac-simile.

personagem negrinha garante à narrativa lugar de destaque sempre que se falar em conto entre nós.

> Negrinha era uma pobre órfã de sete anos. Preta? Não, fusca, mulatinha escura, de cabelos ruços e olhos assustados.

Nasceu na senzala, de mãe escrava, viveu pelos cantos escuros da cozinha "sobre velha esteira e panos imundos", escondida da patroa que não gostava de crianças. Dona Inácia, mestre em judiar de crianças, vinha dos tempos não distantes da escravidão, fora dona de escravos e "nunca se afizera ao regime novo", essa indecência de negro igual a branco e qualquer coisinha a polícia!, como dizia.

A função da filha de escrava na casa era servir como remédio para suas irritações e ímpetos de sadismo: "Treze de Maio tirou-lhe das mãos o azorrague, mas não lhe tirou da alma a gana".

Não é, porém, dos sofrimentos físicos a que é submetida que Negrinha morre, mas sim da consciência da desigualdade de sua condição. Ao descobrir que as crianças brancas podiam brincar, que as meninas tinham bonecas, percebe subitamente que não é uma coisa, delira e morre, "na esteirinha rota, abandonada de todos, como um gato sem dono".

O momento do conto em que, diante de uma boneca, a menina sem nome se descobre criança como as outras é o libelo mais contundente que poderia ser escrito naquele momento contra as desigualdades raciais.

> Negrinha, coisa humana, percebeu nesse dia da boneca que tinha alma.(...) Sentiu-se elevada à altura de ente humano. Cessara de ser coisa – e doravante ser-lhe-ia impossível viver a vida de coisa. Se não era coisa!

Basta a leitura de Negrinha para compreender toda a tolice que envolve as críticas feitas a momentos de sua literatura em que reproduz o linguajar racista de seus contemporâneos. As falas evidentemente irônicas da boneca Emília, por exemplo, são o eco da sociedade racista, classicista, escravocrata que atravessa o século XX e chega até hoje convencida de espaços como as universidades não se devem abrir aos pobres, aos diferentes e vêm na ainda tímida política de cotas uma heresia e nas condenações penais por racismo um excesso.

Não é a fragilidade de Negrinha a única que comove o escritor, outros personagens reiteram a atenção que o escritor dava à situação dos negros nos anos 1920.

Se as expressões datadas contaminam o início do conto "O jardineiro Timóteo" como "o bom Timóteo, um preto branco por dentro", o personagem do negro, artista nato, capaz de uma sensibilidade impossível aos dominantes, vai sendo construída de forma quase lírica: "Verdadeiro poeta, o bom Timóteo".

O artista que há naquele homem simples se revelava pelas flores que cultivava e colhia, nos arranjos que preparava, nos canteiros que fazia, com flores caipiras, para ele as mais bonitas. Só a jovem filha dos fazendeiros compreendia seu gosto, mas a venda da fazenda traz a modernidade. E os novos donos são "gente da moda, amigos do luxo e das novidades". Aqueles jovens amantes da "arte moderníssima", estão dispostos a pôr "aquele macaco a arrasar tudo" e chamam: "Ó tição, vem cá!".

O senso artístico do jardineiro negro contrasta, no conjunto dos contos, com a rudeza dos donos de terra, com a empáfia dos jovens bacharéis, com a tolice das meninas enfeitadas. Quando Timóteo se recusa a destruir os jardins que cultivara com suas flores brasileiras, não lhe resta escolha, deixa a fazenda, o que significa ir de encontro à morte. Para ele não há saída, não há alternativa, talvez haja um dia para gerações que virão e poderão vingá-lo.

> Lá agoniza ao pé da porteira. Lá morre. E lá o encontrará a manhã enrijecido pelo relento, de borco na grama orvalhada, com a mão estendida para a fazenda num derradeiro gesto de ameaça:
>
> — Deixa estar!...

Em "Os negros", quem conduz a narrativa folhetinesca do caso relatado é Pai Adão, "um negro velho; de cabelos ruços". O velho, cheio de sabedoria, sabe bem o quanto sua liberdade vale, mesmo na situação de absoluta pobreza que vive. Em diálogo ao lado do companheiro Jonas, o narrador conta:

> O excelente negro sorriu-se, com a gengiva à mostra, e disse:
>
> — Pois é apeá. Casa de pobre, mas de bom coração. Quanto a 'de comer' comidinha de negro velho, já sabe...
>
> — Angu? — chasqueou Jonas.
>
> O negro riu-se:
>
> — Já foi o tempo do angu com 'bacalhau'...
>
> — E não deixou saudades, heim, tio Bento?
>
> — Saudades não deixou, não, eh!eh!
>
> — Para vocês, pretos, porque entre os brancos muitos há que choram aquele tempo de vacas gordas. Não fosse o Treze de Maio e não estava agora eu aqui a arrebentar as unhas neste raio de látego, que encruou com a chuva e não desata. Era servicinho de pajem.

O folhetim vai se desdobrar no relato de verdadeira história de terror relatando o infortúnio de um jovem imigrante português que se apaixona pela filha do fazendeiro. Pobre, subalterno, "era nada". Correspondido, terá o inocente romance facilitado pela mucama confidente da jovem Isabel. Entre o pobre e a escrava desenvolve-se a cumplicidade que pode unir os excluídos. De Liduína, a mulata, diz o portuguesinho que fala pela voz de Jonas nos delírios em que incorpora o personagem do passado: "Pobre criatura! Tinha alma irmã da minha e foi ao compreender sua alma que pela primeira vez alcancei o horror da escravidão".

Descoberto o romance, o autoritarismo sem limites, permitido e autorizado, vai igualar pobre e escravo, com apoio dos que assistem e partilham da violência. O rapaz é emparedado vivo e a escrava de dezenove anos é assassinada a chicotadas por "carrascos que retalharam seu corpinho de criança com os rabos do bacalhau".

É dura a intervenção do narrador:

> A sociedade, as leis, os governos, as religiões, os juízes, as morais, tudo que é força social organizada presta mão forte à Estupidez Onipotente.

Monteiro Lobato, crítico de arte, escritor, editor arrojado, intelectual envolvido com as questões fundamentais do país, nacionalista e admirador da doutrina fordistas americana, defensor da nacionalização do petróleo, criador da literatura infantil entre nós, atravessa os tempos como expressão da situação dicotômica entre a inovação e o conservadorismo que continua constituindo o nosso país.

Indispensável ler seus contos para compreender nosso país e conhecer a verdadeira história do Modernismo no Brasil.

1918

PÊS

OS FAROLEIROS

— Navio?

Dava azo à dúvida uma luz vermelha a piscar na escuridão da noite. Escuridão, não direi de breu, que não é o breu de sobejo escuro para referir um negror daqueles. De cego de nascença, vá.

Céu e mar fundia-os um só carvão, sem fresta nem pique além da pinta vermelha que, súbito, se fez amarela.

— Lá mudou de cor. É farol.

E, como era farol, a conversa recaiu sobre faróis. Eduardo interpelou-me de chofre sobre a ideia que eu deles fazia.

— A ideia de toda gente, ora essa!

— Quer dizer, uma ideia falsa. "Toda gente" é um monstro com orelhas de asno e miolos de macaco, incapaz duma ideia sensata sobre o que quer que seja. Tens na cabeça, respeito a farol, uma ideia de rua, recebida do vulgo e nunca recunhada na matriz das impressões pessoais. Erro?

— Confesso-me capaz de abrir a boca a um auditório de casaca, se me desse na telha discursar sobre o tema; mas não afianço que o farol descrito venha a parecer-se com algum...

— Pois eu te asseguro, sem fazer pouco no teu engenho, que tal conferência, ouvida por um faroleiro, poria o homem de olho parvo, a dizer como o outro: "Se percebo, sebo!".

— Acredito. Mas perceberia melhor uma tua? — retorqui abespinhado.

— É de crer. Já vivi uma inesquecível temporada no farol dos Albatrozes e falaria de cadeira.

— Viveste em farol?!... — exclamei com espanto.

— E lá fui comparsa numa tragédia noturna de arrepiar os cabelos. O escuro desta noite evoca-me o tremendo drama...

Estávamos ambos de bruços na amurada do *Orion*, em hora propícia ao esbagoar dum dramalhão inédito. Esporeado na curiosidade, provoquei-o.

— Vamos ao caso, que estes negrumes clamam por espectros que o povoem. É calamidade à Shakespeare ou à Ibsen?

— Assina o meu drama um nome maior que o de Shakespeare...

— ???

— ... a Vida, meu caro, a grande mestra dos Shakespeares maiores e menores.

Eduardo começou do princípio.

— O farol é um romance. Um romance iniciado na Antiguidade com as fogueiras armadas nos promontórios para norteio das embarcações de remo e continuado séculos afora até nossos possantes holofotes elétricos. Enquanto subsistir no mundo o homem, o romance "Farol" não conhecerá epílogo. Monótono como as calmarias, embrecham-se nele, a espaços, capítulos de tragédia e loucura — pungentes gravuras de Doré quebrando a monotonia de um diário de bordo. O caso dos Albatrozes foi um deles. Gerebita meteu-se no farol aos vinte e três anos. É raro isso.

— Quem é Gerebita?

— Sabe-lo-ás em tempo. É raro isso porque no geral só se metem nas torres homens maduros, quarentões batidos pela vida e descrentes das suas ilusões. Deixar a terra na quadra verdolenga dos vinte e seis anos é apavorante. A terra!... Nós mal damos tento da nossa profunda adaptação ao meio terreno. A sua fixidez, o variegado de aspectos, o bulício humano, a caridade, os campos, a mulher, as árvores... Conhecem os faroleiros melhor do que ninguém o valor dessas teias. Enlurados num bioco de pedra, tudo quanto para nós é sensação de todos os instantes neles é saudade ou desejo. Cessam os ouvidos de ouvir a música da terra, rumorejo de arvoredo, vozes amigas, barulho de rua, as mil e uma notas duma polifonia que nós sabemos que o é, e encantadora, unicamente quando a segregação prolongada nos ensina a lhe conhecer o valor. Cessam os olhos de rever as imagens que desde a meninice lhes são habituais. Para os ouvidos só há ali, dia e noite, ano e ano, o marulho das ondas às chicotadas no enrocamento da torre; e para a vista, a eterna massa que ondula, ora torva, ora azul. Variantes únicas, as velas que passam de largo, donairosas como garças, ou os transatlânticos penachados de fumo. Figura a vida de um homem arrancado à querência e assim posto, qual triste galé, dentro duma torre de pedra, grudada como craca a um ilhéu. Terá poesia de longe; de perto é alucinante.

— Mas Gerebita...

— Uma leitura de Kipling despertara-me a curiosidade de conhecer um farol por dentro.

— O *Perturbador do tráfego*...

— Parabéns pela argúcia. Foi justamente a história do Dowse o ponto inicial do meu drama. Esse desejo incubou-se-me cá dentro à espera da ocasião para brotar.

Certo dia fui espairecer ao cais — e lá estava, de mãos às costas, a seguir o voo dos joão-grandes e a notar a gama dos verdes luzentes que a sombra dos barcos ondeia na água represada dos portos, quando uma lancha abicou, e vi descer um homem de feições duras e pele encorreada. Ao passar por um magote de catraeiros um deles chasqueou em tom insinuativo:

— Gerebita, como vai Maria Rita?

O desembarcadiço rosnou um palavrão calibre, e seguiu caminho, de sobrecenho carregado. Interessou-me aquele tipo.

— Quem é? — indaguei.

— Pois quem há de ser senão o faroleiro dos Albatrozes? Não vê a lancha?

De fato, a lancha era do farol. A velha ideia deu-me cotoveladas: é hora! Fui-lhe no encalço.

— Senhor Gerebita!...

O homem entreparou, como admirado de ouvir-se nomear por boca desconhecida. Emparelhei-me com ele e, enquanto andávamos, fui-lhe expondo os meus projetos.

— Não pode ser — respondeu —; o regulamento proíbe sapos na torre. Só com ordem superior.

Ora, eu tenho corrido mundo, sei que marosca é essa de ordens superiores. Meti a mão no bolso e cochichei-lhe o argumento decisivo. O faroleiro relutou uns instantes, mas corrompeu-se mais depressa do que esperei. Guardou o dinheiro e disse:

— Procure Dunga, patrão da *Gaivota Branca*, terceiro armazém. Diga-lhe que já falou comigo. De quinta-feira em diante. E bico, veja lá!

Prometi-lho caladíssimo, e tornei ao cais à cata de Dunga. Que sim — foi a resposta do catraeiro, ilhéu palavroso, logo que expus o negócio —, já fizera isso certa vez a "outro maluco" e sabia prender a língua para não atazanar a vida aos amigos. E como me informasse do faroleiro:

— É Gerebita, de apelido ganho no *Purus*, onde serviu como grumete. Ao depois se meteu na lanterna, por amor de amores, o alarve, como se faltassem elas por aí, e bem catitas. Mulheres! A mim é que não me empecem, não, as songuinhas. O demo que as tolha que eu...

E foi pelas mulheres além, a dar de rijo, com razões nem melhores nem piores que as de Schopenhauer.

No dia aprazado, antemanhã, a *Gaivota* largou de rumo ao farol. Saltei num rude atracadouro de difícil abordagem e encontrei o faroleiro ocupado em polir os metais da lanterna. Recebeu-me de boa sombra, largando o esfregão para fazer as honras da casa. Examinei tudo, dos alicerces ao lanternim, e à hora do almoço já entendia de farol mais que uma enciclopédia. Gerebita deu trela à língua e falou do ofício com melancólica psicologia. Também contou sua vida desde menino, a grumetagem no *Purus*, sua paixão pelo mar e por fim a entrada para o farol aos vinte e três anos de idade.

— Por que assim tão moço?

— Caprichos do coração, má sorte, coisas... — respondeu com ar triste; e acrescentou após uma pausa, mudando de tom: — Pois a vida é cá isto que vê. Boazinha, hein? Entretanto, boa ou má, temos, os faroleiros, um orgulho: sem nós, essa bicharada de ferro que passeia nas águas fumando seus dois, seus três charutos...

— Lá vem um! — interrompeu-se, fisgando com a luneta uma fumaça remota. — Bandeira alemã... duas chaminés... rumo sul... Há de ser um "Cap" — o *Trafalgar*, talvez. Seja lá que diabo for, vá com Deus. Mas, como ia dizendo, sem os faroleiros a manobrarem a "óptica", esses comedores de carvão haviam de rachar a toinha aí pelos bancos de areia. Basta cair a cerração e já se põem tontos, a urrar de medo pela boca das sereias, que é mesmo um cortar a alma à gente. Porque então nem farol nem caracol. É a cegueira. Navegam com a Morte no leme. Fora disso, salva-os o foguinho lá de cima. Pouco antes de minha entrada para aqui houve desgraça. Um cargueiro da Bremen rachou o bico ali no Capelão... Quem é o Capelão? Ah! ah! ah! O Capelão... Pois o Capelão é o raio da terceira pedra a boreste. São três deste lado, a Menina, que é a primeira, a Curutuba, que é a do meio. A criminosa é o Capelão, que reponta mais ao largo e só mostra a coroa nas grandes vazantes. Cá a bombordo ainda há duas, a Virgem e a Maldita, onde bateu o cargueiro *Rotterdam*.

— E aquela lisinha, acolá?

— Uma coitada que nem nome tem. É mansa, está muito perto da terra, não faz mal a navio. Ali mora um anequim,[1] bichanca de tamanho do diabo, que gosta de virar canoas. Mas, aqui para nós, moço, isso é embromação. Peixe mora em todo o mar, não tem toca como bicho de terra. É abusão de pescador. Quando há mar, não se enxerga nada por ali; mas se a água é serena e vem vindo a vazante, vai aparecendo um lombo de pedra lisa com jeito de peixe. Passa um pescador atolambado, vê aquilo de longe. "É anequim! É anequim!" e toca a safar, com o medão na alma. Se acontece

1. Anequim: espécie de tubarão dos mares tropicais, veloz e muito agressivo (N.E.).

embravecer a água, e dá temporal, e a canoa vira: "Que é de Fulano?". Tá, tá, tá, foi o anequim! Toda gente pega, feito mulher velha. "Foi o anequim do farol!" Ora aí está como são as coisas. Há muito anequim e tintureira por aqui. Onde é mar sem cação? Mas dizer que um tal mora aqui ou ali, isso é embroma.

E na sua pinturesca linguagem de marítimo, que às vezes se tornava prodigiosamente técnica, narrou-me toda a história daquelas paragens malditas. Falou de como, segundo a tradição, se foram batizando os arrecifes; falou dos crimes de cada um; das hecatombes periódicas de aves noturnas que, cegadas pela luz, batem de peito contra os vidros da lanterna, juncando o chão de corpinhos latejantes; das medonhas tormentas nas quais o farol estremece como a tiritar de pavor. De que não falou Gerebita naquele inesquecível dia?

— E o ajudante? Tem-no cá? — perguntei.

O rosto do meu faroleiro mudou de expressão. Vi de relance que eram inimigos.

— É aquele estupor que lá pesca — disse apontando da janela ao vulto imóvel, acocorado num penedo. — Está a apanhar garoupinhas. É Cabrea. Mau companheiro, mau homem...

Entreparou. Percebi que mascava uma confidência difícil. Mas a confidência denunciou-se apenas. Gerebita sacudiu a cabeça e murmurou como de si para si:

— Está cá de pouco, e é o único homem no mundo que não podia cá estar. Já reclamei do capitão do porto, já mostrei o perigo. Mas, qual!...

Estranha criatura, o homem! Insulados do mundo naquela frágua, ambos náufragos da vida, o ódio os separava... Não faltavam no farol, entretanto, acomodações para as famílias dos seus guardiães. Por que não as tinham ali? Seria um bocado de mundo a lenir as agruras do emparedamento. Interpelei-o; Gerebita retrucou-me de modo enviesado.

— Família não tenho, isto é, tenho e não tenho. Tenho, porque sou casado, e não tenho porque... Histórias! Estas coisas de famílias é bom que fiquem com a gente.

Notei de novo que a pique duma revelação mascava o segredo por desconfiança ou pudor. Suas feições endureceram. Sombras más anuviaram-lhe a fisionomia. E mais torvo ainda me pareceu quando Cabrea entrou sobraçando um balaio de pescado. Tipo de má cara, passou em direitura à cozinha sem nos volver um olhar. Mal se sumiu, Gerebita exclamou: "Raio do diabo!", assentando num caixote expiatório um murro de fender pinho. Depois:

— O mundo é tão grande, há tanta gente no mundo, e cai-me aqui justamente o único ajudante que eu não podia ter...

— Por quê?

— Por quê?... Porque... é um louco.

Entre o primeiro e o segundo "porque" notei transição radical. Dúbio o primeiro, o segundo afigurou-se-me resoluto, como iluminado pelo clarão duma ideia brotada no momento.

Desde esse dia nunca mais o faroleiro abandonou o tema da loucura do outro. Demonstrava-me de mil maneiras.

— E aqui onde até os sãos perdem a tramontana — argumentava ele — um já assim rachado de telha aos três por dois rebenta como bomba no fogo. Eu jogo que ele não vara o mês. Não vê seus modos?

Metade por sugestão, metade por observação leviana, razoável me pareceu a profecia; e como sem cessar Gerebita malhasse na mesma tecla, acabei por convencer-me de que o casmurro ajudante era um fadado ao hospício, com pouco tempo de equilíbrio nos miolos.

Um dia Gerebita abordou a questão nestes termos:

— Quero que o senhor me resolva um caso. Estão dois homens numa casa; de repente um enlouquece e rompe, como cação esfomeado, para cima do outro. Deve o outro deixar-se matar como carneiro ou tem o direito de atolar a faca na garganta do bicho?

Era por demais clara a consulta. Respondi como um rábula positivo:

— Se Cabrea enlouquecesse e o agredisse, matá-lo seria um direito natural de defesa — não havendo socorro à mão. Matar para não morrer não é crime — mas isto só em último caso, você compreende.

— Compreendo, compreendo — respondeu-me distraidamente, como quem lá segue os volteios duma ideia secreta; e depois de longa pausa: — Seja o que Deus quiser — murmurou entre si, suspirando e recaindo em cismas.

Deixei-me ficar à janela a ver cair a noite. Nada mais triste do que as ave-marias no ermo. A treva espessava as águas e absorvia no céu os derradeiros palores da luz. No poente, um leque aluarado enrubescia nas varetas, com dedadas sangrentas de nuvens a barrá-lo de listrões horizontais.

Triste...

A ardósia do mar; as primeiras estrelinhas entreluzindo a medo; o marulho na pedra, *tchá*, *tchá*, compassado, eterno... A alma confrangeu-se-me de angústia. Vi-me náufrago, retido para sempre num navio de pedra, grudado como desconforme craca na pedranceira da ilhota. E pela primeira vez na vida senti profundas saudades dessa coisa sórdida, a mais reles de quantas inventou a civilização — o "café", com o seu tumulto, a sua poeira, o seu bafio a tabaco e a sua freguesia habitual de vagabundíssimos "agentes de negócios"...

Correram dias. Minto. No vazio daquele dessaborido viver no ermo o tempo não corria — arrastava-se com a lentidão da lesma por sobre chão liso e sem fim. Gerebita tornara-se enfadonho. Não mais narrava pitorescos incidentes da sua vida de marujo. Aferrado à ideia fixa da loucura de Cabrea, só cuidava de demonstrar-me os seus progressos. Fora desse tema sinistro, sua ocupação era seguir de olhos os navios que repontavam ao largo, até vê-los sumirem-se na curva do horizonte.

Velas, poucas alvejavam, tirante barquinhas de pescadores. Mas uma que surgisse lá nos levava os olhos e a imaginação. Como se casa bem com o mar o barco de vela! E que sórdido baratão craquento é ao pé dele o navio a vapor!

Escumas, corvetas, pequeninos *cutters*, fragatas, lugres, brigues, iates... O que lá vai passado de leveza e graça!... Substituem-nas, às garças leves, os feios escaravelhos de ferro e piche; a elas, que viviam de brisas, os negros comedores de carvão, bicharocos que mugem roncos de touro enrouquecido.

Progresso amigo, tu és cômodo, és delicioso, mas feio... Que fizeste da coisa linda que é a vela enfunada? Do barco à antiga, onde ressoavam canções de maruja, e todo se enleava de cordame, e trazia gajeiro na gávea, e lendas de serpentes marinhas na boca dos marinheiros, e a Nossa Senhora dos Navegantes em todas as almas, e o medo das sereias em todas as imaginações?

Desfez-se a poesia do reino encantado de Anfitrite ao ronco dos *Lusitanias*, hotéis flutuantes com garçons em vez de "lobos do mar", incaracterísticos, cosmopolitas, sem donaire, sem capitães de suíças pitorescos no falar como seiscentos milhões de caravelas. O fumo da hulha sujou a aquarela maravilhosa que desde Hanon e Ulisses vinha o veleiro pintando sobre a tela oceânica...

— Se paras o caso dos loucos e te metes por *intermezzos* líricos para uso de meninas olheirudas, vou dormir. Volta ao farol, romanticão de má morte.

— Eu devia castigar o teu prosaísmo sonegando-te o epílogo do meu drama, ó filho do "café" e do carvão!

— Conta, conta...

Certa tarde Gerebita chamou minha atenção para o agravamento da loucura de Cabrea, e aduziu várias provas concludentes.

— Queira Deus não seja hoje!...

— Tens medo?

— Medo? Eu? De Cabrea?

Queria que visses a estranha expressão de ferocidade que lhe endureceu o rosto!...

A conversa parou aí. Gerebita chupava cachimbadas nervosas, fechado de sobrecenho como quem rumina uma ideia fixa. Deixou-me, e logo em seguida subiu. Como anoitecesse, recolhi-me pouco depois e deitei-me. Dormi e sonhei. Sonhei um sonho guinholesco, agitadíssimo, com lutas, facadas, o diabo. Lembro-me de que, agredido por um facínora, desfechei contra ele cinco tiros de revólver; as balas, porém, grudaram-se à parede e deram de ressoar dum modo que me despertou. Mas acordado continuei a ouvir o mesmo barulho, vindo de cima, da lanterna.

Pressinto a catástrofe esperada. Salto da cama e aguço o ouvido: barulho de luta. Corro à escada, galgo-a aos três degraus e no topo esbarro com a porta fechada. Tento abri-la: não cede. Escuto: era de fato luta. Rolavam corpos pelo chão, fazendo retinir os vidros da lanterna, e ouvia-se um resfolego surdo, entremeado de embates contra os móveis. Trevas absolutas. Nenhuma réstia de luz coava para a escada.

Minha situação era esquerda. Ficar ali, inútil, quando portas adentro dois homens se entrematavam? Permanecia eu nessa dubiedade, quando choque violento escancarou-me a porta. Um clarão de sol chofrou-me os olhos. Senti nas pernas um tranco — e rodei escada abaixo de cambulha com dois corpos engalfinhados. Ergui-me, tonto, e vi em rebolo no chão os dois faroleiros.

Atirei-me à luta em auxílio de Gerebita.

— Dois contra um! — gemeu Cabrea, sufocado. — É covardia!

Pela primeira vez lhe ouvi a voz — e hoje noto que nada nela denunciava loucura. No momento pensei diversamente, se é que pensei alguma coisa.

Gerebita, com grande assombro meu, também me repeliu.

— Não! Não! Eu só!

Nisto, um pegão de nortada, varrendo a torre, trancou a porta do lanternim com estrondo. Envolveu-nos de novo a escuridão.

E começa aqui o horror... Os rugidos que ouvi, os arrancos e sacões formidáveis da luta nas trevas, a minha ansiedade... Pavorosos minutos de vida que não desejo renovados.

Perdi a noção do tempo. Durou muito aquilo? Não sei dizer. Só sei que a tantas ouvi escapar-se ao peito de Gerebita um urro de dor, e logo em seguida uma imprecação — "Desgraçado!" — cujas derradeiras sílabas morreram num trincar de dentes atassalhando carnes. Cabrea grugulejou uns roncos que se casaram com o arquejar do peito de Gerebita, e a luta esmoreceu.

Sem palavras na boca, cegado pela escuridão, eu só ouvia, fora, os uivos da nortada, e ali, aquele arquejo do vencedor exausto caído à beira do vencido. Com os olhos da imaginação eu via esse quadro, que com os da cara enxergava tanto como se os tivera envoltos em veludo negro.

Não te conto os pormenores do epílogo. Obtive luz e o que vi não te conto. Impossível pintar o hediondo aspecto de Cabrea com a carótida estraçalhada a dente, caído num lago de sangue. Ao seu lado Gerebita, com a cara e o peito vermelhos, a mão sangrenta, estatelava-se no chão, sem sentidos. Os meus transes diante daqueles corpos martirizados, àquela hora da noite — daquela terrível noite negra como esta e sacudida por um vento do inferno!...

Na manhã seguinte Gerebita pousou-me a mão sobre o ombro e disse:

— O mar não leva daqui os corpos à praia e o mundo não precisa saber de que morreu Cabrea. Caiu n'água — morte de marinheiro, e o moço é testemunha de que matei para não morrer. Foi defesa. Agora vai jurar-me que isto ficará para sempre entre nós.

Jurei-o lealmente, tocando de leve a mão mutilada. E ele, num acesso de infinito desalento, quedou-se imóvel, a olhar para o chão, murmurando insistentemente:

— Eu bem avisei. Não me acreditaram. Agora está aí, está aí, está aí...

Nesse mesmo dia veio buscar-me Dunga. Mal a *Gaivota* largou, narrei-lhe a morte do faroleiro, romanceando-a: Cabrea, louco, a despenhar-se torre abaixo e a sumir-se para sempre no seio das ondas.

Dunga, assombrado, susteve no ar os remos.

— Pois morreu? E louco?

— Está claro!

— Claro que lhe parece, que a mim...

— Conhecia-o?

— Não conhecia outra coisa. Desde que furtou Maria Rita...

— Que Maria Rita?

— Pois Maria Rita, mulher do Gerebita, então não sabe? Que ele seduziu, homessa.

Abri a minha maior boca e arregalei o que pude os olhos.

— Como sabe disso?

— É boa! Sei porque sei, como sei que aquela gaivota que ali vai é uma e que este mar é mar. Maria Rita era uma morena de truz, perigosa como o demo. O tolo do Gerebita derreou-se de amores pela bisca e lá casou. E vai ela, a songuinha, mal o homem saía no *Purus*, metia em casa Cabrea. E nesse jogo viveram até que um dia fugiram juntos para outras terras. O pobre Gerebita se não acabou de paixão é que era teso. Mas entrou para o farol, o que é também um modo de morrer pro mundo. Pois bem. A bola vira, o tempo corre, e vai, senão quando, quem mete o Governo no farol em lugar do defunto Gavriel? Cabrea! Cabrea que também andava descrente da vida porque Rita lhe fugira com terceiro. Coisas do mundo. Diz-me agora vossoria que o homem enlouqueceu, e rolou do penedo, e lá o rói o peixe. Está bem. Antes assim, que do contrário era em ponta de faca que aquilo acabaria...

Calei-me. Há situações na vida que as ideias embaralham de tal forma que é de bom conselho deixarmo-las se assentarem por si. Eis como...

— ... o meu grande amigo Eduardo foi empulhado por um assassino vulgar!

— Perdão. O fato de se não manejarem floretes não tira àquele pugilato o caráter de duelo.

— "Cavaleria rusticana", então?

— E por que não?

O ENGRAÇADO ARREPENDIDO

1917

FRANCISCO TEIXEIRA DE SOUZA PONTES, galho bastardo duns Souza Pontes de trinta mil arrobas afazendados no Barreiro, só aos trinta e dois anos de idade entrou a pensar seriamente na vida.

Como fosse de natural engraçado, vivera até ali à custa da veia cômica, e com ela amanhara casa, mesa, vestuário e o mais. Sua moeda corrente eram micagens, pilhérias, anedotas de inglês e tudo quanto bole com os músculos faciais do animal que ri, vulgo homem, repuxando risos ou matracolejando gargalhadas.

Sabia de cor a *Enciclopédia do riso e da galhofa* de Fuão Pechincha, o autor mais dessaborido que Deus botou no mundo; mas era tal a arte do Pontes, que as sensaborias mais relambórias ganhavam em sua boca um chiste raro, de fazer os ouvintes babarem de puro gozo.

Para arremedar gente ou bicho, era um gênio. A gama inteira das vozes do cachorro, da acuação aos caititus ao uivo à lua, e o mais, rosnado ou latido, assumia em sua boca perfetibilidade capaz de iludir aos próprios cães — e à lua.

Também grunhia de porco, cacarejava de galinha, coaxava de untanha, ralhava de mulher velha, choramingava de fedelho, silenciava de deputado governista ou perorava de patriota em sacada. Que vozeio de bípede ou quadrúpede não copiava ele às maravilhas, quando tinha pela frente um auditório predisposto?

Descia outras vezes à pré-história. Como fosse de algumas luzes, quando os ouvintes não eram pecos ele reconstituía os vozeirões paleontológicos dos bichos extintos — roncos de mastodontes ou berros de mamutes ao avistarem-se com peludos *Homos* repimpados em fetos arbóreos — coisa muito de rir e divulgar a ciência do senhor Barros Barreto.

Na rua, se pilhava um magote de amigos parados à esquina, aproximava-se de mansinho e — *nhoc!* — arremessava um bote de munheca à barriga da perna mais a jeito. Era de ver o pinote assustado e o "Passa!" nervoso do incauto, e logo em seguida as risadas sem fim dos outros, e a do Pontes, o qual gargalhava dum modo todo seu, estrepitoso e musical — música de Offenbach.

Pontes ria parodiando o riso normal e espontâneo da criatura humana, única que ri além da raposa bêbeda; e estacava de golpe, sem transição, caindo num sério de irresistível cômico.

Em todos os gestos e modos, como no andar, no ler, no comer, nas ações mais triviais da vida, o raio do homem diferençava-se dos demais no sentido de amolecá-los prodigiosamente. E chegou a ponto de que escusava abrir a boca ou esboçar um gesto para que se não torcesse em risos a humanidade. Bastava sua presença.

Mal o avistavam, já as caras refloriam; se fazia um gesto, espirravam risos; se abria a boca, espigaitavam-se uns, outros afrouxavam os coses, terceiros desabotoavam os coletes. E se entreabria o bico, Nossa Senhora!, eram cascalhadas, eram rinchavelhos, eram guinchos, engasgos, fungações e asfixias tremendas.

— É da pele, este Pontes!

— Basta, homem, você me afoga!

E se o pândego se inocentava, com cara palerma:

— Mas que estou fazendo? Se nem abri a boca...

— Quá, quá, quá — a companhia inteira, desmandibulada, chorava no espasmo supremo dos risos incoercíveis.

Com o correr do tempo não foi preciso mais que seu nome para deflagrar a hilaridade. Pronunciando alguém a palavra "Pontes", acendia-se logo o estopim das fungadelas pelas quais o homem se alteia acima da animalidade que não ri.

Assim viveu Pontes até a idade de Cristo, numa parábola risonha, a rir e fazer rir, sem pensar em nada sério — vida de filante que dá momos em troca de jantares e paga continhas miúdas com pilhérias de truz.

Um negociante caloteado disse-lhe um dia entre frouxos de riso babado:

— Você ao menos diverte, não é como o major Carapuça que caloteia de carranca.

Aquele recibo sem selo mortificou seu tanto ao nosso pândego; mas a conta subia a quinze mil-réis — valia bem a pelotada. Entretanto, lá ficou a lembrança dela espetada como alfinete na almofadinha do amor-próprio. Depois vieram outros e outros, estes fincados de leve, aqueles até a cabeça.

Tudo cansa. Farto de tal vida, entrou o hilarião a sonhar as delícias de ser tomado a sério, falar e ser ouvido sem repuxo de músculos faciais, gesticular sem promover a quebra da compostura humana, atravessar uma rua sem pressentir na peugada um coro de "Lá vem o Pontes!" em tom de quem se espreme na contenção do riso ou se ajeita para uma barriga das boas.

Reagindo, tentou Pontes a seriedade.

Desastre.

Pontes sério mudava de tecla, caía no humorismo inglês. Se antes divertia como o Clown, passava agora a divertir como o Tony.

O estrondoso êxito do que a toda a gente se afigurou uma faceta nova da sua veia cômica verteu mais sombras na alma do engraçado arrependido. Era certo que não poderia traçar outro caminho na vida além daquele, ora odioso? Palhaço, então, eternamente palhaço à força?

Mas a vida de um homem feito tem exigências sisudas, impõe gravidade e até casmurrice dispensáveis nos anos verdes. O cargo mais modesto da administração, uma simples vereança, requer na cara a imobilidade da idiotia que não ri. Não se concebe vereador risonho. Falta ao dito de Rabelais uma exclusão: o riso é próprio à espécie humana, fora o vereador.

Com o dobar dos anos a reflexão amadureceu, o brio cristalizou-se, e os jantares cavados deram a saber-lhe a azedo. A moeda pilhéria tornou-se-lhe dura ao cunho; já a não fundia com a frescura antiga; já usava dela como expediente de vida, não por folgança despreocupada, como outrora. Comparava-se mentalmente a um palhaço de circo, velho e achacoso, a quem a miséria obriga a transformar reumatismo em caretas hílares como as quer o público pagante.

Entrou a fugir dos homens e despendeu bons meses no estudo da transição necessária ao conseguimento de um emprego honesto. Pensou no balcão, na indústria, na feitoria duma fazenda, na montagem dum botequim — que tudo era preferível à paspalhice cômica de até ali.

Um dia, bem maturados os planos, resolveu mudar de vida. Foi a um negociante amigo e sinceramente lhe expôs os propósitos regeneradores, pedindo por fim um lugar na casa, de varredor que fosse. Mal acabou a exposição, o galego e os que espiavam de longe à espera do desfecho torceram-se em estrondoso gargalhar, como sob cócegas.

— Esta é boa! É de primeiríssima! Quá! quá! quá! Com que então... Quá! quá! quá! Você me arruína os fígados, homem! Se é pela continha dos cigarros, vá embora que me dou por bem pago! Este Pontes tem cada uma...

E a caixeirada, os fregueses, os sapos de balcão e até passantes que pararam na calçada para "aproveitar o espírito" desbocaram-se em "quás" de matraca até lhe doerem os diafragmas.

Atarantado e seriíssimo, Pontes tentou desfazer o engano.

— Falo sério, e o senhor não tem o direito de rir-se. Pelo amor de Deus não zombe de um pobre homem que pede trabalho e não gargalhadas.

O negociante desabotoou o cós da calça.

— Fala sério, pff! Quá! quá! quá! Olha, Pontes, você...

Pontes largou-o em meio da frase e se foi com a alma atenazada entre o desespero e a cólera. Era demais. A sociedade o repelia, então? Impunha-lhe uma comicidade eterna?

Correu outros balcões, explicou-se como melhor pôde, implorou. Mas por voz unânime o caso foi julgado como uma das melhores pilhérias do "incorrigível" — e muita gente o comentou com a observação do costume:

— Não se emenda o raio do rapaz! E olhem que já não é criança...

Barrado no comércio, voltou-se para a lavoura. Procurou um velho fazendeiro que despedira o feitor e expôs-lhe o seu caso.

Depois de ouvir-lhe atentamente as alegações, conclusas com o pedido do lugar de capataz, o coronel explodiu num ataque de hilaridade.

— O Pontes capataz! Ih! Ih! Ih!

— Mas...

— Deixe-me rir, homem, que cá na roça isto é raro. Ih! Ih! Ih! É muito boa! Eu sempre digo: graça como o Pontes, ninguém!

E berrando para dentro:

— Maricota, venha ouvir esta do Pontes. Ih! Ih! Ih!

Nesse dia o infeliz engraçado chorou. Compreendeu que não se desfaz do pé para mão o que levou anos a cristalizar-se. A sua reputação de pândego, de impagável, de monumental, de homem do chifre furado ou da pele, estava construída com muito boa cal e rijo cimento para que assim esboroasse de chofre.

Urgia, entretanto, mudar de tecla, e Pontes volveu as vistas para o Estado, patrão cômodo e único possível nas circunstâncias, porque abstrato, porque não sabe rir nem conhece de perto as células que o compõem. Esse patrão, só ele, o tomaria a sério — o caminho da salvação, pois, embicava por ali.

Estudou a possibilidade da agência do correio, dos tabelionatos, das coletorias e do resto. Bem ponderados os prós e contras, os trunfos e naipes, fixou a escolha na coletoria federal, cujo ocupante, major Bentes, por avelhantado e cardíaco, era de crer não durasse muito. Seu aneurisma andava na berra pública, com rebentamento esperado para qualquer hora.

O ás de Pontes era um parente do Rio, sujeito de posses, em via de influenciar a política no caso da realização de certa reviravolta no Governo. Lá correu atrás dele e tantas fez para movê-lo à sua pretensão que o parente o despediu com promessa formal.

— Vai sossegado que, em a coisa arrebentando por cá e o teu coletor rebentando por lá, ninguém mais há de rir-se de ti. Vai, e avisa-me da morte do homem sem esperar que esfrie o corpo.

Pontes voltou radioso de esperança e pacientemente aguardou a sucessão dos fatos, com um olho na política e outro no aneurisma salvador. A crise afinal veio; caíram ministros, subiram outros e entre estes um politicão negocista, sócio do tal parente. Meio caminho já era andado. Restava apenas a segunda parte.

Infelizmente, a saúde do major encruara, sem sinais patentes de declínio rápido. Seu aneurisma, na opinião dos médicos que matavam pela alopatia, era coisa grave, de estourar ao menor esforço; mas o precavido velho não tinha pressa de ir-se para melhor, deixando uma vida onde os fados lhe conchegavam tão fofo ninho, e lá engambelava a doença com um regime ultrametódico. Se o mataria um esforço violento, sossegassem, ele não faria tal esforço.

Ora, Pontes, mentalmente dono daquela sinecura, impacientava-se com o equilíbrio desequilibrador dos seus cálculos. Como desembaraçar o caminho daquela travanca? Leu no *Chernoviz*[2] o capítulo dos aneurismas, decorou-o; andou em indagações de tudo quanto se dizia ou se escreveu a respeito; chegou a entender da matéria mais que o doutor Iodureto, médico da terra, o qual, seja dito aqui à puridade, não entendia de coisa nenhuma desta vida.

O pomo da ciência, assim comido, induziu-o à tentação de matar o homem, forçando-o a estourar. Um esforço o mataria? Pois bem, Souza Pontes o levaria a esse esforço! "A gargalhada é um esforço", filosofava satanicamente de si para si. "A gargalhada, portanto, mata. Ora, eu sei fazer rir..."

Longos dias passou Pontes alheio ao mundo, em diálogo mental com a serpente.

2. Referência a um tradicional manual de medicina — o *Diccionário de Medicina Popular e das sciencias accessórias para uso das famílias*, de Pedro Luiz Napoleão Chernoviz —, muito utilizado desde 1890, quando foi publicado, até as primeiras décadas do século XX. (N.E.)

— Crime? Não! Em que código fazer rir é crime? Se disso morresse o homem, culpa era da sua má aorta.

A cabeça do maroto virou picadeiro de luta onde o "plano" se batia em duelo contra todas as objeções mandadas ao encontro pela consciência. Servia de juiz à sua ambição amarga, e Deus sabe quantas vezes tal juiz prevaricou, levado de escandalosa parcialidade por um dos contendores.

Como era de prever, a serpente venceu, e Pontes ressurgiu para o mundo um tanto mais magro, de olheiras cavadas, porém com um estranho brilho de resolução vitoriosa nos olhos. Também notaria nele o nervoso dos modos quem o observasse com argúcia — mas a argúcia não era virtude sobeja entre os seus conterrâneos, além de que estados da alma do Pontes eram coisa de somenos, porque Pontes...

— Ora, Pontes...

O futuro funcionário forjicou, então, meticulosos planos de campanha. Em primeiro era mister aproximar-se do major, homem recolhido consigo e pouco amigo de lérias; insinuar-se-lhe na intimidade; estudar suas venetas e cachacinhas até descobrir em que zona do corpo tinha ele o calcanhar de aquiles.

Começou frequentando com assiduidade a coletoria, sob pretextos vários, ora para selos, ora para informações sobre impostos, que tudo era ensejo de um parolar manhoso, habilíssimo, calculado para combalir a rispidez do velho.

Também ia a negócios alheios, pagar cisas, extrair guias, coisinhas; fizera-se muito serviçal para os amigos que traziam negócios com a fazenda.

O major estranhou tanta assiduidade e disse-lho, mas Pontes escamoteou-se à interpelação montado numa pilhéria de truz, e perseverou num bem calculado dar tempo ao tempo que fosse desbastando as arestas agressivas do cardíaco.

Dentro de dois meses já se habituara Bentes àquele serelepe, como lhe chamava, o qual, em fim de contas, lhe parecia um bom moço, sincero, amigo de servir e sobretudo inofensivo... Daí a lá em dia de acúmulo de serviço pedir-lhe um obséquio, e depois outro, e terceiro, e tê-lo afinal como espécie de adido à repartição, foi um passo. Para certas comissões não havia outro. Que diligência! Que finura! Que tato! Advertindo certa vez o escrevente, o major puxou aquela diplomacia como lembrete.

— Grande pasmado! Aprenda com o Pontes, que tem jeito para tudo e inda por cima tem graça.

Nesse dia convidou-o para jantar. Grande exultação na alma de Pontes! A fortaleza abria-lhe as portas.

Aquele jantar foi o início duma série em que o serelepe, agora factótum indispensável, teve campo de primeira ordem para evoluções táticas.

O major Bentes, entretanto, possuía uma invulnerabilidade: não ria, limitava suas expansões hílares a sorrisos irônicos. Pilhéria que levava outros comensais a erguerem-se da mesa atabafando a boca nos guardanapos encrespava apenas os seus lábios. E se a graça não era de superfina agudeza, ele desmontava sem piedade o contador.

— Isso é velho, Pontes, já num almanaque *Laemmert* de 1850 me lembra de o ter lido.

Pontes sorria com ar vencido; mas lá por dentro consolava-se, dizendo, dos fígados para o rim, que se não pegara daquela, doutra pegaria.

Toda a sua sagacidade enfocava no fito de descobrir o fraco do major. Cada homem tem predileção por um certo gênero de humorismo ou chalaça. Este morre por pilhérias fesceninas de frades bojudos. Aquele pela-se pelo chiste bonacheirão da chacota germânica. Aquele outro dá a vida pela pimenta gaulesa. O brasileiro adora a chalaça onde se põe a nu a burrice tamancuda de galegos e ilhéus.

Mas o major? Por que não ria à inglesa, nem à alemã, nem à francesa, nem à brasileira? Qual o seu gênero?

Um trabalho sistemático de observação, com a metódica exclusão dos gêneros já provados ineficientes, levou Pontes a descobrir a fraqueza do rijo adversário: o major lambia as unhas por casos de ingleses e frades. Era preciso, porém, que viessem juntos. Separados, negavam fogo. Esquisitices do velho. Em surgindo bifes vermelhos, de capacete de cortiça, roupa enxadrezada, sapatões formidolosos e cachimbo, juntamente com frades redondos, namorados da pipa e da polpa feminina, lá abria o major a boca e interrompia o serviço da mastigação, como criança a quem acenam com cocada. E quando o lance cômico chegava, ele ria com gosto, abertamente, embora sem exagero capaz de lhe destruir o equilíbrio sanguíneo.

Com infinita paciência Pontes bancou nesse gênero e não mais saiu dali. Aumentou o repertório, a gradação do sal, a dose de malícia, e sistematicamente bombardeou a aorta do major com os produtos dessa hábil manipulação.

Quando o caso era longo, porque o narrador o floria no intento de esconder o desfecho e realçar o efeito, o velho interessava-se vivamente, e nas pausas manhosas pedia esclarecimento ou continuação.

— E o raio do bife? E daí? Mister John apitou?

Embora tardasse a gargalhada fatal, o futuro coletor não desesperava, confiando no apólogo da bilha que de tanto ir à fonte lá ficou. Não era mau o cálculo. Tinha a psicologia por si — e teve também por si a quaresma.

Certa vez, findo o Carnaval, reuniu o major os amigos em torno a uma enorme piabanha recheada, presente dum colega. O entrudo desmazorrara a alma dos comensais e a do anfitrião, que estava naquele dia contente de si e do mundo, como se houvera enxergado o passarinho verde. O cheiro vindo da cozinha, valendo por todos os aperitivos de garrafaria, punha nas caras um enternecimento estomacal.

Quando o peixe entrou, cintilaram os olhos do major. Pescado fino era com ele, inda mais cozido por Gertrudes. E naquele bródio primara Gertrudes num tempero que excedia às raias da culinária e se guindava ao mais puro lirismo.

— Que peixe! Vatel o assinaria com a pena da impotência molhada na tinta da inveja — disse o escrevente, sujeito lido em Brillat-Savarin e outros praxistas do paladar.

Entre goles de rica vinhaça ia a piabanha sendo introduzida nos estômagos com religiosa unção. Ninguém se atrevia a quebrar o silêncio da bromatológica beatitude.

Pontes pressentiu oportuno o momento do golpe. Trazia engatilhado o caso dum inglês, sua mulher e dois frades barbadinhos, anedota que elaborara à custa da melhor matéria cinzenta de seu cérebro, aperfeiçoando-a em longas noites de insônia. Já de dias a tinha de tocaia, só aguardando o momento em que tudo concorresse para levá-la a produzir o efeito máximo.

Era a derradeira esperança do facínora, seu último cartucho. Negasse fogo e, estava resolvido, metia duas balas nos miolos. Reconhecia impossível manipular-se torpedo mais engenhoso. Se o aneurisma lhe resiste ao embate, então é que o aneurisma era uma potoca, a aorta uma ficção, o *Chernoviz* um palavrório, a medicina uma miséria, o doutor Iodureto uma cavalgadura e ele, Pontes, o mais chapado sensaborão ainda aquecido pelo sol — indigno, portanto, de viver.

Matutava assim Pontes, negaceando com os olhos da psicologia a pobre vítima, quando o major veio ao seu encontro: piscou o olho esquerdo — sinal de predisposição para ouvir.

— É agora! — pensou o bandido. E com infinita naturalidade, pegando como por acaso uma garrafinha de molho, pôs-se a ler o rótulo.

— *Perrins*; *Lea and Perrins*. Será parente daquele *lord* Perrins que bigodeou os dois frades barbadinhos?

Inebriado pelos amavios do peixe, o major alumiou um olho concupiscente, guloso de chulice.

— Dois barbadinhos e um *lord*! A patifaria deve ser marca X.P.T.O. Conta lá, serelepe.

E, mastigando maquinalmente, absorveu-se no caso fatal.

A anedota correu capciosa pelos fios naturais até as proximidades do desfecho, narrada com arte de mestre, segura e firme, num andamento estratégico em que havia gênio. Do meio para o fim a maranha empolgou de tal forma o pobre velho que o pôs suspenso, de boca entreaberta, uma azeitona no garfo detida a meio caminho. Um ar de riso — riso parado, riso estopim, que não era senão o armar bote da gargalhada — iluminou-lhe o rosto.

Pontes vacilou. Pressentiu o estouro da artéria. Por uns instantes a consciência brecou-lhe a língua, mas Pontes deu-lhe um pontapé e com voz firme puxou o gatilho.

O major Antônio Pereira da Silva Bentes desferiu a primeira gargalhada da sua vida, franca, estrondosa, de ouvir-se no fim da rua, gargalhada igual à de Teufalsdröckh diante de Jean Paul Richter.[3] Primeira e última, entretanto, porque no meio dela os convivas, atônitos, viram-no cair de bordo sobre o prato, ao tempo que uma onda de sangue avermelhava a toalha.

O assassino ergueu-se alucinado; aproveitando a confusão, esgueirou-se para a rua, qual outro Caim. Escondeu-se em casa, trancou-se no quarto, bateu dentes a noite inteira, suou gelado. Os menores rumores retransiam-no de pavor. Polícia?

Semanas depois é que entrou a declinar aquele transtorno da alma que toda gente levara à conta de mágoa pela morte do amigo. Não obstante, trazia sempre nos olhos a mesma visão: o coletor de bruços no prato, golfando sangue, enquanto no ar vibravam os ecos da sua derradeira gargalhada.

E foi nesse deplorável estado que recebeu a carta do parente do Rio. Entre outras coisas dizia o ás: "Como não me avisaste a tempo, conforme o combinado, só pelas folhas vim a saber da morte de Bentes. Fui ao ministro mas era tarde, já estava lavrada a nomeação do sucessor. A tua leviandade fez-te perder a melhor ocasião da vida. Guarda para teu governo este latim: *tarde venientibus ossa*, quem chega tarde só encontra os ossos — e sê mais esperto para o futuro".

Um mês depois descobriram-no pendente duma trave, com a língua de fora, rígido. Enforcara-se numa perna de ceroula.

Quando a notícia deu volta pela cidade, toda gente achou graça no caso. O galego do armazém comentou para os caixeiros:

— Vejam que criatura! Até morrendo fez chalaça. Enforcar-se na ceroula! Esta só mesmo de Pontes...

E reeditaram em coro meia dúzia de "quás" — único epitáfio que lhe deu a sociedade.

3. O personagem Teufalsdröckh, do conto "Sartor resartus", de Thomas Carlyle (1795-1881), diz que, ao ler as obras de Jean Paul Richter, autor alemão (1763-1825), só pôde gargalhar. (N.E.)

A COLCHA DE RETALHOS

1915

— UPA!

Cavalgo e parto.

Por estes dias de março a natureza acorda tarde.

Passa as manhãs embrulhada num roupão de neblina e é com espreguiçamentos de mulher vadia que despe os véus da cerração para o banho de sol.

A névoa esmaia o relevo da paisagem, desbota-lhe as cores. Tudo parece coado através dum cristal despolido.

Vejo a orla de capim tufada como debrum pelo fio dos barrancos; vejo o roxo-terra da estrada esmaecer logo adiante; e nada mais vejo senão, a espaços, o vulto gotejante de alguns angiqueiros marginais.

Agora, uma porteira.

Ali, a encruzilhada do Labrego.

Tomo à destra, em direitura ao sítio de José Alvorada. Este barba-rala mora-me a jeito de empreitar um roçado no capoeirão do Bilu, nata de terra que pelas bocas do caeté legítimo, da unha-de-vaca e da caquera[1] está a pedir foice e covas de milho.

1. Padrões de terra boa. (N.E.)

Não é difícil a puxada: com cinquenta braças de carreador boto a roça no caminho.

Três alqueires, só no bom. Talvez quatro. A noventa por um — nove vezes quatro, trinta e seis; trezentos e sessenta alqueires de oito mãos. Descontadas as bandeiras[2] que o porco estraga e o que comem a paca e o rato...

Será a filha de Alvorada?

— Bom dia, menina! O pai está em casa?

É a filha única. Pelo jeito não vai além de catorze anos. Que frescura! Lembra os pés de avenca viçados nas grotas noruegas. Mas arredia e ité como a fruta do gravatá. Olhem como se acanhou! De olhos baixos, finge arrumar a rodilha. Veio pegar água a este córrego e é milagre não se haver esgueirado por detrás daquela moita de taquaris, ao ver-me.

— O pai está lá? — insisti.

Respondeu um "está" enleado, sem erguer os olhos da rodilha.

Como a vida no mato asselvaja estas veadinhas! Note-se que os Alvoradas não são caipiras. Quando comprou a situação dos Periquitos, o velho vinha da cidade; lembro-me até de que entrava em sua casa um jornal.

Mas a vida lhes correu áspera na luta contra as terras ensapezadas e secas, que encurtam a renda por mais que dê de si o homem. Foram rareando as idas à cidade e ao cabo de todo se suprimiram. Depois que lhes nasceu a menina, rebento floral em anos outoniços, e que a geada queimou o café novo — uma tamina, três mil pés —, o velho, amuado, nunca mais espichou o nariz fora do sítio.

Se o marido deu assim em urumbeva, a mulher, essa enraizou de peão para o resto da vida. Costumava dizer: mulher na roça vai à vila três vezes — uma a batizar, outra a casar, terceira a enterrar.

Com tais casmurrices na cabeça dos velhos, era natural que a pobrezinha da Pingo d'Água (tinha esse apelido Maria das Dores) se tolhesse na desenvoltura ao extremo de ganhar medo às gentes. Fora uma vez à vila com vinte dias, a batizar. E já lá ia nos catorze anos sem nunca mais ter-se arredado dali.

2. Bandeira de milho: qualquer trecho do milharal. (N.E.)

Ler? Escrever? "Patacoadas, falta de serviço", dizia a mãe. Que lhe valeu a ela ler e escrever que nem uma professora, se desde que casou nunca mais teve jeito de abrir um livro? Na roça, como na roça.

Deixei a menina às voltas com a rodilha e embrenhei-me por um atalho conducente à morada.

Que descalabro!...

Da casa velha aluíra uma ala, e o restante, além da cumeeira selada, tinha o oitão fora do prumo.

O velho pomar, roído de formiga, morrera de inanição; na ânsia de sobreviver, três ou quatro laranjeiras macilentas, furadas de broca e sopesando o polvo retrançado da erva-de-passarinho, ainda abrolhavam rebentos cheios de compridos acúleos. Fora disso, mamoeiros, a silvestre goiaba e araçás, promiscuamente com o mato invasor que só respeitava o terreirinho batido, fronteiro à casa. Tapera quase e, enluradas nela, o que é mais triste, almas humanas em tapera.

Bati palmas.

— Ó de casa!

Apareceu a mulher.

— Está seu Zé?

— Inda agorinha saiu, mas não demora. Foi queimar um mel na maçaranduva do pasto. Apeie e entre.

Amarrei o cavalo a um moirão de cerca e entrei.

Acabadinha, a Sinh'Ana. Toda rugas na cara — e uma cor... Estranhei-lhe aquilo.

— Doença! — gemeu. — Estou no fim. Estômago, fígado, uma dor aqui no peito que responde na cacunda. Casa velha, é o que é.

— Metade é cisma — disse-lhe para consolo.

— Eu é que sei! — retrucou-me suspirando.

Entrementes, surgiu da cozinha uma velhota bem-apessoada, no cerne, rija e tesa, que saudou e:

— Está espantado do jeito de Nhana? Esta gente de agora não presta para nada. Olhe, eu com setenta no lombo não me troco por ela. Criei minha neta e inda lavo, cozinho e coso. Admira-se? Coso, sim!...

— Mecê é gabola porque nunca padeceu doença — nem dor de dente! Mas eu? Pobre de mim! Só admiro ainda estar fora da cova... Aí vem Zé.

Chegava Alvorada. Ao ver-me abriu a cara.

— Ora viva quem se lembra dos pobres! Não pego na sua mão porque estou assim... É só melado. Bonito, hein? Estava difícil, num oco muito alto e sem jeito. Mas sempre tirei. Não é jiti, não! É mel-de-pau.

Depôs num mocho a cuia dos favos e se foi à janela, lavar as mãos à caneca d'água que a mulher despejava. Pôs os olhos no meu cavalo.

— Hoje veio no picaço... Bom bicho! Eu sempre digo: animais aqui no redor, só este picaço e a ruana do Izé de Lima. O mais é eguada de moenda.

Neste momento entrou a menina de pote à cabeça. Ao vê-la o pai apontou para a cuia de mel.

— Está aí, filha, o doce da aposta. Perdi, paguei. Que aposta? Ah! ah! Brincadeira. A gente cá na roça, quando não tem serviço, com qualquer coisa se diverte. Vinha passando um bando de maritacas. Eu disse à toa: "São mais de dez!". Pingo negou: "Não chega lá!". Apostamos. Eram nove. Ela ganhou o doce. Doce da roça mel é. Esta songuinha só vendo; não é o que parece, não...

A loquacidade daquele homem não desmedrara com o atraso da vida. Em se lhe dando corda, ressurgia nele o tagarela da cidade.

Expus-lhe o negócio. Alvorada enrugou a testa; refletiu um bocado, de queixo preso. Depois:

— Eu hoje, franqueza, não valho mais nada. Desde que caí daquela amaldiçoada ponte do Labrego, fiquei assim como quebrado por dentro. Não escoro serviço, e para lidar com camaradas no eito não basta ter boca. Sem puxar a enxada de par com eles, a coisa não vai, não! Lembra-se da empreitada do ano retrasado? Pois saí perdendo. O tranca do João Mina me quebrou um machado e furtou uma foice. Com esses prejuízos, não livrei o jornal. Desde então fiz cruz em serviço alheio. Se ainda teimo neste sapezal amaldiçoado é por via da menina; senão, largava tudo e ia viver no mato, como bicho. É Pingo que inda me dá um pouco de coragem — concluiu com ternura.

A velhinha sentara-se à luz da janela e, abrindo uma caixeta, pusera-se a coser, de óculos na ponta do nariz.

Aproximei-me, admirativo.

— Sim, senhora! Com setenta anos!

Sorriu, lisonjeada.

— É para ver. E isto aqui tem coisa. É uma colcha de retalhos que venho fazendo há catorze anos, desde que Pingo nasceu. Dos vestidinhos dela vou guardando cada retalho que sobeja e um dia os coso. Veja que galantaria de serviço...

Estendeu-me ante os olhos um pano variegado, de quadrinhos maiores e menores, todos de chita, cada qual de um padrão.

— Esta colcha é o meu presente de noivado. O último retalho há de ser do vestido de casamento, não é, Pingo?

Pingo d'Água não respondeu. Metida na cozinha, percebi que nos espiava por uma fresta.

Mais dois dedos de prosa com Alvorada, um cafezinho ralo — escolha com rapadura — e:

— Está bem — rematei, levantando-me do mocho de três pernas. — Como não pode ser, paciência. Apesar disso acho que deve pensar um bocado. Olhe que este ano se estão pagando os roçados a 80 mil-réis o alqueire. Dá para ganhar, não?

— Que dá, sei que dá — mas também sei para quem dá. Um perrengue como eu não pensa mais nisso, não. Quando era gente, muitos peguei a 60 e não me arrependi. Mas hoje...

— Nesse caso...

Transcorreram dois anos sem que eu tornasse aos Periquitos. Nesse intervalo Sinh'Ana faleceu. Era fatal a dor que respondia na cacunda. E não mais me aflorava à memória a imagem daqueles humildes urupês, quando me chegou aos ouvidos o zum-zum corrente no bairro, uma coisa apenas crível: o filho de um sitiante vizinho, rapaz de todo pancada, furtara Pingo d'Água aos Periquitos.

— Como isso? Uma menina tão acanhada!...

— É para ver! Desconfiem das sonsas... Fugiu, e lá rodou com ele para a cidade — não para casar, nem para enterrar. Foi ser "moça", a pombinha...

O incidente ficou a azoinar-me o bestunto. À noite perdi o sono, revivendo cenas da minha última visita ao sítio, e nasceu-me a ideia de lá tornar. Para? Confesso: mera curiosidade, para ouvir os comentários da triste velhinha. Que golpe! Desta feita ia-se-lhe a rijeza de cerne.

Fui.

Setembro entumecia gomos em cada arbusto. Nenhuma neblina. A paisagem desenhava-se nítida até aos cabeços dos morros distantes.

Por amor à simetria, montava eu o mesmo picaço. Transpus a mesma porteira. Atalhei pelo mesmo trilho.

No córrego vi, com os olhos da imaginação, o vulto da menina envergonhada com o pote em repouso na laje e toda às voltas com a rodilha. Mais uns passos e a tapera antolhou-se-me, deserta. As três árvores do pomar extinto eram já galhaça resseca e poenta. Só os mamoeiros subsistiam, mais crescidos, sempre apinhados de frutos. O resto piorara, descambando para o lúgubre. Ruíra o oitão e o terreirinho pintalgara-se de moitas de guanxuma, cordão-de-frade e joás.

— Ó de casa! — gritei.

Silêncio. Três vezes repeti o apelo. Por fim surgiu dos fundos uma sombra acurvada e trêmula.

— Bom dia, nhá Joaquina. Está seu Zé?

Não me reconheceu a velhinha. Zé fora à vila, vender a sitioca para mudar de terra.

Fez-me entrar, logo que me dei a conhecer, pedindo escusas da má vista.

— Tem coragem de estar aqui sozinha?

— Eu? Sozinha estou em toda parte. Morreu-me tudo, a filha, a neta... Sente-se — murmurou apontando para o mocho de dois anos atrás.

Sentei-me, com um nó na garganta. Não sabia o que dizer. Por fim:

— O que é a vida, nhá Joaquina! Parece que foi ontem que estive aqui. Apesar das doenças, iam vivendo felizes. Hoje...

A velha limpou no canhão da manga uma lágrima.

— Viver setenta e dois anos para acabar assim... Felizmente a morte não tarda. Já a sinto cá dentro.

Confrangia-me o coração aquele ermo onde tudo era passado — a terra, as laranjeiras, a casa, as vidas —, salvo, trêmulo espectro sobrevivente como a alma da tapera, a triste velhinha encanecida, cujos olhos poucas lágrimas estilavam, tantas chorara.

— Que mais agora? — murmurou pausadamente em voz de quem já não é deste mundo. — Até a "desgraça", eu não queria morrer. Velha e inútil, inda gostava do mundo. Morreu-me a filha, mas restava a neta — que era duas vezes filha e o meu consolo. Desencaminharam a pobrezinha... Agora, que mais? Só peço a Deus que me retire, logo e logo.

Relanceei um olhar pela sala vazia. A caixeta de costura inda estava sobre a arca no lugar de sempre. Meus olhos pousaram ali, marasmados.

A velha adivinhou-me o pensamento e, levantando-se, tomou-a nas mãos mal firmes. Abriu-a. Tirou de dentro a colcha inacabada, contemplou-a longamente. Depois, com tremuras na voz:

— Dezesseis anos — e não pude acabar a colcha... Ninguém imagina o que é para mim esta prenda. Cada retalho tem sua história e me lembra um vestidinho de Pingo d'Água. Aqui leio a vidinha dela desde que nasceu.

"Este, olhe, foi da primeira camiseta que vestiu... Tão galantinha! Estou a vê-la no meu braço, tentando pegar os óculos com a mãozinha gorda...

"Este azul, de listas, lembra um vestido que a madrinha lhe deu aos três anos. Ela já andava pela casa inteira armando reinações, perseguindo o Romão — que um dia, por sinal, lhe meteu as unhas no rostinho. Chamava-me 'óó aquina'...

"Este vermelho de rosinhas foi quando completou os cinco anos. Estava com ele por ocasião do tombo na pedra do córrego, donde lhe veio aquela marquinha no queixo, não reparou?

"Este cá, de xadrezinho, foi pelos sete anos, e eu mesma o fiz, e o fiz de saia comprida e paletó de quartinho. Ficou tão engraçada, feita uma mulherzinha!

"Pingo d'Água já sabia temperar um virado, quando usou este aqui, de argolinhas roxas em fundo branco. Digo isto porque foi com ele que entornou uma panela e queimou as mãos.

"Este cor de batata foi quando tinha dez anos e caiu com sarampo, muito malzinha. Os dias e as noites que passei ao pé dela, a contar histórias! Como gostava da *Gata Borralheira*!..."

A velha enxugou na colcha uma lágrima perdida e calou-se.

— E este? — perguntei para avivá-la, apontando um retalho amarelo.

Pausou um bocado a triste avó, em contemplação.

Depois:

— Este é novo. Já tinha quinze anos quando o vestiu pela primeira vez num mutirão do Labrego. Não gosto dele. Parece que a "desgraça" começa aqui. Ficou um vestido muito assentadinho no corpo, e galante, mas pelas minhas contas foi o culpado do Labreguinho engraçar-se da coitada. Hoje sei disso. Naquele tempo de nada suspeitava.

— Este — disse-lhe eu, fingindo recordar-me — é o que ela vestia quando cá estive.

— Engano seu. Era, quer ver qual? Era este de pintas vermelhas, repare bem.

— É verdade, é verdade! — menti. — Agora me lembro, isso mesmo. E este último?

Após uma pausa dorida, a pobre criatura oscilou a cabeça e balbuciou:

— Este é o da "desgraça". Foi o derradeiro que fiz. Com ele fugiu... e me matou.

Calou-se, a lacrimejar, trêmula.

Calei-me também, opresso dum infinito apertão de alma.

Que quadro imensamente triste, aquele fim de vida machucado pela mocidade louca!...

E ficamos ambos assim, imóveis, de olhos presos à colcha.

Ela por fim quebrou o silêncio.

— Ia ser o meu presente de noivado. Deus não quis. Será agora a minha mortalha. Já pedi que me enterrassem com ela.

E guardou-a dobradinha na caixa, envolta num suspiro arrancado ao imo do coração.

Um mês depois morria. Vim a saber que lhe não cumpriram a última vontade.

Que importa ao mundo a vontade última duma pobre velhinha da roça?

Pieguices...

A VINGANÇA DA PEROBA

1916

A CIDADE DUVIDARÁ DO CASO. Não obstante, aquele monjolo de João Nunes no Varjão foi durante meses o palhaço da zona. Sobretudo no bairro dos Porungas, onde assistia Pedro Porunga, mestre monjoleiro de larga fama, fungavam-se à conta do engenho risos sem fim.

Sitiantes ambos em terras próprias, convizinhavam separados pelo espigão do Nheco — e por malquerença antiga. Levantara Nunes uma paca, certo domingo; mas ao dobrar o morro a bicha esbarrou de frente com um Porunguinha que casualmente lenhava por ali. Zás! Certeiro golpe de foice dá com ela em terra.

Até aí nada.

Mas comeram-na, sem ao menos mandarem um quarto de presente ao legítimo dono. Legítimo, sim, porque, afinal de contas, aquela paca era uma paca de nomeada. Sabida como um vigário, dizia Nunes, nem cachorro mestre, nem mundéu, podiam com a vida dela. Escapulia sempre. A gente do outro lado não ignorava isso. Paca velha e matreira tem sempre a biografia na boca dos caçadores. Paca muito conhecida, portanto; moradora em suas terras. Paca de Nunes, homessa. Ora, justamente no dia em que, numa batida feliz, ele a apanhara desprevenida, fazer aquilo o Porunguinha?

— Mas é uma criança!

Sim, mas o pai não aprovou? Não disse, entre risadas, "o Nunes que se fomente?". Haviam de pagar!

Veio daí a malquerença. O espigão vinha do período um pouco mais remoto em que a crosta da terra se solidificou.

Agravava a dissensão uma rivalidade quase de casta. Pertencia Nunes à classe dos que decaem por força de muita cachaça na cabeça e muita saia em casa. Filho homem só tinha José Benedito, de apelido Pernambi, um passarico desta alturinha, apesar de bem entrado nos sete anos. O resto era uma récula de "famílias mulheres" — Maria Benedita, Maria da Conceição, Maria da Graça, Maria da Glória, um rosário de oito mariquinhas de saia comprida. Tanta mulher em casa amargava o ânimo do Nunes, que nos dias de cachaça ameaçava afogá-las na lagoa como se fossem uma ninhada de gatos.

O seu consolo era amimar Pernambi, que aquele ao menos logo estaria no eito, a ajudá-lo no cabo da enxada, enquanto o mulherio inútil mamparrearia por ali a espiolhar-se ao sol. Pegava, então, do menino e dava-lhe pinga. A princípio com caretas que muito divertiam o pai, o engrimanço pegou lesto no vício. Bebia e fumava, muito sorna, com ares palermas de quem não é deste mundo. Também usava faca de ponta à cinta.

— Homem que não bebe, não pita, não tem faca de ponta, não é homem — dizia Nunes.

E cônscio de que já era homem, o piquirinha batia nas irmãs, cuspilhava de esguicho, dizia nomes à mãe, além de muitas outras coisas próprias de homem.

Do outro lado tudo corria pelo inverso. Comedido na pinga, Pedro Porunga casara com mulher sensata, que lhe dera seis "famílias", tudo homem.

Era natural que prosperasse, com tanta gente no eito. Plantava cada setembro três alqueires de milho; tinha dois monjolos, moenda, sua mandioquinha, sua cana, além duma égua e duas porcas de cria. Caçava com espingarda de dois canos, "imitação Laporte", boa de chumbo como não havia outra. Morava em casa nova, bem coberta de sapé de boa lua, aparado a linha, com mestria, no beiral; os esteios e portais eram de madeira lavrada; e as paredes, rebocadas à mão por dentro, coisa muito fina.

Já Nunes — pobre do Nunes! — não punha na terra nem um alqueire de semente. Teve égua, mas barganhou-a por um capadete e uma espingarda velha. Comido o porquinho, sobrou do negócio o caco da pica-pau, dum cano só e manhosa de tardar fogo.

Sua casa, de esteios com casca e portas de imbaúba rachada, muito encardida de picumã, prenunciava tapera próxima.

Capado, nenhum. Galinhada escassa.

Ao cachorro Brinquinho não lhe valia ser mestre paqueiro de fama; andava de barriga às costas, com bernes no toitiço. O pobrezinho não caminhava dez passos sem que parasse, pondo-se aos rodopios sobre os quartos traseiros, tentando inutilmente abocar o parasita inatingível. Que preasse. Cachorro é bicho ladino e o mato anda cheio de preás atolambadas. E tudo mais no Varjão afinava pela mesma tecla.

Certa vez contaram ao Nunes que Pedro Porunga trazia negócio duma besta arreada. Besta arreada, o Porunga! Doeu-lhe aquilo no fundo da alma. Era atrepar demais.

— Quê! Já roncam assim? — braveteou. — Pois hei de mostrar à Porungada quem é o João Nunes Eusébio dos Santos, da Ponte Alta!

E entrou-se, desde aí, de grandes atarefamentos. A mulher pasmava da súbita reviravolta do marido, duvidando e esperando.

— Durará esse fogo? Quem sabe?!

Planeava Nunes grandes coisas, roça de três alqueires, conserto da casa, monjolo...

Aqui a mulher repuxou os lábios num muxoxo de dúvida.

— Monjolo? Ché, que esperança!

Nunes, metido em brios, roncou:

— Boto, mulher, boto monjolo, boto moenda, boto até moinho! Hei de fazer a Porungada morder a munheca de inveja. Vai ver!...

Com assombro de todos não ficou em prosa fiada a promessa. Nunes remendou mal e mal a casa, derrubou um capoeirão descansado de oito anos e, num esforço de mouro, meteu na terra nove quartas de milho.

Pedro Porunga soube logo da bravata. Riu-se e profetizou:

— Eh! Aquilo é fogo de jacá velho. Calor de pinguço não dura...

O ano correu bem. Vieram chuvas a tempo, de modo que em janeiro o milho desembrulhava pendão, muito medrado de espigas.

Nunes não cabia em si. Visitava as roças muito contente da vida, unhando os caules viçosos já em pleno arreganhamento da dentuça vermelha, ou apalpando as bonecas tenras, a madeixarem-se da cabelugem louro-translúcida. Segurava então a barbica do queixo e sonhava opulências futuras, balanceando prós e contras. Os contras já estavam de fora. Só havia prós. E concluía, entrando em casa, para a mulher:

— Este ano quebro um milhão desgramado!

Carecia, pois, de armar monjolo. Desdobrado em farinha o milho, vinham dobrados os lucros. Não foi o que empolou os Porungas, a farinha? Uma resolução de tal vulto, porém, não se toma assim do pé para mão: era preciso meditar, calcular. E Nunes maginava... O *chóó-pan* do futuro engenho batia-lhe na cabeça como um ritornelo de música do céu.

— Hei de mostrar ao Porunga que ele não é o único monjoleiro do mundo. Empreito o serviço com o compadre Teixeirinha da Ponte Alta.

A mulher botou as mãos na cabeça.

— Nossa Virgem! É coisa de louco! Pois o compadre nem braço tem...

— Bééé! — urrou Nunes, estomagado. — Cale essa boca! Mulher não entende das coisas...

E ela, nas encolhas:

— Tá bom. Depois não se queixe.

— Bééé! — rematou o marido.

Esta troada era o argumento decisivo de Nunes nas relações familiares. Quando ali roncava o "bééé", mulher, filhas, Pernambi, Brinquinho, todos se escoavam em silêncio. Sabiam por dolorosa experiência pessoal que o ponto acima era o porretinho de sapuva.

Se a mulher emudecia, emudecia com ela a razão, porque o Teixeirinha Maneta era um carapina ruim inteirado, dos que vivem de biscates e remendos. Só a um bêbado como o Nunes bacorejaria a ideia de meter a monjoleiro um taramela daqueles, maneta e, inda por cima, cego duma vista. Mas era compadre e acabou-se. "Béééé!"

Uma nova semana passou Nunes em trabalhos de "maginação". Coçava lentamente a cabeça, pitava enormes cigarrões, muito absorto, com os olhos no milharal e o sentido em coisas futuras. Decidiu-se, por fim. Rumou à Ponte Alta e trouxe de lá o velho carapina, com a ferramenta capenga.

Só restava resolver o problema da madeira. Nas suas terras não havia senão pau de foice. Pau de machado, capaz de monjolo, só a peroba da divisa, velha árvore morta que era o marco entre os dois sítios, tacitamente respeitada de lá e de cá. Deitá-la-ia por terra sem dar contas ao outro lado — como lhe fizeram à paca.

Boa peça! Nunes gozava-se da picuinha, planeando derrubar a árvore à noite, de modo que pela madrugada, quando os Porungas dessem pela coisa, nem Santo Antônio remediaria o mal.

— Está resolvido: derrubo a peroba!

Dito e feito. Dois machados roncaram no pau alta noite, e ainda não raiava a manhã quando a peroba estrondeou por terra, tombada do lado do Nunes.

Mal rompeu o dia, os Porungas, advertidos pela ronqueira, saíram a sondar o que fora. Deram logo com a marosca, e Pedro, à frente do bando, interpelou:

— Com ordem de quem, seu...

— Com ordem da paca, ouviu? — revidou Nunes provocativamente.

— Mas paca é paca e essa peroba era o marco do rumo, meia minha, meia sua.

— Pois eu quero gastar a minha parte. Deixo a sua pra aí!... — retrucou Nunes apontando com o beiço a cavacaria cor-de-rosa.

Pedro continha-se a custo.

— Ah, cachorro! Não sei onde estou que não...

— Pois eu sei que estou em minha casa e que bato fogo na primeira "cuia" que passar o rumo!...

Esquentou o bate-boca. Houve nome feio a valer. O mulherio interveio com grande descabelamento de palavrões. De espingardinha na mão, radiante no meio da barulhada, Nunes dizia ao Maneta:

— Vá lavrando, compadre, que eu sozinho escoro este cuiame!...

A Porungada, afinal, abandonou o campo — para não haver sangue.

— Você fica com o pau, cachaceiro à toa, mas inda há de chorar muita lágrima por amor disso...

— Bééé!... — estrugiu Nunes triunfalmente.

Os Porungas desceram resmoneando em conciliábulo, seguidos do olhar vitorioso de Nunes.

— Então, compadre, viu que cuiada choca? É só chá de língua, *pé, pé, pé*; mas, chegar mesmo, quando! O guampudo conheceu a arruda pelo cheiro!

E assombrou o velho com muitos lances heroicos, quebramentos de cara, escoras de três e quatro, o diabo.

— O dia está ganho, compadre, largue disso e vamos molhar a garganta.

A molhadela da garganta excedeu a quanta bebedeira tinham na memória. Nunes, Maneta e Pernambi confraternizaram num bolo acachaçado, comemorativo do triunfo, até que uma soneira letárgica os derreou pelo chão. Com a derradeira Maria pendurada do seio magro, a mulher olhava para aquilo sacudindo a cabeça, a cismar...

— Que monjolo sairá disto, mãe do céu!...

Esvaídos os fumos da pinga, tornaram no dia seguinte à peroba, muito acamaradados. A cachaça cimentara o compadresco antigo, e a feitura do monjolo teve início com grande quebradeira de corpo. Nunes passava os dias na obra, vendo o compadre desbastar a madeira com um braço só. Pasmava daquilo, e do ajutório que ao braço perfeito dava o toco aleijado. O velho Maneta sabia casos e casos, que Nunes respondia com outros, sempre tendentes a patentear a ruindade dos Porungas.

Falquejado o toro, correram um barbante embebido num mingau de carvão.

— Pegue nesta ponta, compadre — dizia o velho. — Agora estique; isso.

E tomando entre os dedos o meio do cordel — *plaf* —, chicoteava a madeira, riscando nela um traço negro.

Nunes revelou grande vocação para esfria-verruma. Esfria-verrumas são os "empaliadores" dos carapinas. Sentam-se com uma nádega à beira da banca e durante horas pasmam do rebote correr na tábua encaracolando fitas, ou do formão ir lentamente abrindo uma fura. Ora pegam da enxó, examinam-na, passam o dedo pelo fio e perguntam: "É *Grive*? (Greaves) Quanto custou?". E quando sai da madeira a verruma, quente da fricção, pegam-na e põem-se a soprá-la muito sérios.

Enquanto isso, muito desajeitadamente ia o Maneta escavando o cocho a machado e enxada. Depois rasgou as furas da haste e afeiçoou a munheca. Prontas que foram, atacou o pilão. Escava que escava, em três dias pô-lo de banda, concluso. Restava somente aparelhar a "virgem".

— O compadre sabe a história do pau de feitiço?

Nunes não sabia. Nunes não sabia coisa alguma, tirante emborcar o gargalo e difamar os Porungas. Sem interromper o esquadrejamento da "virgem", Maneta narrou o caso que ouvira ao pai, o Teixeirão serrador, madeireiro de fama.

— Em cada eito de mato, dizia o meu velho, há um pau vingativo que pune a malfeitoria dos homens. Vivi no mato toda vida, lidei com toda casta de árvore, desdobrei desde imbaúba e embiruçu até bálsamo, que é raro por aqui. Dormi no estaleiro quantas noites! Homem, fui um bicho do mato. E de tanto lidar com paus, fiquei na suposição de que as árvores têm alma, como a gente.

— Te esconjuro! — espirrou Nunes.

— Isto dizia lá o velho; eu por mim não dou opinião. E têm alma, dizia ele, porque sentem a dor e choram. Não vê como gemem certos paus ao caírem? E outros como choram tanta lágrima vermelha, que escorre e vira resina? Ora pois têm alma, porque neste mundo tudo é criatura de Deus.

— Lá isso...

— Então, dizia ele, há em cada mato um pau que ninguém sabe qual é, a modo que peitado pra desforra dos mais. É o pau de feitiço. O desgraçado que acerta meter o machado no cerne desse pau pode encomendar a alma pro diabo, que está perdido. Ou estrepado, ou de cabeça rachada por um galho seco que despenca de cima, ou mais tarde por artes da obra feita com a madeira, de todo jeito não escapa. Não adianta se precatar: a desgraça peala mesmo, mais hoje, mais amanhã, a criatura marcada.

"Isto dizia o velho — e eu por mim tenho visto muita coisa. Na derrubada do Figueirão, alembra-se?, morreu o filho de Chico Pires. Estava cortando um guamerim quando, de repente, soltou um grito. Acode que acode, o moço estava com o peito varado até as costas. Como foi? Como não foi? Ninguém entendeu aquilo. Eu fiquei cismando e disse: 'É feitiço de pau...'. Como este um, quantos casos? O mundo está cheio. Sebastiãozinho da Ponte Alta fez uma casa, o pau da cumeeira ele mesmo o derrubou. Pois não é que a cumeeira arreia e estronda a cabeça do rapaz? Por isso meu pai, sabido que era, especulava primeiro se por ali perto não tinha havido desgraça. Era para ver se o feitiço estava solto ou preso, e precatar-se."

Com estas e outras ia Maneta florejando de lérias as horas de serviço, enquanto dava os derradeiros retoques no engenho.

Estava pronto o monjolo. Jubiloso, via Nunes quase realizado o primeiro sonho das futuras grandezas. Faltava apenas o assentamento, que é pouco — e ele batia tapas amigos na peroba-vermelha.

— Aí, minha velha! Mansinha, hein? Há de chamar-se Tira-prosa — tira-prosa de Porungas, Cabaças e Cuias, eh! eh!

Recolheram cedo nesse dia para solenizar o feito à custa dum ancorote de cachaça, que esvaziaram a meio.

Dias depois, bem fincado, bem socado o pilão, o monjolo recebeu água. Aberta a bica, um jorro de enxurro espumejou no cocho, encheu-o, desbordou para o "inferno".[1] A engenhoca gemeu na "virgem" e alçou o

1. "Inferno" é como é chamado o lugar onde a água que move o monjolo despeja depois de enchido o cocho. (N.E.)

pescoço. O cocho despejou a aguaceira — *chóó*! A munheca bateu firme no pilão — *pan*!

Nunes pulava de alegria.

— Conheceu, porungada choca, quem é João Nunes Eusébio da Ponta Alta?

Mas não lhe bastou aquele barulho, nem a gritaria da menina a palmear, nem os ladridos de Brinquinho que, espantado da maluqueira, latia de longe, a salvo de pontapés. Queria mais. Correu à espingarda, espoletou-a e, erguendo-a para o "outro lado", desfechou. Mas o caco velho da pica-pau não compartilhou da sua alegria, rebentou a espoleta e calou-se. Nunes inda a manteve uns segundos alçada, esperando o tiro. Como o fogo tardasse demais, remessou com ela para longe, embrulhada num palavrão. Lembrou-se depois de três foguetes sobejados de uma reza; foi buscá-los; atacou-os em direção aos Porungas.

— Cheira essa pólvora, cuiada!

Infelizmente as bombas, muito úmidas, negaram fogo por sua vez.

— Tudo nega, compadre! Vamos ver se o ancorote nega também.

Não negou. E a prova foi roncarem logo para ali como dois gambás.

No outro dia partiu Maneta para a Ponte Alta, com grande sentimento do Nunes, que perdia nele um companheirão. Quanto ao monjolo, como não houvesse milho a pilar, ficou sua estreia para quando se quebrasse a roça.

Cessaram as chuvas de verão. Entrou o outono, refrescado, limpo. Amarelaram as folhas do milharal, as espigas penderam, maduras. Começou a quebra. Muito impaciente, Nunes debulhou o primeiro jacá recolhido e atochou o pilão. Ai! Não há felicidade completa no mundo. O engenho provou mal. Não rendia a canjica. Desproporcionada ao cocho, a haste não dava o jogo da regra. A mão, por muito leve ou por defeito de esquadria na "virgem", guinava à esquerda ao bater, espirrando milho para fora. Por mal dos pecados, à primeira chuvinha o pilão entrou a rever água. Fora escavado em madeira ventada. Não prestava.

Nunes, de má sombra, represando a cólera, meteu-se a reparar tantas "torturas". Diminuiu o peso ao macaco, engrossou as águas, amarrou ali, especou acolá, calafetou fendas. Consumiu dias em luta surda contra as manhas do mal engonçado. Mas a peste do mostrengo respondia a cada arranjo com uma reincidência de desalentar.

O pobre homem explodiu, então. Da boca lhe espirraram injúrias sem fim contra o patife do carapina.

— Excomungado do diabo de maldelazento de maneta...

Impossível meter no papel todas as contas do rosário; as miúdas inda cabem, mas as graúdas não podem sair do Varjão. Além de injúrias, ameaças. Que iria à Ponte Alta rachar o compadre a foice; que lhe vazava a outra vista; que...

Num desses desabafos a tola da mulher meteu a colher torta no meio.

— Eu bem disse, eu bem avisei. Mas o "queixo-duro" não fez caso...

Ai! Nunes, que só esperava por aquilo, passou a mão na sapuva e encarnando na esposa o odiado maneta deslombou-a numa sova de consertar negro ladrão.

— Toma, cachorro! Toma, excomungado do inferno! Aprende a fazer monjolo, porco sujo! — e malhava...

A mulher sumiu-se aos pinotes mato adentro, seguida do mulherio miúdo; e por oito dias andou em esfregações de salmoura pela polpa avergoada. Nunes, porém, melhorou consideravelmente com o derivativo. Mundificou-se da bílis.

A nova de tais sucessos chegou à Porungada. Pedro, exultante, não teve mão de si, quis ver com os próprios olhos a caranguejola que o vingava tão a pique. Meditou um plano, e lá um dia transpôs o espigão, rumo à casa do rival. Voltou uma hora depois espremendo risos fungados.

— Eh, eh, minha gente! Vocês não calculam. Quando quebrei o serrote já ouvi o barulho — *chóó-pan* —, uma ronqueira dos diabos! Disse comigo: roncar, ele ronca, eh, eh!

Fui chegando. Nunes, jururu, estava debulhando milho na porta. Quando me viu entreparou, amode que assombrado.

— É de paz! — eu disse, e me plantei diante dele. — Dois chefes de família, inda mais vizinhos, não podem viver toda a vida assim, de focinho "trucido" um pro outro. O que foi, foi. Acabou-se. Toque.

Ele relanceou os olhos pro lado da ronqueira — eh, eh! — e muito desconchavado me espichou a mão sem abrir o bico.

— Traga um café! — gritou pra dentro.

Enfiei os olhos pela casa: estava "assim" de mulherada na cozinha! Peguei de prosa. Ele foi respondendo. Conversava sem graça, amarradinha. Por fim especulei:

— E o monjolo, vizinho, ficou na ordem?

Nunes amarelou que nem esta folha!

— É bonzinho, rende bem...

— Quero ver" — disse eu —, se não é curiosidade...

— Pois vá — respondeu, sem se mexer do lugar.

Eu fui.

Nossa Virgem! Aquilo nunca foi monjolo, nem aqui nem na casa do diabo! Só se vê amarrilhos de cipó e espeques e macacos. A haste tem nove palmos e o cocho a mó que tem dez!...

— Quiá! quiá! quiá! — cacarejou a roda, que em matéria de monjolo era entendidíssima.

— A mão não pesa, home, não pesa nem arroba e meia! A "virgem" está errada e fora do prumo. Milho está que está alvejando o chão. A mão pincha duma banda.

Os Porunguinhas babavam.

— Então, roncar ele ronca?

— Nossa! Ronca que nem uma trumenta. Mas, socar? O boi soca! Nem três litros rende por dia. Homem, gentes, aquilo é coisa que só vendo!

A cara dos Porungas, anuviada desde o incidente da peroba, refloriu dali por diante nos saudáveis risos escarninhos do despique. As nuvens foram escurentar os céus do Varjão. Era um nunca se acabar de troças e pilhérias de toda ordem. Inventavam traços cômicos, exageravam as trapalhices do mundéu. Enfeitavam-no como se faz ao mastro de são João. Sobre as linhas gerais debuxadas pelo velho, os Porunguinhas iam atando cada qual o seu buquê, de modo a tornar o pobre monjolo uma coisa prodigiosamente cômica. A palavra *ronqueira* entrou a girar nas vizinhanças como termo comparativo de tudo quanto é risível ou sem pé nem cabeça.

Aos ouvidos de Nunes foram bater tais rumores. O orgulho, muito medrado no período dos sonhos de grandeza, murchara-lhe como fruta verde colhida antes do tempo. Mas impossibilitado de vingar-se deu de criar um rancor surdo contra a Ronqueira, que, trôpega, lá ia malhando, dia e noite, *chóó-pan*, muito lerda, muito parca de rendimento. Para acalmar a bílis Nunes dobrou as doses de cachaça.

A mulher amanhava a casa num grande desconsolo da vida, esmolambada, sem mais esperanças de arranjo para aquele homem.

Sempre rentando o pai, sorníssimo, Pernambi parecia um velhinho idiota. Não tirava da boca o pito e cada vez batia mais forte no mulherio miúdo.

Brinquinho desnorteara. Sentado nas patas traseiras olhava, inclinando a cabeça, ora para um, ora para outro, sem saber o que pensar da sua gente.

E assim, meses.

Afinal, veio a desgraça. Feitiço de pau ou não, o caso foi que o inocente pagou o crime do pecador, como é da justiça bíblica. Certo dia soube Nunes que o José Cuitelo da Pedra Branca, outro compadre, pusera nome a uma égua lazarenta de Ronqueira. Era demais.

— Até aquele cachorro do Cuitelo! — gemeu o mísero, passando a mão na garrafa.

Sorveu um gole e:

— Pernambizinho, vem cá. Bebe com teu pai, meu filho.

O menino não esperou novo convite: bebeu um, dois e três goles, estalando a língua. O resto da garrafa soverteu-se no bucho do caboclo. Mal tonteado pelos eflúvios do álcool, o menino banzou um bocado por ali e depois saiu. Nunes estirou-se ao sol para dormir.

Era um dia feio de agosto. Céu turvo do fumo das queimadas. Sol de cobre, sem brilho, a modorrar no ocaso. Folhinhas carbonizadas a descerem lentas do alto, regirantes.

Transcorrida uma hora o bêbedo acordou, relanceou em torno os olhos mortiços.

— Quedele Pernambi? — disse às filhas acocoradas à soleira da porta.

As meninas não sabiam do irmão.

— Chamem Pernambi — engrolou o bêbedo, recaindo em cochilo.

Uma das pequenas saiu no encalço do menino.

Os olhos de Nunes a custo se abriam; sua cabeça oscilava, como se lhe houvessem desossado o pescoço. Da boca escorria-lhe baba, e molhadas nela as palavras vinham vagas, mal atadas.

Súbito, um grito lancinante ao longe alvorotou a casa.

A mulher, estonteada, surge de dentro do casebre, para à porta, orienta-se e corre para onde há voz. As filhas disparam-lhe atrás, rumo ao monjolo.

Silêncio trágico.

Depois novos gritos — gritos em coro —, gritos de desespero.

— Coitadinho do meu filho! — uivava lá longe a mãe.

Nunes soergue-se, amparado ao portal.

— Que é isso? — grunhe.

Ninguém lhe responde. Não há ninguém por ali.

Mas no monjolo recrudesce a grita. Para lá segue o bêbedo, cambaleante. Em caminho dá de cara com a mulher, que voltava descabelada, a falar sozinha.

— Que é que foi, mulher?

Arrostando com o marido, a pobre mãe afuzila nos olhos um raio de cólera incoercível.

— O que é? É tua obra, cachaceiro do inferno! É a tua pinga, homem à toa, esterco imundo! Vá ver, vá ver, vá ver, desgraçado!...

Nunes alcança o monjolo com dificuldade. E topa num quadro horrendo. No meio das filhas em grita, o corpinho magro de Pernambi de borco no pilão. Para fora, pendentes, duas pernas franzinas — e o monjolo impassível, a subir e a descer, *chóó-pan*, pilando uma pasta vermelha de farinha, miolos e pelanca...

Esvaem-se-lhe os vapores do álcool e em semidemência Nunes corre ao machado, ringindo os dentes, aos uivos.

— Chegou teu dia, desgraçado!

Cena lúgubre foi aquela! Entre rugidos de cólera o louco arremessava golpes tremendos contra o engenho assassino. Uma pancada na mão — toma Barbazu! Outra na haste — rebenta demônio! Outra no pilão — estoura feiticeiro do diabo! E *pan, pan, pan* — dez, vinte, cem machadadas como nunca as desferiu derrubador nenhum com tal rijeza de pulso.

Cavacos saltavam para longe, róseos cavacos da peroba assassina. E lascas. E achas...

Longo tempo durou o duelo trágico da demência contra a matéria bruta. Por fim, quando o monjolo maldito era já um monte escavacado de peças em desmantelo, o mísero caboclo tombou por terra, arquejante, abraçado ao corpo inerte do filho. Instintivamente sua mão trêmula apalpava o fundo do pilão em procura da cabecinha que faltava.

UM SUPLÍCIO MODERNO

1916

Todas as crueldades de que foi useira a Inquisição para reduzir heréticos, as torturas requintadas da "questão" medieval, o empalamento otomano, o suplício chinês dos mil pedaços, o chumbo em fusão metido a funil gorgomilos adentro — toda a velha ciência de martirizar subsiste ainda hoje encapotada sob hábeis disfarces. A humanidade é sempre a mesma cruel chacinadora de si própria, numerem-se os séculos anterior ou posteriormente a Cristo. Mudam de forma as coisas; a essência nunca muda. Como prova denuncia-se aqui um avatar moderno das antigas torturas: o estafetamento.

Este suplício vale o torniquete, a fogueira, o garrote, a polé, o touro de bronze, a empalação, o bacalhau, o tronco, a roda hidráulica de surrar. A diferença é que estas engenharias matavam com certa rapidez, ao passo que o estafetamento prolonga por anos a agonia do paciente.

Estafeta-se um homem da seguinte maneira: o Governo, por malévola indicação dum chefe político, hodierno sucedâneo do "familiar" do Santo Ofício, nomeia um cidadão estafeta do correio entre duas cidades convizinhas não ligadas por via férrea.

O ingênuo vê no caso honraria e negócio. É honra penetrar na falange gorda dos carrapatos orçamentívoros que pacientemente devoram o país; é negócio lambiscar ao termo de cada mês um ordenado fixo, tendo arrumadinha, no futuro, a cama fofa da aposentadoria.

Note-se aqui a diferença entre os ominosos tempos medievos e os sobre-excelentes da democracia de hoje. O absolutismo agarrava às brutas a vítima e, sem tir-te nem *habeas corpus*, trucidava-a; a democracia opera com manhas de Tartufo, arma arapucas, mete dentro rodelas de laranja e espera aleivosamente que, *sponte sua*, caia no laço o passarinho. Quer vítimas ao acaso, não escolhe. Chama-se a isto — arte pela arte...

Nomeado que é o homem, não percebe a princípio a sua desgraça. Só ao cabo de um mês ou dois é que entra a desconfiar; desconfiança que por graus se vai fazendo certeza, certeza horrível de que o empalaram no lombilho duro do pior matungo das redondezas, com, pela frente, cinco, seis, sete léguas de tortura a engolir por dia, de mala postal à garupa.

Eis as puas do aparelho de tormento, as tais léguas! Para o comum dos mortais, uma légua é uma légua; é a medida duma distância que principia aqui e acaba lá. Quem viaja, feito o percurso, chega e é feliz.

As léguas do estafeta, porém, mal acabam voltam "da capo", como nas músicas. Vencidas as seis (suponhamos um caso em que sejam só seis) renascem na sua frente de volta. É fazê-las e desfazê-las. Teia de Penélope, rochedo de Sísifo, há de permeio entre o ir e o vir a má digestão do jantar requentado e a noite maldormida; e assim um mês, um ano, dois, três, cinco, enquanto lhes restarem, a ele nádegas e ao sendeiro lombo.

Quando cruza um viandante a jornadear, morde-o a inveja: aquele breve "chegará", ao passo que para o estafeta tal verbo é uma irrisão. Mal apeia, derreado, com o coranchim em fogo, ao termo dos trinta e seis mil metros da caminheira, come lá o mau feijão, dorme lá a má soneca e a aurora do dia seguinte estira-lhe à frente, à guisa de "Bom dia!", os mesmos trinta e seis mil metros da véspera, agora espichados ao contrário...

Breve o animal, pisado, dá de si, fraqueia. Já os topes o cavaleiro galga a pé. Não possui meios de adquirir outra montada. O ordenado vai-se-

-lhe em milho e "rapador" para a alimária, água de sal para os semicúpios e mais remédios às pisaduras de ambos, cavalgante e cavalgado. Não sobeja sequer para roupa.

Dá-lhe o Estado — o mesmo que custeia enxundiosas taturanas burocráticas a contos por mês, e baitacas parlamentares a duzentos mil-réis por dia —, dá-lhe o generoso Estado... cem mil-réis mensais. Quer dizer, "um real" por nove braças de tormento. Com um vintém paga-lhe trezentos e trinta metros de suplício. Vem a sair a sessenta réis o quilômetro de martírio. Dor mais barata é impossível.

O estafeta entra a definhar de canseira e fome. Vão-se-lhe as carnes, as bochechas encovam, as pernas viram parênteses dentro dos quais mora a barriga do desventurado rocim.

Além das calamidades fisiológicas, econômicas e sociais, chovem-lhe em cima as meteorológicas. O tempo inclemente não lhe poupa judiarias.

No verão não se dói o sol de assá-lo como se assam pinhões nas cinzas. Se chove, de nenhuma gota se livra. Pelos fins de maio, à entrada do frio, é entanguido como um súdito de Nicolau exilado nas Sibérias que devora as léguas infernais. No dia de são Bartolomeu, agarrado de unhas à crina da escanzelada égua, é por milagre que não os despeja a ambos, perambeiras abaixo, o endemoninhado vento.

O patrão-Governo pressupõe que ele é de ferro e suas nádegas são de aço; que o tempo é um permanente céu com "brisas fagueiras" ocupadas em soprar sobre os caminhantes os olores da "balsamina em flor".

Pressupõe ainda que os cem mil-réis do salário são uma paga real de lamber as unhas. E, nestas angelicais pressuposições, quando há crises financeiras e lhe lembram economias, corta seus cinco, seus dez mil-réis no pingue ordenado, para que haja sobras permitidoras de ir à Europa um genro em comissão de estudos sobre "a influência zigomática do periélio solar no regime zaratústrico das democracias latinas".

E assim o exército dos estafetas, dia a dia mais encanifrado, encalacrado de dívidas, enchagado de pisaduras, ao sol de dezembro ou à garoa entanguente de junho, trota, trota sem cessar, morro acima, morro abaixo, por atoleiros e areões, caldeirões e escorregadouros, sacudido pela miseranda cavalgadura que de tanto padecer, coitada, já nem jeito de cavalo tem.

O lombo delas é todo uma chaga viva; as costelas, um ripado. Caricaturas contristadoras do nobre *Equus,* um dia rebentam de fome, exaustas, a meio de viagem.

O estafeta toma às costas os arreios, a mala, e conclui a caminheira a pé. Nesse dia chega fora de horas, e o agente do correio oficia ao centro sobre a "irregularidade".

O centro move-se; faz correr um papelório através de várias salas onde, comodamente espapaçada em poltronas caras, a burocracia gorda palestra sobre espiões alemães. Depois de demorada viagem o papelório chega a um gabinete onde impa em secretária de imbuia, fumegando o seu charuto, um sujeito de boas carnes e ótimas cores. Este vence dois contos de réis por mês; é filho de algo; é cunhado, sogro ou genro de algo; entra às onze e sai às três, com folga de permeio para uma "batida" no frege da esquina.

O canastrão corre os olhos mortiços de lombeira por sobre o papel e grunhe:

— Estes estafetas, que malandros!

E assina a demissão daquele a bem do serviço público.

(E se isso não acontece, acontece pior. Certa vez o agente do correio duma cidadezinha paulista oficiou ao centro queixando-se do estafeta. O centro respondeu autorizando-o a "punir com severidade o faltoso". O agente medita a sério sobre o caso; depois, mostrando o ofício ao estafeta, e com muita dor de coração, ferra-lhe em nome do Governo a maior sova de chicote de que há memória no lugar. Em seguida oficia ao centro dando conta do desempenho da missão e declarando que o serviço ficaria interrompido por uma quinzena, visto o paciente estar de cama, a curar-se com salmoura...)

O supliciado, posto no olho da rua, sem saúde, sem cavalo, sem nádegas, coberto de dívidas, com o fígado e mais vísceras fora do lugar em virtude do muito que "chacoalharam", vê-se logo rodeado pela chusma de credores, ávidos como urubus de charqueada. Como está nu, mais nu que Jó, não pode pagar a nenhum — e ganha fama de caloteiro.

— Parecia um homem sério, e no entanto roubou-me cinco alqueires de milho — diz o da venda, calabrês gordo, enricado no passamento de notas falsas.

— Tomou-me emprestados 100 mil-réis para a compra de um cavalo, a jurinho de amigo (cinco por cento ao mês), já lá vão cinco anos, e por muito favor pagou-me o premiozinho e deu os arreios por conta. Que ladrão! — diz o onzeneiro, sócio do outro na nota falsa.

A loja de fazenda chora umas calças de algodão mineiro que lhe fiou em tempo. A farmácia, um quilo de sal-amargo falsificado. Abeberado de insultos, o mártir só vê pela frente uma saída: fincar o pé na estrada e fugir... fugir para uma terra qualquer onde o desconheçam e o deixem morrer em paz.

Destarte, o moderno suplício do estafetamento, além de charquear as carnes duma criatura humana limpa de crimes, dá-lhe ainda de lambuja uma bela mortezinha moral. Tudo isto a fim de que não falte aos soletradores de tais e tais bibocas do sertão o pábulo diário da graxa preta em fundo branco, por meio do qual se estampam em língua bunda as facadas que Pé Espalhado deu em Camisa Preta, o queijo que furtou Baianinho ao Manoel da Venda, o romance traduzido de Jorge Ohnet, o salvamento da pátria pela alta volataria nacional, o palavreado gordo das ligas disto e daquilo, a descoberta de espiões onde nada há que espiar, a policultura, o zebu, o analfabetismo, o aliadismo, o germanismo, as potocas da Havas e quanta papalvice grela por massapês e terras roxas deste país das arábias.

A política do coronel Evandro em Itaoca deu com o rabo na cerca desde que em tal pleito o competidor Fidêncio, também coronel, guindou a cotação dos votos de gravata a quinhentos mil-réis, e a dos votos de pé no chão a dois parelhos de roupa, mais um chapéu.

O primeiro ato do vencedor foi correr a vassoura do Olho da Rua em tudo quanto era *olhodarruável* em matéria de funcionalismo público. Entre os varridos estava a gente do correio, inclusive o estafeta, para cuja substituição inculcou-se ao Governo o Izé Biriba.

Era este Biriba um caranguejo humano, lerdo de maneiras e atolambado de ideias, com dois percalços tremendos na vida — a política e o topete.

O topete consistia num palmo de grenha teimosa em lhe cair sobre a testa, e tão insistente nisto que gastava ele metade do dia erguendo a mão esquerda à altura da fronte para, num movimento maquinal, botar pra arriba a crina rebelde. A política escusa dizer o que é.

Coligados ambos, topete e política comiam-lhe o tempo inteiro, de jeito a não lhe deixar folga nenhuma para o amanho do sítio, que, afinal, roído pelo cupim da hipoteca, lá foi parar nas unhas dum onzeneiro ladrão.

Montou em seguida botequim mas faliu. Enquanto Biriba arrumava o topete os fregueses surrupiavam-lhe os mata-bichos; e nas cavaqueiras políticas os correligionários, de passo que expeliam diatribes contra o governo, sorviam capilés refrescantes e mascavam bolinhos de peixe por conta da vitória futura.

Além do topete tinha Biriba o sestro do "sim senhor" alçado às funções de vírgula, ponto e vírgula, dois-pontos e ponto final de todas as parvoiçadas emitidas pelo parceiro; e às vezes, pelo hábito, quando o freguês parando de falar entrava a comer, continuava ele escandindo a "sim senhores" a mastigação do bolinho filado.

Ao tempo da queda do outro e subida de sua gente, andava Biriba reduzido à conspícua posição de "fósforo" eleitoral. No pleito trabalhara como nenhum. Deram-lhe as piores missões — acuar eleitores tabaréus embibocados nos socavões das serras, negociar-lhes a consciência, debater preço de votos, barganhá-los com éguas lazarentas e provar aos desconfiados, com argumentos de cochicho ao ouvido, que o Governo estava com eles.

Após a vitória sentiu pela primeira vez um gozo integral de coração, cabeça e estômago.

Vencer! Oh, néctar! Oh, ambrosia incomparável!

O nosso homem regalou as vísceras com o petisco dos deuses. Até que enfim os negrores da vida de misérias lhe alvorejavam em aurora. Comer à farta, serrar de cima... Delícias do triunfo!

Que lhe daria o chefe?

No antegozo da pepineira iminente, viveu a rebolar-se em cama de rosas até que rebentou sua nomeação para o cargo de estafeta.

Sem queda para aquilo, quis relutar, pedir mais; na conferência que teve com o chefe, entretanto, as objeções que lhe vinham à boca transmutavam-se no habitual "sim senhor", de modo a convencer o coronel de que era aquilo o seu ideal.

— Veja, Biriba, quanto vale a felicidade! Pilha um empregão! Vai Regino para agente e você para estafeta.

O mais que ele pôde alegar foi que não tinha cavalgadura.

— Arranja-se — resolveu de pronto o coronel. — Tenho lá uma égua moura legítima, de passo picado, que vale duzentos mil-réis. Por ser para você, dou-a por metade. O dinheiro? É o de menos. Você toma-o de empréstimo a Leandrinho. Arranja-se tudo, homem.

O arranjo foi adquirir Biriba uma égua trotona pelo dobro do valor, com dinheiro tomado a três por cento ao tal Leandro, que outra coisa não era senão o testa de ferro do próprio Fidêncio. Destarte, carambolando, o matreiro chefe punha a juros o pior sendeiro da fazenda, além de conservar pelo cabresto da gratidão ao idiota estafetado.

Iniciou Biriba o serviço: seis léguas diárias a fazer hoje e a desfazer amanhã, sem outra folga além do último dia dos meses ímpares.

Inda bem se fora devorar as léguas na só companhia da chupada mala postal. Mas não lhe saiu serena assim a empresa. Como Itaoca não passasse de mesquinho lugarejo empoleirado no espinhaço da serra e desprovido de tudo, não transcorria vez sem que os amigos políticos não viessem com encomendas a aviar na cidade. À hora de partir surgiam aproveitadores com listinhas de miudezas, ou negras com recados.

— Sinhá disse assim pra suncê comprar três carretéis de linha cinquenta, um papel de agulhas, uma peça de cadarço branco, cinco maços de grampo miúdo e, se sobejar um tostão, pra trazer uma bala de apito pro seu Juquinha.

Todos aqueles artigos existiam em Itaoca, um tantinho mais caros, porém; o encomendá-los fora visava apenas à economia do tostão da bala de apito.

— Sim senhor, sim senhor!...

Não lhe escapava da boca outro som, embora o exasperasse a contínua repetição do abuso.

Além das pequenas encomendas, pouco trabalhosas, surgiam outras de vulto, como levar um cavalo arreado ao senhor Fulano que vinha em tal dia, acompanhar a mulher de Etcetrano, e que tais. Tibúrcia, cozinheira preta do coletor, cada vez que ia de férias descansar à cidade, era Biriba o indicado para conduzi-la.

Foi como o conheci, guardando cesta às amazonas. De viagem para Itaoca, a meio caminho topo num homem encavalgado na mais avariada égua que jamais meus olhos viram. À garupa iam malas do correio e vários picuás; no santo-antônio, mais picuás além duma vassoura nova enganchada nos arreios com a palha para cima. Estava parado, em atitude idiotizada, segurando pelo cabresto um cavalinho de silhão. Abordei-o, pedindo fogo. Aceso o cigarro, indaguei de quem montava a cavalgadura vazia.

— "Não vê" que estou acompanhando a dona Engrácia, que é parteira em Itaoca. Ela apeou um bocadinho e...

Ouvi rumor atrás: saía do mato uma mulheraça rúbida, de saias tufadas de goma, tendo na cabeça um toucadinho coevo de S. M. Fidelíssima... Para não vexá-la pus-me a caminho, não sem, voltando a cara de soslaio, regular-me com os apuros do estafeta para entalar nas andilhas as cinco arrobas da parteira aliviada.

E descomposturas...

— Seu Biriba, não foi linha quarenta que eu encomendei. O senhor parece bobo!

Quando a fazenda era má:

— Não viu que a chita desbotava? Que moda!

Doía-lhe, sobretudo, carretear para a execrável gente da oposição. O coronel contrário não se pejava de por intromissão de terceiro, neutro ou oposicionista encapotado, abusar da boa-fé do mártir. Lembrava-se Biriba, com dor de alma, de um bode de raça que lhe dera grandes trabalhos pelo caminho — e várias marradas de lambuja; afinal, chegando, verificou que vinha para o inimigo.

Toda gente gozou do caso, entre espirros de riso e galhofa.

— É um pax-vóbis Biriba! Trazer o bode da oposição! Quiá! quiá! quiá!

Estas e outras foram-lhe azedando os fígados e as vísceras circunvizinhas. Biriba emagreceu. Biriba amarelou.

A égua, coitada, perdeu a feição cavalar. Seu lombo selara em meia-lua, de modo que por um nadinha não raspavam o chão os pés do cavaleiro. Montado, Biriba afundava. Sua cabeça caía quase ao nível duma linha tirada da anca às orelhas da égua. Horrendamente pisada, trazia a bicha nos olhos permanentes lágrimas de dor; mas em vez de tanta mazela mover ao dó o coração dos itaoquenses, regalava-os, e eram chufas sem fim e piadas idiotas acerca do "Estafeta da Triste Figura mais a sua Bucéfala", como os batizou um engraçado local.

Lazarento como eles, só o Cunegundes, cão sem dono, coberto de sarna, que perambulava a esmo pela cidade, fugindo a moscas e pontapés. Pois não lhe mudaram o nome para Biribinha? Cachorrada!

Não tardou muito viesse o Governo dar sua volta ao torniquete, cortando dez mil-réis no ordenado dos estafetas — para salvar-se em certa ocasião de apuros financeiros. E salvou-se, esta é que é!...

A roupa no fio. À entrada das chuvas uma alma caridosa deu-lhe uma velha capa de borracha; mas no primeiro aguaceiro verificou Biriba que tal capote vazava como peneira, de modo a piorar-lhe a situação com a sobrecarga dum panejamento absorvedor de litros de água.

Biriba, perdida a paciência, murmurou.

Ai! Soube-o logo o chefe e fê-lo vir a contas.

— É certo que o senhor me anda arrenegando do emprego que lhe demos? Queria, acaso, ser eleito senador ou vice-presidente? Um pedaço de porcalhão que andava aí lambendo embira, morre não morre de fome, passa, por generosidade nossa, a ocupar um cargo federal com ordenado relativamente bom (aqui Biriba tossiu um... "Sim senhor"), encontra todas as facilidades, recebe um bom animal e ainda se queixa? Que quer então Vossa Excelência?

Biriba entumeceu-se de coragem e declarou querer uma coisa só: a demissão. Estava doente, surradíssimo, ameaçado de perder de um momento para outro a égua e as nádegas. Queria mudar de vida.

— Muda-se, então, de vida assim do pé pra mão? Quer abandonar os amigos? E a disciplina partidária onde fica, meu caro palerma?

Não convinha a ninguém a saída do Biriba. Quem mais serviçal? Lembravam-se dos estafetas anteriores, malcriados, inimigos de trazer um papel de agulha fosse para quem fosse. Não sairia. Itaoca impunha-lhe o sacrifício de ficar.

Mas a tortura do diário chocalhar por sete léguas das vísceras de Biriba acabou por desconjuntar nele o cimento da lealdade partidária. O mártir abriu os olhos. Lembrou-se com saudades dos ominosos tempos do coronel Evandro, das delícias do botequim e até do calamitoso período da degradação "fosfórica". Piorara após o triunfo, não havia dúvida.

Este livre exame de consciência — crede-me — foi o início da queda do coronel Fidêncio em Itaoca. Biriba, o firme esteio, apodrecia pelo nabo; viria abaixo, e com ele a cumeeira do pardieiro político. A víbora da traição armara ninho em sua alma.

Como o novo pleito se aproximasse, nova vitória lhe seria novo termo de martírio. Biriba ponderou de si para sua égua que a salvação de ambos estava na derrota. Demitiam-no, e ele, veterano e mártir do fidencismo, continuaria com jus ao apoio do partido, sem padecer por via coccigiana o contato odioso das sete horas diárias de socado.

Deliberou trair.

Na véspera da eleição incumbiu-o Fidêncio de trazer da cidade um papel importantíssimo para o tribofe das urnas. Sei lá o que era! Um "papel". A palavra "papel" dita assim em tom de mistério traz no bojo "coisas"...

Fidêncio frisou a gravidade da incumbência — a maior prova de confiança jamais dada por ele a um cabo eleitoral.

— Veja lá! A nossa sorte está nas suas mãos. Isto é que é confiança, hein?

Partiu Biriba. Recebeu na cidade o "papel" e rodou para trás. A meio caminho, porém, tomou por uma errada, foi ter à biboca dum negro velho, soltou a égua, pegou de prosa com o gorila. Caiu a noite: Biriba deixou-se ficar. Alvoreceu o dia seguinte: Biriba quieto. Dez dias se passaram assim. Ao cabo, arreou a égua, montou e botou-se para Itaoca como se nada houvera acontecido.

Foi um assombro a sua aparição. Baldadas as tentativas para apanhá-lo no dia do pleito e nos posteriores, deram-no como papado pelas onças, ele, égua, mala postal e "papel". Vê-lo agora surgir sãozinho da silva foi um abrir de boca e um pasmar à vila inteira. Que houve? Que não houve?

A todas as perguntas Biriba armava na cara a suprema expressão da idiotia. Nada explicava. Não sabia de nada. Sono cataléptico? Feitiço? Não compreendia o sucedido. Afigurava-se-lhe ter partido na véspera e estar de volta no dia certo.

Ficaram todos maravilhados, com asníssimas caras.

Fidêncio delirava na cama, com febre cerebral. Perdera a eleição redondamente.

— Derrota fedida — arrotavam os vencedores, atochando foguetes de assobio.

Em consequência do inexplicável eclipse do estafeta senhoreou-se do rebenque o ex-ominoso Evandro. Começou a derrubada. O olho da rua recebeu em seu seio tudo quanto cheirava a fidencismo. A vassoura da demissão, porém, poupou a... Biriba.

O novo cacique aproximou-se dele e disse:

— Demiti toda a canalha, Biriba, menos a você. Você é a única coisa que se salva da quadrilha de Fidêncio. Fique sossegado, que do seu lugarzinho ninguém o arranca, nem que o céu chova torqueses.

Pela derradeira vez em Itaoca Biriba balbuciou o "Sim senhor". À noite deu um beijo no focinho da égua e saiu de casa pé ante pé. Ganhou a estrada e sumiu.

E nunca mais ninguém lhe pôs a vista em cima...

MEU CONTO DE MAUPASSANT

1915

CONVERSAVAM NO TREM DOIS SUJEITOS. Aproximei-me e ouvi:

— Anda a vida cheia de contos de Maupassant; infelizmente há pouquíssimos Guys...

— Por que Maupassant e não Kipling, por exemplo?

— Porque a vida é amor e morte, e a arte de Maupassant é nove em dez um enquadramento engenhoso do amor e da morte. Mudam-se os cenários, variam os atores, mas a substância persiste — o amor, sob a única face impressionante, a que culmina numa posse violenta de fauno incendido de luxúria, e a morte, o estertor da vida em transe, o quinto ato, o epílogo fisiológico. A morte e o amor, meu caro, são os dois únicos momentos em que a jogralice da vida arranca a máscara e freme num delírio trágico.

— ?

— Não te rias. Não componho frases. Justifico-me... Na vida, só deixamos de ser uns palhaços inconscientes a mentirmos à natureza quando esta, reagindo, põe a nu o instinto hirsuto ou acena o "basta" final que recolhe o mau ator ao pó. Só há grandeza, em suma, e "seriedade", quando cessa de agir o pobre jogral que é o homem feito, guiado e dirigido por morais, religiões, códigos, modas e mais postiços de sua invenção — e entra em cena a natureza bruta.

— A propósito de quê tanta filosofia, com este calor de janeiro?...

O comboio corria entre São José e Quiririm. Região arrozeira em plena faina do corte. Os campos em sega tinham o aspecto de cabelos louros tosados à escovinha. Pura paisagem europeia de trigais.

A espaços feriam nossos olhos quadros de Millet, em fuga lenta, se longe, ou rápida, se perto. Vultos femininos de cesta à cabeça, que paravam a ver passar o trem. Vultos de homens amontoando feixes de espigas para a malhação do dia seguinte. Carroções tirados a bois recolhendo o cereal ensacado. E como caía a tarde e a Mantiqueira já era uma pincelada opaca de índigo a barrar a imprimadura evanescente do azul, vimos em certo trecho o original do "Angelus"...

— Já te digo a propósito de quê vem tanta filosofia.

E, enfiando os olhos pela janela, calou-se. Houve uma pausa de minutos. Súbito, apontando um velho saguaraji avultado à margem da linha e logo sumido para trás, disse:

— A propósito dessa árvore que passou. Foi ela comparsa no "meu conto de Maupassant".

— Conta lá, se é curto.

O primeiro sujeito não se ajeitou no banco, nem limpou o pigarro, como é de estilo. Sem transição foi logo narrando.

— Havia um italiano, morador destas bandas, que tinha vendola na estrada. Tipo mal-encarado e ruim. Bebia, jogava, e por várias vezes andou às voltas com as autoridades. Certo dia — eu era delegado de polícia — uns piraquaras vieram dizer-me que em tal parte jazia o "corpo morto" de uma velha, picado a foice.

"Organizei a diligência e acompanhei-os. 'É lá naquele saguaraji', disseram ao aproximarem-se da árvore que passou. Espetáculo repelente! Ainda tenho na pele o arrepio de horror que me correu pelo corpo ao dar uma topada balofa num corpo mole. Era a cabeça da velha, semioculta sob folhas secas. Porque o malvado a decepara do tronco, lançando-a a alguns metros de distância.

"Como por sistema eu desconfiasse do italiano, prendi-o. Havia contra ele indícios fortes. Viram-no sair com a foice, a lenhar, na tarde do crime.

"Entretanto, por falta de provas foi restituído à liberdade, mau grado meu, pois cada vez mais me capacitava da sua culpabilidade. Eu pressentia naquele sórdido tipo — e negue-se valor ao pressentimento! — o miserável matador da pobre velha."

— Que interesse tinha no crime?

— Nenhum. Era o que alegava. Era como argumentava a logicazinha trivial de toda gente. Não obstante, eu o trazia de olho, certo de que era o homicida.

"O patife, não demorou muito, traspassou o negócio e sumiu-se. Eu do meu lado deixei a polícia e do crime só me ficou, nítida, a sensação da topada mole na cabeça da velha.

"Anos depois o caso reviveu. A polícia obteve indícios veementes contra o italiano, que andava por São Paulo num grau extremo de decadência moral, pensionista do xadrez por furtos e bebedices. Prenderam-no e remeteram-no para cá, onde o júri iria decidir da sua sorte."

— Os teus pressentimentos...

O sujeito sorriu com malícia e continuou.

— Não resistiu, não reagiu, não protestou. Tomou o trem no Brás e veio de cabeça baixa, sem proferir palavra, até São José; daí por diante (quem o conta é um soldado da escolta) metia amiúde os olhos pela janela, como preocupado em ver qualquer coisa na paisagem, até que defrontou o saguaraji. Nesse ponto armou um pincho de gato e despejou-se pela janela fora. Apanharam-no morto, de crânio rachado, a escorrer a couve-flor dos miolos perto da árvore fatal.

— O remorso!

— Está aqui o "meu conto de Maupassant". Tive a impressão dele nas palavras do soldado da escolta: "Veio de cabeça baixa até São José, daí por diante enfiou os olhos pela janela até enxergar a árvore e pinchou-se". No progresso ingênuo da narrativa li toda a tragédia íntima daquele cérebro, senti todo um drama psicológico que nunca será escrito...

— É curioso! — comentou o outro, pensativamente.

Mas o primeiro sujeito acendeu o cigarro e concluiu sorridente, com pausada lentidão:

— O curioso é que mais tarde um dos piraquaras denunciadores do crime, e filho da velha, preso por picar um companheiro a foiçadas, confessou-se também o assassino da velhinha, sua mãe...

— ?

Meu caro, aquele pobre Oscar Fingal O' Flahertie Wills Wilde disse muita coisa, quando disse que a vida sabe melhor imitar a arte do que a arte sabe imitar a vida.

"POLLICE VERSO"

1916

Dos dezesseis filhos do coronel Inácio da Gama cedo revelou o caçula singulares aptidões para médico. Pelo menos assim julgara o pai, como quer que o encontrasse na horta interessadíssimo em destripar um passarinho agonizante.

— Descobri a vocação de Nico — disse o arguto sujeito à mulher. — Dá um ótimo esculápio. Inda agorinha o vi lá fora dissecando um sanhaço vivo.

Hão de duvidar os naturalistas estremes que o homem dissesse "dissecando". Um coronel indígena falar assim com este rigor de glótica é coisa inadmissível aos que avaliam o gênero inteiro pela meia dúzia de pafúncios agaloados do seu conhecimento. Pois disse. Este coronel Gama abria exceção à regra; tinha suas luzes, lia seu jornal, devorara em moço o *Rocambole*, as *Memórias de um médico* e acompanhava debates da Câmara com grande admiração por Rui Barbosa, Barbosa Lima, Nilo e outros. Vinha-lhe daí um certo apuro na linguagem, destoante do achavascado ambiente glóssico da fazenda, onde morava.

Quem nada percebeu foi dona Joaquininha, a avaliar pelo ar emparvecido que deu à cara.

— Dissecando — explicou superiormente o marido — quer dizer destripando.

— E deixou você que ele cometesse semelhante malvadeza? — exclamou a excelente senhora, compadecida.

— Lá vens com a pieguice!... Deixa-lo brincar, que é da idade, eu em pequeno fazia piores e nem por isso virei nenhum ogre.

(Outra vez! "Ogre"! O homem nascera precioso. Este ogre devia ser reminiscência do Ogre da Córsega, Napoleão chamado. Perdoem-lho à guisa de compensação à parcimônia da esposa, cujo vocabulário era dos mais restritos.)

Dona Joaquina fechou a cara, e quando o pequeno facínora entrou do quintal pediu-lhe contas da perversidade, asperamente. O coronel, que nesse momento lia na rede as folhas recém-chegadas, houve por bem interromper a ingestão de um flamante discurso sobre a questão do Amapá para acudir em apoio ao fedelho.

— Uma vez que será médico, não vejo mal em ir-se familiarizando com a anatomia...

— A anatomia está ali! — rematou a encolerizada senhora apontando a vara de marmelo oculta atrás da porta. — Eu que saiba que o senhor me anda com judiarias aos pobres animaizinhos, que te disseco o lombo com aquela anatomia, ouviu, seu carniceiro?

O menino raspou-se; o coronel retomou resignado o fio do discurso; e o caso do sanhaço ficou por ali.

Mas não ficou por ali a malvadez de Nico. Acautelava-se agora. Era às escondidas que "depenava" moscas, brinquedo muito curioso, consistente em arrancar-lhes todas as pernas e asas para gozar o sofrimento dos corpinhos inertes. Aos grilos cortava as saltadeiras, e ria-se de ver os mutilados caminharem como qualquer bichinho de somenos.

Gatos e cães farejavam-no de longe, aterrorizados. Fora ele quem cortara o rabo ao mísero Joli da agregada Emiliana, e era quem descadeirava todos os gatos da fazenda. Isso, longe. Em casa, um anjinho. E assim, anjo internamente e demônio extramuros, cresceu até à mudança de voz.

Entrou nesse período para um colégio, e deste pulou para o Rio, matriculado em medicina.

O emprego que lá deu aos seis anos do curso soube-o ele, os amigos e as amigas. Os pais sempre viveram empulhados, crentes de que o filho era uma águia a plumar-se, futuro Torres Homem de Itaoca, onde, vendida a fazenda, então moravam. Nesta cidade tinham em mente encarreirar o menino, para desbanque dos quatro esculápios locais, uns onagros, dizia o coronel, cuja veterinária rebaixava os itaoquenses à categoria de cavalos.

Pelas férias o doutorando aparecia por lá, cada vez "mais outro", desempenado, com tiques de carioca, "ss" sibilantes, roupas caras e uns palavreados técnicos de embasbacar.

Quando se formou e veio de vez, estava já definitivo, nos 24 anos. Não se lhe descreve aqui a cara, porque retratos por meio de palavras têm a propriedade de fazer imaginar feições às vezes opostas às descritas. Dir-se-á unicamente que era um rapaz espigado, entre louro e castanho, bonito mas antipático — com o olhar de Stuart Holmes, diziam as meninas doutoras em cinemas. No queixo trazia barba de médico francês, coisa que muito avulta a ciência do proprietário. Doentes há que entre um doutor barbudo e um glabro, ambos desconhecidos, pegam sem tir-te no peludo, convictos de que pegam no melhor.

O doutor Inacinho, entretanto, aborrecia aquele meio acanhado "onde não havia campo".

"Isto aqui" — contava em carta aos colegas do Rio — "é um puro degredo. Clínica escassa e mal pagante, sem margem para grandes lances, e inda assim repartida por quatro curandeiros que se dizem médicos, perfeitas vacas de Hipócrates, estragadores de pepineira com suas consultinhas de cinco mil-réis. O cirurgião da terra é um Doyen de sessenta anos, emérito extrator de bichos-de-pé e cortador de verrugas com fio de linha. Dá iodureto a todo mundo e tem a imbecilidade de arrotar ceticismo, dizendo que o que cura é a natureza. Estes rábulas é que estragam o negócio" — etc.

Negócio, pepineira, grandes lances — está aqui a psicologia do novo médico. Queria pano verde para as boladas gordas.

"Além disso" — continuava —, "é-me insuportável a ausência da Yvonne e de vocês. Não há cá mulheres, nem gente com quem uma pessoa palestre. Uma pocilga! As boas pândegas do nosso tempo, hein?"

Ora aqui está: Yvonne, os amigos, as pândegas foram o melhor do curso. Com mão diurna e noturna manuseou-os a estes tratadistas de anatomia, da fisiologia, da calaçaria, e agora torturavam-no saudades.

Yvonne volta à pátria, deixando cá a meia dúzia de amantes que depenara a morrerem de saudades dos seus encantos. Antes de ir-se deu a cada parvo uma estrelinha do céu, para que, a tantas, se encontrassem nela os amorosos olhares. Os seis idiotas todas as noites ferravam os olhos, um no "Taureau" (ela distribuíra as constelações em francês), outro na "Écrevisse", outro na "Chevelure de Bérenice", o quarto, no "Bélier", o quinto em "Antarés", e o derradeiro na "Épi de la Vièrge".

A garota morria de rir no colo dum apache montmartre, contando-lhe a história cômica dos seis parvos brasileiros e das seis constelações respectivas. Liam juntos as seis cartas recebidas a cada vapor, nas quais os protestos amorosos em temperatura de ebulição faziam perdoar a ingramaticalidade do francês antártico. E respondiam de colaboração, em carta circular, onde só variava o nome da estrela e o endereço.

Esta circular era o que havia de terno. Queixava-se a rapariga de saudades, "essa palavra tão poética que fora aprender no Brasil, o belo país das palmeiras, do céu azul, e dos michês". Acoimava-os de ingratos, já em novos amores, ao passo que a pobrezinha, solitária e triste "*comme la* juriti", consagrava os dias a rememorar o doce passado.

Eis explicada a razão pela qual, nas noites límpidas, ficava Inacinho à janela, pensativo, de olhos postos na "Chevelure de Bérenice".

O sonho do moço era enriquecer às rápidas para reatar a gostosura do idílio interrompido.

— Paris!... — balbuciava à meia-voz nos momentos de devaneio, semicerrando os olhos no antegozo do paraíso. Sonhava-se lá, riquinho, com Yvonne pelo braço, flanando no "Bois", tal qual nos romances; e a realização deste sonho era o alvo de todos os seus anelos. Jurara à amiga ir ter com ela logo que a prosperidade lhe abastasse meios. O tempo, entretanto, corria sem que nenhuma piabanha de vulto lhe caísse na rede. Tardava a bolada...

Entre os médicos antigos de Itaoca o doutor Inacinho gozava péssimo renome — se renome péssimo pode ser coisa de gozo.

— Uma bestinha! — dizia um. — Eu fico pasmado mas é de saírem da Faculdade cavalgaduras daquele porte! É médico no diploma, na barbicha e no anel do dedo. Fora daí, que cavalo!

— E que topete! — acrescentava outro. — Presumido e pomadista como não há segundo. Não diz "humores" ou "sífilis"; é *mal luético*. Eu o que queria era pilhá-lo numa conferência, para escachar...

O pai, já viúvo então, esse babava-se de orgulho. Filho médico, e ainda por cima destabocado e bem falante como aquele... Era de moer de inveja aos mais. Enlevava-o, sobretudo, aquele modo alcandorado de exprimir-se. Revia-se no filho, o coronel...

— A terminologia inteira da ciência alopata, coisas em grego e latim, circunvolve naquela cabecinha — disse ele uma vez ao vigário, que o olhou de revés, por cima dos óculos, ao som daquele mirífico *circunvolve*.

E assim corria o tempo, entre as diatribes das duas ciências, a moça e a velha, com entremeio dos belos vocábulos que o coronel nunca perdia de meter na falação.

Entrementes adoeceu o major Mendanha, capitalista aposentado com trezentas apólices federais, o Rockefeller de Itaoca. Deu-lhe uma súbita aflição, uma canseira, e a mulher alvoroçou-se.

— Não é nada, isto passa — acalmou ele.

— Passará ou não!... O melhor é chamar um médico.

— Qual, médico! Isto é nada.

Não era tão nada assim, como pretendia. À noite agravou-se-lhe o mal-estar, e o velho, apreensivo, cedeu às instâncias da esposa. Chamar a qual deles, porém?

— Pois o Moura — disse a mulher, para quem o da sua confiança era este Moura.

— Deus me livre! — retrucou o doente. — Aquilo é homem mal azarado. Pois não foi quem tratou Zeca, Peixoto, Jerônimo? E não esticaram a canela todos três?

— O doutor Fortunato, então...

— Fortunato! Já esqueceu você do que me ele fez por ocasião do júri, o tranca? Cobrar cinquenta mil-réis por um atestado falso? Não me pilha mais um vintém, o pirata...

No doutor Elesbão não se falou: era adversário político.

— Chama-se Galeno...

— É tão mosca-morta Galeno... — gemeu o doente com cara de desconsolo. — Andou anos a tratar Faria do Hotel como diabético, e já o dava por morto quando um curandeiro da roça o pôs saníssimo com um coco-da-baía comido em jejum. Eram solitárias os diabetes do homem... Só se vier o filho de Inácio?!

Aqui foi a mulher quem protestou.

— Eu, a falar a verdade, prefiro a ruindade de Galeno, a má sorte de Moura, e até Elesbão...

— Esse, nunca!... — interrompeu o velho, num assomo de rancor político.

— ... do que a antipatia do tal doutorzinho. Os outros ao menos têm a experiência da vida, ao passo que este...

— Este, quê?

— Este, Mendanha, é moço bonito, que o que quer é dinheiro e pândega, você não vê?

— Qual!... — emberrinchou o teimoso. — Sempre há de saber um pouco mais que os velhos; aprendeu coisas novas. No caso de Nhazinha Leandro, não a pôs boa num ápice?

— Também que doença! Prisão de ventre...

— Seja prisão ou soltura, o caso foi que a curou. Mande chamar o menino.

— Olhe, olhe! Depois não se arrependa!...

— Mande, mande chamá-lo e já, que não me estou sentindo bem.

Inacinho veio. Interrogou detidamente o major, tomou-lhe o pulso, auscultou-o com o semblante carregado e disse, depois de longa pausa:

— Não diagnostico por enquanto, porque não sou leviano como "certos" por aí. Sem auscultação estetoscópica nada posso dizer. Voltarei mais tarde.

— Vê? — disse Mendanha à esposa logo que o moço partiu. — Fosse Moura, ou qualquer dos tais, e já dali da porta vinha berrando que era isto mais aquilo. Este é consciencioso. Quer fazer uma auscultação, quê?

— Estereoscópica, parece.

— Seja o que for. Quer fazer a coisa pelo direito, é o que é.

Voltou o moço logo depois e com grande cerimonial aplicou o instrumento no peito magro do doente. Vincou de novo a fisionomia das rugas da concentração e concluiu com imponente solenidade:

— É uma pericardite aguda agravada por uma flegmasia hepático-renal.

O doente arregalou o olho. Nunca imaginara que dentro de si morassem doenças tão bonitas, embora incompreensíveis.

— E é grave, doutor? — perguntou a mulher, assustada.

— É e não é! — respondeu o sacerdote. — Seria grave se, modéstia de lado, em vez de me chamarem a mim chamassem a um desses mata-sanos que por aí rabulejam. Comigo é diferente. Tive no Rio, na clínica hospitalar, numerosos casos mais graves e a nenhum perdi. Fique descansada que porei o seu marido completamente são dentro de um mês.

— Deus o ouça! — rematou a mulher acompanhando-o até a porta e já meio reconciliada com a "antipatia".

— Então? — perguntou-lhe o doente. — Fiz ou não fiz bem em chamar este moço?

— Parece... Deus queira tenhamos acertado, porque isto de médicos é sorte.

— Não é tanto assim — reguingou o velho. — Os que sabem, conhecem-se por meia dúzia de palavras, e este moço ou muito me engano ou sabe o que diz. Fosse Fortunato...

E riu-se lá consigo ao imaginar as doencinhas caseiras que Fortunato descobriria nele...

A doença do major Mendanha ninguém soube qual fosse. O lindo diagnóstico de Inacinho não passava de mera sonoridade pelintra. Bacorejara ao moço que o velho tinha o coração fraco e qualquer maromba no fígado. Isto porque lhe doía, a ele, aqui no "vazio"; aquilo por ser natural. Confessá-lo com esta sem-cerimônia, porém, seria fazer clínica à moda de Fortunato, e desmoralizar-se. Além do mais, quem sabe lá se não estaria ali o sonhado lance? Prolongar a doença... Engordar a maquia...

Inácio não enxergava em Mendanha o doente, mas uma bolada maior ou menor, conforme a habilidade do seu jogo. A saúde do velho importava-lhe tanto como as estrelas do céu — exceção feita à "Cabeleira de Berenice". Como desadorasse a medicina, não vendo nela mais que um meio rápido de enriquecer, nem sequer lhe interessava o "caso clínico" em si, como a muitos. Queria dinheiro, porque o dinheiro lhe daria Paris, com Yvonne de lambuja. Ora, o major tinha trezentas apólices... Dependia pois da sua artimanha malabarizar aquele fígado, aquele coração, aquelas palavras gregas e, num prestidigitar manhoso, reduzir tudo a uns tantos contos de réis bem sonantes.

Mandou carta à francesinha: "Os negócios melhoraram. Estou metido em uma empresa que se me afigura rendosa. Saindo tudo a contento, tenho esperanças de inda este ano beijar-te sob a luz da terna confluente dos nossos olhares...".

O velho piorou com a medicação. Injeções hipodérmicas, cápsulas, pílulas, poções, não houve terapêutica que se não experimentasse desastrosamente.

— É mais grave o caso do que eu supunha — disse o doutor à mulher — e os escrúpulos do meu sacerdócio aconselham-me a pedir conferência médica. Os colegas da terra são os que a senhora sabe; entretanto, submeto-me a ouvi-los.

— Não, doutor! Mendanha não quer ouvir falar nos seus colegas; só tem confiança no doutor Inácio Gama.

— Nesse caso...

Inacinho voltou para casa esfregando as mãos. Estava só em campo, com todos os ventos favoráveis. Paris corria-lhe ao encontro...

Malgrado seu, na semana seguinte, inesperadamente, o raio do major apresentou melhoras. Sarava, o patife! E a Inácio palpitou que com mais uma quinzena daquela arribação o homem se punha de pé.

Fez os cálculos: trinta visitas, trinta injeções e tal e tal: três contos. Uma miséria! Se morresse, já o caso mudava de figura, poderia exigir vinte ou trinta.

Era costume dos tempos fazerem-se os médicos herdeiros dos clientes. Serviços pagos em caso de cura aí com centenas de mil-réis, em caso de morte reputavam-se em contos. Se os interessados relutavam no pagamento, a questão subia aos tribunais, com base no arbitramento. Os árbitros, mestres do mesmo ofício, sustentavam o pedido por coleguismo, dizendo em latim: "*Hodie mihi, cras tibi*", cuja tradução médica é: "Prepare-se você para me fazer o mesmo, que também pretendo dar a minha cartada".

Inácio ponderou tudo isto. Mediu prós e contras. Consultou acórdãos. E tão absorvido no problema andou que à noite se deixava ficar à janela até tarde, mergulhado em cismas, sem erguer os olhos para a Berenice estelar.

O que a sua cabeça pensou ninguém o saberá jamais. Têm as ideias para escondê-las a caixa craniana, o couro cabeludo, a grenha; isso por cima; pela frente têm a mentira do olhar e a hipocrisia da boca. Assim entrincheiradas, elas, já de si imateriais, ficam inexpugnáveis à argúcia alheia. E vai nisso a pouca de felicidade existente neste mundo sublunar. Fosse possível ler nos cérebros claro como se lê no papel e a humanidade crispar-se-ia de horror ante si própria...

Positivo como era Inacinho, supomos que meteu em equação o problema das duas vidas.

Primeira hipótese:
Cura do major = 3 contos.
Três contos = Itaoca, pasmaceira etc.

Segunda hipótese:
Morte do major = 30 contos.
Trinta contos = Paris, Yvonne, "Bois"...

Depois desta sólida matemática, esta anavalhante filosofia: "A morte é um preconceito. Não há morte. Tudo é vida. Morrer é transitar de um estado para outro. Quem morre, transforma-se. Continua a viver inorganicamente, transmutado em gases e sais, ou organicamente, feito lucílias, necróforas e uma centena de outras vidinhas esvoaçantes. Que importa para a universal harmonia das coisas esta ou aquela forma? Tudo é vida. A vida nasce da morte. Eu preciso, eu 'quero' viver a minha vida. Há óbices no caminho? Afasto-os...".

Fiquemos por aqui. Não há tempo para filosofias, porque o major Mendanha piorou subitamente e lá agoniza. Morreu.

O atestado de óbito deu como causa mortis flegmatite complicada com necrose elipsodal. Podia batizá-la de embolia estourada, nó cego na tripa, tuberculose mesentérica, estupor granuloso peristáltico, ou qualquer outro dos cem mil modos de morrer à grega.

Morreu, e está dito tudo. Morreu, e o doutor Inacinho apresentou no inventário uma conta de chegar: 35 contos de réis.

Os herdeiros impugnaram o pagamento. Move-se a traquitana da Justiça. Mói-se o palavreado tabelionesco. Saem das estantes carunchosos trabucos romanos. Procede-se ao arbitramento.

Os árbitros são Fortunato e Moura, os quais disseram entre si:

— Que grande velhaco! Mata o homem e ainda por cima quer ficar-se herdeiro! O tratamento, alto e malo, não vale cem mil-réis. Que valha duzentos. Que valha um conto ou três. Mas trinta e cinco? É ser ladrão!...

No laudo, entretanto, acharam relativamente módico o pedido — sem dizer relativo ao quê.

A Justiça engoliu aquele papel, gestou-o com outros ingredientes da praxe e, a cabo de prazos, partejou um monstrozinho chamado sentença, o qual obrigava o espólio a aliviar-se de trinta e cinco contos de réis em proveito do médico, mais as custas da esvurmadela forense. Inacinho, radiante, embolsou os cobres e reconciliou-se com os dois colegas que, afinal de contas, não eram os cretinos que supusera.

— Colegas, o passado, passado; agora, para a vida e para a morte!

— Pois está visto! — disse Fortunato. — Tolo andou você em abrir luta com os que ajudam o negócio. O coleguismo: eis a nossa grande força!...

— Tem razão, tem razão. Criançada minha, ilusões, farofas que a idade cura...

Que mais? Que voou a Paris? É claro. Voou e lá está sob o pálio da grenha astral, a passear com a Yvonne no "Bois".

Ao pai escreveu:

"Isto é que é vida! Que cidade! Que povo! Que civilização! Vou diariamente à Sorbonne ouvir as lições do grande Doyen e opero em três hospitais. Voltarei não sei quando. Fico por cá durante os 35 contos, ou mais, se o pai entender de auxiliar-me neste aperfeiçoamento de estudos."

A Sorbonne é o apartamento em Montmartre onde compartilha com o apache de Yvonne o dia da rapariga. Os três hospitais são os três cabarés mais à mão.

Não obstante, o pai cismou naquilo cheio de orgulho, embora pesaroso: não estar viva Joaquininha para ver em que alturas pairava Nico — Nico do sanhaço estripado... Em Paris! Na Sorbonne!... Discípulo querido do Doyen, o grande, o imenso Doyen!...

Mostrou a carta aos médicos reconciliados.

— Isso de hospitais — gemeu o invejoso Fortunato — é uma mina. Dá nome. Para botar nos anúncios é de primeiríssima.

— E o Doyen? — murmurou, baboso, o embevecido pai. — Não há como a gente apropinquar-se das celebridades...

— É isso mesmo — concluiu Moura, relanceando um olhar a Fortunato num comentário mudo àquele mirífico apropinquamento. E os dois enxugaram, a uma, os copos da cerveja comemorativa mandada abrir pelo bem-aventurado coronel.

BUCÓLICA

1915

TANTA CHUVA ONTEM!... O cedrão do posto fendido pelo raio — e hoje, que manhã!

A natureza orvalhada tem a frescura de uma criancinha ao deixar o banho. Inda há rolos de cerração vadia nas grotas. O sol já nado e ela com tanta preguiça de recolher os véus de neblina... A vegetação toda a pingar orvalho, bisbilhante de gotas que caem e tremelicam, sorri como em êxtase. Há em cada vergôntea folhinhas de esmeralda tenra brotadas durante a noite. A mão de quem passa não resiste; colhe-as de alcance, porque é um gosto mordiscar-lhes a polpa macia.

Meu Deus! O que vai de aranhóis pela relva — nos galhinhos de joveva, nas flechas de capim, grandes e pequeninos, todos mimosos de desenho, tecidos a fio de seda... Compraz-se a noite em agrumar neles milhões de diamantezinhos que a luz da manhã irisa. Malmequeres por toda a parte — amarelos, brancos. E tanta flor sem nome...

— Flor à toa — diz a gente roceira.

São, coitadinhas, a plebe humílima. A nobreza floral mora nos jardins, esplendendo cores de dança serpentina sob formas luxuriosas de odaliscas. A duquesa Dália, sua majestade a Rosa, o samurai Crisântemo — que fidalguia! Bem longe estão destas aqui, azuleguinhas, pouco maiores do que uma conta de rosário.

Não obstante, vejo nestas mais alma. Leio mil coisas na sua modéstia. Lutaram sem tréguas contra o solo tramado de raízes concorrentes, contra as lagartas, contra os bichos que pastam. Que tenacidade, que prodígio de economia não representam estas iscas de pétalas, e o perfume agreste que as oloriza, e a cor — tentativa de azul — com que se enfeitam, as feiticeirinhas!

São belas, sim — da sua beleza, a beleza selvática das coisas que jamais sofreram a domesticação do homem.

As flores de jardim: escravas de harém... Adubo farto, terra livre, tutores para a haste, cuidados mil — cuidados do homem para com a rês na ceva... As agrestes morrem livres no hastil materno; as fidalgas, na guilhotina da tesoura. Fábula do lobo e do cão...

Que ar! A gente das cidades, afeita a sorver um indecoroso gás feito de pó em suspensão num misto de mau azoto e pior oxigênio, ignora o prazer sadio que é sentir os pulmões borbulhantes deste fluido vital em estado de virgindade. O oxigênio fresquinho foi elaborado naquele momento pela vegetação viçosa. Respirá-lo é sorver vida à nascente.

Ali, o rio. Ingazeiros desgalhados pendem sobre ele as franças, cujas pontas lhe arrepiam o espelho das águas. Caem na corrente flores mortas. O movediço esquife condu-las com mimo até a barulhenta corredeira próxima; lá, irritado, amarfanha-as, fá-las pedaços — e as coitadinhas viram babugem.

Margeia o rio a estrada, ora de ocre amarelo, ora roxo-terra; aqui, túnel sob a verdura picada no alto de nesgões de luz; além, escampa. Nos barrancos há tocos de raízes decepadas pelo enxadão, e covas de formigueiros mortos onde as corruílas armam ninho.

Surgem casebres de palha.

Lá na aguada bate roupa uma mulher.

Rumor no mato... Sai dele, de lenha ao ombro, uma cabocla.

— Sinh'Ana, bom dia! Que é de Luís?

— No eito, coitado.

— Sarou bem?

— Ché, que esperança! Melhorzinho. Panarício é uma festa!...

Baitacas em bando, bulhentas, a sumirem-se num capão de angico. Borboletas amarelas nos úmidos. Parece um debulho de flores de ipê.

Uma preá que corta o caminho.

— Pega, Vinagre!

Outra casinha, lá longe. É a toca do Urunduva, caboclo maleiteiro. Este diabo tem no sítio a coisa mais bela da zona — a paineira grande. Dirijo-me para lá. Um carreirinho entre roças, a pinguela, um valo a saltar... Ei-la! Que maravilha!

Derreada de flores cor-de-rosa, parece uma só imensa rosa crespa. Beija-flores como ali ninguém jamais viu tantos. Milheiros não digo — mas centenas, uma centena pelo menos lá está zunindo. Chegam de longe todas as manhãs enquanto dura a festa floral da paineira mãe. Voejam rápidos como o pensamento, ora librados no ar, sugando uma corola, ora riscando curvas velocíssimas, em trabalhos de amor.

Que lindo amor — alado, rutilante de pedrarias!...

Respiro um ar cheiroso, adocicado, e fico-me em enlevo a ver as flores que caem regirantes. Se afla mais forte a brisa, despegam-se em bando e recamam o chão. Devem ser assim as árvores do país das fadas...

— Urunduva? É ele mesmo. Amarelo, inchado, a arrastar a perna...

— Então, meu velho, na mesma?

— Melhorzinho. A quina sempre é remédio.

— Isso mesmo, quina, quina.

— É... mas está cara, patrão! Um vidrinho assim, 3 cruzados. Estou vendo que tenho de vender a paineira.

— ??

— Não vê que Chico Bastião dá dezoito mil-réis por ela — e inda um capadinho de choro. Como este ano carregou demais, vem paina pra arrobas. Ele quer aproveitar; derruba e...

— Derruba!...

— Derruba e...

— Por que não colhe a paina com vara, homem de Deus?

— Não vê que é mais fácil derrubar...

— Derruba!...

Fujo dali com este horrível som a azoinar-me a cabeça. Aquela maleita ambulante é "dona" da árvore. Urunduva está classificado no gênero *Homo*. Goza de direitos. É rei da criação e dizem que feito à imagem e semelhança de Deus.

Roças de milho. A terra calcinada, com as cinzas escorridas pelo aguaceiro da véspera, inça-se de tocos carbonizados, e árvores enegrecidas até meia altura, e paulama em carvão. Entremeio, covas de milho já espontando folhinhas tenras.

— Derruba!...

Adiante, feijão. O terreno varrido, cor de sépia, pontilhado pelo verde das plantas recém-vindas, lembra chita de velha: as velhas gostam de chitas escuras com pintas verdes.

É aqui o sítio de Maria Veva. Tem ruim fama esta mulher papuda. Má até ali, dizem.

O marido — coitado — um bobo que anda pelo cabresto — Pedro Suã. Ganhou este apelido desde o célebre dia em que a mulher o surrou com um suã de porco. Lá vem ele, de espingardinha...

— Vai caçar?

— Antes fosse. Vou cuidar do enterro.

— Enterro?...

— Pois morreu lá a menina, a Anica.

— Pobrezinha! De quê?

— A gente sabe? Morreu de morte...

Estúpido!

Sem querer, dirijo-me para a casa dele. Não gosto de Veva. É horrenda, beiço rachado, olhar mau — e aquele papo!

— Então, nhá, morreu a menina? Soube-o inda agora pelo Suã...

— É.

Que resposta seca!

— E de que morreu?

— Deus é que sabe.

Peste! E como a atrevidaça me olha duro! Sinto-me mal em sua presença.

— Adeus, Sicorax![2]

Para alguma coisa sirva a literatura...

Arrepio caminho, entristecido. A manhã vai alta, já crua de luz. O sol, estúpido; o azul, de irritar. Que é dos aranhóis? Sumiram-se com o orvalho que os visibiliza. Estão agora invisíveis, a apanhar insetinhos incautos que nhá Veva Aranha devora. A paisagem perdeu o encanto da frescura e da bruma. Está um lugar comum. Não vejo flores nem pássaros. O excesso de luz dilui as flores, o calor esconde as aves. Só um carcará resiste ao mormaço, empoleirado num tronco seco de peroba. Está de tocaia aos pintos do Urunduva, o rapinante.

Um vulto... É mulher... Será Inácia? Vem de trouxa à cabeça. É ela mesma, a preta agregada aos Suãs.

— Então, rapariga?

— Ai, seu moço, vou-me embora. Alguém há de ter dó da velha. Na casa da peste papuda, nem mais um dia! Antes morrer de fome...

— Que coisa houve?

— Não sabe que morreu a aleijadinha? Pois é, morreu. Morreu, a pobre, só porque ontem esta sua negra foi no bairro do Libório e a chuva me prendeu lá. Se eu pudesse adivinhar...

— Mas de que morreu a menina, criatura?

— Sabe do que morreu? Morreu... de sede! Morreu, sim, eu juro, um raio me parta pelo meio se a coitadinha não morreu...

Aqui soluços de choro cortaram-lhe a voz.

— ... de seeeede! Meu Deus do céu, o que a gente não vê neste mundo!

A menina era entrevada, e a mãe, má como a irara. Dizia sempre: "Pestinha, por que não morre? Boca à toa, a comer, a comer. Estica o

2. Sicorax, feiticeira, é a mãe de Calibã em *A tempestade*, de Shakespeare. (N.E.)

cambito, diabo!". Isto dizia a mãe — mãe, hein? Inácia, entretanto, morava lá só para zelar da aleijadinha. Era quem a vestia, e a lavava, e arrumava o pratinho daquele passarico enfermo. Sete anos assim. Excelente negra!

— Coisa de três dias garrou uma doencinha, dor de cabeça, febre. Dei chá de hortelã; nada. Dei cidreira; nada. Sempre a quentura da febre. Disse comigo: "Vou lá no bairro e trago uma dose". Fui, é longinho, três quartos de légua. O curador me deu a dose, mas quem disse de poder voltar? Uma chuvarada... Pousei no Libório. Hoje, manhãzinha, vim.

"Entrei alegre, pensando: a coitadinha vai sarar. Eu que pisei na alcova, dou com a menina espichada na esteira, fria. 'Anica! Anica!' Quando vi bem que estava morta de verdade, ah, seu moço, berrei como nunca na minha vida.

"— Nhá Veva, de que jeito morreu Anica, conte, conte!

"Nhá Veva quieta, repuxando a boca. Uma pedra! Caí em cima da menina, beijei, chorei. Nisto, uma cutucada — era Zico, aquele negrinho, sabe? Olhei pra ele: fez jeito de me falar longe da taturana. Lá fora me contou tudo. A menina, desde que eu saí, piorou. Mas quietinha sempre. Noite alta, gemeu.

"— Cala a boca, peste! — gritou do outro quarto a mãe — mãe, veja!

"— Quero água, nhá mãe.

"— Cala a boca, peste!

"A menina calou. Mais tarde gemeu outra vez, baixinho.

"— Quero água! Quero água!

"Ninguém se mexeu.

"— E tu, negrinho safado, por que não acudiu a menina?

"— Não vê! Eu conheço nhá Veva!...

"Seu Pedro, aquele trapo, esse estava na pinga de todo dia. Ninguém na casa para chegar uma caneca d'água à boca da doentinha. Ela, um chorinho ainda; depois, mais nada. De manhã..."

Lágrimas escorriam a fio pela cara da preta e soluços de dor cortavam-lhe as palavras.

— De manhã foram encontrar a menina morta na cozinha, rente ao pote d'água. Arrastou-se até lá, o anjinho que nem se mexer na cama podia — e morreu de sede diante da água!...

— Quem sabe se...

— Não bebeu, não! O pote, em cima da caixa, ficava alto, e a caneca estava tal e qual no lugarzinho do costume. Não bebeu, não! Morreu de sede, o anjo!

Enxugou as lágrimas na manga.

— Agora vou no Libório. Se ele me quiser, fico. Se não, sou bem capaz de me pinchar nesse rio. Este mundo não paga a pena...

Sol a pino. Desânimo, lassidão infinita...

O MATA-PAU

1915

Píncaros arriba e perambeiras abaixo, a serra do Palmital escurece de mataria virgem, sombria e úmida, tramada de taquaruçus, afestoada de taquaris, com grandes árvores velhas de cujos galhos pendem cipós e escorrem barbas-de-pau e musgos.

Quem sobe da várzea, depois de transpostas as capoeiras da raiz, ao emboscar-se de chofre no frio túnel vegetal que é ali a estrada inevitavelmente espirra. E se é homem das cidades, pouco afeito aos aspectos bravios do sertão, depois do espirro abre a boca, pasmado da paulama. Extasia-se ante a graciosa copa dos samambaiaçus, ante as borboletas azuis, ante as orquídeas, os liquens, tudo.

Sofria o animal sem o sentir mas não para. Vai parar adiante, na Volta Fria, onde um broto d'água gelada, a fluir entremeio às pedras, o tenta a sorver um gole aparado em folha de caeté. Bebida a água, e dito que nas cidades não há daquilo, leva-lhe a vista o soberbo mata-pau que domina o grotão.

— Que raio de árvore é esta? — pergunta ele ao capataz, pasmado mais uma vez.

E tem razão de parar, admirar e perguntar, porque é duvidoso existir naquelas sertanias exemplar mais truculento da árvore assassina.

Eu, de mim, confesso, fiz as três coisas. O camarada respondeu à terceira:

— Não vê que é um mata-pau?

— E que vem a ser o mata-pau?

— Não vê que é uma árvore que mata outra? Começa, quer ver como? — disse ele escabichando as frondes com o olhar agudo em procura dum exemplar típico. — Está ali um!

— Onde? — perguntei, tonto.

— Aquele fiapinho de planta, ali no gancho daquele cedro — continuou o cicerone, apontando com dedo e beiço uma parasita mesquinha grudada na forquilha de um galho, com dois filamentos escorridos para o solo. — Começa assinzinho, meia dúzia de folhas piquiras; bota pra baixo esse fio de barbante na tenção de pegar a terra. E vai indo, sempre naquilo, nem pra mais nem pra menos, até que o fio alcança o chão. E vai então o fio vira raiz e pega a beber a sustância da terra. A parasita cria fôlego e cresce que nem imbaúba. O barbantinho engrossa todo dia, passa a cordel, passa a corda, passa a pau de caibro e acaba virando tronco de árvore e matando a mãe — como este guampudo aqui — concluiu, dando com o cabo do relho no meu mata-pau.

— Com efeito! — exclamei admirado. — E a árvore deixa?

— Que é que há de fazer? Não desconfia de nada, a boba. Quando vê no seu galho uma isca de quatro folhinhas, imagina que é parasita e não se precata. O fio, pensa que é cipó. Só quando o malvado ganha alento e garra de engrossar, é que a árvore sente a dor dos apertos na casca. Mas é tarde. O poderoso daí por diante é o mata-pau. A árvore morre e deixa dentro dele a lenha podre.

Era aquilo mesmo! O lenho gordo e viçoso da planta facinorosa envolvia um tronco morto, a desfazer-se em carcoma. Viam-se por ele arriba, intervalados, os terríveis cíngulos estranguladores; inúteis agora, desempenhada já a missão constritora, jaziam frouxos e atrofiados.

Imaginação envenenada pela literatura, pensei logo nas serpentes de Laocoonte, na víbora aquecida no seio do homem da fábula, nas filhas do rei Lear, em todas as figuras clássicas da ingratidão. Pensei e calei, tanto o meu companheiro era criatura simples, pura dos vícios mentais que os livros inoculam. Encavalgamos de novo e partimos.

Não longe dali a serra complana-se em rechã e a mata míngua em capoeira rala, no meio da qual, em terreiro descoivarado, entremostra-se uma tapera. Esverdece o melão-de-são-caetano por sobre o derruído tapume do quintalejo, onde laranjeiras com erva-de-passarinho e uma ou outra planta doméstica marasmam agoniadas pelo mato sufocante.

— Antigo sítio de Elesbão do Queixo d'Anta — explicou o camarada.

— Largado? — perguntei.

— Há que anos! Desde que mataram o homem ficou assim.

Bacorejou-me história como as quero.

— Mataram-no? Conte lá isso como foi.

O camarada contou a história que para aqui traslado com a possível fidelidade. O melhor dela evaporou-se, a frescura, o correntio, a ingenuidade de um caso narrado por quem nunca aprendeu a colocação dos pronomes e por isso mesmo narra melhor que quantos por aí sorvem literaturas inteiras, e gramáticas, na ânsia de adquirir o estilo. Grandes folhetinistas andam por este mundo de Deus perdidos na gente do campo, ingramaticalíssima, porém pitoresca no dizer como ninguém.

Elesbão morava com o pai no Queixo d'Anta, onde nascera. Quando a puberdade lhe engrossou a voz, disse ao velho:

— Meu pai, quero casar.

O pai olhou para o filho pensativamente; em seguida falou:

— Passarinho cria pena é para voar. Se você já é homem, case.

O rapaz pediu-lhe que pusesse em prova a sua virilidade.

O pai refletiu e disse:

— Derrube o jataí da grotinha, sem tomar fôlego.

Elesbão afiou o machado, arregaçou as mangas e feriu o pau. Em toada de compasso, bateu firme a manhã inteira. À hora do almoço, o *pan*

pan continuava sem esmorecimento. Só quando o sol aprumou no pino é que a madeira gemeu o primeiro estalido.

— Está no chão — disse o pai, que se acercara do filho exausto mas vitorioso. — Pode casar. É homem.

Elesbão trazia de olho uma menina das redondezas, filha do balaieiro João Poca, Rosinha, bilro sapiroquento de treze anos, feiosa como um rastolho.

— Meu pai, eu quero Rosinha Poca.

— Case. Mas ouça o que digo. Os Pocas não são boa gente. Os machos ainda servem — João é um coitado, Pedro não é má bisca; mas as saias nunca valeram nada. A mãe de Rosa é falada. Laranjeira azeda não dá laranja-lima. Você pense.

— Meu pai, o futuro é de Deus. Eu quero casar com Rosinha.

— Pois case.

Deliberado com tal firmeza, Elesbão tratou de sitiar-se. Arrendou a rechã da tapera, roçou, derrubou, queimou, plantou, armou a choça. Barreadas que foram as paredes, pediu a menina e casou-se.

Rosa só o era no nome. No corpo, simples botão inverniço, desses que melam aos frios extemporâneos de maio. Olhos cozidos e nariz arrebitado, tal qual a mãe. Feia, mas da feiura que o tempo às vezes conserta. Talvez se fiasse nisso o noivo.

Elesbão, rijo no trabalho, prosperou. Aos três anos de labuta era já sitiante de monjolo, escaroçador e cevadeira, com dois agregados no eito.

Prole, até esse tempo nenhuma; e isso entristecia a casa. Mas resignavam-se já ao vazio da esterilidade quando certa noite soou choro de criança no terreiro.

Não se conta o terror de ambos — que aquilo era na certa alma penada de criança morta pagã. Como, entretanto, a pobre alma berrasse com pulmões muito da terra, e cada vez mais, Elesbão duvidou do bruxedo e, acendendo uma braçada de palha, lançou-a fora pela janela. O terreiro clareou até longe e eles viram, a pouca distância, uma criaturinha de gatas a berrar com desespero de quem é absolutamente deste mundo.

— E não é que é uma criança de verdade? — exclamou ele, saído de um assombro e entrado noutro. — E agora?

— Pois é recolhê-la — disse Rosa, cujo instinto de mulher só via no caso um pobre enjeitadinho ao léu, a reclamar conchego.

Recolheu-o Elesbão, depondo o chorincas no colo da esposa. Rosa o estreitou ao seio, acalmando-o, ao mesmo tempo que "assentava" o marido.

— Se não aparecer a mãe, cria-se o aparecido. Faz tanta falta um chorinho por aqui...

No dia seguinte bateram as vizinhanças em indagações, sem nada colherem explicativo do estranho caso. Resolveram, pois, adotar o pequeno.

O pai de Elesbão, consultado, ponderou:

— Não presta criar filho alheio.

Mas como o consulente armasse cara de vacilação, remendou logo a sua filosofia:

— Também não é caridade enjeitar um enjeitado — e ficou-se nisso.

Rosa conservou o pequeno e deu com ele criado à força de leite de cabra e caldinhos.

À medida, porém, que medrava, o menino punha a nu a má índole congenial. Não prometia boa coisa, não.

— Eu avisei — recordou o velho, como Elesbão se queixasse um dia da ruim casta do recolhido.

— Meu pai disse também que não era caridade enjeitar um enjeitado...

— É verdade, é verdade... — confirmou o filósofo de pé no chão, e calou-se.

Manoel Aparecido era o nome do rapazinho. Como tivesse olhos gateados e cabelos louros de milho, denunciadores de origem estrangeira, puseram-lhe os vizinhos a alcunha de Ruço.

Ganhou fama de madraço, e o era perfeito, inimigo de enxada e foice, só atento a negociatas, barganhas, espertezas. Amado por Rosa como filho, livrava-o ela da sanha do esposo escondendo suas malandragens, porque Elesbão vivia ameaçando endireitá-lo a rabo de tatu.

Não endireitou coisa nenhuma. Com dezoito anos era Ruço a peste do bairro, atarantador dos pacíficos e traiçoeiro para com os escoradores.

— É ruim inteirado! — dizia o povo.

Por esse tempo navegava Rosa na casa dos trinta anos. Como a não estragaram filhos, nem se estragou ela em grosseiros trabalhos de roça, valia muito mais do que em menina. O tempo curou-lhe a sapiroca, e deu-lhe carnes a boa vida. De tal forma consertou que todo mundo gabava o arranjo.

— Ninguém perca a esperança. Olhem a mulher de Elesbão, aquela Poquinha sapiroquenta, como está chibante!...

A sua boniteza residia na saúde dos olhos e na gordura. Na roça, gordura é sinônimo de beleza — gordura e "olhos azuis que nem uma conta"...

Além disso Rosinha cuidava de si. Virou faceira. Sempre limpa, vestida de boas chitas da sua cor, cabelos bem alisados para trás, torcidos em pericote lustroso à força de pomada de lima, não havia na serra pimpona assim nem moça de fazenda com pai coronel.

Suas relações com Ruço, maternais até ali, principiaram a mudar de rumo, como quer que espigasse em homem o menino. Por fim degeneraram em namoro — medroso no começo, descarado ao cabo. A má casta das Pocas, desmentida no decurso da primavera, reafirmava-se em plena sazão calmosa. O verão das Pocas! Que forno...

Tudo transpira. Transpirou nas redondezas a feia maromba daqueles amores. Boas línguas, e más, boquejavam o quase incesto.

Quem de nada nunca suspeitou foi o honradíssimo Elesbão; e como na porta dos seus ouvidos paravam os rumores do mundo, a vida das três criaturas corria-lhes na toada mansa a que se dá o nome de felicidade.

Foi quando caiu de cama o pai de Elesbão, doente de velhice.

Mandou chamar o filho e falou-lhe com voz de quem está com o pé na cova:

— Meu filho, abra os olhos com Poca...

— Por que fala assim, meu pai?

O velho ouvira o zum-zum da má vida; vacilava, entretanto, em abrir os olhos ao empulhado. Correu a mão trêmula pela cabeça do filho, afagou-a e morreu sem mais palavra. Sempre fora amigo de reticências, o bom velho.

Elesbão regressou ao sítio com aquele aviso a verrumar-lhe os miolos. Passou dias de cara amarrada, acastelando hipóteses.

Vendo o marido assim demudado, casmurro, de prazenteiro que era, Rosa caiu em guarda. Chamou de banda Ruço e disse-lhe:

— Lesbão, desde que morreu o pai, anda amode que ervado. Mas não é sentimento, não. Ele desconfia... Às vezes pega de olhar para mim dum jeito esquisito, que até me gea o coração...

Manoel segurou o queixo e refletiu. Continuar naquela vida era arriscado. Ir-se, pior; nada possuía de seu e trabalhar para outrem não era com ele. Se Elesbão morresse...

Não se sabe se houve concerto entre os amásios. Mas Elesbão morreu. E como!

Certa vez, de volta da vila próxima ali pelo escurecer, caiu de borco na Volta Fria, barbaramente foiçado na nuca. Descobriram-lhe o cadáver pela manhã, bem rente ao mata-pau.

A justiça, coitadinha, apalpou daqui e dali, numa cegueira... Desconfiou de Ruço — mas cadê provas? Era Ruço mais fino que o delegado, o promotor, o juiz — mais até que o vigário da vila, um padre gozador da fama de enxergar através das paredes.

A viúva chorou como mamoeiro lanhado — fosse de sentimento, de remorso ou para iludir aos outros. Talvez sem cálculo nenhum pelos três motivos.

Manoel permaneceu na casa. Viviam como filho e mãe, dizia ela; como marido e mulher, resmungava o povo.

O sítio, porém, entrou logo a desmedrar. Comiam do plantado, sem lembrança de meter na terra novas sementes. O moço ambicionava vender as benfeitorias para mergulhar no Oeste, e como Rosa relutasse deu de maltratá-la.

Estes amores serôdios são como a vide: mais judiam deles, mais reviçam. Às brutalidades de Ruço respondia a viúva com redobros de carinho.

Seu peito maduro, onde o estio no fim anunciava o inverno próximo, chamejava em fogo bravo, desses que roncam nas retranças dos taquaruçuzais. E isso vingava Elesbão, esse amor sem jeito, sem conta, sem medida, duas vezes criminoso sobre sacrílego e, o que era pior, aborrecido pelo facínora, já farto.

— Coroca! Sapicuá de defunto! Cangalha velha!

Não havia insulto com o peão do veneno plantado na nota da velhice que lhe não desfechasse, o monstro.

Rosa depereceu a galope. Adeus, gordura! Boniteza outoniça, adeus! Saias a ruflar tesas de goma, pericote luzidio recendente a lima, quando mais?

Os vizinhos comentavam:

— Ruço dá cabo dela, como deu cabo do marido — e é bem feito.

Voz do povo...

Um dia Ruço ameaçou de largá-la, se não vendesse tudo, já e já; e a pobre mulher deu ao bandido essa derradeira prova de amor. Vendeu por uma bagatela o que restava acumulado pelo esforço do defunto — a moenda, o monjolo, a casa, o canavial em soca. E combinaram para o outro dia o ambicionado mergulho na terra roxa.

Nessa noite Rosa despertou sufocada por violenta fumaceira. A casa ardia. Saltou como louca da enxerga e berrou por Ruço.

Ninguém lhe respondeu.

Atirou-se contra a porta: estava fechada por fora.

O instinto fê-la agarrar o machado e romper a furiosos golpes as tábuas rijas. Escapa-se da fornalha, rola para o terreiro com as vestes em fogo, precipita-se no tanque e, livre das chamas, cai inerte para um lado — justamente onde vinte anos atrás vira o enjeitadinho chorando ao relento...

Quando de manhã passantes a recolheram, estava de olhos pasmados, muda. Levaram-na em maca para o hospital, onde sarou das queimaduras, mas nunca mais do juízo. Foi feliz, Rosa. Enlouqueceu no momento preciso em que seu viver ia tornar-se puro inferno.

— E Ruço?

— Abalou com o dinheiro...

Aí parava a história de Elesbão, como a sabia o meu camarada. Um crime vulgar como os há na roça às dezenas, se a lembrança do mata-pau o não colorisse com tintas de símbolo.

— Não é só no mato que há mata-paus!... — murmurei eu filosoficamente, à guisa de comentário.

O capataz entreparou um momento, como quem não entende. Depois abriu na cara o ar de quem entendeu e gostou.

— Não é por gabar, mas vosmecê disse aí uma palavra que merece escrita. É tal e qual...

E calou-se, de olho parado, pensativo.

BOCATORTA

1915

A QUARTO DE LÉGUA do arraial do Atoleiro começam as terras da fazenda de igual nome, pertencente ao major Zé Lucas. A meio entre o povoado e o estirão das matas virgens dormia de papo acima um famoso pântano. Pego de insidiosa argila negra fraldejado de velhos guembês nodosos, a taboa esbelta cresce-lhe à tona, viçosa na folhagem erétil que as brisas tremelicam. Pela inflorescência, longas varas soerguem-se a prumo, sustendo no ápice um chouriço cor de telha que, maturado, se esbruga em paina esvoaçante. Corre entre seus talos a batuíra de longo bico, e saltita pelas hastes a corruíla do brejo, cujo ninho bojudo se ouriça nos espinheiros marginais. Fora disso, rãs, mimbuias pensativas e, a rabear nas poças verdinhentas de algas, a traíra, esse voraz esqualozinho do lodo. Um brejo, enfim, como cem outros.

Notabiliza-o, porém, a profundidade. Ninguém ao vê-lo tão calmo sonha o abismo traidor oculto sob a verdura. Dois, três bambus emendados que lhe tentem alcançar o fundo subvertem-se na lama sem alcançar pé.

Além de vários animais sumidos nele, conta-se o caso de Simas, português teimoso que, na birra de salvar um burro já atolado a meio, se viu engolido lentamente pelo barro maldito. Desde aí ficou o atoleiro gravado na imaginativa popular como uma das bocas do próprio inferno.

Transposto o abismo a vegetação encorpa, até formar a mata por cujo seio corre a estrada mestra da fazenda.

Na manhã daquele dia passara por ali o trole do fazendeiro, de volta da cidade. Além do velho, de sua mulher Don'Ana e de Cristina, a filha única, vinha a passeio o bacharel Eduardo, primo longe e noivo da moça. Chegaram e agora ouviam na varanda, da boca de Vargas, fiscal, a notícia do sucedido durante a ausência. Já contara Vargas do café, da puxada dos milhos e estava na criação.

— Porcos têm sumido alguns. Uma leitoa rabicó e um capadete malhado dos "Polanchan",[1] há duas semanas que moita. Para mim — ninguém me tira da cabeça —, o ladrão foi o negro, inda mais que essa criação costumava se alongar das bandas do brejo. Eu estou sempre dizendo: é preciso tocar de lá o raio do maldelazento. Aquilo, Deus me perdoe, é bicho ruim inteirado. Mas não "querem" me acreditar...

O major sorriu àquele "querem". Vargas, com ojeriza velha ao mísero Bocatorta, não perdia ensanchas de lhe atribuir malefícios e de estumar o patrão a corrê-lo das terras — que aquilo, Nossa Senhora!, até enguiçava uma fazenda...

Interessado, o moço indagou da estranha criatura.

— Bocatorta é a maior curiosidade da fazenda — respondeu o major. — Filho duma escrava de meu pai, nasceu, o mísero, disforme e horripilante como não há memória de outro. Um monstro, de tão feio. Há anos que vive sozinho, escondido no mato, donde raro sai e sempre de noite. O povo diz dele horrores — que come crianças, que é bruxo, que tem parte com o demo. Todas as desgraças acontecidas no arraial correm-lhe por conta. Para mim, é um pobre-diabo cujo crime único é ser feio demais. Como perdeu a medida, está a pagar o crime que não cometeu...

Vargas interveio, cuspilhando com cara de asco:

1. Maneira como ficou conhecida a raça de porcos de criação Poland China. (N.E.)

— Se o doutorzinho o visse!... É a coisa mais nojenta deste mundo.

— Feio como o Quasímodo?

— Esse não conheço, seu doutor, mas estou aqui, estou jurando que o negro passa adiante do... como é?

Eduardo apaixonava-se pelo caso.

— Mas, amigo Vargas, feio como? Por que feio? Explique-me lá essa feiura.

Grande parola quando lhe davam trela, Vargas entreparou um bocado e disse:

— O doutor quer saber como é o negro? Venha cá. Vossa Senhoria agarre um judas de carvão e judie dele; cavoque o buraco dos olhos e afunde dentro duas brasas alumiando; meta a faca nos beiços e saque fora os dois; arranque os dentes e só deixe um toco; entorte a boca de viés na cara; faça uma coisa desconforme, Deus que me perdoe. Depois, como diz o outro, vá judiando, vá entortando as pernas e esparramando os pés. Quando cansar, descanse. Corra o mundo campeando feiura braba e aplique o pior no estupor. Quando acabar agarre no judas e ponha rente de Bocatorta. Sabe o que acontece? O judas fica lindo!...

Eduardo desferiu uma gargalhada.

— Você exagera, Vargas. Nem o diabo é tão feio assim, criatura de Deus!

— Homem, seu doutor, quer saber? Contando não se acredita. Aquilo é feiura que só vendo!

— Nesse caso quero vê-la. Um horror desse naipe merece bem uma pernada.

Nesse momento surgiu Cristina à porta, anunciando café na mesa.

— Sabe? — disse-lhe o noivo. — Temos um belo passeio em perspectiva: desentocar um gorila que, diz Vargas, é o bicho mais feio do mundo.

— Bocatorta? — exclamou Cristina com um reverbero de asco no rosto. — Não me fale. Só o nome dessa criatura já me põe arrepios no corpo.

E contou o que dele sabia.

Bocatorta representara papel saliente em sua imaginação. Pequenita, amedrontavam-na as mucamas com a cuca, e a cuca era o horrendo negro.

Mais tarde, com ouvir às crioulinhas todos os horrores correntes à conta dos seus bruxedos, ganhou inexplicável pavor ao notâmbulo. Houve tempo no colégio em que, noites e noites a fio, o mesmo pesadelo a atropelou. Boca-torta a tentar beijá-la, e ela, em transes, a fugir. Gritava por socorro, mas a voz lhe morria na garganta. Despertava arquejante, lavada em suores frios. Curou-a o tempo, mas a obsessão vincara fundos vestígios em sua alma.

Eduardo, não obstante, insistia.

— É o meio de te curares de vez. Nada como o aspecto cru da realidade para desmanchar exageros de imaginação. Vamos todos, em farrancho — e asseguro-te que a piedade te fará ver no espantalho, em vez dum monstro, um simples desgraçado digno do teu dó.

Cristina consultou-se por uns momentos e:

— Pode ser — disse. — Talvez vá. Mas não prometo! Na hora verei se tenho coragem...

A maturação do espírito em Cristina desbotara a vivacidade nevrótica dos terrores infantis. Inda assim vacilava. Renascia o medo antigo, como renasce a encarquilhada rosa de Jericó ao contato de humílima gota d'água. Mas vexada de aparecer aos olhos do noivo tão infantilmente medrosa, deliberou que iria; desde esse instante, porém, uma imperceptível sombra anuviou-lhe o rosto.

Ao jantar foram o assunto as novidades do arraial — eternas novidades de aldeia, o fulano que morreu, a sicrana que casou. Casara um boticário e morrera uma menina de catorze anos, muito chegada à gente do major. Particularmente condoída, Don'Ana não a tirava da ideia.

— Pobre da Luizinha! Não me sai dos olhos o jeito dela, tão galante, quando vinha aqui pelo tempo das jabuticabas. Ali, naquela porta — "Dá licença, Don'Ana!" —, tão cheia de vida, vermelhinha do sol... Quem diria...

— E ainda por cima a tal história de cemitério... — interveio Cristina. — Papai soube?

Corriam no arraial rumores macabros. No dia seguinte ao enterramento o coveiro topou a sepultura remexida, como se fora violada durante a noite; e viu na terra fresca pegadas misteriosas de uma "coisa" que não seria bicho nem gente deste mundo. Já duma feita sucedera caso idêntico por ocasião da morte da Sinhazinha Esteves; mas todos duvidaram da integridade dos miolos do pobre coveiro sarapantado. Esses incréus não mofavam agora do visionário, porque o padre e outras pessoas de boa cabeça, chamadas a testemunhar o fato, confirmavam-no.

Imbuído do ceticismo fácil dos moços da cidade, Eduardo meteu a riso a coisa com muita fortidão de espírito.

— A gente da roça duma folha de embaúva pendurada no barranco faz logo, pelo menos, um lobisomem e três mulas sem cabeça. Esse caso do cemitério: um cão vagabundo entrou lá e arranhou a terra. Aí está todo o grande mistério!

Cristina objetou:

— E os rastos?

— Os rastos! Estou a apostar como tais rastos são os do próprio coveiro. O terror impediu-lhe de reconhecer o molde do casco...

— E o padre Lisandro? — acudiu Don'Ana, para quem um testemunho tonsurado era documento de muito peso.

Eduardo cascalhou uma risada anticlerical e, trincando um rabanete, expectorou:

— Ora, o padre Lisandro! Pelo amor de Deus, Don'Ana! O padre Lisandro é o próprio coveiro de batina e coroa! A propósito...

E contou a propósito vários casos daquele tipo, os quais no correr do tempo vieram a explicar-se naturalmente, com grande cara de asno dos coveiros e Lisandros respectivos.

Cristina ouviu, com o espírito absorto em cismas, a bela demonstração geométrica. Don'Ana concordou da boca para fora, por delicadeza. Mas o major, esse não piou sim nem não. A experiência da vida ensinara-lhe a não afirmar com despotismo, nem negar com "oras".

— Há muita coisa estranha neste mundo... — disse, traduzindo involuntariamente a safada réplica de Hamlet ao cabeça forte do Horácio.

Zangara o tempo quando à tarde o rancho se pôs de rumo ao casebre de Bocatorta.

Ventava. Rebojos de nuvens prenhes sorviam as últimas nesgas do azul.

Os noivos breve se distanciaram dos velhos que, a passos tardos, seguiam comentando a boa composição do futuro casal. Não havia nisso exagero de pais. Eduardo, embora vulgar, tinha a esbelteza necessária para ouvir sem favor o encômio de rapagão, e Cristina era um ramalhete completo das graças que os dezoito anos sabem compor.

Donaire, elegância, distinção... pintam lá vocábulos esbeiçados pelo uso esse punhado de quês particularíssimos, cuja soma a palavra "linda" totaliza?

Lábios de pitanga, a magnólia da pele acesa em rosas nas faces, olhos sombrios como a noite, dentes de pérola... as velhas tintas de uso em retratos femininos desde a Sulamita não pintam melhor que o "linda!" dito sem mais enfeites além do ponto de admiração.

Vê-la mordiscando o hastil duma flor de catingueiro colhida à beira do caminho, ora risonha, ora séria, a cor das faces mordida pelo vento frio, madeixas louras a brincarem-lhe nas têmporas, vê-la assim formosa no quadro agreste duma tarde de junho, era compreender a expressão dos roceiros: "Linda que nem uma santa".

Olhos, sobretudo, tinha-os Cristina de alta beleza. Naquela tarde, porém, as sombras de sua alma coavam neles penumbras de estranha melancolia. Melancolia e inquietação. O amoroso enlevo de Eduardo esfriava amiúde ante suas repentinas fugas. Ele a percebia distante, ou pelo menos introspectiva em excesso, reticência que o amor não vê de boa cara. E à medida que caminhavam recrescia aquela esquisitice. Um como intátil morcego diabólico riscava-lhe a alma de voejos pressagos. Nem o estimulante das brisas ásperas, nem a ternura do noivo, nem o "cheiro de natureza" exsolvido da terra, eram de molde a esgarçar a misteriosa bruma de lá dentro.

Eduardo interpelou-a:

— Que tens hoje, Cristina? Tão sombria...

E ela, num sorriso triste:

— Nada!... Por quê?

Nada... É sempre nada quando o que quer que é lucila avisos informes na escuridão do subconsciente, como sutilíssimos zigue-zagues de sismógrafo em prenúncio de remota comoção telúrica. Mas esses nadas são tudo!...

— À esquerda, pelo trilho!

A voz do major chamou-os à realidade. Um carreiro mal batido na macega esgueirava-se coleante até a beira dum córrego, onde se reuniram de novo.

O major tomou a frente, e guiou-os floresta adentro pelos meandros duma picada. Era ali o mato sinistro onde se alapavam Bocatorta e o seu cachorro lazarento, Merimbico, nome tresandante a satanismo para o faro do poviléu. Às sextas-feiras, na voz corrente do arraial, Merimbico virava lobisomem e se punha de ronda ao cemitério, com lamentosos uivos à lua e abocamentos às pobres almas penadas — coisa muito de arrepiar.

O sombrio da mata enoiteceu de vez o coração de Cristina.

— Mas, afinal, para onde vamos, meu pai? Afundar no atoleiro, como Simas? Meu pai já fez o testamento?

— Já, minha filha — chasqueou o major —, e deixo Bocatorta para você...

Cristina emudeceu. Retransia-a em doses crescentes o velho medo de outrora, e foi com um estremecimento arrepiado que ouviu o ladrido próximo de um cão.

— É Merimbico — disse o velho. — Estamos quase.

Mais cem passos e a mata rasgou-se em clareira, na qual Cristina entreviu a biboca do negro. Fez-se toda pequenina e achegou-se a Don'Ana, apertando-lhe nervosamente as mãos.

— Bobinha! Tudo isso é medo?

— Pior que medo, mamãe; é... não sei quê!

Não tinha feição de moradia humana a alfurja do monstro. À laia de paredes, paus a pique mal juntos, entressachados de ramadas secas. Por cobertura, presos com pedras chatas, molhos de sapé no fio, defumado e podre. Em redor, um terreirinho atravancado de latas ferrujentas, trapos e cacaria velha. A entrada era um buraco por onde mal passaria um homem agachado.

— Olá, caramujo! Sai da toca, que estão cá o sinhô moço e mais visitas! — gritou o major.

Respondeu de dentro um grunhido cavo. Ao ouvir tão desagradável som, Cristina sentiu correr na pele o arrepio dos pesadelos antigos, e num incoercível movimento de pavor abraçou-se com a mãe.

O negro saiu da cova meio de rastos, com a lentidão de monstruosa lesma. A princípio surdiu uma gaforinha arruçada, depois o tronco e os braços, e a traparia imunda que lhe escondia o resto do corpo, entremostrando nos rasgões o negror da pele craquenta.

Cristina escondeu o rosto no ombro de Don'Ana — não queria, não podia ver.

Bocatorta excedeu a toda pintura. A hediondez personificara-se nele, avultando, sobretudo, na monstruosa deformação da boca. Não tinha beiços, e as gengivas largas, violáceas, com raros cotos de dentes bestiais fincados às tontas, mostravam-se cruas, como enorme chaga viva. E torta, posta de viés na cara, num esgar diabólico, resumindo o que o feio pode compor de horripilante. Embora se lhe estampasse na boca o quanto fosse preciso para fazer daquela criatura a culminância da ascosidade, a natureza malvada fora além, dando-lhe pernas cambaias e uns pés deformados que nem remotamente lembravam a forma do pé humano. E olhos vivíssimos, que pulavam das órbitas empapuçadas, veiados de sangue na esclerótica amarela. E pele grumosa, escamada de escaras cinzentas. Tudo nele quebrava o equilíbrio normal do corpo humano, como se a teratologia caprichasse em criar a sua obra-prima.

À porta do casebre, Merimbico, cachorro à toa, todo ossos, pele e bernes, rosnava contra os importunos.

Don'Ana e a filha afastaram-se, engulhadas. Só os homens resistiram à nauseante vista, embora a Eduardo o tolhesse uma emoção jamais experimentada, misto de asco, piedade e horror. Aquele quadro de suprema repulsão, novo para seus nervos, desnorteava-lhe as ideias. Estarrecido como em face da Górgona, não lhe vinha palavra que dissesse.

O major, entretanto, trocava língua com o monstro, que em certo ponto, a uma pergunta alegre do velho, arregaçou na cara um riso. Eduardo não teve mão de si. Aquele riso naquela cara sobre-excedia sua capacidade de horripilação. Voltou o rosto e se foi para onde as mulheres, murmurando:

— É demais! É de fazer mal a nervos de aço...

Seus olhos encontraram os de Cristina e neles viram a expressão de pavor da preá engrifada nas puas da suindara — o pavor da morte...

Quando deixaram a floresta, morria a tarde sob o chicote dum vento precursor de chuva.

— Foi imprudência, Cristina, vires sem um xalinho de cabeça ao menos!... Queira Deus...

A moça não respondeu. De olhos baixos, retransida, respirava a largos haustos, para desafogo dum aperto de coração nunca sentido fora dos pesadelos.

Generalizara-se o silêncio. Só o major tentava espanejar a impressão penosa, chasqueando ora o terror da filha, ora o asco do moço; mas breve calou-se, ganho também pelo mal-estar geral.

Triste anoitecer o daquele dia, picado a espaços pelo surdo revoo dos curiangos. O vento zunia, e numa lufada mais forte trouxe da mata o uivo plangente de Merimbico. Ao ouvi-lo, um comentário apenas escapou da boca do major:

— Diabo!

Fechara-se a noite e vinham as primeiras gotas de chuva quando pisaram no alpendre do casarão.

Cristina sentiu pelo corpo inteiro um calafrio, como se a sacudisse a corrente elétrica.

No dia seguinte amanheceu febril, com ardores no peito e tremuras amiudadas. Tinha as faces vermelhas e a respiração opressa.

O rebuliço foi grande na casa.

Eduardo, mordido de remorsos, compulsava com mão nervosa um velho *Chernoviz*, tentando atinar com a doença de Cristina; mas perdia-se sem bússola no báratro das moléstias. Nesse em meio Don'Ana esgotava o arsenal da medicina anódina dos símplices caseiros.

O mal, entretanto, recalcitrava às chazadas e sudoríferos. Chamou-se o boticário da vila. Veio a galope Eusébio Macário e diagnosticou pneumonia.

Quem já não assistiu a uma dessas subitâneas desgraças que de golpe se abatem, qual negro avejão de presa, sobre uma família feliz, e estraçoam tudo quanto nela representa a alegria, e esperança, o futuro?

Noites em claro, o rumor dos passos abafados... E o doente a piorar... O médico da casa apreensivo, cheio de vincos na testa... Dias e dias de duelo mudo contra a moléstia incoercível... A desesperança, afinal, o irremediável antolhado iminente; a morte pressentida de ronda ao quarto...

Ao oitavo dia Cristina foi desenganada; no décimo o sino do arraial anunciou o seu prematuro fim.

— Morta!...

Eduardo escondia as lágrimas entre as almofadas do leito, repetindo cem vezes a mesma palavra.

Alcançava-lhe o significado tremendo e, no entanto, quantas vezes a ouvira como a um som oco de sentido!

A imagem de Cristina morta, a esfervilhar na dissolução dentro da terra gelada, contrapunha-se às visões da Cristina viva, toda mimos de alma e corpo, radiosa manhã humana de cuja luz toda se impregnara sua alma. Cerrando os olhos, revia-a durante o passeio fatal, envolta nas brumas de vagos pressentimentos. Vinham-lhe à memória as suas palavras dúbias, a sua vacilação. E arrepelava-se por não ter adivinhado na repulsa da moça os avisos informes de qualquer coisa secreta que tenazmente a defendia. Tais pensamentos, enxameantes como moscas em torno à carne viva da dor de Eduardo, coavam nele venenos cruéis.

Fora, o sol redourava cruamente a vida. Brutalidade!...

Morria Cristina e não se desdobravam crepes pelo céu, nem murchavam as folhas das árvores, nem se recobria de cinzas a terra...

Espezinhado pela fria indiferença das coisas, fechou-se na clausura de si próprio, torvo e dolorido, sentindo-se amadanhar pela pata cega do destino.

Correram horas. Noite alta, acudiu-lhe ir ao cemiterinho beijar num último adeus o túmulo da noiva.

Por sobre a vegetação adormecida coava-se o palor cinéreo da minguante. Raras estrelas no céu, e na terra nenhum rumorejo além do remoto uivar de um cão — Merimbico talvez — a escandir o concerto das untanhas que coaxavam glu-glus nas aguadas.

Eduardo alcançou o cemitério. Estava encadeado o portão. Apoiou a testa nos frios varões ferrujentos e mergulhou os olhos queimados de lágrimas por entre os carneiros humildes, em busca do que recebera Cristina.

No ar, um silêncio de eternidade.

Brisas intermitentes carreavam o olor acre dos cravos-de-defunto floridos na tristeza daquele cemitério da roça.

Seu olhar pervagava de cruz em cruz na tentativa de atinar com o sítio onde Cristina dormia o grande sono, quando um rumor suspeito lhe feriu os ouvidos. Diríeis um arranhar de chão em raspões cautelosos, ao qual se casava o resfolgo sôfrego duma criatura viva.

Pulsou-lhe violento o sangue. Os cabelos cresceram-lhe na cabeça. Alucinação? Apurou os ouvidos: o rumor estranho lá continuava, vindo de um ponto sombreado de ciprestes. Firmou a vista: qualquer coisa agachava-se na terra.

Súbito, num relâmpago, fulgurou em sua memória a cena do jantar, o caso de Luizinha, as palavras de Cristina. Eduardo sentiu arrepiarem-se-lhe os cabelos e, ganho dum pânico desvairado, deitou a correr como um louco rumo à fazenda, em cujo casarão penetrou de pancada, sem fôlego, lavado em suor frio, despertando de sobressalto a família.

Com gritos de espanto, que o cansaço e o bater dos dentes entrecortavam, exclamou entre arquejos:

— Estão desenterrando Cristina... Eu vi uma coisa desenterrando Cristina...

— Que loucura é essa, moço?

— Eu vi... — continuava Eduardo com os olhos desmesuradamente abertos. — Eu vi uma coisa desenterrando Cristina...

O major apertou entre as mãos a testa. Esteve assim imóvel uns instantes. Depois sacudiu a cabeça num gesto de decisão e, horrivelmente calmo, murmurou entredentes, como em resposta a si próprio:

— Será possível, meu Deus?

Vestiu-se de golpe, meteu no bolso o revólver e atirando três palavras enigmáticas à estarrecida Don'Ana gritou para Eduardo com inflexão de aço na voz:

— Vamos!

Magnetizado pela energia do velho, o moço acompanhou-o qual sonâmbulo.

No terreiro apareceu-lhes o capataz.

— Venha conosco. A "coisa" está no cemitério. Vargas passou mão de uma foice.

— Vai ver que é ele, patrão, até juro!

O major não respondeu — e os três homens partiram a correr pelos campos afora.

A meio caminho Eduardo, exausto de tantas emoções, atrasou-se. Seus músculos recusaram-lhe obediência. Ao defrontar com o atoleiro a perna lhe fraqueou de vez e ele caiu, ofegante.

Entrementes, o major e o feitor alcançavam o cemitério, galgavam o muro e aproximavam-se como gatos do túmulo de Cristina.

Um quadro hediondo antolhou-se-lhes de golpe: um corpo branco jazia fora do túmulo — abraçado por um vulto vivo, negro e coleante como o polvo.

O pai de Cristina desferiu um rugido de fera, e qual fera mal ferida arrojou-se para cima do monstro. A hiena, malgrado a surpresa, escapou ao bote e fugiu. E, coxeando, cambaio, seminu, de tropeço nas cruzes, a galgar túmulos com agilidade inconcebível em semelhante criatura, Bocatorta saltou o muro e fugiu, seguido de perto pela sombra esganiçante de Merimbico.

Eduardo, que concentrara todas as forças para seguir de longe o desfecho do drama, viu passar rente de si o vulto asqueroso do necrófilo, para em seguida desaparecer mergulhando na massa escura dos guembês.

Voando-lhe no encalço, viu passar em seguida o vulto dos perseguidores.

Houve uma pausa, em que só lhe feriu o ouvido o rumor da correria. Depois, gritos de cólera, de envolta a um grunhir de queixada caído em mundéu — e tudo se misturou ao barulho da luta que o uivo de Merimbico dominava lugubremente.

O moço correu a mão pela testa gelada: estaria nas unhas dum pesadelo? Não; não era sonho. Disse-lho a voz alterada do feitor, esboçando o epílogo da tragédia:

— Não atire, major, ele não merece bala. Pra que serve o atoleiro?

E logo após Eduardo sentiu recrudescer a luta, entre imprecações de cólera e os grunhidos cada vez mais lamentosos do monstro. E ouviu farfalhar o mato, como se por ele arrastassem um corpo manietado, a debater-se em convulsões violentas. E ouviu um rugido cavo de supremo desespero. E após, o baque fofo de um fardo que se atufa na lama.

Uma vertigem escureceu-lhe a vista; seus ouvidos cessaram de ouvir; seu pensamento adormeceu...

Quando voltou a si, dois homens borrifavam-lhe o rosto com água gelada. Encarou-os, marasmado. Ergueu-se, mal firme, apoiado a um deles. E reconheceu a voz do major, que entre arquejos de cansaço lhe dizia:

— Seja homem, moço. Cristina já está enterrada, e o negro...

— ... está beijando o barro — concluiu sinistramente Vargas.

Ao raiar do dia Merimbico ainda lá estava, sentado nas patas traseiras, a uivar saudosamente com os olhos postos no sítio onde sumira o seu companheiro.

Nada mais lembrava a tragédia noturna, nem denunciava o túmulo de lodo açaimador da boca hedionda que babujara nos lábios de Cristina o beijo único de sua vida.

O COMPRADOR DE FAZENDAS

1917

PIOR FAZENDA QUE A DO ESPIGÃO, nenhuma. Já arruinara três donos, o que fazia dizer aos praguentos: "Espiga é o que aquilo é!".

O detentor último, um Davi Moreira de Sousa, arrematara-a em praça, convicto de negócio da China; mas já lá andava, também ele, escalavrado de dívidas, coçando a cabeça, num desânimo...

Os cafezais em vara, ano sim ano não batidos de pedra ou esturrados de geada, nunca deram de si colheita de entupir tulha. Os pastos ensapezados, enguaxumados, ensamambaiados nos topes, eram acampamentos de cupins com entremeios de macegas mortiças, formigantes de carrapatos. Boi entrado ali punha-se logo de costelas à mostra, encaroçado de bernes, triste e dolorido de meter dó.

As capoeiras substitutas das matas nativas revelavam pela indiscrição das tabocas a mais safada das terras secas. Em tal solo a mandioca bracejava a medo varetinhas nodosas; a cana-caiana assumia aspecto de caninha, e esta virava um taquariço magrela dos que passam incólumes entre os cilindros moedores.

Piolhavam os cavalos. Os porcos escapos à peste encruavam na magrém faraônica das vacas egípcias.

Por todos os cantos imperava o ferrão das saúvas, dia e noite entregues à tosa dos capins para que em outubro se toldasse o céu de nuvens de içás, em saracoteios amorosos com enamorados savitus.

Caminhos por fazer, cercas no chão, casas de agregados engoteiradas, combalidas de cumeeira, prenunciando feias taperas. Até na moradia senhorial insinuava-se a breca, aluindo panos de reboco, carcomendo assoalhos. Vidraças sem vidro, mobília capengante, paredes lagarteadas... intacto que é que havia lá?

Dentro dessa esborcinada moldura, o fazendeiro, avelhuscado por força das sucessivas decepções e, a mais, roído pelo cancro feroz dos juros, sem esperança e sem conserto, coçava cem vezes ao dia a coroa da cabeça grisalha.

Sua mulher, a pobre dona Isaura, perdido o viço do outono, agrumava no rosto quanta sarda e pé de galinha inventam os anos de mãos dadas à trabalhosa vida.

Zico, o filho mais velho, saíra-lhes um pulha, amigo de erguer-se às dez, ensebar a pastinha até as onze e consumir o resto do dia em namoricos mal azarados.

Afora este malandro tinham Zilda, então nos dezessete, menina galante, porém sentimental mais do que manda a razão e pede o sossego da casa. Era um ler Escrich,[1] a rapariga, e um cismar amores de Espanha.

Em tal situação só havia uma aberta: vender a fazenda maldita para respirar a salvo de credores. Coisa difícil, entretanto, em quadra de café a cinco mil-réis, botar unhas num tolo das dimensões requeridas. Iludidos por anúncios manhosos alguns pretendentes já haviam abicado ao Espigão; mas franziam o nariz, indo-se a arrenegar da pernada sem abrir oferta.

— De graça é caro! — cochichavam de si para consigo.

O redemoinho capilar de Moreira, a cabo de coçadelas, sugeriu-lhe um engenhoso plano mistificatório: entreverar de caetés, cambarás, unhas-de-vaca

1. Enrique Pérez Escrich (1829-1897) foi um popular escritor e dramaturgo espanhol, cuja obra, de forte sentimentalismo, era muito conhecida no século XIX. (N.E.)

e outros padrões de terra boa, transplantados das vizinhanças, a fímbria das capoeiras e uma ou outra entrada acessível aos visitantes. Fê-lo, o maluco, e mais: meteu em certa grota um pau-d'alho trazido da terra roxa, e adubou os cafeeiros margeantes ao caminho no suficiente para encobrir a mazela do resto.

Onde um raio de sol denunciava com mais viveza um vício da terra, ali o alucinado velho botava a peneirinha...

Um dia recebeu carta de um agente de negócios anunciando novo pretendente. "Você tempere o homem", aconselhava o pirata, "e saiba manobrar os padrões que este cai. Chama-se Pedro Trancoso, é muito rico, muito moço, muito prosa, e quer fazenda de recreio. Depende tudo de você espigá-lo com arte de barganhista ladino."

Preparou-se Moreira para a empresa. Advertiu primeiro aos agregados para que estivessem a postos, afiadíssimos de língua. Industriados pelo patrão, estes homens respondiam com manha consumada às perguntas dos visitantes, de jeito a transmutar em maravilhas as ruindades locais.

Como lhes é suspeita a informação dos proprietários, costumam os pretendentes interrogar à socapa os encontradiços. Ali, se isso acontecia — e acontecia sempre, porque era Moreira em pessoa o maquinista do acaso —, havia diálogos desta ordem:

— Gea por aqui?

— Coisinha, e isso mesmo só em ano brabo.

— O feijão dá bem?

— Nossa Senhora! Inda este ano plantei cinco quartas e malhei cinquenta alqueires. E que feijão!

— Berneia o gado?

— Qual o quê! Lá um ou outro carocinho de vez em quando. Para criar, não existe terra melhor. Nem erva nem feijão-bravo. O patrão é porque não tem força. Tivesse ele os meios e isto virava um fazendão.

Avisados os espoletas, debateram-se à noite os preparativos da hospedagem, alegres todos com o reviçar das esperanças emurchecidas.

— Estou com palpite que desta feita a "coisa" vai! — disse o filho maroto. E declarou necessitar, à sua parte, de três contos de réis para estabelecer-se.

— Estabelecer-se com quê? — perguntou admirado o pai.

— Com armazém de secos e molhados em Volta Redonda...

— Já me estava espantando uma ideia boa nessa cabeça de vento. Para vender fiado à gente da Tudinha, não é?

O rapaz, se não corou, calou-se; tinha razões para isso.

Já a mulher queria casa na cidade. De há muito trazia de olho uma de porta e janela, em certa rua humilde, casa baratinha, de arranjados.

Zilda, um piano — e caixões e mais caixões de romances.

Dormiram felizes essa noite e no dia seguinte mandaram cedo à vila em busca de gulodices de hospedagem — manteiga, um queijo, biscoitos.

Na manteiga houve debate.

— Não vale a pena! — reguingou a mulher. — Sempre são seis mil-réis. Antes se comprasse com esse dinheiro a peça de algodãozinho que tanta falta me faz.

— É preciso, filha! Às vezes uma coisa de nada engambela um homem e facilita um negócio. Manteiga é graxa — e a graxa engraxa!

Venceu a manteiga.

Enquanto não vinham os ingredientes, meteu dona Isaura unhas à casa, varrendo, espanando e arrumando o quarto dos hóspedes; matou o menos magro dos frangos e uma leitoa manquitola; temperou a massa do pastel de palmito, e estava a folheá-la quando:

— Ei, vem ele! — gritou Moreira da janela, onde se postara desde cedo, muito nervoso, a devassar a estrada por um velho binóculo; e sem deixar o posto de observação foi transmitindo à ocupadíssima esposa os pormenores divisados.

— É moço... Bem trajado... Chapéu-panamá... Parece Chico Canhambora...

Chegou, afinal, o homem. Apeou-se. Deu cartão: Pedro Trancoso de Carvalhais Fagundes. Bem-apessoado. Ares de muito dinheiro. Mocetão e bem falante mais que quantos até ali aparecidos.

Contou logo mil coisas com o desembaraço de quem no mundo está de pijama em sua casa — a viagem, os acidentes, um mico que vira pendurado num galho de imbaúba.

Entrados que foram para a saleta de espera, Zico, incontinênti, grudou-se de ouvido ao buraco da fechadura, a cochichar para as mulheres ocupadas na arrumação da mesa o que ia pilhando à conversa.

Súbito, esganiçou para a irmã, numa careta sugestiva:

— É solteiro, Zilda!

A menina largou disfarçadamente os talheres e sumiu-se.

Meia hora depois voltava trazendo o melhor vestido e no rosto duas redondinhas rosas de carmim.

Quem a essa hora penetrasse no oratório da fazenda notaria nas vermelhas rosas de papel de seda que enfeitavam o santo Antônio a ausência de várias pétalas, e aos pés da imagem uma velinha acesa. Na roça, o ruge e o casamento saem do mesmo oratório.

Trancoso dissertava sobre variados temas agrícolas.

— O canastrão? Pff! Raça tardia, meu caro senhor, muito agreste. Eu sou pelo Poland China. Também não é mau, não, o Large Black. Mas o Poland! Que precocidade! Que raça![2]

Moreira, chucro na matéria, só conhecedor das pelhancas famintas, sem nome nem raça, que lhe grunhiam nos pastos, abria insensivelmente a boca.

— Como em matéria de pecuária bovina — continuou Trancoso — tenho para mim que, de Barreto a Prado, andam todos erradíssimos. Pois não! Er-ra-dís-si-mos! Nem seleção, nem cruzamento. Quero a adoção i--me-di-a-ta das mais finas raças inglesas, o Polled Angus, o Red Lincoln. Não temos pastos? Façamo-los. Plantemos alfafa. Fenemos. Ensilemos. Assis confessou-me uma vez...

Assis! Aquele homem confessava os mais altos paredros da agricultura! Era íntimo de todos eles — Prado, Barreto, Cotrim... E de ministros!

— Eu já aleguei isso ao Bezerra...[3]

2. Poland China e Large Black são raças de porcos de criação. (N.E.)

3. Todos os nomes citados — Assis Brasil, Antonio Prado, Luiz Pereira Barreto, Eduardo Cotrim — são de homens de muita autoridade na pecuária da época. José Bezerra era o então ministro da Agricultura. (N.E.)

Nunca se honrara a fazenda com a presença de cavalheiro mais distinto, assim bem relacionado e tão viajado. Falava da Argentina e de Chicago como quem veio ontem de lá. Maravilhoso!

A boca de Moreira abria, abria, e acusava o grau máximo de abertura permitida a ângulos maxilares, quando uma voz feminina anunciou o almoço.

Apresentações.

Mereceu Zilda louvores nunca sonhados, que a puseram de coração aos pinotes. Também os teve a galinha ensopada, o tutu com torresmos, o pastel e até a água do pote.

— Na cidade, senhor Moreira, uma água assim, pura, cristalina, absolutamente potável, vale o melhor dos vinhos. Felizes os que podem bebê-la!

A família entreolhou-se; nunca imaginaram possuir em casa semelhante preciosidade, e cada um insensivelmente sorveu o seu golezinho, como se naquele instante travassem conhecimento com o precioso néctar. Zico chegou a estalar a língua...

Quem não cabia em si de gozo era dona Isaura. Os elogios à sua culinária puseram-na rendida; por metade daquilo já se daria por bem paga da trabalheira.

— Aprenda, Zico — cochichava ela ao filho —, o que é educação fina.

Após o café, brindado com um "delicioso!", convidou Moreira o hóspede para um giro a cavalo.

— Impossível, meu caro, não monto em seguida às refeições; dá-me cefalalgia.

Zilda corou. Zilda corava sempre que não entendia uma palavra.

— À tarde sairemos, não tenho pressa. Prefiro agora um passeiozinho pedestre pelo pomar, a bem do quilo.

Enquanto os dois homens em pausados passos para lá se dirigiam, Zilda e Zico correram ao dicionário.

— Não é com S — disse o rapaz.

— Veja com C — alvitrou a menina.

Com algum trabalho encontraram a palavra cefalalgia.

— "Dor de cabeça!" Ora! Uma coisa tão simples...

À tarde, no giro a cavalo, Trancoso admirou e louvou tudo quanto ia vendo, com grande espanto do fazendeiro que, pela primeira vez, ouvia gabos às coisas suas. Os pretendentes em geral malsinam de tudo, com olhos abertos só para defeitos; diante de uma barroca, abrem-se em exclamações quanto ao perigo das terras frouxas; acham más e poucas as águas; se enxergam um boi, não despregam a vista dos bernes.

Trancoso, não. Gabava! E quando Moreira, nos trechos mistificados, com dedo trêmulo assinalou os padrões, o moço abriu a boca.

— Caquera? Mas isto é fantástico!...

Em face do pau-d'alho culminou-lhe o assombro.

— É maravilhoso o que vejo! Nunca supus encontrar nesta zona vestígios de semelhante árvore! — disse, metendo na carteira uma folha como lembrança.

Em casa abriu-se com a velha.

— Pois, minha senhora, a qualidade destas terras excedeu de muito à minha expectativa. Até pau-d'alho! Isto é positivamente famoso!...

Dona Isaura baixou os olhos. A cena passava-se na varanda. Era noite. Noite trilada de grilos, coaxada de sapos, com muitas estrelas no céu e muita paz na terra. Refestelado numa cadeira preguiçosa, o hóspede transfez o sopor da digestão em quebreira poética.

— Este cri-cri de grilos, como é encantador! Eu adoro as noites estreladas, o bucólico viver campesino, tão sadio e feliz...

— Mas é muito triste!... — aventurou Zilda.

— Acha? Gosta mais do canto estridente da cigarra, modulando cavatinas em plena luz? — disse ele, amelaçando a voz. — É que no seu coraçãozinho há qualquer nuvem a sombreá-lo...

Vendo Moreira assim atiçado o sentimentalismo, e dessa feita passível de consequências matrimoniais, houve por bem dar uma pancada na testa e berrar:

— Oh, diabo! Não é que ia me esquecendo do...

Não disse do que, nem era preciso. Saiu precipitadamente, deixando-os sós.

Prosseguiu o diálogo, mais mel e rosas.

— O senhor é um poeta! — exclamou Zilda a um regorjeio dos mais sucados.

— Quem o não é debaixo das estrelas do céu, ao lado duma estrela da terra?

— Pobre de mim! — suspirou a menina, palpitante.

Também do peito de Trancoso subiu um suspiro.

Seus olhos alçaram-se a uma nuvem que fazia no céu as vezes da Via Láctea, e sua boca murmurou em solilóquio um rabo de arraia desses que derrubam meninas.

— O amor!... A Via Láctea da vida!... O aroma das rosas, a gaze da aurora! Amar, ouvir estrelas... Amai, pois só quem ama entende o que elas dizem.

Era zurrapa de contrabando; não obstante, ao paladar inexperto da menina soube a fino moscatel. Zilda sentiu subir à cabeça um vapor. Quis retribuir. Deu busca aos ramilhetes retóricos da memória em procura da flor mais bela. Só achou um bogari humílimo:

— Lindo pensamento para um cartão-postal!

Ficaram no bogari; o café com bolinhos de frigideira veio interromper o idílio nascente.

Que noite aquela! Dir-se-ia que o anjo da bonança distendera suas asas de ouro por sobre a casa triste. Via Zilda realizar-se todo o Escrich deglutido. Dona Isaura gozava-se da possibilidade de casá-la rica. Moreira sonhava quitações de dívidas, com sobras fartas a tilintar-lhe no bolso. E imaginariamente transfeito em comerciante, Zico fiou, a noite inteira, em sonhos, à gente da Tudinha, que, cativa de tanta gentileza, lhe concedia afinal a ambicionada mão da pequena.

Só Trancoso dormiu o sono das pedras, sem sonhos nem pesadelos. Que bom é ser rico!

No dia imediato visitou o resto da fazenda, cafezais e pastos, examinou criação e benfeitorias; e como o gentil mancebo continuasse no enlevo, Moreira, deliberado na véspera a pedir quarenta contos pela Espiga, julgou de bom aviso elevar o preço. Após a cena do pau-d'alho, suspendeu-o mentalmente para quarenta e cinco; findo o exame do gado, já estava em sessenta. E quando foi abordada a magna questão, o velho declarou corajosamente, na voz firme de um *alea jacta*:

— Sessenta e cinco! — e esperou de pé atrás a ventania.

Trancoso, porém, achou razoável o preço.

— Pois não é caro — disse —, está um preço bem mais razoável do que imaginei.

O velho mordeu os lábios e tentou emendar a mão.

— Sessenta e cinco, sim, mas... o gado fora!...

— É justo — respondeu Trancoso.

— ... e fora também os porcos!...

— Perfeitamente.

— ... e a mobília!

— É natural.

O fazendeiro engasgou; não tinha mais o que excluir e confessou de si para consigo que era uma cavalgadura. Por que não pedira logo oitenta?

Informada do caso, a mulher chamou-lhe pax-vóbis.

— Mas, criatura, por quarenta já era um negocião! — justificou-se o velho.

— Por oitenta seria o dobro melhor. Não se defenda. Eu nunca vi Moreira que não fosse palerma e sarambé. É do sangue. Você não tem culpa.

Amuaram um bocado; mas a ânsia de arquitetar castelos com a imprevista dinheirama varreu para longe a nuvem. Zico aproveitou a aura para insistir nos três contos do estabelecimento — e obteve-os. Dona Isaura desistiu da tal casinha. Lembrava-se agora de outra maior, em rua de procissão — a casa de Eusébio Leite.

— Mas essa é de doze contos — advertiu o marido.

— Mas é outra coisa que não aquele casebre! Muito mais bem repartida. Só não gosto da alcova pegada à copa; escura...

— Abre-se uma claraboia.

— Também o quintal precisa de reforma; em vez do cercado das galinhas...

Até noite alta, enquanto não vinha o sono, foram remendando a casa, pintando-a, transformando-a na mais deliciosa vivenda da cidade. Estava o casal nos últimos retoques, dorme não dorme, quando Zico bateu à porta.

— Três contos não bastam, papai; são precisos cinco. Há a armação, de que não me lembrei, e os direitos, e o aluguel da casa, e mais coisinhas...

Entre dois bocejos o pai concedeu-lhe generosamente seis.

E Zilda? Essa vogava em alto-mar dum romance de fadas. Deixemo-la vogar.

Chegou enfim o momento da partida. Trancoso despediu-se. Sentia muito não poder prolongar a deliciosa visita, mas interesses de monta o chamavam. A vida do capitalista não é livre como parece... Quanto ao negócio, considerava-o quase feito; daria a palavra definitiva dentro de semana.

Partiu Trancoso, levando um pacote de ovos — gostara muito da raça de galinhas criada ali; e um saquito de carás — petisco de que era mui guloso. Levou ainda uma bonita lembrança, o rosilho de Moreira, o melhor cavalo da fazenda. Tanto gabara o animal durante os passeios, que o fazendeiro se viu na obrigação de recusar uma barganha proposta e dar-lho de presente.

— Vejam vocês! — disse Moreira, resumindo a opinião geral. — Moço, riquíssimo, direitão, instruído como um doutor e no entanto amável, gentil, incapaz de torcer o focinho como os pulhas que cá têm vindo. O que é ser gente!

À velha agradara sobretudo a sem-cerimônia do jovem capitalista. Levar ovos e carás! Que mimo!

Todos concordaram, louvando-o cada um a seu modo. E assim, mesmo ausente, o gentil ricaço encheu a casa durante a semana inteira.

Mas a semana transcorreu sem que viesse a ambicionada resposta. E mais outra. E outra ainda.

Escreveu-lhe Moreira, já apreensivo e nada. Lembrou-se dum parente morador na mesma cidade e endereçou-lhe carta pedindo que obtivesse do capitalista a solução definitiva. Quanto ao preço, abatia alguma coisa. Dava a fazenda por cinquenta e cinco, por cinquenta e até por quarenta, com criação e mobília.

O amigo respondeu sem demora. Ao rasgar do envelope, os quatro corações da Espiga pulsaram violentamente: aquele papel encerrava o destino de todos quatro.

Dizia a carta: "Moreira. Ou muito me engano ou estás iludido. Não há por aqui nenhum Trancoso Carvalhais capitalista. Há o Trancosinho, filho de nhá Veva, vulgo Sacatrapo. É um espertalhão que vive de barganhas e sabe iludir aos que o não conhecem. Ultimamente tem corrido o estado de Minas, de fazenda em fazenda, sob vários pretextos. Finge-se às vezes comprador, passa uma semana em casa do fazendeiro, a caceteá-lo com passeios pelas roças e exames de divisas; come e bebe do bom, namora as criadas, ou a filha, ou o que encontra — é um vassoura de marca! —, e no melhor da festa some-se. Tem feito isto um cento de vezes, mudando sempre de zona. Gosta de variar de tempero, o patife. Como aqui Trancoso só há este, deixo de apresentar ao pulha a tua proposta. Ora Sacatrapo a comprar fazenda! Tinha graça...".

O velho caiu numa cadeira, aparvalhado, com a missiva sobre os joelhos. Depois o sangue lhe avermelhou as faces e seus olhos chisparam.

— Cachorro!

As quatro esperanças da casa ruíram com fragor, entre lágrimas da menina, raiva da velha e cólera dos homens.

Zico propôs-se a partir incontinênti na peugada do biltre, a fim de quebrar-lhe a cara.

— Deixe, menino! O mundo dá voltas. Um dia cruzo-me com o ladrão e justo contas.

Pobres castelos! Nada há mais triste que estes repentinos desmoronamentos de ilusões. Os formosos palácios da Espanha, erigidos durante um mês à custa da mirífica dinheirama, fizeram-se taperas sombrias. Dona Isaura chorou até os bolinhos, a manteiga e os frangos.

Quanto a Zilda, o desastre operou como pé de vento através de paineira florida. Caiu de cama, febricitante. Encovaram-se-lhe as faces. Todas as passagens trágicas dos romances lidos desfilaram-lhe na memória; reviu-se na vítima de todos eles. E dias a fio pensou no suicídio.

Por fim habituou-se a essa ideia e continuou a viver. Teve azo de verificar que isso de morrer de amores, só em Escrich.

Acaba-se aqui a história — para a plateia; para as torrinhas segue ainda por meio palmo. As plateias costumam impar umas tantas finuras de bom gosto e tom muito de rir; entram no teatro depois de começada a peça e saem mal as ameaça o epílogo.

Já as galerias querem a coisa pelo comprido, a jeito de aproveitar o rico dinheirinho até ao derradeiro vintém. Nos romances e contos pedem esmiuçamento completo do enredo; e se o autor, levado por fórmulas de escola, lhes arruma para cima, no melhor da festa, com a caudinha reticenciada a que chama "nota impressionista", franzem o nariz. Querem saber — e fazem muito bem — se Fulano morreu, se a menina casou e foi feliz, se o homem afinal vendeu a fazenda, a quem e por quanto.

Sã, humana e respeitabilíssima curiosidade!

— Vendeu a fazenda o pobre Moreira?

Pesa-me confessá-lo: não! E não a vendeu por artes do mais inconcebível quiproquó de quantos tem armado neste mundo o diabo — sim, porque afora o diabo, quem é capaz de intrincar os fios da meada com laços e nós cegos, justamente quando vai a feliz remate o crochê?

O acaso deu a Trancoso uma sorte de cinquenta contos na loteria. Não se riam. Por que motivo não havia Trancoso de ser o escolhido, se a sorte é cega e ele tinha no bolso um bilhete? Ganhou os cinquenta contos, dinheiro que para um pé-atrás daquela marca era significativo de grande riqueza.

De posse do bolo, após semanas de tonteira deliberou afazendar-se. Queria tapar a boca ao mundo realizando uma coisa jamais passada pela sua cabeça: comprar fazenda. Correu em revista quantas visitara durante os anos de malandragem, propendendo, afinal, para a Espiga. Ia nisso, sobretudo, a lembrança da menina, dos bolinhos da velha e a ideia de meter na administração ao sogro, de jeito a folgar-se uma vida vadia de regalos, embalada pelo amor de Zilda e os requintes culinários da sogra. Escreveu, pois, a Moreira anunciando-lhe a volta, a fim de fechar-se o negócio.

Ai, ai, ai! Quando tal carta penetrou na Espiga houve rugidos de cólera, entremeio a bufos de vingança.

— É agora! — berrou o velho. — O ladrão gostou da pândega e quer repetir a dose. Mas desta feita curo-lhe a balda, ora se curo! — concluiu, esfregando as mãos no antegozo da vingança.

No murcho coração da pálida Zilda, entretanto, bateu um raio de esperança. A noite de sua alma alvorejou ao luar de um "Quem sabe?". Não se atreveu, todavia, a arrostar a cólera do pai e do irmão, concertados ambos num tremendo ajuste de contas. Confiou no milagre. Acendeu outra velinha a santo Antônio...

O grande dia chegou. Trancoso rompeu à tarde pela fazenda, caracolando o rosilho.

Desceu Moreira a esperá-lo embaixo da escada, de mãos às costas.

Antes de sofrear as rédeas, já o amável pretendente abria-se em exclamações.

— Ora viva, caro Moreira! Chegou enfim o grande dia. Desta vez compro-lhe a fazenda.

Moreira tremia. Esperou que o biltre apeasse e mal Trancoso, lançando as rédeas, dirigiu-se-lhe de braços abertos, todo risos, o velho saca de sob o paletó um rabo de tatu e rompe-lhe para cima com ímpeto de queixada.

— Queres fazenda, grandessíssimo tranca? Toma, toma fazenda, ladrão! — e *lepte*, *lepte*, finca-lhe rijas rabadas coléricas.

O pobre rapaz, tonteando pelo imprevisto da agressão, corre ao cavalo e monta às cegas, de passo que Zico lhe sacode no lombo nova série de lambadas de agravadíssimo ex-quase cunhado.

Dona Isaura atiça-lhe os cães:

— Pega, Brinquinho! Ferra, Joli!

O mal azarado comprador de fazendas, acuado como raposa em terreiro, dá de esporas e foge a toda, sob uma chuva de insultos e pedras. Ao cruzar a porteira inda teve ouvidos para distinguir na grita os desaforos esganiçados da velha:

— Comedor de bolinhos! Papa-manteiga! Toma! Em outra não hás de cair, ladrão de ovo e cará!...

E Zilda?

Atrás da vidraça, com os olhos pisados do muito chorar, a triste menina viu desaparecer para sempre, envolto em uma nuvem de pó, o cavaleiro gentil dos seus dourados sonhos.

Moreira, o caipora, perdia assim naquele dia o único negócio bom que durante a vida inteira lhe deparara a Fortuna: o duplo descarte — da filha e da Espiga...

O ESTIGMA

1915

Fui um dia a Itaoca levado pelas simples indicações do sujeito que me alugou a cavalgadura.

— Não tem errada, é ir andando. Em caso de dúvida, pegue a trilha dos carros que vai certo.

Assim fiz e lá cheguei sem novidade.

No dia da volta, porém, choveu à noite como só chove por aqueles socavões, e na primeira encruzilhada parei desnorteado. Como o enxurro houvesse diluído todos os sulcos da carraria, ali fiquei alguns minutos feito o asno de Buridan,[1] à espera dalgum passante que me abrisse os olhos. Não apareceu viva alma, e minha impaciência empurrou-me ao acaso por uma das pernas do v embaraçador. Caminhei cerca de hora na dúvida, até que a vista duma fazenda desconhecida me deu a certeza do transvio.

Resolvi portar. Abeiro-me do portão e grito o "ó de casa".

Abre-mo um negro velho, ocupado em abanar feijão no terreiro.

1. O asno de Buridan é uma imagem muito comum no estudo da filosofia, para expressar um paradoxo do livre-arbítrio. Criada por Jean Buridan (1300-1358), refere-se a uma situação hipotética em que um asno é amarrado a uma mesma distância de um fardo de feno e uma tina d'água. Incapaz de tomar uma decisão racional, o asno morre de fome e sede. (N.E.)

— O patrãozinho é lá em cima, na casa grande.

Dirijo-me para lá, depois de entregue o cavalo, e subo a escadaria de pedra fronteiriça ao casarão senhorial.

Um grupo de crianças brincava por ali, em torno duma fogueirinha de cavacos fumarentos.

— Fumaça para lá, santinha para cá!

Ao avistarem-me calaram-se e fugiram, com exceção da mais taluda, que permaneceu no lugar, esfregando os olhos avermelhados e lacrimosos do fumo.

— Papai está?

Estava e ia chamá-lo, respondeu, esgueirando-se pela casa adentro.

As outras, com o dedinho na boca, vi-as a me espiarem da porta, à qual logo assomou esbelta menina aí entre catorze e dezesseis anos, de avental azul e corada como quem esteve a lidar em forno.

— Faça o favor de entrar! — disse-me com linda voz, sorridente, de passo que seus olhos vivos todo me examinavam de alto a baixo, num relance. — Sente-se e espere um bocadinho.

— A menina é filha do...

— Não, senhor. Prima. Mas moro aqui desde que morreram meus pais.

— Tão nova e já órfã!...

— De pai e mãe. Tinha seis anos quando os perdi na febre amarela de Campinas. O primo trouxe-me de lá e...

Aqui rangeu a porta e enquadrou-se nela o dono da casa.

Reconhecemo-nos incontinênti, com igual espanto.

— Bruno! — berrou ele. — Que milagre!

— E tu, Fausto, onde te vim desentocar, eu que esperava ver surgir um matutão desconfiado!

Abraços, explicações, perguntas atropeladas. Fausto não cessava de admirar a coincidência.

— Há quantos anos não nos vemos? Dez, no mínimo...

— Desde a opa da colação de grau. Como passa o tempo!... Pois, meu caro, prendo-te por cá. Já não te vais daqui sem conhecer o meu seio de Abraão e matar bem matadas as saudades.

Durante estas expansões a menina do avental não arredou pé da sala, e eu volta e meia regalava meus olhos na linda criatura que ela era.

Fausto, percebendo-o, apresentou-ma.

— Laurita, minha prima...

— Já nos conhecemos — disse eu.

— Donde? — exclamou Fausto surpreso.

— Daqui mesmo, de há cinco minutos.

— Farsista! Olha, Laura, vê lá que nos tragam o café para aqui.

A menina ao retirar-se pôs no andar esse requebro que o instinto aconselha às moças na presença de um homem casadouro.

— Galantinha, hein? — disse Fausto, mal se fechou a porta.

— Linda! — exclamei, carregando com fúria o *i*. — Que frescura! Que corado!

— O corado corre à conta do forno. Estão lá todos a assar bolinhos de milho. Não conheces minha mulher? Família Leme, da Pedra Fria. Casei-me logo depois de formado, e aqui vivo alternando seis meses de roça com outros tantos de capital.

— Excelente vida! É o sonho de toda gente.

— Não me queixo, nem quero outra.

— Colheste, então, o pomo da felicidade?

Fausto não respondeu, e como o café entrasse no momento a conversa mudou de rumo. Trouxe-o Laura, com bolinhos quentes.

— Estou adivinhando, dona Laurita, que este foi enrolado pelas suas mãos! — galanteei, tomando um deles.

— Qual? — acudiu a menina. — Esse que tem marca de carretilha?

— Sim!

Ela desferiu a mais sonora das risadinhas.

— Justamente os que têm marca são de Lucrécia...

— Ora você — cascalhou Fausto —, a confundir as artes da prima com as da preta!

— Os meus são estes — disse Laura, apontando os não carretilhados.

Provei um, e:

— Realmente, a diferença é enorme.

Novo "pizzicato" da menina.

— Pois a massa é a mesma e tudo tempero de Lucrécia...

Fausto pôs fim aos meus desazos convidando-me para sair.

— Estás muito chucro no galanteio. Vem daí ver a criação, que é o melhor.

Saímos e percorremos toda a fazenda, o chiqueirão dos canastrões, o cercado das aves de raça, o tanque dos Pekins; vimos as cabras Toggenburg, o gado Jersey, a máquina de café, todas essas coisas comuns a todas as fazendas e que no entanto examinamos sempre com real prazer.

Fausto era fazendeiro amador. Tudo ali demonstrava largo dispêndio de dinheiro sem a preocupação da renda proporcional; trazia-a no pé de quem não necessita da propriedade para viver.

Ao jantar apresentou-me sua mulher.

Não condisse com o molde que cá tenho de boa mulher a esposa do meu amigo. De feições duras, olhar de ave de rapina, nariz agudo, era positivamente feia e provavelmente má.

Compreendi o caso do meu Fausto: casara rico. A fazenda viera-lhe às mãos por intermédio da esposa.

Na presença dela Fausto mudava de tom. De natural brincalhão, embezerrava-se numa sisudez que me era estranha; isso me disse que casaram os bens, os corpos, mas não as almas.

Também Laurita se coibia, e as crianças mostravam um odioso bom comportamento de meter dó. A mulher gelava-os a todos com o olhar duro e mau de senhora absoluta.

Foi um alívio o erguer-nos da mesa. Fausto lembrara um giro pelos cafezais e como já estivessem arreadas as cavalgaduras partimos. Sem demora voltou o meu amigo à expansibilidade anterior, com a alegre despreocupação dos anos acadêmicos. A conversa correu por mil veredas e por fim embicou para o tema casamento.

— Aquele nosso horror à coleira matrimonial! Como esbanjávamos diatribes contra o amor sacramento, benzido pelo padre, gatafunhado pelo escrivão... Lembras-te?

— E estamos a pagar a língua. É sempre assim na vida: a libérrima teoria por cima e a trama férrea das injunções por baixo. O casamento!... Não o defino hoje com o petulante entono de solteiro. Só digo que não há casamento — há casamentos. Cada caso é um caso especial.

— Tendo aliás de comum — disse eu — um mesmo traço: restrição da personalidade.

— Sim. É mister que o homem ceda cinquenta por cento e a mulher outros tantos para que haja o equilíbrio razoável a que chamamos felicidade conjugal.

— "Felicidade conjugal", dizes bem, restringindo com o adjetivo a amplidão do substantivo.

A vista do cafezal interrompeu-nos as confidências. Era setembro, e o aspecto das árvores estrelejadas de florinhas dava uma sensação farta de riqueza e futuro. Corremo-lo em parte, gozando o "prazer paulista" de ver ondular por espigões e grotas a onda verde-escura dos cafeeiros alinhados.

— No teu caso — perguntei —, foste feliz?

Fausto retardou a resposta, mastigando-a.

— Não sei. Cedi os cinquenta, e espero que minha mulher imite a minha abnegação. Ela, porém, mais tenaz, embirra em não chegar a tanto: procuramos o equilíbrio ainda...

— E Laura? — perguntei estouvadamente...

Fausto voltou-se de golpe, ferido pela pergunta. Encarou-me a fito, vacilante em revelar-me o fundo de sua alma. Depois, como atravessássemos um sombrio trecho de caminho, com barrancos acima, avencas viçosas, samambaias e begônias agrestes, disse, apontando para aquilo:

— Sabes o que é uma face noruega? Cá tens uma. Não bate o sol. Muita folha, muito viço, verdes carregados, mas nada de flores ou frutas. Sempre esta frialdade úmida. Laura... é como um raio de sol matutino que folga e ri na face noruega da minha vida...

Calou-se, e até à casa não mais pronunciou uma só palavra. Compreendi a situação do meu querido Fausto, e não lhe invejei as riquezas adquiridas por semelhante preço.

Deixei o Paraíso, que assim se chamava a fazenda, com três impressões na alma: deliciosa, a da menina dos bolinhos, no seu avental azul, corada como as romãs; penosa, a da megera entrevista na criatura feia e má, rica o suficiente para adquirir marido como quem adquire um animal de luxo. A terceira não a define aí qualquer adjetivo espipado — complexa, sutil em demasia para caber em moldes vulgares. Era o vago pressentir duma equação sentimental cujos termos — o raio de sol, a face noruega e o meu Fausto — vagamente perambulavam dentro da minha imaginativa, às cabriolas.

Nunca tornei àquelas bandas, nem o acaso me fez encontradiço com qualquer das três personagens.

Este mundo, entretanto, é uma bola pequenina. Volvidos vinte anos estava eu parado diante duma vitrina no Rio de Janeiro quando alguém me cutucou as costelas.

— Tu, Fausto!

— Eu, sim, Bruno!

Envelhecera Fausto quarenta anos naqueles vinte de desencontro, e o tempo murchara-lhe a expansibilidade folgazã. Enquanto palestrávamos, uma a uma subiam-me à tona da memória as cenas e pessoas do Paraíso, a fascinante Laurita à frente. Perguntei por ela em primeiro.

— Morta! — foi a resposta seca e torva.

Como nas horas claras do verão nuvem erradia tapando a súbitas o sol põe na paisagem manchas mormacentas de sombra, assim aquela palavra nos velou a ambos a alegria do encontro.

— E tua mulher? Os filhos?

— Também morta, a mulher. Os filhos, por aí, casados uns, o último ainda comigo. Meu caro Bruno, o dinheiro não é tudo na vida, e principalmente não é para-raios que nos ponha a salvo de coriscos a cabeça. Moro na rua tal; aparece lá à noite que te contarei a minha história — e gaba-te, pois serás a única pessoa a quem revelarei o inferno que me saiu o Paraíso...

Eis o que ouvi:

— Quando a febre amarela em Campinas orfanou Laurita, eu, como o parente melhor condicionado, trouxe-a a morar conosco. Tinha ela cinco anos e já prenunciava nas graças infantis a encantadora menina que seria.

"Eu estava casado de fresco e errara no casamento. Minha mulher — não o suspeitaste naquele jantar? — era uma criatura visceralmente má.

"O 'má' na mulher diz tudo; dispensa maior gasto de expressões. Quando ouvires de uma mulher que é má, não peças mais: foge a sete pés. Se eu fora refazer o Inferno, acabaria com tantos círculos que lá pôs Dante, e em lugar meteria de guarda aos precitos uma dúzia de megeras. Haviam de ver que paraíso eram, em comparação, os círculos...

"Confesso que não casei por amor. Estava bacharel e pobre. Vi pela frente o marasmo da magistratura e a vitória rápida do casamento rico. Optei pela vitória rápida, descurioso de sondar para onde me levaria a áurea vereda. O dote, grande, valia, ou pareceu-me valer, o sacrifício. Errei. Com a experiência de hoje agarrava a mais reles das promotorias. O viver que levamos não o desejo como castigo ao pior celerado."

— A face noruega!...

— Era exata a comparação, gélida como nos corria o viver conjugal no período em que, iludidos, contemporizávamos, tentando um equilíbrio impossível. Depois tornou-se-nos infernal.

"Laura, à proporção que desabrochava, reunia em si quanta formosura de corpo, alma e espírito um poeta concebe em sonhos para meter em poemas. Conluiava-se nela a beleza do Diabo, própria da idade, com a beleza de Deus, permanente — e o pobre do teu Fausto, um exilado em fria Sibéria matrimonial, coração virgem de amor, não teve mão de si, sucumbiu. No peito que supunha calcinado viçou o perigosíssimo amor dos trinta anos.

"O vê-la deslizando por ali como a fada mimosa da triste mansão, ora a florir um vaso, ora a ameigar os pequenos, já curando os doentes pobres da fazenda, sempre irradiando beleza, felicidade e graça, foi-se-me tornando a razão do viver. Todas as generosidades e todas as coragens dos anos adolescentes borbulharam em meu peito. Compreendi a minha desgraça: era um cego a quem restituíam os olhos e que, deslumbrado, via do fundo de um cárcere, através das reixas encruzadas, a aurora, a luz, a vida, tudo inacessível... Vitimava-me a pior casta de amor — o amor secreto...

"Correram meses.

"Ao cabo, ou porque me traísse o fogo interno ou porque o ciúme desse à minha mulher uma visão de lince, tudo leu ela dentro de mim, como se o coração me pulsasse num peito de cristal. Conheci, então, um lúgubre pedaço de alma humana: a caverna onde moram os dragões do ciúme e do ódio. O que escabujou minha mulher contra os 'amásios'!

"A caninana envolvia no mesmo insulto a inocência ignorante e a nobreza dum sentimento puríssimo, recalcado no fundo do meu ser.

"Intimou-me a expulsá-la incontinênti. Resisti.

"Afastaria Laura, mas não com a bruteza exigida e de modo a me trair perante ela e todo mundo. Era a primeira vez que eu depois de casado resistia, e tal firmeza encheu de assombro a 'senhora'. Tenho cá na visão o riso de desafio que nesse momento lhe crispou a boca, e tenho na alma as cicatrizes das áscuas que espirraram aqueles olhos.

"Apanhei a luva.

"Estas guerras conjugais portas adentro!... Não há aí luta civil que se lhes compare em crueza. Na frente de estranhos, de Laura e dos filhos, continha-se. Maltratava a pobre menina, mas sem revelar a verdadeira causa da perseguição. A sós comigo, porém, que inferno!

"Durou pouco isso. Escrevi a parentes, e dava os primeiros passos para a arrumação de Laura, quando...

"Não te recordas do bosque de pinheiros plantados em seguimento ao pomar?"

— O pinhal d'Azambuja!

— Foi o nome que lhe pus, como andassem uns lagartões, seus fregueses, a me pilharem as capoeiras. Esse pinhal era o passeio favorito de Laura. Emboscava-se nele com um livro, ou com a costura, e dessa arte sossegava um momento da inferneira doméstica.

"Um dia em que saí à caça, menos pela caçada do que para retemperar-me da guerra caseira na paz das matas, ao montar a cavalo vi-a dirigir-se para lá com o cestinho de costura.

"Demorei-me mais do que o usual, e em vez de paca trouxe uma longa meditação desanimadora, feita de papo acima, inda me lembro, sob a fronde de enorme guabirobeira.

"Ao pisar no terreiro vi as crianças a me esperarem na escada, assustadinhas.

"— Papai, não viu Laura?

"— Laura?...

"Estranhei a pergunta, e mais ainda vendo aproximar-se a velha Lucrécia, que disse:

"— Não vá ter acontecido alguma para nhá Laurita, patrão! Saiu cedo, antes do café, já é quase noite e nada de voltar.

"— A senhora... — comecei eu a perguntar não sabia ainda o quê.

"— Sinhá está no quarto. Andou pelo pomar, voltou e se trancou por dentro. Não quer enxergar ninguém, parece que comeu cobra...

"O coração palpitou-me violento e saí em procura de Laurinha. Indaguei no terreiro: ninguém a vira. Lembrei-me do pinhal e organizei uma alvoroçada batida ao bosque. Com fachos incendidos de galhaça morta quebramos a escuridão reinante.

"Nada!

"Eu desanimava já de encontrá-la por ali, quando um capataz, desgarrado à frente, gritou:

"— Está aqui um cestinho!

"Corremos todos. Estava lá o cestinho de costura e, mais adiante... o corpo frio da menina.

"Morta, a bala!

"A blusa entreaberta mostrava no entresseio uma ferida: um pequeno furo negro donde fluía para as costelas fina estria de sangue. Ao lado da mão direita inerte, o meu revólver.

"Suicidara-se...

"Não te digo o meu desespero. Esqueci mundo, conveniências, tudo, e beijei-a longamente entre arquejos e sacões de angústia.

"Trouxeram-na a braços. Em casa minha mulher, então grávida, recusou-se a ver o cadáver com pretexto do estado, e Laura desceu à cova sem que ela por um só momento deixasse a clausura. Note você isto: minha mulher não viu o cadáver da menina.

"Dias depois humanizou-se. Deixou a cela, voltando à vida do costume, muito mudada de gênio, entretanto. Cessara a exaltação ciumosa do ódio, sobrevindo em lugar um mutismo sombrio. Pouquíssimas palavras lhe ouvi daí por diante.

"A mim o suicídio de Laura, sobre sacudir-me o organismo como o pior dos terremotos, preocupava-me como insolúvel enigma.

"Não compreendia aquilo.

"Suas últimas palavras em casa, seus últimos atos, nada induzia o horrível desenlace. Por que se mataria Laura? Como conseguira o revólver, guardado sempre no meu quarto, em lugar só de mim e de minha mulher sabido?

"Uma inspeção nos seus guardados não me esclareceu melhor; nenhuma carta ou escrito indicioso.

"Mistério!

"Mas correram os meses e um belo dia minha mulher deu à luz um menino.

"Que tragédia! Dói-me a cabeça o recordá-la.

"A velha Lucrécia, auxiliar da parteira, foi quem veio à sala com a notícia do bom sucesso.

"— Desta vez foi um meninão! — disse ela. — Mas nasceu marcado...

"— Marcado?

"— Tem uma marca no peito, uma cobrinha-coral de cabeça preta.

"Impressionado com a esquisitice, dirigi-me para o quarto. Acerquei-me da criança e desfiz as faixas o necessário para examinar-lhe o peitinho. E vi... vi um estigma que reproduzia com exatidão o ferimento de Laurinha: um núcleo negro, e a 'cobrinha', uma estria abaixo.

"Um raio de luz inundou-me o espírito. Compreendi tudo. O feto em formação nas entranhas da mãe fora a única testemunha do crime e, mal nascido, denunciava-o com esmagadora evidência.

"— Ela já viu isto? — perguntei à parteira.

"— Não! Nem é bom que veja antes de sarada.

"Não me contive. Escancarei as janelas, derramei ondas de sol no aposento, despi a criança e ergui-a ante os olhos da mãe, dizendo com frieza de juiz:

"— Olha, mulher, quem te denuncia!

"A parturiente ergueu-se de golpe, recuou da testa as madeixas soltas e cravou os olhos no estigma. Esbugalhou-os como louca, à medida que lhe alcançava a significação. Depois ergueu-se de golpe, e pela primeira vez aqueles olhos duros se turvaram ante a fixidez inexorável dos meus. Em seguida moleou o corpo, descaindo para os travesseiros, vencida.

"Sobreveio-lhe uma crise à noite. Acudiram médicos. Era febre puerperal sob forma gravíssima. Minha mulher recusou obstinadamente qualquer medicação e morreu sem uma palavra, fora as inconscientes escapas nos momentos de delírio..."

Mal concluíra Fausto a confidência daqueles horrores, abriu-se a porta e entrou na sala um rapazinho imberbe.

— Meu filho — disse ele. — Mostra a Bruno a tua cobrinha.

O moço desabotoou o colete; entreabriu a camisa. Pude então ver o estigma. Era perfeita a ilusão: lá estava a imagem do orifício aberto pelo projétil e do fio de sangue escorrido.

— Veja você — concluiu o meu triste amigo — os caprichos da natureza...

— Caprichos de Nêmesis... — ia eu dizendo, mas o olhar do pai cortou-me a palavra: o moço ignorava o crime de que fora ele próprio o eloquente delator.

VELHA PRAGA

1914

ANDAM TODOS EM NOSSA TERRA por tal forma estonteados com as proezas infernais dos belacíssimos "vons" alemães, que não sobram olhos para enxergar males caseiros.

Venha, pois, uma voz do sertão dizer às gentes da cidade que se lá fora o fogo da guerra lavra implacável, fogo não menos destruidor devasta nossas matas, com furor não menos germânico.

Em agosto, por força do excessivo prolongamento do inverno, "von Fogo" lambeu montes e vales, sem um momento de tréguas, durante o mês inteiro.

Vieram em começos de setembro chuvinhas de apagar poeira e, breve, novo "verão de sol" se estirou por outubro adentro, dando azo a que se torrasse tudo quanto escapara à sanha de agosto.

A serra da Mantiqueira ardeu como ardem aldeias na Europa, e é hoje um cinzeiro imenso, entremeado aqui e acolá de manchas de verdura — as restingas úmidas, as grotas frias, as nesgas salvas a tempo pela cautela dos aceiros. Tudo mais é crepe negro.

À hora em que escrevemos, fins de outubro, chove. Mas que chuva cainha! Que miséria d'água! Enquanto caem do céu pingos homeopáticos, medidos a conta-gotas, o fogo, amortecido mas não dominado, amoita-se insidioso nas piúcas, a fumegar imperceptivelmente, pronto para rebentar em chamas mal se limpe o céu e o sol lhe dê a mão.

Preocupa à nossa gente civilizada o conhecer em quanto fica na Europa por dia, em francos e cêntimos, um soldado em guerra; mas ninguém cuida de calcular os prejuízos de toda sorte advindos de uma assombrosa queima destas. As velhas camadas de húmus destruídas; os sais preciosos que, breve, as enxurradas deitarão fora, rio abaixo, via oceano; o rejuvenescimento florestal do solo paralisado e retrogradado; a destruição das aves silvestres e o possível advento de pragas insetiformes; a alteração para pior do clima com a agravação crescente das secas; os vedos e aramados perdidos; o gado morto ou depreciado pela falta de pastos; as cento e um particularidades que dizem respeito a esta ou aquela zona e, dentro delas, a esta ou aquela "situação" agrícola.

Isto, bem somado, daria algarismos de apavorar; infelizmente no Brasil subtrai-se; somar ninguém soma...

É peculiar de agosto, e típica, esta desastrosa queima de matas; nunca, porém, assumiu tamanha violência, nem alcançou tal extensão, como neste tortíssimo 1914 que, benza-o Deus, parece aparentado de perto com o célebre ano 1000 de macabra memória. Tudo nele culmina, vai logo às do cabo, sem conta nem medida. As queimas não fugiram à regra.

Razão sobeja para, desta feita, encararmos a sério o problema. Do contrário a Mantiqueira será em pouco tempo toda um sapezeiro sem fim, erisipelado de samambaias — esses dois términos à uberdade das terras montanhosas.

Qual a causa da renitente calamidade?

É mister um rodeio para chegar lá.

A nossa montanha é vítima de um parasita, um piolho da terra, peculiar ao solo brasileiro como o *Argas* o é aos galinheiros ou o *Sarcoptes mutans* à perna das aves domésticas. Poderíamos, analogicamente, classificá-lo entre as variedades do *Porrigo decalvans*, o parasita do couro cabeludo produtor da "pelada", pois que onde ele assiste se vai despojando a terra de sua coma vegetal até cair em morna decrepitude, nua e descalvada. Em quatro anos a mais ubertosa região se despe dos jequitibás magníficos e das perobeiras milenárias — seu orgulho e grandeza, para, em achincalhe crescente, cair em capoeira, passar desta à humildade da vassourinha e, descendo sempre, encruar definitivamente na desdita do sapezeiro — sua tortura e vergonha.

Este funesto parasita da terra é o CABOCLO, espécie de homem baldio, seminômade, inadaptável à civilização, mas que vive à beira dela na penumbra das zonas fronteiriças. À medida que o progresso vem chegando com a via férrea, o italiano, o arado, a valorização da propriedade, vai ele refugindo em silêncio, com o seu cachorro, o seu pilão, a pica-pau[1] e o isqueiro, de modo a sempre conservar-se fronteiriço, mudo e sorna. Encoscorado numa rotina de pedra, recua para não adaptar-se.

É de vê-lo surgir a um sítio novo para nele armar a sua arapuca de "agregado"; nômade por força de vagos atavismos, não se liga à terra, como o campônio europeu: "agrega-se", tal qual o *Sarcoptes*, pelo tempo necessário à completa sucção da seiva convizinha; feito o que, salta para diante com a mesma bagagem com que ali chegou.

Vem de um sapezeiro para criar outro. Coexistem em íntima simbiose: sapé e caboclo são vidas associadas. Este inventou aquele e lhe dilata os domínios; em troca o sapé lhe cobre a choça e lhe fornece fachos para queimar a colmeia das pobres abelhas.

Chegam silenciosamente, ele e a "sarcopta" fêmea, esta com um filhote no útero, outro ao peito, outro de sete anos à ourela da saia — este já de pitinho na boca e faca à cinta. Completam o rancho um cachorro sarnento — Brinquinho, a foice, a enxada, a pica-pau, o pilãozinho de sal, a panela de barro, um santo encardido, três galinhas pevas e um galo índio. Com estes simples ingredientes, o fazedor de sapezeiros perpetua a espécie e a obra de esterilização iniciada com os remotíssimos avós.

Acampam.

1. Tipo de espingarda de carregar pela boca. (N.E.)

Em três dias uma choça, que por eufemismo chamam casa, brota da terra como um urupê. Tiram tudo do lugar, os esteios, os caibros, as ripas, os barrotes, o cipó que os liga, o barro das paredes e a palha do teto. Tão íntima é a comunhão dessas palhoças com a terra local, que dariam ideia de coisa nascida do chão por obra espontânea da natureza — se a natureza fosse capaz de criar coisas tão feias.

Barreada a casa, pendurado o santo, está lavrada a sentença de morte daquela paragem.

Começam as requisições. Com a pica-pau o caboclo limpa a floresta das aves incautas. Pólvora e chumbo adquire-os vendendo palmitos no povoado vizinho. É este um traço curioso da vida do caboclo e explica o seu largo dispêndio de pólvora; quando o palmito escasseia, rareiam os tiros, só a caça grande merecendo sua carga de chumbo; se o palmital se extingue, exultam as pacas: está encerrada a estação venatória.

Depois ataca a floresta. Roça e derruba, não perdoando ao mais belo pau. Árvores diante de cuja majestosa beleza Ruskin choraria de comoção, ele as derriba, impassível, para extrair um mel-de-pau escondido num oco.

Pronto o roçado, e chegado o tempo da queima, entra em funções o isqueiro. Mas aqui o *Sarcoptes* se faz raposa. Como não ignora que a lei impõe aos roçados um aceiro de dimensões suficientes à circunscrição do fogo, urde traças para iludir a lei, cocando destarte a insigne preguiça e a velha malignidade.

Foi neste momento que o viu o poeta:

Cisma o caboclo à porta da cabana.[2]

Cisma, de fato, não devaneios líricos, mas jeitos de transgredir as posturas com a responsabilidade a salvo. E consegue-o. Arranja sempre um álibi demonstrativo de que não esteve lá no dia do fogo.

2. Verso de Ricardo Gonçalves (1888-1916), poeta e jornalista libertário que fez parte do célebre grupo "Minarete", organizado por Lobato. (N.E.)

Onze horas.

O sol quase a pino queima como chama. Um *Sarcoptes* anda por ali, ressabiado. Minutos após crepita a labareda inicial, medrosa, numa touça mais seca; oscila incerta; ondeia ao vento; mas logo encorpa, cresce, avulta, tumultua infrene e, senhora do campo, estruge fragorosa com infernal violência, devorando as tranqueiras, estorricando as mais altas frondes, despejando para o céu golfões de fumo estrelejado de faíscas.

É o fogo de mato!

E como não o detém nenhum aceiro, esse fogo invade a floresta e caminha por ela adentro, ora frouxo, nas capetingas ralas, ora maciço, aos estouros, nas moitas de taquaruçu; caminha sem tréguas, moroso e tíbio quando a noite fecha, insolente se o sol o ajuda.

E vai galgando montes em arrancadas furiosas, ou descendo encostas a passo lento e traiçoeiro até que o detenha a barragem natural dum rio, estrada ou grota noruega.

Barrado, inflete para os flancos, ladeia o obstáculo, deixa-o para trás, esgueira-se para os lados — e lá continua o abrasamento implacável. Amordaçado por uma chuva repentina, alapa-se nas piúcas, quieto e invisível, para no dia seguinte, ao esquentar do sol, prosseguir na faina carbonizante.

Quem foi o incendiário? Donde partiu o fogo? Indaga-se, descobre-se o Nero: é um urumbeva qualquer, de barba rala, amoitado num litro de terra litigiosa.

E agora? Que fazer? Processá-lo?

Não há recurso legal contra ele. A única pena possível, barata, fácil e já estabelecida como praxe, é "tocá-lo".

Curioso este preceito: "Ao caboclo, toca-se". Toca-se, como se toca um cachorro importuno, ou uma galinha que vareja pela sala. E tão afeito anda ele a isso, que é comum ouvi-lo dizer: "Se eu fizer tal coisa o senhor não me toca?".

Justiça sumária — que não pune, entretanto, dado o nomadismo do paciente.

Enquanto a mata arde, o caboclo regala-se.

— Eta fogo bonito!

No vazio de sua vida semisselvagem, em que os incidentes são um jacu abatido, uma paca fisgada na água ou o filho novimensal, a queimada é o grande espetáculo do ano, supremo regalo dos olhos e dos ouvidos.

Entrado setembro, começo das "águas", o caboclo planta na terra em cinzas um bocado de milho, feijão e arroz; mas o valor da sua produção é nenhum diante dos males que para preparar uma quarta de chão ele semeou.

O caboclo é uma quantidade negativa. Tala cinquenta alqueires de terra para extrair deles o com que passar fome e frio durante o ano. Calcula as sementeiras pelo máximo da sua resistência às privações. Nem mais, nem menos. "Dando para passar fome", sem virem a morrer disso, ele, a mulher e o cachorro — está tudo muito bem; assim fez o pai, o avô; assim fará a prole empanzinada que naquele momento brinca nua no terreiro.

Quando se exaure a terra, o agregado muda de sítio. No lugar fica a tapera e o sapezeiro. Um ano que passe e só este atestará a sua estada ali; o mais se apaga como por encanto. A terra reabsorve os frágeis materiais da choça e, como nem sequer uma laranjeira ele plantou, nada mais lembra a passagem por ali de Manoel Peroba, de Chico Marimbondo, de Jeca Tatu ou outros sons ignaros, de dolorosa memória para a natureza circunvizinha.

URUPÊS

1914

Esboroou-se o balsâmico indianismo de Alencar ao advento dos Rondons que, ao invés de imaginarem índios num gabinete, com reminiscências de Chateaubriand na cabeça e *Iracema* aberta sobre os joelhos, metem-se a palmilhar sertões de Winchester em punho.

Morreu Peri, incomparável idealização dum homem natural como o sonhava Rousseau, protótipo de tantas perfeições humanas que no romance, ombro a ombro com altos tipos civilizados, a todos sobreleva em beleza de alma e corpo.

Contrapôs-lhe a cruel etnologia dos sertanistas modernos um selvagem real, feio e brutesco, anguloso e desinteressante, tão incapaz, muscularmente, de arrancar uma palmeira, como incapaz, moralmente, de amar Ceci.

Por felicidade nossa — e de dom Antônio de Mariz —, não os viu Alencar; sonhou-os qual Rousseau. Do contrário lá teríamos o filho de Araré a moquear a linda menina num bom braseiro de pau-brasil, em vez de acompanhá-la em adoração pelas selvas, como Ariel benfazejo do Paquequer.

A sedução do imaginoso romancista criou forte corrente. Todo o clã plumitivo deu de forjar seu indiozinho refegado de Peri e Atala. Em sonetos, contos e novelas, hoje esquecidos, consumiram-se tabas inteiras de aimorés sanhudos, com virtudes romanas por dentro e penas de tucano por fora.

Vindo o público a bocejar de farto, já cético ante o crescente desmantelo do ideal, cessou no mercado literário a procura de bugres homéricos, inúbias, tacapes, borés, piagas e virgens bronzeadas. Armas e heróis desandaram cabisbaixos, rumo ao porão onde se guardam os móveis fora de uso, saudoso museu de extintas pilhas elétricas que a seu tempo galvanizaram nervos. E lá acamam poeira cochichando reminiscências com a barba de dom João de Castro, com os franquisques de Herculano, com os frades de Garrett e que tais...

Não morreu, todavia.

Evoluiu.

O indianismo está de novo a deitar copa, de nome mudado. Crismou--se de "caboclismo". O cocar de penas de arara passou a chapéu de palha rebatido à testa; a ocara virou rancho de sapé; o tacape afilou, criou gatilho, deitou ouvido e é hoje espingarda trouxada; o boré descaiu lamentavelmente para pio de inambu; a tanga ascendeu a camisa aberta ao peito.

Mas o substrato psíquico não mudou: orgulho indomável, independência, fidalguia, coragem, virilidade heroica, todo o recheio em suma, sem faltar uma azeitona, dos Peris e Ubirajaras.

Este setembrino rebrotar duma arte morta inda se não desbagoou de todos os frutos. Terá o seu "I-Juca-Pirama", o seu "Canto do Piaga" e talvez dê ópera lírica.

Mas, completado o ciclo, em flor da ilusão indianista virão destroçar o inverno os prosaicos de ídolos — gente má e sem poesia. Irão os malvados esgaravatar o ícone com as curetas da ciência. E que feias se hão de entrever as caipirinhas cor de jambo de Fagundes Varela! E que chambões e sornas os Peris de calça, camisa e faca à cinta!

Isso, para o futuro. Hoje ainda há perigo em bulir no vespeiro: o caboclo é o "Ai Jesus!" nacional.

É de ver o orgulhoso entono com que respeitáveis figurões batem no peito exclamando com altivez:

— Sou raça de caboclo!

Anos atrás o orgulho estava numa ascendência de tanga, inçada de penas de tucano, com dramas íntimos e flechaços de curare.

Dia virá em que os veremos, murchos de prosápia, confessar o verdadeiro avô:

— Um dos quatrocentos de Gedeão trazidos por Tomé de Sousa num barco daqueles tempos, nosso mui nobre e fecundo *Mayflower*.

Porque a verdade nua manda dizer que entre as raças de variado matiz, formadoras da nacionalidade e metidas entre o estrangeiro recente e o aborígine de tabuinha no beiço, uma existe a vegetar de cócoras, incapaz de evolução, impenetrável ao progresso. Feia e sorna, nada a põe de pé.

Quando Pedro I lança aos ecos o seu grito histórico e o país desperta estrouvinhado à crise duma mudança de dono, o caboclo ergue-se, espia e acocora-se de novo.

Pelo Treze de Maio, mal esvoaça o florido decreto da Princesa e o negro exausto larga num *uf!* o cabo da enxada, o caboclo olha, coça a cabeça, imagina e deixa que do velho mundo venha quem nele pegue de novo.

Em 15 de Novembro troca-se um trono vitalício pela cadeira quadrienal. O país bestifica-se ante o inopinado da mudança. O caboclo não dá pela coisa.

Vem Floriano; estouram as granadas de Custódio; Gumercindo bate às portas de Roma; Incitatus derranca o país. O caboclo continua de cócoras, a modorrar...

Nada o esperta. Nenhuma ferrotoada o põe de pé. Social, como individualmente, em todos os atos da vida, Jeca, antes de agir, acocora-se.

Jeca Tatu é um piraquara do Paraíba, maravilhoso epítome de carne onde se resumem todas as características da espécie.

Ei-lo que vem falar ao patrão. Entrou, saudou. Seu primeiro movimento, após prender entre os lábios a palha de milho, sacar o rolete de fumo e disparar a cusparada de esguicho, é sentar-se jeitosamente sobre os calcanhares. Só então destrava a língua e a inteligência.

— Não vê que...

De pé ou sentado as ideias se lhe entramam, a língua emperra e não há de dizer coisa com coisa.

De noite, na choça de palha, acocora-se em frente ao fogo para "aquentá-lo", imitado da mulher e da prole.

Para comer, negociar uma barganha, ingerir um café, tostar um cabo de foice, fazê-lo noutra posição será desastre infalível. Há de ser de cócoras.

Nos mercados, para onde leva a quitanda domingueira, é de cócoras, como um faquir do Bramaputra, que vigia os cachinhos de brejaúva ou o feixe de três palmitos.

Pobre Jeca Tatu! Como és bonito no romance e feio na realidade!

Jeca mercador, Jeca lavrador, Jeca filósofo...

Quando comparece às feiras, todo mundo logo adivinha o que ele traz: sempre coisas que a natureza derrama pelo mato e ao homem só custa o gesto de espichar a mão e colher — cocos de tucum ou jiçara, guabirobas, bacuparis, maracujás, jataís, pinhões, orquídeas; ou artefatos de taquara-poca — peneiras, cestinhas, samburás, tipitis, pios de caçador; ou utensílios de madeira mole — gamelas, pilõezinhos, colheres de pau.

Nada mais.

Seu grande cuidado é espremer todas as consequências da lei do menor esforço — e nisto vai longe.

Começa na morada. Sua casa de sapé e lama faz sorrir aos bichos que moram em toca e gargalhar ao joão-de-barro. Pura biboca de bosquímano. Mobília, nenhuma. A cama é uma espipada esteira de peri posta sobre o chão batido.

Às vezes se dá ao luxo de um banquinho de três pernas — para os hóspedes. Três pernas permitem equilíbrio; inútil, portanto, meter a quarta, o que ainda o obrigaria a nivelar o chão. Para que assentos, se a natureza os dotou de sólidos, rachados calcanhares sobre os quais se sentam?

Nenhum talher. Não é a munheca um talher completo — colher, garfo e faca a um tempo?

No mais, umas cuias, gamelinhas, um pote esbeiçado, a pichorra e a panela de feijão.

Nada de armários ou baús. A roupa, guarda-a no corpo. Só tem dois parelhos; um que traz no uso e outro na lavagem.

Os mantimentos apaiola nos cantos da casa.

Inventou um cipó preso à cumeeira, de gancho na ponta e um disco de lata no alto: ali pendura o toucinho, a salvo dos gatos e ratos.

Da parede pende a espingarda pica-pau, o polvarinho de chifre, o são Benedito defumado, o rabo de tatu e as palmas bentas de queimar durante as fortes trovoadas. Servem de gaveta os buracos da parede.

Seus remotos avós não gozaram maiores comodidades. Seus netos não meterão quarta perna ao banco. Para quê? Vive-se bem sem isso.

Se pelotas de barro caem, abrindo seteiras na parede, Jeca não se move a repô-las. Ficam pelo resto da vida os buracos abertos, a entremostrarem nesgas de céu.

Quando a palha do teto, apodrecida, greta em fendas por onde pinga a chuva, Jeca, em vez de remendar a tortura, limita-se, cada vez que chove, a aparar numa gamelinha a água gotejante...

Remendo... Para quê?, se uma casa dura dez anos e faltam "apenas" nove para ele abandonar aquela? Esta filosofia economiza reparos.

Na mansão de Jeca a parede dos fundos bojou para fora um ventre empanzinado, ameaçando ruir; os barrotes, cortados pela umidade, oscilam na podriqueira do baldrame. A fim de neutralizar o desaprumo e prevenir suas consequências, ele grudou na parede uma Nossa Senhora enquadrada em moldurinha amarela — santo de mascate.

— Por que não remenda essa parede, homem de Deus?

— Ela não tem coragem de cair. Não vê a escora?

Não obstante, "por via das dúvidas", quando ronca a trovoada Jeca abandona a toca e vai agachar-se no oco dum velho embiruçu do quintal — para se saborear de longe com a eficácia da escora santa.

Um pedaço de pau dispensaria o milagre; mas entre pendurar o santo e tomar da foice, subir ao morro, cortar a madeira, atorá-la, baldeá-la e especar a parede, o sacerdote da Grande Lei do Menor Esforço não vacila. É coerente.

Um terreirinho descalvado rodeia a casa. O mato o beira. Nem árvores frutíferas, nem horta, nem flores — nada revelador de permanência.

Há mil razões para isso; porque não é sua a terra; porque se o "tocarem" não ficará nada que a outrem aproveite; porque para frutas há o mato; porque a "criação" come; porque...

— Mas, criatura, com um vedozinho por ali... A madeira está à mão, o cipó é tanto...

Jeca, interpelado, olha para o morro coberto de moirões, olha para o terreiro nu, coça a cabeça e cuspilha.

— Não paga a pena.

Todo o inconsciente filosofar do caboclo grulha nessa palavra atravessada de fatalismo e modorra. Nada paga a pena. Nem culturas, nem comodidades. De qualquer jeito se vive.

Da terra só quer a mandioca, o milho e a cana. A primeira, por ser um pão já amassado pela natureza. Basta arrancar uma raiz e deitá-la nas brasas. Não impõe colheita, nem exige celeiro. O plantio se faz com um palmo de rama fincada em qualquer chão. Não pede cuidados. Não a ataca a formiga. A mandioca é sem-vergonha.

Bem ponderado, a causa principal da lombeira do caboclo reside nas benemerências sem conta da mandioca. Talvez que sem ela se pusesse de pé e andasse. Mas enquanto dispuser de um pão cujo preparo se resume no plantar, colher e lançar sobre brasas, Jeca não mudará de vida. O vigor das raças humanas está na razão direta da hostilidade ambiente. Se a poder de estacas e diques o holandês extraiu de um brejo salgado a Holanda, essa joia do esforço, é que ali nada o favorecia. Se a Inglaterra brotou das ilhas nevoentas da Caledônia, é que lá não medrava a mandioca. Medrasse, e talvez os víssemos hoje, os ingleses, tolhiços, de pé no chão, amarelentos, mariscando de peneira no Tâmisa. Há bens que vêm para males. A mandioca ilustra este avesso de provérbio.

Outro precioso auxiliar da calaçaria é a cana. Dá rapadura, e para Jeca, simplificador da vida, dá garapa. Como não possui moenda, torce a pulso sobre a cuia de café um rolete, depois de bem macetados os nós;

açucara assim a beberagem, fugindo aos trâmites condutores do caldo de cana à rapadura.

Todavia, *est modus in rebus*.[1] E assim como ao lado do restolho cresce o bom pé de milho, contrasta com a cristianíssima simplicidade do Jeca a opulência de um seu vizinho e compadre que "está muito bem". A terra onde mora é sua. Possui ainda uma égua, monjolo e espingarda de dois canos. Pesa nos destinos políticos do país com o seu voto e nos econômicos com o polvilho azedo de que é fabricante, tendo amealhado com ambos, voto e polvilho, para mais de quinhentos mil-réis no fundo da arca.

Vive num corrupio de barganhas nas quais exercita uma astúcia nativa muito irmã da de Bertoldo.[2] A esperteza última foi a barganha de um cavalo cego por uma égua de passo picado. Verdade é que a égua mancava das mãos, mas inda assim valia dez mil-réis mais do que o rocinante zanaga.

Esta e outras celebrizaram-lhe os engrimanços potreiros num raio de mil braças, granjeando-lhe a incondicional e babosa admiração de Jeca, para quem, fino como o compadre, "home"... nem mesmo o vigário de Itaoca!

Aos domingos vai à vila bifurcado na magreza ventruda da Serena; leva apenso à garupa um filho e atrás o potrinho no trote, mais a mulher, com a criança nova enrolada no xale. Fecha o cortejo o indefectível Brinquinho, a resfolgar com um palmo de língua de fora.

O fato mais importante de sua vida é sem dúvida votar no Governo. Tira nesse dia da arca a roupa preta do casamento, sarjão furadinho de traça e todo vincado de dobras; entala os pés num alentado sapatão de bezerro; ata ao pescoço um colarinho de bico e, sem gravata, ringindo e mancando, vai pegar o diploma de eleitor às mãos do chefe Coisada, que lho retém para maior garantia da fidelidade partidária.

1. *Est modus in rebus:* Há medida para tudo. (N.E.)
2. Lobato se refere ao romance *As astúcias sutilíssimas de Bertoldo*, do escritor italiano Giulio Cesare Croce (1550-1609), que reúne inúmeras peripécias de um personagem popular. (N.E.)

Vota. Não sabe em quem, mas vota. Esfrega a pena no livro eleitoral, arabescando o aranhol de gatafunhos e que chama "sua graça".

Se há tumulto, chuchurreia de pé firme, com heroísmo, as porretadas oposicionistas, e ao cabo segue para a casa do chefe, de galo cívico na testa e colarinho sungado para trás, a fim de novamente lhe depor nas mãos o "dipeloma".

Grato e sorridente, o morubixaba galardoa-lhe o heroísmo, flagrantemente documentado pelo latejar do couro cabeludo, com um aperto de munheca e a promessa, para logo, duma inspetoria de quarteirão.

Representa este freguês o tipo clássico do sitiante já com um pé fora da classe. Exceção, díscolo que é, não vem ao caso. Aqui tratamos da regra e a regra é Jeca Tatu.

O mobiliário cerebral de Jeca, à parte o suculento recheio de superstições, vale o do casebre. O banquinho de três pés, as cuias, o gancho de toucinho, as gamelas, tudo se reedita dentro de seus miolos sob a forma de ideias: são as noções práticas da vida, que recebeu do pai e sem mudança transmitirá aos filhos.

O sentimento de pátria lhe é desconhecido. Não tem sequer a noção do país em que vive. Sabe que o mundo é grande, que há sempre terras para diante, que muito longe está a Corte com os graúdos e mais distante ainda a Bahia, donde vêm baianos pernósticos e cocos.

Perguntem ao Jeca quem é o presidente da República.

— O homem que manda em nós tudo?

— Sim.

— Pois de certo que há de ser o imperador.

Em matéria de civismo não sobe de ponto.

— Guerra? Te esconjuro! Meu pai viveu afundado no mato pra mais de cinco anos por causa da guerra grande. Eu, para escapar do "reculutamento", sou inté capaz de cortar um dedo, como o meu tio Lourenço...

Guerra, defesa nacional, ação administrativa, tudo quanto cheira a governo resume-se para o caboclo numa palavra apavorante — "reculutamento".

Quando em princípios da presidência Hermes andou na balha um recenseamento esquecido a Offenbach, o caboclo tremeu e entrou a casar em massa. Aquilo "haverá de ser reculutamento", e os casados, na voz corrente, escapavam à redada.

A sua medicina corre parelhas com o civismo e a mobília — em qualidade. Quantitativamente, assombra. Da noite cerebral pirilampejam-lhe apózemas, cerotos, arrobes e eletuários escapos à sagacidade cômica de Mark Twain. Compendia-os um Chernoviz não escrito, monumento de galhofa onde não há rir, lúgubre como é o epílogo. A rede na qual dois homens levam à cova as vítimas de semelhante farmacopeia é o espetáculo mais triste da roça.

Quem aplica as mezinhas é o "curador", um Eusébio Macário de pé no chão e cérebro trancado como moita de taquaruçu. O veículo usual das drogas é sempre a pinga — meio honesto de render homenagem à deusa Cachaça, divindade que entre eles ainda não encontrou heréticos.

Doenças hajam que remédios não faltam.

Para bronquite, é um porrete cuspir o doente na boca de um peixe vivo e soltá-lo: o mal se vai com o peixe água abaixo...

Para "quebranto de ossos", já não é tão simples a medicação. Tomam-se três contas de rosário, três galhos de alecrim, três limas de bico, três iscas de palma benta, três raminhos de arruda, três ovos de pata preta (com casca; sem casca desanda) e um saquinho de picumã; mete-se tudo numa gamela d'água e banha-se naquilo o doente, fazendo-o tragar três goles da zurrapa. É infalível!

O específico da brotoeja consiste em cozimento de beiço de pote para lavagens. Ainda há aqui um pormenor de monta: é preciso que antes do banho a mãe do doente molhe na água a ponta de sua trança. As brotoejas saram como por encanto.

Para dor de peito que "responde na cacunda", cataplasma de "jasmim-de-cachorro" é um porrete.

Além desta alopatia, para a qual contribui tudo quanto de mais repugnante e inócuo que existe na natureza, há a medicação simpática, baseada na influição misteriosa de objetos, palavras e atos sobre o corpo humano.

O ritual bizantino dentro de cujas maranhas os filhos de Jeca vêm ao mundo, e do qual não há fugir sob pena de gravíssimas consequências futuras, daria um in-fólio de alto fôlego ao Sílvio Romero bastante operoso que se propusesse a compendiá-lo.

Num parto difícil, nada tão eficaz como engolir três caroços de feijão mouro, de passo que a parturiente veste pelo avesso a camisa do marido e põe na cabeça, também pelo avesso, o seu chapéu. Falhando esta simpatia, há um derradeiro recurso: colar no ventre encruado a imagem de são Benedito.

Nesses momentos angustiosos outra mulher não penetre no recinto sem primeiro defumar-se ao fogo, nem traga na mão caça ou peixe: a criança morreria pagã. A omissão de qualquer destes preceitos fará chover mil desgraças na cabeça do chorincas recém-nascido.

A posse de certos objetos confere dotes sobrenaturais. A invulnerabilidade às facadas ou cargas de chumbo é obtida graças à flor da samambaia.

Esta planta, conta Jeca, só floresce uma vez por ano, e só produz em cada samambaial uma flor. Isto à meia-noite, no dia de são Bartolomeu. É preciso ser muito esperto para colhê-la, porque também o diabo anda à cata. Quem consegue pegar uma, ouve logo um estouro e tonteia ao cheiro de enxofre — mas livra-se de faca e chumbo pelo resto da vida.

Todos os volumes do Larousse não bastariam para catalogar-lhe as crendices, e como não há linhas divisórias entre estas e a religião, confundem-se ambas em maranhada teia, não havendo distinguir onde para uma e começa outra.

A ideia de Deus e dos santos torna-se jecocêntrica. São os santos os graúdos lá de cima, os coronéis celestes, debruçados no azul para espreitar-lhes a vidinha e intervir nela ajudando-os ou castigando-os, como os metediços deuses de Homero. Uma torcedura de pé, um estrepe, o feijão entornado, o pote que rachou, o bicho que arruinou — tudo diabruras da corte celeste, para castigo de más intenções ou atos.

Daí o fatalismo. Se tudo movem cordéis lá de cima, para que lutar, reagir? Deus quis. A maior catástrofe é recebida com esta exclamação, muito parenta do "Allah Kébir" do beduíno.

E na arte?

Nada.

A arte rústica do campônio europeu é opulenta a ponto de constituir preciosa fonte de sugestões para os artistas de escol. Em nenhum país o povo vive sem a ela recorrer para um ingênuo embelezamento da vida. Já não se fala no camponês italiano ou teutônico, filho de alfobres mimosos, propícios a todas as florações estéticas. Mas o russo, o hirsuto mujique a meio atolado em barbárie crassa. Os vestuários nacionais da Ucrânia nos quais a cor viva e o sarapantado da ornamentação indicam a ingenuidade do primitivo; os isbas da Lituânia, sua cerâmica, os bordados, os móveis, os utensílios de cozinha, tudo revela no mais rude dos campônios o sentimento da arte.

No samoiedo, no pele-vermelha, no abexim, no papua, um arabesco ingênuo costuma ornar-lhes as armas — como lhes ornam a vida canções repassadas de ritmos sugestivos.

Que nada é isso, sabido como já o homem pré-histórico, companheiro do urso das cavernas, entalhava perfis de mamutes em chifres de rena.

Egresso à regra, não denuncia o nosso caboclo o mais remoto traço de um sentimento nascido com o troglodita.

Esmerilhemos o seu casebre: que é que ali denota a existência do mais vago senso estético? Uma chumbada no cabo do relho e uns zigue-zagues a canivete ou fogo pelo roliço do porretinho de guatambu. É tudo.

Às vezes surge numa família um gênio musical cuja fama esvoaça pelas redondezas. Ei-lo na viola: concentra-se, tosse, cuspilha o pigarro, fere as cordas e "tempera". E fica nisso, no tempero.

Dirão: e a modinha?

A modinha, como as demais manifestações de arte popular existentes no país, é obra do mulato, em cujas veias o sangue recente do europeu, rico de atavismos estéticos, borbulha de envolta com o sangue selvagem, alegre e são do negro.

O caboclo é soturno.

Não canta senão rezas lúgubres.

Não dança senão o cateretê aladainhado.

Não esculpe o cabo da faca, como o cabila.

Não compõe sua canção, como o felá do Egito.

No meio da natureza brasílica, tão rica de formas e cores, onde os ipês floridos derramam feitiços no ambiente e a infolhescência dos cedros, às primeiras chuvas de setembro, abre a dança dos tangarás; onde há abelhas de sol, esmeraldas vivas, cigarras, sabiás, luz, cor, perfume, vida dionisíaca em escacho permanente, o caboclo é o sombrio urupê de pau podre, a modorrar silencioso no recesso das grotas.

Só ele não fala, não canta, não ri, não ama.

Só ele, no meio de tanta vida, não vive...

1919

CIDADES

MORTAS

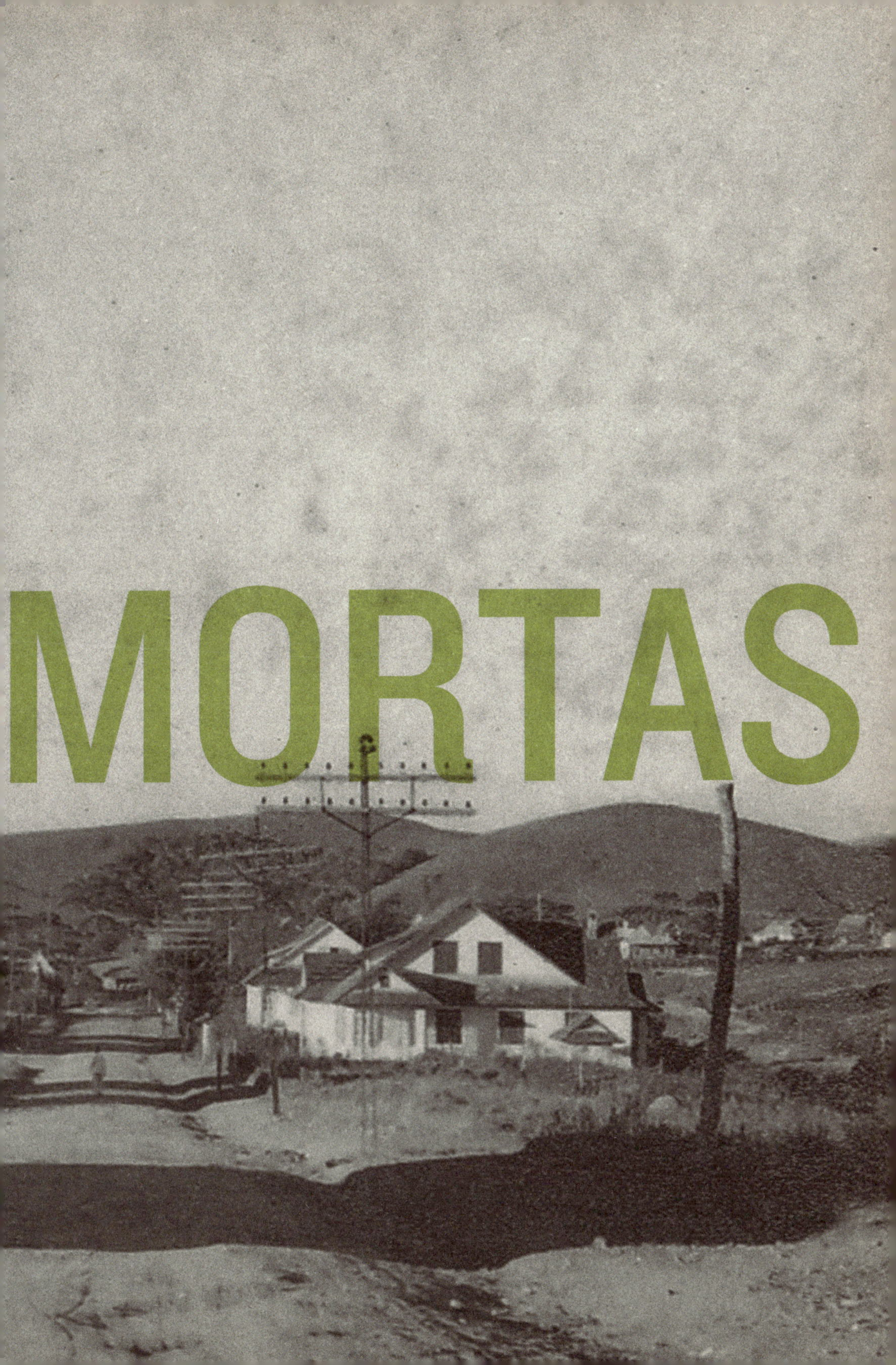

CIDADES MORTAS[1]

1906

A QUEM EM NOSSA TERRA PERCORRE TAIS E TAIS ZONAS, vivas outrora, hoje mortas, ou em via disso, tolhidas de insanável caquexia, uma verdade, que é um desconsolo, ressurte de tantas ruínas: nosso progresso é nômade e sujeito a paralisias súbitas. Radica-se mal. Conjugado a um grupo de fatores sempre os mesmos, reflui com eles duma região para outra. Não emite peão. Progresso de cigano, vive acampado. Emigra, deixando atrás de si um rastilho de taperas.

A uberdade nativa do solo é o fator que o condiciona. Mal a uberdade se esvai, pela reiterada sucção de uma seiva não recomposta, como no velho mundo, pelo adubo, o desenvolvimento da zona esmorece, foge dela o capital — e com ele os homens fortes, aptos para o trabalho. E lentamente cai a tapera nas almas e nas coisas.

Em São Paulo temos perfeito exemplo disso na depressão profunda que entorpece boa parte do chamado Norte.

1. Na primeira edição do livro, havia a seguinte nota de abertura: "Entra neste livro um punhado de coisas antigas, impressões d'uma mocidade que vegetou no ambiente marasmático das cidades mortas. Oblivion Itaoca... Quantas saudades!..." (N.E.)

Ali tudo foi, nada é. Não se conjugam verbos no presente. Tudo é pretérito.

Umas tantas cidades moribundas arrastam um viver decrépito, gasto em chorar na mesquinhez de hoje as saudosas grandezas de dantes.

Pelas ruas ermas, onde o transeunte é raro, não matracoleja sequer uma carroça; de há muito, em matéria de rodas, se voltou aos rodízios desse rechinante símbolo do viver colonial — o carro de boi. Erguem-se por ali soberbos casarões apalaçados, de dois e três andares, sólidos como fortalezas, tudo pedra, cal e cabiúna; casarões que lembram ossaturas de megatérios donde as carnes, o sangue, a vida para sempre refugiram.

Vivem dentro, mesquinhamente, vergônteas mortiças de famílias fidalgas, de boa prosápia entroncada na nobiliarquia lusitana. Pelos salões vazios, cujos frisos dourados se recobrem da pátina dos anos e cujo estuque, lagarteado de fendas, esboroa à força de goteiras, paira o bafio da morte. Há nas paredes quadros antigos, *crayons*, figurando efígies de capitães-mores de barba em colar. Há sobre os aparadores Luís XV brônzeos candelabros de dezoito velas, esverdecidos de azinhavre. Mas nem se acendem as velas, nem se guardam os nomes dos enquadrados — e por tudo se agruma o bolor râncido da velhice.

São os palácios mortos da cidade morta.

Avultam em número, nas ruas centrais, casas sem janelas, só portas, três e quatro: antigos armazéns hoje fechados, porque o comércio desertou também. Em certa praça vazia, vestígios vagos de "monumento" de vulto: o antigo teatro — um teatro onde já ressoou a voz da Rosina Stoltz, da Candiani...[2]

Não há na cidade exangue nem pedreiros, nem carapinas; fizeram-se estes remendões; aqueles, meros demolidores — tanto vai da última construção. A tarefa se lhes resume em especar muros que deitam ventres,

2. Rosina Stoltz (1815-1903) e Candiani (1820-1890), cantoras líricas francesa e italiana, fizeram célebres aparições nos palcos brasileiros na segunda metade do século XIX e figuram em crônicas e romances de Machado de Assis, Lima Barreto e José de Alencar. (N.E.)

escorar paredes rachadas e remendá-las mal e mal. Um dia metem abaixo as telhas: sempre vale trinta mil-réis o milheiro — e fica à inclemência do tempo o encargo de aluir o resto.

Os ricos são dois ou três forretas, coronéis da Briosa, com cem apólices a render no Rio; e os sinecuristas acarrapatados ao orçamento: juiz, coletor, delegado. O resto é a *mob*: velhos mestiços de miserável descendência, roídos de opilação e álcool; famílias decaídas, a viverem misteriosamente umas, outras à custa do parco auxílio enviado de fora por um filho mais audacioso que emigrou. "Boa gente", que vive de aparas.

Da geração nova, os rapazes debandam cedo, quase meninos ainda; só ficam as moças — sempre fincadas de cotovelos à janela, negaceando um marido que é um mito em terra assim, donde os casadouros fogem. Pescam, às vezes, as mais jeitosas, o seu promotorzinho, o seu delegadozinho de carreira — e o caso vira prodigioso acontecimento histórico, criador de lendas.

Toda a ligação com o mundo se resume no cordão umbilical do correio — magro estafeta bifurcado em pontiagudas éguas pisadas, em eterno ir e vir com duas malas postais à garupa, murchas como figos secos.

Até o ar é próprio; não vibram nele *fonfons* de auto, nem cornetas de bicicletas, nem campainhas de carroça, nem pregões de italianos, nem *ten-tens* de sorveteiros, nem *plás-plás* de mascates sírios. Só os velhos sons coloniais — o sino, o chilreio das andorinhas na torre da igreja, o rechino dos carros de boi, o cincerro de tropas raras, o taralhar das baitacas que em bando rumoroso cruzam e recruzam o céu.

Isso, nas cidades. No campo não é menor a desolação. Léguas a fio se sucedem de morraria áspera, onde reinam soberanos a saúva e seus aliados, o sapé e a samambaia. Por ela passou o Café, como um Átila. Toda a seiva foi bebida e, sob forma de grão, ensacada e mandada para fora. Mas do ouro que veio em troca nem uma onça permaneceu ali, empregada em restaurar o torrão. Transfiltrou-se para o Oeste, na avidez de novos assaltos à virgindade da terra nova; ou se transfez nos palacetes em ruína; ou reentrou na circulação europeia por mão de herdeiros dissipados.

À mãe fecunda que o produziu nada coube; por isso, ressentida, vinga-se agora, enclausurando-se numa esterilidade feroz. E o deserto lentamente retoma as posições perdidas.

Raro é o casebre de palha que fumega e entremostra em redor o quartelzinho de cana, a rocinha de mandioca. Na mor parte os escassíssimos existentes, descolmados pelas ventanias, esburaquentos, afestoam-se do melão-de-são-caetano — a hera rústica das nossas ruínas.

As fazendas são escoriais de soberbo aspecto vistas de longe, entristecedoras quando se lhes chega ao pé. Ladeando a casa-grande, senzalas vazias e terreiros de pedra com viçosas guanxumas nos interstícios. O dono está ausente. Mora no Rio, em São Paulo, na Europa. Cafezais extintos. Agregados dispersos. Subsistem unicamente, como lagartixas na pedra, um pugilo de caboclos opilados, de esclerótica biliosa, inermes, incapazes de fecundar a terra, incapazes de abandonar a querência, verdadeiros vegetais de carne que não florescem nem frutificam — a fauna cadavérica de última fase a roer os derradeiros capões de café escondidos nos grotões.

— Aqui foi o Breves. Colhia oitenta mil arrobas!...

A gente olha assombrada na direção que o dedo cicerone aponta. Nada mais!... A mesma morraria nua, a mesma saúva, o mesmo sapé de sempre. De banda a banda, o deserto — o tremendo deserto que o Átila Café criou.

Outras vezes o viajante lobriga ao longe, rente ao caminho, uma ave branca pousada no topo dum espeque. Aproxima-se devagar ao chouto rítmico do cavalo; a ave esquisita não dá sinais de vida; permanece imóvel. Chega-se inda mais, franze a testa, apura a vista. Não é ave, é um objeto de louça... O progresso cigano, quando um dia levantou acampamento dali, rumo a Oeste, esqueceu de levar consigo aquele isolador de fios telegráficos... E lá ficará ele, atestando mudamente uma grandeza morta, até que decorram os muitos decênios necessários para que a ruína consuma o rijo poste de "candeia" ao qual o amarraram um dia — no tempo feliz em que Ribeirão Preto era ali...

A VIDA EM OBLIVION

1908

Os três livros

A cidadezinha onde moro lembra soldado que fraqueasse na marcha e, não podendo acompanhar o batalhão, à beira do caminho se deixasse ficar, exausto e só, com os olhos saudosos pousados na nuvem de poeira erguida além.

Desviou-se dela a civilização. O telégrafo não a põe à fala com o resto do mundo, nem as estradas de ferro se lembram de uni-la à rede por intermédio de humilde ramalzinho.

O mundo esqueceu Oblivion, que já foi rica e lépida, como os homens esquecem a atriz famosa logo que se lhe desbota a mocidade. E sua vida de vovó entrevada, sem netos, sem esperança, é humilde e quieta como a do urupê escondido no sombrio dos grotões.

Trazem-lhe os jornais o rumor do mundo, e Oblivion comenta-o com discreto parecer. Mas como os jornais vêm apenas para meia dúzia de pessoas, formam estas a aristocracia mental da cidade. São "Os Que Sabem". Lembra o primado dos Dez de Veneza, esta sabedoria dos Seis de Oblivion.

Atraídos pelas terras novas, de feracidade sedutora, abandonaram-na seus filhos; só permaneceram os de vontade anemiada, débeis, faquirianos. "Mesmeiros", que todos os dias fazem as mesmas coisas, dormem o mesmo sono, sonham os mesmos sonhos, comem as mesmas comidas, comentam os mesmos assuntos, esperam o mesmo correio, gabam a passada prosperidade, lamuriam do presente e pitam — pitam longos cigarrões de palha, matadores do tempo.

Entre as originalidades de Oblivion uma pede narrativa: o como da sua educação literária.

Promovem-se três livros venerandos, encardidos pelo uso, com as capas sujas, consteladas de pingos de vela — lidos e relidos que foram em longos serões familiares por sucessivas gerações. São eles: *La Mare d'Auteuil*, de Paul de Kock, para o uso dos conhecedores do francês; uns volumes truncados do *Rocambole*, para enlevo das imaginações femininas; e *Ilha maldita*, de Bernardo Guimarães, para deleite dos paladares nacionalistas.

O dono primitivo seria talvez algum padre morto sem herdeiros. Depois, à força de girarem de déu em déu, esses livros forraram-se à propriedade individual. Quem, por exemplo, deseja ler o *Rocambole* diz na rodinha da farmácia:

— Onde andará o *Rocambole*?

Informam-no logo, e o candidato toma-o das mãos do detentor último, ficando desde esse momento como o seu novo depositário. Processo sumaríssimo e inteligente.

Quando se esgotou a minha provisão de livros e, ignorante ainda da riqueza literária da terra, deliberei decorrer ao estoque local, dirigi-me a um dos Seis. O homem enfunou-se de legítimo orgulho ao dar-me os informes pedidos.

— Temos obras de fôlego, poucas mas boas, e para todos os paladares. Gênero pândego, para divertir, temos, "por exemplo", *La Mare d'Auteuil*, de Paul de Kock. Impagável!

— Obrigado. De Kock, nem a tuberculina.

— Temos o célebre *Rocambole*, "gênero imaginoso"; infelizmente está incompleto; faltam uns dezessete volumes.

— Não me serve o resto.

— E temos uma obra-prima nacional, a *Ilha maldita*, do "nosso" Bernardo Guimarães.

Parando aí o catálogo, era forçoso escolher.

No concerto dos nossos romancistas, onde Alencar é o piano querido das moças e Macedo a sensaboria relambória dum flautim piegas, Bernardo é a sanfona. Lê-lo é ir para o mato, para a roça — mas uma roça adjetivada por menina de Sion, onde os prados são *amenos*, os vergéis *floridos*, os rios *caudalosos*, as matas *viridentes*, os píncaros *altíssimos*, os sabiás *sonorosos*, as rolinhas *meigas*. Bernardo descreve a natureza como um cego que ouvisse contar e reproduzisse as paisagens com os qualificativos surrados do mau contador. Não existe nele o vinco enérgico da impressão pessoal. Vinte vergéis que descreva são vinte perfeitas e invariáveis amenidades. Nossas desajeitadíssimas caipiras são sempre lindas morenas cor de jambo.

Bernardo falsifica o nosso mato. Onde toda a gente vê carrapatos, pernilongos, espinhos, Bernardo aponta doçuras, insetos maviosos, flores olentes.

Bernardo mente.

Mas como mente menos que o Paul de Kock ou o truculento Ponson, pai do *Rocambole*, escolhi-o.

Veio o livro. Volume velho como um monumento egípcio e como ele revestido de inscrições. Cada leitor que passava ia deixando o rastro gravado a lápis.

"Li e gostei", dizia um, "Li e apreciei", afirmava certa senhorita. Inscrição quase em cuneiforme rezava "Fulano leu e apreciou o talento do grande escritor brasileiro". Outro versificava: "Já foi lido — Pelo Walfrido". Tal moça notara parcimoniosamente: "Li" e assinou. Um amigo da ordem inversa pôs: "Li e muito gostei".

Houve quem discordasse. "Li e não gostei", declarou um fulano.

O patriotismo literário dum anônimo saiu a campo em prol do autor: "Os porcos preferem milho a pérolas", escreveu ele embaixo.

Monograma complicadíssimo subscrevia isto: "O *Rocambole* diverte mais".

E assim, por quanto espaço em branco tinha o livro, margens ou fins de capítulo, as apreciações se alastravam com levíssimas variantes ao sóbrio "Li e gostei" inicial. Havia nomes bem antigos, de pessoas falecidas, e nomes das meninas casadeiras da época.

Os intelectuais de Oblivion bebiam à farta naquela veneranda fonte. Em Bernardo abeberavam-se de "estilo e boa linguagem", conforme afirmou um; no *Rocambole* truncado exercitavam os músculos da imaginativa; e no Paul de Kock, os eleitos, os Sumos (os que sabiam francês!) fartavam-se da *grivoiserie*[1] permitida a espíritos superiores.

Essa trindade impressa bastava à educação literária da cidade. Feliz cidade! Se é de temer o homem que só conhece um livro, a cidade que só conhece três é de venerar. Veneração, entretanto, que não virá, porque o mundo desconhece totalmente a pobrezinha da Oblivion...

1. Do francês "indecência", "obscenidade". (N.E.)

OS PERTURBADORES DO SILÊNCIO

1908

O SILÊNCIO EM OBLIVION é como o frio nas regiões árticas: uma permanente. Não se compreende a segunda sem o primeiro. Ele a completa; ela o define.

Durante a noite aquele silêncio faz-se inteiriço como a escuridão. Por mais que se apurem, os ouvidos nada ouvem a não ser um vago e remoto ressoar, que lembra miríade de grilos microscópicos em imperceptível surdina chiadeira.

Durante o dia, porém, a integridade do silêncio em Oblivion sofre lesões. Uns tantos rumores, sempre os mesmos e periodicamente repetidos, constelam-no de quebras de continuidade. O velho inimigo do Silêncio, o Som, a espaços berra dentro dele gritos sediciosos, tal o relâmpago que momentaneamente destrói o império das trevas. Mas o Silêncio logo subjuga e absorve o intruso.

À frente desse grupo de irreverências está o sino da igreja. Repicando missa aos domingos ou chorando a defunto, alegre ou fúnebre, é o Sino o mais violento perturbador do Silêncio em Oblivion.

Outra, é a capina trimensal das ruas: o raspar das enxadas perturba o silêncio com a insistência do coaxar do sapo-ferreiro.

Outra, é o fim das aulas. Quando soam quatro horas o portão do Grupo Escolar borbota um fluxo de meninos rompidos em algazarra, a berrar, a cantar — e adeus silêncio.

Outra, e esta deveras notável, é o carrinho da Câmara.

O carrinho da Câmara constitui o veículo mais importante de Oblivion — que além dele só conta mais um, o Zé Burro, sólido preto-mina empregado no transporte das coisas pesadas. E é o principal por várias razões ponderosas, entre as quais a de ser ele todo de ferro, ao passo que o outro é de carne. Verdade que o carrinho só tem uma roda e o preto tem duas pernas. Mas como a roda do carrinho é bem centrada e as pernas do Zé são cambaias, aquela superioridade desaparece e o carrinho instala-se de vez no primado.

Mas esta questão de primazias não vem ao caso. O caso é a perturbação do Silêncio determinada pelo carrinho, fato que se dá da seguinte maneira. Como o carrinho tem pouco serviço e passa a mor parte do tempo a cochilar no depósito, a ferrugem, insidiosa inimiga da inação, sub-repticiamente vem pintar de vermelho o eixo das rodas, de modo que, mal sai à rua o veículo, o pobrezinho do eixo grita como um gotoso, geme, range, ringe — perturbando lamentavelmente o Silêncio de Oblivion.

Quando Isaac Factótum — um mulato retaco, grosso e curto como certas taturanas — recebe ordem para ir a tal parte formicidar um olheiro de saúvas, o rolete de homem mete as garrafas de formicida, a enxada e o fósforo dentro do carrinho e, imagem da Compenetração, símbolo da Convicção Inabalável, parte *nhem-nhim, nhem-nhim*, através das vias principais da cidade, em busca do mal-aventurado olheiro.

De sobrecenho carregado, Isaac leva o olhar atentamente fito à frente — para "evitar algum desastre". Nas ruas desertas apenas um ou outro cachorrinho se estira ao sol. Isaac, a vinte passos, divisando o vulto de um, para, ergue a mão em viseira, firma os olhos.

— Diabo! Amode que é o *Joli* do Pedro Surdo? —, e com uma pedra o espanta: — Sai, porqueira! Não *ouve* o carro? Não tem medo de morrê masgaiado?

E, convencido de que salvou a vida a um cristão, Isaac-Garrafa-de--Licor-de-Cacau retoma os varais e lá segue por Oblivion afora, *nhem-nhim, nhem-nhim*, com solenidade de dalai-lama do Tibete.

Às janelas acode gente. Crianças repimpadas no peitoril gritam para dentro:

— Mamãe, o carrinho "evem" vindo!

Muita moça nervosa deixa a costura e tapa os ouvidos:

— Que inferneira! Não se pode com essa barulhada!

Não obstante, o terrível veículo passa, indiferente à admiração como à censura, garboso, todo de ferro e ferrugem, *nhem-nhim, nhem-nhim*, empurrado pela dignidade infinita de Isaac-Toco-de-Vela.

E enquanto o carrinho da Câmara não torna ao depósito municipal, o Silêncio não reentra na posse dos seus domínios.

VIDINHA OCIOSA

1908

APÓLOGO

O VELHO TORQUATO DÁ RELEVO ao que conta à força de imagens engraçadas ou apólogos. Ontem explicava o mal da nossa raça: *preguiça de pensar*. E restringindo o asserto à classe agrícola:

— Se o Governo agarrasse um cento de fazendeiros dos mais ilustres e os trancasse nesta sala, com cem machados naquele canto e uma floresta virgem ali adiante; e se naquele quarto pusesse uma mesa com papel, pena e tinta, e lhes dissesse: "Ou vocês *pensam* meia hora naquele papel ou botam abaixo aquela mata", daí a cinco minutos *cento e um* machados pipocavam nas perobas!...

A MESMICE

Um coronel inglês suicidou-se "*tired of buttoning and unbuttoning*" — cansado de abotoar e desabotoar a farda.

A vida em Oblivion é um perpétuo "*buttoning and unbuttoning*" que não desfecha no suicídio.

Salvam-na a botica e o jogo. A botica, porque nela há uma sessão permanente de mexerico, e o mexerico é a ambrosia dos lugarejos pobres. E o jogo, porque quem perdeu não pode suicidar-se antes da desforra, e quem ganhou vai alegre, a cantarolar que afinal de contas a vida é boa. Dessa forma escapam todos ao cansaço da mesmice.

A FOLHINHA

A folhinha inventou-a algum boticário do interior para uso de sua cidade-aldeia, onde correm os dias tão iguais e parecidos que só por meio dela podemos distinguir uma segunda duma terça ou quarta-feira.

Um só dia tem feição própria: o domingo. Assinala-o a roupa limpa, a roupa nova, a roupa preta que surge pelas ruas a tomar sol no corpo de toda gente. Redobram de movimento as praças. Caras novas de gente extramuros dão ares de sua graça. Há mercado cedo, missas até as onze; depois, pelo resto da tarde, continuam a assinalar o Dia do Senhor caboclos e negros encachaçados, aglomerados pelas vendas. Vendem elas mais pinga nesse dia do que durante a semana inteira. Todos voltam para casa mais ou menos chumbeados. Os "de cair" dormem na cidade. Os de pinga exaltada, no xadrez. E assim transcorre o belo domingo sem necessidade de irmos à folhinha para sabermos que dia é.

TOURADAS

Transformaram o antigo velódromo em circo de touros; metade das arquibancadas virou *Sombra*, a mil-réis; e a outra metade, *Sol*, a quinhentos. Num camarote enfeitado de cetim amarelo e verde está um *inteligente* pegado a laço e imensamente bronco. Ao seu lado, um *clarim* tuberculoso; cada vez que sopra na corneta falta-lhe fôlego para um som completo — e o povo ri-se.

Toureiro de verdade há um, o Antônio Corajoso, empresário, bilheteiro e assessor do *inteligente*. Mais dois açougueiros vestidos de *toreros*, com o competente rabicho, completam a *cuadrilla*.

A cada passinho Corajoso berra para o *inteligente*: "Dê ordem de recolhida, faça isto, faça aquilo". E o pobre-diabo se vê tonto para conciliar uma burrice inata com os deveres do cargo.

O povo vaia ou aplaude num tom amolecado que é toda a graça da festa. Reles, mas divertido. "Feche a boca, negro! Está com fome?" (isto para um toureiro mulato). "Recolham esse canivete aleijado!" (para um zebuzinho preto muito magro). "Hu! hu! Tira leite dessa vaca, ó canudo de pito!"

Uma farpa fere um boi na veia; o sangue começa a correr. Enternecimento geral. Para-se a tourada para remendar-se o boi. Laçam-no, cosem-lhe a ferida — operação demorada que consome vinte minutos. Tomado de piedade, o povo não consente que farpeiem os restantes.

Há palhaço — um palhaço que faz jus ao cinturão de ouro do Desenxabimento e da Moleza. Tem preguiça até de andar, preferindo apanhar marradas a correr. Lá quando a banda de música ataca a valsa *Amoureuse*, o ladrão atravessa a arena dançando. Mas dança com tamanha preguiça que o povo rompe num berreiro: "Lincha o cínico! Mata!". E chovem-lhe em cima toda sorte de desaforos — e cascas de pinhão...

Remata a festa a "pantomina", como diz o programa. Consiste no *Pançudo*, figura de um cômico prodigioso. Tem tanto de largo como de alto. Perfeita esfera encimada por uma cabeça e "embaixada" por dois pés. É um homem acolchoado. Mal aparece, em passinhos miúdos e lentos, uma voz o denuncia: "É o Zé de Mamã! Aí, negro safado!". E toda a gente morre de rir, adivinhando o pobre preto, muito sério, a suar em bicas dentro da couraça de colchões. O boi investe, marra-o, arremessa-o longe. Os toureiros reerguem-no. Nova investida, novo rebolar. E assim até que o touro, desconfiado, se recuse à pagodeira. Soa por fim o toque de recolher e, todo esburacado, com a palhaça à mostra, lá vai para os bastidores o pobre Zé de Mamã, rolado qual uma pipa.

A ENXADA E O PARAFUSO

Cada terra com seu uso. O nosso teatrinho sempre usou campainha para as chamadas. Campainha é eufemismo. Havia lá dentro uma enxada velha, pendurada de um arame, com um parafuso de cama, cabeçudo, ao lado. Os sinais eram batidos ali.

Veio um mambembe pernóstico e calou a enxada, substituindo os seus sonidos por três pancadas no assoalho.

No primeiro dia o povo da plateia entreolhou-se ao ouvir aquilo, e lá pelo poleiro houve risadas e assobios. O delegado resolveu intervir.

— Este mambembe parece que está mangando conosco!

Explicações. O empresário provou que aquele sistema era a última moda de Paris. Os espectadores remexeram-se, desconfiados. Estavam nessa indecisão, quando o major dirimiu a pendenga com o peso de sua autoridade:

— Mas isto aqui não é Paris!...

— Bravos! Bravos!

E a velha enxada sonorosa voltou a ser tangida com o parafuso de cabeça.

RABULICES

Nos dias de júri reúnem-se os advogados e rábulas na antessala do tribunal, os primeiros a virem, os últimos a saírem, como gente que procura gozar, bem gozado, um ambiente poucas vezes fornecido pelas circunstâncias. E, como peixes n'água, à vontade, dão trela à comichão mexeriqueira da rabulice, esquecendo-se em interminável prosa sobre processos, atos judiciários, movimento forense, nomeações, negócios profissionais, pilhérias jurídicas. As cabeças estão abarrotadas de leis, regulamentos, decretos e fatos jurídicos, de modo a só tomarem conhecimento das relações entre o fato e a lei escrita, e nunca entre o fato e a lei natural — o que é próprio do filósofo. Na natureza só veem coisas fungíveis, infungíveis, móveis, imóveis, semoventes, bens, *res nullius*, artigos de *enfiteuse* — a carne e o osso, enfim, da propriedade. Essa janelinha que o artista e o filósofo trazem aberta para a natureza bruta, ou para a humanidade, vistas, uma como turbilhão de forças em perene esfervilhar, outra como oceano de paixões onde se debate o *Homo* —

animal filho da natureza, todo ele vegetação viçosa de instintos irredutíveis —, o homem de leis abre-a para a rede de fios que a Lei trama e destrama, fios que atam os homens entre si ou à Natureza convertida em *propriedade*.

E toda a maranha velhaca que isso é engloba-se dentro da mais bela concepção do idealismo — a Justiça.

PÉ NO CHÃO

Fica no extremo da rua o Grupo Escolar, de modo que a meninada passa e repassa à frente da minha janela. Notei que muitas crianças sofriam dos pés, pois traziam um no chão e outro calçado. Perguntei a uma delas:

— Que doença de pés é essa? Bicho arruinado?

O pequeno baixou a cabeça com acanhamento; depois confessou:

— É "inconomia".

Compreendi. Como nos Grupos não se admitem crianças de pé no chão, inventaram as mães pobres aquela pia fraude. Um pé vai calçado; o outro, doente de imaginário mal crônico, vai descalço. Um par de botinas dura assim por dois. Quando o pé de botina em uso fica estragado, transfere-se a doença de um pé para outro, e o pé de botina de reserva entra em funções. Destarte, guardadas as conveniências, fica o dispêndio cortado pelo meio. Acata-se a lei e guarda-se o cobre.

Benditas sejam as mães engenhosas!

BARQUINHA DE PAPEL

Quando chove, logo que passa o aguaceiro e o enxurro transforma a rua num sistema de rios e riachos lamacentos, começam a derivar barquinhas de papel. A casa do Joaquim, o moleque-chefe da rua, vira estaleiro. Saem de lá as grandes, com bandeirolas. A mocinha de frente também deita, a medo, a sua; e quem seguir esta barquinha verá o rapaz moreno, que mora na outra esquina e está à janela, correr à sarjeta, apanhá-la e ler risonho a mensagem a lápis da sua namorada...

O HEREGE

Os filhos do capitão Zarico brincam todos os dias debaixo da minha janela. É a ciranda, é o pegador, é a senhora pastora. A preta Esméria fica o tempo todo com o caçula ao colo, vigiando-os. Ainda hoje estava lá, às voltas com o pequerrucho.

— Quem tirou o toucinho daqui?

— Foi o gato.

— Que é do gato?

— Está no mato.

— Que é do mato?

— O fogo queimou.

— Que é do fogo?

— A água apagou.

— Que é da água?

— O boi bebeu.

— Que é do boi?

— Está dizendo missa...

— Credo! — resmungou a preta. — Tão pequenino e já herege como o pai...

JUQUITA

É Juquita o terror da bicharia miúda. Cães e gatos conhecem-no de longe. Esta manhã encontrei-o a brincar com um sanhaço semimorto que, de repente, não se sabe como, sumiu. O menino procurava-o quando passei.

— Não viu o meu sanhaço? — perguntou-me.

— Com certeza algum gato o pegou — sugeri.

— Gato! — e Juquita riu-se com a maior comiseração da minha ingenuidade. — Não há gato que tenha coragem de chegar perto de mim.

O JESUÍNO

Quando os juízes de fato se fecham (ou são fechados) na sala secreta, ficam à porta de guarda os dois oficiais de justiça. O único interessante é o Jesuíno, mulato velhusco, grandalhão, lento no falar como um carro de boi ladeira acima.

Desfila o seu rosário de aventuras, onde ele sempre trunfa às avessas. Tem absorvido muita pancada, e até cargas de chumbo. Como é homem da lei, não reage senão por meio da lei. É comezinho ir citar um caboclo na roça, ser hospedado a guatambu e vir dar conta ao juiz da façanha com vergões pelo corpo, galos na testa, e às vezes descadeirado. Considera a pancada um osso do ofício. Conta de um soco tão violento que o derribou a duas braças de distância. Como os valentões exageram as proezas, Jesuíno exagera os martírios que padeceu a bem da lei.

Isso no fundo é ganância de gorjetas. A parte por amor da qual levou pancada paga-lhe os galos.

Mas nesse caso do soco há um apêndice — para os colegas, onde não há de vir gorjeta. Conta que mal se ergueu, meio tonto, e se aprumou, o escacha-meirinho veio-lhe para cima de porrete e o desancou sem dó. Mas ele afinal atracou-se ao bicho e conseguiu ferrar-lhe as munhecas no gasnete. Deitou o "sojeito" no chão, socou um joelho na boca do estômago, e leu-lhe na cara o mandado. Só não disse com que mão tirou do bolso o papel (pois as duas estavam ferradas no pescoço do intimado). Mas é pormenor sem importância esse. Depois fugiu a cavalo. Diz que a arma do oficial de justiça é a pena. O "sojeito" puxa pela garrucha; o oficial puxa da pena, tira o papel do bolso, e — Espere aí! Vá berrando e pregando tiros enquanto eu escrevo; vamos a ver quem pode mais!

Carlyle esqueceu de incluir no seu livro famoso esta categoria do herói obscuro da intimação judicial.

Para realce da sua grandeza de alma, contraposta à ferócia do "sojeito", Jesuíno conta como este lhe apareceu no dia seguinte ao pega. Jesuíno disse consigo: "Vou mostrar como se recebe um inimigo com civilização". Fê-lo entrar, mandou vir café e não tocou na sova. A folhas tantas o homem quis explicar a sua loucura da véspera. Jesuíno interrompeu: "Eu nada tenho contra o senhor, porque o senhor agravou e esbofeteou mas foi o doutor Juiz e é com ele que tem de avir-se".

Com esta sutileza vai traspassando ao meritíssimo a bordoeira velha — porque afinal, como "homem", nunca levou pancada. "Queria só ver esse peitudo que erguesse a mão para mim! Ia parar no inferno!"

CAVALINHOS[1]

1900

Elsa entrou da rua repuxando com o dedo a gola da blusa de seda carmesim, para refrescar com abanos frenéticos de leque o pescoço afogueado. Falou da procissão, que estivera linda — povaréu, muitas palmas. Disse que nunca vira tanta gente na igreja; que nem se podia respirar, que estava assim! (e apinhava os dedos). Que a filha de nhá Vica fizera um berreiro dos demônios; que não sabe por que levam crianças à igreja. Depois interpelou o primo:

— Por que não foi, Lauro?

— Eu... — ganiu o rapaz derreado na cadeira de balanço.

Não terminou. Entrava dos fundos dona Didi. Elsa, sua filha casada, beijou-lhe a mão, abraçou-a.

— Por que não foi, mamãe, aos cavalinhos, ontem? Esperei-a lá. Não imagina o que perdeu! A companhia é ótima.

1. Na primeira edição, este conto trazia o subtítulo: "Fragmento de um romance gorado" e a seguinte chamada: "Saleta em casa de dona Didi. Lauro, seu sobrinho, está só, fumando, na cadeira de balanço. 11: dia de procissão. Noitinha. Elsa é a filha casada de dona Didi. Juquinha é o filho de Elsa. O mais o leitor entenderá, se ler e não for peco".(N.E.)

— Não pude, passei mal o dia — dor de cabeça, visitas...

— Pois perdeu. Há lá um menino que é um prodígio — pouco maior que o Juquinha, completamente desengonçado. Faz trabalhos pasmosos, que contados ninguém acredita. Pega nas duas perninhas, cruza-as na cabeça, aqui na nuca, e com as mãos pula como um sapo. Depois desengonça a cabeça e gira com ela como se a tivesse presa por um barbante. Uma coisa extraordinária! O sujeito do trapézio não trabalha mal. Achei muita graça no Juquinha — era a primeira vez que ele ia ao circo: "De que é que você gostou mais, meu filho?"—, perguntei. "Gostei mais do homem que se balança na rede e cai na peneira." A rede é o trapézio e a peneira é a rede de malhas...

Todos riram; a vovó, com delícias; Lauro, complacente — e Juquinha, que estava à janela cuspilhando nos transeuntes, recebeu olhares cheios de amorosa admiração.

Elsa parolou inda um bocado. Depois, voltando-se para o primo:

— Que horas são, Lauro?

— Sete e meia — expectorou o moço, com um pigarro que foi cuspir à janela.

— Quase horas!... Começa às oito. Não vai, mamãe? Vá, a senhora precisa de distrações. É por causa desse aferrolhamento em casa que anda assim magra e amarela. Saia, espaneje-se!

Nisto espocaram foguetes. Elsa contou-os, de dedo para o ar.

— Três! É o sinal. E você, Lauro, vai ou...

— Pode ser que sim, pode ser que não — gemeu o filósofo.

— Diabo de rapaz este! "Pode ser!..." Ó velho de cem anos! Ó caramujo! Desate isso, vá!

— Fazer? Ver trapézios? Meninos desossados? Palhaços?... Iria, se não houvesse lá nenhuma dessas coisas, nem a moça que corre no cavalo, nem o homem do arame, nem...

— Mas que é então que havia de haver?

— Nada. Gente nas prateleiras, cochilando, e no picadeiro um gato morto... a cheirar.

— Só? Ai, que já é mania de originalidade! Pois vou eu. Não tanto pelos trabalhos como pela troça, o farrancho. Bole-se com um, atira-se uma casca de pinhão noutro, e assim corre a noite alegremente. E quem não fizer isto neste cinismo de terra morre encarangado, cria orelha-de-pau.

Ajeitou sobre o penteado o fichu de sedinha vermelha, deu diante do espelho uns retoques à cara e, com um "Até logo, corujas!", saiu com o Juquinha pela mão.

Dona Didi recolheu.

Lauro ficou outra vez só na saleta, uma perna sobre o braço da cadeira, fumando pensativamente. Zoava-lhe ao ouvido a parolice trêfega da prima. Consultou o relógio: quase oito! Ergueu-se, tomou do chapéu e saiu.

Noite linda. No alto, a lua cheia apascentando um rebanho de nuvenzinhas acarneiradas.

Lauro deambulou a esmo, de mãos cruzadas às costas, batendo o calcanhar com o ponteiro da bengala. Famílias deslizavam pelas ruas, de rumo ao circo; deslizavam como sombras, à luz baça dos lampiões de querosene. Magotes de pretas passavam, taralhando, num rufo de saias engomadas. Iam com pressa, numa açodada ânsia pelas molecagens do palhaço.

E Lauro rememorou os tempos em que também ele se tomava daquela sofreguidão, nos dias magníficos em que o pai anunciava ao jantar: "Aprontem-se que hoje vamos aos cavalinhos". Com longa antecedência já ele e os irmãos vestiam a roupa nova, punham o gorro de marinheiro e de bengalinha de junco na mão sentavam-se à porta da rua à espera do anoitecer.

Lauro reviu nitidamente o Laurinho de outrora, trotando para o circo à frente do farrancho, e depois sentado na terceira fila das arquibancadas, com olhadelas gulosas para a última, rente ao pano, onde se repimpavam os moleques. Lá é que era a pândega!

Soava a sineta. O povo pedia o "paiaço". Vinha um "casaca de ferro" espevitar os lampiões. Grosso berreiro: "Arara! Arara! Ó caradura!". Impassível, o homem graduava a luz dos belgas, um por um, sem pressa; depois pegava da corda e içava aquela coroa de lampiões acesos, aos goles, até meio mastro.

Rompia a música. Bem maçante a música. Dava sono...

Afinal, começava a função e o palhaço entrava como um bólide, rolando às cambalhotas. Tão engraçado!... O relógio dos fundilhos do calção marcava meio-dia. Na cabeça, inclinado para a orelha, o chapelinho de funil, microscópico. Bastava ver o palhaço e Lauro desandava a espremer risos sem fim. A cara caiada, as enormes sobrancelhas de zarcão, os modos, a roupa, tinha tudo tanta graça...

Mas o melhor eram as micagens e as histórias. "Vem cá, seu cara de burro: quem de vinte tira dois quanto fica?" O "casaca de ferro" respondia: "Dezoito, naturalmente". "Ó asno! Fica zero!" O povo estourava de riso — e Lauro com ele...

Vinham depois os trabalhos. Não gostava. O arame, que caceteação! O trapézio, maçante... Mas gostava dos cavalos porque com eles reaparecia o palhaço e mais o Tony.

Oh, como era bom quando havia Tony! A gente estava distraída e de repente *plaf!* Que foi? Foi o Tony que caiu! E cada tombo...

No melhor da festa aparecia um idiota com uma tabuleta: INTERVALO. Era um desmancha-prazeres e por isso objeto de ódio. Todos saíam. Ficava só a mulherada. Lauro cochilava então e às vezes dormia recostado na tábua dura. Ao termo dum quarto de hora voltavam todos, e o papai trazia embrulhos de doces, empadas, pastéis.

A pantomima! Era o melhor. *Os salteadores da Calábria*, *A estátua de carne*...

E a *Maria borralheira*? Vira-a duas vezes, e nunca havia de esquecer aquele desfile de figurões históricos — Garibaldi de muletas, o general Deodoro, Napoleão...

Suas recordações estavam em Napoleão, quando Lauro chegou à praça onde zumbia o circo. Reviu a clássica barraca iluminada por dentro, deixando ver, desenhada no pano, a silhueta dos espectadores repimpados nos bancos de cima. Em redor, tabuleiros com lanternas dúbias a alumiarem as cocadinhas queimadas, os pés de moleque, os bons-bocados; e mulatas gordas ao pé, vendendo; e baús com pastéis, cestas de amendoim torrado, balaios de pinhão cozido. E, grulhantes em torno, os pés-rapados de bolso vazio, que namoram as cocadas, engolindo em seco, e admiram com respeito os "peitudos" que chegam à bilheteria e malham na tábua um punhado de níqueis, pedindo com entono:

— Uma geral!

O encanto de tudo aquilo, porém, estava morto, tanto é certo que a beleza das coisas não reside nelas senão na gente.

NOITE DE SÃO JOÃO

1900

— A FOGUEIRA!

Confluem todos para ela. A palhaça de milho soto-posta à lenha miúda que lhe serve de intestinos vê-se ateada em fogo pelos quatro lados. O fogo pega e é a princípio indecisa crepitação acompanhada de leve e discreto fumegar. Depois, estrepitante, estala e de dentro da prisão de toros, que quatro espeques de jiçara mantêm em forma, escorados nos encruzes, rola em bojos um fumo espesso.

Panos de labareda esgarçam-se, tentando seguir a fumaça faulhenta em seu vertiginoso arranco para o alto. Vermelho clarão ilumina o terreiro e chapeia os vultos de debruns de cobre polido.

Barulham gritos, palmear de crianças, apupos e vivas, aos quais os bambus do recheio casam os seus estouros de bomba. A faiscalha ascendente galga o céu recamado de estrelas, qual invertido chuveiro.

O frio fino da noite atrai para a fogueira os fandanguistas, de mãos espichadas para o calor irradiante. Mãos e pés. Um dilúvio de pés entanguidos — pés de marmanjões, pés calçados e pés no chão, pezinhos de crianças, pés brancos, pés pretos e pés mulatos — das criadinhas e molecotes crias da casa — em alegre confraternizar apinham-se junto a ela nas mil atitudes do "aquentar fogo".

As crianças furtam-lhe os tições a jeito, e guiadas pelas mais peraltas dividem-se em grupos para queimar traques da China ou bichas de rabear. O ar estreleja ao estalo daqueles, enquanto estas ziguezagueiam pelo chão, chiando faíscas, como buscapezinhos de Liliput. À porta da casa escorva-se o primeiro pistolão de cor.

— Caminho, gente! "Evai" fogo!

Abre-se uma ala por onde, num repuxo de faíscas, jorra a primeira bomba dum verde de doer nos olhos. O esverdeamento da cena atrai todos os olhares, seguido de espontâneo e sincero "Bonito!". Vem outra mais forte, vermelha, e outra azul, e outra branca... A cada *blaf* há um volver geral de caras, e ao último um "Que pena! Outro! Outro!". E os pistolões se sucedem, com rebuliços na molecada ao fim de cada um para a disputa do canudo.

Aqui o quadro perde a unidade. De cada lado cenazinhas pitorescas dividem a atenção.

— Mamãe, Zequinha queimou eu!

Um menino aparece berrando, a sacudir um dedo enegrecido pelo chamusco da bicha que o irmão, "de propósito", lhe atacara em cima. Acodem mulheres, que rodeiam a criança com exclamações de piedade. Uma velhota lembra o querosene como o melhor porrete para queimadura. Surge a lamparina de petróleo às mãos duma criadinha, e conserta-se o dedo ao Jojoca, que, mal sarado, ainda fungando e soluçando, lá se volta às bichas, seguido de longe pelos olhares ressabiados do Zequinha, ao qual a mãe, estalando os dedos, ameaçou com um "amanhã você me paga!".

Num grupo de taludotes conspira-se visivelmente. Tudo ali são meias palavras e cochichos: *buscapés... no meio do povo... vai ser uma pândega!...*

Noutro, de fedelhinhos, o Zequinha se faz centro de minuciosa atenção, e no silêncio só quebrado por um ou outro soluço do Jojoca, desmancha pistolões à cata das bombas, distribuindo a pólvora pelos amigos.

Nisto, rebentam palmas no grupo dos moços.

— Bravo! Viva a sanfona!

Era o Quim da Venda que chegava, a espremer um velho dobrado na sanfona fanhosa. Rodeiam-no; "inspiram-no" com uma vez de caninha, e cada qual vai pedindo a música da sua predileção. Quim sorri perguntando: "Mas afinal que é que meceis querem?".

Teve maioria uma *Não te esqueças de mim* — "muito dançante", na opinião de Sinhazinha Lopes —, a cujos primeiros acordes os pares se uniram de peito e iniciaram o giro valsado em torno à fogueira. Aos ouvidos das moças ressoam as eternas amabilidades do galanteio.

Em certo magote comenta-se:

— Parzinho jeitoso, a Miloca e o Lulu, não?

— E gostam-se desde meninos; ouvi dizer que ele já a pediu.

— Histórias. Quem foi pedida, um dia destes, foi a Nenê. Mas parece que o sujeitinho levou tábua.

— Bem feito! Tenho birra àquele coisinha. *Pensa* que é gente... Não viu o que andou dizendo de mim? Como coisa que eu era capaz de dar confiança a um moleque daquela marca...

A sanfona gemia cadenciada, com o Quim deitado sobre ela, alheio ao mundo. Tocava bem, o ladrão, sobretudo quando lhe graduavam o estro com sábias doses de pinga. Aqueles sons ritmavam o movimento dos pares, enlanguecidos num misto de amor e bem-estar físico. Perto deles inutilmente espocavam as bichas e chiavam fogos; nem sequer lhes atraía os olhos o *puf*! balofo dos derradeiros pistolões.

Súbito, chiou ao longe um buscapé de limalha que, qual raio epiléptico, enveredou pelo meio do povo aos corcovos, criando o pânico e a debandada. Os dançarinos fugiram espavoridos, com as damas penduradas ao peito, e a meninada prorrompeu em atroadora grita — meio medo, meio contentamento. Os velhos protestaram igualmente, que era uma patifaria, que aquilo não se fazia. No meio da desorganização geral só não largou o posto o Quim, sempre deitado na sanfona, alheio ao mundo, absorto nas sonoridades fanhosas que sua alma de artista bárbaro ia arrancando ao instrumento querido.

Cessado o pânico com o estouro final do buscapé, surgiu um tio Pedro, de porretinho em punho, para "ensinar" o malvado.

Quem foi? Quem não foi?

Não fora ninguém; ninguém vira.

Ferviam ainda o comentário e a indignação, quando apareceram duas criadas carregando bandejas com xícaras e bules.

— A gengibrada! "Evem" a gengibrada!

Foi água na fervura. Todos se esqueceram do buscapé para só se lembrarem da garganta. Era a vez de consertar os gorgomilos e matar no ovo a possível constipação. Por minutos um soprar de xícaras e um chuchurrear com estalos de língua dominaram todos os barulhos.

— Está supimpa!

— Isto regenera o fígado.

— Corrobora, pois não.

— Mais uma xícara, dona Lulu?

— Ardidinha, mas boa que dói!

— Está *d'apetite*, como diz o Eça.

Este comentário saiu do literatelho da roda, Júlio da Silva de nome, Julius d'Altamira no pseudônimo com que desovava sonetos semanais nas folhas da terra. A Candoquinha, de há muito pelo beiço, encantou-se com a frase.

— É da pele, este seu Júlio!

Bem gengibrados, dispersaram-se de novo.

O Quim anunciou quadrilha, que foi organizada num ápice. Quem a marcava era o Júlio. Ah, o Júlio tinha tanta graça para marcar...

— "*En avant* turco I" — "*Grande chaine*!" — "*Tour, à pas de* 'porca'!"

Gargalhadas, *quiás*, *quiás*, *quiás*. A Candoca fundia-se de gosto.

— Este seu Júlio tem cada uma!...

Certa ex-musa do poeta não se conteve:

— Credo, Candoca! Você está escandalosa.

— Deixe. Isto é pra quem pode... — "*Joujou d'enfant*!" — "*Grande confusion*!" — "*Tour*!"

— Seu Júlio, outra vez "*Joujou d'enfant*"!

— Arre, Candoca!

Para lá da fogueira enchia-se um grande balão. A criançada rodeava-o, acotovelando-se, na ânsia de ver melhor. O Zequinha era quem punha a mecha e distribuía tabefes aos atrapalhadores.

O bojo multicor encheu-se dum fumo sujo.

— Está pronto, pode largar!

— Ainda não, bobo! Falta gás...

— Agora!

Sentindo-o com força, o "segurador" largou-o, e o balão hesitante subiu a prumo.

Rompeu o berreiro.

— Viva o balão! Viva Santos Dumont!

O Júlio, que nesse momento estilizava o décimo "*tour*" com sua "*vis-à-vis*" a Candoca, aproveitou a ensancha para poetar.

— O amor, dona Candoca, é como o balão: quanto mais rápido sobe, mais rápido desaparece.

— Adorável pensamento para um cartão-postal! — suspirou ingenuamente a menina, envolvendo-o num olhar de mel.

Nisto a fogueira desmoronou, golfando para o céu escuro bulcões de fagulhas vivíssimas.

— Bonito! Parece o Vesúvio!

O Júlio incontinênti "cascou" para a Candoca.

— Sabe como Deus criou as estrelas? Mandou que os anjos cortassem grandes florestas e armassem enorme fogueira da altura do Himalaia. Acendeu-a e, quando tudo estava em brasa, despegou um pedaço do céu e arremessou-o contra ela. Ergueu-se então um repuxo imenso de faíscas, que foram subindo, foram subindo, até se grudarem na abóbada negra do firmamento...

— Lindo! Há de escrever isso no meu álbum, esse lindíssimo pensamento, sim? O que é ter alma de poeta...

E Candoca lambuzou-o de um novo olhar de mel, onde não se sabia o que mais babava, se o amor, se a admiração pelo esteta...

O PITO DO REVERENDO[1]

1906

Itaoca é uma grande família com presunção de cidade, espremida entre montanhas, lá nos confins do Judas, precisamente no ponto onde o demo perdeu as botas. Tão isolada vive do resto do mundo que escapam à compreensão dos forasteiros muitas palavras e locuções de uso local, puros itaoquismos. Entre eles este, que seriamente impressionou um gramático em trânsito por ali: *Maria, dá cá o pito!*

Usado em sentido pejorativo para expressar decepção ou pouco-caso, e aplicado ao próprio gramático, mal descobriram que ele era apenas isso e não "influência política", como o supunham, descreve-se aqui o fato que lhe deu origem. E pede-se perdão aos gramaticões de má morte pelo crime de introduzir a anedota na tão sisuda quão circunspecta ciência de torturar crianças e ensandecer adultos.

O reverendo tomou do estojo os velhos óculos de ouro, encavalgou-os no batatão nasal e leu pausadamente a carta do compadre, que dava notícias,

1. Este conto foi publicado na *Revista do Brasil*, nº 42, de junho de 1919, com o título "Gramática viva", e o subtítulo "De como se formam locuções familiares". (N.E.)

pedia-as, e comunicava a próxima ida para ali do doutor Emerêncio do Val, "nosso ministro em Viena d'Áustria, homem de muito saber e distinção de maneiras, um desses diplomatas à antiga, como já os não há nesta república que etc. etc.", em viagem de recreio pelo interior, a matar saudades do país.

O reverendo coçou o toitiço com dedos sornas e releu a carta demorando o pensamento nos trechos que pintavam o alto figurão itinerante, em via de honrar-lhe a casa com a sua nobilíssima presença.

Verdade é que dispensava tal honraria, boa seca à pacatez do seu viver abacial, repartido entre missinhas de cinco mil-réis (mais um frango), cachimbadas de muito bom fumo de corda e os pitéus (senão ainda a ternura, como propalavam as más-línguas) da ótima caseira e afilhada, a Maria Prequeté. Culpa toda sua, aliás. Quem lhe mandara a ele possuir a melhor casa de Itaoca e ser, modéstia à parte, um homem de luzes notórias, autor de vários acrósticos em latim?

Já doutra feita hospedara um eloquente inspetor agrícola e, logo depois, o tal sábio que colecionava pedrinhas — grande falta de serviço! Um diplomata agora... Ahn! A coisa variava...

Que viesse, respondeu ao compadre, mas não esperasse encontrar na roça desses "confortos e excelências de vida que é de hábito nas grandes terras".

Escrita a resposta, foi o reverendo à cozinha conferenciar com a caseira sobre a hospedagem e longamente confabularam sobre o pato a sacrificar-se (se o patão de peito branco ou aquele mais novo com que a viúva do João das Bichas lhe pagara a missa, a gatuna); sobre a toalha de mesa e a roupa de cama; sobre o tratamento a dispensar — Vossa Excelência, Vossa Senhoria ou Vossa Diplomacia.

Após longo bate-boca, salpicado de injúrias em calão e algum latim, assentaram no pato da missa, na toalha de renda e no Vossa Excelência.

Combinadas essas minúcias, uma nuvem de nostalgia ensombrou a nédia cara do reverendo. Os olhos penduraram-se-lhe no vago, saudosos, e de lá só desciam para envolver, com ternura viciosa, o velho pito de barro que lhe fedia na mão.

Notou a Prequeté aquelas sombras e:

— Acorda, boi sonso! Amode que está ervado?...

O reverendo abriu-se. Era o pito. Eram já saudades do velho pito... Pois não ia privar-se desse amigo de tantos anos durante a estada do "empata"? Tinha educação. Não desejava impressionar mal a um homem de raro primor de maneiras. E o pito, se é bom, é também plebeu e, mais que plebeu, chulo.

Reconhecia-o, reconhecia-o...

Entretanto, três, quatro dias — sabia lá a quantos iria a seca? — de abstenção forçada, sem que a boca sentisse o bendito contato do saboroso canudo amarelo de sarro?... Doloroso...

E o reverendo sorveu com delícia uma baforada maciça. Tragou-a. Depois, recostada a cabeça ao espaldar, semicerrados os olhos, semiaberta a boca, deixou-se fumegar gostosamente, como piúca de queimada. Coisas boas da vida!...

Mas que remédio? O homem fora diplomata e em Viena d'Áustria! Confabulara com arquiduques e cardeais. Homem de requintes, portanto. Era forçoso transigir com o pito, o rico pito, o amor do pito. Sim, porque a dignidade do clero antes de tudo! Lá isso...

Uma semana depois nova carta anunciava que "o tal das Europas" em tal data repontaria por ali.

Grande alvoroço de saia e batina. A Prequeté arregaçou as mangas — braços a Machado de Assis tinha a morena! — e pôs de pernas para o ar a casa. Varreu, esfregou, escovou tudo, demoliu teias de aranha, limpou o vidro do lampião, matou o pato e desfez com decoada os muitos pingos de gema de ovo que constelavam a batina do padrinho.

— Arre, que até parece uma gemada! — reguingou ela, entre repreensiva e caçoísta. Depois, relanceando-lhe o olhar pelo alto da cabeça:

— Chi!... A coroa está que é uma tapera! — exclamou.

E, expedita, *zás! zás!* deu nela uma alimpa de tesoura.

— E o breviário? — inquiriu de súbito o padre.

Andava de muito tempo sumido, o raio do livro; procura que procura, descobrem-no afinal no quarto dos badulaques, feito calço duma cômoda capenga. A Prequeté — maravilhosa caseira! — com uma dedada de banha pô-lo escorreito e envernizado, a fingir com tanta perfeição uso diário que nem Deus desconfiaria da marosca.

— Que mais? — disse ela depois, plantando-se a distância para uma vista de conjunto no seu restaurado padrinho. E como de alto a baixo tudo estivesse a contento: "Está mesmo *pshut!*", concluiu, brejeira, borrifando-lhe por cima um chuvilho de Água Florida, para disfarçar o ranço.

Ficou o padre um amor de reverendo, liso e bem amanhado como cônego de oleografia. Ele próprio o reconheceu ao espelho e, nadando nas delícias daquele carinho sem par — e muito agradável a Deus, pois não! —, sorriu-se babosamente, acariciando-a no queixo:

— Esta marota!

Conclusa a arrumação, da coroa do padre à cozinha, postou-se a Prequeté de vigia à janela, indagando os extremos da rua, enquanto o reverendo, lindo como no dia da sua primeira missa, passeava pela saleta a chupar as derradeiras cachimbadas.

Súbito:

— "Evem" vindo o *reis*! — exclamou a atalaia.

O reverendo meteu o pito na gaveta, passou a mão no breviário e assumindo cara de circunstância rumou para a porta da rua. Instantes depois defrontava-o um cavaleiro. O padre correu a segurar-lhe a rédea e o estribo.

— Queira apear-se vossa excelência, que esta choupana é de vossa excelência. Sou o padre vigário de Itaoca, humilde servo de vossa excelência.

O diplomata, como que ressabiado com tão respeitosa acolhida, deixou-se descavalgar. Mas sem garbo, esquerdão e reles, como aí um pulha qualquer.

Entrou.

Trocaram-se rapapés, palacianos da parte do reverendo, mal achavascados (quem o diria?) da parte do cortesão que conversara arquiduques e cardeais. Houve etiquetas revividas, sempre claudicantes do lado diplomático. Houve cerimônia.

Mas o doutor não era positivamente o que se esperava. Já no físico desiludia. Em vez duma fina figura de mundano, saíra-lhes um magrela de barba recrescida, roupa surrada, chambão e alvar. Enfim, pensou lá consigo o reverendo, o hábito não faz o monge. Quem sabe, sob aquelas aparências vulgares e talvez rebuscadas, não luzia o espírito de um Talleyrand ou as manhas dum Metternich?

Foram para a mesa e no decurso do jantar acentuou-se a desilusão. O homem comia com a faca, baforava no copo, chupava os dentes. Um puro pai da vida.

Observando-o por cima dos óculos, o reverendo piscava para a caseira, que, da cozinha, pela fresta da porta, torcia o nariz à pífia excelência excursionista. Ao trincar o pato, desastre. O doutor deixou cair no chão um osso, que logo apanhou, muito encalistrado. Depois, às voltas com a asa do palmípede, falseou-se-lhe a faca, resultando espirrar-lhe à cara um chuvisco de arroz. A Prequeté por sua vez espirrou lá dentro uma risadinha de mofa, acompanhada dum mortificante *ché!*...

O reverendo entrou-se de dúvidas. Era lá possível que o doutor Emerêncio do Val fosse um estupor daqueles?

À sobremesa caiu a conversa sobre a política, e o doutor desmanchou-se em bobagens graúdas. Enquanto asneava, o padre ia matutando lá consigo:

"E eu com cerimônias, e eu com bobices, e eu querendo até privar-me do pito por amor a um cretino destes! Fumo-lhe nas ventas e já!"

Nisto veio o café. Enquanto o ingeriam, o doutor entrou a falar de remédios, farmácias e projetos de estabelecimento.

O reverendo, decifrando o mistério, deteve a xícara no ar.

— Mas... mas então o senhor...

— Sou farmacêutico, e vim estudar a localidade a ver se é possível montar aqui uma botica. Portei em sua casa porque...

O padre mudou de cara.

— Então não é o doutor Emerêncio, o diplomata?

— Não tenho diploma, não senhor, sou farmacêutico prático...

O padre sorveu dum trago o café e refloriu a cara de todos os sorrisos da beatitude; desabotoou a batina, atirou com os pés para cima da mesa, expeliu um suculento arroto de bem-aventurança e berrou para a cozinha:

— Maria, dá cá o pito!

PEDRO PICHORRA

1910

Quem dobra o morro da Samambaia, com a vista saturada pela verdura monótona, espairece na Grota Funda ao dar de chapa com uma sitioca pitoresca. E passa levando nos olhos a impressão daquela sépia afogada em campo verde: casebre de palha, terreirinho de chão limpo, mastro de santo Antônio com os desenhos já escorridos pela chuva e a bandeira rota trapejante ao vento. Dois mamoeiros no quintal apinhados de frutos; canteiros de esporinhas com periquito em redor e manjericões entreverados. Um pé de girassol, magro e desenxabido, a sopesar no alto a rodela cor de canário; laranjeiras semimortas sob o toucado da erva-de-passarinho.

Nos fundos da casa vê-se o lavadouro, descoivarado apenas, num poço onde o corgo rebrilha três palmos d'água. Sobre um tabuão emborcado a meio, lá está batendo roupa a Marianinha Pichorra, mulher do Pedro Pichorra, mãe de nove Pichorrinhas. É ali o sítio dos Pichorras e até a Grota Funda já é conhecida por Fundão da Pichorrada.

Por que os antigos Pereiras de Sousa, do Barro Branco, vieram a chamar-se Pichorras?

É toda uma história.

Pedrinho ia nos onze anos. Já se destabocara e já preferia, em matéria de fumo, o forte, bem melado. Na véspera realizara o sonho de toda criança da roça — a faca de ponta. Dera-lha o pai como um diploma de virilidade.

— Menino, de ora em diante você é homem. Agredido, não gritará por gente grande; é mão na faca, pé atrás e corisco nos olhos.

Não lhe falou assim o pai, mas leu Pedrinho essa fala na lâmina rebrilhante. Por isso irradiava de orgulho, imaginando pegas, aloites, tempos-quentes e tocaias onde a "sardinha" alumiasse.

O pai, naquele momento de pé na soleira da porta, assuntava o céu. Viu que chover não chovia — e:

— Pedrinho! — gritou para os fundos.

— Pai?

— Vá pegar a égua.

O menino passou mão do cabresto e mergulhou no pasto. Minutos depois repontava trotando em pelo a Serena, égua velha, de muita barriga mas aguentadeira.

— Dê milho, do mole, e arreie.

O pequeno debulhou duas espigas no embornal e, enquanto a égua mascava o lambisco, alisou-a, ajeitou-lhe no lombo pisado um saco velho, depois a carona, o lombilho, o pelego.

— Não coche demais a barrigueira. Tem potrinho.

O menino folgou dois dedos o arrocho e esperou um bocado, enrolando o cigarro, até que a Serena parasse de mastigar. Por fim, arrumou o freio e montou.

— Agora você vai no sítio do Nheco e diz praquele tranca que dou o capadete pelos vinte e cinco mil-réis.

Pedrinho abriu cara de quem estranhava a ordem.

— Sozinho?

— Ué! E a faca, então? Não é "companheiro"?

O argumento valeu. Pedrinho, sem mais palavra, deu rédea e, *lept! lept!*, arrancou estrada afora.

O pai, alisando maquinalmente um palhão de milho, acompanhou-o com os olhos até perdê-lo de vista na primeira curva. Depois monologou:

— "Sozinho"? Ué! Até quando? Precisa acostumar. Onze anos. É homem. Eu com dez varava sertão.

Pedrinho trotava pela fita vermelha da estrada, sobe e desce morro, quebra à direita, à esquerda, *pac*, *pac*, *pac*... Ia pensando na volta. Teria tempo de transpor a figueira antes de escurecer? A figueira... Passavam-se ali coisas de arrepiar o cabelo. Pela meia-noite — diziam — o capeta juntava debaixo dela sua corte inteira para pinoteamento de um samba infernal. Os sacis marinhavam galhos acima em cata de figuinhos, que disputavam aos morcegos. E os lobisomens, então? Vinham aos centos focinhar o esterco das corujas. Almas penadas, isso nem era bom falar! Quando o Quincas da Estiva contava casos da figueira, não havia chapéu que parasse na cabeça.

Mas de dia, nada; passarinhada miúda só, a debicar frutinhas. Foi o que o menino viu naquela tarde ao cruzar com a árvore. Mesmo assim passou rápido e encolhidinho — por via das dúvidas.

Chegou ao Nheco ainda com sol e deu o recado.

Nheco, marotíssimo, coçou o cabelo de milho da barbicha e embromou:

— Pois não. Mas... "não vê" que o toicinho baixou. De Minas tem descido um "poder" de capadaria que mete medo. De sorte que você diga pro pai que nestes "causos" eu não sustento o trato. Se ele quiser vinte e três mil-réis... Diga assim, ouviu? Vinte e três, ouviu?

Pedrinho desandou para trás, pensando consigo: "Safado!". E veio todo o caminho absorvido em xingar mentalmente o aproveitador.

Ao defrontar com a figueira o medo agarrou-o. Escurecia. A luz do céu estava morrendo, pálida no alto, laranja esmaiada no poente. Por felicidade cruzaria a figueira antes da noite. Fechou os olhos, conjurou o encardido santo Antônio da família e transpôs dum galão o passo perigoso.

— Arre!... — exclamou com desabafo, olhando para trás e vendo a árvore maldita diminuir de porte. E *pac*, *pac*, *pac*, estrada afora, rumo ao sítio paterno.

Mas escureceu e, já perto de casa, vai senão quando a égua empina a orelha e passarinha.

— Égua velha passarinhou é saci! — sugeriu dentro dele o medo. E o menino retransido viu de repente no barranco um saci de braços espichados, barrigudo, "*com um olho de fogo que passeava pelo corpo*".

— Nossa Senhora da Conceição, valei-me!

Assustado por aquele berro, o "olho do saci voou pelo ar, piscando"...

Pedrinho bateu em casa de cabelos em pé, olhos saltados. Agarrou-se com o pai, trêmulo, sem fala. A custo desfez o nó da língua.

— O saci, pai!...

— ?

— ... pra cá da figueira... na curva... Barrigudinho... preto...

O pai deu-lhe água na cuia.

— Sossegue um pouco, menino.

E depois duma pausa:

— Você está bobeando, Pedrinho. Não há saci destas bandas.

— Juro, pai! Por Deus do Céu que vi.

E contou a viagem por miúdo, até a aparição.

— Altinho? Pretinho? — indagou o pai.

— Pretinho era, mas chatola, barrigudo, assim que nem pichorra grande.

— Então não é saci — concluiu o velho, entendidíssimo em demonologia rural. E depois:

— Fedeu enxofre?

— Não.

— 'ssobiou?

— Não.

— Mexeu do lugar?

— Não. Só o olho. O olho andava e voava.

O caboclo refletiu um bocado, até que por fim uma ideia lhe iluminou a cara.

— Onde foi isso — pra cá do corguinho?

— É...

— No barranco?

— É...

— O olho andou e depois voou, piscando?

— Tal e qual...

— E o corpo ficou parado?

— Isso mesmo...

O velho clareou a cara e, desmanchando as rugas da testa, disse rindo:

— O que mais não se aprende neste mundo!... Sabe o que você viu, menino? Você viu o saci pichorra...

E mudando de tom, depois de refletir durante um par de minutos:

— "Quedele" a faca?

— Pra quê? — perguntou o menino, desconfiado.

— Deixe ver, dê cá a faca.

Pegou dela e pô-la à cinta. E, ríspido:

— Vá dormir.

Pedrinho, compreendendo a degradação, ergueu-se com lágrima nos olhos.

— E a faca?

— Fica comigo. Pra você, porqueirinha, é canivete marca anzol ainda.

E com infinita ironia:

— Vá dormir, Pedro Pichorra!...

O menino recolheu-se, sacudido de soluços. O velho pegou do borralho um tição para acender na brasa viva o cigarro. Baforou uma fumaça com o pensamento no falecido sogro Chico Vira, o caboclo mais medroso da Estiva.

— Por quem havia de puxar o Pedrinho, pelo Chico Vira...

E assim o rebento masculino dos Pereiras do Barro Branco virou, por troça do próprio pai, o tronco duma nova família, essa Pichorrada que hoje põe a nota sépia da sitioca na verdura da Samambaia. Tudo porque a velha Miquelina havia deixado naquele dia a pichorra d'água a refrescar ao relento à beira do barranco, e um vaga-lume-guaçu pousara nela por acaso, justamente quando o menino ia passando...

CABELOS COMPRIDOS

1904

— Coitada da Das Dores, tão boazinha...

Das Dores é isso, só isso — boazinha. Não possui outra qualidade. É feia, é desengraçada, é inelegante, é magérrima, não tem seios, nem cadeiras, nem nenhuma rotundidade posterior; é pobre de bens e de espírito; e é filha daquele Joaquim da Venda, ilhéu de burrice ebúrnea — isto é, dura como o marfim. Moça que não tem por onde se lhe pegue fica sendo apenas isso — boazinha.

— Coitada da Das Dores, tão boazinha...

Só tem uma coisa a mais que as outras — cabelo. A fita da sua trança toca-lhe a barra da saia. Em compensação, suas ideias medem-se por frações de milímetro, tão curtinhas são. Cabelos compridos, ideias curtas — já o dizia Schopenhauer.

A natureza pôs-lhe na cabeça um tabloide homeopático de inteligência, um grânulo de memória, uma pitada de raciocínio — e plantou a cabeleira por cima. Essa mesquinhez por dentro. Por fora ornou-lhe a asa do nariz com um grão de ervilha, que ela modestamente denomina verruga, arrebitou-lhe as ventas, rasgou-lhe a boca de dimensões comprometedoras e deu-lhe uns pés... Nossa Senhora, que pés! E tantas outras pirraças lhe fez que ao vê-la todos dizem comiserados:

— Coitada da Das Dores, tão boazinha...

Das Dores só faz o que as outras fazem e porque as outras o fazem. Vai à igreja aos domingos de livrinho na mão, ouve a missa, ouve a prédica, reza. Nunca falhou um dia. Se lhe perguntarem o porquê daqueles atos, responderá, muito admirada da pergunta:

— Mas se todas vão!

O grande argumento de Das Dores é esse: as outras. Ouve o sermão do padre e chora nos lances trágicos, não porque compreenda algo daquela retórica, nem porque sinta vontade de chorar — mas porque as outras choram.

Toma tudo quanto ouve ao pé da letra, incapaz que é de galgar do concreto ao abstrato. Se ouve falar em "fazer pé de alferes", fica a pensar em pés e mãos de alferes e tenentes.

— Tão boazinha a Das Dores...

Uma vez foi à prédica de um padre em missão pela zona, orador famoso pelas muitas almas que desatolara do chafurdeiro de Satanás. Ouviu-lhe muita coisa que não entendeu, mas entendeu um pedacinho que terminava assim: "Meditai, meus irmãos, refleti em cada uma das palavras das vossas orações cotidianas, pois do contrário não terão elas nenhum valor".

Das Dores saiu da igreja impressionada com o estranho conselho e se foi de consulta à tia Vicência, velha sabidíssima em mezinhas e teologias.

— Tia Vicência viu o que o seu cônego disse? Pra gente pensar em cada palavra senão a reza não vale?...

A tia mastigou um "pois é" que dava toda a razão ao padre.

— Que coisa, não? — foi o comentário final de Das Dores, que continuava a achar esquisitíssima aquela ideia.

À noite era seu costume rezar umas tantas orações preventivas dos mil males possíveis no dia seguinte. Mas até ali as rezara qual um fonógrafo, *psi*, *psi*, *psi*, amém. Tinha agora que pensar nas palavras. Diabo! Havia de ficar engraçada a reza...

Caiu a noite.

Das Dores meteu-se na cama, cobriu a cabeça com o lençol e deu início à novidade. Abriu com o Padre-Nosso.

— *Padre-Nosso que estais no céu*; padre, padre; os padres, padre Pereira, padre vigário... Padre Luís... Coitado, já morreu e que morte feia — estuporado!... Padre... Que ideia do seu cônego mandar a gente pensar nas palavras! Nem se pode rezar direito...

"... *nosso*; nosso é o que é da gente; nossa casa; nossa vida; nosso pai... Pra quem seria que foi o Nosso-Pai ontem? Para a nhá Veva não é, que ela já melhorou. Seria para o major Lesbão? Coitado! Quem sabe se a estas horas já não está no outro mundo? Bom homem, aquele... Tão caridoso... Ó diabo! Estou me distraindo! 'Nosso', 'nosso'... Em certas palavras não se tem jeito de pensar...

"... *que estais no céu*: estar no céu, que lindeza não será! Os anjos voando, as estrelinhas, Nossa Senhora tão bonita com o Menino no braço, os santos passeando de lá para cá... O céu; céu; céu da boca; céu azul. Por que será que se diz céu da boca?

"... *santificado*, san-ti-fi-ca-do; que é santo; dia santificado, dia santo...

"... *seja vosso nome*; nome; nome bonito... Nome feio! Quantos tapas levei na boca por dizer nomes feios! Quem me ensinava era aquela bruxa da Cesária. Peste de negrinha! Onde andará ela? 'Nome de gente'; 'nome de cachorro'. Gustavo, bonito nome. Está ali um que se quisesse... Mas nem me enxerga, o mauzinho; é só a Loló praqui, a Loló prali, aquela caraça de broa... Gustavo é o nome de homem mais bonito para mim. De mulher é... Rosinha? Não. Merência? Não... 'Home', a falar verdade nenhum. Gustavo. Gustavinho... Ahn, que sono!

"O *pão nosso*; pão; pão... Por que será que quando a gente repete muitas vezes uma palavra ela perde o jeito e fica assim esquisita? Pão; pão; pã-o... Por falar em pão, como anda minguando o pão do Zé Padeiro! E que pão ruim! Azedo... Pão sovado; pão de cará; pão de Petrópolis...

"... *de cada dia*; dia; dia; marido da noite; dia de sol; dia de chuva; dia das almas; dia de anos; dia bonito... E que dia bonito fez ontem! Vão ver que domingo chove. É sempre assim. Havendo uma festinha, chove mesmo. Amanhã, se fizer bom dia, vou à casa da Iná. Coitada da Iná! Acontece cada coisa nesta vida...

"... *dai-nos hoje*; hoje, hoje... Que é que eu fiz hoje? Ahn! Que soneira!

"... *e livrai-nos Senhor*; senhor; ilustríssimo senhor Gustavo de Silva. Bonito nome! Senhor amado; Senhor morto; senhor; se-nhor, nhor, nhor-se...

"... *de todo o mal*; mal; mal... mal... al..."

Os olhos de Das Dores fecharam-se, o corpo moleou e seu sono foi um só até romper o dia. Ao despertar lembrou-se logo do caso da véspera. Sorriu. Achou que a ideia do cônego — um padre de tanta fama! — não passava de grossa asneira. E pela primeira vez na vida duvidou.

— Ora, titia — foi ela dizer à tia Vicência —, aquilo é asneira. Se a gente for pensar em cada palavra, não pode rezar direito. O cônego que me perdoe, mas ele disse uma grande bobagem...

Não se sabe se a tia lhe deu razão ou não; mas o fato é que Das Dores continuou a rezar pelo sistema antigo, mais rápido, mais correntio e com certeza mais agradável a Deus. Quem se saiu mal do incidente foi o pobre missionário. Cada vez que se referiam a ele perto de Das Dores, ela floria a cara de uma risadinha irônica.

— Está aí um que pode estar dizendo as coisas que eu...

E concluía a frase com o mais convencido muxoxo de pouco-caso.

O "RESTO DE ONÇA"

1923

— Leram o conto de Alberto de Oliveira?

— O imortal?

— Sim.

— Perdemos alguma coisa?

— Não perderam coisa nenhuma, que aquilo é maçador. Confesso que bocejei de enfado e, consoante velho costume, passei-o à minha cozinheira, velha mulata sabidíssima, parenta da cozinheira de Molière.

"— Josefa, lê-me isto e bota opinião.

"A excelente criatura lavou as munhecas, diminuiu o gás ao fogão, acavalou no nariz os óculos através de cujos vidros costuma coar-se-lhe para o cérebro todo o rodapé dos jornais e albertizou-se durante meia hora. Ao cabo, veio ter comigo.

"— Pronto, sinhozinho, está lido.

"— E que tal?

"Josefa tem um maravilhoso paladar quituteiro. Seus tutus com torresmo, o picadinho que ela faz, as moquecas!... São puríssimas obras de arte capazes de rematar de inveja ao próprio Vatel, se Vatel acaso ressuscitasse. Pois bem: o mesmo gênio que a Zefa demonstra na confeição de uma obra-prima culinária, revela-o no julgamento das coisas de literatura. Tem o faro que não falha do rato, o qual entre cem queijos escolhe sempre o melhor. Por essa razão, quando me sinto em dúvidas apelo para o seu juízo instintivo e acato-lhe a sentença como emanada da própria Minerva.

"— Então, Zefa? — insisti.

"Ela refranziu os lábios num muxoxo.

"— Não fede, nem cheira — disse —; é virado de feijão velho mexido com farinha mal torrada. Falta sal, tem gordura demais — parece comida feita por menina da Escola Normal — concluiu, com sorriso de veterano ao ouvir falar em proezas de recruta.

"— Mas, Zefa, que diz o homem, afinal de contas?

"— Não diz nada; engrola, engrola, vai pra lá, vem pra cá e a gente fica na mesma. É dos tais perobinhas da miúda que outro dia mecê chamou... como é mesmo?... pici... pici.

"— ... cólogos, psicólogos. Os homens dos estados d'alma. Penso como você, Josefa. Quero conto que conte coisas; conto donde eu saia podendo contar a um amigo o que aconteceu, como o fulano morreu, se a menina casou, se o mau foi enforcado ou não. Contos, em suma, como os de Maupassant ou Kipling...

"— Ou de seu Cornélio Pires...

"— Perfeitamente, do Cornélio, do Artur Azevedo, contos onde haja drama, comédia ou pelo menos uma anedota original. Mas estas pretensiosas águas panadas, este fantasiar por páginas e páginas sem lance que arrepie os cabelos ou repuxe músculos faciais, esta gelatina insossa da Academia de Letras de Itaoca...

"Josefa, quando lhe falam na Academia de Itaoca, regala-se toda, e toda se expande em risos. Ficou assim desde que leu a *Condessa Hermínia* e outras imortalices quejandas.

"— E então este seu Alberto também é imortal, dos tais que escrevem homem sem h?

"— É, Zefa, é imortal vitalício, com patente e direito de podar os *hh* da língua e comer o *s* de ciência, e — o que é pior — com privilégio de maçar a humanidade com sornices pacóvias, que só não engolem criaturas como tu, sãs de paladar e sinceridade."

E a conversa recaiu sobre contos. Disse um da roda:

— Contos andam aí aos pontapés, a questão é saber apanhá-los. Não há sujeito que não tenha na memória uma dúzia de arcabouços magníficos, aos quais, para virarem obra de arte, só falta o vestuário da forma, bem cortado, bem cosido, com pronomes bem colocadinhos. Querem vocês a prova? Vou arrancar um conto ao primeiro conhecido que entrar.

E pusemo-nos de tocaia.

Não tardou muito, surge o Cerqueira César.

— Viva! Fazia-te ainda no sertão, homem — comecei eu.

— Pois estou cá. Cheguei ontem, refeito, oxigenado, reverdecido de alma e corpo. Que delícia o sertão!

— Muita caçada?

— Dez queixadas, três onças... E, por falar, já ouviram vocês a história do "Resto de Onça"?

— "Resto de Onça?!" — exclamamos, aparvalhados.

César gozou o nosso espanto. Depois narrou.

— Estavámos organizando uma batida às onças. Quem tudo dirigia era lá o meu capataz, Quim da Peroba, o mais terrível caçador das redondezas. Quando é ele quem dirige o serviço, a bicharia sofre destroço pela certa, tão hábil se mostra na escolha dos companheiros, dos cães e das disposições estratégicas.

— Vai — dizia o Quim contando nos dedos —, vai o Nico, vai o Peva, vai o "Resto de Onça"...

— "Resto de Onça"? — exclamei eu, tão aparvalhado como vocês inda agora. — Que diabo de bicho é esse?

"Quim sorriu e disse, depois de sacar uma palha:

"— É um pedaço de homem; um homem a quem a onça comeu uma parte e que continua a viver com o resto do corpo. Pois assim mesmo ainda é um cuera que eu não troco por três sujeitos inteiros da cidade. Mecê vai ver.

"De fato, vi. Tudo organizado, na véspera da caçada, à tarde, o primeiro a apresentar-se foi 'Resto de Onça'.

"— 'Stardes'.

"Era um caboclo chupado, sem o braço direito, sem um olho, sem um pedaço de cara. Horrível! Uma bochecha fora lanhada e despegara com parte dos lábios e um dos olhos, de modo que aquilo por ali era uma só pavorosa cicatriz, repuxada em várias direções. Entreabriu a camisa: no peito, a mama esquerda, arrancada a unhaço, era outra horrível cicatriz de arrepiar.

"Pedi-lhe que contasse a sua história. 'Resto' não se fez de rogado.

"— Não vê que — foi dizendo — lá na fazenda do coronel Eusébio, na beira do sertão, havia onça que era um castigo. Foi preciso bater nelas, de cachorrada e chumbo, um ano inteiro para livrar o gado. O coronel tanto lidou que venceu. As que não caíram mortas afundaram para longe. Mas ficou uma. Era uma bela onça-pintada, matreira como cachorro-do-mato. Tinha manhas de negro fujão. Nem mundéu, nem cachorro mestre, nem o Leopoldino Onceiro, que é um cabra-macho para desiludir uma bicha mesquinha, nunca puderam atinar com ela de jeito a barrear a volta do apá com um lote de paula-sousa. Escapava sempre e de birra vinha pegar os porcos no chiqueiro.

"Um dia — o coronel estava na mesa almoçando — rebentou uma tormenta no chiqueirão, detrás da casa. Corremos todos: estava a onça ferrada na mais bonita porca da fazenda, já moída com um munhecaço. Corre que corre, grita, atira — ela escapuliu.

"O coronel virou bicho e jurou que seria a última vez.

"— Ela volta — disse eu —, ela não desiste da porca. O melhor é ficar um bom atirador de plantão, dia e noite.

"— Pois fica você.

"Fiquei na tocaia, escondido de jeito que a onça não pudesse desconfiar.

"Varei a noite de olho aceso: nada. Rompeu a manhã: nada. Eu disse comigo:

"— Agora dou um pulo lá dentro, bebo café e volto.

"Fui, engoli um cafezinho com mistura, depressa, depressa; mas quando voltei... quedele a porca? A onça tinha me logrado!...

"Quando soube da coisa, o coronel bufou que nem queixada em mundéu.

"— Quim — disse ele —, vá juntar gente e cachorrada. Bote um exército aqui pra domingo, e vamos picar de bala essa malvada. Quero ver o couro dela aqui no chão, com seiscentos milhões de diabos!

"Eu saí, corri a vizinhança e apalavrei para domingo tudo quanto era espingarda, foice e cachorro de cinco léguas de roda.

"Chegado o momento, começou uma batida em regra.

"Tudo corria bem, senão quando, de repente, *au!*, *au!*, o meu Brinquinho — conheci a voz! — acuou primeiro de todos. E logo a cachorrada inteira, uns cinquenta — *au! au! au!* —, música de arrepiar a gente. Ah, moço, que festa foi esse dia! A bicha de cada tapa esmigalhava um cão... Ia parando na carreira, de tocaia atrás dos troncos e mal o cachorro dianteiro fronteava, ela *baf!*, tripas de fora! Um castigo...

"Já levara um tiro, mas nem conta fez; e, assim, fugindo, ia arrasando os cachorros onceiros. Eu corria na frente, seco por ganhar a glória da caçada, e por via disso me distanciei dos companheiros. De repente, sem ver nada, *paf!*, um manotaço de unha na cara me pinchou de costas no chão; um corpo caiu sentado em cima de mim. Ah, mundo! Que luta aquela! Eu com os braços só defendia a cara, que se a onça me aboca era o fim; e, como a espingarda me ficasse debaixo do corpo, minha porfia era passar a unha nela.

"O que me salvou foi a coragem do Brinquinho. Como os caçadores e os outros cães ainda não tivessem chegado, só ele me ajudava, latindo com desespero e ferrando o dente nos traseiros da fera. A cada dentada a onça se voltava para estapear o cachorro, que fugia — que fugia para atacar de novo logo que a onça virava pra mim.

"Tudo isto que levo agora um tempão contando se passou num corisco de minuto. Lá em certo momento pude alcançar a faca — faquinha à toa de matar porco. Saquei a faca e casquei no pescoço da bicha. Quem disse enterrar? Vergou, a porqueira, como se fosse de lata, sem calar nem a pontinha! Me vi perdido. 'Ferra, Brinquinho!' Aquela pessoa de quatro pés, com uma coragem louca, *zás!*, outra dentada. A onça me folgou, e eu vi romper do mato o primeiro caçador. Era justamente meu sogro.

"— Atira, Nhô Vado! — gritei.

"Que atirar nada! O raio do maleiteiro ficou tão estuporado de me ver na goela da onça, que estarreceu no lugar.

"— Atira, Nhô Vado!

"Que nada! Nisto houve jeito de eu desentalar a espingarda e entrouxar o cano na boca da onça. Estrondei o tiro; a bicha moleou de banda.

"Eu estava em pedaços, mas não sentia dor nenhuma. Só me lembro que, ainda no chão, puxei a espingarda de dentro da boca da onça, virei o cano pro lado do meu sogro e sapequei nele o segundo tiro, junto com um nome ofensivo à defunta avó da minha mulher, Deus que me perdoe! De reiva... Depois veio a dor e perdi os sentidos.

"'Resto de Onça' tomou fôlego.

"— E fiquei assim. O braço direito, sem carne, sem osso inteiro, foi preciso o médico cortar com a serra; a cara e o peito foram sarando e fiquei assim, resto de onça, caco de gente, mas homem ainda pra escorar o diabo!"

— Então, que lhes dizia eu? — comentou, voltando-se para os companheiros, o que prometera extrair um conto ao primeiro conhecido que passasse.

— Sim — retrucou o ranzinza do grupo —, mas não é bem um conto, não passa dum caso, duma anedota de caçador.

— Está enganado. Tem todas as qualidades do conto e tem a principal: poder ser contado adiante, de modo a interessar por um momento o auditório.

Dê ao fato forma literária, umas pitadas de descritivo, pronomes por ali, uns enfeites pimpões e pronto! — vira conto dos autênticos, dos que não secam a paciência da humanidade com a arquimaçadora psicologia do senhor Alberto de Oliveira...

POR QUE LOPES SE CASOU

1903

— Pois, meu caro — dizia Lucas ao seu amigo Lopes —, fiz essa asneira, casei-me.

— E és pai duma legião...

— Tenho doze filhos e já alguns avos do décimo terceiro.

— E tudo quanto produz o teu trabalho some-se em bugigangas, leite, farinha, cueiros, fraldas, cavalinhos de pau...

— Um trabalho de negro cativo mal dá para mantê-los no pé de decência que minha posição requer. E é uma voragem a minha casa. Quando entro numa sapataria é para comprar doze, catorze pares de sapatos! Das lojas nunca trouxe fazenda aos metros, é às peças. De feijão gasto meia saca por quinzena. Uma voragem!

"E se visses que jararaca me saiu minha mulher... Uma fera, Lopes! Dessas que lançam com prato à cara do marido se este torce o nariz ao quitute. E feia, desleixada, lambona, cabelos despenteados, um fedelho aos berros no braço, as chinelas a se arrastarem pela casa, *trec*, *trec*, *trec*. Traz à cinta a penca de chaves e um rabo de tatu que até a mim inspira respeito. Dirige o movimento da casa a lambadas. Grita sem parar, deblatera, diz nomes, arranca a orelha às criadinhas. É um despotismo de saias a serviço dum estado de sítio que suprimiu o meu poder marital, o meu pátrio poder, o meu poder animal de homem, e me põe na casa humilde e caladinho, de orelhas murchas como um lazarento burro de carroça. Felizmente o trabalho na repartição afasta-me da inferneira oito horas por dia. É quando vivo. Mas logo que a tarefa termina e volto para a geena, ah, Lopes, nunca saberás com que angústia o faço... O lar! Falam poetas nas delícias do lar, no remanso do lar... A avaliar pelo meu, o lar é círculo que esqueceu ao Dante. Em caminho para o 'remanso do lar' rememoro tudo o que me espera. No topo da escada, de mãos à cintura, a minha tremenda metade em atitude de juiz em face do réu.

"— Trouxe a pimenta? Comprou o sabão? Chamou o homem para consertar a torneira?

"E se acaso me esquece alguma coisa, lá desaba o temporal.

"— É isto. Não presta para nada, não sei por que casou, já que não serve nem para trazer da cidade um pão de sabão de cinza para a burra da mulher que fica em casa a se matar de trabalho —, e *tá*, *tá*, *tá*. Não imaginas a minha vida, Lopes..."

Arrepiado ante as confidências do amigo, Lopes alvitrou certas soluções desesperadas.

— Em teu caso, Lucas, eu recorria a meios extremos, ao divórcio, à bolinha...

— Caçoa, caçoa. Eu também caçoava...

— Mas, Lucas, estás a exagerar. Dou de barato que seja assim. Mas há compensações. Os filhos, por exemplo, as sãs alegrias da paternidade...

— Os filhos... Tem muita graça o primeiro, o segundo e ainda o terceiro. Depois, do quarto ao décimo segundo... que pestinhas infernais! Destroem tudo, põem a casa imunda, vivem num corrupio de travessuras capazes de endoidecer um santo. Não sei se os filhos dos outros são assim, mas os meus batem os recordes. Há um, senhor Lulu, que prenuncia novo Átila. Diverte-se em quebrar, furar, judiar, escangalhar o que encontra. Ontem procurei um livro — livro de contas, sossega! — e fui encontrá-lo no quintal, dentro duma poça d'água, à guisa de barragem de dique. Só em louça quebrada esse patife me dá um rombo de quarenta mil-réis por mês.

"E não é só ele.

"O Eduardinho tem a mania de encafuar os talheres nos buracos dos ratos, nas frestas do assoalho.

"Outro se especializou em quebrar os dentes aos garfos. Chegamos à perfeição de ter em casa apenas um garfo com quatro dentes! Já as facas são uma dentadura completa. Quem é o dentista? O senhor Lulu. Aparece uma cadeira com três pernas. Quem foi o carpinteiro? O senhor Lulu.

"A Inazita tem a bossa da costura. Está praticando no corte... Em pilhando a tesoura, esconde-se nos cantos e vai picando o que encontra. Há dias recortou um corpinho no oleado da mesa, um oleado adquirido na véspera — e tão caro...

"O Leandro é o homem da balística. Vive com o papo da camisa cheio de pedregulho e cacos de telha — 'tentos', diz ele — e brinca de partir vidraças aos vizinhos. Tem, para mal meu, mão certa como o Guilherme Tell.

"O Lucas, esse chora. Chora doze horas por dia, à toa, por brincadeira. É o rei da manha, mas daquelas manhas intermináveis que deixam os nervos da gente em carne viva.

"O Bentinho, que é torto, o coitado, já fuma pontas de cigarro e coleciona nomes feios apanhados na rua.

"O mais velho foge de casa pela janela e entra de madrugada. Anda-me sorumbático, com umas perebas suspeitas.

"O Juvenal..."

— Para um bocado, Lucas. Deixa-me tomar fôlego e fazer uma observação. Sendo assim como dizes, travessos, insubordinados, insuportáveis, a culpa é só tua. É que lhes não dás a devida disciplina, não os corriges, não lhes torces o pepino no tempo propício, homem!

— Será, mas que queres? Não posso, não tenho energia. Sou uma tapera, um homem arrasado que me fiz fatalista para ter uma filosofia que me dê paz à consciência. Bem me acusa ela de inépcia e frouxidão extrema... Às vezes vêm-me ímpetos de reagir, entrar em casa de guatambu em punho e ir deslombando às cegas a escadinha inteira, coisa de começar no frangote das perebas e acabar nos seis gatos ladrões do Chiquinho, com escala pelos cães sarnentos do Manuel, pelos canários azucrinantes do Júlio e pelas bonecas de pano de Mariquinha. Moê-los em massa, a granel e ir entregar-me à polícia e pedir ao júri, de joelhos, trinta deliciosos anos de paz e silêncio no fundo duma cela. Mas fica em ímpetos. Sou uma tapera, incapaz dum movimento enérgico...

O pobre Lucas consultou o relógio e assustou-se.

— Três horas! Minha cara-metade deve estar furiosa. Adeus, Lopes, vou-me ao "repouso do lar" — concluiu, despedindo-se com um riso amargo.

E foi-se o Lucas apressadamente, cheio de pacotes pelos nós dos dedos; embrulhos nos bolsos e um queijo sobraçado...

Lopes ficou imóvel no lugar, com os olhos parados, recordando. Veio-lhe à mente o Lucas de quinze anos antes. Era um rapagão alegre, todo esperanças no futuro e amigo de arquitetar castelos de Espanha. Poetara. Amara uma dúzia de meninas em duas centenas de sonetos parnasianos e por fim elegeu como diva a Nonoca Fagundes, uma loura translúcida, de fala melíflua — Botticelli temperado à moderna, dizia ele.

Era bonitinha, dezessete anos, em pleno viço da beleza do diabo, um mimo de fragilidade grácil, boazinha como não havia outra — boa, "boa constritor"... Muito ingênua e amiga de reticências graciosas, corava a todo instante. Dizia ele: *Moram em suas faces duas rosas Bela-Helena*. Andar saltitante como de sílfide. Um verso dele rezava:

Das plumas tens no andar
a suave macieza...

Lucas amou-a em regra, e sonetou-a inteira dos cabelos aos pés, parnasianamente, nefelibatamente, com lirismo de comover as pedras. Não a tratou antropofagicamente, porque a antropofagia guindada à escola estética ainda não fora inventada.

Sonhou-a ao seu lado, "amiga peregrina de alma e coração", num arroubo perene de felicidade celestial pela estrada da vida afora...

Amou-a três anos seguidos, com o dispêndio duma arroba de versos arrancados à carne viva da inspiração. Bateu-se a punhadas com vários rivais temíveis. Rompeu com a família, que desaprovava o casamento. Cantou-lhe à janela, com muito choro de violão, todas as modinhas do tempo — *Quisera amar-te*, *Acorda donzela* —, além de outras adrede compostas para aquele fim. Amou-a loucamente, "como só se ama uma vez na vida". Foi desses que dizem em prosa, verso e cochicho: "Ver-te e amar-te foi obra de um só momento". Intercalou em alexandrinos o clássico "anjo, mulher ou visão". Esgotou inteirinho o alforje romântico das imagens enluaradas; recorreu à botânica e assolou o reino vegetal à cata de flores comparativas. Não contente com isso, ainda deambulou pelos céus e mergulhou no oceano em busca de imagens — que nada era bastante à imensidade daquele amor.

Casou por fim e estava reduzido àquilo...

Em vista do que, Lopes, que andava noivo e irresoluto se casaria ou não, tendo já no ativo uma dúzia de sonetos amorosíssimos, decidiu-se incontinênti — casou.

Se tinha de acabar como o Lucas, levasse sobre ele, ao menos, a vantagem de menor cópia de versos à futura cascavel. Porque lhe pareceu que o maior sofrimento do Lucas havia de ser o remorso da enorme bagagem de versos pré-nupciais.

E era.

JÚRI NA ROÇA

1909

NÃO É MEU ESTE CASO, mas dum tio, juiz numa Itaoca beira-mar. Homem sessentão, cheio de rabugens, pigarros e mais macacoas da velhice, nem por isso deixa de ser amigo da pulha, como diria Mestre Machado. Gosta de contar pilhérias e casos de truz, que a meio descambam em caretas reumáticas, muito de apiedar corações sobrinhos.

Os seus domínios jurídicos são o reino da própria Pacatez. Os anos ali fluem para o Esquecimento no deslizar preguiçoso dos ribeirões espraiados, sem cascatas nem corredeiras encrespadoras do espelho das águas — distúrbio, tiro ou escândalo passional. O povo, escasso como penas em frango impúbere, vive de apanhar tainhas e mariscos. Feito o que, *da capo* às tainhas e mariscos.

É extrema a penúria de emoções. Vidas há que ardem inteirinhas sem o tremelique duma comoção forte. Só a Morte pinga, a espaços, no cofre dos acontecimentos, o vintém azinhavrado dum velho mariscador morto de pigarro senil, ou o tostão duma pessoa grada, coletor de rendas, fiscal, agente do correio. Em tempos deu cédula graúda, um visconde da Jamanta, último varão conspícuo de que ficou memória no lugar.

Fora disso nada mais bole com a sensibilidade em perpétua coma de excelente povo — nem dramas de amor, nem rixas eleitorais, nem coisa nenhuma destoante dos mandamentos do Pasmado Viver.

A taramelagem das más-línguas vê-se forçada, nos serões familiares, ou na venda do José Inchado (clube da ralé), ou na Botica do Cação de Ouro (aqui o escol), a esgaravatar as castanhas chochas do assunto sovado ou frívolo. Sempre conversinhas que não vão nem vêm.

A grande preocupação de todos é matar o tempo. Matam-no, os homens, pitando cigarrões de palha, e as mulheres, gestando a prole enfermiça. E assim escorregam-se para o Nirvana os dias, os meses, os anos, como lesmas de Cronos, deixando nas memórias um rastilho dúbio que rapidamente se extingue.

Nessa lagoa urbana rebentou com estardalhaço a notícia duma sessão do júri. O povo rejubilou. Vinte anos havia que o realejo da justiça popular empoeirava num desvio do Fórum, mudo à falta dum capadócio que lhe metesse no bojo o níquel dum modesto ferimento leve. Fizera-o agora o Chico Baiano, ave de arribação despejada ali por um navio da Costeira. Que regalo! Ia o promotor cantar a tremenda ária da Acusação; o Zezeca Esteves, solicitador, recitaria a *Douda de Albano* disfarçada de Defesa. Sua Excelência o Meritíssimo Juiz faria de ponto e contrarregra. Delícias da vida!

Ao pé do fogo, em casebre humilde, o pai explicava ao filho:

— Aquilo é que é, Manequinho! Você vai ver uma estrumela de gosto, que até parece missa cantada de Taubaté. O juiz, feito um gavião-pato, senta no meio da mesa, num estrado deste porte; à mão direita fica o doutor promotor com uma maçaroca de papéis na frente. Embaixo, na sala, uma mesa comprida com os jurados em roda. E a coisa garra num falatório até noite alta: o Chico lê que lê; o promotor fala e refala; o Zezeca rebate e tal e tal. Uma lindeza!

O assunto era o mesmo na venda do José Inchado.

— Lembra-se, compadre, daquele júri, deve fazer vinte anos, que "absorveu" o Pedro Intanha? Eh, júri macota! O doutor Gusmão veio de Pinda especialmente e falou que nem um vigário. Era só o "nobre orgo do ministério" praqui, o "meretrício doutor juiz" prali. Sabia dizer as coisas o ladrão! Também, comeu milho grosso!, pra mais de quinhentos bagos, dizem. Mas valia. Isso lá valia.

Na Botica do Cação de Ouro o assunto ainda era o mesmo.

— Não, não; você está enganado; não foi desse jeito, não! Ora! Pois se eu até servi de testemunha!... Não teime, homem de Deus!... Sabe como foi? Eu conto. O Pedro Intanha teve um bate-boca com o major Vaz, perdeu a cabeça e chamou ele de estupor bem ali defronte da Nhá Veva; e vai o major e diz: "Estupor é a avó". Foi então o Pedro e...

Só não gostou da notícia o meu tio juiz. Maçada. Incomodarem-no por causa de um crimezinho tão à toa. E tinha razão. O delito do mulato não valia uma casca de ostra.

Chico Baiano costumava todas as noites "soverter" um martelo da "legítima" no botequim do Bento Ventania. Ficava alegrete, chasqueador, mas não passava disso. Certa vez, porém, errou a dose, e em vez do martelo do costume chamou ao papo três. A pinga era forte; subiu-lhe imediatamente à torre das ideias. A princípio Baiano destabocou. Deu grandes punhadas no balcão; berrou que o Sul é uma joça; que o Norte é que é; que baiano é ali no duro; que quem fosse homem que pulasse para fora etc. etc. O botequim estava deserto; não havia quem lhe apanhasse a luva, a não ser o Ventania; mas este acendeu o cigarro pachorrentamente, trancou as portas na cara do bêbado e foi dormir.

Chico Baiano, na rua, continuou a desafiar o mundo — que rachava, partia caras, arrancava fígados. Infelizmente também a rua estava deserta e nem sequer a minguante a pino lhe dava sombras com que esgrimir-se. Foi quando saltou do corredor da casa dos Mouras o Joli, cachorrinho de estimação da Sinharinha Moura, bicho de colo, metade pelado, metade peludo, e deu de ladrar, feito um bobo, diante do insólito perturbador do silêncio.

O Baiano sorriu-se. Tinha contendor, afinal.

— 'guenta, lixo! — berrou e, cambaleando, descreveu uma "letra" de capoeiragem, cujo remate foi o valentíssimo pontapé com que projetou o totó a cinco metros de distância. Joli rompeu num ganir de cortar a alma, e o ofensor, perdido o equilíbrio, veio de lombo no chão.

A Mourisma despertou de sobressalto, surgindo logo à porta o redondo da Câmara, Maneco Moura, de camisola, carapuça de dormir e vela na mão. Estrovinhado, o homem não enxergava coisa nenhuma desta vida, a não ser o clarão da luz à sua frente.

— Que é lá aí? — berrou ele para a rua.

— É pimenta-cumari! — roncou o mulato já a prumo; e enquanto, esfregando os olhos, o Moura perguntava a si próprio se não era aquilo pesadelo, o facínora desenhou no chão uma figura de capoeiragem chamada "rabo de arraia". Consequência: o pesado vereador aluiu com vela e tudo, esborrachando o nariz no cimento da calçada.

Era esse o fato sobre o qual ia a Justiça manifestar-se.

Fale o tio:

— Foi uma seca sem nome o tal do júri. O promotor, sequioso por falar, com a eloquência ingurgitada por vinte anos de choco, atochou no auditório cinco horas maciças duma retórica do tempo do onça, que foram cinco horas de pigarros e caroços de encher balaios. Principiou historiando o direito criminal desde o Pitecantropo Erecto, com estações em Licurgo e Vedas, Moisés e Zend-Avesta. Analisou todas as teorias filosóficas que vêm de Confúcio a Freixo Portugal: aniquilou Lombroso e mais "lérias" de Garófalo (que dizia Garofálo); provou que o livre-arbítrio é a maior das verdades absolutas e que os deterministas são uns cavalos, inimigos da religião de nosso país; arrasou Comte, Spencer e Haeckel, representantes do anti-Cristo na terra; esmoeu Ferri. Contou depois sua vida, sua nobre ascendência entroncada na alta prosápia duns Esteves do rio Cávado, em Portugal: o heroísmo de um tio morto na Guerra do Paraguai e o não menos heroico ferimento de um primo, hoje escriturário do Ministério da Guerra, que no Combate de Cerro Corá sofreu uma arranhadura de baioneta na "face lateral do lobo da orelha sinistra".

"Provou em seguida a imaculabilidade da sua vida; releu o cabeçalho da acusação feita no julgamento-Intanha; citou períodos de Bossuet — a águia de Meaux, de Rui — a águia de Haia, e de outras aves menores; leu páginas de Balmes e Danoso Cortez sobre a resignação cristã; aduziu todos os argumentos do doutor Sutil a respeito da Santíssima Trindade; e concluiu, finalmente, pedindo a condenação da 'fera humana que cinicamente me olha como para um palácio' a trinta anos de prisão celular, mais a multa da lei."

Aqui o tio parou, acabrunhado. Correu a mão lívida pela testa em suor. Negrejaram-se-lhe as olheiras.

— Sinto um cansaço de alma ao recordar esse dia. Como é fértil em recursos a imbecilidade humana! Houve réplica. Houve tréplica. O Zezeca bateu o promotor em asnice. Engalfinharam-se, disputando acirrados o cinturão de ouro do Ornejo. Horror... O borbotão de asneiras era caudal sem fim e o conselho já dava evidentes sinais de canseira. A tantas, um jurado levantou-se e pediu licença para ficar de cócoras no banco, porque, "com perdão da palavra, estava com escandescência". Veja você!...

— Afinal...

— Afinal foram os jurados para a sala secreta. Noite alta já. Os candeeiros de petróleo, com os vidros fumados, modorravam funeriamente. O Fórum, deserto de curiosos, estava quase às escuras. O destacamento policial (dois praças e um cabo) cabeceava, a dormir em pé. Três horas já haviam corrido, de sonolenta expectação, quando da sala secreta saem os jurados com o papelório. Entregam-mo. Corro os olhos e esfrio. Tudo errado! Era impossível julgar com base na salada de batata e ovos que me fizeram dos quesitos. Tive de reenviá-los ao curral do conselho. Expliquei--lhes novamente, com infinita paciência, como deveriam proceder. Façam isto, assim, assado, entenderam?

"— Entendemos, sim, senhor — respondeu um por todos —, mas por via das dúvidas era bom que o seu doutor mandasse cá dentro o João Carapina pra nos ajudar.

"Abri a minha maior boca e olhei assombrado para o escrivão:

"— E esta, amigo Chico?

"O escrivão cochichou-me que era sempre assim. Em não sorteado o João Carapina, não havia meio de a coisa correr bem na sala secreta. E citou vários antecedentes comprobatórios. Não me contive — berrei, chamei-lhes nomes, asnos de Minerva, onagros de Têmis, e fi-los trancafiar de novo na saleta.

"— Ou a coisa vem conforme o formulário, ou vocês, cambada, ficam aí toda vida!

"Decorreu mais outra hora e nada. Nenhum ruído promissor na sala secreta. Perdi a esperança e acabei perdendo a paciência. Chamei o oficial de justiça.

"— Vá desentocar-me esse Carapina e ponha-mo cá debaixo de vara, dormindo ou acordado, vivo ou morto. Depressa!...

"O oficial saiu, lépido, e meia hora depois voltava com o carpinteiro dos nós górdios a bocejar, estremunhado, de chinelas e cobertor vermelho ao pescoço.

"— Senhor João — gritei —, meta-se na sala secreta e amadrinhe-me esse lote de cavalgaduras. Com seiscentos milhões de réus, é preciso acabar com isto!

"O carpinteiro foi introduzido na sala secreta.

"Logo em seguida, porém, *toc*, *toc*, *toc*, batem lá de dentro. O oficial de justiça abre a porta. Surge-me o Carapina com cara idiota.

"— Que há? — perguntei, escamado.

"— O que há, senhor doutor, é que não há ninguém na sala; os jurados fugiram pela janela!...

"— !!!

"— E deixaram em cima da mesa este bilhetinho para Vossa Excelência.

"Li-o. 'Senhor Doutor Juiz, nos desculpe, mas nós condenamos o bicho no grau máximo.'

"Máximo foi a palavra que decifrei pelo sentido: estava escrito 'maquécimo'.

"Levantei-me, possesso.

"— Está suspensa a sessão! Senhor comandante, recolha o réu à... Que é do réu?

"Firmei a vista: não vi sombra de réu no banquinho. O comandante, que estava a dormir de pé, despertou sobressaltado, esfregando o olho.

"— Senhor comandante, que é do réu? — gritei.

"O pobre cabo, com a ajuda dos dois soldados a caírem de sono, deu busca embaixo da mesa, pelos cantos, no mictório, dentro das escarradeiras. Como nada encontrasse, perfilou-se e disse com respeitosa indignação:

"— Saberá Vossa Excelência que o safado escafedeu...

"O relógio da matriz badalava três horas — três horas da madrugada!... Era demais. Perdi a compostura e explodi.

"— Sabem duma coisa? Vão todos à... — e berrei a plenos pulmões o grande palavrão da língua portuguesa."

— E?...

— E fui dormir.

GENS ENNUYEUX

1901

— QUERES IR? — indagou Lino, espichando-me um convite. Li: *A Sociedade Científica,* ahn, ahn... *convida*, ahn... *a conferência versará sobre a História da Terra*.

— É; a tese é catita; vais?

— Está-me apetecendo conhecê-los aos nossos sábios.

— Sábios — rosnei —, *gens ennuyeux*...

— Nem sempre — contraveio Lino. — O assunto é magnífico — e depois, que diabo!, uma penitenciazinha de vez em quando, por amor à ciência...

— Pois vamos — resolvi com intrepidez.

— Às oito, rua tal.

— Lá estarei sem falta.

••••••••

Ao assomarmos à porta já as cadeiras do grande salão se pintalgavam de graves sobrecasacas científicas, encimadas por carecas luzidias, em cujo espelho punha gangrenas de luz (perdão, Apolo!) a luz violácea do arco voltaico.

Entramos com religiosa compostura, pisando com passos humílimos o augusto piso do Pagode da Ciência.

No rosto do meu amigo vi uma leve expressão de terror sagrado. Os quíchuas, quando davam de chofre com o Eldorado, haviam de ficar assim... Lino comovia-se deveras e foi balbuciante que cochichou:

— Sábios, hein?

Sentamo-nos devagarinho e pusemo-nos a olhar. Novas sobrecasacas chegavam, aos magotes de três e quatro, compenetradas, pensabundas. Eram novos sábios de variegado estilo. Havia o estilo-fiambre: gente vermelha, com sangue à flor da pele em permanente congestão. O estilo-melado: gênero de importação alemã. O estilo-*ball*: queijos de Palmira com o vermelho substituído por um palor circular de cabelugens ralas. O estilo-clorose: rapazelhos de peito cavo e barba a espontar ingenuamente, macilentos de tez, olhos de bezerro disentérico, em cujas meninas — meninas dos olhos — pareciam boiar hipotenusas de braços dados a binômios de Newton.

À nossa destra suava uma rubra apoplexia alemã, enchouriçada em sobrecasaca de debrum contemporânea do iguanodonte, cujas costuras cediam à pressão das enxúndias comprimidas; sua mão gordita, recoberta de dourados pelinhos, alisava a grelha cor de fogo como quem alisa um gato de luxo.

Mais adiante, um amplo burguês, barbaçudo, verrugoso, bexiguento, fungava a suar.

À sua frente, sorrindo com bondade em meio dum grupinho amigo, uma espécie de criatura do sexo neutro, acondicionada em alpaca, sem um só enfeite e cujos cabelos grisalhos se erguiam em ríspido pericote sob a copa acartolada dum chapéu masculino. Discutia Cuvier.

— É a doutora Mariote... — sussurrou-me o Lino. — Uma sábia sapientíssima!...

Mais além, um oculista de nomeada; depois, um pomólogo; em seguida um filósofo, uma parteira, um charlata, um lente de geometria, um fisiopsicopatologista.

Nós, miserandos intrusos, vexados da nossa espessa ignorância a dois, comentávamos baixinho, com respeitosa deferência, as efígies hirsutas daqueles paredros que davam de tu a Minerva.[1] Lino nem falava: ciciava tatibitate. Aquela face da sociedade nos era de todo desconhecida. Tudo ali cheirava a novidade. O próprio ar nada tinha do ar comum das ruas: pairava nele um cheirinho sutil a raízes cúbicas.

À frente do salão havia uma comprida mesa em cujo centro o presidente da Sociedade — um rolete de homem cor de salame — cofiava os bigodinhos ruivos, bamboleando no ar pés que não alcançavam o chão. Ladeavam-no dois bonitos secretários a remexerem atas. Sobre a mesa, enfileirada, uma récua de bichos pré-históricos em miniatura — estegossauros, plesiossauros, iguanodontes e um mamutezinho que escancarava a goela vermelha num urro mudo.

— *Dlin, dlin, dlin!*... Está aberta a sessão — rosnou o presidencial salame.

O secretário mascou a ata — *tá, tá, tá*...

— Tem a palavra o conferencista.

Corre pela sala o bisbilho da curiosidade. Galga a tribuna um homem. Roliço e pipote, tem a calva resplandecente, traz casaca, óculos e convicção profunda. Prepara os papéis, tosse.

Novo *psst!* desliza pelo salão. Cai nele o silêncio curioso da expectativa.

— Minhas senhoras e meus senhores! Me parece que a outro e não a mim, que sou o mais modesto membro da Sociedade...

Entreolhamo-nos àquele *me* com piscadelas gramaticais, e entregamos nossos quatro ouvidos às palavras do Sábio. Após o exórdio da praxe, o orador veste o escafandro da observação, apoia-se no pau ferrado da crítica, encavalga na penca os nasóculos da análise e, sem tir-te, cai no mergulho do fundo sombrio das idades. Vai aos períodos *eos* examinar *gneiss* e *micaxistos*; mostra exemplares ao auditório, descreve-os com minúcia. Narra como vieram os primeiros vegetais — samambaiuçus enormes e molengos — e como à sombra deles foram surgindo bichinhos tontos, sem experiência da vida, admiradíssimos de verem casa tão grande posta a seres tão pe-

1. "Dar de tu": tutear, tratar intimamente, por "tu". (N.E.)

quenos. Fala com a segurança de um feto arborescente, testemunha ocular daquilo, transfeito em sábio moderno. Diz e rediz. Vai e volta — porque o *gneiss* pra aqui, porque o *gneiss* pra lá, porque o *gneiss*, o *gneiss*, o *gneiss*...

Depois agarra os *trilobitas*, os *amonitas* e mói, remói, tremói, pulveriza os pobres bichinhos, digressiona, gesticula, sua: o *amonita*... *porque o trilobita*... não obstante o *amonita*... *bita*... *nita*... e *nita* e *bita*, lá borbota ele ciência pura, híspida, hirsuta, inexorável, num fluxo que berra por tampões de percloreto de ferro.

O tempo corre, e da torneira aberta deflui caudaloso o jorro hermafrodita do palavreado greco-latino. O espelho da sua careca tremeluz de inspiração. Seu dedo pontifical coleia riscos explicatórios. E a linfa científica a jorrar, a jorrar durante quinze, trinta minutos, uma hora, hora e meia...

O esgoelado urro do mamutezinho já não é mais urro, sim bocejo formidoloso. E não o único. Pela sala outros se escancaram, incoercíveis. A doutora reprime os seus com caretas. Algumas sobrecasacas cochilam. O burguês das verrugas resfolga com maior estrépito e mais bagas de suor na testa.

E na tribuna a ciência a correr... a farragem fóssil a desfilar inesgotável numa sarabanda sem fim: porque o *gneiss*, o *micaxisto*... não obstante o *bita*, o *nita*... os conglomerados da Westfália, as superposições devonianas, a sedimentação terciária, *tá, tá, tá, tá*...

Nesse ponto penetrou na sala um delicioso casal, pisando de leve os passinhos de lã preventivos dos *pssts*. Ele, alto e elegante; ela, mimosa e feminina, tom exótico de teteia cara. Sentam-se. Ele abre os ouvidos. Ela espevita o *lorgnon* e corre os olhos vivos de malícia irônica pela assembleia inteira: pousa-os por fim na figura salpiconesca do orador.

Lino segue-os.

— Que graciosos! — diz, furando-me as costelas a cotoveladas —; repara na ironia daqueles dois diamantes negros. Pousam na careca do homem... alisam-na com bonomia malandra... agora descem, examinam o nariz... Riem-se os marotos — e da verruga talvez... Tentam arrancá-la... irritam-se... fogem da penca... examinam o feitio da sobrecasaca. Bom, deixaram em paz o homem... passeiam pela sala... dão com o chapéu da doutora Mariote... Como se riem perdidamente os moleques!

Enquanto os olhos do meu amigo estudam os maliciosos olhos da linda criatura, barafustam-se os meus pela goela do mamutezinho que o dedo do sábio apontava naquele momento.

— ... e apareceu então — dizia ele — um animal de pelos duros e pretos, de presas recurvadas, cujo esqueleto foi encontrado na embocadura do Iena e se chamou mamute...

Lino arrancou-me de golpe às goelas do monstro e ao caçanje do sábio.

— Vê como ela boceja com graça.

De fato, a petulante boquinha da moça escondia no leque um bocejo saciado; saciado e contagioso, porque logo em seguida o sociólogo escancarou o seu, o pomólogo lá no fundo abriu outro, e o alemão da nossa direita reprimiu um que prometia levar as lampas ao do mamute.

— Dez horas já! — espantou-se Lino, consultando o relógio. — Há esperanças de fim?

— Qual! — gemi. — Ele ainda está no megatério.

— E é comprido o megatério?

— Enorme. E tem vasta parentela. Só depois de descritos os gliptodontes, os megáceros, os rinoceros e as hienas é que há esperanças de entrarmos na terra do nosso avô pitecantropo. Coragem!

Às dez e mais inda o corrimento paleontológico continuava copioso, sem sintomas de exaustão. Sistemas sobre sistemas amontoavam-se, induções sobre induções, num mascar monótono de realejo elétrico. Nossas nádegas protestavam. Novos bocejos insolentes amiudavam exigências: queriam sair já e já, queriam passagem franca, bocas bem escancaradas — e nós lutávamos por conter-lhes a má-criação.

E o chafariz científico a despejar.

— Há esperanças — sussurrei para o Lino. — Já estamos no *Homo sapiens*.

— Bendito sejas, ó rei da criação!

Era verdade. O sábio penetrara no homem. Mais cinquenta minutos de seca e pingou o ponto, convidando a assistência a examinar de perto os fósseis amontoados sobre a mesa.

Estrepitaram palmas, e após o *uf!* de ressurreição encheu o recinto o sussurro do "à vontade", das cadeiras recuadas, do frufrutar surdo dos capotes enfiados, dos espreguiçamentos risonhos.

— Que gostosura, um fim de seca!

A assistência aflui aos magotes para junto à mesa a fim de examinar os bichos. Fomos na onda. Todos comentavam, queriam pegar, apalpar os fósseis, cheirá-los, prová-los.

Com um estegossauro de palmo e meio seguro pelo cangote, o sociólogo explicava ao pomólogo "de como pela restauração de Cuvier se tinha ali um elo da vasta cadeia da evolução que Darwin descobrira".

Ao centro da mesa o conferencista desfazia-se em amabilidades de caixeiro, fragmentando sua ciência e distribuindo-a em pílulas.

— Olhe, doutor — dizia o filólogo —, olhe a *baculite* de transição de que falei.

E para outro sujeito:

— Já viu, doutor, o magnífico exemplar de *hipurite* que nos veio de Berlim?

Nisto ouvi ao meu lado um resfôlego adiposo; voltei-me: era o burguês das verrugas, com a toucinhenta consorte pelo braço, a examinar uma lasca de pedra azulega que de mão em mão viera ter às suas. O bicharoco olhava a pedra como quem olha talismã. Não resisti, atirei-lhe a esmo:

— É o *gneiss*.

O burguês encarou-me com o respeito devido a Quem Sabe e, virando-se para a mulher, repetiu gravemente:

— Este é o *gneiss*, Maricota.

Dona Maricota tomou-o nos dedos, examinou-o sob todas as faces e em seguida passou-o a uma sua amiga, gaguejando de geológica emoção:

— O *gneiss*, Nhanhã!

Na rua esfumada pela garoa, um friozinho de tiritar. De golas erguidas estugamos o passo, enquanto íamos extraindo a moralidade da festa.

Ciência e Arte nasceram para viver juntas, porque Arte é harmonia e Ciência é verdade. Quando se divorciam, a verdade fica desarmônica e a harmonia falsa. Se este senhor sábio trouxesse pela mão direita a Ciência e pela esquerda a Arte, para fundi-las no momento de falar, que coisa esplêndida não faria de um tal tema! Trouxe uma só e por isso maçou-nos, empanturrou-nos a alma de coisas duras, indigeríveis, misturadas com mil pronomes fora dos mancais. Além disso...

Foi-nos impossível prosseguir na filosofia. Um carro passava estalando rumorosamente as pedras da rua. Dentro vinha a nossa diva.

— Ela...

— A Verdade e a Harmonia...

Nossas bocas emudeceram, porque a imaginação, tomando as rédeas nos dentes, nos levava a galope no encalço da teteia de olhos negros.

O FÍGADO INDISCRETO

1904

Que há um Deus para o namoro e outro para os bêbados está provado — *a contrario sensu*. Sem eles, como explicar tanto passo falso sem tombo, tanto tombo sem nariz partido, tanta beijoca lambiscada a medo sem maiores consequências afora uns sobressaltos desagradáveis, quando passos inoportunos põem termo a duos de sofá em sala momentaneamente deserta?

Acontece, todavia, que esses deuses, ao jeito dos de Homero, também cochilam: e o borracho parte o nariz de encontro ao lampião, ou a futura sogra lá apanha Romeu e Julieta em flagrante contato de mucosas petrificando-os com o clássico: "Que pouca-vergonha!...".

Outras vezes acontece aos protegidos decaírem da graça divina.

Foi o que sucedeu a Inácio, o calouro, e isso lhe estragou o casamento com a Sinharinha Lemos, boa menina a quem cinquenta contos de dote faziam ótima.

Inácio era o rei dos acanhados. Pelas coisas mínimas avermelhava, saía fora de si e permanecia largo tempo idiotizado.

O progresso do seu namoro foi, como era natural, menos obra sua que da menina, e da família de ambos, tacitamente concertadas numa conspiração contra o celibato do futuro bacharel. Uma das manobras constou do convite que ele recebeu para jantar nos Lemos, em certo dia de aniversário familiar comemorado a peru.

Inácio barbeou-se, laçou a mais formosa gravata, floriu de orquídeas a botoeira, friccionou os cabelos com loção de violetas e lá foi, de roupa nova, lindo como se saíra da fôrma naquela hora. Levou consigo, entretanto, para mal seu, o acanhamento — e daí proveio a catástrofe...

Havia mais moças na sala, afora a eleita, e caras estranhas, vagamente suas conhecidas, que o olhavam com a benévola curiosidade a que faz jus um possível futuro parente.

Inácio, de natural mal firme nas estribeiras, sentiu-se já de começo um tanto desmontado com o papel de galã à força que lhe atribuíam. Uma das moças, criaturinha de requintada malícia, muito "saída" e "semostradeira", interpelou-o sobre coisas do coração, ideias relativas ao casamento e também sobre a "noivinha" — tudo com meias palavras intencionais, sublinhadas de piscadelas para a direita e a esquerda.

Inácio avermelhou e tartamudeou palavras desconchavadas, enquanto o diabrete maliciosamente insistia: "Quando os doces, seu Inácio?".

Respostas mascadas, gaguejadas, ineptas, foram o que saiu de dentro do moço, incapaz de réplicas jeitosas sempre que ouvia risos femininos em redor de si. Salvou-o a ida para a mesa.

Lá, enquanto engoliam a sopa, teve tempo de voltar a si e arrefecer as orelhas. Mas não demorou muito no equilíbrio. Por dá cá aquela palha o pobre rapaz mudava-se de si para fora, sofrendo todos os horrores consequentes. A culpada aqui foi a dona da casa. Serviu-lhe dona Luísa um bife de fígado sem consulta prévia.

Esquisitice dos Lemos: comiam-se fígados naquela casa até nos dias mais solenes.

Esquisitice do Inácio: nascera com a estranha idiossincrasia de não poder sequer ouvir falar de fígado. Seu estômago, seu esôfago e talvez o seu próprio fígado tinham pela víscera biliar uma figadal aversão. E não insistisse ele em contrariá-los: amotinavam-se, repelindo indecorosamente o pedaço ingerido.

Nesse dia, mal dona Luísa o serviu, Inácio avermelhou de novo, e novamente saiu de si. Viu-se só, desamparado e inerme ante um problema de inadiável solução. Sentiu lá dentro o motim das vísceras; sentiu o estômago, encrespado de cólera, exigir, com império, respeito às suas antipatias. Inácio parlamentou com o órgão digestivo, mostrou-lhe que mau momento era aquele para uma guerra intestina. Tentou acalmá-lo a goles de clarete, jurando eterna abstenção para o futuro. Pobre Inácio! A porejar suor nas asas do nariz, chamou a postos o heroísmo, evocou todos os martírios sofridos pelos cristãos na era romana e os padecidos na era cristã pelos heréticos; contou um, dois, três e *glug!*, engoliu meio fígado sem mastigar. Um gole precipitado de vinho rebateu o empache. E Inácio ficou a esperar, de olhos arregalados, imóvel, a revolução intestina.

Em redor a alegria reinava. Riam-se, palestravam ruidosamente, longe de suspeitarem o suplício daquele mártir posto a tormentos de uma nova espécie.

— Você já reparou, Miloca, na "ganja" da Sinharinha? — disse a sirigaita de "beleza" na testa. — Está como quem viu o passarinho verde... — e olhou de soslaio para Inácio.

O calouro, entretanto, não deu fé da tagarelice; surdo às vozes do mundo, todo se concentrava na auscultação das vozes viscerais. Além disso, a tortura não estava concluída: tinha ainda diante de si a segunda parte do fígado engulhento. Era mister atacá-la e concluir de vez a ingestão penosa. Inácio engatilhou-se de novo e — um, dois, três: *glug!* — lá rodou, esôfago abaixo, o resto da miserável glândula.

Maravilha! Por inexplicável milagre de polidez, o estômago não reagiu. Estava salvo Inácio. E como estava salvo, voltou lentamente a si, muito pálido, com o ar lorpa dos ressuscitados. Chegou a rir-se. Riu-se alvarmente, de gozo, como riria Hércules após o mais duro dos seus trabalhos. Seus ouvidos ouviam de novo os rumores do mundo, seu cérebro voltava a funcionar normalmente e seus olhos volveram outra vez às visões habituais.

Estava nessa doce beatitude, quando:

— Não sabia que o senhor gostava tanto de fígado — disse dona Luísa, vendo-lhe o prato vazio. — Repita a dose.

O instinto de conservação de Inácio pulou em guarda. E fora de si outra vez o pobre moço exclamou, tomado de pânico:

— Não! Não! Muito obrigado!...

— Ora, deixe-se de luxo! Tamanho homem com cerimônias em casa de amigos. Coma, coma, que não é vergonha gostar de fígado. Aqui está o Lemos, que se pela por uma isca.

— Iscas são comigo — confirmou o velho. — Lá isso não nego. Com elas ou sem elas, nunca as enjeitei. Tens bom gosto, rapaz. Serve-lhe, serve-lhe mais, Luísa.

E não houve salvação. Veio para o prato de Inácio um novo naco — este formidável, dose dupla.

Não se descreve o drama criado no seu organismo. Nem um Shakespeare, nem Conrad — ninguém dirá nunca os lances trágicos daquela estomacal tragédia sem palavras. Nem eu, portanto. Direi somente que à memória de Inácio acudiu o caso de Nora de Ibsen na *Casa de bonecas*, e disfarçadamente ele aguardou o milagre.

E o milagre veio! Um criado estouvadão, que entrava com o peru, tropeçou no tapete e soltou a ave no colo de uma dama. Gritos, rebuliço, tumulto. Num lampejo de gênio, Inácio aproveitou-se do incidente para agarrar o fígado e metê-lo no bolso.

Salvo! Nem dona Luísa nem os vizinhos perceberam o truque — e o jantar chegou à sobremesa sem maior novidade.

Antes da dançata lembrou alguém recitativos e a espevitadíssima Miloca veio ter com Inácio.

— A festa é sua, doutor. Nós queremos ouvi-lo. Dizem que recita admiravelmente. Vamos, um sonetinho de Bilac. Não sabe? Olhe o luxinho! Vamos, vamos! Repare quem está no piano. *Ela*... Nem assim? Mauzinho!... Quer decerto que a Sinharinha insista?... Ora, até que enfim! A *Douda de Albano*? Conheço, sim, é linda, embora um pouco fora da moda. Toque a *Dalila*, Sinharinha, bem *piano*... assim...

Inácio, vexadíssimo, vermelhíssimo, já em suores, foi para o pé do piano onde a futura consorte preludiava a *Dalila* em surdina. E declamou a *Douda de Albano*.

Pelo meio dessa hecatombe em verso, ali pela quarta ou quinta desgraça, uma baga de suor escorrida da testa parou-lhe na sobrancelha, comichando qual importuna mosca. Inácio lembrou-se do lenço e saca-o fora. Mas com o lenço vem o fígado, que faz *plaf!* no chão. Uma tossida forte e um pé plantado sobre a infame víscera, manobras de instinto, salvam o lance.

Mas desde esse momento a sala começou a observar um extraordinário fenômeno. Inácio, que tanto se fizera rogar, não queria agora sair do piano. E mal terminava um recitativo, logo iniciava outro, sem que ninguém lho pedisse. É que o acorrentava àquele posto, novo Prometeu, o implacável fígado...

Inácio recitava. Recitou, sem música, o *Navio negreiro*, *As duas ilhas*, *Vozes da África*, *O Tejo era sereno*.

Sinharinha, desconfiada, abandonou o piano. Inácio, firme. Recitou *O corvo* de Edgar Poe, traduzido pelo senhor João Kopke; recitou *Quisera amar-te*, o *Acorda donzela*; borbotou poemetos, modinhas e quadras.

Num canto da sala Sinharinha estava chora-não-chora. Todos se entreolhavam. Teria enlouquecido o moço?

Inácio, firme. Completamente fora de si (era a quarta vez que isso lhe acontecia naquela festa) e, falto já de recitativos de salão, recorreu aos *Lusíadas*. E declamou *As armas e os barões*, *Estavas linda Inês*, *Do reino a rédea leve*, o *Adamastor* — tudo!...

E esgotado Camões ia-lhe saindo um "ponto" de Filosofia do Direito — *A escola de Bentham* —, a coisa última que lhe restava de cor na memória, quando perdeu o equilíbrio, escorregou e caiu, patenteando aos olhos arregalados da sala a infamérrima víscera de má morte...

O resto não vale a pena contar. Basta que saibam que o amor de Sinharinha morreu nesse dia; que a conspiração matrimonial falhou; e que Inácio teve de mudar de terra. Mudou de terra porque o desalmado major Lemos deu de espalhar pela cidade inteira que Inácio era, sem dúvida, um bom rapaz, mas com um grave defeito: quando gostava de um prato não se contentava de comer e repetir — ainda levava escondido no bolso o que podia...

O PLÁGIO

1905

— Você sai, Nenesto, com um tempo destes?

— Não há outro.

— Dia de São Bartolomeu, inda mais?...

— Importa-me lá o santo.

— Está bem. Depois não se arrependa...

Isto dizia dona Eucaris ao "queixo-duro" do seu marido Ernesto d'Olivais, ao vê-lo tomar o chapéu do cabide para sair.

Fora, remoinhava o vento, anunciando tempestade próxima.

Por castigo, nem bem caminhara o teimoso duzentos passos e desaba o aguaceiro. Tão repentino que mal teve tempo de barafustar por um sebo adentro, no instante preciso em que o belchior cerrava a última folha da porta. Mesmo assim resfriou-se e foi com três espirros que retribuiu à saudação do homem.

— *Atchim!...*

— Viva!

— *Atchim!...*

— Viva!

— *Atchim*... Brr! Pra burro! Espirro pra burro. *C'est le diable*.

(Século trinta! Se por acaso um exemplar deste livro chegar ao conhecimento dos teus fariscadores de antigualhas, não se assombrem eles com a expressão curralina do meu Ernesto. Nem quebrem a cabeça a interpretá-la com ajuda da filologia comparada, da veterinária e mais ciências conexas. Cá fica a chave do enigma. A expressão "pra burro" viveu correntia pelas imediações da Grande Guerra, com significação de abundante, excessivo ou estupendo. Nascida nalguma cocheira, alargou-se às ruas e passou destas aos salões. Penetrou até na retórica amorosa. Romeus houve que, pintando a formosura das respectivas Julietas, substituíram o arcaico *linda como os amores* por este soberbo jato de impressionismo cavalar: *É linda pra burro!* Não obstante, as Julietas casavam com eles e eram felizes. Lá se entendiam.)

O belchior era francês, e Ernesto taramelava na língua adotiva do senhor Jacques d'Avray o necessário para embrulhar língua com um belchior francês. Sabia diferençar *femme sage* de *sage femme*, distinguia *chair* de *viande* e alambicava a primor os *uu* gauleses. Além disso tinha ciência de vários idiotismos, usando amiúde o *qu'est-ce que c'est que ça?*; sabia de cor a história do *Didon dit-on*, além de uma dúzia de prosopopeias de alto calibre, forrageadas nos *Miseráveis* de Victor Hugo — o que já é bagagem glóssica de peso para um carrapato orçamentário com seis anos de sucção.

Tais conhecimentos, mensalmente postos em jogo, bastavam para espezinhar a paciência do livreiro, a quem Ernesto, em todo dia 2 de cada mês, tomava alugado um bacamarte de Escrich, matador das horas vazias da repartição.

Naquela tarde, porém, Ernesto não queria livros, sim um teto, razão pela qual falhou o usual encetamento da seca. (Esse ritual começava assim: *Qu'est-ce que vous avez de nouveau, monsieur?*)

Fora, em rogougos sibilantes, o vento pulverizava a chuva.

Tinha de esperar.

Ernesto esperou. Esperou a remexer as estantes, a folhear revistas, a ler a meia-voz os títulos dourados. De longe em longe tomava dum volume e perguntava ao francês acurvado na escrituração de um livro de capa preta:

— *Combien, monsieur?...*

E a resposta do homem repicava invariavelmente:

— *C'est très salé, c'est très salé, c'est très salé* — estribilho trauteado em surdina até que novo livro lhe empolgasse a atenção.

Empolgou-lha, logo depois, uma brochura esborcinada: *A maravilha*, de Ernesto Souza.

— Olé! Um xará! *Combien, monsieur?*

O livreiro, sem maior atenção, rosnou qualquer coisa, enquanto Ernesto, absorto no manuseio do livro, ia murmurando maquinalmente o *très salé...*

Leu-lhe o período inicial e o final, vezo antigo adquirido no colégio, onde colecionava num caderninho a primeira e a última frase de quanto livro lhe transitava pela carteira.

A maravilha era um desses romances esquecidos, que trazem o nome do autor à frente duma comitiva de identificações, à laia de passaporte à posteridade, muito em moda no tempo do onça:

ALFREDO MARIA JACUACANGA

(*Natural do Recife*)

3º *anista da Escola de Medicina da Bahia*

OU

DOUTOR CORNÉLIO RODRIGUES FONTOURA

Ex-lente disto, ex-diretor daquilo, ex-membro do Pedagogium, ex-deputado provincial, ex-cavaleiro da Cruz Preta etc. etc.

Romances descabelados, onde há lágrimas grandes como punhos, punhais vingativos e virtudes premiadíssimas de par com vícios arquicastigados pela intervenção final e apoteótica do Dedo de Deus — livros que a traça rendilhou nos poucos exemplares escapos à função, sobre todas bendita, de capear bombas de foguetes.

O período final rezava assim: "E um rubro fio de sangue correu do níveo seio da donzela apunhalada como uma víbora de coral num mármore pagão".

Ernesto, *né* de Oliveira mas d'Olivais por contingências estéticas, enrubesceu de apolíneo prazer. E assoou-se, demonstração muito sua de entusiasmo chegado a ponto de arrepio.

— Sim, senhor! Está aqui uma frase soberba! "Como víbora de coral...". Magnífico! E este "mármore pagão"...

Foi ter com o *monsieur* e leu-lha "com alma"; mas o tipo, absorvido numa edição, miou apenas o *oui*, *oui*, sem sequer erguer a cabeça.

Ernesto não comprou o livro (não era 2 do mês), mas escondeu-o num desvão para que até o dia aquisitivo ninguém lhe pusesse a vista em cima.

Entrementes a chuva amainara.

Ernesto entreabriu a porta para a rua murmurejante e resolveu abalar.

— *Monsieur, au revoir!*

— *Oui, oui* — miou pela última vez o belchior.

Na rua endireitou para casa, ruminado que, sim, senhor, era ter fogo sagrado! Uma frase daquelas fazia um nome. O xará tinha talento. Bem dizia Victor Hugo nos *Miseráveis* que o gênio... é o gênio.

E foi pelo caminho a redizê-la com cariciosa unção, a remirá-la de todos os lados, sob todas as luzes. Degustou-a em surdina inúmeras vezes; pela forma, revendo o jeito com que a fixaram no papel os caracteres tipográficos; pelas correções associadas, evocando vagos helenismos clássicos que o padre mestre Jordão lhe embutira no cérebro a palmatoadas — Frineia, o cão de Alcebíades, as Termópilas, o barril de Diógenes.

Por fim, à noite, já a preciosa frase se lhe incrustara nos miolos, no lugar onde costumavam encruar as ideias fixas. Chegou a repeti-la à dona Eucaris. Mas dona Eucaris, uma criatura sovada, toda virtudes conjugais e preocupações caseiras, interrompeu-o prosaicamente:

— E você trouxe, Ernesto, o pavio de lampião que encomendei?

Ernesto d'Olivais arrepanhou a cara num assomo de dó ante a chinfrinice mental da companheira. Dó, despeito e meia cólera, coisa rara em seu imo de amanuense gomoso e manso.

— Que pavio? Que me importa o pavio? Quem fala aqui de pavio? Ora, não me aborreça com histórias de pavio!

E voltando-se para o canto (que a cena se passava na cama) embezerrou.

O sono dessa noite não foi bom conselheiro, e no dia seguinte Ernesto andou pela repartição mais meditativo que do costume, com olhos parados — olhos de cobra morta que olham sem ver.

É que uma ideia...

Não era bem uma ideia ainda, mas células vagas, destroços vogantes de ideias mortas, lampejos de ideias futuras, coisas tão afins que ao cabo de três dias se englobavam numa ideia-mãe de imperiosa vitalidade.

— Escrever um conto, uma simples "variedade", em linguagem bem caprichada, com floreados bem bonitos, arabescos de alto estilo... Duas ou três personagens — não gostava de muita gente. — Um conde, uma condessa pálida, a cidade de Três Estrelinhas, o ano de 18... Como enredo, uma paixão violenta da condessa de x pelo pintor Gontran —, gostava muito deste nome. A cena, já se sabe, passava-se na França, que nunca achara jeito em personagens nacionais, vivendo em nosso meio, ao nosso lado. Perdiam o encanto. A narrativa vinha crescendo até engastar-se naquele final... oh, sim!... naquele final, porque, em suma, o conto só viveria para justificar a exibição daquela joia de "celinio lavor". E logo abaixo o seu nome por extenso: Ernesto da Cunha Olivais.

Esse remate furtado ao xará d'*A maravilha* insinuou-se aos poucos na consciência de Ernesto como coisa muito sua, propriedade artística indiscutível.

A maravilha, ora! Um miserável caco de livro cuja existência ninguém conhecia...

Plágio? Como plágio? Por que plágio? É tão comum duas criaturas terem a mesma ideia... Coincidência apenas... E, além disso, quem daria pela coisa?

Ernesto era literato.

"Fazer literatura" é a forma natural da calaçaria indígena. Em outros países o desocupado caça, pesca, joga o murro. Aqui beletra. Rima sonetos, escorcha contos ou tece desses artiguetes inda não classificados nos manuais de literatura, onde se adjetiva sonoramente uma aparência de ideia, sempre feminina, sem pés e raramente sem cabeça, que goza a propriedade, aliás preciosa, de deixar o leitor na mesma. A gramática sofre umas tantas marradas, os tipógrafos lá ganham sua vida, as beldades se saboreiam na cândi-adjetivação e o sujeito autor lucra duas coisas: mata o tempo, que entre nós em vez de dinheiro é uma simples maçada, e faz jus a qualquer academia de letras, existente ou por existir, de Sapopemba a Icó.

Ernesto não fugira à regra. Em moço, enquanto vivia às sopas do pai à espera de que lhe caísse do céu amanuensado, fundara *A Violeta*, órgão literário e recreativo, com charadas, sonetos, variedades e mais mimos de Apolo e Minerva. Redigiu depois certa folha "crítica, científica e literária" com dois *tt*, *O Combatente*, que morreu aos sete meses, combatendo a gramática até no derradeiro transe. Compôs nesse intervalo, e publicou, um livro de sonetos, cuja impressão deu com o pai na miséria.

Incompreendido pelo público, que não percebia o advento de um novo gênio, Ernesto amargou como peroba da miúda, deixou crescer grenha e barba, esgrouviou-se, virou-se e disse cobras cascavéis do país, do público, da crítica, de José Veríssimo e da "cambada" da Academia de Letras. Citava amiúde Schopenhauer e Kropotkin, mostrando tendências para saltar dum pessimismo inofensivo ao perigoso niilismo russo. Foi quando o pai, farto das atitudes teatrais do filho, meteu-o numa roda de guatambu e pô-lo fora de casa com um valente pontapé:

— Vá ganhar a vida, seu anarquista de borra!

Ernesto, jururu, achegou-se a um tio influente na política e afinal cavou o empreguinho. No empreguinho amou, casou e tomou a seu cargo a seção "Conselhos Úteis" d'*O Batalhador*. Estava nisso quando ventou, choveu, entrou no sebo, pilhou *A maravilha* e patinhou como Hamlet no pego da indecisão, até que...

Ernesto, em tiras de papel de Governo, lançou em belo cursivo um lindo começo bem arredondado:

"Era por uma dessas noites de abril, em que o céu recamado de estrelas lembra um manto negro com mil buraquinhos..."

Na roda de orçamentívoros que domingueiramente bebericavam o chá com torradas de dona Eucaris, todos afinados pela cravelha do Ernesto — vítimas imbeles da incompreensão —, o conto estampado n'*O Lírio* causou agradável surpresa. O João Damasceno foi o primeiro a dar-lhe um abraço num vai e vem de café.

— Olha, li o teu "Never more" n'*O Lírio*. Esplêndido! O final, então, divino! Tens miolo, meu caro! Pagas o chope?

Nesse dia Ernesto contou à esposa toda a vida do João, terminando cismático:

— É um caráter, Eucaris, um nobilíssimo caráter...

O capitão Prelidiano, chefe da sua seção, foi comedido e pausado como convinha à eminência do seu tamanco:

— Li o seu trabalho, senhor Ernesto, e gostei; termina com brilhantismo; continue, continue...

E o Claro Vieira? Fora brutal, esse.

— Que ótimo fecho arranjaste para o teu conto! O resto está pulha, mas o final é *un morceau de roi!*

O que nessa noite dona Eucaris ouviu relativo ao caráter baixo, infame e vil do Claro...

Ernesto entrou-se de receios. Pareceu-lhe que o Claro estava no segredo do "encontro de ideias". Como medida de precaução deu busca aos sebos em cata de quanto exemplar d'*A maravilha* empoava por lá. Encontrou meia dúzia, adquiriu-os e queimou-os, com grande assombro de dona Eucaris, que duvidou da integridade dos miolos maritais ao vê-lo transfeito em Torquemada de inocentes brochuras carunchosas.

Mas nem assim sossegou.

— Quem me assegura não existirem outras, espalhadas aí pelas bibliotecas públicas? Se ao menos houvesse eu variado a forma, conservado apenas a ideia...

Fora audacioso, não havia dúvida. Fora tolo, pois não.

— Sou uma besta, bem mo dizia o pai...

Ernesto arrependeu-se do plagiato — sim, porque, afinal de contas, vamos e venhamos, era um plágio aquilo! Sua consciência proclamava--o de cabeça erguida, reagindo contra as chicanas peitadas em provar o contrário. E Ernesto arrependia-se, sobretudo por causa do "Dizem..." d'*O Cromo*. Constava ser Claro o enredeiro daquelas maldades — e Claro era impiedoso na mofina. Sabia revestir as palavras dum jossá urente de urtiga.

Fizera mal, sim, porque, afinal de contas, um plágio... é sempre um plágio.

Quando no domingo seguinte recebeu *O Cromo*, tremeu ao correr os olhos pelo "Dizem...". Mas não vinha nada e respirou. No "Recebemos e Agradecemos" havia boa referência ao conto, muito elogiosa para o remate.

Também *A Dalila* desse dia trouxe algo: "O conto do senhor F. é um desses etc. etc. O final é uma dessas frases que chispam beleza helênica etc.".

— O final, sempre o final! Estão todos apostados em fazerem-me perder a paciência. Ora pistolas!

Ernesto deblaterou contra os jornalistas, contra os amigos, contra os dez exemplares d'*O Lírio* em seu poder — dez arautos do seu crime. E queimou-os.

Na repartição, a um novo elogio do Damasceno Ernesto rompeu desabridamente.

— Ora vá ser besta na casa da sogra!

Damasceno abriu a boca.

Nas palavras mais inocentes o pobre autor via alusões irônicas, diretas, claras, brutais. Num simples "bom dia" enxergava risinhos de mofa. O próprio capitão Prelidiano, honestíssima cavalgadura incapaz de ironias, afigurava-se-lhe o chefe da tropa.

Conspiravam contra ele, não havia dúvida.

Ernesto pôs-se em guarda. Fugiu dos amigos. Deu cabo do mate domingueiro. Não podia sequer ouvir falar em literatura, o assunto dileto de tantos anos. Emagreceu.

Dona Eucaris, pensabunda, matutava:

— Serão lombrigas?

E deu-lhe quenopódio às ocultas.

— Afinal...

Afinal? É o diabo ser a vida tão pouco romântica como é! Os casos mais interessantes descambam a meio para o mais reles prosaísmo. Este do Ernesto d'Olivais, por exemplo. Merecia fim trágico, duelo ou quebramento de cara. Quando nada, uma remoçãozinha a pedido.

Mas seria mentir. Nem toda gente encontra, como Ernesto, remates de estrondo à mão.

É o caso deste caso.

Ernesto adoeceu, mas sarou. O quenopódio revelou-se um porrete para o seu mal. Depois, com o decorrer do tempo, esqueceu o plágio. Os amigos esqueceram o "Never more". *O Lírio* morreu como morrem *Lírios*, *Dalilas* e *Cromos*: calote na tipografia. Ernesto engordou. Já é major. Tem seis filhos. Continua a fazer literatura — clandestinamente, embora. E, se encontrar a talho de foice um novo final de estrondo, plagiará de novo.

Moralidade há nas fábulas. Na vida, muito pouca — ou nenhuma...

O ROMANCE DO CHUPIM

1923

Ouvíamos no cine a música precursora da primeira fita, quando entrou na sala um curioso casal. Ela, feiarona, na idade em que a natureza começa a recolher uma a uma todas as graças da mocidade, como a lavadeira recolhe as roupas do varal. Tirara-lhe já a frescura da pele e o viço da cor, deixando-lhe em troca as sardas e os primeiros pés de galinha. Tirara-lhe também os flexuosos meneios de corpo, a garridice amável, os tiques todos que, somados, formam essa teia de sedução feminina onde se enreda o homem para proveito multiplicativo da espécie. Quase gorda, as linhas do rosto entravam a perder-se num empaste balofo. Certa pinta da face, mimo que aos dezoito anos inspiraria sonetos, virara verruga, com um sórdido fio de cabelo no píncaro. No nariz amarelecido o *pince-nez* clássico da professora que se preza. Em matéria de vestuário, suas roupas escuriças, mais atentas à comodidade do que à elegância, denunciavam a transição do "moda" para "fora da moda".

Ele, bem mais moço, tinha um ar vexado e submisso de "coisa humana", em singular contraste com o ar mandão da companheira. O estranho do casal residia sobretudo nisso, no ar de cada um, senhoril do lado fraco, servil do lado forte. Inquilino e senhorio; quem manda e quem obedece; quem dá e quem recebe. Ela falava do alto; ele ouvia de baixo e mansinho; caso evidente em que cantava a galinha e o galo chocava os pintos.

Meu amigo apontou o homem com o beiço e murmurou:

— Um chupim.

— Chupim? — repeti interrogativamente, estranhando a palavra que ouvia pela primeira vez.

— Quer dizer, *marido de professora*. O povo alcunha-os desse modo por analogia com o passarinho-preto que vive à custa do tico-tico. Conheces?

Lembrei-me da cena tão comum em nossos campos do tico-tico a pajear um graúdo filho de chupim, e pus-me a observar o casal com maior interesse, mormente depois de começada a fita, relíssima salgalhada francesa. Já eles não tiravam os olhos da tela, salvo o marido, que para melhor ouvir algum comentário da esposa não se limitava a dar-lhe ouvidos, dava-lhe olhos também.

— Os chupins — prosseguiu o meu cicerone — são homens falhos, *ratés* da virilidade — a moral, está claro, que a outra lhes é indispensável para o bom desempenho do cargo.

— Cargo?

— Cargo, sim. Eles desempenham o cargo importantíssimo de *maridos*. Em troca as esposas ganham-lhes a vida e dirigem os negócios do casal, desempenhando todos os papéis normalmente atribuídos aos machos. Tais mulheres apenas fazem aos maridos a concessão suprema de engravidarem por obra e graça deles, já que é impossível a revogação de certas leis naturais.

"Quando a mulher vai à escola, fica o chupim em casa cocando os filhos, arrumando a sala ou mexendo a marmelada. Há sempre para eles uma recomendaçãozinha à hora da saída para a aula.

"— As vidraças da frente estão muito feias. Você hoje, quando as Moreiras saírem, passe um pano com gesso. (As Moreiras são as vizinhas da frente.)

"O chupim acostuma-se à submissão e acaba usando em casa as saias velhas da mulher, para economia de calças."

— Para aí, homem de Deus! Do contrário acabas contando a história de um que chegou a dar à luz um crianço!...

A fita chegara ao fim. Surgiu o galo vermelho da Pathé, que boleou o pescoço num coricocó mudo e sumiu-se para dar lugar ao reacender das lâmpadas.

A mulher ergueu-se, espanejou-se e saiu, seguida do chupim solícito. Acompanhamo-los de perto, estudando o caso, e na rua, depois que os perdemos de vista, o meu amigo retomou o assunto.

— Em matéria de chupins conheço um caso interessante. Que segui desde os primórdios.

"Eduardinho Tavares, filho de tio e sobrinha, nascera sem tara aparente, a não ser extrema dubiedade de caráter, uma timidez de menina do tempo em que a timidez nas meninas era moda. Espécie de criatura intermediária entre os dois sexos.

"Em criança brincava de boneca, de preferência às nossas touradas, ao jogo dos 'caviúnas', ao 'pegador' . Em meninote, enquanto os da sua idade descadeiravam gatos pela rua, lia *Paulo e Virgínia* à sombra das mangueiras, chorando sentidas lágrimas nos lances lacrimogêneos.

Fomos colegas de escola, e lembro-me que um dia lá nos apareceu Eduardo com um pagagaio de miçanga verde, obra sua. Eu, estouvado de marca, ri-me daquilo e escangalhei com a prenda, enquanto o maricas, abrindo uma bocarra de urutau, rompia num choro descompassado, como choram mulheres. Irritado, dei-lhe valentes cachações. Eduardo não reagiu; acovardou-se, humilhou-se, feito o meu carneirinho. Só procurava a mim dentre cem companheiros. Acamaradamo-nos daí por diante, o que não me impediu de o fazer armazém de pancadas. Por qualquer coisinha, uma cacholeta. Ele ria-se, meigo, e cada vez mais me rentava. Pus-lhe o apelido de Maricota. Não se zangou, gostou até, confessando achar mais graça nesse nome do que no seu.

"Hoje eu estudaria esse tipo à luz de Freud, como caso deveras notável; naquele tempo feliz de sadia ingenuidade limitava-me a tirar partido da sua submissão, transformando-o em peteca, em escravo, em coisa de que a gente põe e dispõe.

"Saídos do colégio continuamos camaradas, de modo que pude acompanhá-lo por um bom pedaço da vida afora. Nunca perdeu a timidez donzelesca. Fugia às meninas, sobretudo se eram românticas, ou acentuadamente mulheris — o meu gênero.

"Fez-se misógino.

"Por essas alturas casei-me — casei-me com a moça mais feminina da época, uma romântica escapulida a Escrich, dessas que têm medo às baratas e caem de fanico se um rato lhes corre pela sala — o meu gênero, enfim.

"Eduardo permaneceu solteiro, sempre às sopas do pai, até que este morreu e lhe deixou de herança uns prédios, mais uns títulos. Sem tino comercial, passaram-lhe a perna, comeram-lhe casas e apólices; quando o pobre rapaz abriu os olhos estava a nenhum. Recorrendo a mim para um bom conselho de arrumação de vida, vi que não dava para coisa nenhuma — e receitei-lhe a professora.

"— Casa-te. Incapaz de ação como és, tua saída única se resume em tirar partido da tua qualidade de macho. Casa com moça rica, ou, então, com mulher trabalhadeira.

"Nada valeu o conselho. Eduardo não tinha jeito para requestar mãos femininas, quer bem aneladas, quer muito calejadas. Embaraçava-o a irredutível timidez.

"Mas o diabo as arma.

"Um belo dia apareceu na terra uma professora nova, mais ou menos ao molde desta de há pouco. Tipo de mulheraça máscula, angulosa, ar enérgico, autoritária. Gostava de discutir política, entendia de cavalos, lia jornais, tinha ideias sobre a seca do Ceará e o saneamento dos sertões. Apesar de bem conservada, andava perto dos quarenta, não fazendo nenhum mistério disso. Se não se casara até então, não é que fosse infensa ao matrimônio: não achara ainda o seu tipo de homem, dizia.

"Pois não é que o raio da pedagoga vê Eduardo e se engraça dele? Examina-o fulminantemente, como quem examina um cavalo; mira-o de alto a baixo, interpela-o, dá-lhe balanço às ideias e aos sentimentos, pesa-

-lhe o valor monetário, pede-lhe, ou, antes, toma-lhe a mão, leva-o à igreja e casa-o consigo.

"Foi um relâmpago tudo aquilo. Em três tempos namorado, noivado, casado e metido no gineceu, o pobre moço, quando abriu os olhos, estava chupim para todo o sempre.

"Dona Zenóbia sabia avir-se com a vida. Ganhava-a folgadamente. Além da escola particular que dirigia, tinha a juros um pequeno capital que não cessava de crescer, colocado a quatro ou cinco por cento ao mês, sob garantias de toda ordem. Casada, continuou à testa dos negócios; o marido, se aparecia nominalmente nalguma transação, era pró-forma.

"Encaramujado em casa da professora, Eduardinho foi sonegado ao mundo e o mundo acabou esquecendo Eduardinho. Nunca mais o viram na rua, ou nas festas, sem ser pelo braço da mulher, na atitude encolhida daquele chupim do cinema.

"Um filho nasceu-lhes nesse entretempo, e começa aqui o mais engraçado da comédia.

"A tantas, dona Zenóbia deu de gabar as qualidades artísticas do esposo. Eduardo era um grande talento literário, capaz de obras deveras notáveis.

"— Vocês — dizia ela às professoras do colégio — não sabem que tesouro perderam. Eduardo saiu-me uma verdadeira revelação. É dessas criaturas privilegiadas que possuem o dom divino da arte, mas que às vezes passam a vida inteira sem se revelarem a si próprias. Aqueles seus modos, aquela timidez: gênio puro, minhas amigas! Vocês hão de vê-lo um dia aparecer qual meteoro, alcançar a glória e cair como um bólide dentro da Academia. Está escrevendo um romance que é um suquinho! Lindo, lindo!...

"Esse romance levou meses a compor-se. Todos os dias, no quarto de hora de folga que juntava as professoras na saleta de espera, dona Zenóbia vinha com notícias da obra.

"— Está ficando que dá gosto! O capítulo acabado esta manhã parece uma coisa do outro mundo!

"E desfiava o enredo. Era o caso dum moço loucamente apaixonado por uma donzela de cabelos loiros e olhos azuis. A primeira parte do romance ia toda na pintura desse amor, lindo como não havia outro, puro poema em prosa. E dona Zenóbia revirava os olhos, em êxtase.

"As outras professoras acabaram por interessar-se a fundo pelo romance de Eduardo — *Núpcias fatais* —, o qual virara folhetim vocalizado aos pedacinhos, dia a dia, pela pitoresca dona Zenóbia.

"A notícia correu pela cidade e isso acabou reabilitando Eduardo da sua fama de Zé-faz-formas, pax-vóbis e mais apelidos deprimentes de que é fértil o povo.

"— Como a gente se engana! — diziam; — Parecia uma lesma de pernas, ninguém dava nada por ele e no entanto é um romancista!...

"As professoras davam à trela e o enredo das *Núpcias fatais* corria de boca em boca pela cidade, os lances de efeito gabados, com citação das melhores tiradas. *O Popular*, noticiando o aniversário do moço, consagrou-o — 'festejado homem de letras'.

"Dona Zenóbia sabia dosar a narração de modo a manter as professoras suspensas nos lances mais comoventes. Houve um trecho que as pôs pálidas de espanto. Era assim: Lúcia fora pedida pelo rival de Lauro, o galã infeliz. O pai de Lúcia e toda a família queriam o casamento, porque o monstro era riquíssimo, tinha casa em Paris, iate de recreio e um título de conde prometido pelo papa. Já o triste do Lauro, coitado, para cúmulo de desgraça, perdera uma demanda e estava mais pobre que Jó. As cartas em que ele contava isso a Lúcia eram de chorar! Todos contra o mísero e tudo a favor do monstro...

"O pai fizera uma cena horrível.

"— Antes ver-te morta do que ligada a esse miserável... poeta!

"E a coitadinha, alanceada no mais dolorido do coração, doida de amor, chorava noite e dia, encerrada no fundo de escura cela.

"— Pobre mártir! — exclamavam com um nó na garganta as compassivas professoras. — Por que não há de sair a sorte grande para um desditoso destes? Peça ao seu marido, dona Zenóbia, que lhe faça sair a sorte, sim?

"— Não pode. Prejudicaria o desfecho e, ademais, não é estético — respondeu preciosamente dona Zenóbia.

"E assim corria o tempo.

"O romance era à moda antiga, em vários volumes, sistema *Rocambole*. Já tinha acontecido o diabo. A moça fugira de casa, raptada em noite de tempestade pelo cavaleiro gentil; mas o dinheiro do monstro vencia tudo: foram presos e encarcerados, ela num convento, ele num calabouço infecto.

"Mas quem pode vencer o amor? O cavaleiro conseguira, iludindo os guardas, abrir um subterrâneo que ia ter ao convento. Que tarefa ingente! Como as professoras deliraram acompanhando a obra desesperada do homem-toupeira, a escavar com as unhas em sangue a terra fria!

"Venceu, porém; alcançou o pavimento da cela onde Lúcia chorava de amor e conseguiu falar-lhe. Que lance este, quando Lúcia percebe o estranho murmúrio da voz subterrânea que a chamava! Era a redenção, afinal!

"Entendem-se e combinam a fuga. Um barqueiro esperá-los-ia em tal lugar, à meia-noite etc. etc.

"Dona Zenóbia parava nos trechos mais empolgantes, deixando a assembleia ora em lágrimas, ora em arroubos de indizível êxtase. Às vezes, quando estava de saia preta, em seus dias de azedume, não adiantava a novela um passo sequer.

"— Hoje, descanso. Eduardo está com um pouco de dor de cabeça e não escreveu uma linha...

"As professoras ficavam pensativas...

"Chegou por fim o dia da fuga, ponto culminante da obra. Dona Zenóbia, perita na arte de armar efeitos, anunciou-o de véspera.

"— É amanhã o grande dia!

"— Mas escapam, dona Zenóbia? — indagou uma torturada do romantismo, com a mão no seio palpitante.

"— Não sei...

"— Pelo amor de Deus, dona Zenóbia! Eu não posso mais! Se o monstro ganha a partida ainda esta vez, diga logo, porque eu tiro umas férias e vou para a roça esquecer este maldito romance que já me está deixando histérica.

"— Paciência, filha! Como posso saber o que lá se passa na imaginação do artista?

"— Mas peça a ele, peça por nós todas, que desta vez não deixe os espiões do monstro descobrirem os fugitivos. Pelo menos agora. Mais tarde vá, mas agora eles precisam de uns meses de recompensa. Arre, que também é demais!...

"No dia seguinte dona Zenóbia apareceu sorridente. As professoras em ânsias, ao vê-la assim, criaram alma nova.

"— Então? — exclamaram palpitantes.

"Dona Zenóbia fez um muxoxo.

"— Esperem lá. A coisa não vai a matar. Eduardo neste momento atinge o ponto culminante da obra. Deixei-o com o olhar em fogo — o fogo da inspiração! —, os cabelos revoltos, a cabeça febril. É o momento supremo do *fiat*! Toda obra depende deste fecho de abóbada. Como a solução do caso vem das profundas do subconsciente estético, e ainda não viera até a hora de eu sair, pedi-lhe que me comunicasse o resultado pelo telefone. Esperemos...

"As moças puseram os olhos no céu e as mãos no peito.

"— Meu Deus! — disse uma. — Estou com o coração aos pinotes! Se Lauro é preso, se os emboscados o matam... O monstro é capaz de tudo!

"Nisto vibrou a campainha do telefone. Dona Zenóbia piscou para as amigas estarrecidas e foi atender.

"Ficaram todas no ar, imóveis, trocando olhares de interrogação, enquanto no compartimento vizinho dona Zenóbia conversava com o grande artista.

"— Ele não para de chorar, Zenóbia. A meu ver é cólica o que ele tem. Desde que você saiu que é um berro só. Já fiz tudo, dei chá de erva-doce, dei banho quente — nada! Berra que nem um bezerro!

"— Você já cantou o Guarani?

"— Cantei tudo, o Guarani, o 'Tutu já lá vem', o 'Somos da pátria a guarda'... Mas é pior.

"— Deu camomila?

"— A camomila acabou. Quis mandar a negrinha buscar um pacote na botica, mas não achei o dinheiro...

"— Lerdo! E aqueles dois mil-réis de ontem? Não sobrou metade?

"— É que... é que comprei um maço de cigarros...

"— Sempre o maldito vício! Olhe, atrás do espelho, perto da saboneteira azul, está uma pratinha de quinhentos. Mande buscar a camomila, mas no Ferreira, que a do Brandão não presta, é falsificada. Ferva uma pitada numa xícara d'água e dê às colherinhas. Dê também um clister de polvilho. Mudou os paninhos?

"— Três vezes, já.

"— Verde?

"— Verde carregado, como espinafre.

"— Bem. Eu hoje volto mais cedo. Faça o que eu disse, e fique com ele na rede. Cante a ária da *Mignon*, mas não berre como daquela vez, que assusta o menino. Em surdina ouviu? Olhe: ponha já as fraldas sujas na barrela. Escute: veja se tem água no bebedouro dos pintos. A marmelada? Ora bolas! Deixe isso para amanhã. Bom, até logo!

"Dona Zenóbia largou o fone e voltou às companheiras, que continuavam suspensas.

"— Estes artistas!... — começou ela. — Que é que vocês pensam que Lauro fez?

"— Fugiu! — disse uma.

"— Deixou-se prender! — aventou outra.

"— Suicidou-se! — declarou a terceira.

"— Ninguém adivinha. Lauro rompeu o pavimento, entrou na cela e depois de uma grande cena resolveu fazer-se frade!...

"Foi um oh! geral de desapontamento. Aquele fim imprevisto decepcionara a todas. Protestaram, e dona Zenóbia, condoída, voltou atrás.

"— Estou brincando. Eduardo está hoje com uma dor de cabeça danada e eu o aconselhei a descansar um bocadinho. Ficou para outro dia o fim. Esperemos.

"O romance do chupim tem hoje onze anos. Já é menino de escola. Chama-se Lauro e, para reabilitação do sexo barbado, puxou o caráter da mãe."

O LUZEIRO AGRÍCOLA

1910

Sizenando Capistrano é o inspetor agrícola do vigésimo distrito. Incumbe-lhe fomentar a pecuária, elaborar relatórios, ensinar o uso de máquinas agrícolas, preconizar a policultura, combater a rotina e ao fim de cada mês perceber na coletoria a realidade de setecentos mil-réis.

Antes de inspetor Capistrano fora poeta. Cultivara as musas. Não sabia que coisa era pé de café, mas entendia de pés métricos, pés-quebrados e fazia pé de alferes a todas as divas do Parnaso. Tal cultura, entretanto, emagrecia-o. A sua produção de endecassílabos, alexandrinos, quadras, odes, sonetos, poemas, vilancetes, églogas, sátiras, anagramas, logogrifos, charadas elétricas e enigmas pitorescos, conquanto copiosa, não lhe dava pão para a boca, nem cigarro para o vício. A palidez de Capistrano, sua cabeleira à Alcides Maia, sua magreza à Fagundes Varela, seu *spleen* à Lord Byron e suas atitudes fatais, ao invés de lhe aureolarem a face dos nimbos da poesia, comiseravam o burguês, que, ao vê-lo deslizar como alma penada pela cidade, horas mortas, de mãos no bolso e olho nostalgicamente ferrado na lua, murmurava condoído:

— Não é poesia, não, coitado, é fome...

O editor artilhava a cara de carrancas más quando Capistrano lhe surgia escritório adentro com a maçaroca de versos candidatos à edição.

— São versos puros, senhor, versos sentidos, cheios de alma. Virão enriquecer o patrimônio lírico da humanidade.

— E arruinar o meu patrimônio econômico — retorquia a fera. — Do lirismo bastam-me aquelas prateleiras que editei no tempo em que era tolo e não se vendem nem a peso.

— Ó vil metal! — murmurava o poeta, franzindo os lábios num repuxo de supremo enojo. — Ó mundo vil! Ó torpe humanidade! Em que te distingues, Homem, rei grotesco da criação, do suíno toucinhento que espapaça nos lameiros? Manes de Juvenal! Eumênides! Musas de Cólera! Inspirai-me versos candentes com que cauterize até aos penetrais da alma este verme orgulhoso e mesquinho! Baudelaire, dá-me os teus venenos...

— Rapazes — berrava o livreiro à caixeirada —, ponham-me este vate no olho da rua!

Ante o *manu militari* irretorquível, o poeta apanhava a papelada lírica e moscava-se para a zona neutra do passeio, onde, readquirida altivez ossiânica, objurgava para dentro da loja hostil:

— A Posteridade me vingará, javardos!

E sacudia à porta do editor o pó das suas sandálias, que no caso eram surradas e já risonhas botinas de bezerro. Em seguida, remessando para trás a cabeleira, num repelão, ia fincar-se sinistramente à esquina próxima, em torva atitude, à espera dum conhecido esfaqueável, a quem, com gestos soberbos de Bergerac, extorquisse um níquel.

Cansado, entretanto, de ouvir estrelas em jejum, de amar a lua no céu sem possuir um queijo na terra, acatou a voz do estômago e quebrou a lira — para viver. Meteu a tesoura nas melenas, deu brilho aos sapatos, desfatalizou o semblante, substituiu o ar absorto do aedo pelo ar avacalhado do pretendente, e à força de pistolões guindou-se às cumeadas do Morro da Graça.[1] Todo mundo o recomendou ao Gaúcho Onipotente,

1. Residência do general Pinheiro Machado, o mandão da política na época. (N.E.)

porque todos andavam fartos daquela perpétua fome lírica a deambular pelas ruas, caçando rimas e filando cigarros. Que fosse acarrapatar-se ao Estado. O Estado é um boi gordo, semelhante àquela estátua equestre de Hindenburg, feita de madeira, em que os alemães pregavam pregos de ouro. A diferença está em que no Estado, em vez de tachas de ouro, pregam-se Capistranos vivos.

Foi apresentado ao Pinheiro.

— Então, menino, que quer?

— Um empreguinho qualquer que Vossa Onipotência haja por bem conceder-me.

— E para que presta você, menino?

— Eu? Eu... fui poeta. Cantei o amor, a Mulher, a Beleza, as manhãs cor-de-rosa, as auroras boreais, a natureza, enfim. Romântico, embriaguei-me na Taverna de Hugo. Clássico, bebi o mel do Himeto pela taça de Anacreonte. Evoluído para o parnasianismo, burilei mármores de Paros com os cinzéis de Herédia. Quando quebrei a lira, estava ascendendo ao cubismo transcendental. Sim, general, sou um gênio incompreendido, novo Asverus a percorrer todas as regiões do ideal em busca da Forma Perfeita. Qual Prometeu, vivi atado ao potro do *Inania Verba*, onde me roeu o Abutre da Perfeição Suprema. Fui um Torturado da Forma...

O general, que era amigo das belas imagens, iluminou o rosto de um sorriso promissor.

— Poeta — disse ele —, eu também sou poeta. Rimo homens. Componho poemas herói-cômicos. Conheces a *Hermeida*? É obra minha. Amo as belas imagens e tenho lançado algumas imortais. "A mulher de César!" "Os levitas do Alcorão!" Hein? Tu me caíste em graça e, pois, acolho-te sob o meu pálio. Que queres ser?

— Inspetor.

— De quarteirão?

— Isso não.

— Agrícola?

— Ou avícola...

— De que região?

— Não faço questão.

— Sê-lo-ás do vigésimo distrito. Conheces as culturas rurais?

— Já cultivei batatas gramaticais.

— E de pecuária, entendes? Distingues um Zebu dum galo Brama? Um pampa dum murzelo?

— Já cavalguei Pégaso em pelo.

— Conheces a suinocultura? Sabes como se cria o canastrão?

— Sei trincá-lo com tutu de feijão.

— És um gênio, não há que ver. Talvez faça de ti, um dia, presidente da República. Teu nome?

— Sizenando. Capistrano é sobrenome.

— Cá me fica. Vai, que estás aí, estás fomentando a agricultura como inspetor do vigésimo distrito, com setecentos bagos por mês. Os poetas dão ótimos inspetores agrícolas e tu tens dedo para a coisa. Vai, levita do Ideal...

II

Sizenando Capistrano, mal se pilhou transformado de famélico ouvidor de estrelas em peça mestra do Ministério da Agricultura... casou, luademelou três meses e por fim compareceu perante o ministro para saber em que rumos nortear a sua atividade.

O ministro franziu a testa: é tão difícil dar ocupação aos fósforos ministeriais... Pensou um bocado e:

— Escreva um relatório — sugeriu.

— Sobre que, Excia.?

— Sobre qualquer coisa. Relate, vá relatando. A função capital do nosso ministério é produzir relatórios de arromba sobre o que há e o que não há. Relate.

— Mas, Excia., eu desejava ao menos uma sugestãozinha emanada do alto critério de V. Excia., sobre o tema do relatório que a bem da lavoura V. Excia., com tanto descortino, me incumbe de escrever...

— Já disse: sobre qualquer coisa que lhe dê na veneta. Relate, vá relatando e depois apareça.

Sizenando saiu tonto com os processos expeditos do doutor Grifado[2] com assento na pasta, e passou três meses de papo ao ar, procurando uma tese conveniente.

Como por essa época a lua de mel entrasse em plena minguante, houve certo dia rusga brava ao jantar, e a consorte, mulherzinha de pelo crespo no nariz, pespegou-lhe pela cara com um prato de salada de beldroega. Tal o célebre estalo que abriu a inteligência do padre Antônio Vieira em menino, aquele obus culinário teve a estranha ação de iluminar os refolhos cerebrais do inspetor.

— Eureca! — berrou ele radiante. E com um grande riso de gozo na cara emplastada de verdura, ergueu-se da mesa precipitadamente e correu ao escritório. A mulherzinha, entre colérica e pasmada, perguntou de si para si:

— Estará louco?

Sizenando deitou mãos à tarefa e levou a cabo um estudo botânico-industrial da beldroega, com afã tal que, transcorridos dez meses, dava a prelo o *Relatório sobre o* Papalvum brasiliensis, *vulgo beldroega, e sua aplicação na culinária*.

O ano seguinte gastou-o em rever as provas do calhamaço, a modo de escoimá-lo dos mínimos vícios de linguagem. O antigo torturado da Forma ressurtia ali... Saiu obra papa-fina, em ótimo papel e com muitas gravuras elucidativas. Entre estas, em belo destaque, os retratos do ministro e do diretor da Agricultura, do Marechal Hermes, do tenente Pulquério, do Frontim, do Pinheiro e mais protuberantes beldroegas do momento. Pronta a edição, embaraçou-se Sizenando quanto ao destino a dar-lhe. Que fazer de tanta beldroega?

Foi ao ministro.

— Excelência! De acordo com as sábias ordens de V. Excia., venho

2. Um ministro da Agricultura da época que não era doutor mas não protestava contra o tratamento. (N.A.)

comunicar a V. Excia. que se acha pronta a edição do relatório sobre o *Papalvum*.

— Que papalvo? Que relatório? — inquiriu o ministro, deslembrado.

— O que V. Excia. me incumbiu de escrever.

— Quando?

— Haverá dois anos.

— Não me recordo, mas é o mesmo. Mande a papelada para o forno de incineração da Casa da Moeda.

Sizenando abriu a maior boca deste mundo. Compreendendo aquela estuporação, o ministro sorriu.

— Então? Que queria que eu fizesse de cinco mil exemplares de um relatório sobre a beldroega? Que o pusesse à venda? Ninguém o compraria. Que o distribuísse grátis? Ninguém o aceitaria. Se é assim, se sempre foi assim, se sempre será assim com todas as publicações deste ministério, o mais prático é passar a edição diretamente da tipografia ao forno. Isso evitará a maçada de nos preocuparmos com ela e de a termos por aí a atravancar os arquivos. Não acha vossa senhoria que é o mais razoável? Retire o que quiser e forno com o resto.

— E depois, que devo fazer? — indagou Sizenando, ainda tonto com o expeditismo ministerial.

— Escrever outro relatório — respondeu sem vacilar o ministro.

— Para ser queimado novamente? — atreveu-se a murmurar o poeta-inspetor.

— Está claro, homem! Para que diabo despendeu o Governo tanto dinheiro na montagem do forno? Está claro que para incinerar as notas velhas e os relatórios novos. Deste modo se conservam em perpétua atividade o pessoal da Imprensa, o do Forno e o dos Ministérios. Veja como é sábia a nossa organização administrativa! A montagem do forno foi a melhor ideia do Governo passado. Antes dele a Imprensa Nacional vivia entulhada de impressos; a produção de relatórios, função capital deste ministério, periclitava; e era tudo uma desordem, um desequilíbrio capaz de induzir o Governo à supressão da Imprensa e do meu ministério. O forno sanou a situação. O *fervet opus* é magnífico e a espada de Dâmocles está para sempre arredada de nossas cabeças. Hein? Vá. Escreva outro relatório, sobre... sobre... o caruru, por exemplo.

Sizenando deixou o gabinete do ministro profundamente meditativo. S. Excia. derrancara-o!

Viu com dor de alma as chamas do Forno lerem aquele relatório tão bem-acabadinho, tão de encher o olho... E sacou seis meses de licença com vencimentos para descansar.

Esgotada a licença, ia Sizenando começar a pensar em preparar-se para escolher o papel e a tinta com que relatasse o caruru quando a política apeou da administrança o doutor Grifado. Sizenando deixou que transcorressem mais seis meses, ao termo dos quais se apresentou ao novo ministro para lhe sondar a orientação.

O novo ministro era bacharel em ciências jurídicas e sociais, ex-chefe de polícia e tão entendido em agricultura como em arqueologia inca. Mas lera uns números de *Chácaras e Quintais* e ali se abeberara de umas tantas noções sobre avicultura, policultura, criação de canários etc. Fez dessas uras o seu programa. No discurso de apresentação, ao empossar-se no cargo, emitiu os seguintes conceitos, louvadíssimos pelos circunstantes, empregados no ministério quase todos e verdadeiros hortaliças em matéria agrícola.

— A monocultura, senhores, é o grande mal; a policultura é o grande bem; no dia em que produzirmos cebola, alho, batata, repolho, coentro, alpiste, cerefólio, grão-de-bico, tremoço, quiabo, espargo, espinafre, alcachofra...

(Um arrepio de entusiasmo percorreu a espinha dos assistentes, que se entreolharam gozosos, como quem diz: Temos homem pela proa!)

— ... cebolinha, couve-flor, sorgo, soja amarela, centeio, aveia, figos da Trácia, uvas de Corinto, violetas de Parma...

— Bravíssimo!

— ... violetas de Parma... e outros cereais europeus (vermelhidão no rosto), a prosperidade nacional se assentará num soco basáltico, do qual não a arrancarão as mais rijas lufadas dos vendavais econômicos. Conduzir a pátria a essa Canaã da policultura: eis a mira permanente dos meus esforços, eis o meu programa, eis o fim supremo colimado pela minha atividade. Espero, pois, que etc. etc.

Palmas, bravos, guinchos, silvos e outros sons denunciadores de entusiasmo em grau de ebulição estrugiram pela sala. O ministro foi abraçado e beijado — nas mãos. Aquele salvaria a pátria, não havia a menor dúvida!

O novo ministro da Agricultura era positivamente uma águia — igual às anteriores. Tinha programa. Visava confundir a rotina monocultora com demonstrações práticas das magnificências da policultura mecânica.

Sizenando recebeu ordem de ir desatolar a vigésima região do atascal da rotina. Aquela gente ainda vivia em pleno período da pedra lascada do café; era mister tangê-la à estação áurea da policultura, da avicultura, da sericultura, da criação de canários hamburgueses etc., preluzida no discurso do ministro.

Chegando à sede do distrito, com séquito numeroso e abundante farragem mecânica, Sizenando distribuiu convites para a inauguração dum curso prático. Escolheu para campo de demonstração um "rapador" a um quilômetro da cidade, e lá, no dia emprazado, reuniu os convivas. Veio o prefeito municipal, o porteiro da Câmara, o coletor federal, o promotor público, três jornalistas, quatro professores, o diretor do grupo escolar com a meninada, o vigário da paróquia, o fiscal da iluminação pública, o zelador do cemitério, o carcereiro, dois guarda-chaves da Central, cinco inspetores de quarteirão, o delegado, o cabo do destacamento — e *um* fazendeiro recém-despojado da sua propriedade por dívidas. A turma docente e os bois do arado formavam grupo à parte.

Sizenando trepou a um cupim e pronunciou breve alocução alusiva à personalidade sobre-excelente do ministro, e ao papel dos novos métodos racionais na agricultura moderna.

— O novo método, meus senhores, é baseado na ciência pura. Vem dos laboratórios de braços dados à química. Começarei pela demonstração do arado, ou charrua, a pedra angular de todo o progresso agrícola. Senhor Primeiro Arador, arado para a frente!

Despegou-se da turma um capataz, que empurrou para perto do cupim tribunício um belo arado de disco. Rodearam-no os circunstantes, como a um animal raro.

— Eis, meus senhores, um arado de disco. Esta parte se chama cabo; esta é a roda, serve para rodar; estas rodelas são os discos, servem para sulcar a terra; este ferrinho é a manivela graduadora; este pauzinho é o balancim. Aqui se atrelam os bois e cá toma assento o condutor.

A assistência abria a boca.

— Vejamo-lo agora em ação. Senhor Primeiro Condutor de Primeira Classe, atrelar!

Adiantou-se da turma um carreiro e tangeu os bois para a máquina, jungindo-os à canga. Os assistentes riram-se. Acharam imensa graça no Tomé Pichorra, que nunca fora senão o Tomé Pichorra, carreiro, transformado em Primeiro Condutor de Primeira Classe! Era de primeiríssima.

— Senhor Primeiro Arador, arar!

O Primeiro Arador saltou à boleia e empunhou as manivelas. O Primeiro Condutor aguilhoou a junta de bois.

— 'amo, Bordado! Puxa, Malhado!

Os dois caracus moveram-se pesadamente. A terra, sulcada pelo ferro, abriu-se em leivas. Sizenando exultou.

— Vejam, senhores, que maravilha! Faz o trabalho de vinte homens, além de que deixa a terra desatada, com grande receptividade para a meteorização atmosférica — o que equivale a um adubamento copioso.

Este pedacinho encantou sobremodo ao zelador do cemitério, o qual não conteve um sincero "Muito bem!".

Sizenando agradeceu com um gesto de cabeça. O arado deu umas tantas voltas e emperrou. A banda de música, para disfarçar a entaladela, rompeu o *Vem cá mulata*. E assim terminou a primeira parte da bela demonstração agrícola.

A segunda constituiu no destorroamento e no gradeamento da terra, feitos com o mesmo luxuoso aparato. Havia Primeiro e Segundo Destorroador, Primeiro e Segundo Gradeador. Um mimo de hierarquia!

Ao terminar o serviço, a banda zabumbou um tanguinho.

A terceira parte foi absorvida pelo plantio de cebolas, batatas, alho, alfafa e outras salvações nacionais.

— Os senhores verão — concluiu Sizenando — que maravilhosa messe vai brotar, farta, deste torrão sáfaro e ingrato só porque aplicamos sumariamente os processos modernos da cultura racional, os quais centuplicam a produção e diminuem o trabalho. A máquina agrícola é a verdadeira alavanca do progresso!

— Protesto! A alavanca do progresso sempre foi a imprensa — contraveio um jornalista, cioso da velha prerrogativa.

— Será — retrucou Sizenando —; mas se uma, a imprensa, alçaprema o progresso moral, a outra, a máquina agrícola, alçaprema o progresso econômico!

— Bravíssimo! — rugiu o zelador do cemitério, inimigo pessoal do Zé Tesoura. — Isto é que é!

— Sim, senhor, muito bem! — grunhiram outros.

Rubro de gozo pelo sucesso da tirada, Capistrano espichou o dedo para a filarmônica, a pedir o hino nacional.

Desbarretaram-se todos. Ereto sobre o pedestal de cupim, Capistrano imobilizou-se em atitude de religiosa unção, de olhos fixos no futuro da pátria. E à derradeira nota pôs fim à festa com um escarlate viva à República com três "erres".

Acompanharam-no, como um eco, o coletor, o zelador do cemitério, o agente do correio e os funcionários federais demissíveis, além dos bois, que mugiram.

Meses mais tarde procedeu-se à colheita. As cebolas haviam apodrecido na terra, devido às chuvas; os alhos vieram sem dentes, devido ao sol; as batatas não foram por diante, devido às vaquinhas; as outras "policulturas" negaram fogo devido à saúva, à quenquém, à geada, a isto e mais aquilo.

Não obstante, seguiu para o Rio um soporoso relatório de trezentas páginas onde Capistrano, entre outras maravilhas, notava: "Os resultados práticos do nosso método demonstrativo *in loco* têm sido verdadeiramente assombrosos! Os lavradores acodem em massa às lições, aplaudem-nos com delírio e, de volta às suas terras, lançam-se com furor à cultura poli, em tão boa hora lembrada pelo claro espírito de V. Excia. O Senhor

Ministro pode felicitar-se de ter aberto de par em par as portas da idade de ouro da agricultura nacional".

Os jornais transcreveram com gabos estes e outros pedacinhos de ouro. E o conde de Afonso Celso se encheu de mais um bocado de ufania por este nosso maravilhoso país.

A "CRUZ DE OURO"

1901

— Entre, quem é.

— O Feroz não está solto?

— Viva, compadre! Suba!...

Um barbaças de óculos e cachenê de lã ringiu o portão de ferro e galgou a passos trôpegos a escadinha que levava ao alpendre de ipomeias. Lá o aguardava, de cara amável, um segundo barbaças, o coronel Liberato, vestido duma farda consentânea com a sua belicosidade: chambre de palha de seda, chinelo cara de gato e gorro de veludo negro com cercadura de ponto russo.

O que subia também era coronel. Coronel Antônio Leão Carneiro Lobo de Souza Guerra, ou simplesmente Nhô Gué. Chegaram ambos àquele alto posto militar pela razão estratégica de colherem para mais de dez mil arrobas de café. Se em vez de dez colhessem apenas cinco mil, seriam majores ou capitães. Este inteligentíssimo critério econômico do nosso militarismo é garantia de paz muito mais segura do que a Liga das Nações.

— Que milagre foi esse? — disse o de cima, abraçando o velho amigo.

— Quem é vivo sempre aparece e eu ainda não morri, apesar desta sufocação que me escangalha o peito.

— Você é o peito, eu a enxaqueca. Não valemos mais nada, compadre. Mas como vão todos? A comadre?

— Boa, todos bons, isto é, a Chiquinha... Ui!

— A cutucada?

— Não, este ventinho encanado...

— Pois vamos entrar.

E os dois urumbevas penetraram na sala de fora.

A sala de fora do coronel Liberato merece relatório para que a posteridade se deleite em conhecer como era uma sala de visitas de coronel brasileiro no século XX. Cadeiras austríacas, sofá e cadeiras de balanço, tudo enfeitado com os crochezinhos das filhas. Mesinha central de cipó com embrechados, obra de um "curioso" do lugar. Duas almofadas no sofá, uma tendo um gato estufado, de lã, com olhos de vidro; outra, um papagaio de miçanga verde — maravilhas feitas por certa afilhada prendadíssima. Dois aparadores com vasos para flores artificiais, figurinhas de louça — "bibelotes", como lá dizia o dono, e várias curiosidades naturais — caramujos, conchas, um ninho de joão-de-barro, um mico seco e duas famílias de içás vestidos. Nas paredes, espelho oval, dois retratos grandes a carvão e fotografias em porta-cartões de talagarça, bordados pelas meninas. Pendurado do lampião belga suspenso ao teto, grande abacaxi de papel de seda. Piano de armário. Tapete com grande onça. Que mais? Iam-me esquecendo as duas "escarradeiras de sobrado", com caraças de leões... Viva o naturalismo!

Entrados que foram, os dois coronéis refestelaram-se nas cadeiras de balanço, o do "ui!" com cautelas, gemidos e caretas ao dobrar as juntas. Liberato puxou o cigarro de palha e, enquanto afrouxava o fumo na palma da mão, reatou a conversa.

— Ahn! Com que então a dona Chiquinha...

— Compadre, entre nós não há segredos; a doença dela são amores. Quer casar, ora aí tem.

— Não vejo mal nisso. Está na idade. Só se...

— Mas adivinhe lá com quem a tolinha emberrinchou de casar?

— ?

— Com o José de Paula!

— O filho da Nhá Vé?

— Esse mesmo. Um moço sem vintém de seu, gente do Chicão de Paula... Sair do nicho de filha única, onde vive como uma Nossa Senhorinha, para ligar-se a um lorpa de marido, ser criada, escrava dele! Se pudéssemos, nós que temos experiência da vida, abrir os olhos dessas mariposinhas tontas... Mas é inútil. Encasqueta-se-lhes na cabeça que o amor, o amoor, o amooor é tudo na vida, e adeus. O que nos vale é que o rapaz é pobre mas direitinho — quanto ao moral.

Liberato interveio com cara purgativa.

— Homem, não sei. Não é por falar, mas não me cheira bem aquele sujeitinho. Você o acha moralizado. Será. Mas a família dele é droga e a prudência manda atentar não só nas qualidades do galho como também nas do tronco. Olhe o que sucedeu outro dia com o primo dele, o Chiquinho...

— Não soube de nada, compadre. Que foi?

— Você anda no mundo da lua, homem! Refiro-me ao escândalo da Recreativa.

À palavra "escândalo" Nhô Gué esqueceu o reumatismo e arrastou a cadeira para mais perto.

— Escândalo?

O coronel Liberato, gozoso de contar uma novidade, limpou o pigarro e disse:

— Foi no último domingo, na festa anual da Recreativa. Discursos, recitativos e uma peça — aquela endrômina de sempre. A sociedade mandou convite a toda gente, aos jornais, aos grêmios e dentre estes à *Camélia Branca*, da qual é secretário o Chiquinho de Paula, primo lá do teu. Por sinal que para a *Camélia* foi um camarote, o 7, justamente aquele donde assistimos ao *Poder do ouro*, lembra-se?

— Se me lembro! Pois uma representação daquela é lá de esquecer? Montepin! e inda mais pelo Furtado Coelho! Noitão! Hoje é que não há mais disso. São umas comediazinhas indecentes, e cinemas, e drogas.

— A Lucinda Simões, hein? Mulherão!

Este "mulherão" foi dito com um arregalar de olho em que toda a concupiscência retrospectiva se espojava arreitada.

— Nem fale! — disse o outro num tom de inexprimível saudade.

— Pois muito bem: o teatro encheu-se. Estava lá o coronel Totó Fernandes com a família; a família do doutor Izidoro; o major Gonçalves com a mulher — e por falar, como está acabada a dona Elisa!

— É verdade! Quem a viu e quem a vê! A Elisinha do Rincão, como lhe chamávamos, menina sapeca, da pá-virada, semostradeira até ali... Os anos, compadre, os anos...

— Só não vi lá a gente da oposição. Isso, nenhum, nem o Zé Penetra, aquele caradura.

Riram ambos, gostosamente, à lembrança da ausência dos adversários. (Esqueceu-me dizer que estes coronéis faziam parte do diretório situacionista, colunas fortíssimas que eram da força governamental no distrito.)

— Era ali entre nove e dez — continuou Liberato —, quando, de repente, adivinhe, se for capaz, compadre, quem surge pelo camarote número 7 adentro.

Nhô Gué aparvalhou a cara com ar de quem não é capaz.

— A "Cruz de Ouro"! — concluiu o Liberato, de pé, chupando uma, duas, três baforadas do cigarro apagado, num triunfo.

Nhô Gué pasmou.

— Não me diga!...

— Pois é o que digo: a "Cruz de Ouro".

Liberato riscou triunfalmente um fósforo e prosseguiu:

— O rebuliço foi grande. Toda gente se pôs a murmurar, olhando uns para os outros. A família do Totó quis retirar-se. A mulher do Gonçalves virou bicha, abanava-se com frenesi, indignada com a pouca-vergonha. O doutor Izidoro, presidente da Recreativa, que no palco já se preparava para deitar o verbo, espia pelo buraco do pano, percebe o negócio, fica possesso e berra lá dentro, de ouvir-se cá na plateia, que processava, que partia a cara, que mais isto e mais aquilo — um fim do mundo! Houve pedidos de informação à bilheteria. Era preciso desagravar a moralidade pública ofendida com a execrável presença da "coisa à toa" em festa puramente familiar. Afinal a polícia interveio. O delegado foi com a descarada e com muito bons modos fê-la sair. Só então, onze horas, começou o espetáculo. No primeiro intervalo, porém, soube-se tudo: o Chiquinho de Paula, secretário da *Camélia*, recebera o convite para a festa, mas em vez de organizar uma comissão que dignamente representasse o grêmio, pega do camarote e o dá à "jereba", de quem é...

Aqui o coronel Liberato, para remate da frase, fez uma cara de supremo nojo:

— ... o queridinho!

Voltando em seguida à cara anterior, disse, grave e pundonorosamente, bamboleando a cabeça:

— Veja você que refinadíssimo tranca!

E concluiu com desalentada severidade:

— E é com o primo de semelhante crápula que dona Chiquinha quer casar-se!

Na noite desse dia, altas horas, Liberato deixou em casa a enxaqueca e foi sorrateiramente bater à porta da "Cruz de Ouro". Apareceu a criada. Confabularam baixinho.

— Não pode ser — disse a Libéria —, está cá seu coronel Nhô Gué.

Liberato fez uma careta.

— E amanhã? — perguntou.

— Amanhã é a vez do doutor Izidoro.

— E depois de amanhã?

— Quarta-feira? Deixe ver — fez cálculos nos dedos e disse: — Quarta-feira é o dia de seu Gonçalves.

— E quinta?

— Pois não sabe que as quintas são de seu Totó?

Liberato não desanimou.

— E domingo?

A Libéria despejou uma gargalhada sonorosa.

— Os "home"! Pois então sinhazinha não há de ter um descansinho na "somana"?

E fechou-lhe a porta na cara.

DE COMO QUEBREI A CABEÇA À MULHER DO MELO

1906

— OLHA, esperam-te hoje em casa para o jantar.

— Impossível. Não janto fora.

— Abre uma exceção e vai.

— Impossível, já disse. Não insistas.

— Põe de lado a esquisitice e vai.

— Não é esquisitice, meu caro, é sibaritismo e prudência. Tenho para mim que comer é uma das boas coisas da vida. Mas comer o que se quer, como se quer, quando se quer. Gosto, por exemplo, de lombo de porco, mas a meu modo, assado cá dum jeito que sei. Se o como fora de casa, nunca o tenho ao sabor do meu paladar. Gosto ainda de comer quando tenho fome. Detesto o horário forçado, almoço às onze, jantar às seis, haja ou não apetite. Ora, a não ser em minha casa, onde não tenho horário, raramente o apetite coincidirá com o momento do bródio. Esta circunstância, aliada ao fato de ser induzido a comer o que está na mesa e não o que me pede a veneta, leva-me a recusar sistematicamente convites para jantar.

— Mas, homem de Deus, para tudo há remédio. Farás tu mesmo o cardápio, darás as receitas e só se porá a mesa à voz do teu apetite.

— Não. Em tua casa são todos de tal modo amáveis que receio não chegar à sobremesa sem cometer um homicídio.

— !!!

— Nunca te contei o meu rompimento com a família Melo? Éramos amicíssimos de longos anos e sê-lo-íamos até hoje se não fosse a minha imprudência aceitando um convite para lá jantar em dia de anos da dona Vidoca. Havia à mesa umas dez pessoas, todas íntimas, e as filhas, os genros — um povaréu. Dona Vidoca, como sabes, é uma criatura excessivamente amável e nesse dia excedeu-se. Serviu-me sopa, ela própria, mas carregando a mão como se eu fora um frade. Arrepiou-me aquele pantagruelismo brutal, mas calei a exasperação e ingeri com paciência toda a maranha de fios amarelos, boiantes num caldo untuoso. Mal absorvera a última colherada, a boa senhora, sem consulta prévia, atocha feijão num prato e passa-mo.

"— Não, minha senhora, muito obrigado!

"— Ora, coma! Deixe-se de história. Coma feijão que dá sustância.

"Não houve escapatória possível; tive que aceitar o truculento prato de caroços pretos, coisa que detesto. Olhei para a rodela escura, cor de chocolate, que se me esparramava pelo prato inteiro sem deixar transparecer uma nesga sequer da louça branca, enchi-me de resignação e empreendi o trabalho de Hércules que era trasladar tudo aquilo para o estômago. Mas meu sangue começou a esquentar e senti o nó das cóleras surdas a subir-me à garganta. Estava eu em meio da empreitada, quando vi a excelente senhora dirigir para o meu prato um enorme naco de carne fisgado no garfo.

"— Doutor, um *pedacinho* de carne assada?

"Gaguejei, mal firme nas estribeiras:

"— Mas, minha senhora, eu...

"— Sempre com cerimônias! Olhe que aqui não se usa disso! Coma lá!

"E soltou-me no prato o boi...

"Senti bagas de suor frio borbulharem-me na testa. O nó da garganta engrossou. Baixei a cabeça, resignado, e encetei silenciosamente a mastigação, matutando sobre o modo de dar cabo daquilo. Comer tudo era impossível; deixar no prato, impolidez...

"— Agora um pouco de arroz!

"Lancei um olhar facinoroso à santa criatura, que o interpretou de maneira errônea, como de assentimento.

"— Eu bem vi que estava querendo arroz.

"— Impossível, dona Vidoca! Peço-lhe perdão, mas estou satisfeito. Como pouco e o que tenho no prato janta-me por três dias.

"— Luxento! Coma lá!

"E *zás!*, uma, duas, três colheradas, das grandes.

"Uma onda de sangue escureceu-me a vista. Tive ímpetos de saltar pela janela. Contive-me, porém, e com a resignação dos verdadeiros mártires recomecei a mastigar.

"— Um pastelzinho agora?

"Era demais! A virtuosa criatura abusava da minha situação. Recusei desabridamente, áspero.

"— Já sei por que não quer... É que foram feitos por mim... Mas deixe estar...

"— Dona Vidoca! Pelo amor de Deus! — gaguejei.

"— Unzinho só! Para me dar opinião sobre o tempero da massa, sim? Apare lá estezinho tostadinho, sim?

"Conheces o meu gênio, sabes com que facilidade saio fora de mim e cometo as maiores loucuras. Esse estado de superexcitação nervosa preludia por um tremor da voz e excessiva quentura nas faces. Naquele momento, sentindo os pródromos da erupção, entreguei-me a esforços sobre-humanos para conter a fera que mora em mim. E contive-a. Curvei de novo a cabeça e levei à boca mais umas garfadas.

"Aqui Melo principia a trinchar o leitão.

"Refleti: se mo oferecem, estouro. E fiquei de sobreaviso, engatilhado para o revide.

"Não tardou muito que dona Vidoca espetasse no garfo uma alentadíssima costela de leitão e fizesse pontaria para o meu lado.

"Ah! Perdi a tramontana! Agarrei na garrafa que estava na minha frente e abri a cabeça da santa criatura com uma pancada horrível!

"De nada mais me lembro. Ouvi um berro, um clamor. Senti o pânico em redor de mim e corri para a rua como um ébrio. Foi quando..."

Não concluiu. O amigo havia abalado.

Nota da primeira edição (1946)

Esta história deu origem a curioso incidente. Publicada em julho de 1906, sob o pseudônimo de Antão de Magalhães, no *Minarete*, que circulava não só em Pinda como nas cidades vizinhas, caiu sob os olhos de um hoteleiro da cidade de São Bento, de nome Melo e por coincidência esposo de uma senhora de apelido Vidoca. O excelente homem viu no artigo alusões pessoais e ofensivas a ele e sua família — e apresentou queixa-crime. Aqui vai a petição, transcrita do *Minarete*:

> *Ilmo. e Exmo. Sr. Dr. Juiz de Direito desta Comarca.*
>
> *Diz F. F. Melo, por seu procurador, que, sentindo-se ofendido, com sua família, pelo injurioso artigo do* Minarete, *periódico de imprensa desta cidade, ora junto, distribuído por mais de quinze pessoas, intitulado "De como quebrei a cabeça à mulher do Melo" de 19 de julho de 1906, assinado por Antão de Magalhães, edição nº 159, e querendo a bem de seus direitos promover a responsabilidade criminal do autor, que não é pessoa conhecida, pelas injúrias que afetam ao suplicante e sua família, vem requerer a V. Exa. que se digne mandar intimar ao editor ou gerente da tipografia do dito periódico, senhor José Monteiro Salgado, que é quem assumiu a responsabilidade da publicação do* Minarete *perante a Câmara, preliminarmente, para exibir em juízo o respectivo autógrafo, em dia, lugar e hora previamente designados, requerendo também o suplicante a V. Exa. para isso uma audiência extraordinária, visto ser urgente a diligência etc. etc. Nestes termos, o suplicante requer que D. e A. esta, com os documentos inclusos, se proceda na forma da lei, a fim de que, terminadas as diligências, a exibição do referido autógrafo e pagas as custas do processo, sejam os autos originais entregues ao procurador do suplicante independente de traslado, para deles fazer o uso que convier ao suplicante.*
>
> *P. deferimento E. R. M. Pinda, 26 de julho de 1906. Com a proc. inclusa — o advogado J. M. F. J.*

O processo não foi por diante, irrisório que era. Apesar disso, a brincadeira custou ao escamado hoteleiro perto de um conto de réis...

O ESPIÃO ALEMÃO

1916

Abre a história. Escuta. Só ouvirás rumores de guerra. Aquele tropel desapoderado? É a avalanche tártara. Tamerlão, o tigre coxo, derrama sobre a Pérsia legiões de feras — e leva a chacina a proporções inauditas. Seu capricho exige em Ispahan setenta mil cabeças humanas. Cada seção do exército lhe há de fornecer uma quota. Fartos, cansados de cortá-las, os soldados entram a adquiri-las, pagando a moeda de ouro cada uma. Era bom negócio, a oferta cresceu e o preço baixou a meia moeda. Reunidas as setenta mil, Timur construiu torres de crânios em redor da cidade.

Ruge a sangueira além. É em Délhi. Timur, tigre precavido, antes de bater-se com Maomé IV, delibera aliviar o exército de cem mil prisioneiros incômodos. Solução magistral: degola-os... A vaga prossegue, chega a Ancira, esmaga Bajazet, o grande sultão, e passa...

E acolá? Assíria. De Nínive, antro de leões famintos, descem para a carniçaria os reis flecheiros. Assurbanípal canta os próprios feitos em inscrições chegadas até nós: "Construí um muro diante das portas da cidade e forrei-o com a pele dos chefes. A outros emparedei vivos, a outros empalei ao longo das muralhas. Fiz arrancar o couro, em minha presença, a inúmeros, e revesti paredes com esse couro semivivo. Reuni cabeças em forma de coroas e os corpos entrelacei como guirlandas".

A vida da Assíria é toda uma primorosa carnificina. Tuklatabazar, Assurbanípal, Nabuco, Sargão — todos os magarefes reais viram a sua perícia em arrancar o couro a criaturas humanas cantada pelos poetas, comemorada pela arquitetura, admirada pelos pósteros.

Timur passou. Passou a Assíria.

Homens e coisas passam, mas a guerra fica.

É a guerra uma permanente. O homem tem a vocação do morticínio. A arte apoteosa a carniça. Os poetas só ascendem ao épico se o bafio de sangue lhes fumega a inspiração. A beleza suprema é Aquiles fendendo crânios do frontal à nuca, e a história da humanidade não passa dum sistema potamográfico de enxurros vermelhos, musicado pelos gemidos de dor dos vencidos.

A guerra sempre!

Sempre guerras!

A guerra dos Sete Chefes, a guerra de Troia, as guerras púnicas, as guerras de Roma — escravos, Numância, mercenários, Jugurta, Mitrídates, civil...

Depois, as guerras de invasão. As cruzadas depois. E as guerras de religião. E as guerras dinásticas. A dos Cem Anos, a dos Trinta Anos, a guerra das Duas Rosas, a da sucessão da Espanha. A guerra americana de secessão. As napoleônicas, a russo-turca, a hispano-americana, a sino-japonesa, a franco-prussiana, a anglo-bôer...

Depois, depois a Guerra Geral, a guerra do mundo contra a Alemanha.

O rosário para aqui. Mas como não para o Ódio e como a Estupidez Humana é irredutível, o futuro verá tantas guerras quantas viu o passado.

Os grandes condutores de povos: simples vontades de aço despidas de inteligência, incapazes doutra filosofia que não a das maxilas da hiena. Porque eles perpetuam a guerra, a humanidade os erige em semideuses. E com eles, poetas, pensadores, generais, a indústria, o comércio, a imprensa, todos, todos e tudo — fora as mães — zelam, como vestais, para que se não extinga o fogo sagrado do Ódio. Já para os deuses, de Júpiter a

Jeová, era a vingança o prazer supremo. Se sabe assim a guerra a paladares divinos, que admira saber tanto ao macaco glabro que se classificou a si próprio *Homo sapiens*, ignorante de como o classificariam os cavalos?

Também nós temos tido por aqui nossas guerras. A grande, do Paraguai, onde chacinamos os selvagens do Chaco e as pequenas, internas — intestinais. Temos a Guerra dos Mascates, onde torceu o pé um reinol e, consta, se arranhou um nativo. Temos a do Alecrim e da Manjerona, que não arranhou ninguém. Mas a guerra grande, a guerra-guerra, a guerra de encher o olho a Marte e berrar por poetas que a botem em *Ilíadas* parnasianas com o retrato de Belona no frontispício, ah! temo-la em nossa guerra contra a Alemanha!

Essa nação formidável, Assíria encouraçada de aço, máquina monstruosa que apavorou o mundo, Golias de tremenda catadura temperado nas forjas de Krupp, viu saltar-lhe à frente um Davi de ivirapema em punho.

E o caso foi que mais uma vez Davi venceu o gigante!... Quem duvidar do milagre, leia *O Lírio* de Itaoca, semanário literário, recreativo e comercial, número extra, de oito páginas, comemorativo do Armistício. Diz ele:

> *Vencemos!* O gigante jaz por terra, exangue. A esquadra dispersa, os exércitos rotos, a arrogância abatida — a invencível Alemanha dobra os joelhos e entrega-*-nos* a espada sangrenta! Honra aos gloriosos estadistas que nos impulsaram à luta! Honra ao Exmo. Dr. Venceslau Brás Pereira Gomes, digníssimo Presidente da República, e honra, sobretudo, ao ínclito coronel José Pedro Teixeira Marcondes, honradíssimo presidente do diretório político de Itaoca e chefe honorário da heroica linha de tiro "Frei Gaspar da Madre de Deus"! Ave! Ave! Evoé!

É força que os novelistas fixem estes aspectos heroicos do país, já que descuram deles os Pombos e Capistranos sisudos.

A ação de Itaoca durante a guerra foi de fato notável; mas como Itaoca não passa de pobre lugarejo perdido no espinhaço da serra, sem bons correspondentes para os jornais do Rio, toda a sua agitação mavórtica permanecerá sem notícia se não lhe acode romanceador.

Itaoca tem, oficialmente, cinco mil habitantes — estatística feita a olho. O chefe da terra mandou carregar vinte por cento de "créscima" no cálculo do vigário, em virtude de velha rivalidade com Itapuca, cidade vizinha, onde o olhômetro municipal acusara quatro mil e quinhentas almas, afora as penadas. Itaoca não se abaixa! Já a sua filarmônica era a melhor, o jornal tinha mais estilo e o mercado mais verdura. Ficou mais populosa também, depois do patriótico recenseamento.

Itaoca é regida politicamente pelo coronel José Pedro, e intelectualmente pelo vigário, monsenhor Acácio da Silva, um homem que sabe tudo, até astronomia! Além deste luzeiro, há outras possantes candeias em Itaoca: o juiz, velho bacharel pelo Pedro II; o Leão Lobo, mulatinho disfarçado, emérito em versos, charadas, enigmas e logogrifos. Há ainda o Pimenta, secretário da Câmara; o major Ventania, veterano de Itararé, e outros, que leram o *Rocambole* a fio e assinam as folhas governistas.

Quando rebentou a guerra, grande foi a emoção de Itaoca. Sensação de estupor. Mas o coronel, expedito que era, sem vacilar um minuto convocou o diretório. Reunidos que foram os seus oito membros, o presidente expôs com palavras soleníssimas a gravidade do momento e pediu alvitres. Pimenta tomou a palavra e propôs ficasse o diretório em sessão permanente até o fim da guerra. Leão Lobo aventou a ideia dum Comitê de Salvação Pública, bem como a dum vereador sem pasta. Outros alvitres de primeiríssima foram lembrados, mas só logrou aprovação a ideia sensata do presidente: não fazerem coisa nenhuma antes de as outras municipalidades se manifestarem. Aguardariam os acontecimentos de olho ferrado nos jornais e no patriótico presidente da República, ao qual oficiaram no mais alevantado estilo. Quanto à sessão permanente, achavam isso uma grande maçada.

Assim se fez, e Itaoca, não podendo revelar gênio criador, portou-se durante a guerra como a mais direitinha das maria vai com as outras.

A primeira resultante da guerra valeu no país inteiro pelo incremento das linhas de tiro. Itaoca não ficou atrás — deitou também o seu tirozinho.

Que revolução no seu pacífico viver não foi aquilo! Veio instrutor de fora, e a coisa se fez "por música", com duzentos homens de efetivo — no papel. Efetivos na realidade, apenas vinte. Os mais, homens de oitenta quilos, negociantes, fazendeiros, "gente grada", constituíam o "enchimento". Cooperavam com dinheiro e boa vontade, mas isso de exercícios, e ginástica, e tiro ao alvo — "coisas de meninada".

Apesar de serem só vinte, os rapazes de perneiras e chapéu à americana transformaram Itaoca em praça de guerra e varreram do coração das meninas todos os rivais civis. Era de vê-los passar, garbosos, em marcha cadenciada, sob o corisco dos olhares lânguidos das Sinhazinhas e Mariquitas janeleiras. Da pobre ralé de paletó-saco e palheta salvou-se um ou outro, de rubi no dedo. Vênus sempre foi doidinha por Marte...

O armamento requisitado ao Ministério da Guerra para o Tiro "Frei Gaspar da Madre de Deus", apesar de prometido, nunca chegou a Itaoca. Não obstante, exercitavam-se os voluntários com uma carabina Flaubert do Pimenta. Aos sábados, na sede da linha, compareciam os vinte heroicos atiradores e cada um dava o seu tirozinho na lata de banha posta como alvo a vinte metros de distância. A munição, porém, encareceu. As balas chegaram ao preço de cem réis por cabeça. Era um desperdício gastarem--se vinte cada semana para transformar lata velha em crivo. Daí a grande ideia do major Ventania, comandante superior do "Frei Gaspar". Ponderou ele: alvo por alvo, tanto faz uma lata como um passarinho; ora, mirando passarinho, o atirador exercita-se da mesma maneira e sempre apanha um ou outro, com proveito duplo — do treino e do jantar. Sendo assim, não será mais lógico aproveitarem-se as vinte balas semanais no pomar, em caçada às rolinhas, sabiás e sanhaços? Sensata que era a ideia, foi logo posta em prática, e o exercício de tiro ficou reorganizado deste modo: cada domingo a Flaubert e vinte balas eram entregues a dois voluntários para que caçassem onde quisessem, sob a condição de repartirem a caça abatida com Ventania, pai da ideia-mãe e muito guloso de arroz com passarinho. O major emitiu ainda um conselho de alta estratégia culinária.

— Deem preferência às rolinhas: são mais carnudas que os sanhaços. Quanto aos sabiás, não me parece patriótico atirar nos rouxinóis de Gonçalves Dias — além de que a carne não vale nada...

Este mirífico sistema deu resultado tríplice: desbaste nas laranjas e passarinhos pomareiros, muita precisão nos tiros dos rapazes e engorda do major.

Apurado o seu aparelho de defesa, Itaoca dormiu sossegada, à espera do inimigo. Viessem os bárbaros germânicos e cairiam ceifados como rolinhas.

Não foram tolos. Não vieram. Não veio um ulano sequer. Mas que a Alemanha pôs o seu olho de águia em Itaoca, disso não resta a menor dúvida. Aqui muito em segredo o confessamos hoje: andaram espiões por lá!

— ???!!!!

Sim, espiões, e dos piores. Andaram rondando a cidade, tomando plantas, tirando desenhos... Agora que se acabou a guerra, é permitido confessar o fato. Antes, não; por isso foi o segredo religiosamente oculto pelas autoridades locais, por Leão Lobo e até pelas mulheres, tão palreiras.

Nobilíssimo povo de Itaoca! Quantos males não poupou ao país a tua severa discrição!...

Foi assim o caso. Leão Lobo saía da ximbica do costume na casa do Pimenta, às onze da noite, quando, no largo da matriz, cruzou com um vulto desconhecido, ruivo de cabelos, maltrapilho, ar suspeitíssimo e trouxa mais suspeita ainda sobraçada. Um profético relâmpago lucilou-lhe no cérebro: "Espião!". Sobresteve a alma aos pinotes, meditou três segundos e, como flecha do patriotismo despedida do arco da salvação pública, voou à casa do coronel José Pedro, já na paz dos lençóis àquela hora. Leão Lobo bateu na vidraça freneticamente, três, quatro, cinco vezes. O coronel apareceu de chambre, gorro de lã e vela na mão — assustadíssimo.

— Que é lá?

— Espiões na terra, coronel!...

O pobre homem, mal acordado, estremeceu da base ao topo num dos maiores abalos sísmicos de sua vida. Engasgou. Tartamudeou. E ao termo de uns segundos de tonteira pôde apenas murmurar em voz débil um imperceptível — "Entre!". A porta abriu-se e Leão Lobo entrou.

— Com que então, espiões?... — disse o coronel, de olho arregalado.

— E dos piores! *Daqueles*, coronel!...

A entonação do "daqueles" foi tão impressionadora que José Pedro se encostou à parede para conservar o aprumo coronelício.

A situação era de tal modo imprevista que o chefe não sabia o que fazer. Salvou-o Leão Lobo, afeito a lidar com charadas e logogrifos dos mais crespos.

— Coragem, coronel! O momento não é para vacilações. Proponho que se desperte Ventania, que se mobilize o "Frei Gaspar", mais o destacamento policial, e que se monte guarda rigorosa às saídas da cidade durante o resto da noite. Amanhã, engaiola-se o melro!

— Bem ponderado! — exclamou o chefe, já mais seguro de si. — Vá você mesmo avisar os homens, enquanto eu...

Leão Lobo, sem esperar o fim, saiu aos pinotes, enquanto o coronel... enquanto o coronel voltava para a cama bastante apreensivo.

— A gente tão "sossegado" aqui e aquele peste do *Kaiser*... — murmurou ele ao deitar-se.

— Que foi? — indagou a mulher num bocejo.

— Espiões na terra, Candoca! Raios de espiões!

Dona Candoca era um poço de bom senso. Disse apenas:

— O que me admira é vocês andarem pela cabeça daquele bodinho...

E, virando-se para o canto, adormeceu.

Leão Lobo acordou Ventania e o delegado. Horas depois o destacamento policial — um cabo e dois praças — mais o Tiro inteiro estavam em pé de guerra, com grande pavor de várias damas despenteadas que à janela, em camisa, punham as mãos, invocando as várias Nossas Senhoras adequadas ao lance — que aquilo era por certo o fim do mundo.

Nenhum luar no céu, e como os lampiões já de semanas não se acendessem por precaução contra os zepelins mortíferos, o escuro era de breu. Mesmo assim às apalpadelas as forças mobilizadas agiram com tal estratégia que "três horas" após o rebate todas as saídas de Itaoca estavam hermeticamente sentineladas. Numa delas ficou metade do "Frei Gaspar" com a Flaubert à frente. A outra metade conseguiu munir-se de uma velha garrucha de dois canos, carregada de chumbo paula-sousa.

A senha era impiedosa: não deixar passar vivalma loura ou ruiva; em caso de resistência, fogo de barragem!

Não passou ninguém, afora o Vinagre, cachorro veadeiro do Pimenta, o qual, como o seu dono, tinha incoercíveis hábitos noturnos.

Amanheceu, enfim.

Quando o astro-rei, desdobrando as róseas gazes da aurora, espargiu sobre o orbe os seus primeiros raios — como esplendidamente disse mais tarde *O Lírio*, historiando os fatos —, o major Ventania e o delegado deram começo à rigorosa pesquisa.

Não foi preciso muito. O espião lá estava, espichado no *trottoir* da igreja, ronflando com a cabeça apoiada na valise suspeita. (Adivinha-se aqui o estilo do "Pall-Mall-Lírio", seção evidentemente influenciada pelo mirífico José Antônio José da *Gazeta de Notícias*...)

O major Ventania não vacila: mete dois dedos na boca e produz um assobio agudíssimo.

Era o sinal. Acode logo o Tiro, mais o destacamento e a molecada, e solenemente, num sherlockiano *nhoc!*, agarram, em nome da lei, o perigosíssimo agente do *Kaiser*.

Não há memória em Itaoca de lance mais repassado de dramaticidade. O patriotismo engasgava os pró-homens da terra, emudecendo-os de sagrada emoção. Naquele momento augusto salvava-se a Pátria querida!...

Dali seguiu para a cadeia o infame dolicocéfalo louro, e lá lhe montou guarda o Tiro. Ao detentor da Flaubert foi marcado o posto de maior responsabilidade, à porta do xadrez, com ordem de conservá-la engatilhada.

— Se o bicho tentar fugir, nada de molezas — ordenou o major. — Fogo nele — fogo de barragem!

Às dez estava tudo pronto para o interrogatório. Mas aqui surgiu imprevista dificuldade: o espião insistia em não falar língua de gente, e na terra, fora os membros da colônia alemã, ninguém pescava um *ja* da odiosa língua de Goethe. (A colônia alemã de Itaoca compunha-se do velho boticário Müller, estabelecido com farmácia havia sessenta anos, e uma sua criada nascida em Blumenau.)

— E agora? — indagou a autoridade, atarantada. — Só se convidarmos o Müller para intérprete.

Leão Lobo, com a sua clara visão de patriota exaltado, obtemperou incontinênti:

— Não! Não é possível! Müller, como germânico, é suspeito. Pode alterar as respostas do agente. Proponho para "língua" o monsenhor Acácio. Há de saber alemão. Que é que ele não sabe? Até astronomia...

Era verdade. Monsenhor Acácio sabia tudo, dissertava *de omni re scibili*, e em línguas vivas e mortas ganhava até de d. Pedro II, que sabia catorze.

Veio o padre. Solenemente, por meia hora, bateu língua com o espião, sob o olhar aparvalhado dos assistentes. Por fim:

— O alemão deste homem — concluiu ele sentenciosamente — é o alemão turíngio da baixa germanidade valona da Silésia hanoveriana. Ininteligível, portanto, a quem, como eu, só conhece o alemão gramatical da alta germanidade dos Goethes, dos Lessings, dos Bergsons, dos Schneider-Canets.

Leão Lobo, entusiasmado, cochichou para Ventania. "Eu não disse? Ele é um bicho!"

Do pouco que o espião dissera, uma frase, por muito repetida, gravou-se na memória dos itaoquenses: *ai éme inglix*. Leão Lobo, afeito a lidar com os mais embaraçantes enigmas, tentou decifrar a misteriosa frase por meio dos processos charadísticos. *Ai éme inglix*: *Ai*, uma; *éme*, uma; *inglix*, duas. Conceito? Engasgava no conceito. Estava nisso, quando o padre cortou o nó górdio.

— *Ai éme inglix* — disse ele enrugando a testa — quer dizer, se me não falham as analogias glotológicas — "estou com fome". E é natural. Já bateu meio-dia. Deem-lhe, pois, almoço, e a mim licença para retirar-me, pois que estou de hora passada.

E, pondo na cabeça o chapéu felpudo, saiu solene e sábio como a própria Minerva de batina e coroa.

Leão Lobo namorou-o até certa distância, com o olhar úmido de ternura.

— É um baita o nosso monsenhor!... Pena viver neste fim de mundo. Se "atuasse" no Rio, hein? Que figurão!...

Na impossibilidade de arrancar ao espião palavra inteligível, resolveram enviá-lo à capital, de presente ao chefe de polícia. Iria escoltado por quatro voluntários, tirados à sorte.

Assim se fez, e no dia solene da partida houve choradeira de mulheres e um discurso de bota-fora.

— Ide-vos — disse o orador oficial —, a Pátria exige de vós esse sacrifício. Não ocultamos os perigos que correis. Este facínora poderá ser membro duma quadrilha de sicários emboscados à beira da estrada. Podeis ser chacinados em massa, atacados a gases lacrimogêneos, picotados pelas metralhadoras. Não importa! Ide-vos! A Pátria exige o vosso sangue! Se cairdes, tereis como recompensa a nossa gratidão eterna!

— E o nome numa rua! — aparteou o presidente da Câmara.

Bravos em atoarda abafaram as palavras do orador. Bem merecidos!

Partiram, afinal, os jovens heróis e nunca se viu maior resignação ao sacrifício. Malbaratavam a vida como bravos de raça que eram, com antepassados na guerra do Alecrim e da Manjerona e outras.

Itaoca distava duas léguas da via férrea e quarenta da capital. Os rapazes da escolta, apesar do quadro horrível que o orador desenhara, arreceavam-se menos das emboscadas do inimigo, perigo problemático, do que da viagem pela via férrea Central do Brasil, vezeira em descarrilamentos, choques, telescopagens etc. Razão por que só empalideceram quando na estação ouviram o apito do trem mortífero. Antes do embarque remeteram para Itaoca um despacho conciso mas eloquente: "Chegamos. O espião sempre na unha. Viva a República!".

Quando o Zé Burro, preto recadeiro que fazia carretos a pé a mil-réis por légua, entregou o zeburrograma ao major Ventania, o prefeito municipal comemorou a auspiciosa notícia mandando soltar uma dúzia de foguetes — pela verba "socorros públicos".

Nesse mesmo dia um grupo de exaltados promoveu imponente manifestação patriótica. Falou na praça Sete de Setembro, com patética eloquência, o ínclito Leão Lobo, produzindo a mais veemente oração da sua vida.

— Ali, senhores — disse a apontar com dedo enérgico o *trottoir* doravante histórico —, esteve deitado, fingindo que dormia, mas de fato *espiando*, um dos mais perigosos agentes da espionagem alemã. O celerado não confessou. Mas havia de confessar? Havia de denunciar os tenebrosos planos do anti-Cristo moderno, esse *Kaiser* assassino que está assassinando o mundo?

"A situação é gravíssima, senhores! Itaoca está sobre um vulcão! Minada de todos os lados, a vida das nossas famílias, a honra das nossas esposas, as mãozinhas das nossas crianças (sensação) correm o maior dos riscos! Lembrai-vos da Bélgica, essa heroica crucificada na cruz de ferro do monstro kruppeano (sensação)! Senhores! Um desagravo se impõe. Precisamos manifestar a nossa repulsa perante a colônia alemã que, como víbora, alimentamos em nosso seio. Viva a França! Viva o Exmo. Dr. Venceslau Brás Pereira Gomes, nosso impertérrito presidente!"

Foi um delírio. Estrepitaram palmas, de envolta com imprecações de vingança contra a colônia alemã — o boticário e sua criada.

— Abaixo o Müller! Morra a Gretche!

A onda popular, arrastada pelos impulsos do mais nobre civismo, despejou-se, como avalanche, para os lados da velha botica. Leão Lobo à frente, com o patriotismo a cem graus centígrados, desfechava vivas e morras truculentos. Viveu Clemenceau, Joffre, Foch; morreu Hindenburg, Mackensen e Enver-Pachá.

Os *gavroches* (está n'*O Lírio*) iam pelo caminho juntando pedras para o bombardeio da colônia. Defrontados que foram com a odiosa farmácia, nela choveram projéteis, entre apupos e assobios. Não ficou vidraça intacta. Um obus, penetrando na prateleira das drogas, quebrou ali o vidro de sal-amargo. Também a ipeca e a tintura de iodo foram seriamente maltratadas. Mas a colônia alemã não deu mostras de si. Nem Müller, nem a criada tiveram a coragem de mostrar a ponta do nariz.

Covardes!

Os patriotas, cansados de apedrejar e desafiar, arrancaram a placa da botica e levaram-na à guisa de troféu para a redação d'*O Lírio*, onde beberam várias garrafas de champanha (soda), sempre pela verba "socorros públicos".

Na noite desse dia a esposa do coronel José Pedro teve uma violentíssima cólica intestinal. Receitaram-lhe sal-amargo. Correu à botica uma negrinha, que voltou de mãos abanando.

— Seu Müller manda dizer que não tem; que os patriotas quebraram o vidro; que se serve sal de azedas, que tem.

A pobre da dona Candoca estorceu-se e...

— É isto! — exclamou. — Aquele bodinho faz das suas e quem paga o pato é a pobre de mim. Ai, ai!...

— Mulher! — interveio o marido. — A Pátria acima de tudo!

— Vocês são uns...

O cronista não ouviu o qualificativo de dona Candoca, mas a avaliar pela cara do marido, foi forte. O homem passou embezerrado o resto do dia.

À noite chegou telegrama do chefe de polícia: "Verificamos prisioneiro súdito inglês. Receios complicação diplomática. Guardem reserva grotesco incidente".

O coronel José Pedro, desapontadíssimo, esteve meia hora com o papelucho na mão, meditando. Depois reuniu os paredros e disse:

— Recebi telegrama confidencial do chefe de polícia. O caso é mais grave do que supus. Sou obrigado a guardar reserva. Altos segredos de Estado, vocês compreendem...

Apatetamento geral. Cada um comentou a seu modo o caso, e Leão Lobo, incontinênti, recorreu ao método charadístico: *Telegrama, reserva, segredo de Estado*... Conceito? Engasgou no conceito. Era a segunda vez na semana que por falta de conceito perdia uma charada.

Assim permaneceram até a volta dos heroicos expedicionários.

Que bela festa, a recepção! Foi a banda esperá-los à boca da cidade, e com ela os patriotas, o Tiro, as moças. Mal os avistaram, romperam em vivas. A banda malhou o hino. Depois, a *accolade* (*Lírio*). Mariquinha Fagundes ofereceu a cada qual sua coroa de louros, feita de folhas de jabuticaba. Ela mesma enfiou-as na Flaubert de um, na garrucha de outro e nos guatambus chumbados dos restantes. Itaoca sabia ser grata aos seus heróis.

E a coisa não ficou nisso, note-se. Na primeira sessão da Câmara foi proposta a cunhagem duma medalha comemorativa, tendo no verso um cambito de perneira esmagando víboras e no anverso um lindo dístico em latim. É verdade que este projeto caiu. Mas vingou outro mais econômico: dar a quatro ruas o nome dos quatro heróis. Destarte, e com muita justiça, pois não, as antigas ruas General Osório, Duque de Caxias, Regente Feijó e Rio Branco passaram a denominar-se, respectivamente, rua Tenente Teixeira, rua Aristeu da Silva, rua José Joaquim de Souza e rua Aristogiton Pereira.

Mas Leão Lobo, o infatigável patriota, não está satisfeito. Entre uma charada e outra, perde-se em meditabundos devaneios. Como ainda não se abriu com os amigos, ninguém sabe qual é a grande ideia que lá lhe fulgura sob a gaforinha.

Mas há meios de devassar o pensamento secreto dos homens generosos que pronunciam cem vezes ao dia a palavra pátria com P maiúsculo. Ele — nobilíssima criatura! — está amadurecendo a ideia de pedir a Clemenceau a fita da Legião de Honra para a lapela da mui leal e invicta Itaoca.

E vão ver que Clemenceau acaba por fazer-lhe a vontade, dando ainda a ele, Leão Lobo, de lambuja, a comenda do *Mérite Agricole*.

Merecedíssima, aliás, pois não!

CAFÉ! CAFÉ!

1900

E O VELHO MAJOR RECAIU EM CISMA PROFUNDA. A colheita não prometia pouco: florada magnífica, tempo ajuizado, sem ventanias nem geadas. Mas os preços, os preços! Uma infâmia! Café a seis mil-réis, onde se viu isso? E ele que anos atrás vendera-o a trinta! E este Governo, santo Deus, que não protege a lavoura, que não cria bancos regionais, que não obriga o estrangeiro a pagar o precioso grão a peso de ouro!

E depois não queriam que ele fosse monarquista... Havia de ser, havia de detestar a República porque era ela a causa de tamanha calamidade, ela com seus Campos Sales de bobagem.

Que tempos! Pois até o Chiquinho Alves, um menino que ele vira em fraldas de camisa brincando na rua, não estava agora na chapa oficial para deputado? Que tempos!

E com as magras mãos de velho engorovinhado o major torcia com frenesi os bigodes amarelos de sarro.

Todo ele recendia a passado e rotina. Na cabeça já branca habitavam ideias de pedra. Como essas famílias de caboclos que vegetam ao pé dos morros numa choça de palha, cercada de taquara, com um terreirinho, moenda e o chiqueiro e toda a imensidade azul e verde das serras e dos céus a insulá-las da civilização, assim a cabeça do major. As primeiras ideias que ali abicaram, e isso já de sessenta anos, nas remotas eras do bê-á-bá na escola do Ganimedes, meteram a foice na capoeira, fincaram os paus da cerca, aprumaram os esteios da morada, cobriram-na de sapé; e lentamente, à medida que vinham entrando, compelidas pela vara de marmelo e a rija palmatória do feroz pedagogo, foram erigindo a casa mental do nosso herói. Depois, no começo da vida prática, como administrador da fazenda paterna, novas ideias e novos conhecimentos, filhos da experiência, tiveram guarida na choça daquele cérebro, acrescendo-o de mais uns puxados ou telheirinhos. Juízos sobre o Governo, apreciações sobre Suas Majestades, conceitos transmitidos por pais de família e coronéis da Guarda Nacional, ideias religiosas embutidas pelo roliço padre Pimenta, oráculo da família, receitas para quebrantos, a trenzama toda moral e intelectual da sua psíquica de matuto ricaço, por lá se arrumou com o tempo, apesar do acanhamento da choça e das dependências. Para o chiqueirinho foram as anedotas frescas e as chalaças pesadas aprendidas na botica do Zeca Pirula. E ficou nisso o meu major; se uma ideiazita nova voava para ele, batia de peito em seus ouvidos moucos, como rolinhas em paredes caiadas, caindo morta no chão; ou como borboleta em casa aberta, entrava por uma orelha e saía por outra. Ficou naquilo o major Mimbuia, uma pedra, um verdadeiro monólito que só cuidava de colher café, de secar café, de beber café, de adorar o café. Se algum atrevido ousava insinuar-lhe a necessidadezinha de plantar outras coisinhas, um mantimentozinho humilde que fosse, Mimbuia fulminava-o com apóstrofes.

— O café dá para tudo. Isso de plantar mantimento é estupidez. Café. Só café.

— Mas, com seu perdão, major, se algum dia, que Deus nos livre, o café baixar e...

— O café não baixa e se baixar sobe de novo. Vocês não entendem dessa história — e depois, olhe, eu não admito ideias revolucionárias em minha casa, já ouviu?

E estava acabado, o pedreiro-livre murchava as orelhas e abalava de rabo encolhido.

Veio, porém, a baixa; as excessivas colheitas foram abarrotando os mercados, dia a dia os estoques do Havre e de Nova York aumentavam. Os preços baixavam sempre, cada vez mais; chegaram a dez mil-réis, a nove, a oito, a seis. O major ria-se e limpando as unhas profetizava:

— Em janeiro o café está a trinta e cinco mil-réis.

Chegou janeiro; o café desceu a cinco mil e quinhentos. "Em fevereiro eu aposto que vai a quarenta!" Foi a cinco.

O major emagrecia. "Em março eu juro pela alma de meu pai, que Deus haja, como o café há de subir a quarenta e cinco mil-réis!" O café em março desceu a quatro.

O major enlouquecia. Estava à míngua de recursos, endividado, a fazenda penhorada, os camaradas desandando, os credores batendo à porta. Já ia para três anos que o produto das safras não bastava para cobrir o custeio. Três déficits sucessivos devoraram-lhe as economias e estancaram as fontes. Mas o velho não desanimava. O cafezal estava um brinco, sem um pezinho de capim. As casas desmoronavam, o mato viçava nos terreiros, invadindo as tulhas, inundando tudo de clara verdura vitoriosa, o caruru já estava cansado de nascer nos lugares proibidos onde outrora, nem bem repontava medroso, já vinha um negro cambaio a arrancá-lo sem dó. O major passava a mandioca assada e canjica: nem pitava mais daqueles longos cigarros de palha, por economia. Todo dinheirinho que entrava das vendas do gado, de pedaços de terra, de empréstimos, de velhas dívidas pagas, tudo ia para o Moloch insaciável do cafezal. Chegado o tempo da colheita, colhia muito, as safras eram ótimas, porém o produto das vendas nenhum alívio trazia à situação, antes agravava-a com um novo déficit. E como não, se o café estava beirando os três mil a arroba e lhe saía a seis a produção de cada uma?

Aconselharam-lhe o plantio de cereais; o feijão andava caro, o milho dava bom lucro. Nada! O homem encolerizava-se e rugia:

— Não! Só café! Só café! Há de subir, há de subir muito. Sempre foi assim. Só café. Só café!

E ninguém o tirava dali. A fazenda era uma desolação; a penúria, extrema; os agregados andavam esfomeados, as roupas em trapo, imundos, mas a trabalhar ainda, a limpar café, a colher café, a socar café. Os salários, caídos no mínimo, uma ninharia, o quanto bastasse para matar a fome. O velho roía as unhas rancorosamente, vomitando injúrias contra os tempos modernos, contra a estrangeirada, o Governo, os comissários, numa cólera perene, e trabalhava no eito com os camaradas a limpar café, a colher café.

— Sobe, há de subir, há de chegar a trinta mil-réis.

Para sustentar a luta vendeu uma nesga da fazenda — um pedaço da sua própria carne.

Depois vendeu outra, mais outra e outra. O Moloch insaciável, porém, engoliu tudo e pediu mais. Ele vendeu mais: vendeu os pastos, vendeu por fim a casa de morada com todas as benfeitorias e foi residir num ranchinho no cafezal.

A situação piorava, os preços continuavam a cair, o velho já estava sem unhas para roer e sem mandioca para se alimentar. Só possuía o cafezal, sempre limpo, sempre sem um matinho. Um dia desertou uma leva de camaradas: outros seguiram aqueles e em breve Mimbuia viu-se completamente só no seu ranchinho do cafezal. Levantava-se antes de clarear o dia e saía de enxada em punho, numa raiva surda, a capinar, a capinar o dia inteiro como um possesso.

Depois, como o cafezal fosse grande e ele um só, o mato brotou luxuriante, numa alegria verde-clara de vitória. O velho, possesso, dentes cerrados, surdo ao sol e à chuva, seminu, esfarrapado e macilento, baba a escorrer dos cantos da boca, torrado pela soalheira, sujo de terra, já não podendo vencer o mato exuberante, andava a arrancar as ervas mais atrevidas ou graúdas, catando uma aqui, outra ali.

A luta era gigantesca, de vida ou de morte. Pelo cafezal todo as ruas outrora vermelhas e varridas eram extensas faixas do verde vitorioso. A beldroega alastrava-se, o caruru já florescia, o picão derrubava as sementes novas para nova seara mais farta e pujante.

Pintassilgos inúmeros trilavam pelo chão banqueteando-se à farta nas sementes dos capins. As rolinhas rebolavam, arrulhando, roliças, de papinho duro. Os tico-ticos, como legiões de bárbaros, tagarelavam fabricando ninhos, pondo ovos, chocando-os, tirando ninhadas famintas. O sol rompia todas as madrugadas, fecundo, forte, vencedor, criando seiva intensa, acariciando as ervas transbordantes. Chuvas contínuas davam à terra magnífica um fofo de alfobre. O velho Mimbuia estava um espectro, já nu de todo, os olhos esbugalhados a se revirarem nas órbitas com desvario. Um espectro sem carnes, só pele calcinada e ossos pontiagudos. Mas quando a boca se abria naquela barba hirsuta, o que vinha era uma coisa só:

— Há de subir, há de subir, há de chegar a sessenta mil-réis em julho. Café, café, só café!...

TOQUE OUTRA

s/d

— ORA TOQUE, Sinhazinha, toque!

— Mas eu não sei...

— Não faz mal, toque assim mesmo, não se faça de rogada. Aquela valsinha...

A pálida menina geme novos luxinhos faceiros, torce os pingentes da almofada e por fim levanta-se, toda dengues, a desculpar-se.

— Vou errar tudo, não tenho estudado há muitos dias, estou esquecida...

— Não faz mal, toque!...

Sinhazinha senta-se ao piano, folheia a maçaroca de músicas e preguiçosamente abre diante de si uma valsa de Aurélio Cavalcanti.

E toca: *blem, blem, belelém*...

A sala então, que só por aquilo esperava, afunda na conversa. O barulho do piano, abafando o tom geral da palestra, dá azo à delícia dos duos, em que cada um pega de cochicho com quem mais o atende. As matronas, donas de casa, caem no assunto dileto — os criados!

— Ai, os criados! Que gente, prima! Que pestes! Não fazem "isto" sem uma pessoa estar em cima; se vão a compras, roubam no troco...

E não se lhes diga uma palavrinha! Pedem a conta e dizem desaforos, os demônios...

As meninas rodeiam o moço, que impa como um galo e desdobra o farnel da banalidade tão cara às mulheres; todas ouvem-no atentas, bebem-lhe os ditos, riem das suas pilhérias, acham-no "levado".

Titinha diz, sorvendo-o com os olhos:

— Este seu Raul é mesmo da pele!

Num desvão da janela cochicha-se um namoro; a das Dores conta à do Carmo que não gosta mais do Luisinho por umas certas coisas que viu no último baile. Do Carmo comenta, sentenciosa:

— Os homens! Os homens!...

Duas em outro canto riem perdidamente, em casquinadas argentinas.

Nisto Sinhazinha acaba a valsa. A sala dá pela coisa, interrompe a tagarelice e pede mais:

— Muito bem, Sinhazinha, muito bem! Toque outra!...

Sinhazinha ataca uma *schottisch*.

A sala retoma os temas interrompidos.

— Mas... como eu ia contando...

Impossível negar as vantagens sociais da música.

UM HOMEM DE CONSCIÊNCIA

s/d

Chamava-se João Teodoro, só. O mais pacato e modesto dos homens. Honestíssimo e lealíssimo, com um defeito apenas: não dar o mínimo valor a si próprio. Para João Teodoro, a coisa de menos importância no mundo era João Teodoro.

Nunca fora nada na vida, nem admitia a hipótese de vir a ser alguma coisa. E por muito tempo não quis nem sequer o que todos ali queriam: mudar-se para terra melhor.

Mas João Teodoro acompanhava com aperto de coração o deperecimento visível de sua Itaoca.

"Isto já foi muito melhor", dizia consigo. "Já teve três médicos bem bons — agora só um e bem ruinzote. Já teve seis advogados e hoje mal dá serviço para um rábula ordinário como o Tenório. Nem circo de cavalinhos bate mais por aqui. A gente que presta se muda. Fica o restolho. Decididamente, a minha Itaoca está se acabando..."

João Teodoro entrou a incubar a ideia de também mudar-se, mas para isso necessitava dum fato qualquer que o convencesse de maneira absoluta de que Itaoca não tinha mesmo conserto ou arranjo possível.

"É isso", deliberou lá por dentro. "Quando eu verificar que tudo está perdido, que Itaoca não vale mais nada de nada de nada, então arrumo a trouxa e boto-me fora daqui."

Um dia aconteceu a grande novidade: a nomeação de João Teodoro para delegado. Nosso homem recebeu a notícia como se fosse uma porretada no crânio. Delegado, ele! Ele que não era nada, nunca fora nada, não queria ser nada, não se julgava capaz de nada...

Ser delegado numa cidadinha daquelas é coisa seriíssima. Não há cargo mais importante. É o homem que prende os outros, que solta, que manda dar sovas, que vai à capital falar com o Governo. Uma coisa colossal ser delegado — e estava ele, João Teodoro, de-le-ga-do de Itaoca!...

João Teodoro caiu em meditação profunda. Passou a noite em claro, pensando e arrumando as malas. Pela madrugada botou-as num burro, montou no seu cavalinho magro e partiu.

Antes de deixar a cidade foi visto por um amigo madrugador.

— Que é isso, João? Para onde se atira tão cedo, assim de armas e bagagens?

— Vou-me embora — respondeu o retirante. — Verifiquei que Itaoca chegou mesmo ao fim.

— Mas, como? Agora que você está delegado?

— Justamente por isso. Terra em que João Teodoro chega a delegado eu não moro. Adeus.

E sumiu.

ANTA QUE BERRA

1919

História propriamente não é o que vou contar, mas simples episódio — coisa de um aparte inocente que atrapalhou a façanha narrada pelo meu saudoso amigo major Pedro Falaverdade, de Itaquaquecetuba.

Apesar de grande caçador o meu amigo não mentia: atrapalhava-se às vezes, confundia uma caçada com outra: mas mentir deliberadamente, como a maioria dos devotos de são Huberto, isso nunca! Para narrar feitos venatórios não havia outro; imitava ao vivo os cães na acuação, os anseios da espera, a corrida, o tiro, levando o naturalismo a ponto de reproduzir até o estrebuchamento final da caça ferida, para o que se atirava ao chão e tremelicava de pernas entre roncos e arquejos de animal agonizante.

É impossível reproduzir as suas histórias com o encanto que lhes emprestava a mímica pitoresca e o seu maravilhoso estilo técnico de caçador encanecido nas lides cinegéticas.

Além disso, confesso aqui à puridade, não sou literato; não fiz versos aos vinte anos e nem sequer coloco decentemente os pronomes.

Mas vamos ao caso.

Por uma tarde modorrenta de agosto o major narrava-me em sua fazenda a mais bela proeza da sua vida:

— Caçada de que me orgulho — dizia ele —, como Napoleão se orgulhava de Marengo.

Passou-se o feito nos sertões do Peripipeva, Serra do Mar, às margens do Itaguaçu. Para encurtar caminho e não amolar os leitores, começo do meio. Fale o major:

— ... E aí soltei a cachorrada. O Vinagre, como sempre, rompeu na dianteira. Cachorro fantasista, amigo de contemplações, pegou logo de namoro com os tangarás, e moita — não correu. Olho Verde, Molho Pardo e Tatuíra, esses afundaram firmes por uns carreiros velhos.

"Mozart partiu por último, depois de um conscencioso farejo pela beira do rio.

"Mozart! Que cachorrão! Era o mestre da matilha e único que fazia fé. Os outros às vezes negavam fogo, mentiam, perdiam a caça ou mudavam de rasto. Mozart, nunca!

"Sóbrio, comedido, de poucas vozes, mas certo como um relógio. Quando ele acuava, eu me punha a postos, que era caça, na certeza matemática; e conforme o número de acuos, já de antemão eu sabia que animal levantara. Um sinal, paca; dois, veado; três, porco; quatro, anta.

"Aos bichos vagabundos, irara, cutia, coati, ouriço, ele magoava com o silêncio de um desprezo olímpico.

"Nesse dia, a primeira voz que me chegou aos ouvidos foi a acuação do Olho Verde. Não fiz caso. Olho mentia como um cachorro.

"Depois latiu a Tatuíra. Era mais sério. Tatuíra, por Mozart e Minerva, herdara do pai as sólidas qualidades de mestre, prejudicadas, porém, por umas excentricidades histéricas da mãe, que, coitada, morreu hidrófoba. E assim, como *chienne souvent varie*, eu que estava deitado de papo acima sob a copa de um ingazeiro marginal ergui-me, mas só nos cotovelos.

"Nisto acuou Mozart — *au, au, au, au:* — anta! De um pulo pus-me na espera, atento. Logo depois os latidos amiudaram e percebi que todos os cães, exceto aquele tranca do Vinagre, corriam no calcanhar da anta.

"Como você sabe, corrida de anta no mato é um castigo. Não há barulho igual. Anta acuada mete-se num trote rompente por meio dos tramados, e vara caminho em linha reta, amassando o reino vegetal como um tanque de carne.

"E por isso enche a floresta de uma barulhada infernal, de fazer pequeno o coração do caçador novato.

"Vinha para meu lado a bicha, margeando o rio. O estrépito das taquaras rachadas, e da galhaça feita em lascas, crescia de vulto rapidamente. Eu postei-me em posição de fogo, no eixo de um valado, onde forçosamente ela havia de entreparar, e engatilhei a Lafourché, bem encaroçada de paula-sousa.

"*Au! au! au!* Estava a bicha a coisa de cem metros; mais minuto e rompia na clareira onde a esperava o meu tiro. O barulho fez-se atroador! Parecia um furacão do inferno em trabalhos de arrasar a floresta! Os taquaruçus rebentavam com estampidos de bomba; e embaúvas de foice gemiam estaladas nas sapopembas. Vinte metros! O fragor já ensurdecia os meus ouvidos. Dez passos! Só tinha o monstro de vencer um moitão de taquaruçus para cair no limpo da espera. *Bá, bá, tá, tá* — a moita estremeceu, rasgou-se, estrondeante, e uma anta cascuda, que mais parecia um rinoceronte, rompeu da tranqueira verde e estacou apalermada à beira do valo. — Eu — *pum! pum!* — tiro de barragem no pé do ouvido. Ela moleou o corpo e sumiu o corpanzil para dentro do buraco, estrebuchando, e lá desferiu um berro que parecia fim do mundo!"

Neste ponto eu interrompi o major com um aparte inocente:

— Será que anta berra, major?

O homem vacilou um segundo, mas tomando pé incontinênti disse:

— Ora, que diabo! Estou confundido. Não era "propriamente" anta o que eu caçava nesse dia, era um veado! É isso mesmo, um lindo veado-catingueiro... Mas, como ia dizendo, o veado berrou e eu...

O veado berrou e o major continuou a história da maior façanha da sua vida com uma impavidez que é privilégio dos heróis. E eu tive lado de verificar quanta razão assistia ao povo em tê-lo na conta do caçador mais verídico da zona. O major positivamente não mentia, confundia apenas uma caçada com outra, por defeito de memória, coisa aliás desculpável em quem já trazia sobre si o peso de sessenta janeiros. Agora que o meu pobre amigo jaz a dormir o derradeiro sono, presto aqui a homenagem desta confissão às altas qualidades do seu espírito superiormente fidedigno.

O AVÔ DO CRISPIM

1919

— Somos todos aqui uns pulhas, uns seixos rolados — dizia-me Crispim Paradeda. — Sabe o que é seixo rolado? Essas pedras de fundo de rio que de tanto baterem umas nas outras acabam sem arestas. A civilização nos iguala, nos arredonda, nos tira a coragem da originalidade. Ah, o meu avô Paradeda...

Impossível uma conversa com o Crispim sem que esse avô aparecesse. Dias antes contara-me como o homem viera de Portugal, fugido à polícia, sob o melhor disfarce da época: uma batina de jesuíta. Ao pôr pé na terra nova achou de bom conselho experimentar a vida de padre clandestino pelos sertões, e levou bom tempo assim. Fez comércio de relíquias; vendeu muito osso de santo e sobretudo "tabuinhas aplainadas por são José" — sem que ninguém lhe objetasse não haver plainas naquele tempo e serem de bacurubu aquelas tabuinhas, madeira inexistente na Terra Santa.

Quando as autoridades eclesiásticas lhe deram em cima, o homem já estava cheio de dobrões. Lançou então às urtigas a batina salvadora e, mudando de zona, apareceu no mundo como o major Crispim Paradeda, o mesmo nome do meu amigo.

Dias antes tinha-me o Crispim contado essa história — e ia contar outra. Crispim nunca citava o avô sem "vir com uma".

— Esta manhã fiz um péssimo negócio — disse ele —, unicamente porque não passo de um seixo rolado. Imagine que emprestei quinhentos mil-réis a um sujeito que além de não pagar dívidas se diverte em difamar os credores. Ah, se eu fosse como o meu avô!...

Um novo caso vinha vindo. Preparei-me para ouvi-lo.

— Meu avô, depois daquela patifaria da batina, que você conhece, enriqueceu com o capital juntado.

— Comércio de madeira, as tabuinhas, sei...

— Sim. Reduziu a tabuinhas todo um velho bacurubu do seu quintal e salvou-se. Em seguida mudou de negócio. Comprou tropas e depois terras. Afazendou-se. Aos sessenta anos era dono de muitos escravos, da excelente fazenda do Pinhal e de regular soma de ouro e prata em moeda, que escondia num cofre de cabiúna de grandes ferragens nos cantos. A arca! Começou a fazer empréstimos, mas os primeiros calotes induziram-no a arrepiar caminho.

"— Chega — disse consigo. — De hoje em diante ninguém me leva uma só pataca.

"Ora, aconteceu que justamente no dia seguinte lhe aparece pela fazenda um novo candidato ao seu dinheiro. O homem apeia, entra, explica-se. Meu avô recebe-o risonhamente, com cara de porta aberta.

"— Só cem patacas? — pergunta.

"Tais palavras, que nenhum dador de dinheiro jamais teve, estarreceu o pretendente, o qual, já em estado de levitação, elevou o montante a cento e cinquenta — 'já que o major...'.

"— É indiferente, meu caro. Cem, cento e cinquenta ou duzentas. Por que não leva logo duzentas?

"Ficou assentado que o empréstimo seria de duzentas e vinte patacas, e depois de combinados os termos da transação, prazo e juros — prazo longo e juros baixíssimos —, entram os dois para o escritório a fim de porem o preto no branco. Enquanto meu avô abre a arca e religiosamente vai tirando as moedas, contando-as e empilhando-as sobre a mesa em montinhos de dez, o pretendente, radiante, totalmente levitado, traça a obrigação com as palavras sacramentais: 'Devo que pagarei etc.'.

"Naquele tempo as coisas eram mais simples do que hoje. Bastava uma folha de papel — um papel levemente azulado, lembro-me ainda, sem selos. Papel manilha, creio..."

— Sei. Adiante.

— Pois é. O pretendente traça com ótima letra o "Devo que pagarei...", assina e mostra-o a meu avô. O endiabrado velho põe os óculos, lê tudo demoradamente, reclama contra uma falha qualquer de redação e obriga o homem a repetir o escrito. Por fim concorda. Acha que o documento está perfeito.

"— Muito bem — diz então, esparramando-se na cadeira de braços, com uma das mãos sobre o documento. — Agora quero que o amiguinho (tinha a mania de tratar toda gente assim) repita as palavras que vou dizer: 'O major é um ladrão!'.

"O radiante pretendente perde metade da radiância. Fica atônito. Não entende. Olha para meu avô com olhos arregalados e boca entreaberta.

"— Sim, amiguinho — continua o velho. — Repita o que eu disse: 'O major é um ladrão!'.

"O assombro do ex-radiante pretendente sobe de ponto. Continua a não entender coisa nenhuma de coisa nenhuma. Gagueja. Sua na asa do nariz.

"— Vamos, repita o que eu disse — teima o velho —, pois do contrário não apanha os cobres. Levante-se. Fique ali no meio da sala e diga": 'O major é um ladrão!'.

"A cena prolonga-se por alguns instantes, até que a insistência de um supera a resistência do outro. E o pobre homem, muito desconchavado, repete desconvencidamente a frase da encomenda.

"— Assim não serve — reclama o meu avô. — Quero que diga isso com calor, com indignação, a cara bem vermelha, batendo o punho na mesa, assim: 'O MAJOR É UM LADRÃO!'. Berrado, amiguinho. Bem berrado! Vamos! Ah, não quer? Pois nesse caso o negócio está desfeito — e faz menção de varrer para dentro da gaveta os deliciosos montinhos de patacas.

"A tal ponto o gesto assusta o arrasado pretendente que ele repete a frase ofensiva ainda com mais veemência do que a encomendada.

"O meu diabólico avô incha-se de gozo. Sorri inteirinho. Esfrega as mãos.

"— Ótimo! Exatamente como eu queria. Agora vai o amiguinho dizer mais alguma coisa. Vai dizer, com o mesmo calor, com outro soco na mesa, mais isto: 'O major tira a camisa dos pobres!'.

"— Mas, major, eu... — protesta o homem, cada vez mais atrapalhado. — Não posso estar a dizer o que não penso. Conheço o major, sou seu amigo, sei da sua generosidade e, portanto...

"— Nada de desvios, amiguinho! Ou repete o que mando ou não fazemos o negócio — e pela segunda vez leva as mãos às patacas no gesto de varrê-las para o gavetão.

"A ameaça valeu. O triste pretendente declama, com a voz mais indignada que pode, aquele horror: 'O MAJOR TIRA A CAMISA DOS POBRES!'. Bem berrado!...

"— Isso! — aprova o velho. — Está perfeito. Está exatamente no tom que o amiguinho vai adotar quando a obrigação vencer-se e eu mandar cobrá-lo. E o irá dizer pelas esquinas, nas vendas, nos chás do Chico Mendes — por toda parte onde encontrar desafetos meus ou ouvidos vadios. Resultado: fico sem minhas patacas e perco um excelente amigo. Ora, se vai ser assim, por que não podarmos o mal pela raiz? O meio é simples. Retenho as minhas patacas — e ao dizer isto varre-as para a gaveta — e o amiguinho fica lá com a sua obrigação. Tome-a...

"Maquinalmente o náufrago pegou o papel azul, enquanto ia ouvindo o doloroso som das moedas a caírem no gavetão.

"— Perder o meu dinheiro — concluiu o meu avô Paradeda — não me parece o pior, porque, graças a Deus, tenho-o de sobra. Mas perder um amigo? Isso nunca! Como tenho menos amigos do que patacas, zelo mais pela conservação deles do que delas.

"E, cinicamente, mudando de assunto:

"— Escute cá, amiguinho. Será verdade o que andam dizendo por aí do filho da Nhana Lisa com a enteada do coronel Xandó? Francamente, esse negócio não me cheira bem. Você, que acha?"

1920
NEGR

INHA

NEGRINHA

1920

Negrinha era uma pobre órfã de sete anos. Preta? Não; fusca, mulatinha escura, de cabelos ruços e olhos assustados.

Nascera na senzala, de mãe escrava, e seus primeiros anos vivera-os pelos cantos escuros da cozinha, sobre velha esteira e trapos imundos. Sempre escondida, que a patroa não gostava de crianças.

Excelente senhora, a patroa. Gorda, rica, dona do mundo, amimada dos padres, com lugar certo na igreja e camarote de luxo reservado no céu. Entaladas as banhas no trono (uma cadeira de balanço na sala de jantar), ali bordava, recebia as amigas e o vigário, dando audiências, discutindo o tempo. Uma virtuosa senhora, em suma — "dama de grandes virtudes apostólicas, esteio da religião e da moral", dizia o reverendo.

Ótima, a dona Inácia.

Mas não admitia choro de criança. Ai! Punha-lhe os nervos em carne viva. Viúva sem filhos, não a calejara o choro da carne de sua carne, e por isso não suportava o choro da carne alheia. Assim, mal vagia, longe, na cozinha, a triste criança, gritava logo nervosa:

— Quem é a peste que está chorando aí?

Quem havia de ser? A pia de lavar pratos? O pilão? O forno? A mãe da criminosa abafava a boquinha da filha e afastava-se com ela para os fundos do quintal, torcendo-lhe em caminho beliscões de desespero.

— Cale a boca, diabo!

No entanto, aquele choro nunca vinha sem razão. Fome quase sempre, ou frio, desses que entanguem pés e mãos e fazem-nos doer...

Assim cresceu Negrinha — magra, atrofiada, com os olhos eternamente assustados. Órfã aos quatro anos, por ali ficou feito gato sem dono, levada a pontapés. Não compreendia a ideia dos grandes. Batiam-lhe sempre, por ação ou omissão. A mesma coisa, o mesmo ato, a mesma palavra provocava ora risadas, ora castigos. Aprendeu a andar, mas quase não andava. Com pretexto de que às soltas reinaria no quintal, estragando as plantas, a boa senhora punha-a na sala, ao pé de si, num desvão da porta.

— Sentadinha aí, e bico, hein?

Negrinha imobilizava-se no canto, horas e horas.

— Braços cruzados, já, diabo!

Cruzava os bracinhos a tremer, sempre com o susto nos olhos. E o tempo corria. E o relógio batia uma, duas, três, quatro, cinco horas — um cuco tão engraçadinho! Era seu divertimento vê-lo abrir a janela e cantar as horas com a bocarra vermelha, arrufando as asas. Sorria-se então por dentro, feliz um instante.

Puseram-na depois a fazer crochê, e as horas se lhe iam a espichar trancinhas sem fim.

Que ideia faria de si essa criança que nunca ouvira uma palavra de carinho? Pestinha, diabo, coruja, barata descascada, bruxa, pata-choca, pinto gorado, mosca-morta, sujeira, bisca, trapo, cachorrinha, coisa-ruim, lixo — não tinha conta o número de apelidos com que a mimoseavam. Tempo houve em que foi bubônica. A epidemia andava na berra, como a grande novidade, e Negrinha viu-se logo apelidada assim — por sinal que achou linda a palavra. Perceberam-no e suprimiram-na da lista. Estava escrito que não teria um gostinho só na vida — nem esse de personalizar a peste...

O corpo de Negrinha era tatuado de sinais, cicatrizes, vergões. Batiam nele os da casa todos os dias, houvesse ou não houvesse motivo. Sua pobre carne exercia para os cascudos, cocres e beliscões a mesma atração que o ímã exerce para o aço. Mão em cujos nós de dedos comichasse um cocre, era mão que se descarregaria dos fluidos em sua cabeça. De passagem. Coisa de rir e ver a careta...

A excelente dona Inácia era mestra na arte de judiar de crianças. Vinha da escravidão, fora senhora de escravos — e daquelas ferozes, amigas de ouvir cantar o bolo e estalar o "bacalhau".[1] Nunca se afizera ao regime novo — essa indecência de negro igual a branco e qualquer coisinha: a polícia! "Qualquer coisinha": uma mucama assada ao forno porque se engraçou dela o senhor; uma novena de relho porque disse: "Como é ruim a sinhá!"...

O Treze de Maio tirou-lhe das mãos o azorrague, mas não lhe tirou da alma a gana. Conservava Negrinha em casa como remédio para os frenesis. Inocente derivativo.

— Ai! Como alivia a gente uma boa roda de cocres bem fincados!...

Tinha de contentar-se com isso, judiaria miúda, os níqueis da crueldade. Cocres: mão fechada com raiva e nós de dedos que cantam no coco do paciente. Puxões de orelha: o torcido, de despegar a concha (bom! bom! bom! gostoso de dar!) e o a duas mãos, o sacudido. A gama inteira dos beliscões: do miudinho, com a ponta da unha, à torcida do umbigo, equivalente ao puxão de orelha. A esfregadela: roda de tapas, cascudos, pontapés e safanões à uma — divertidíssimo! A vara de marmelo, flexível, cortante: para "doer fino" nada melhor!

Era pouco, mas antes isso do que nada. Lá de quando em quando vinha um castigo maior para desobstruir o fígado e matar as saudades do bom tempo. Foi assim com aquela história do ovo quente.

Não sabem? Ora! Uma criada nova furtara do prato de Negrinha — coisa de rir — um pedacinho de carne que ela vinha guardando para o fim. A criança não sofreu a revolta — atirou-lhe um dos nomes com que a mimoseavam todos os dias.

1. "Bacalhau": chicote de vários talhos usado para castigar os escravos. (N.E.)

— "Peste?" Espere aí! Você vai ver quem é peste — e foi contar o caso à patroa.

Dona Inácia estava azeda, necessitadíssima de derivativos. Sua cara iluminou-se.

— Eu curo ela! — disse. E desentalando do trono as banhas foi para a cozinha, qual perua choca, a rufar as saias.

— Traga um ovo.

Veio o ovo. Dona Inácia mesma pô-lo na água a ferver; e de mãos à cinta, gozando-se na prelibação da tortura, ficou de pé uns minutos, à espera. Seus olhos contentes envolviam a mísera criança que, encolhidinha a um canto, aguardava trêmula alguma coisa de nunca visto. Quando o ovo chegou a ponto, a boa senhora chamou:

— Venha cá!

Negrinha aproximou-se.

— Abra a boca!

Negrinha abriu a boca, como o cuco, e fechou os olhos. A patroa, então, com uma colher, tirou da água "pulando" o ovo e zás! na boca da pequena. E antes que o urro de dor saísse, suas mãos amordaçaram-na até que o ovo arrefecesse. Negrinha urrou surdamente, pelo nariz. Esperneou. Mas só. Nem os vizinhos chegaram a perceber aquilo. Depois:

— Diga nomes feios aos mais velhos outra vez, ouviu, peste?

E a virtuosa dama voltou contente da vida para o trono, a fim de receber o vigário que chegava.

— Ah, monsenhor! Não se pode ser boa nesta vida... Estou criando aquela pobre órfã, filha da Cesária — mas que trabalheira me dá!

— A caridade é a mais bela das virtudes cristãs, minha senhora — murmurou o padre.

— Sim, mas cansa...

— Quem dá aos pobres empresta a Deus.

A boa senhora suspirou resignadamente.

— Inda é o que vale...

Certo dezembro vieram passar as férias com Santa Inácia duas sobrinhas suas, pequenotas, lindas meninas louras, ricas, nascidas e criadas em ninho de plumas.

Do seu canto na sala do trono Negrinha viu-as irromperem pela casa como dois anjos do céu — alegres, pulando e rindo com a vivacidade de cachorrinhos novos. Negrinha olhou imediatamente para a senhora, certa de vê-la armada para desferir contra os anjos invasores o raio dum castigo tremendo.

Mas abriu a boca: a sinhá ria-se também... Quê? Pois não era crime brincar? Estaria tudo mudado — e findo o seu inferno — e aberto o céu? No enlevo da doce ilusão, Negrinha levantou-se e veio para a festa infantil, fascinada pela alegria dos anjos.

Mas a dura lição da desigualdade humana lhe chicoteou a alma. Beliscão no umbigo, e nos ouvidos o som cruel de todos os dias: "Já para o seu lugar, pestinha! Não se enxerga?".

Com lágrimas dolorosas, menos de dor física que de angústia moral — sofrimento novo que se vinha acrescer aos já conhecidos —, a triste criança encorujou-se no cantinho de sempre.

— Quem é, titia? — perguntou uma das meninas, curiosa.

— Quem há de ser? — disse a tia num suspiro de vítima. — Uma caridade minha. Não me corrijo, vivo criando essas pobres de Deus... Uma órfã. Mas brinquem, filhinhas, a casa é grande, brinquem por aí afora.

"'Brinquem!' Brincar! Como seria bom brincar!", refletiu com suas lágrimas, no canto, a dolorosa martirzinha, que até ali só brincara em imaginação com o cuco.

Chegaram as malas e logo:

— Meus brinquedos! — reclamaram as duas meninas.

Uma criada abriu-as e tirou os brinquedos.

Que maravilha! Um cavalo de pau!... Negrinha arregalava os olhos. Nunca imaginara coisa assim tão galante. Um cavalinho! E mais... Que é aquilo? Uma criancinha de cabelos amarelos... que falava "mamã"... que dormia...

Era de êxtase o olhar de Negrinha. Nunca vira uma boneca e nem sequer sabia o nome desse brinquedo. Mas compreendeu que era uma criança artificial.

— É feita?... — perguntou extasiada.

E, dominada pelo enlevo, num momento em que a senhora saiu da sala a providenciar sobre a arrumação das meninas, Negrinha esqueceu o beliscão, o ovo quente, tudo, e aproximou-se da criaturinha de louça. Olhou-a com assombrado encanto, sem jeito, sem ânimo de pegá-la.

As meninas admiraram-se daquilo.

— Nunca viu boneca?

— Boneca? — repetiu Negrinha. — Chama-se Boneca?

Riram-se as fidalgas de tanta ingenuidade.

— Como é boba! — disseram. — E você, como se chama?

— Negrinha.

As meninas novamente torceram-se de riso; mas, vendo que o êxtase da bobinha perdurava, disseram, apresentando-lhe a boneca:

— Pegue!

Negrinha olhou para os lados, ressabiada, com o coração aos pinotes. Que aventura, santo Deus! Seria possível? Depois, pegou a boneca. E, muito sem jeito, como quem pega o Senhor Menino, sorria para ela e para as meninas, com assustados relanços de olhos para a porta. Fora de si, literalmente... Era como se penetrara no céu e os anjos a rodeassem, e um filhinho de anjo lhe tivesse vindo adormecer ao colo. Tamanho foi o seu enlevo que não viu chegar a patroa, já de volta. Dona Inácia entreparou, feroz, e esteve uns instantes assim, presenciando a cena.

Mas era tal a alegria das hóspedas ante a surpresa estática de Negrinha, e tão grande a força irradiante da felicidade desta, que o seu duro coração afinal bambeou. E pela primeira vez na vida foi mulher. Apiedou-se.

Ao percebê-la na sala Negrinha havia tremido, passando-lhe num relance pela cabeça a imagem do ovo quente e hipóteses de castigos ainda piores. E incoercíveis lágrimas de pavor assomaram-lhe aos olhos.

Falhou tudo isso, porém. O que sobreveio foi a coisa mais inesperada do mundo — estas palavras, as primeiras que ela ouviu, doces, na vida:

— Vão todas brincar no jardim, e vá você também, mas veja lá, hein?

Negrinha ergueu os olhos para a patroa, olhos ainda de susto e terror. Mas não viu mais a fera antiga. Compreendeu vagamente e sorriu.

Se alguma vez a gratidão sorriu na vida, foi naquela surrada carinha...

Varia a pele, a condição, mas a alma da criança é a mesma — na princesinha e na mendiga. E para ambas é a boneca o supremo enlevo. Dá a natureza dois momentos divinos à vida da mulher: o momento da boneca — preparatório, e o momento dos filhos — definitivo. Depois disso, está extinta a mulher.

Negrinha, coisa humana, percebeu nesse dia da boneca que tinha uma alma. Divina eclosão! Surpresa maravilhosa do mundo que trazia em si e que desabrochava, afinal, como fulgurante flor de luz. Sentiu-se elevada à altura de ente humano. Cessara de ser coisa — e doravante ser-lhe-ia impossível viver a vida de coisa. Se não era coisa! Se sentia! Se vibrava!

Assim foi — e essa consciência a matou.

Terminadas as férias, partiram as meninas levando consigo a boneca, e a casa voltou ao ramerrão habitual. Só não voltou a si Negrinha. Sentia-se outra, inteiramente transformada.

Dona Inácia, pensativa, já a não atenazava tanto, e na cozinha uma criada nova, boa de coração, amenizava-lhe a vida.

Negrinha, não obstante, caíra numa tristeza infinita. Mal comia e perdera a expressão de susto que tinha nos olhos. Trazia-os agora nostálgicos, cismarentos.

Aquele dezembro de férias, luminosa rajada de céu trevas adentro do seu doloroso inferno, envenenara-a.

Brincara ao sol, no jardim. Brincara!... Acalentara, dias seguidos, a linda boneca loura, tão boa, tão quieta, a dizer "mamã", a cerrar os olhos para dormir. Vivera realizando sonhos da imaginação. Desabrochara-se de alma.

Morreu na esteirinha rota, abandonada de todos, como um gato sem dono. Jamais, entretanto, ninguém morreu com maior beleza. O delírio rodeou-a de bonecas, todas louras, de olhos azuis. E de anjos... E bonecas e anjos remoinhavam-lhe em torno, numa farândola do céu. Sentia-se agarrada por aquelas mãozinhas de louça — abraçada, rodopiada.

Veio a tontura; uma névoa envolveu tudo. E tudo regirou em seguida, confusamente, num disco. Ressoaram vozes apagadas, longe, e pela última vez o cuco lhe apareceu de boca aberta.

Mas, imóvel, sem rufar as asas.

Foi-se apagando. O vermelho da goela desmaiou...

E tudo se esvaiu em trevas.

Depois, vala comum. A terra papou com indiferença aquela carnezinha de terceira — uma miséria, trinta quilos mal pesados...

E de Negrinha ficaram no mundo apenas duas impressões. Uma cômica, na memória das meninas ricas.

— Lembras-te daquela bobinha da titia, que nunca vira boneca?

Outra de saudade, no nó dos dedos de dona Inácia.

— Como era boa para um cocre!...

AS FITAS DA VIDA

1920

PERAMBULÁVAMOS AO SABOR DA FANTASIA, noite adentro, pelas ruas feias do Brás, quando nos empolgou a silhueta escura duma pesada mole tijolácea, com aparência de usina vazia de maquinismos.

— Hospedaria dos Imigrantes — informa o meu amigo.

— É aqui, então...

Paramos a contemplá-la. Era ali a porta do Oeste Paulista, essa Canaã em que o ouro espirra do solo; era ali a antessala da Terra Roxa — essa Califórnia do rubídio, oásis cor de sangue coalhado onde cresce a árvore do Brasil de amanhã, uma coisa um pouco diferente do Brasil de ontem, luso e perro; era ali o ninho da nova raça, liga, amálgama, justaposição de elementos étnicos que temperam o neobandeirante industrial, antijeca, antimodorra, vencedor da vida à moda americana.

Onde pairam os nossos Walt Whitmans, que não veem estes aspectos do país e os não põem em cantos? Que crônica, que poema não daria aquela casa da Esperança e do Sonho! Por ela passaram milhares de criaturas humanas, de todos os países e de todas as raças, miseráveis, sujas, com o estigma das privações impresso nas faces — mas reflloridas de esperança ao calor do grande sonho da América. No fundo, heróis, porque só os heróis esperam e sonham.

Emigrar: não pode existir fortaleza maior. Só os fortes atrevem-se a tanto. A miséria do torrão natal cansa-os e eles se atiram à aventura do desconhecido, fiando na paciência dos músculos a vitória da vida. E vencem.

Ninguém, ao vê-los na Hospedaria, promíscuos, humildes, quase muçulmanos na surpresa da terra estranha, imagina o potencial de força neles acumulado, à espera de ambiente propício para explosões magníficas.

Cérebro e braço do progresso americano, gritam o Sésamo às nossas riquezas adormidas. Estados Unidos, Argentina, São Paulo devem dois terços do que são a essa varredura humana, trazida a granel para aterrar os vazios demográficos das regiões novas. Mal cai no solo novo, transforma-se, floresce, dá de si a apojadura farta com que se aleita a Civilização.

Aquela Hospedaria... Casa do Amanhã, corredor do futuro...

Por ali desfilam, inconscientes, os formadores duma raça nova.

— Dei-me com um antigo diretor desta almanjarra — disse o meu companheiro —, ao qual ouvi muita coisa interessante acontecida cá dentro. Sempre que passo por esta rua, avivam-se-me na memória vários episódios sugestivos, e entre eles um, romântico, patético, que até parece arranjo para terceiro ato de dramalhão lacrimogêneo. O romantismo, meu caro, existe na natureza, não é invenção dos Hugos; e agora que se fez cinema, posso assegurar-te que muitas vezes a vida plagia o cinema escandalosamente.

"Foi em 1906, mais ou menos. Chegara do Ceará, então flagelado pela seca, uma leva de retirantes com destino à lavoura de café, na qual havia um cego, velho de mais de sessenta anos. Na sua categoria dolorosa de indesejável, por que cargas-d'água dera com os costados aqui? Erro de expedição, evidentemente. Retirantes que emigram não merecem grande cuidado dos prepostos ao serviço. Vêm a granel, como carga incômoda que entope o navio e cheira mal. Não são passageiros, mas fardos de couro vivo com carne magra por dentro, a triste carne de trabalho, irmã da carne de canhão.

"Interpelado o cego por um funcionário da Hospedaria, explicou sua presença por engano de despacho. Destinavam-no ao Asilo dos Inválidos da Pátria, no Rio, mas pregaram-lhe às costas a papeleta do 'Para o eito' e lá veio. Não tinha olhos para guiar-se, nem teve olhos alheios que o guiassem. Triste destino o dos cacos de gente...

"— Por que para o Asilo dos Inválidos? — perguntou o funcionário. — É voluntário da Pátria?

"— Sim — respondeu o cego —, fiz cinco anos de guerra no Paraguai e lá apanhei a doença que me pôs a noite nos olhos. Depois que ceguei caí no desamparo. Para que presta um cego? Um gato sarnento vale mais.

"Pausou uns instantes, revirando nas órbitas os olhos esbranquiçados. Depois:

"— Só havia no mundo um homem capaz de me socorrer: o meu capitão. Mas, esse, perdi-o de vista. Se o encontrasse — tenho a certeza! —, até os olhos me era ele capaz de reviver. Que homem! Minhas desgraças todas vêm de eu ter perdido meu capitão...

"— Não tem família?

"— Tenho uma menina — que não conheço. Quando veio ao mundo, já meus olhos eram trevas.

"Baixou a cabeça branca, como tomado de súbita amargura.

"— Daria o que me resta de vida para vê-la um instantinho só. Se o meu capitão...

"Não concluiu. Percebera que o interlocutor já estava longe, atendendo ao serviço, e ali ficou, imerso na tristeza infinita da sua noite sem estrelas.

"O incidente, entretanto, impressionara o funcionário, que o levou ao conhecimento do diretor. O diretor da Imigração era nesse tempo o major Carlos, nobre figura de paulista dos bons tempos, providência humanizada daquele departamento. Ao saber que o cego fora um soldado de 70, interessou-se e foi procurá-lo. Encontrou-o imóvel, imerso no seu eterno cismar.

"— Então, meu velho, é verdade que fez a campanha do Paraguai?

"O cego ergueu a cabeça, tocado pela voz amiga.

"— Verdade, sim, meu patrão. Fui soldado do 33.

"— O 33 de São Paulo? Como isso, se você é do Norte? — objetou o major.

"— Verdade, sim, meu patrão. Vim no 13, e logo depois de chegar ao império do Lopes entrei em fogo. Tivemos má sorte. Na batalha de Tuiuti nosso batalhão foi dizimado como milharal em tempo de chuva de pedra. Salvamo-nos eu e mais um punhado de camaradas. Fomos incorporados ao 33 paulista para preenchimento dos claros, e nele fiz o resto da campanha.

"O major Carlos também era veterano do Paraguai, e por coincidência servira no 33. Interessou-se, pois, vivamente pela história do cego, pondo-se a interrogá-lo a fundo.

"— Quem era o seu capitão?

"O cego suspirou.

"— Meu capitão era um homem que se eu o encontrasse de novo até a vista me era capaz de dar! Mas não sei dele, perdi-o — para mal meu...

"— Como se chamava?

"— Capitão Boucault.

"Ao ouvir esse nome o major sentiu eletrizarem-se-lhe as carnes num arrepio intenso; dominou-se, porém, e prosseguiu:

"— Conheci esse capitão. Foi meu companheiro de regimento. Mau homem, por sinal, duro para com os soldados, grosseiro...

"O cego, até ali vergado na atitude humilde do mendigo, ergueu altivamente o busto e, com indignação a fremir na voz, disse com firmeza:

"— Pare aí! Não blasfeme! O capitão Boucault era o mais leal dos homens, amigo, pai do soldado. Perto de mim ninguém o insulta. Conheci-o em todos os momentos, acompanhei-o durante anos como sua ordenança e nunca o vi praticar o menor ato de vileza.

"O tom firme do cego comoveu estranhamente o major. A miséria não conseguira romper no velho soldado as fibras da lealdade, e não há espetáculo mais arrebatador do que o de uma lealdade assim vivedoira até aos limites extremos da desgraça. O major, quase rendido, sobresteve-se por um instante. Depois, friamente, prosseguiu na experiência.

"— Engana-se, meu caro. O capitão Boucault era um covarde...

Um assomo de cólera transformou as feições do cego. Seus olhos anuviados pela catarata revolveram-se nas órbitas, num horrível esforço para ver a cara do infame detrator. Seus dedos crisparam-se; todo ele se retesou, como fera prestes a desferir o bote. Depois, sentindo pela primeira vez em toda a plenitude a infinita fragilidade dos cegos, recaiu em si, esmagado. A cólera transfez-se-lhe em dor, e a dor assomou-lhe aos olhos sob forma de lágrimas. E foi lacrimejando que murmurou em voz apagada:

"— Não se insulta assim um cego...

"Mal pronunciara estas palavras, sentiu-se apertado nos braços do major, também em lágrimas, que dizia:

"— Abrace, amigo, abrace o seu velho capitão! Sou eu o antigo capitão Boucault...

"Na incerteza, aparvalhado ante o imprevisto desenlace e como receoso de insídia, o cego vacilava.

"— Duvida? — exclamou o major. — Duvida de quem o salvou a nado na passagem do Tebiquari?

"Àquelas palavras mágicas a identificação se fez e, esvanecido de dúvidas, chorando como criança, o cego abraçou-se com os joelhos do major Carlos Boucault, a exclamar num desvario:

"— Achei meu capitão! Achei meu pai! Minhas desgraças se acabaram!..."

"E acabaram-se de fato.

"Metido num hospital sob os auspícios do major, lá sofreu a operação da catarata e readquiriu a vista.

"Que impressão a sua quando lhe tiraram a venda dos olhos! Não se cansava de 'ver', de matar as saudades da retina. Foi à janela e sorriu para a luz que inundava a natureza. Sorriu para as árvores, para o céu, para as flores do jardim. Ressurreição!...

"— Eu bem dizia! — exclamava a cada passo. — Eu bem dizia que se encontrasse o meu capitão estava findo o meu martírio. Posso agora ver minha filha! Que felicidade, meu Deus!...

"E lá voltou para a terra dos verdes mares bravios onde canta a jandaia. Voltou a nado — nadando em felicidade. A filha, a filha!...

"— Eu não dizia? Eu não dizia que se encontrasse o meu capitão até a luz dos olhos me havia de voltar?"

O DRAMA DA GEADA

1919

JUNHO. Manhã de neblina. Vegetação entanguida de frio. Em todas as folhas o recamo de diamantes com que as adereça o orvalho.

Passam colonos para a roça, retransidos, deitando fumaça pela boca.

Frio. Frio de geada, desses que matam passarinhos e nos põem sorvete dentro dos ossos.

Saímos cedo a ver cafezais, e ali paramos, no viso do espigão, ponto mais alto da fazenda. Dobrando o joelho sobre a cabeça do socado, o major voltou o corpo para o mar de café aberto ante nossos olhos e disse num gesto amplo:

— Tudo obra minha, veja!

Vi. Vi e compreendi-lhe o orgulho, sentindo-me orgulhoso também de tal patrício. Aquele desbravador de sertões era uma força criadora, dessas que enobrecem a raça humana.

— Quando adquiri esta gleba — disse ele —, tudo era mata virgem, de ponta a ponta. Rocei, derrubei, queimei, abri caminhos, rasguei valos, estiquei arame, construí pontes, ergui casas, arrumei pastos, plantei café — fiz tudo. Trabalhei como negro cativo durante quatro anos. Mas venci. A fazenda está formada, veja.

Vi. Vi o mar de café ondulando pelos seios da terra, disciplinado em fileiras de absoluta regularidade. Nem uma falha! Era um exército em pé de guerra. Mas bisonho ainda. Só no ano vindouro entraria em campanha. Até ali, os primeiros frutos não passavam de escaramuças de colheita. E o major, chefe supremo do verde exército por ele criado, disciplinado, preparado para a batalha decisiva da primeira safra grande, a que liberta o fazendeiro dos ônus da formação, tinha o olhar orgulhoso dum pai diante de filhos que não mentem à estirpe.

O fazendeiro paulista é alguma coisa séria no mundo. Cada fazenda é uma vitória sobre a fereza retrátil dos elementos brutos, coligados na defesa da virgindade agredida. Seu esforço de gigante paciente nunca foi cantado pelos poetas, mas muita epopeia há por aí que não vale a destes heróis do trabalho silencioso. Tirar uma fazenda do nada é façanha formidável. Alterar a ordem da natureza, vencê-la, impor-lhe uma vontade, canalizar-lhe as forças de acordo com um plano preestabelecido, dominar a réplica eterna do mato daninho, disciplinar os homens da lida, quebrar a força das pragas... — batalha sem tréguas, sem fim, sem momento de repouso e, o que é pior, sem certeza plena da vitória. Colhe-a muitas vezes o credor, um onzeneiro que adiantou um capital caríssimo e ficou a seu salvo na cidade, de cócoras num título de hipoteca, espiando o momento oportuno para cair sobre a presa como um gavião.

— Realmente, major, isto é de enfunar o peito! É diante de espetáculos destes que vejo a mesquinharia dos que lá fora, comodamente, parasitam o trabalho do agricultor.

— Diz bem. Fiz tudo, mas o lucro maior não é meu. Tenho um sócio voraz que me lambe, ele só, um quarto da produção: o Governo. Sangram-na depois as estradas de ferro — mas destas não me queixo porque dão muita coisa em troca. Já não digo o mesmo dos tubarões do comércio, esse cardume de intermediários que começa ali em Santos, no zangão, e vai numa cadeia até o torrador americano. Mas não importa! O café dá para todos, até para a besta do produtor... — concluiu, pilheriando.

Tocamos os animais a passo, com os olhos sempre presos ao cafezal intérmino. Sem um defeito de formação, as paralelas de verdura ondeavam, acompanhando o relevo do solo, até se confundirem ao longe em massa uniforme. Verdadeira obra de arte em que, sobrepondo-se à natureza, o homem lhe impunha o ritmo da simetria.

— No entanto — continuou o major —, a batalha ainda não está ganha. Contraí dívidas; a fazenda está hipotecada a judeu-franceses. Não venham colheitas fartas e serei mais um vencido pela fatalidade das coisas. A natureza depois de subjugada é mãe; mas o credor é sempre carrasco...

A espaços, perdidas na onda verde, perobeiras sobreviventes erguiam fustes contorcidos, como galvanizadas pelo fogo numa convulsão de dor. Pobres árvores! Que destino triste, verem-se um dia arrancadas à vida em comum e insuladas na verdura rastejante do café, como rainhas prisioneiras à cola de um carro de triunfo! Órfãs da mata nativa, como não hão de chorar o conchego de outrora? Vede-as. Não têm o desgarre, o frondoso de copa das que nascem em campo aberto. Seu engalhamento, feito para a vida apertada da floresta, parece agora grotesco; sua altura desmesurada, em desproporção com a fronde, provoca o riso. São mulheres despidas em público, hirtas de vergonha, não sabendo que parte do corpo esconder. O excesso de ar as atordoa, o excesso de luz as martiriza — afeitas que estavam ao espaço confinado e à penumbra sonolenta do *habitat*.

Fazendeiros desalmados — não deixeis nunca árvores pelo cafezal... Cortai-as todas, que nada mais pungente do que forçar uma árvore a ser grotesca.

— Aquela perobeira ali — disse o major — ficou para assinalar o ponto de partida deste talhão. Chama-se a peroba do Ludgero, um baiano valente que morreu ao pé dela estrepado numa jiçara...

Tive a visão do livro aberto que seriam para o fazendeiro aquelas paragens.

— Como tudo aqui lhe há de falar à memória, major!

— É isso mesmo. Tudo me fala à recordação. Cada toco de pau, cada pedreira, cada volta de caminho tem uma história que sei, trágica às vezes, como essa da peroba, às vezes cômica — pitoresca sempre. Ali... — está vendo aquele toco de jerivá? Foi por uma tempestade de fevereiro. Eu abrigara-me num rancho coberto de sapé, e lá em silêncio esperávamos, eu e a turma, o fim do dilúvio, quando estalou um raio quase em cima das nossas cabeças.

"'Fim do mundo, patrão!' — lembro-me que disse, numa careta de pavor, o defunto Zé Coivara... E parecia!... Mas foi apenas o fim de um velho coqueiro, do qual resta hoje — *sic transit*... — esse pobre toco... Cessada a chuva, encontramo-lo desfeito em ripas."

Mais adiante abria-se a terra em boçoroca vermelha, esbarrondada em coleios até morrer no córrego. O major apontou-a, dizendo:

— Cenário do primeiro crime cometido na fazenda. Rabo de saia, já se sabe. Nas cidades e na roça, pinga e saia são o móvel de todos os crimes. Esfaquearam-se aqui dois cearenses. Um acabou no lugar; outro cumpre pena na correição. E a saia, muito contente da vida, mora com o *tertius*. A história de sempre.

E assim, de evocação em evocação, às sugestões que pelo caminho iam surgindo, chegamos à casa de moradia, onde nos esperava o almoço. Almoçamos, e não sei se por boa disposição criada pelo passeio matutino ou por mérito excepcional da cozinheira, o almoço desse dia ficou-me na memória gravado para sempre. Não sou poeta, mas se Apolo algum dia me der na cabeça o estalo do padre Vieira, juro que antes de cantar Lauras e Natércias hei de fazer uma beleza de ode à linguiça com angu de fubá vermelho desse almoço sem par, única saudade gustativa com que descerei ao túmulo...

Em seguida, enquanto o major atendia à correspondência, saí a espairecer pelo terreiro, onde me pus de conversa com o administrador. Soube por ele da hipoteca que pesava sobre a fazenda e da possibilidade de outro, não o major, vir a colher o fruto do penoso trabalho.

— Mas isso — esclareceu o homem — só no caso de muito azar — chuva de pedra ou geada, daquelas que não vêm mais.

— Que não vêm mais, por quê?

— Porque a última geada grande foi em 1895. Daí para cá as coisas endireitaram. O mundo, com a idade, muda, como a gente. As geadas, por exemplo, vão-se acabando. Antigamente ninguém plantava café onde o plantamos hoje. Era só de meio morro acima. Agora não. Viu aquele cafezal do meio? Terra bem baixa; no entanto, se bate geada ali é sempre coisinha — um tostado leve. De modo que o patrão, com uma ou duas colheitas, paga a dívida e fica o fazendeiro mais "prepotente" do município.

— Assim seja, que grandemente o merece — rematei.

Deixei-o. Dei umas voltas, fui ao pomar, estive no chiqueiro vendo brincar os leitõezinhos e depois subi. Estava um preto dando nas venezianas da casa a última demão de tinta. Por que será que as pintam sempre de verde? Incapaz por mim de solver o problema, interpelei o preto, que não se embaraçou e respondeu sorrindo:

— Pois veneziana é verde como o céu é azul. É da natureza dela...

Aceitei a teoria e entrei.

À mesa a conversa girou em torno da geada.

— É o mês perigoso este — disse o major. — O mês da aflição. Por maior firmeza que tenha um homem, treme nesta época. A geada é um eterno pesadelo. Felizmente a geada não é mais o que era dantes. Já nos permite aproveitar muita terra baixa em que os antigos nem por sombras plantavam um só pé de café. Mas, apesar disso, um que facilitou, como eu, está sempre com a pulga atrás da orelha. Virá? Não virá? Deus sabe!...

Seu olhar mergulhou pela janela, numa sondagem profunda ao céu límpido.

— Hoje, por exemplo, está com jeito. Este frio fino, este ar parado...

Ficou a cismar uns momentos. Depois, espantando a nuvem, murmurou:

— Não vale a pena pensar nisto. O que tem de ser lá está gravado no livro do destino.

— Livra-te dos ares!... — objetei.

— Cristo não entendia de lavoura — replicou o fazendeiro sorrindo.

E a geada veio! Não geadinha mansa de todas os anos, mas calamitosa, geada cíclica, trazida em ondas do Sul.

O sol da tarde, mortiço, dera uma luz sem luminosidade e raios sem calor nenhum. Sol boreal, tiritante. E a noite caíra sem preâmbulos.

Deitei-me cedo, batendo o queixo, e na cama, apesar de enleado em dois cobertores, permaneci entanguido uma boa hora antes que ferrasse no sono. Acordou-me o sino da fazenda, pela madrugada. Sentindo-me enregelado, com os pés a doerem, ergui-me para um exercício violento. Fui para o terreiro.

O relento estava de cortar as carnes — mas que maravilhoso espetáculo! Brancuras por toda parte. Chão, árvores, gramados e pastos eram, de ponta a ponta, um só atoalhado branco. As árvores imóveis, inteiriçadas de frio, pareciam emersas dum banho de cal. Rebrilhos de gelo pelo chão. Águas envidradas. As roupas dos varais, tesas, como endurecidas em goma forte. As palhas do terreiro, os sabugos de ao pé do cocho, a telha dos muros, o topo dos moirões, a vara das cercas, o rebordo das tábuas — tudo polvilhado de brancuras, lactescente, como chovido por um saco de farinha. Maravilhoso quadro! Invariável que é a nossa paisagem, sempre nos mansos tons do ano inteiro, encantava sobremodo vê-la de súbito mudar, vestir-se dum esplendoroso véu de noiva — noiva da morte, ai!...

Por algum tempo caminhei a esmo, arrastado pelo esplendor da cena. O maravilhoso quadro de sonho breve morreria, apagado pela esponja de ouro do sol. Já pelos topes e faces de batedeira andavam-lhe os raios na faina de restaurar a verdura. Abriam manchas no branco da geada, dilatavam-nas, entremostrando nesgas do verde submerso.

Só nas baixadas, encostas noruegas ou sítios sombreados pelas árvores, é que a brancura persistia ainda, contrastando sua nítida frialdade com os tons quentes ressurretos. Vencera a vida, guiada pelo sol. Mas a intervenção do fogoso Febo, apressada demais, transformara em desastre horroroso a nevada daquele ano — a maior de quantas deixaram marca nas embaubeiras de São Paulo.

A ressurreição do verde fora aparente. Estava morta a vegetação. Dias depois, por toda parte, a vestimenta do solo seria um burel imenso, com a sépia a mostrar a gama inteira dos seus tons ressecos. Pontilha-lo-ia apenas, cá e lá, o verde-negro das laranjeiras e o esmeraldino sem-vergonha da vassourinha.

Quando regressei, sol já alto, estava a casa retransida no pavor das grandes catástrofes. Só então me acudiu que o belo espetáculo que eu até ali só encarara pelo prisma estético tinha um reverso trágico: a ruína do heroico fazendeiro. E procurei-o ansioso.

Tinha sumido. Passara a noite em claro, disse-me a mulher; de manhã, mal clareara, fora para a janela e lá permanecera imóvel, observando o céu através dos vidros. Depois saíra sem ao menos pedir o café, como de costume. Andava a examinar a lavoura, provavelmente.

Devia ser isso. Mas como tardasse a voltar — onze horas e nada —, a família entrou-se de apreensões.

Meio-dia. Uma hora, duas, três e nada.

O administrador, que a mandado da mulher saíra a procurá-lo, voltou à tarde sem notícias.

— Bati tudo e nem rasto. Estou com medo de alguma coisa... Vou espalhar gente por aí, à cata.

Dona Ana, inquieta, de mãos enclavinhadas, só dizia uma coisa:

— Que será de nós, santo Deus! Quincas é capaz duma loucura...

Pus-me em campo também, em companhia do capataz. Corremos todos os caminhos, varejamos grotas em todas as direções — inutilmente.

Caiu a tarde. Caiu a noite — a noite mais lúgubre de minha vida — noite de desgraça e aflição.

Não dormi. Impossível conciliar o sono naquele ambiente de dor, sacudido de choro e soluços.

Certa hora os cães latiram no terreiro, mas silenciaram logo.

Rompeu a manhã, glacial como a da véspera. Tudo apareceu geado novamente.

Veio o sol. Repetiu-se a mutação da cena. Esvaiu-se a alvura, e o verde morto da vegetação envolveu a paisagem num sudário de desalento.

Em casa repetiu-se o corre-corre do dia anterior, o mesmo vaivém, o mesmo "quem sabe?", as mesmas pesquisas inúteis.

À tarde, porém — três horas —, um camarada apareceu esbaforido, gritando de longe, no terreiro:

— Encontrei! Está perto da boçoroca!...

— Vivo? — perguntou o capataz.

— Vivo, sim, mas...

Dona Ana surgira à porta e, ao ouvir a boa-nova, exclamou, chorando e sorrindo:

— Bendito sejas, meu Deus!...

Minutos depois partimos todos de rumo à boçoroca e a cem passos dela avistamos um vulto às voltas com os cafeeiros requeimados. Aproximamo-nos. Era o major. Mas em que estado! Roupa em tiras, cabelos sujos de terra, olhos vítreos e desvairados. Tinha nas mãos uma lata de tinta e uma brocha — brocha do pintor que andava a olear as venezianas. Compreendi o latido dos cães à noite...

O major não se deu conta da nossa chegada. Não interrompeu o serviço: *continuou a pintar, uma a uma, do risonho verde esmeraldino das venezianas, as folhas requeimadas do cafezal morto...*

Dona Ana, estarrecida, entreparou atônita. Depois, compreendendo a tragédia, rompeu em choro convulso.

BUGIO MOQUEADO

1920

— *Uno!*

Ugarte...

— *Dos!*

Adriano...

— *Cinco...*

Villabona...

— ...

Má colocação! Minha pule é a 32 e já de saída o azar me põe na frente Ugarte... Ugarte é furão. Na quiniela anterior foi quem me estragou o jogo. Querem ver que também me estraga nesta?

— *Mucho*, Adriano!

Qual Adriano, qual nada! Não escorou o saque, e lá está Ugarte com um ponto já feito. Entra Genua agora? Ah, é outro ponto seguro para Ugarte... Mas quem sabe se com uma torcida...

— *Mucho*, Genua!

Raio de azar! Genua "malou" no saque. Entra agora Melchior... Este Melchior às vezes faz o diabo. Bravos! Está aguentando... Isso, rijo!

Uma cortadinha agora! *Buena! Buena!* Outra agora... Oh!... Deu na lata! Incrível...

Se o leitor desconhece o jogo da pelota em cancha pública — Frontão da Boa Vista, por exemplo —, nada pescará desta gíria, que é na qual se entendem todos os aficionados que jogam em pules ou "torcem".

Eu jogava, e portanto falava e pensava assim. Mas como vi meu jogo perdido, desinteressei-me do que se passava na cancha e pus-me a ouvir a conversa de dois sujeitos velhuscos, sentados à minha esquerda.

— ... coisa que você nem acredita — dizia um deles. — Mas é verdade pura. Fui testemunha, vi! Vi a mártir, branca que nem morta, diante do horrendo prato...

"Horrendo prato?" Aproximei-me dos velhos um pouco mais e pus-me de ouvidos alerta.

— Era longe a tal fazenda, — continuou o homem. — Mas lá em Mato Grosso tudo é longe. Cinco léguas é "ali", com a ponta do dedo. Este troco miúdo de quilômetros que vocês usam por cá, em Mato Grosso não tem curso. É cada estirão!...

"Mas fui ver o gado. Queria arredondar uma ponta para vender em Barretos, e quem me tinha os novilhos nas condições requeridas, de idade e preço, era esse coronel Teotônio, do Tremedal.

"Encontrei-o na mangueira, assistindo à domação de um potro — zaino, inda me lembro... E, palavra de honra!, não me recordo de ter esbarrado nunca em tipo mais impressionante. Barbudo, olhinhos de cobra muito duros e vivos, testa entiotada de rugas, ar de carrasco... Pensei comigo: dez mortes no mínimo. Porque lá é assim. Não há *soldados rasos*. Todo mundo traz *galões*... e aquele, ou muito me enganava, ou tinha divisas de general.

"Lembrou-me logo o célebre Panfilo do Rio Verde, um de 'doze galões', que 'resistiu' ao tenente Galinha, e graças a esse benemérito 'escumador de sertões' purga a esta hora no tacho de Pedro Botelho os crimes cometidos.

"Mas, importava-me lá a fera! — eu queria gado, pertencesse a Belzebu ou são Gabriel. Expus-lhe o negócio e partimos para o que ele chamava a invernada de fora.

"Lá escolhi o lote que me convinha. Apartamo-lo e ficou tudo assentado.

"De volta do rodeio caía a tarde e eu, almoçado às oito da manhã e sem café de permeio até aquela hora, chiava numa das boas fomes da minha vida. Assim foi que, apesar da repulsão inspirada pelo urutu humano, não lhe rejeitei o jantar oferecido.

"Era um casarão sombrio, a casa da fazenda. De poucas janelas, mal iluminado, mal arejado, desagradável de aspecto, e por isso mesmo toante na perfeição com a cara e os modos do proprietário. Traste que se não parece com o dono é roubado, diz muito bem o povo. A sala de jantar semelhava uma alcova. Além de escura e abafada, recendia a um cheiro esquisito, nauseante, que nunca mais me saiu do nariz — cheiro assim de carne mofada...

"Sentamo-nos à mesa, eu e ele, sem que vivalma nos surgisse a fazer companhia. E como de dentro não viesse nenhum rumor, concluí que o urutu morava sozinho — solteiro ou viúvo. Interpelá-lo? Nem por sombras. A secura e a má cara do facínora não davam azo à mínima expansão de familiaridade; e, ou fosse real ou efeito do ambiente, pareceu-me ele inda mais torvo em casa do que fora em pleno sol.

"Havia na mesa feijão, arroz e lombo, além dum misterioso prato coberto em que se não buliu. Mas a fome é boa cozinheira. Apesar de engulhado pelo bafio a mofo, pus de lado o nariz, achei tudo bom e entrei a comer por dois.

"Correram assim os minutos.

"Em dado momento o urutu, tomando a faca, bateu no prato três pancadas imperiosas. Chama a cozinheira, calculei eu. Esperou um bocado e, como não aparecesse ninguém, repetiu o apelo com certo frenesi. Atenderam-no desta vez. Abriu-se devagarinho uma porta e enquadrou-se nela um vulto branco de mulher."

— Sonâmbula?

— Tive essa impressão. Sem pinga de sangue no rosto, sem fulgor nos olhos vidrados, cadavérica, dir-se-ia vinda do túmulo naquele momento. Aproximou-se, lenta, com passos de autômato, e sentou-se de cabeça baixa.

"Confesso que esfriei. A escuridão da alcova, o ar diabólico do urutu, aquela morta-viva morremorrendo a meu lado, tudo se conjugava para arrepiar-me as carnes num calafrio de pavor. Em campo aberto não sou medroso — ao sol, em luta franca, onde vale a faca ou o 32. Mas escureceu? Entrou em cena o mistério? Ah! — bambeio de pernas e tremo que nem geleia! Foi assim naquele dia...

"Mal se sentou a morta-viva, o marido, sorrindo, empurrou para o lado dela o prato misterioso e destampou-o amavelmente. Dentro havia um petisco, preto, que não pude identificar. Ao vê-lo a mulher estremeceu, como horrorizada.

"— Sirva-se! — disse o marido.

"Não sei por que, mas aquele convite revelava uma tal crueza que me cortou o coração como navalha de gelo. Pressenti um horror de tragédia, dessas horrorosas tragédias familiares, vividas dentro de quatro paredes, sem que de fora ninguém nunca as suspeite. Desde aí nunca ponho os olhos em certos casarões sombrios sem que os imagine povoados de dramas horrendos. Falam-me de hienas. Conheço uma: o homem...

"Como a morta-viva permanecesse imóvel, o urutu repetiu o convite em voz baixa, num tom cortante de ferocidade glacial.

"— Sirva-se, faça o favor!

"E fisgando ele mesmo a nojenta coisa, colocou-a gentilmente no prato da mulher.

"Novas tremuras agitaram a mártir. Seu rosto macilento contorceu-se em esgares e repuxos nervosos, como se o tocasse a corrente elétrica. Ergueu a cabeça, dilatou para mim as pupilas vítreas e ficou assim uns instantes, como à espera de um milagre impossível. E naqueles olhos de desvario li o mais pungente grito de socorro que jamais a aflição humana calou...

"O milagre não veio — infame que fui! — e aquele lampejo de esperança, o derradeiro, talvez, que lhe brilhou nos olhos, apagou-se num lancinante cerrar de pálpebras. Os tiques nervosos diminuíram de frequência, cessaram. A cabeça descaiu-lhe de novo para o seio; e a morta-viva, revivida um momento, reentrou na morte lenta do seu marasmo sonambúlico.

"Enquanto isso, o urutu espiava-nos de esguelha e ria-se por dentro venenosamente...

"Que jantar! Verdadeira cerimônia fúnebre transcorrida num escuro cárcere da Inquisição. Nem sei como digeri aqueles feijões!

"A sala tinha três portas, uma abrindo para a cozinha, outra para a sala de espera, a terceira, para a despensa. Com os olhos já afeitos à escuridão, eu divisava melhor as coisas; enquanto aguardávamos o café, corri-os pelas paredes e pelos móveis, distraidamente. Depois, como a porta da despensa estivesse entreaberta, enfiei-os por ela adentro. Vi lá umas brancuras pelo chão — sacos de mantimento — e, pendurada a um gancho, uma coisa preta que me intrigou. Manta de carne-seca? Roupa velha? Estava eu de rugas na testa a decifrar a charada quando o urutu, percebendo-o, silvou em tom cortante:

"— É curioso? O inferno está cheio de curiosos, moço...

"Vexadíssimo, mas sempre em guarda, achei de bom conselho engolir o insulto e calar-me. Calei-me. Apesar disso o homem, depois de uma pausa, continuou, entre manso e irônico:

"— Coisas da vida, moço. Aqui a patroa pela-se por um naco de bugio moqueado, e ali dentro há um para abastecer este pratinho... Já comeu bugio moqueado, moço?

"— Nunca! Seria o mesmo que comer gente...

"— Pois não sabe o que perde!... — filosofou ele, como um diabo, a piscar os olhinhos de cobra."

Neste ponto o jogo interrompeu-me a história. Melchior estava colocado e Gaspar, com três pontos, sacava para Ugarte. Houve luta; mas um "camarote" infeliz de Gaspar deu o ponto a Ugarte. "Pintou" a pule 13, que eu não tinha. Jogo vai, jogo vem, "despintou" a 13 e deu a 23. Pela terceira vez Ugarte estragava-me o jogo. Quis insistir mas não pude. A história estava no apogeu e antes "perder de ganhar" a próxima quiniela do que perder um capítulo da tragédia. Fiquei no lugar, muito atento, a ouvir o velhote.

— Quando me vi na estrada, longe daquele antro, criei alma nova. Fiz cruz na porteira. "Aqui nunca, mais! Credo!" E abri de galopada pela noite adentro.

"Passaram-se anos.

"Um dia, em Três Corações, tomei a serviço um preto de nome Zé Esteves. Traquejado da vida e sério, meses depois virava Esteves a minha mão direita. Para um rodeio, para curar uma bicheira, para uma comissão de confiança, não havia outro. Negro quando acerta de ser bom vale por dois brancos. Esteves valia quatro.

"Mas não me bastava. O movimento crescia e ele, sozinho, não dava conta. Empenhado em descobrir um novo auxiliar que o valesse, perguntei-lhe uma vez:

"— Não teria você, por acaso, algum irmão de sua força?

"— Tive — respondeu o preto —, tive o Leandro, mas o coitado não existe mais...

"— De que morreu?

"— De morte matada. Foi morto a rabo de tatu... e comido.

"— Comido? — repeti com assombro.

"— É verdade. Comido por uma mulher."

A história complicava-se e eu, aparvalhado, esperei a decifração.

"— Leandro — continuou ele — era um rapaz bem-apessoado e bom para todo serviço. Trabalhava no Tremedal, numa fazenda em...

"— ... em Mato Grosso? Do coronel Teotônio?

"— Isso! Como sabe? Ah, esteve lá!... Pois dê graças de estar vivo; que entrar na casa do carrasco era fácil, mas sair? Deus me perdoe, mas aquilo foi a maior peste que o raio do diabo do barzabu do canhoto botou no mundo!...

"— O urutu... — murmurei recordando-me. — Isso mesmo...

"— Pois o Leandro — não sei que intrigante malvado inventou que ele... que ele, com perdão da palavra, andava com a patroa, uma senhora muito alva, que parecia uma santa. O que houve, se houve alguma coisa, Deus sabe. Para mim, tudo foi feitiçaria da Liduína, aquela mulata amiga do coronel. Mas, inocente ou não, o caso foi que o pobre Leandro acabou no tronco, lanhado a chicote. Uma novena de martírio — *lepte lepte*! E pimenta em cima... Morreu. E depois que morreu, foi moqueado.

"— ???

"— Pois então! Moqueado, sim, como um bugio. E comido, dizem. Penduraram aquela carne na despensa e todos os dias vinha à mesa um pedacinho para a patroa comer..."

Mudei-me de lugar. Fui assistir ao fim da quiniela a cinquenta metros de distância. Mas não pude acompanhar o jogo. Por mais que arregalasse os olhos, por mais que olhasse para a cancha, não via coisa nenhuma, e até hoje não sei se deu ou não deu a pule 13...

O JARDINEIRO TIMÓTEO

1920

O CASARÃO DA FAZENDA ERA ao jeito das velhas moradias coloniais: frente com varanda, uma ala e pátio interno. Neste ficava o jardim, também à moda antiga, cheio de plantas antigas, cujas flores punham no ar um saudoso perfume de antanho. Quarenta anos havia que lhe zelava dos canteiros o bom Timóteo, um preto branco por dentro. Timóteo o plantou quando a fazenda se abria e a casa inda cheirava a reboco fresco e tintas de óleo recentes, e desde aí — lá se iam quarenta anos — ninguém mais teve licença de pôr a mão em "seu jardim".

Verdadeiro poeta, o bom Timóteo.

Não desses que fazem versos, mas dos que sentem a poesia sutil das coisas. Compusera, sem o saber, um maravilhoso poema onde cada plantinha era um verso que só ele conhecia, verso vivo, risonho ao reflorir anual da primavera, desmedrado e sofredor quando junho sibilava no ar os látegos do frio. O jardim tornara-se a memória viva da casa. Tudo nele correspondia a uma significação familiar de suave encanto, e assim foi desde o começo, ao riscarem-se os canteiros na terra virgem ainda recendente à escavação. O canteiro principal consagrara-o Timóteo ao "Sinhô-Velho", tronco da estirpe e generoso amigo que lhe dera carta de alforria muito antes da Lei Áurea. Nasceu faceiro e bonito, cercado de tijolos novos vindos do forno para ali indá quentes, e embutidos no chão como rude cíngulo de coral; hoje, semidesfeitos pela usura do tempo e tão tenros que a unha os penetra, esses tijolos esverdecem nos musgos da velhice.

"Veludo de muro velho" é como chama Timóteo a essa muscínea invasora, filha da sombra e da umidade. E é bem isso, porque o musgo foge sempre aos muros secos, vidrentos, esfogueados de sol, para estender devagarinho o seu veludo prenunciador de tapera sobre os muros alquebrados, de emboço já carcomido e todo aberto em fendas.

Bem no centro erguia-se um nodoso pé de jasmim-do-cabo, de galhos negros e copa dominante, ao qual o zeloso guardião nunca permitiu que outra planta sobre-excedesse em altura. Simbolizava o homem que o havia comprado por dois contos de réis, dum importador de escravos de Angola.

— Tenha paciência, minha negra! — conversava ele com as roseiras de setembro, teimosas em espichar para o céu brotos audazes. — Tenha paciência, que aqui ninguém olha de cima para o Sinhô-Velho.

E sua tesoura afiada punha abaixo, sem dó, todos os rebentos temerários.

Cercando o jasmineiro havia uma coroa de periquitos, e outra menor de cravinas. Mais nada.

— Ele era homem simples, pouco amigo de complicações. Que fique ali sozinho com o periquito e as irmãzinhas do cravo.

Dos outros canteiros, dois eram em forma de coração.

— Este é o de Sinhazinha; e como ela um dia há de casar, fica a par dele o canteiro do Sinhô-Moço.

O canteiro de Sinhazinha era de todos o mais alegre, dando bem a imagem de um coração de mulher rico de todas as flores do sentimento. Sempre risonho, tinha a propriedade de prender os olhos de quantos penetravam no jardim. Tal qual a moça, que desde menina se habituara a monopolizar os carinhos da família e a dedicação dos escravos, chegando esta a ponto de ao sobrevir a Lei Áurea nenhum ter ânimo de afastar-se da fazenda. Emancipação? Loucura! Quem, uma vez cativo de Sinhazinha, podia jamais romper as algemas da doce escravidão?

Assim ela na família, assim o seu canteiro entre os demais. Livro aberto, símbolo vivo, crônica vegetal, dizia pela boca das flores toda a sua vidinha de moça. O pé de flor-de-noiva, primeira "planta séria" ali brotada, marcou o dia em que foi pedida em casamento. Até então só vicejavam nele flores alegres de criança — esporinhas, bocas-de-leão, "borboletas", ou flores amáveis da adolescência — amores-perfeitos, damas-entre-verdes, beijos-de-frade, escovinhas, miosótis.

Quando lhe nasceu, entre dores, o primeiro filho, plantou Timóteo os primeiros tufos de violeta.

— Começa a sofrer...

E no dia em que lhe morreu esse malogrado botãozinho de carne rósea, o jardineiro, em lágrimas, fincou na terra os primeiros goivos e as primeiras saudades. E fez ainda outras substituições: as alegres damas-entre-verdes cederam o lugar aos suspiros-roxos, e a sempre-viva foi para o canto onde viçavam as ridentes bocas-de-leão.

Já o canteiro de Sinhô-Moço revelava intenções simbólicas de energia. Cravos vermelhos em quantidade, roseiras fortes, ouriçadas de espinhos; palmas-de-santa-rita, de folhas laminadas; junquilhos nervosos.

E tudo mais assim.

Timóteo compunha os anais vivos da família, anotando nos canteiros, um por um, todos os fatos de alguma significação. Depois, exagerando, fez do jardim um canhenho de notas, o verdadeiro diário da fazenda. Registrava tudo. Incidentes corriqueiros, pequenas rusgas de cozinha, um lembrete azedo dos patrões, um namoro de mucama, um hóspede, uma geada mais forte, um cavalo de estimação que morria — tudo memorava ele, com hieróglifos vegetais, em seu jardim maravilhoso.

A hospedagem de certa família do Rio — pai, mãe e três sapequíssimas filhas — lá ficou assinalada por cinco pés de ora-pro-nóbis. E a venda do pampa calçudo, o melhor cavalo das redondezas, teve a mudança de dono marcada pela poda dum galho do jasmineiro.

Além desta comemoração anedótica, o jardim consagrava uma planta a cada subalterno ou animal doméstico. Havia a roseira-chá da mucama de Sinhazinha; o sangue-de-adão do Tibúrcio cocheiro; a rosa-maxixe da mulatinha Cesária, sirigaita enredeira, de cara fuxicada como essa flor. O Vinagre, o Meteoro, a Manjerona, a Teteia, todos os cães que na fazenda nasceram e morreram, ali estavam lembrados pelo seu pezinho de flor, um resedá, um tufo de violetas, uma touça de perpétuas. O cão mais inteligente da casa, Otelo, morto hidrófobo, teve as honras duma sempre-viva rajada.

— Quem há de esquecer um bicho daqueles, que até parecia gente?

Também os gatos tinham memória. Lá estava a cinerária da gata branca morta nos dentes do Vinagre, e o pé de alecrim relembrativo do velho gato Romão.

Ninguém, a não ser Timóteo, colhia flores naquele jardim. Sinhazinha o tolerava desde o dia em que ele explicou:

— Não *sabem*, Sinhazinha! Vão lá e atrapalham tudo. Ninguém *sabe* apanhar flor...

Era verdade. Só Timóteo sabia escolhê-las com intenção e sempre de acordo com o destino. Se as queriam para florir a mesa em dia de anos da moça, Timóteo combinava os buquês como estrofes vivas. Colhia-as resmungando:

— Perpétua? Não. Você não vai pra mesa hoje. É festa alegre. Nem você, dona violetinha!... Rosa-maxixe? Ah! Ah! Tinha graça a Cesária em festa de branco!...

E sua tesoura ia cortando os caules com ciência de mestre. Às vezes parava, a filosofar:

— Ninguém se lembra hoje do anjinho... Pra que, então, goivo nos vasos? Quieto fique aqui o senhor goivo, que não é flor de vida, é flor de cemitério...

E sua linguagem de flores? Suas ironias, nunca percebidas de ninguém? Seus louvores, de ninguém suspeitados? Quantas vezes não depôs na mesa, sobre um prato, um aviso a um hóspede, um lembrete à patroa, uma censura ao senhor, composto sob forma dum ramalhete? Ignorantes da língua do jardim, riam-se eles da maluquice do Timóteo, incapazes de lhe alcançar o fino das intenções.

Timóteo era feliz. Raras criaturas realizam na vida mais formoso delírio de poeta. Sem família, criara uma família de flores; pobre, vivia ao pé de um tesouro.

Era feliz, sim. Trabalhava por amor, conversando com a terra e as plantas — embora a copa e a cozinha implicassem com aquilo.

— Que tanto resmunga o Timóteo! Fica ali mamparreando horas, a cochichar, a rir, como se estivesse no meio duma criançada...

É que na sua imaginação as flores se transfiguravam em seres vivos. Tinham cara, olhos, ouvidos... O jasmim-do-cabo, pois não é que lhe dava a bênção todas as manhãs? Mal Timóteo aparecia, murmurando "A bênção, Sinhô", e já o velho, encarnado na planta, respondia com voz alegre: "Deus te abençoe, Timóteo".

Contar isso aos outros? Nunca! "Está louco", haviam de dizer. Mas bem que as plantinhas falavam...

— E como não hão de falar, se tudo é criatura de Deus, homessa!...

Também dialogava com elas.

— Contentinha, hein? Boa chuva a de ontem, não?

— ...

— Sim, lá isso é verdade. As chuvas miúdas são mais criadeiras, mas você bem sabe que não é tempo. E o grilo? Voltou? Voltou, sim, o ladrão... E aqui roeu mais esta folhinha... Mas deixe estar que eu curo ele!

E punha-se a procurar o grilo. Achava-o.

— Seu malfeitor!... Quero ver se continua agora a judiar das minhas flores.

Matava-o, enterrava-o.

— Vira esterco, diabinho!

Pelo tempo da seca era um regalo ver Timóteo a chuviscar amorosamente sobre as flores com o seu velho regador.

— O sol seca a terra? Bobice!... Como se o Timóteo não estivesse aqui de chovedor na mão.

"Chega também, ué! Então quer sozinho um regador inteiro? Boa moda! Não vê que as esporinhas estão com a língua de fora?

"E esta boca-de-leão, ah! ah!, está mesmo com uma boca de cachorro que correu veado! Tome lá, beba, beba!

"E você também, seu resedá, tome lá seu banho, pra depois namorar aquela dona hortênsia, moça bonita do 'zoio' azul..."

E lá ia...

Plantas novas que abrolhavam o primeiro botão punham alvoroço de noivo no peito do poeta, que falava do acontecimento na copa, provocando as risadinhas impertinentes da Cesária.

— Diabo do negro velho, cada vez caducando mais! Conversa com flor como se flor fosse gente.

Só a moça, com o seu fino instinto de mulher, lhe compreendia as delicadezas do coração.

— Está aqui, Sinhá, a primeira rainha-margarida deste ano!

Ela fingia-se extasiada e punha a flor no corpete.

— Que beleza!

E Timóteo ria-se, feliz, feliz...

Certa vez falou-se na reforma do jardim.

— Precisamos mudar isto — lembrou o moço, de volta dum passeio a São Paulo. — Há tantas flores modernas, lindas, enormes, e nós toda a vida com estas cinerárias, estas esporinhas, estas flores caipiras... Vi lá crisandálias magníficas, crisântemos deste tamanho e uma rosa nova, branca, tão grande que até parece flor artificial.

Quando soube da conversa, Timóteo sentiu gelo no coração. Foi agarrar-se com a moça. Ele também conhecia essas flores de fora, vira crisântemos em casa do coronel Barroso, e as tais dálias mestiças no peito duma faceira, no leilão do Espírito Santo.

— Mas aquilo nem é flor, Sinhá! Coisas da estranja que o Canhoto inventa para perder as criaturas de Deus. Eles lá que plantem. Nós aqui devemos zelar das plantas de família. Aquela dália rajada, está vendo? É singela, não tem o crespo das dobradas; mas quem troca uma menina de sainha de chita cor-de-rosa por uma semostradeira da cidade, de muita seda no corpo mas sem fé no coração? De manhã "fica assim" de abelhas e cuitelos em roda dela!... E eles sabem, eles não ignoram quem merece. Se as das cidades fossem de mais estimação, por que é que esses bichinhos de Deus ficam aqui e não vão pra lá? Não, Sinhá! É preciso tirar essa ideia da cabeça de Sinhô-Moço. Ele é criança ainda, não sabe a vida. É preciso respeitar as coisas de dantes...

E o jardim ficou.

Mas um dia... Ah! Bem sentira-se Timóteo tomado de aversão pela família dos ora-pro-nóbis! Pressentimento puro... O ora-pro-nóbis pai voltou e esteve ali uma semana em conciliábulo com o moço. Ao fim desse tempo, explodiu como bomba a grande notícia: estava negociada a fazenda, devendo a escritura passar-se dentro de poucos dias.

Timóteo recebeu a nova como quem recebe uma sentença de morte. Na sua idade, tal mudança lhe equivalia a um fim de tudo. Correu a agarrar-se à moça, mas desta vez nada puderam contra as armas do dinheiro os seus pobres argumentos de poeta.

Vendeu-se a fazenda. E certa manhã viu Timóteo arrumarem-se no trole os antigos patrões, as mucamas, tudo o que constituía a alma do velho patrimônio.

— Adeus, Timóteo! — disseram alegremente os senhores-moços, acomodando-se no veículo.

— Adeus! Adeus!...

E lá partiu o trole, a galope... Dobrou a curva da estrada... Sumiu-se para sempre...

Pela primeira vez na vida Timóteo esqueceu de regar o jardim. Quedou-se plantado a um canto, a esmoer o dia inteiro o mesmo pensamento doloroso:

— Branco não tem coração...

Os novos proprietários eram gente da moda, amigos do luxo e das novidades. Entraram na casa com franzimentos de nariz para tudo.

— Velharias, velharias...

E tudo reformaram. Em vez da austera mobília de cabiúna, adotaram móveis pechisbeques, com veludinhos e frisos. Determinaram o empapelamento das salas, a abertura de um *hall*, mil coisas esquisitas... Diante do jardim, abriram-se em gargalhadas.

— É incrível! Um jardim destes, cheirando a Tomé de Sousa, em pleno século das crisandálias!

E correram-no todo, a rir, como perfeitos malucos.

— Olha, Yvette, esporinhas! É inconcebível que inda haja esporinhas no mundo!

— E periquito, Odete! Pe-ri-qui-to!... — disse uma das moças, torcendo-se em gargalhadas.

Timóteo ouvia aquilo com mil mortes na alma. Não restava dúvida, era o fim de tudo, como pressentira: aqueles bugres da cidade arrasariam a casa, o jardim e o mais que lembrasse o tempo antigo. Queriam só o moderno.

E o jardim foi condenado. Mandariam vir o Ambrogi para traçar um plano novo de acordo com a arte moderníssima dos jardins ingleses. Reformariam as flores todas, plantando as últimas criações da floricultura alemã. Ficou decidido assim.

— E para não perder tempo, enquanto o Ambrogi não chega ponho aquele macaco a me arrasar isto — disse o homem apontando para Timóteo.

— Ó tição, vem cá!

Timóteo aproximou-se, com ar apatetado.

— Olha, ficas encarregado de limpar este mato e deixar a terra nuazinha. Quero fazer aqui um lindo jardim. Arrasa-me isto bem arrasadinho, entendes?

Timóteo, trêmulo, mal pôde engrolar uma palavra:

— Eu?...

— Sim, tu! Por que não?

O velho jardineiro, atarantado e fora de si, repetiu a pergunta:

— Eu? Eu, arrasar o jardim?

O fazendeiro encarou-o, espantado da sua audácia, sem nada compreender daquela resistência.

— Eu? Pois me acha com cara de criminoso?

E não podendo mais conter-se explodiu num assomo estupendo de cólera — o primeiro e o único de sua vida.

— Eu vou mas é embora daqui, morrer lá na porteira como um cachorro fiel. Mas olhe, moço, que hei de rogar tanta praga que isto há de virar uma tapera de lacraias! A geada há de torrar o café. A peste há de levar até as vacas de leite! Não há de ficar aqui nem uma galinha, nem um pé de vassoura! E a família amaldiçoada, coberta de lepra, há de comer na gamela com os cachorros lazarentos!... Deixa estar, gente amaldiçoada! Não se assassina assim uma coisa que dinheiro nenhum paga. Não se mata assim um pobre negro velho que tem dentro do peito uma coisa que lá na cidade ninguém sabe o que é. Deixa estar, branco de má casta! Deixa estar, caninana! Deixa estar!...

E fazendo com a mão espalmada o gesto fatídico, saiu às arrecuas, repetindo cem vezes a mesma ameaça:

— Deixa estar! Deixa estar!...

E longe, na porteira, ainda espalmava a mão para a fazenda, num gesto mudo:

— Deixa estar!...

Anoitecia. Os curiangos andavam a espacejar silenciosos voos de sombra pelas estradas desertas. O céu era todo um recamo fulgurante de estrelas. Os sapos coaxavam nos brejos e vaga-lumes silenciosos piscavam piques de luz no sombrio das capoeiras.

Tudo adormecera na terra, em breve pausa de vida para o ressurgir do dia seguinte.

Só não ressurgirá Timóteo. Lá agoniza ao pé da porteira. Lá morre. E lá o encontrará a manhã enrijecido pelo relento, de borco na grama orvalhada, com a mão estendida para a fazenda num derradeiro gesto de ameaça:

— Deixa estar!...

O FISCO (CONTO DE NATAL)

1918

PRÓLOGO

No princípio era o pântano, com valas de agrião e rãs coaxantes. Hoje é o parque do Anhangabaú, todo ele relvado, com ruas de asfalto, pérgola grata a namoriscos noturnos, a Eva de Brecheret, a estátua dum adolescente nu que corre — e mais coisas. Autos voam pela via central, e cruzam-se pedestres em todas as direções. Lindo parque, civilizadíssimo.

Atravessando-o certa tarde, vi formar-se ali um bolo de gente, rumo ao qual vinha vindo um polícia apressado.

"*Fagocitose*", pensei. A rua é a artéria; os passantes, o sangue. O desordeiro, o bêbado, o gatuno são os micróbios maléficos, perturbadores do ritmo circulatório. O soldado de polícia é o glóbulo branco — o *fagócito* de Metchnikoff. Está de ordinário parado no seu posto, circunvagando olhares atentos. Mal se congestiona o tráfego pela ação antissocial do desordeiro, o fagócito move-se, caminha, corre, cai a fundo sobre o mau elemento e arrasta-o para o xadrez.

Foi assim naquele dia.

Dia sujo, azedo. Céu dúbio, de decalcomania vista pelo avesso. Ar arrepiado.

Alguém perturbara a paz do jardim, e em redor desse rebelde logo se juntou um grupo de glóbulos vermelhos, vulgo passantes. E lá vinha agora o fagócito fardado restabelecer a harmonia universal.

O caso girava em torno de uma criança maltrapilha, que tinha a tiracolo uma caixa tosca de engraxate, visivelmente feita pelas suas próprias mãos. Muito sarapantado, com lágrimas a brilharem nos olhos cheios de pavor, o pequeno murmurava coisas de ninguém atendidas. Sustinha-o pela gola um fiscal da Câmara.

— Então, seu cachorrinho, sem licença, hein? — exclamava entre colérico e vitorioso o mastim municipal, focinho muito nosso conhecido. É um que não é um mas sim legião, e sabe ser tigre ou cordeiro conforme o naipe do contraventor.

A miserável criança evidentemente não entendia, não sabia que coisa era aquela de licença, tão importante, reclamada assim a empuxões brutais. Foi quando entrou em cena o polícia.

Este glóbulo branco era preto. Tinha beiço de sobejar e nariz invasor de meia cara, aberto em duas ventas acesas, relembrativas das cavernas de Trofônio. Aproximou-se e rompeu o magote com um napoleônico "Espalha!".

Humildes alas se abriram àquele Sésamo, e a Autoridade, avançando, interpelou o Fisco:

— Que encrenca é esta, chefe?

— Pois este cachorrinho não é que está exercendo ilegalmente a profissão de engraxate? Encontrei-o banzando por aqui com estes troços, a fisgar com os olhos os pés dos transeuntes e a dizer "Engraxa, freguês". Eu vi a coisa de longe. Vim pé ante pé, disfarçando e, de repente, *nhoc*! "Mostre a licença", gritei. "Que licença?", perguntou ele com arzinho de inocência. "Ah, você diz que licença, cachorro? Está me debochando, ladrão? Espera que te ensino o que é licença, trapo!" E agarrei-o. Não quer pagar a multa. Vou levá-lo ao depósito, autuar a infração para proceder de acordo com as posturas — concluiu com soberbo entono o cariado canino da Maxila Fiscal.

O solene Mata-Piolho da Manopla Policial concordou.

— É isso mesmo. Casca-lhes!

E chiando por entre os dentes uma cusparada de esguicho, deu a sua sacudidela suplementar no menino. Depois voltou-se para os basbaques e ordenou com império de soba africano:

— Circula, paisanada! É "purivido" ajuntamentos de mais de um.

Os glóbulos vermelhos dispersaram-se em silêncio. O buldogue lá seguiu com o pequeno nas unhas. E o Pau de Fumo, em atitude de Bonaparte em face das pirâmides, ficou, de dedo no nariz e boca entreaberta, a gozar a prontidão com que, num ápice, sua energia resolvera o tumor maligno formado na artéria sob a sua fiscalização.

O BRÁS

Também lá, no princípio, era o charco — terra negra, fofa, turfa tressuante, sem outra vegetação além dessas plantinhas miseráveis que sugam o lodo como minhocas. Aquém da várzea, na terra firme e alta, São Paulo crescia. Erguiam-se casas nos cabeços, e esgueiravam-se ladeiras encostas abaixo: a Boa Morte, o Carmo, o Piques; e ruas, Imperador, Direita, São Bento. Poetas cantavam-lhe as graças nascentes:

Ó Liberdade, ó Ponte Grande, ó Glória...

Deram-lhe um dia o Viaduto do Chá, esse arrojo... Os paulistanos pagavam sessenta réis para, ao atravessá-lo, conhecerem a vertigem dos abismos. E em casa narravam a aventura às esposas e mães, pálidas de espanto. Que arrojo de homem, o Jules Martin, que construíra aquilo!

Enquanto São Paulo crescia o Brás coaxava. Enluravam-se naquele brejal legiões de sapos e rãs. À noite, do escuro da terra um coral subia de coaxos, *pan-pans* de ferreiro, latidos de mimbuias, *glu-glus* de untanhas; e por cima, no escuro do ar, vaga-lumes ziguezagueantes riscavam fósforos às tontas.

E assim foi até o dia da avalanche italiana.

Quando lá no Oeste a terra roxa se revelou mina de ouro das que pagam duzentos por um, a Itália vazou para cá a espuma da sua transbordante taça de vida. E São Paulo, não bastando ao abrigo da nova gente, assistiu, atônito, ao surto do Brás.

Drenos sangraram em todos os rumos o brejal turfoso; a água escorreu; os espavoridos sapos sumiram-se aos pulos para as baixadas do Tietê; rã comestível não ficou uma para memória da raça; e, breve, em substituição aos guembês, ressurtiu a cogumelagem de centenas e centenas de casinhas típicas — porta, duas janelas e platibanda.

Numerosas ruas, alinhadas na terra cor de ardósia que já o sol ressequira e o vento erguia em nuvens de pó negro, margearam-se com febril rapidez desses prediozinhos térreos, iguais uns aos outros, como saídos do mesmo molde, pífios, mas únicos possíveis então. Casotas provisórias, desbravadoras da lama e vencedoras do pó à força de preço módico.

E o Brás cresceu, espraiou-se de todos os lados, comeu todo o barro preto da Mooca, bateu estacas no Marco da Meia Légua, lançou-se rumo à Penha, pôs de pé igrejas, macadamizou ruas, inçou-se de fábricas, viu surgirem avenidas e vida própria, e cinemas, e o Colombo, e o namoro, e o corso pelo Carnaval. E lá está hoje enorme, feito a cidade do Brás, separado de São Paulo pelo faixão vermelho da Várzea aterrada — Pest da Buda à beira do Tamanduateí plantada.

São duas cidades vizinhas, distintas de costumes e de almas já bem diversas. Ir ao Brás é uma viagem. O Brás não é ali, como o Ipiranga; é lá do outro lado, embora mais perto que o Ipiranga. Diz-se vou ao Brás como quem diz vou à Itália. Uma Itália agregada como um bócio recente e autônomo a uma *urbs* antiga, filha do país; uma Itália função da terra negra, italiana por sete décimos e *algo nuevo* pelos restantes.

O Brás trabalha de dia e à noite gesta. Aos domingos fandanga ao som do bandolim. Nos dias de festa nacional (destes tem predileção pelo 21 de Abril: vagamente o Brás desconfia que o barbeiro da Inconfidência, porque barbeiro, havia de ser um patrício), nos dias feriados o Brás vem a São Paulo.

Entope os bondes no travessio da Várzea e cá ensardinha-se nos autos: o pai, a mãe, a sogra, o genro e a filha casada no banco de trás; o tio, a cunhada, o sobrinho e o Pepino escoteiro no da frente; filhos miúdos por entremeio; filhos mais taludos ao lado do motorista; filhos engatinhantes debaixo dos bancos; filhos em estado fetal no ventre bojudo das matronas. Vergado de molas, o carro geme sob a carga e arrasta-se a meia velocidade, exibindo a Pauliceia aos olhos arregalados daquele exuberante cacho humano.

Finda a corrida, o auto debulha-se do enxame no Triângulo e o bando toma de assalto as confeitarias para um regabofe de *spumones*, gasosas, croquetes. E tão a sério toma a tarefa que ali pelas nove horas não restam iscas de empada nos armários térmicos, nem vestígios de sorvete no fundo das geladeiras. O Brás devora tudo, ruidosa, alegremente, e com massagens ajeitadoras do abdômen sai impando bem-aventurança estomacal. Caroços de azeitonas, palitos de camarões, guardanapos de papel, pratos de papelão seguem nas munhecas da petizada como lembrança da festa e consolo ao bersalherzinho que lá ficou de castigo em casa, berrando com goela de Caruso.

Em seguida, toca para o cinema! O Brás abarrota os de sessão corrida. O Brás chora nos lances lacrimogêneos da Bertini e ri nas comédias a gás hilariante da L-Ko mais do que autorizam os mil e cem da entrada. E repete a sessão, piscando o olho: é o jeito de dobrar a festa em extensão e obtê-la a meio preço — quinhentos e cinquenta réis, uma pechincha.

As mulheres do Brás, ricas de ovário, são vigorosíssimas de útero. Desovam quase filho e meio por ano, sem interrupção, até que se acabe a corda ou rebente alguma peça essencial da gestatória.

É de vê-las na rua. Bojudas de seis meses, trazem um Pepininho à mão e um choramingas à mama. À tarde o Brás inteiro chia de criançalha a chutar bolas de pano, a jogar pião, ou a piorra, ou o tento de telha, ou o tabefe, com palavreados mistos de português e dialetos de Itália. Mulheres escarranchadas às portas, com as mãos ocupadas em manobras de agulha de osso, espigaitam para os maridos os sucessos do dia, que eles ouvem filosoficamente, cachimbando calados ou cofiando a bigodeira à Humberto Primo.

De manhã esfervilha o Brás de gente estremunhada a caminho das fábricas. A mesma gente reflui à tarde aos magotes — homens e mulheres de cesta no braço, ou garrafas de café vazias penduradas do dedo; meninas, rapazes, raparigotas de pouco seio, galantes, tagarelas, com o namoro rente.

Desce a noite, e nos desvãos de rua, nos becos, nas sombras, o amor lateja. Ciciam vozes cautelosas das janelas para os passeios; pares em conversa disfarçada nos portões emudecem quando passa alguém ou tosse lá dentro o pai.

Durante o escuro das fitas, nos cinemas, há contatos, longos, febricitantes; e quando nos intervalos irrompe a luz, não sabem os namorados o que se passou na tela — mas estão de olhos langues, em quebreira de amor.

É o latejar da messe futura. Todo aquele eretismo por música, com cicios de pensamentos de cartão-postal, estará morto no ano seguinte — legalizado pela Igreja e pelo juiz, transfeita a sua poesia em choro de criança e nas trabalheiras sem-fim da casa humilde.

Tal menina rosada, leve de andar, toda requebros e dengues, que passa na rua vestida com graça e atrai os olhares gulosos dos homens, não a reconhecereis dois anos depois na lambona filhenta que deblatera com o verdureiro a propósito do feixe de cenouras em que há uma menor que as outras.

Filho da lama negra, o Brás é como ela um sedimento de aluvião. É São Paulo, mas não é a Pauliceia. Ligados pela expansão urbana, separa-os uma barreira. O velho caso do fidalgo e do peão enriquecido.

PEDRINHO, SEM SER CONSULTADO, NASCE.

Viram-se, ele e ela. Namoraram-se. Casaram.

Casados, proliferaram.

Eram dois. O amor transformou-os em três. Depois em quatro, em cinco, em seis...

Chamava-se Pedrinho o filho mais velho.

A VIDA

De pé na porta a mãe espera o menino que foi à padaria. Entra o pequeno com as mãos abanando.

— Diz que subiu; custa agora oitocentos.

A mulher, com uma criança ao peito, franze a testa desconsolada.

— Meu Deus! Onde iremos parar? Ontem era a lenha; hoje é o pão... Tudo sobe. Roupa, pela hora da morte. José ganhando sempre a mesma coisa. Que será de nós, Deus do céu!

E voltando-se para o filho:

— Vá a outra padaria, quem sabe se lá... Se for a mesma coisa, traga só um pedaço.

Pedrinho sai. Nove anos. Franzino, doentio, sempre mal alimentado e vestido com os restos das roupas do pai.

Trabalha este num moinho de trigo, ganhando jornal insuficiente para a manutenção da família. Se não fosse a bravura da mulher, que lavava para fora, não se sabe como poderiam subsistir. Todas as tentativas feitas com o intuito de melhorarem a vida com indústrias caseiras esbarraram no óbice tremendo do Fisco. A fera condenava-os à fome. Assim escravizados, José perdeu aos poucos a coragem, o gosto de viver, a alegria. Vegetava, recorrendo ao álcool para alívio de uma situação sem remédio.

Bendito sejas, amável veneno, refúgio derradeiro do miserável, gole inebriante de morte que faz esquecer a vida e lhe resume o curso! Bendito sejas!

Apesar de moça, vinte e sete apenas, Mariana aparentava o dobro. A labuta permanente, os partos sucessivos, a chiadeira da filharada, a canseira sem-fim, o serviço emendado com o serviço, sem folga outra além da que o sono força, fizeram da bonita moça que fora a escanzelada besta de carga que era.

Seus dez anos de casada... Que eternidade de canseiras!...

Rumor à porta. Entra o marido. A mulher, ninando a pequena de peito, recebe-o com a má nova.

— O pão subiu, sabe?

Sem murmurar palavra o homem senta-se, apoiando nas mãos a cabeça. Está cansado.

A mulher prossegue:

— Oitocentos réis o quilo agora. Ontem foi a lenha; hoje é o pão... E lá? Sempre aumentaram o jornal?

O marido esboçou um gesto de desalento e permaneceu mudo, com o olhar vago. A vida era um jogo de engrenagens de aço entre cujos dentes se sentia esmagar. Inútil resistir. Destino, sorte.

Na cama, à noite, confabulavam. A mesma conversa de sempre. José acabava grunhindo rugidos surdos de revolta. Falava em revolução, saque. A esposa consolava-o, de esperança posta nos filhos.

— Pedrinho tem nove anos. Logo estará em ponto de ajudar-nos. Um pouco mais de paciência e a vida melhora.

Aconteceu que nessa noite Pedrinho ouviu a conversa e a referência à sua futura ação. Entrou a sonhar. Que fariam dele? Na fábrica, como o pai? Se lhe dessem a escolher, iria a engraxador. Tinha um tio no ofício, e em casa do tio era menor a miséria. Pingavam níqueis.

Sonho vai, sonho vem, brota na cabeça do menino uma ideia, que cresceu, tomou vulto extraordinário e fê-lo perder o sono. Começar já, amanhã, por que não? Faria ele mesmo a caixa; escovas e graxa, com o tio arranjaria. Tudo às ocultas, para surpresa dos pais! Iria postar-se num ponto por onde passasse muita gente. Diria como os outros: "Engraxa, freguês!", e níqueis haviam de juntar-se no seu bolso. Voltaria para casa recheado, bem tarde, com ar de quem as fez... E mal a mãe começasse a ralhar, ele lhe taparia a boca despejando na mesa o monte de dinheiro. O espanto dela, a cara admirada do pai, o regalo da criançada com a perspectiva da ração em dobro! E a mãe a apontá-lo aos vizinhos: "Estão vendo que coisa? Ganhou, só ontem, primeiro dia, dois mil-réis!". E a notícia a correr... E murmúrios na rua quando o vissem passar: "É aquele!".

Pedrinho não dormiu essa noite. De manhãzinha já estava a dispor a madeira dum caixote velho sob forma de caixa de engraxate ao molde clássico. Lá a fez. Os pregos, bateu com o salto de uma velha botina. As tábuas, serrou pacientemente com um facão dentado. Saiu coisa tosca e mal-ajambrada, de fazer rir a qualquer carapina e pequena demais — sobre ela só caberia um pé de criança igual ao seu. Mas Pedrinho não notou nada disso, e nunca trabalho nenhum de carpintaria lhe pareceu mais perfeito.

Conclusa a caixa, pô-la a tiracolo e esgueirou-se para a rua, às escondidas. Foi à casa do tio e lá obteve duas velhas escovas fora de uso, já sem pelos, mas que à sua exaltada imaginação se afiguraram ótimas. Graxa, conseguiu alguma raspando o fundo de quanta lata velha encontrou no quintal.

Aquele momento marcou em sua vida um apogeu de felicidade vitoriosa. Era como um sonho — e sonhando saiu para a rua. Em caminho viu o dinheiro crescer-lhe nas mãos, aos montes. Dava à família parte, e o resto encafuava. Quando enchesse o canto da arca onde tinha suas roupas, montaria um "corredor", pondo a jornal outros colegas. Aumentaria as rendas! Enriqueceria! Compraria bicicletas, automóvel, doces todas as tardes na confeitaria, livros de figura, uma casa, um palácio, outro palácio para os pais. Depois...

Chegou ao parque. Tão bonito aquilo — a relva tão verde, tosadinha... Havia de ser bom o ponto. Parou perto de um banco de pedra e, sempre sonhando as futuras grandezas, pôs-se a murmurar para cada passante, fisgando-lhe os pés:

— Engraxa, freguês!

Os fregueses passavam sem lhe dar atenção. "É assim mesmo", refletia consigo o menino; "no começo custa. Depois se afreguesam."

Súbito, viu um homem de boné caminhando para o seu lado. Olhou-lhe para as botinas. Sujas. Viria engraxar, com certeza — e o coração bateu-lhe apressado, no tumulto delicioso da estreia. Encarou o homem já a cinco passos e sorriu com infinita ternura nos olhos, num agradecimento antecipado em que havia tesouros de gratidão.

Mas em vez de lhe espichar o pé, o homem rosnou aquela terrível interpelação inicial:

— Então, cachorrinho, que é da licença?

EPÍLOGO? NÃO! PRIMEIRO ATO...

Horas depois o fiscal aparecia em casa de Pedrinho com o pequeno pelo braço. Bateu. O pai estava, mas quem abriu foi a mãe. O homem nesses momentos não aparecia, para evitar explosões. Ficou a ouvir do quarto o bate-boca.

O fiscal exigia o pagamento da multa. A mulher debateu-se, arrepelou-se. Por fim, rompeu em choro.

— Não venha com lamúrias — rosnou o buldogue —; conheço o truque dessa aguinha nos olhos. Não me embaça, não. Ou bate aqui os vinte mil-réis, ou penhoro toda esta cacaria. Exercer ilegalmente a profissão! Ora dá-se! E olhe cá, madama, considere-se feliz de serem só vinte. Eu é de dó de vocês, uns miseráveis; senão, aplicava o máximo. Mas se resiste dobro a dose!

A mulher limpou as lágrimas. Seus olhos endureceram, com uma chispa má de ódio represado a faiscar. O Fisco, percebendo-o, motejou:

— Isso. É assim que as quero — tesinhas, ah, ah.

Mariana nada mais disse. Foi à arca, reuniu o dinheiro existente — dezoito mil-réis ratinhados havia meses, aos vinténs, para o caso dalguma doença, e entregou-os ao Fisco.

— É o que há — murmurou com tremura na voz.

O homem pegou o dinheiro e gostosamente o afundou no bolso, dizendo:

— Sou generoso, perdoo o resto. Adeuzinho, amor!

E foi à venda próxima beber dezoito mil-réis de cerveja.

Enquanto isso, no fundo do quintal, o pai batia furiosamente no menino.

OS NEGROS

1922

I

Viajávamos certa vez pelas regiões estéreis por onde há um século, puxado pelo Negro, o carro triunfal de Sua Majestade o Café passou, quando grossas nuvens reunidas no céu entraram a desmanchar-se.

Sinal certo de chuva.

Para confirmá-lo, um vento brusco, raspante, veio quebrar o mormaço, vascolejando a terra como a preveni-la do iminente banho meteórico. Remoinhos de poeira sorviam folhas secas e gravetos, que lá torvelinhavam em espirais pelas alturas.

Sofreando o animal, parei, a examinar o céu.

— Não há dúvida — disse ao meu companheiro —, têmo-la e boa! O remédio é acoutar-nos quanto antes nalgum socavão, que água vem aí de rachar.

Circunvaguei o olhar em torno. Morraria áspera a perder-se de vista, sem uma casota de palha a acenar-nos com um "Vem cá".

— E agora? — exclamou desnorteado o Jonas, marinheiro de primeira viagem que tudo fiava da minha experiência.

— Agora é galopar. Atrás deste espigão fica uma fazenda em ruínas, de má nota, mas único oásis possível nesta emergência. Casa do Inferno, chama-lhe o povo.

— Pois toca para o inferno, já que o céu nos ameaça — retorquiu Jonas, dando de esporas e seguindo-me por um atalho.

— Tens coragem? — gritei-lhe. — Olha que é casa mal-assombrada!...

— Bem-vinda seja. Anos há que procuro uma, sem topar coisa que preste. Correntes que se arrastam pela calada da noite?

— Dum preto velho que foi escravo do defunto capitão Aleixo, fundador da fazenda, ouvi coisas de arrepiar...

Jonas, a criatura mais gabola deste mundo, não perdeu vasa duma pacholice:

— De arrepiar a ti, que a mim, bem sabes, só me arrepiam correntes de ar...

— Acredito, mas toca, que o dilúvio não tarda.

O céu enegrecera por igual. Um relâmpago fulgurou, seguido de formidável ribombo, que lá se foi às cabeçadas pelos morros até perder-se distante. E os primeiros pingos vieram, escoteiros, pipocar no chão ressecado.

— Espora, espora!

Em minutos vingávamos o espigão, de cujo topo vimos a casaria maldita, tragada a meio pelo mataréu invasor. Os pingões mais e mais se amiudavam, e já eram água de molhar quando a ferradura das bestas estrepitou, com faíscas, no velho terreiro de pedra. Sururucados por ele adentro rumo a um telheiro em aberto, lá apeamos afinal, esbaforidos, mas a salvo da molhadela.

E as bategas vieram, furiosas, em cordas d'água a prumo, como devia ser no chuveiro bíblico do dilúvio universal.

Examinei o couto. Telheiro de carros e tropa, derruído em parte. Os esteios, da cabiúna eterna, tinham os nabos à mostra — tantos enxurros correram por ali erodindo o solo. Por eles marinhava a caetaninha, essa mimosa alcatifa dos tapumes, toda rosetada de flores amarelas e pingentada de melõezinhos de bico, cor de canário.

Também aboboreiras viçavam na tapera, galgando vitoriosas pelos espeques para enfolharem no alto, entremeio das ripas e caibros a nu. Suas flores grandalhudas, tão caras às mamangavas, manchavam de amarelo-pálido o tom cru da folhagem verde-negra.

Fora, a pouca distância do telheiro, a "casa-grande" se erguia, vislumbrada apenas através da cortina d'água.

E a água a cair.

E a trovoada a escalejar seus ecos pela morraria intérmina.

E o meu amigo, tão calmo sempre e alegre, a exasperar-se:

— Raio de peste de tempo desgraçado! Já não posso almoçar em Vassouras amanhã, como pretendia.

— Chuva de corda não dura hora — consolei-o.

— Sim, mas será possível alcançar o tal pouso do Alonso ainda hoje?

Consultei o pulso.

— Cinco e meia. É tarde. Em vez de Alonso, temos que gramar o Aleixo. E dormir com as bruxas, mais a alma do capitão infernal.

— Inda é o que nos vale — filosofou o impenitente Jonas. — Que assim, ao menos, haverá o que contar amanhã.

II

O temporal durou meia hora e ao cabo amainou, com os relâmpagos espacejados e os trovões a roncarem muito longe dali. Apesar de próxima a noite, inda tínhamos uma hora de luz para sondar o terreiro.

— Há de morar aqui por perto algum urumbeva — disse eu. — Não existe tapera sem lacraia. Vamos à cata desse abençoado urupê.

Encavalgamos de novo e saímos a rodear a fazenda.

— Acertaste, amigo! — exclamou de repente Jonas, ao divisar uma casinhola erguida entre moitas, a duzentos passos de distância. — Bico-de-papagaio, pé de mamão, terreiro limpo; é o urumbeva sonhado!

Para lá nos dirigimos e já do terreiro gritamos o "Ó de casa!". Uma porta abriu-se, enquadrando o vulto dum negro velho, de cabelos ruços. Com que alegria o saudei...

— Pai Adão, viva!

— Vassuncristo! — respondeu o preto.

Era dos legítimos...

— Pra sempre! — gritei eu. — Estamos aqui trancados pela chuva e impedidos de prosseguir viagem. Tio Adão há de...

— Tio Bento, pra servir os brancos.

— Tio Bento há de arranjar-nos pouso por esta noite.

— E boia — acrescentou Jonas —, visto que temos a caixa das empadas a tinir.

O excelente negro sorriu-se, com a gengiva inteira à mostra, e disse:

— Pois é apeá. Casa de pobre, mas de bom coração. Quanto a "de comer", comidinha de negro velho, já sabe...

Apeamos, alegremente.

— Angu? — chasqueou o Jonas.

O negro riu-se:

— Já se foi o tempo do angu com "bacalhau"...

— E não deixou saudades, hein, tio Bento?

— Saudades não deixou, não, eh! eh!...

— Para vocês, pretos; porque entre os brancos muitos há que choram aquele tempo de vacas gordas. Não fosse o Treze de Maio e não estava agora eu aqui a arrebentar as unhas neste raio de látego, que encruou com a chuva e não desata. Era servicinho do pajem...

Desarreamos as bestas e depois de soltá-las penetramos na casinha, sobraçando os arreios. Vimos, então, que era pequena demais para nos abrigar aos três.

— Amigo Bento, olha, não cabemos tanta gente aqui. O melhor é acomodar-nos na casa-grande, que isto cá não é casa de bicho-homem, é ninho de cuitelo...

— Os brancos querem dormir na casa mal-assombrada? — exclamou admirado o preto. — Não aconselho, não. Alguém já fez isso mas se arrependeu depois.

— Arrepender-nos-emos também depois, amanhã, mas já com a dormida no papo — disse Jonas.

E como o preto abrisse a boca:

— Você não sabe o que é coragem, tio Bento. Escoramos sete. E almas do outro mundo, então, uma dúzia! Vamos lá. Está aberta a casa?

— A porta do meio emperrou, mas à força de ombros deve abrir.

— Abandonada há muito tempo?

— "Quizano!" Desde que morreu o último filho do capitão Aleixo ficou assim, ninho de morcego e suindara.

— E por que a abandonaram?

— "Descabeçada" do moço. Pra mim, castigo de Deus. Os filhos pagam a ruindade dos pais, e o capitão Aleixo, Deus que me perdoe, foi mau, mau, mau inteirado. Tinha fama! Aqui em dez léguas de roda, quem queria ameaçar um negro reinador era só dizer: "Espera, diabo, que te vendo pro capitão Aleixo". O negro ficava que nem uma seda!... Mas o que ele fez, os filhos pagaram. Eram quatro: Sinhozinho, o mais velho, que morreu "masgaiado" num trem; Nhá Zabelinha...

III

Enquanto o preto falava, insensivelmente fomos caminhando para a casa maldita.

Era o casarão clássico das antigas fazendas negreiras. Assobradado, erguido em alicerces e muramento de pedra até meia altura e daí por diante de pau a pique. Esteios de cabreúva, entremostrando-se picados a enxó nos trechos donde se esboroara o reboco. Janelas e portas em arco, de bandeiras em pandarecos. Pelos interstícios da pedra amoitavam-se as samambaias; e nas faces de sombra, avenquinhas raquíticas. Num cunhal crescia anosa figueira, enlaçando as pedras na terrível cordoalha tentacular. À porta de entrada ia ter uma escadaria dupla, com alpendre em cima e parapeito esborcinado.

Pus-me a olhar para aquilo, invadido da saudade que sempre me causam ruínas, e parece que em Jonas a sensação era a mesma, pois que o vi muito sério, de olhar pregado na casa, como quem recorda. Perdera o bom humor, o espírito brincalhão de inda há pouco. Emudecera.

— Está visto — murmurei depois dalguns minutos. — Vamos agora à boia, que não é sem tempo.

Voltamos.

O negro, que não parara de falar, dizia agora de sua vida ali.

— Morreu tudo, meu branco, e fiquei eu só. Tenho umas plantas na beira do rio, palmito no mato e uma paquinha lá de vez em quando na ponta do chuço. Como sou só...

— Só, só, só?

— "Suzinho, suzinho!" A Merência morreu, faz três anos. Os filhos, não sei deles. Criança é como ave: cria pena, avoa. O mundo é grande — andam pelo mundo avoando...

— Pois, amigo Bento, saiba que você é um herói e um grande filósofo por cima, digno de ser memorado em prosa ou verso pelos homens que escrevem nos jornais. Mas filósofo de pior espécie está me parecendo aquele sujeito... — concluí referindo-me ao Jonas, que se atrasara e parara de novo em contemplação da casa.

Gritei-lhe:

— Mexe-te, ó poeta que ladras às lagartixas! Olha que saco vazio não se põe de pé, e temos dez léguas a engolir amanhã.

Respondeu-me com um gesto vago e ficou-se no lugar, imóvel.

Larguei mão do cismabundo e entrei na casinhola do preto, que, acendendo luz — um candeeiro de azeite — foi ao borralho buscar raízes de mandioca assada. Pô-las sobre um mocho, quentinhas, dizendo:

— É o que há. Isto e um restico de paca moqueada.

— E achas pouco, Bento? — disse eu, metendo os dentes na raiz deliciosa. — Não sabes que se não fosse tua providencial presença teríamos de manducar viradinho de brisas com torresmos de zéfiros até alcançarmos a venda do Alonso amanhã? Deus que te abençoe e te dê no céu um mandiocal imenso, plantado pelos anjos.

IV

Caíra de todo a noite. Que céu! Alternavam estrelas vivíssimas com rebojos negros de nuvens acasteladas. Na terra, escuridão de breu, rasgada de piques de luz pelas estrelinhas avoantes. Uma coruja berrava longe, num esgalho morto de perobeira.

Que solidão, que espessura de trevas é a de uma noite assim, no deserto! Nesses momentos é que um homem bem compreende a origem tenebrosa do Medo...

V

Acabada a magra refeição, observei ao preto:

— Agora, amigo, é agarrarmos estas mantas e pelegos, mais a luz, e irmo-nos à casa-grande. Dormes lá conosco, à guisa de para-raios de almas. Topas?

Contente de ser-nos útil, tio Bento sobraçou a quitanda e deu-me a levar o candeeiro. E lá fomos pelo escuro da noite, a chapinhar nas poças e na grama empapada.

Encontrei Jonas no mesmo lugar, absorto em frente à casa.

— Estás louco, rapaz? Não comeres, tu que estalavas de fome, e ficares aí como perereca diante da cascavel?

Jonas olhou-me dum modo estranho e como única resposta esganiçou um "deixa-me". Fiquei a encará-lo por uns instantes, deveras desnorteado por tão inexplicável atitude. E foi assim, de rugas na testa, que galguei a escadaria musgosa do casarão.

Estava perra de fato a porta, como dissera o negro, mas com valentes ombradas abria-a no preciso para dar passagem a um homem. Mal entramos, morcegos às dezenas, assustados com a luz, debandaram às tontas, em voejos surdos.

— Macacos me lambam se isto aqui não é o quartel-general de todos os ratos de asas deste e dos mundos vizinhos!

— E das suindaras, patrãozinho. Mora aqui um bandão delas que até dá medo — acrescentou o preto, ao ouvir-lhes os pios no forro.

A sala de espera toava com o restante da fazenda. Paredes lagarteadas de rachas, escorridas de goteiras, com vagos vestígios do papel. Móveis desaparelhados, duas cadeiras Luís XV, de palhinha rota, e mesa de centro do mesmo estilo, com o mármore sujo pelo guano dos morcegos. No teto, tábuas despregadas, entremostrando rombos escuros.

Lúgubre...

— Tio Bento — disse eu, procurando iludir com palavras a tristeza do coração —, isto aqui cheira-me à sala nobre do sabá das bruxas. Que não venham hoje atropelar-nos, nem apareça a alma do capitão-mor a nos infernizar o sono. Não é verdade que a alma do capitão-mor vagueia por aqui a desoras?

— Dizem — respondeu o preto. — Dizem que aparece ali na casa do tronco, não às dez, mas à meia-noite, e que sangra as unhas a arranhar as paredes...

— E depois vem cá arrastar correntes pelos corredores, hein? Como é pobre a imaginativa popular! Sempre e em toda parte a mesma ária das correntes arrastadas! Mas vamos ao que serve. Não haverá um quarto melhor do que isto, nesta hospedaria de mestre tinhoso?

— Haver, há — trocadilhou sem querer o preto —, mas é o quarto do capitão-mor. Tem coragem?

— Ainda não estás convencido, Bento, de que sou um poço de coragem?

— Poço tem fundo — retrucou ele, sorrindo filosoficamente.

— O quarto é aqui à direita.

Dirigi-me para lá. Entrei. Quarto amplo e em melhor estado que a sala de espera. Guarneciam-no duas velhas marquesas de palhinha bolorenta, além de várias cadeiras rotas. Na parede, um retrato na moldura clássica da época, dourada, de cantos redondos, com florões. Limpei com o lenço a poeira acumulada no vidro e vi que era um daguerreótipo esmaiado, representando imagem de mulher.

Bento percebeu a minha curiosidade e explicou:

— É o retrato da filha mais velha do capitão Aleixo, Nhá Zabé, uma moça tão desgraçada...

Contemplei longamente aquela antigualha venerável, vestida à moda da época.

— Tempo das anquinhas, hein, Bento? Lembras-te das anquinhas?

— Se me lembro! A sinhá velha, quando vinha da cidade, era assim que ela andava, que nem uma perua choca...

Recoloquei na parede o daguerreótipo e pus-me a arranjar as marquesas, arrumando numa e noutra pelegos, à guisa de travesseiros. Em seguida fui ao alpendre, de luz na mão, a ver se amadrinhava o meu relapso companheiro. Era demais aquela maluquice! Não jantar e agora ficar-se ali ao relento...

VI

Perdi meu requebrado. Chamei-o, mas nem com o "deixa-me" respondeu desta vez. Tal atitude pôs-me seriamente apreensivo.

— Se lhe desarranja a cabeça, aqui nestas alturas...

Torturado por esta ideia, não pude sossegar. Confabulei com o Bento e resolvemos sair em procura do transviado.

Fomos felizes. Encontramo-lo no terreiro, em face da antiga casa do tronco. Estava imóvel e mudo.

Ergui-lhe a luz à altura do rosto. Que estranha expressão a sua! Não parecia o mesmo — não era o mesmo. Deu-me a impressão de retesado no último arranco duma luta suprema, com todas as energias crispadas numa resistência feroz. Sacudi-o com violência.

— Jonas! Jonas!

Inútil. Era um corpo largado da alma. Era um homem "vazio de si próprio". Assombrado com o fenômeno, concentrei todas as minhas forças e, ajudado pelo Bento, trouxe-o para casa.

Ao penetrar na sala de espera, Jonas estremeceu; parou, arregalou os olhos para a porta do quarto. Seus lábios tremiam. Percebi que articulavam palavras incompreensíveis. Precipitou-se, depois, para o quarto e, dando com o daguerreótipo de Izabel, agarrou-o com frenesi, beijou-o, rompido em choro convulsivo. Em seguida, como exausto duma grande luta, caiu sobre a marquesa, prostrado, sem articular nenhum som.

Inutilmente interpelei-o, procurando a chave do enigma. Jonas permanecia vazio... Tomei-lhe o pulso: normal. A temperatura: boa. Mas largado, como um corpo morto.

Fiquei ao pé dele uma hora, com mil ideias a me azoinarem a cabeça. Por fim, vendo-o calmo, fui ter com o preto.

— Conta-me o que sabes desta fazenda — pedi-lhe. — Talvez que...

Meu pensamento era deduzir das palavras do negro algo explicativo da misteriosa crise.

VII

Nesse entremeio zangara de novo o tempo. As nuvens recobriam inteiramente o céu, transformado num saco de carvão. Os relâmpagos voltaram a fulgurar, longínquos, acompanhados de reboos surdos. E para que ao horror do quadro nenhum tom faltasse, a ventania cresceu, uivando lamentosa nas casuarinas.

Fechei a janela.

Mesmo assim, pelas frinchas o assobio lúgubre entrava a me ferir os ouvidos...

Bento falou em voz baixa, receoso de despertar o doente. Contou como viera ali, comprado pelo próprio capitão Aleixo, na feira de escravos do Valongo, molecote ainda. Disse da formação da fazenda e do caráter cruel do senhor.

— Era mau, meu branco, como deve ser mau o Canhoto. Judiava da gente à toa, pelo gosto de judiar. No começo não era assim, mas foi piorando com o tempo.

"No caso da Liduína... A Liduína era uma bonita crioula aqui da fazenda. Muito viva, desde bem criança passou da senzala pra casa-grande, como mucama de Sinhazinha Zabé...

"Isso foi... deve fazer sessenta anos, antes da guerra do Paraguai. Eu era molecote novo e trabalhava aqui dentro, no terreiro. Via tudo. A mucama, uma vez que Sinhazinha Zabé veio da Corte passar as férias na roça, protegeu o namoro dela com um portuguesinho, e foi então..."

Na marquesa, onde dormia, Jonas estremeceu. Olhei. Estava sentado e em convulsões. Os olhos exorbitados fixavam-se nalguma coisa invisível para mim. Suas mãos crispadas mordiam a palhinha rota.

Agarrei-o, sacudi-o.

— Jonas, Jonas, que é isso?

Olhou-me sem ver, com a retina morta, num ar de desvario.

— Jonas, fala!

Tentou murmurar uma palavra. Seu lábios tremeram na tentativa de articular um nome. Por fim enunciou-o, arquejante:

— Izabel...

Mas aquela voz já não era a voz de Jonas. Era uma voz desconhecida. Tive a sensação plena de que um "eu" alheio lhe tomara de assalto o corpo vazio. E falava por sua boca, e pensava com seu cérebro. Não era Jonas, positivamente, quem estava ali. Era "outro"!...

Tio Bento, ao pé de mim, olhava assombrado para aquilo, sem compreender coisa nenhuma; e eu, num horroroso estado de superexcitação, sentia-me à beira do medo pânico. Não fossem os trovões ecoantes e o ululo da ventania nas casuarinas denunciarem-me lá fora um horror talvez maior, e é possível que não resistisse ao lance e fugisse da casa maldita como um criminoso. Mas ali ao menos havia luz, aquele humilde candeeiro de azeite, no momento mais precioso do que todos os bens da terra.

Estava escrito, entretanto, que ao horror dessa noite de trovoada e mistério não faltaria uma nota sequer. Assim foi que, altas horas, a luz principiou a esmorecer. Estremeci, e fiquei de cabelos eriçados quando a voz do negro murmurou a única frase que eu não queria ouvir:

— O azeite está no fim...

— E há mais lá em tua casa?

— Era o restinho...

Estarreci...

Os trovões ecoavam longe, e o uivar do vento nas casuarinas era o mesmo de sempre. Parecia empenhada a natureza em pôr em prova a resistência dos meus nervos. Súbito, um estalido no candeeiro. A luz bruxuleou um clarão final e extinguiu-se.

Trevas. Trevas absolutas...

Corri à janela. Abria-a.

As mesmas trevas lá fora...

Senti-me sem olhos.

Procurei a cama às apalpadelas e caí de bruços na palhinha bolorenta.

VIII

Pela madrugada começou Jonas a falar sozinho, como quem se recorda. Mas não era o meu Jonas quem falava — era o "outro".

Que cena!...

Tenho até agora gravadas a buril no cérebro todas as palavras dessa misteriosa confidência, proferida pelo íncubo no silêncio das trevas profundas. Mil anos que viva e nunca se me apagará da memória o ressoar daquela voz de mistério. Não reproduzo suas palavras da maneira como as enunciou. Seria impossível, sobre nocivo à compreensão de quem lê. O "outro" falava ao jeito de quem pensa em voz alta, como a recordar. Linguagem taquigráfica, ponho-a aqui traduzida em língua corrente.

IX

"Meu nome era Fernão. Filho de pais incógnitos quando me conheci por gente já rolava no mar da vida como rolha sobre a onda. Ao léu, solto nos vaivéns da miséria, sem carinhos de família, sem amigos, sem ponto de apoio no mundo.

Era no Reino, na Póvoa do Varzim; e do Brasil, a boa colônia preluzida em todas as imaginações como o Eldorado, eu ouvia os marinheiros de torna-viagem contarem maravilhas.

Fascinado, deliberei emigrar.

Parti um dia para Lisboa, a pé, como vagabundinho de estrada. Caminhada inesquecível, faminta, mas rica dos melhores sonhos da minha existência. Via-me na terra nova feito mascate de bugigangas. Depois, vendeiro; depois, comerciante com casa-forte no Rio. Depois, já casado com linda cachopa, via-me de novo na Póvoa, rico, morando em quinta, senhor de vinhedo e terras de semeadura.

Assim embalado em sonhos áureos, alcancei o porto de Lisboa, onde passei o primeiro dia no cais, namorando os navios surtos no Tejo. Um havia em aprestos para largar de rumo à colônia, a caravela *Santa Tereza*. Acamaradando-me com velhos marujos de gandaia por ali, consegui nela, por intermédio deles, o engajamento necessário.

— Lá, foges — aconselhou-me um — e afundas para o sertão. E mercadejas, e enriqueces, e voltas cá excelentíssimo. É o que faria eu se tivesse os verdes anos que tens.

Assim fiz e, grumete do *Santa Tereza*, boiei no oceano, rumo às terras de ultramar.

Aportamos em África para recolher pretos de Angola, metidos nos porões como fardos de couro suado com carne viva por dentro. Pobres pretos! Desembarcado no Rio, tive ainda ocasião de vê-los no Valongo, seminus, expostos à venda como reses. Os pretendentes chegavam, examinavam-nos, fechavam negócio.

Foi assim, nessa tarefa, que conheci o capitão Aleixo. Era um homem alentado, de feições duras, olhar de gelo. Trazia botas, chapéu largo e rebenque na mão. Atrás dele, como sombra, um capataz mal-encarado.

O capitão notou o meu tipo, fez perguntas e ao cabo propôs-me serviço em sua fazenda. Aceitei e fiz a pé, em companhia do lote de negros adquiridos, essa viagem pelo interior de um país onde tudo me era novidade.

Chegamos.

Sua fazenda, formada de pouco tempo, ia então no apogeu, riquíssima de canaviais, gado e café em inícios. Deram-me servicinhos leves, compatíveis com a idade e a minha nenhuma experiência da terra. E, sempre subindo de posto, ali continuei até ver-me homem.

A família do capitão morava na Corte. Os filhos vinham todos os anos passar temporadas na roça, enchendo a fazenda de travessuras loucas. Já as meninas, então no colégio, lá se deixavam ficar mesmo nas férias. Só vieram uma vez, com a mãe, dona Teodora — e foi isso a minha desgraça...

Eram duas, Inês, a caçula, e Izabel, a mais velha, lindas meninas de luxo, radiosas de mocidade. Eu as via de longe, como nobres figuras de romance, inacessíveis, e lembro-me do efeito que naquele sertão bruto, asselvajado pela escravaria retinta, fazia a presença das meninas ricas, sempre vestidas à moda da Corte. Eram princesinhas de conto de fadas que só provocam uma atitude: adoração.

Um dia...

Aquela cachoeira — lá lhe ouço o remoto rumorejo — era a piscina da fazenda. Escondida numa grota, como joia de cristal vivo a defluir com permanente escachoo num engaste rústico de taquaris, caetês e ingazeiros, formava um recesso grato ao pudor dos banhistas.

Um dia...

Lembro-me bem — era domingo e eu, de vadiagem, saíra cedo a passarinhar. Seguia pela margem do ribeirão tocaiando os pássaros ribeirinhos.

Um pica-pau-de-cabeça-vermelha zombou de mim. Errei a bodocada e, metido em brios, afreimei-me em persegui-lo. E, salta daqui, salta dali, quando dei acordo estava embrenhado na grota da cachoeira, onde, num galho de ingá, pude visar melhor a minha presa e espeloteá-la.

Caiu a avezinha longe do meu alcance; barafustei pela trama dos taquaris para colhê-la. Nisto, por uma aberta na verdura, avistei embaixo a bacia de pedra onde a água chofrava. Mas estarreci. Duas ninfas nuas brincavam na espuma. Reconheci-as. Eram Izabel e sua mucama dileta, da mesma idade, a Liduína.

O improviso da visão ofuscou-me os olhos. Quem há insensível à beleza da mulher em flor e, a mais, vista assim em nudez num quadro agreste daqueles?

Izabel deslumbrou-me.

Corpo escultural, nesse período entontecedor em que florescem todas as promessas da puberdade, diante dele senti a explosão subitânea dos instintos. Ferveu-me nas veias o sangue. Fiz-me cachoeira de apetites. Vinte anos! O momento das erupções incoercíveis...

Imóvel como estátua, ali me quedei em êxtase o tempo que durou o banho. E estou ainda com o quadro na imaginação. A graça com que ela, de cabeça erguida, boca entreaberta, apresentava os pequeninos seios ao jato das águas... Os sustos e gritinhos nervosos quando gravetos derivantes lhe esfrolavam a epiderme... Os mergulhos de sereia na bacia de pedra e o emergir do corpo aljofrado de espuma...

Durou minutos o banho fatal. Depois vestiram-se numa laje a seco e lá se foram, contentes como borboletinhas ao sol.

Fiquei-me por ali, extático, rememorando a cena mais linda que meus olhos viram.

Impressão de sonho...

Águas de cristal rumorejantes; frondes orvalhadas pendidas para a linfa como a lhe escutar o murmúrio; um raio de sol matutino, coado pelas franças, a pintalgar de ouro tremeluzente a nudez menineira das náiades.

Quem poderá esquecer um quadro assim?"

X

"Essa impressão matou-me. Matou-nos."

XI

"Saí dali transformado.

Não era mais o humilde serviçal da fazenda, contente de sua sorte. Era um homem branco e livre que desejava uma mulher formosa.

Daquele momento em diante minha vida iria girar em torno dessa aspiração. Nascera em mim o amor, vigoroso e forte como as ervas loucas da tiguera. Dia e noite só um pensamento ocuparia meu cérebro: Izabel. Um só desejo: vê-la. Um só objetivo à minha frente: possuí-la.

Todavia, apesar de branco e livre, que abismo me separava da filha do fazendeiro! Eu era pobre. Era um subalterno. Era nada.

Mas o coração não raciocina, nem o amor olha para conveniências sociais. E assim, desprezando obstáculos, cresceu o amor no meu peito como crescem rios em tempo de cheia.

Aproximei-me da mucama e, depois de lhe cair em graça e lhe conquistar a confiança, contei-lhe um dia a minha tortura.

— Liduína, tenho um segredo na alma que me mata, mas tu poderás salvar-me. Só tu. Preciso do teu socorro... Juras auxiliar-me?

Ela espantou-se da confidência, mas, insistida, rogada, implorada, prometeu tudo quanto pedi.

Pobre criatura! Tinha alma irmã da minha e foi ao compreender sua alma que pela primeira vez alcancei todo o horror da escravidão...

Abri-lhe o meu peito e revelei-lhe em frases candentes a paixão que me consumia.

Liduína a princípio assustou-se. Era grave o caso. Mas quem resiste à dialética dos apaixonados? E Liduína, vencida afinal, prometeu auxiliar-me."

XII

"A mucama agiu por partes, fazendo desabrochar o amor no coração da senhora sem que esta o percebesse. A princípio, uma vaga e discreta referência à minha pessoa.

— Sinhazinha conhece o Fernão?

— Fernão?!... Quem é?

— Um moço que veio do reino e toma conta do engenho...

— Se já o vi, não me lembro.

— Pois repare nele. Tem uns olhos...

— É teu namorado?

— Quem me dera!...

Foi essa a abertura do jogo. E assim, aos poucos, em dosagem hábil, hoje uma palavra, amanhã outra, no espírito de Izabel nasceu a curiosidade — passo número um do amor.

Certo dia Izabel quis ver-me.

— Falas tanto nesse Fernão, nos olhos desse Fernão, que estou curiosa de vê-lo.

E viu-me.

Eu estava no engenho, dirigindo a moagem da cana, quando as duas apareceram de copo na mão. Vinham com o pretexto da garapa.

Liduína achegou-se a mim e:

— Seu Fernão, uma garapinha de espuma para Sinhá Izabel.

A menina olhou-me de frente, mas não lhe pude sustentar o olhar. Baixei os meus olhos, conturbado. Eu tremia, balbuciava apenas, nessa ebriez do primeiro encontro.

Dei ordens aos pretos e logo jorrou da bica um jato fofo de garapa espumejante. Tomei o copo da mão da mucama, enchi-o e ofereci-o à náiade. Ela o recebeu com simpatia, bebeu aos golinhos e pagou-me o serviço com um gentil 'obrigada', olhando-me de novo nos olhos.

Pela segunda vez baixei os meus.

Saíram.

Mais tarde Liduína contou-me o resto — um pequenino diálogo.

— Tinhas razão — dissera-lhe Izabel —, é um bonito rapaz. Mas não lhe vi bem os olhos. Que acanhamento! Parece que tem medo de mim... Duas vezes que o olhei de frente, duas vezes que os baixou.

— Vergonha — disse Liduína. — Vergonha ou...

— ... ou quê?

— Não digo...

A mucama, com o seu fino instinto de mulher, compreendeu que não era ainda tempo de pronunciar a palavra amor. Pronunciou-a dias mais tarde, quando percebeu a menina suficientemente madura para ouvi-la sem escândalo.

Passeavam pelo pomar da fazenda, então no auge da florescência.

O ar embriagava, tanto era o perfume nele solto.

Abelhas aos milhares, e colibris, zumbiam e esfuziavam num delírio orgíaco.

Era a festa anual do mel.

Percebendo em Izabel o trabalho dos amavios ambientes, Liduína aproveitou o ensejo para um passo a mais.

— Quando eu vinha vindo vi Seu Fernão sentado na pedra do muro. Uma tristeza...

— Que será que ele tem? Saudades da terra?

— Quem sabe?! Saudades ou...

— ... ou quê?

— ... ou amor.

— Amor! Amor! — disse Izabel sorvendo com volúpia o ar embalsamado. — Que linda palavra, Liduína! Eu, quando vejo um laranjal assim florido, a palavra que me vem à ideia é essa: amor! Mas amará ele a alguém?

— Pois de certo. Quem não ama neste mundo? Os passarinhos, as borboletas, as vespas...

— Mas a quem amará ele? A alguma preta do eito, com certeza... — e Izabel riu-se desabaladamente.

— Aquele? — fez Liduína num muxoxo. — Não é desses, não, Sinhazinha. Moço pobre, mas de condição. Para mim, até penso que ele é filho dalgum fidalgo do reino. Anda por aqui escondido...

Izabel quedou-se pensativa.

— Mas a quem amará, então, aqui, neste deserto de brancas?

— Pois as brancas...

— Que brancas?

— Dona Inezinha... Dona Izabelinha...

A mulher desapareceu por um momento para ceder o lugar à filha do fazendeiro.

— Eu? Engraçadinha! Era só o que faltava...

Liduína calou-se. Deixou que a semente lançada corresse o prazo da germinação. E, vendo um casal de borboletas a perseguirem-se com estalidos de asas, mudou o rumo à conversa.

— Sinhazinha já reparou nestas borboletas de perto? Têm dois números debaixo das asas — oito, oito. Quer ver?

Correu atrás delas.

— Não pegas! — gritou Izabel, divertida.

— Mas pego esta aqui — retrucou Liduína apanhando outra, lerdota, e trazendo-a a espernejar entre os dedos.

— É ver uma casca de árvore com musgo. Espertalhona! Assim se disfarça, que ninguém a percebe quando está sentadinha. É como o periquito, que está gritando numa árvore, em cima da cabeça da gente, e a gente nada vê. Por falar em periquito, por que Sinhazinha não arranja um casal?

Izabel tinha o pensamento longe dali. A mucama bem o sentia, mas muito de indústria continuava na tagarelice.

— Dizem que se querem tanto, os periquitos, que quando um morre o companheiro se mata. Tio Adão teve um assim, que se afogou numa pocinha d'água no dia em que a periquita morreu. Só entre os pássaros há coisas dessas...

Izabel continuava absorta. Mas em dado momento quebrou o mutismo.

— Por que te lembraste de mim nesse negócio do Fernão?

— Por quê? — repetiu Liduína cavorteiramente. — Porque é tão natural isso...

— Alguém te disse alguma coisa?

— Ninguém. Mas se ele ama de amor, aqui neste sertão, e ficou assim agora, depois que Sinhazinha chegou, a quem há de amar?... Ponha o caso em si. Se Sinhazinha fosse ele, e ele fosse Sinhazinha...

Calaram-se ambas e o passeio terminou no silêncio de quem dialoga consigo mesmo."

XIII

"Izabel dormiu tarde essa noite. A ideia de que sua imagem enchia o coração de um homem esvoaçava-lhe na imaginação como as abelhas no laranjal.

— Mas é um subalterno! — alegava o Orgulho.

— Que importa, se é um moço rico de bons sentimentos? — retorquia a Natureza.

— E bem pode ser que fidalgo!... — acrescentava, insinuante, a Fantasia.

A Imaginação também veio à tribuna.

— E pode vir a ser um poderoso fazendeiro. Quem era o capitão Aleixo na idade dele? Um simples arreador...

Já era o Amor quem assoprava tais argumentos.

Izabel ergueu-se da cama e foi à janela. A lua em minguante quebrava de tons cinéreos o escuro da noite. Os sapos no brejal coaxavam melancólicos. Vaga-lumes tontos riscavam fósforos no ar.v

Era aqui... Era aqui neste quarto, era aqui nesta janela!...

Eu a espiava de longe, nesse estado de êxtase que o amor provoca na presença do objeto amado. Longo tempo a vi assim, imersa em cisma. Depois fechou-se a persiana, e o mundo para mim se encheu de trevas."

XIV

"No outro dia, antes que Liduína abordasse o tema dileto, disse-lhe Izabel:

— Mas, Liduína, que é amor?

— Amor? — respondeu a arguta mucama em quem o instinto substituía a cultura. — Amor é uma coisa...

— ... que...

— ... que vem vindo, vem vindo...

— ... e chega!

— ... e chega e toma conta da gente. Tio Adão diz que o amor é doença. Que a gente tem sarampo, catapora, tosse comprida, cachumba e amor — cada doença no seu tempo.

— Pois eu tive tudo isso — replicou Izabel — e não tive amor...

— Sossegue que não escapa. Teve as piores e não há de ter a melhor? Espere que um dia ele vem...

Silenciaram.

Súbito, agarrando o braço da mucama, Izabel encarou-a a fito nos olhos.

— És minha amiga do coração, Liduína?

— Um raio me parta neste momento se...

— És capaz dum segredo, mas dum segredo eterno, eterno, eterno?

— Um raio me parta se...

— Cala a boca.

Izabel vacilava.

Depois, nessa ânsia de confidência que nasce ao primeiro luar do amor, disse, corando:

— Liduína, parece-me que estou ficando doente... da doença que faltava.

— Pois é tempo — exclamou a finória arregalando os olhos. — Dezessete anos...

— Dezesseis.

E Liduína, cavilosa:

— Algum fidalguinho da Corte?

Izabel vacilou de novo; por fim disse:

— Eu tenho um namorado no Rio — mas é namoro só. Amor, amor, desse que bole cá dentro com o coração, desse que vem vindo, vem vindo e chega, não! Não, lá...

E em cochicho ao ouvido da mucama, corando:

— Aqui!...

— Quem? — perguntou Liduína, simulando espanto.

Izabel não respondeu com palavras. Ergueu-se e:

— Mas é um comecinho só. Vem vindo..."

XV

"O amor veio vindo e chegou. Chegou e destruiu todas as barreiras. Destruiu nossas vidas e acabou destruindo a fazenda. Estas ruínas, estas corujas, este morcegal, tudo não passa da florescência de um grande amor…

Por que há de ser a vida assim? Por que hão de os homens, à força de orgulho, impedir que o botão da maravilhosa planta passe a flor? E por que hão de transformar o que é céu em inferno, o que é perfume em dor, o que é luz em negrume, o que é beleza em caveira?

Izabel, mimo de fragilidade feminil avivada de graça brasília, tinha o quê perturbador das orquídeas. Sua beleza não era ao molde da beleza rechonchuda e corada, forte e sadia, das cachopas da minha terra. Por isso mesmo mais fortemente me seduzia a pálida princesinha tropical.

Ao inverso, o que em mim a seduzia era a força varonil e transbordante, e a nobre rudeza dos meus instintos, que iam até a audácia de pôr os olhos na altura em que ela pairava."

XVI

"O primeiro encontro foi... casual. Meu acaso chamava-se Liduína. Seu gênio instintivo fê-la a boa fada de nossos amores.

Foi assim.

Estavam as duas no pomar diante duma pitangueira enrubescida de frutos.

— Lindas pitangas! — disse Izabel. — Sobe, Liduína, e apanha um punhado.

Aproximou-se Liduína da pitangueira e fez vãs tentativas para trepar.

— Impossível, Sinhazinha, só chamando alguém. Quer?

— Pois vai chamar alguém.

Liduína partiu correndo e Izabel teve a previsão nítida de quem viria. De fato, momentos depois apareci eu.

— Senhor Fernão, desculpe-me — disse a moça. — Pedi àquela maluca que chamasse algum preto para colher pitangas — e foi ela incomodá-lo.

Perturbado pela sua presença e com o coração aos pulos, gaguejei, para dizer algo:

— São pitangas que quer?

— Sim. Mas falta uma cestinha que Liduína foi buscar.

Pausa.

Izabel, tão senhora de si, percebi-a nesse momento embaraçada como eu. Não tinha o que dizer. Silenciava. Por fim:

— Moem cana hoje? — perguntou-me.

Gaguejei que sim e novo silêncio se fez. Para quebrá-lo, Izabel gritou em direção da casa:

— Anda depressa, rapariga! Que lesmice...

E depois, para mim:

— Não tem saudades de sua terra?

Despregou-se-me a língua. Perdi o embaraço. Respondi que tive, mas não as tinha mais.

— Os primeiros anos passei-os a suspirar à noite, saudoso de tudo de lá. Só quem emigrou sabe a dor do fruto arrancado à árvore. Conformei-me, afinal. E hoje... o mundo inteiro para mim está aqui nestas montanhas.

Izabel compreendeu-me a intenção e quis perguntar-me por quê. Mas não teve ânimo. Saltou para outro assunto.

— Por que motivo só as pitangas desta árvore prestam? As outras são tão azedas...

— Vai ver — disse eu — que esta árvore é feliz e as outras não. O que azeda os homens e as coisas é a desgraça. Fui doce como a lima, logo que vim para cá. Hoje sou amargo...

— Julga-se infeliz?

— Mais do que nunca.

Izabel arriscou-se:

— Por quê?

Respondi intrepidamente:

— Dona Izabel, que é menina rica, não imagina a posição desgraçada de quem é pobre. O pobre forma neste mundo uma casta maldita, sem direito a coisa nenhuma. O pobre não pode nada...

— Pode, sim. Pode uma coisa...

— ?

— Deixar de ser pobre.

— Não falo da riqueza do dinheiro. Essa é fácil de alcançar, depende apenas de esforço e habilidade. Falo de coisas mais preciosas que o ouro. Um pobre, tenha o coração que tiver, seja a mais nobre das almas, não tem o direito de erguer os olhos para certas *alturas*...

— Mas se a *altura* quiser descer até ele? — retrucou audaciosa e vivamente a menina.

— Esse caso acontece às vezes nos romances. Na vida, nunca...

Calamo-nos de novo. Neste entremeio Liduína reapareceu, esbaforida, com a cestinha na mão.

— Custou-me a achar — disse a velhaca, justificando a demora. — Estava caída atrás do toucador.

O olhar que lhe lançou Izabel dizia: 'mentirosa!'.

Tomei a cesta e preparei-me para trepar à árvore.

Izabel, porém, interveio:

— Não! Não quero mais pitangas. Vão tirar-me o apetite para a garapa do meio-dia. Ficam para outra vez.

E para mim, amável:

— Queira desculpar-me...

Saudei-a, ébrio de felicidade, e lá me fui de aleluias na alma, com o mundo a dançar em torno de mim.

Izabel seguiu-me com o olhar, pensativamente.

— Tinha razão, Liduína, é um rapagão que vale todos os pelintras da Corte. Mas, coitado!... Queixa-se tanto do seu destino...

— Bobagens — muxoxou a mucama, trepando à pitangueira com agilidade de macaco.

Vendo aquilo, Izabel sorriu e murmurou, entre repreensiva e maliciosa:

— Você, Liduína...

A rapariga, que tinha entre os dentes alvíssimos o vermelho duma pitanga, esganiçou uma risada velhaca.

— Pois Sinhazinha não sabe que sou mais sua amiga do que sua escrava?"

XVII

"O amor é o mesmo em toda parte e em todos os tempos. Aquele enleio do primeiro encontro é o eterno enleio dos primeiros encontros. Aquele diálogo à sombra da pitangueira é o eterno diálogo da abertura. Assim, nosso amor, tão novo para nós, reproduzia um jogo velho qual o mundo.

Nascera em Izabel e em mim um sexto sentido maravilhoso. Compreendíamo-nos, adivinhávamo-nos e descobríamos meios de inventar os mais imprevistos encontros — encontros deliciosos, em que um olhar bastava para a permuta de mundos de confidências...

Izabel amou-me.

Que período de vida, esse!

Eu sentia-me alto como as montanhas, forte como o oceano e todo a coruscar de estrelas por dentro.

Era rei.

A terra, a natureza, os céus, a lua, a luz, a cor, tudo existia para ambiente do meu amor. Não era mais vida aquele meu viver, sim um êxtase contínuo.

Alheado de tudo, uma só coisa eu via, duma só coisa me alimentava.

Riquezas, poderio, honras — que vale tudo isso ante a sensação divina de amar e ser amado?

Nessa ebriedade vivi — quanto tempo não sei. O tempo não contava para o meu amor. Vivia — tinha a impressão de que só nessa época entrara a viver. Antes, a vida não me fora mais que simples agitação animalesca.

Poetas! Como vos compreendi a voz interior ressoada em rimas, como me irmanei convosco no esvoaçar pelos intermúndios do sonho!...

Liduína comportava-se como a fada boa dos nossos destinos. Sempre vigilante, a ela devíamos inteirinho o mar de felicidade em que boiávamos. Lépida, mimosa, travessa, a gentil crioula enfeixava em si toda a artimanha da raça perseguida — e todo o gênio do sexo escravizado à prepotência do homem.

Entretanto, o bem que nos fizeste como se avinagrou para ti, Liduína!... Em que fel horroroso se transfez para ti, afinal...

Eu sabia que o mundo é governado pelo monstro Estupidez. E que Sua Majestade não perdoa o crime de Amor. Mas nunca supus que esse monstro fosse a fera delirante que é — tão sanguissedenta, tão requintada em ferócia. Nem que houvesse monstro mais bem servido que esse.

Que comitiva numerosa traz!

Que servos diligentes possui!

A sociedade, as leis, os governos, as religiões, os juízes, as morais, tudo que é força social organizada presta mão forte à Estupidez Onipotente.

E assanha-se em punir, em torturar o ingênuo que, conduzido pela natureza, arrosta com os mandamentos da megera.

Ai dele se comete um crime de lesa-Estupidez! Mãos de ferro constringem-lhe a garganta. Seu corpo rola por terra, espezinhado; seu nome perpetua-se com pechas infames.

Nosso crime — que lindo crime: amar! — foi descoberto. E a monstruosa engrenagem de aço triturou-nos, ossos e alma, aos três..."

XVIII

"Uma noite...

A lua, bem no alto, empalidecia as estrelas e eu, triste, velava, rememorando o último encontro com Izabel. Fora à tardinha, numa volta do ribeirão, à sombra dum tufo de marianeiras cacheadas de frutos. Mãos unidas, cabeça contra cabeça, num enlevo de comunhão de alma, assistíamos ao alvoroto da peixaria assanhada na disputa das frutinhas amarelas que a espaços pipocavam na água remansosa do rio. Izabel, absorta, mirava aquelas ariscas linguinhas de prata, apinhadas em torno das iscas.

— Sinto-me triste, Fernão. Tenho medo da nossa felicidade. Qualquer coisa me diz que isso vai ter fim — e fim trágico...

Minha resposta foi aconchegá-la inda mais ao meu peito.

Um bando de saíras e sanhaços, de pouso nas marianeiras, entraram a debicar energicamente os cachos da frutinha silvestre. E o espelho das águas piriricou ao chuveiro das migalhas caídas. Coalhou-se o rio de lambaris famintos, engalfinhados num delírio de rega-bofe, com saltos de prata faiscantes no ar.

Izabel, sempre absorta, dizia:

— Como são felizes!... E são felizes porque são livres. Nós — pobres de nós!... Nós somos inda mais escravos do que os escravos do eito...

Duas viuvinhas pousaram numa haste de peri emersa da margem fronteira. A vara vergou-se-lhes ao peso, oscilou uns instantes e estabilizou-se de novo. E o lindo casal permaneceu imóvel, juntinho, comentando talvez, como nós, a festa glutona dos peixes.

Izabel murmurou num sorriso de infinita melancolia:

— Que cabecinha sossegada eles têm...

Eu rememorava frase por frase esse último encontro com a minha amada, quando, dentro da noite, ouvi bulha à porta.

Alguém corria o ferrolho e entrava.

Sentei-me na cama, de sobressalto.

Era Liduína. Tinha os olhos esgazeados de pavor e foi em voz arquejante que atropelou as derradeiras palavras que lhe ouvi na vida.

— Fuja! O capitão Aleixo sabe tudo. Fuja, que estamos perdidos...

Disse, e esgueirou-se para o terreiro como sombra."

XIX

"O choque foi tamanho que me senti vazio de cérebro. Parei de pensar...

O capitão Aleixo...

Lembro-me bem dele. Era o plenipotenciário de Sua Majestade a Estupidez nestas paragens. Frio e duro, não reconhecia sensibilidade em carne alheia. Recomendava sempre aos feitores a sua receita de bem conduzir os escravos: 'angu por dentro e relho por fora, sem economia e sem dó'.

Consoante tal programa, a vida na fazenda escoava-se entre trabalhos de eito, comezaina farta e "bacalhau".

Com o tempo desenvolveu-se nele a crueldade inútil. Não se limitava a impor castigos: ia presenciá-los. Gozava de ver a carne humana avergoar-se aos golpes do couro cru.

Ninguém, entretanto, estranhava aquilo. Os pretos sofriam como predestinados à dor. E os brancos tinham como dogma que de outra maneira não se levavam pretos.

O sentimento de revolta não latejava em ninguém, salvo em Izabel, que se fechava no quarto, de dedos fincados nos ouvidos, sempre que na casa do tronco o "bacalhau" arrancava urros a um pobre infeliz.

A mim, em começo, também me era indiferente a dor alheia. Ao depois — depois que o amor me floriu a alma de todas as flores do sentimento —, aquelas barbaridades diárias punham-me fremente de cólera.

Uma vez tive ímpetos de estrangular o déspota. Foi o caso dum vizinho que lhe trouxera um cão de fila para vender."

XX

"— É bom? Bem bravo? — perguntou o fazendeiro examinando o animal.

— Uma fera! Para apanhar negro fugido, nada melhor.

— Não compro nabos em sacos — disse o capitão. — Experimentemo-lo.

Ergueu os olhos para o terreiro que fulgurava ao sol. Deserto. A escravaria inteira na roça. Mas naquele momento o portão se abriu e um preto velho entrou, cambaio, de jacá ao ombro, rumo ao chiqueiro dos porcos. Era um estropiado do eito que pagava o que comia tratando da criação.

O fazendeiro teve uma ideia. Tirou o cão da corrente e atiçou-o contra o preto.

— Pega, Vinagre!

O mastim partiu como bala e instante depois ferrava o pobre velho, dando com ele em terra. Estraçalhou-o...

O fazendeiro sorria-se com entusiasmo.

— É de primeira — disse ao sujeito. — Dou-lhe cem mil-réis pelo Vinagre.

E como o sujeito, assombrado daqueles processos, lamentasse a desgraça do estraçalhado, o capitão fez cara de espanto.

— Ora bolas! Um caco de vida..."

XXI

"Pois foi esse homem que vi subitamente penetrar no meu quarto, essa noite, logo depois que se sumiu Liduína. Acompanhavam-no dois feitores, como sombras. Entrou e fechou a porta sobre si. Parou a alguma distância. Olhou-me e sorriu.

— Vou dar-te uma bela noivinha — disse ele. E num gesto ordenou aos carrascos que me amarrassem.

Despertei da vacuidade. O instinto de conservação retesou-me todas as energias e, mal os capangas vieram a mim, atirei-me a eles com furor de onça fêmea a quem roubam os cachorrinhos.

Não sei quanto tempo durou a luta horrorosa; sei apenas que a tantas perdi os sentidos em virtude das violentas pancadas que me racharam a cabeça.

Quando despertei pela madrugada vi-me por terra, com os pés doridos entalados no tronco. Levei a mão aos olhos sujos de pó e sangue e entrevi à minha esquerda, no extremo do madeiro hediondo, um corpo desmaiado de mulher.

Liduína...

Percebi ainda que havia mais gente ali.

Olhei.

Dois homens de picaretas abriam um largo rombo no espesso muro de taipa.

Outro, um pedreiro, misturava cal e areia no chão, rente a uma pilha de tijolos.

O fazendeiro também ali estava, de braços cruzados, dirigindo o serviço. Vendo-me desperto, aproximou-se do meu ouvido e murmurou com gélido sarcasmo as últimas palavras que ouvi sobre a terra:

— Olhe! A tua noivinha é aquela parede...

Compreendi tudo: iam emparedar-me vivo..."

XXII

Aqui se interrompeu a história do "outro", como a ouvi naquela horrorosa noite. Repito que não a ouvi assim, nessa ordem literária, mas murmurada em solilóquio, aos arrancos, às vezes entre soluços, outras num cicio imperceptível. Tão estranha era essa forma de narrar que o velho tio Bento não apanhou coisa nenhuma.

E foi com ela a me doer no cérebro que vi chegar a manhã.

— Bendita sejas, luz!

Ergui-me, alvoroçado.

Abri a janela, todo a renascer-me dos horrores noturnos.

O sol lá estava espiando-me dentre a copa do arvoredo. Seus raios de ouro invadiram-me a alma. Varreram dela os frocos de trevas que a entenebreciam qual cabelugem de pesadelo.

O ar lavado e alerta encheu-me os pulmões da delirante vida matutina. Respirei-o alegremente, em haustos largos.

E Jonas? Dormia ainda, repousado de feições.

Era "ele" outra vez. O "outro" fugira com as trevas da noite.

— Tio Bento — exclamei —, conte-me o resto da história. Que fim teve Liduína?

O velho preto recomeçou a contá-la a partir do ponto em que a interrompera na véspera.

— Não! — gritei eu —, dispenso isso tudo. Só quero saber que fim teve Liduína depois que o capitão deu sumiço ao moço.

Tio Bento abriu cara de espanto.

— Como o meu branco sabe disso?

— Sonhei, tio Bento.

Ele permaneceu ainda uns instantes admirado, custando a crer. Depois narrou:

— Liduína morreu no chicote, a coitadinha — tão na flor, dezenove anos... O Gabriel e o Estevão, os carrascos, retalharam o seu corpinho de criança com os rabos do "bacalhau"... A mãe dela, que só na hora do castigo soube do acontecido na véspera, correu feito louca para a casa do tronco. No momento em que empurrou a porta e olhou, uma chicotada cortava o seio esquerdo da filha. Antonia deu um grito e caiu para trás como morta.

Apesar do radioso da manhã meus nervos fremiram às palavras do preto.

— Basta, basta... De Liduína basta. Só quero agora saber o que sucedeu a Izabel.

— Nhá Zabé ninguém mais viu ela na fazenda. Foi levada para a Corte e acabou mais tarde no hospício, é o que dizem.

— E Fernão?

— Esse sumiu. Ninguém nunca soube dele — nunca, nunca...

Jonas acabava de despertar. E ao ver luz no quarto sorriu. Queixava-se de peso na cabeça.

Interpelei-o sobre o eclipse noturno de sua alma, mas Jonas mostrou-se alheio a tudo. Enrugou a testa, recordando-se.

— Lembro-me que uma coisa me invadiu, que fui empolgado, que lutei com desespero...

— E depois?

— Depois?... Depois um vácuo...

Saímos para fora.

A casa maldita, mergulhada na onda de luz matutina, perdera o aspecto trágico.

Disse-lhe adeus — para sempre...

— *Vade retro*!...

E fomo-nos à casinhola do preto engolir o café e arrear os animais.

De caminho espiei pelas grades da casa do tronco: na taipa grossa da parede havia um trecho murado a tijolo...

Afastei-me horripilado.

E guardei comigo o segredo da tragédia de Fernão. Só eu no mundo a conhecia, contada por ele mesmo, oitenta anos após a catástrofe.

Só eu!

Mas como não sei guardar segredo, revelei-o em caminho ao Jonas.

Jonas riu-se à larga e disse, estendendo-me o dedo minguinho:

— Morde aqui!...

BARBA AZUL

1922

JANTÁVAMOS NO HOTEL DO OESTE, eu e o Lucas, um amigo que sabe histórias. A tantas, como percebesse certo vulto lá ao fundo do salão, o rapaz firmou a vista e murmurou em solilóquio:

— Será ele?...

— Ele, quem?

— Estás vendo aquele sujeito gordo, na terceira mesinha à esquerda?

— O de luto?

— Sim... O patife anda sempre de luto...

— Quem é?

— Um celerado que tem muito dinheiro e teve muitas mulheres.

— Até aí nada vejo de mais.

— *Tem muito dinheiro porque teve muitas mulheres*. Está poderoso. Ri-se do mundo e de sua justiça. Inventou um crime inédito não previsto pelas leis e com isso enriqueceu. Se um de nós o denunciasse, o patife nos processaria e nos meteria na cadeia. Note-lhe bem o tipo; raras vezes terás ocasião de topar um celerado desse tamanho.

— Mas...

— Lá fora contarei tudo. Toca a jantar.

Enquanto jantávamos examinei o sujeito, sem que nada no seu físico me parecesse estranho. Deu-me a impressão dum médico aposentado que vivesse de rendas.

Por que de médico? Não sei. As criaturas dão-me ar disto ou daquilo por força duma aura que pressinto a envolvê-las. Confesso, todavia, que minha adivinhação erra bastante. Sai-me fazendeiro um que eu previa médico, e surge-me corretor de negócios outro que eu jurava engenheiro. Creio que a falha do diagnóstico vem dos homens desrespeitarem as vocações e adotarem na vida atitudes profissionais diversas das que, por injunção natural, deviam eleger. Como no entrudo. As máscaras nunca dizem das caras verdadeiras que escondem.

Terminado o jantar, saímos em direção ao Triângulo, e lá nos abancamos num sórdido café. O meu amigo voltou ao assunto.

— Caso notável o daquele homem! Caso merecedor de novela ou conto, já que a Justiça não tem forças para metê-lo na cadeia. Conheci-o no Oeste, prático de farmácia em Brotas. Um dia casou-se. Lembro-me disso porque assisti ao casamento a convite dos pais da moça. Era a Pequetita Mendes, filha dum sitiante arranjado.

"Pequetita! Bem posto apelido, que não era bem mulher aquela isca de gente. Miudinha, magrinha, sequinha, sem cadeiras, sem ombros, sem seios, Pequetita não passava de um desses restolhos enfermiços que aparecem ao lado das espigas viçosas — sabuguinho débil, um grão aqui, outro ali. Apesar dos seus vinte e cinco anos, representava treze, e ao escolhê-la Panfilo — chamase Panfilo Novais o meu facínora — espantou a todos, a começar pela moça. Como, porém, era ele pobre e ela arranjada, explicou-se financeiramente a união.

"Mas nada poderia resultar de bom duma união dessa ordem, que repugnava aos homens e à natureza. Pequetita não viera ao mundo para o matrimônio. O instinto da espécie fizera-a ponto final. 'Pararás aí.'

"Ninguém pensou nisso, nem ela, nem os pais, nem ele — nem ele, que depois só pensaria nisso..."

— ?

— Ouve. Casaram-se e tudo correu excelentemente até que...

— ... se separaram...

— ... até que os separou a morte. Pequetita não resistiu ao primeiro parto; faleceu após cruel intervenção cirúrgica.

"Panfilo, dizem, chorou amargamente a morte da esposa, embora viessem consolá-lo os trinta contos de um seguro por ela constituído em seu favor.

"A meu ver é daqui por diante que surge o criminoso. O desastre do primeiro casamento criou-lhe no cérebro um pensamento sinistro — pensamento que o iria nortear pela vida afora e que o fez, como te disse, rico e poderoso. A morte de Pequetita ensinou-lhe um crime inédito, não previsto pelas leis humanas."

— ?

— Espera. Compreenderás tudo dentro em pouco.

"Decorrido um ano, o nosso homem, já dono da farmácia, apresentou-se novamente enliçado pelo amor. Aparecera por lá uma família de fora, gente pobre, mãe viúva com quatro filhas casadeiras. Três delas, lindas e viçosas, viram-se logo requestadas por todos os moços desimpedidos do lugar. Já a quarta, restolho maninguera que fazia lembrar Pequetita, só teve um par de olhos que a cobiçassem, os de Panfilo.

"Pediu-a em casamento.

"A mãe opôs-se — que era loucura aquilo; que a menina lhe nascera enfezada; que se queria mulher, escolhesse uma das três sadias.

"Nada conseguiu. Panfilo fez pé firme e afinal casou-se.

"Foi um assombro. Arranja-dote que já era, coisa nenhuma justificava tal preferência. Ele defendia-se hipocritamente, lamecha e sentimental:

"— É o meu gênero. Gosto dos bibelôs e esta me lembra a minha amada Pequetita...

"Resumindo: dez meses depois o patife enviuvava de novo nas mesmas circunstâncias da primeira vez. Morreu-lhe de parto a mulher."

— Novo seguro?

— E grande. Desta feita a bolada subiu a cem contos. Mudou-se de terra, então. Vendeu a farmácia e perdi-o de vista.

"Anos depois fui encontrá-lo no Rio, numa casa de chá. Estava outro, elegantemente vestido, denunciando prosperidade por todos os poros. Viu--me, reconheceu-me e chamou-me para sua mesa. Conversa vai, conversa vem, contou-me que se casara pela quarta vez, havia coisa de um ano.

"Assombrei-me.

"— Pela quarta?

"— É verdade. Depois que saí daquela abençoada terrinha onde o destino me fez enviuvar duas vezes, casei-me em Uberaba com a filha do coronel Tolosa. Mas continuei perseguido pelo destino: faleceu-me essa também...

"— Gripe?

"— Parto...

"— Como a primeira, então? Mas, doutor, perdoe-me a liberdade: o senhor escolhe mal as mulheres! Vai ver que essa terceira era miudinha como as anteriores — disse eu irrefletidamente.

"O homem franziu os sobrolhos e encarou-me dum modo estranho, como se lhe batera a pacuera ante a ironia dum Sherlock disfarçado. Voltou logo ao natural, porém, e prosseguiu com serenidade:

"— Que quer? É o meu gênero. Não suporto mulheraças...

"E mudou de assunto.

"Ao deixá-lo fiquei apreensivo, com a suspeita a gerar-se-me no cérebro. Liguei a estranheza dos seus modos ante a minha observação ao olhar perscrutador com que devassara meu íntimo e deixei escapar em voz alta um *Hum*! que chamou a atenção de dois ou três passantes. E o caso do doutor Panfilo ficou a verrumar-me os miolos dias e dias."

— Doutor, dizes tu?

— Está claro. O diploma veio logo atrás dos seguros, como consequência lógica. Quem nesta terra, com algumas centenas de contos no banco, permanece *senhor*?

"Por curiosidade, no intuito exclusivo de esclarecer-me, tomei informações relativas à sua quarta esposa. Soube que era de Cachoeira e fisicamente do mesmo naipe das outras.

"Fui além. Tratei de indagar nas companhias de seguros que negócios trazia nelas o doutor Panfilo e soube que a vida da quarta mulher estava garantida em mais de duzentos contos. Com os trezentos e cinquenta já embolsados, arredondaria ele, pela morte desta, um pecúlio de alto bordo para quem começara humildemente como prático de farmácia.

"Tudo isso me consolidou em convicção a suspeita de que Panfilo era de fato um grande criminoso. Segurava as esposas e matava-as..."

— Como, se morriam de parto?

— Está aí o maquiavelismo do celerado. O Barba Azul aproveitou singularmente bem a lição do primeiro matrimônio. Viu que perdera a Pequetita no primeiro parto em virtude da sua *má conformação*, da sua inaptidão procriativa. Franzina em excesso, muito estreita de bacia...

— *Hum*!

— Foi um *hum*! assim que deixei escapar em plena rua do Ouvidor...

"O miserável, que tinha olho médico, só se casou daí por diante com mulheres de vício orgânico semelhante ao da primeira. Cuidadosamente escolhia as esposas entre as predestinadas. E foi amontoando a sua fortuna.

"Imagina tu agora a vida desse miserável, sempre alternando a fase de tocaia da viuvez com um ano de casamento criminoso. Escolhia a vítima, representava a comédia do amor, sagrava a união e... seguro de vida! Depois, imagina o sadismo dessa alma ao ver desenvolver-se no ventre da vítima, não o filho que ela docemente esperava, mas a bolada gorda que viria acrescentar os seus cabedais! Afez-se a tal caçada e nela aperfeiçoou-se de maneira a nunca errar o bote.

"A quarta, soube-o logo depois, fora pelo mesmo caminho das outras em seguida a uma nova intervenção cirúrgica. E entraram os duzentos contos. Vês tu que monstro?..."

No outro dia lá estava na mesma mesa o doutor Panfilo. Entraram na sala várias moças, e pela força do hábito o seu olhar mortiço mediu num relance as ancas de cada uma. Bemfeitas de corpo que eram, nenhuma o interessou — e seu olhar desceu calmamente para o jornal que lia.

"Está viúvo", pensei comigo. Anda evidentemente tocaiando a quinta mal-conformada...

O COLOCADOR DE PRONOMES

1920

Aldrovando Cantagalo veio ao mundo em virtude dum erro de gramática.

Durante sessenta anos de vida terrena pererecou como um peru em cima da gramática.

E morreu, afinal, vítima dum novo erro de gramática.

Mártir da gramática, fique este documento da sua vida como pedra angular para uma futura e bem merecida canonização.

Havia em Itaoca um pobre moço que definhava de tédio no fundo de um cartório. Escrevente. Vinte e três anos. Magro. Ar um tanto palerma. Ledor de versos lacrimogêneos e pai duns acrósticos dados à luz no *Itaoquense*, com bastante sucesso.

Vivia em paz com as suas certidões quando o frechou venenosa seta de cupido. Objeto amado: a filha mais moça do coronel Triburtino, o qual tinha duas, essa Laurinha, do escrevente, então nos dezessete, e a Do Carmo, encalhe da família, vesga, madurota, histérica, manca da perna esquerda e um tanto aluada.

Triburtino não era homem de brincadeiras. Esgoelara um vereador oposicionista em plena sessão da Câmara e desde aí se transformou no tutu da terra. Toda gente lhe tinha um vago medo; mas o amor, que é mais forte que a morte, não receia sobrecenhos enfarruscados nem tufos de cabelos no nariz.

Ousou o escrevente namorar-lhe a filha, apesar da distância hierárquica que os separava. Namoro à moda velha, já se vê, pois que nesse tempo não existia a gostosura dos cinemas. Encontros na igreja, à missa, troca de olhares, diálogos de flores — o que havia de inocente e puro. Depois, roupa nova, ponta de lenço de seda a entremostrar-se no bolsinho de cima e medição de passos na rua dela, nos dias de folga. Depois, a serenata fatal à esquina, com o

Acorda, donzela...

sapecado a medo num velho pinho de empréstimo. Depois, bilhetinho perfumado.

Aqui se estrepou...

Escrevera nesse bihetinho, entretanto, apenas quatro palavras, afora pontos exclamativos e reticências:

Anjo adorado!
Amo-lhe!

P...

Para abrir o jogo bastava esse movimento de peão.

Ora, aconteceu que o pai do anjo apanhou o bilhetinho celestial e, depois de três dias de sobrecenho carregado, mandou chamá-lo à sua presença, com disfarce de pretexto — para umas certidõezinhas, explicou.

Apesar disso o moço veio um tanto ressabiado, com a pulga atrás da orelha.

Não lhe erravam os pressentimentos. Mal o pilhou portas aquém, o coronel trancou o escritório, fechou a carranca e disse:

— A família Triburtino de Mendonça é a mais honrada desta terra, e eu, seu chefe natural, não permitirei nunca — nunca, ouviu? — que contra ela se cometa o menor deslize.

Parou. Abriu uma gaveta. Tirou de dentro o bilhetinho cor-de-rosa, desdobrou-o.

— É sua esta peça de flagrante delito?

O escrevente, a tremer, balbuciou medrosa confirmação.

— Muito bem! — continuou o coronel em tom mais sereno. — Ama, então, minha filha e tem a audácia de o declarar... Pois agora...

O escrevente, por instinto, ergueu o braço para defender a cabeça e relanceou os olhos para a rua, sondando uma retirada estratégica.

— ... é casar! — concluiu de improviso o vingativo pai.

O escrevente ressuscitou. Abriu os olhos e a boca, num pasmo. Depois, tornando a si, comoveu-se e com lágrimas nos olhos disse, gaguejante:

— Beijo-lhe as mãos, coronel! Nunca imaginei tanta generosidade em peito humano! Agora vejo com que injustiça o julgam aí fora!...

Velhacamente o velho cortou-lhe o fio das expansões.

— Nada de frases, moço, vamos ao que serve: declaro-o solenemente noivo de minha filha!

E, voltando-se para dentro, gritou:

— Do Carmo! Venha abraçar o teu noivo!

O escrevente piscou seis vezes e, enchendo-se de coragem, corrigiu o erro.

— Laurinha, quer o coronel dizer...

O velho fechou de novo a carranca.

— Sei onde trago o nariz, moço. Vassuncê mandou este bilhete à Laurinha dizendo que ama-"lhe". Se amasse a ela deveria dizer amo-"te". Dizendo "amo-lhe" declara que ama a uma terceira pessoa, a qual não pode ser senão a Maria do Carmo. Salvo se declara amor à minha mulher...

— Oh, coronel...

— ... ou à preta Luzia, cozinheira. Escolha!

O escrevente, vencido, derrubou a cabeça, com uma lágrima a escorrer rumo à asa do nariz. Silenciaram ambos, em pausa de tragédia. Por fim o coronel, batendo-lhe no ombro paternalmente, repetiu a boa lição da sua gramática matrimonial.

— Os pronomes, como sabe, são três: da primeira pessoa — quem fala, e neste caso vassuncê; da segunda pessoa — a quem se fala, e neste caso Laurinha; da terceira pessoa — de quem se fala, e neste caso Do Carmo, minha mulher ou a preta. Escolha!

Não havia fuga possível.

O escrevente ergueu os olhos e viu Do Carmo que entrava, muito lampeira da vida, torcendo acanhada a ponta do avental. Viu também sobre a secretária uma garrucha com espoleta nova ao alcance do maquiavélico pai. Submeteu-se e abraçou a urucaca, enquanto o velho, estendendo as mãos, dizia teatralmente:

— Deus vos abençoe, meus filhos!

No mês seguinte, solenemente, o moço casava-se com o encalhe, e onze meses depois vagia nas mãos da parteira o futuro professor Aldrovando, o conspícuo sabedor da língua que durante cinquenta anos a fio coçaria na gramática a sua incurável sarna filológica.

Até aos dez anos não revelou Aldrovando pinta nenhuma. Menino vulgar, tossiu a coqueluche em tempo próprio, teve o sarampo da praxe, mais a caxumba e a catapora. Mais tarde, no colégio, enquanto os outros enchiam as horas de estudo com invenções de matar o tempo — empalamento de moscas e moidelas das respectivas cabecinhas entre duas folhas de papel, coisa de ver o desenho que sai —, Aldrovando apalpava com erótica emoção a gramática de Augusto Freire da Silva. Era o latejar do furúnculo filológico que o determinaria na vida, para matá-lo, afinal...

Deixemo-lo, porém, evoluir e tomemo-lo quando nos serve, aos quarenta anos, já a descer o morro, arcado ao peso da ciência e combalido de rins. Lá está ele em seu gabinete de trabalho, fossando à luz dum lampião os pronomes de Filinto Elísio. Corcovado, magro, seco, óculos de latão no nariz, careca, celibatário impenitente, dez horas de aulas por dia, duzentos mil-réis por mês e o rim volta e meia a fazer-se lembrado.

Já leu tudo. Sua vida foi sempre o mesmo poento idílio com as veneráveis costaneiras onde cabeceiam os clássicos lusitanos. Versou-os um por um com mão diurna e noturna. Sabe-os de cor, conhece-os pela morrinha, distingue pelo faro uma seca de Lucena duma esfalfa de Rodrigues Lobo. Digeriu todas as patranhas de Fernão Mendes Pinto. Obstruiu-se da broa encruada de frei Pantaleão do Aveiro. Na idade em que os rapazes correm atrás das raparigas, Aldrovando escabichava belchiores na pista dos mais esquecidos mestres da boa arte de maçar. Nunca dormiu entre braços de mulher. A mulher e o amor — mundo, diabo e carne eram para ele os alfarrábios freiráticos do quinhentismo, em cuja soporosa verborreia espapaçava os instintos lerdos, como porco em lameiro.

Em certa época viveu três anos acampado em Vieira. Depois vagamundeou, como um Robinson, pelas florestas de Bernardes.

Aldrovando nada sabia do mundo atual. Desprezava a natureza, negava o presente. Passarinho, conhecia um só: o rouxinol de Bernardim Ribeiro. E se acaso o sabiá de Gonçalves Dias vinha bicar "pomos de Hespérides" na laranjeira do seu quintal, Aldrovando esfogueteava-o com apóstrofes:

— Salta fora, regionalismo de má sonância!

A língua lusa era-lhe um tabu sagrado que atingira a perfeição com frei Luís de Sousa, e daí para cá, salvo lucilações esporádicas, vinha chafurdando no ingranzéu barbaresco.

— A ingresia de hoje — declamava ele — está para a Língua como o cadáver em putrefação está para o corpo vivo.

E suspirava, condoído dos nossos destinos:

— Povo sem língua!... Não me sorri o futuro de Vera Cruz...

E não lhe objetassem que a língua é organismo vivo e que a temos a evoluir na boca do povo.

— Língua? Chama você língua à garabulha bordalenga que estampa periódicos? Cá está um desses galicígrafos. Deletreemo-lo ao acaso.

E, baixando as cangalhas, lia:

— *Teve lugar ontem*... É língua esta espurcícia negral? Ó meu seráfico frei Luís, como te conspurcam o divino idioma estes sarrafaçais da moxinifada!

— ... *no Trianon*... Por quê, Trianon? Por que este perene barbarizar com alienígenos arrevesos? Tão bem ficava — a *Benfica*, ou, se querem neologismo de bom cunho — o *Logratório*... Tarelos é que são, tarelos!

E suspirava deveras compungido.

— Inútil prosseguir. A folha inteira cacografa-se por este teor. Ai! Onde param as boas letras de antanho? Fez-se peru o níveo cisne. Ninguém atende à lei suma — Horácio! Impera o desprimor, e o mau gosto vige como suprema regra. A gálica intrujice é maré sem vazante. Quando penetro num livreiro o coração se me confrange ante o pélago de óperas barbarescas que nos vertem cá mercadores de má morte. E é de notar, outrossim, que a elas se vão as preferências do vulgacho. Muito não faz que vi com estes olhos um gentil mancebo preferir uma sordícia de Oitavo Mirbelo, *Canhenho duma dama de servir*, creio, à... adivinhe ao que, amigo? À *Carta de Guia* do meu divino Francisco Manuel!...[1]

— Mas a evolução...

— Basta. Conheço às sobejas a escolástica da época, a "evolução" darwínica, os vocábulos macacos — pitecofonemas que "evolveram", perderam o pelo e se vestem hoje à moda de França, com vidro no olho. Por amor a frei Luís, que ali daquela costaneira escandalizado nos ouve, não remanche o amigo na esquipática sesquipedalice.

Um biógrafo ao molde clássico separaria a vida de Aldrovando em duas fases distintas: a estática, em que apenas acumulou ciência, e a dinâmica, em que, transfeito em apóstolo, veio a campo com todas as armas para contrabater o monstro da corrupção.

Abriu campanha com memorável ofício ao Congresso, pedindo leis repressivas contra os ácaros do idioma.

— Leis, senhores, leis de Dracão, que diques sejam, e fossados, e alcaçares de granito prepostos à defensão do idioma. Mister sendo, a forca se restaure, que mais o baraço merece quem conspurca o sacro patrimônio da sã vernaculidade, que quem o semelhante a vida tira. Vêde, senhores, os pronomes, em que lazeira jazem...

1. Referências a, primeiro, Octave Mirbeau (1848-1917), escritor e jornalista entusiasta do anarquismo francês, autor de *Journal d'une femme de chambre*; e a *Carta de Guia*, texto moralista de dom Francisco Manuel (1608-1666), historiador, poeta e pensador português representante máximo da literatura barroca peninsular. (N.E.)

Os pronomes, ai!, eram a tortura permanente do professor Aldrovando. Doía-lhe como punhalada vê-los por aí pre ou pospostos contra regras elementares do dizer castiço. E sua representação alargou-se nesse pormenor, flagelante, concitando os pais da pátria à criação dum Santo Ofício gramatical.

Os ignaros congressistas, porém, riram-se da memória e grandemente piaram sobre Aldrovando as mais cruéis chalaças.

— Quer que instituamos patíbulo para os maus colocadores de pronomes! Isto seria autocondenar-nos à morte! Tinha graça!

Também lhe foi à pele a imprensa, com pilhérias soezes. E depois, o público. Ninguém alcançara a nobreza do seu gesto, e Aldrovando, com a mortificação na alma, teve que mudar de rumo. Planeou recorrer ao púlpito dos jornais. Para isso mister foi, antes de nada, vencer o seu velho engulho pelos "galicígrafos de papel e graxa". Transigiu e, breve, desses "pulmões da pública opinião" apostrofou o país com o verbo tonante de Ezequiel. Encheu colunas e colunas de objurgatórias ultraviolentas, escritas no mais estreme vernáculo.

Mas não foi entendido. Raro leitor metia os dentes naqueles intermináveis períodos engrenados à moda de Lucena; e ao cabo da aspérrima campanha viu que pregara em pleno deserto. Leram-no apenas a meia dúzia de Aldrovandos que vegetam sempre em toda parte, como notas rezinguentas da sinfonia universal.

A massa dos leitores, entretanto, essa permaneceu alheia aos flamívomos pelouros da sua colubrina sem raia. E por fim os "periódicos" fecharam-lhe a porta no nariz, alegando falta de espaço e coisas.

— Espaço não há para as sãs ideias — objurgou o enxotado —, mas sobeja, e pressuroso, para quanto recende à podriqueira!... Gomorra! Sodoma! Fogos do céu virão um dia alimpar-vos a gafa!... — exclamou, profético, sacudindo à soleira da redação o pó das cambaias botinas de elástico.

Tentou em seguida ação mais direta, abrindo consultório gramatical.

— Têm-nos os físicos (queria dizer médicos), os doutores em leis, os charlatas de toda espécie. Abra-se um para a medicação da grande enferma, a língua. Gratuito, já se vê, que me não move amor de bens terrenos.

Falhou a nova tentativa. Apenas moscas vagabundas vinham esvoejar na salinha modesta do apóstolo. Criatura humana nem uma só lá apareceu a fim de remendar-se filologicamente.

Ele, todavia, não esmoreceu.

— Experimentemos processo outro, mais suasório.

E anunciou a montagem da "Agência de Colocação de Pronomes e Reparos Estilísticos".

Quem tivesse um autógrafo a rever, um memorial a expungir de cincas, um calhamaço a compor-se com os "afeites" do lídimo vernáculo, fosse lá que, sem remuneração nenhuma, nele se faria obra limpa e escorreita.

Era boa a ideia, e logo vieram os primeiros originais necessitados de ortopedia, sonetos a consertar pés de versos, ofícios ao Governo pedindo concessões, cartas de amor.

Tais, porém, eram as reformas que nos doentes operava Aldrovando, que os autores não mais reconheciam suas próprias obras. Um dos clientes chegou a reclamar.

— Professor, vossa senhoria enganou-se. Pedi limpa de enxada nos pronomes, mas não que me traduzisse a memória em latim...

Aldrovando ergueu os óculos para a testa:

— E traduzi em latim o tal ingranzéu?

— Em latim ou grego, pois que o não consigo entender...

Aldrovando empertigou-se.

— Pois, amigo, errou de porta. Seu caso é ali com o alveitar da esquina.

Pouco durou a Agência, morta à míngua de clientes. Teimava o povo em permanecer empapado no chafurdeiro da corrupção...

O rosário de insucessos, entretanto, em vez de desalentar exasperava o apóstolo.

— Hei de influir na minha época. Aos tarelos hei de vencer. Fogem-me à férula os maraus de pau e corda? Ir-lhes-ei empós, filá-los-ei pela gorja!... Salta rumor!

E foi-lhes "empós". Andou pelas ruas examinando dísticos e tabuletas com vícios de língua. Descoberta e "asnidade", ia ter com o proprietário, contra ele desfechando os melhores argumentos catequistas.

Foi assim com o ferreiro da esquina, em cujo portão de tenda uma tabuleta — "Ferra-se cavalos" — escoicinhava a santa gramática.

— Amigo — disse-lhe pachorrentamente Aldrovando —, natural a mim me parece que erres, alarve que és. Se erram paredros, nesta época de ouro da corrupção...

O ferreiro pôs de lado o malho e entreabriu a boca.

— Mas da boa sombra do teu focinho espero — continuou o apóstolo — que ouvidos me darás. Naquela tábua um dislate existe que seriamente à língua lusa ofende. Venho pedir-te, em nome do asseio gramatical, que o expunjas.

— ???

— Que reformes a tabuleta, digo.

— Reformar a tabuleta? Uma tabuleta nova, com a licença paga? Estará acaso rachada?

— Fisicamente, não. A racha é na sintaxe. Fogem ali os dizeres à sã gramaticalidade.

O honesto ferreiro não entendia nada de nada.

— Macacos me lambam se estou entendendo o que vossa senhoria diz...

— Digo que está a forma verbal com eiva grave. O "ferra-se" tem que cair no plural, pois que a forma é passiva e o sujeito é "cavalos".

O ferreiro abriu o resto da boca.

— O sujeito sendo "cavalos" — continuou o mestre —, a forma verbal é "ferram-se" — "ferram-se cavalos!"

— Ahn! — respondeu o ferreiro —, começo agora a compreender. Diz vossa senhoria que...

— ... que "ferra-se cavalos" é um solecismo horrendo e o certo é "ferram-se cavalos".

— Vossa senhoria me perdoe, mas o sujeito que ferra os cavalos sou eu, e eu não sou plural. Aquele "se" da tabuleta refere-se cá a este seu criado. É como quem diz: Serafim ferra cavalos — Ferra Serafim cavalos. Para economizar tinta e tábua abreviaram o meu nome, e ficou como está: Ferra Se (rafim) cavalos. — Isto me explicou o pintor, e entendi-o muito bem.

Aldrovando ergueu os olhos para o céu e suspirou.

— Ferras cavalos e bem merecias que te fizessem eles o mesmo!... Mas não discutamos. Ofereço-te dez mil-réis pela admissão dum "m" ali...

— Se vossa senhoria paga...

Bem empregado dinheiro! A tabuleta surgiu no dia seguinte dessolecismada, perfeitamente de acordo com as boas regras da gramática. Era a primeira vitória obtida e todas as tardes Aldrovando passava por lá para gozar-se dela.

Por mal seu, porém, não durou muito o regalo. Coincidindo a entronização do "m" com maus negócios na oficina, o supersticioso ferreiro atribuiu a macaca à alteração dos dizeres e lá raspou o "m" do professor.

A cara que Aldrovando fez quando no passeio desse dia deu com a vitória borrada! Entrou furioso pela oficina adentro, e mascava uma apóstrofe de fulminar quando o ferreiro, às brutas, lhe barrou o passo.

— Chega de caraminholas, ó barata tonta! Quem manda aqui, no serviço e na língua, sou eu. E é ir andando, antes que eu o ferre com um bom par de ferros ingleses!

O mártir da língua meteu a gramática entre as pernas e moscou-se.

"*Sancta simplicitas*!", ouviram-no murmurar na rua, de rumo à casa, em busca das consolações seráficas de frei Heitor Pinto. Chegado que foi ao gabinete de trabalho, caiu de borco sobre as costaneiras venerandas e não mais conteve as lágrimas, chorou...

O mundo estava perdido e os homens, sobremaus, eram impenitentes. Não havia desviá-los do ruim caminho, e ele, já velho, com o rim a rezingar, não se sentia com forças para a continuação da guerra.

— Não hei de acabar, porém, antes de dar a prelo um grande livro, onde compendie a muita ciência que hei acumulado.

E Aldrovando empreendeu a realização de um vastíssimo programa de estudos filológicos. Encabeçaria a série um tratado sobre a colocação dos pronomes, ponto onde mais claudicava a gente de Gomorra.

Fê-lo, e foi feliz nesse período de vida em que, alheio ao mundo, todo se entregou, dia e noite, à obra magnífica. Saiu trabuco volumoso, que daria três tomos de quinhentas páginas cada um, corpo miúdo. Que proventos não adviriam dali para a lusitanidade! Todos os casos resolvidos para sempre, todos os homens de boa vontade salvos da gafaria! O ponto fraco do brasileiro falar resolvido de vez! Maravilhosa coisa...

Pronto o primeiro tomo — *Do pronome Se* —, anunciou a obra pelos jornais, ficando à espera da chusma de editores que viriam disputá-la à sua porta. E por uns dias o apóstolo sonhou as delícias da estrondosa vitória literária, acrescida de gordos proventos pecuniários.

Calculava em oitenta contos o valor dos direitos autorais, que, generoso que era, cederia por cinquenta. E cinquenta contos para um velho celibatário como ele, sem família nem vícios, tinha a significação duma grande fortuna. Empatados em empréstimos hipotecários, sempre eram seus quinhentos mil-réis por mês de renda a pingarem pelo resto da vida na gavetinha onde, até então, nunca entrara pelega maior de duzentos. Servia, servia!... E Aldrovando, contente, esfregava as mãos, de ouvido alerta, preparando frases para receber o editor que vinha vindo...

Que vinha vindo mas não veio, ai!... As semanas se passaram sem que nenhum representante dessa miserável fauna de judeus surgisse a chatinar o maravilhoso livro.

— Não me vêm a mim? Salta rumor! Pois me vou a eles!

E saiu em via-sacra, a correr todos os editores da cidade.

Má gente! Nenhum lhe quis o livro sob condições nenhumas. Torciam o nariz, dizendo: "Não é vendável!" ou: "Por que não faz antes uma cartilha infantil aprovada pelo Governo?".

Aldrovando, com a morte na alma e o rim dia a dia mais derrancado, retesou-se nas últimas resistências.

— Fa-la-ei imprimir à minha custa! Ah!, amigos! Aceito o cartel. Sei pelejar com todas as armas e irei até ao fim. Boa fé!...

Para lutar era mister dinheiro e bem pouco do vilíssimo metal possuía na arca o alquebrado Aldrovando. Não importa! Faria dinheiro, venderia móveis, imitaria Bernardo de Pallissy, não morreria sem ter o gosto de acaçapar Gomorra sob o peso da sua ciência impressa. Editaria ele mesmo um por um todos os volumes da obra salvadora.

Disse e fez.

Passou esse período de vida alternando revisão de provas com padecimentos renais. Venceu. O livro compôs-se, magnificamente revisto, primoroso na linguagem como não existia igual.

Dedicou-o a frei Luís de Sousa:

À memoria daquele que me sabe as dores,
O AUTOR.

Mas não quis o destino que o já trêmulo Aldrovando colhesse os frutos de sua obra. Filho dum pronome impróprio, a má colocação doutro pronome lhe cortaria o fio da vida.

Muito corretamente havia ele escrito na dedicatória: ... *daquele que me sabe*... e nem poderia escrever doutro modo um tão conspícuo colocador de pronomes. Maus fados intervieram, porém — até os fados conspiram contra a língua! — e por artimanha do diabo que os rege empastelou-se na oficina esta frase. Vai o tipógrafo e recompõe-na a seu modo... *daquele que sabe-me as dores*... E assim saiu nos milheiros de cópias da avultada edição.

Mas não antecipemos.

Pronta a obra e paga, ia Aldrovando recebê-la, enfim. Que glória! Construíra, finalmente, o pedestal da sua própria imortalidade, ao lado direito dos sumos cultores da língua.

A grande ideia do livro, exposta no capítulo VI — "Do método automático de bem colocar os pronomes" —, engenhosa aplicação duma regra mirífica por meio da qual até os burros de carroça poderiam zurrar com gramática, operaria como o "914" da sintaxe, limpando-a da avariose produzida pelo espiroqueta da pronominúria.

A excelência dessa regra estava em possuir equivalentes químicos de uso na farmacopeia alopata, de modo que a um bom laboratório fácil lhe seria reduzi-la a ampolas para injeções hipodérmicas, ou a pílulas, pós ou poções para uso interno.

E quem se injetasse ou engolisse uma pílula do futuro PRONOMINOL CANTAGALO curar-se-ia para sempre do vício, colocando os pronomes instintivamente bem, tanto no falar como no escrever. Para algum caso de pronomorreia aguda, evidentemente incurável, haveria o recurso do PRONOMINOL Nº 2, onde entrava a estricnina em dose suficiente para libertar o mundo do infame sujeito.

Que glória! Aldrovando prelibava essas delícias todas quando lhe entrou casa adentro a primeira carroçada de livros. Dois brutamontes de mangas arregaçadas empilharam-nos pelos cantos, em rumas que lá se iam; e concluso o serviço um deles pediu:

— Me dá um mata-bicho, patrão!...

Aldrovando severizou o semblante ao ouvir aquele "Me" tão fora dos mancais, e tomando um exemplar da obra ofertou-a ao "doente".

— Toma lá. O mau bicho que tens no sangue morrerá asinha às mãos deste vermífugo. Recomendo-te a leitura do capítulo sexto.

O carroceiro não se fez rogar; saiu com o livro, dizendo ao companheiro:

— Isto no sebo sempre renderá cinco tostões. Já serve!...

Mal se sumiram, Aldrovando abancou-se à velha mesinha de trabalho e deu começo à tarefa de lançar dedicatórias num certo número de exemplares destinados à crítica. Abriu o primeiro, e estava já a escrever o nome de Rui Barbosa quando seus olhos deram com a horrenda cinca:

"daquele QUE SABE-ME as dores."

— Deus do céu! Será possível?

Era possível. Era fato. Naquele, como em todos os exemplares da edição, lá estava, no hediondo relevo da dedicatória a frei Luís de Sousa, o horripilantíssimo — "*que sabe-me...*"

Aldrovando não murmurou palavra. De olhos muito abertos, no rosto uma estranha marca de dor — dor gramatical inda não descrita nos livros de patologia —, permaneceu imóvel uns momentos.

Depois empalideceu. Levou as mãos ao abdômen e estorceu-se nas garras de repentina e violentíssima ânsia.

Ergueu os olhos para Frei Luís de Souza e murmurou:

— Luís! Luís! Lamma Sabachtani!

E morreu.

De que, não sabemos — nem importa ao caso. O que importa é proclamarmos aos quatro ventos que com Aldrovando morreu o primeiro santo da gramática, o mártir número um da Colocação dos Pronomes.

Paz à sua alma.[2]

2. Na primeira edição, este conto era encerrado com a seguinte nota: "Do spólio de Aldrovando Cantagalo faziam parte numerosos originais de obras inéditas, entre os quais citaremos: *O acento circunflexo* — 3 volumes; *A vírgula no hebraico* — 5 volumes; *A crase* — 10 volumes. Pesaram todos, por junto, 4 arrobas que renderam, vendidos a 3 tostões o kilo, 18 mil réis". (N.E.)

UMA HISTÓRIA DE MIL ANOS

1922

— *Hu... hu...*

É como nos ínvios da mata soluça a juriti.

Dois *hus* — um que sobe, outro que desce.

O destino do *u*!... Veludo verde-negro transmutado em som — voz das tristezas sombrias. Os aborígenes, maravilhosos denominadores das coisas, possuíam o senso impressionista da onomatopeia. *Urutau, uru, urutu, inambu* — que sons definirão melhor essas criaturinhas solitárias, amigas da penumbra e dos recessos?

A juriti, pombinha eternamente magoada, é toda *us*. Não canta, geme em *u* — geme um gemido aveludado, lilás, sonorização dolente da saudade.

O caçador passarinheiro sabe como ela morre sem luta ao mínimo ferimento. Morre em *u*...

Já o sanhaço é todo *as*. Ferido, debate-se, desfere bicadas, pia lancinante.

A juriti apaga-se como chama de algodão. Frágil torrão de vida, extingue-se como se extingue a vida do torrão de açúcar ao simples contato da água. Um *u* que se funde.

Como vivem e morrem juritis, assim viveu e morreu Vidinha, a linda criança afinada em *u*. E como não seria assim, se era Vidinha uma juriti humana — meiguice feita menina e moça, begônia sensível dos grotões?

Que amiga dos contrastes é a natureza!

Ali naquele barranco crescem no árido as samambaias. Rijas, ásperas, corajosas, resistem aos ventos, aos enxurros, ao cargueiro que as esbarra, ao viandante distraído que as chicoteia. Batidas, reerguem-se. Cortadas, rebrotam. Esmagadas, reviçam. Cínicas!

Mais adiante, na grota fria onde tudo é sombra e cerração, ergue-se a espaços, em meio dos caetês valentes e dos fetos rendados, a solitária begônia.

Tímida e frágil, o menor contato a magoa. Toda ela — caule, folhas, flores — é a mesma carne tenra de criança.

Sempre os contrastes.

Os eleitos da sensibilidade, os mártires da dor — e os fortes. A juriti e o sanhaço. A begônia e a samambaia.

Vidinha, a inocente criança, era juriti e begônia.

O Destino, como os sábios, também faz suas experiências. Permite vidas a título de experiência, na tentativa de aclimar na terra seres que não são da terra.

— Vingará Vidinha, solta no mundo em meio da alcateia humana?

Janeiro. Dia de mormaço a envolver o mundo sob a curva do céu imensamente azul.

A casa onde mora Vidinha é a única das cercanias, garça pousada no oceano verde sujo das samambaias e sapezeiros.

Que terra! Ondula em mamelões verdolengos até encontrar o céu, longe, no horizonte. Hispidez, aridez — terra outrora bendita, que o homem, senhor do fogo, transfez em deserto maldito.

Os olhos pervagam: cá e lá, até aos confins, sempre o chamalote verde-oliva da samambaia áspera — esse musgo da esterilidade.

Entristece, aquilo. Cansa a vista o sem-fim da morraria nua de árvores — e o consolo é pousar os olhos na pombinha branca da casinhola.

Como a cal das paredes cintila ao sol! E como nos enleva a alma sua pequenina moldura de árvores domésticas! Aquele pé de espirradeira todo florido; o cercado de taquara; a horta, o canteirinho de flores; o poleiro das aves nos fundos sob a fronde da guabirobeira...

Vidinha é a manhã da casa. Vive entre duas estações: a mãe — um outono, e o pai — inverno em começos. Ali nasceu e cresceu. Ali morrerá. Inocente e ingênua, do mundo só conhece o centímetro quadrado de mundo que é o pequeno sítio paterno. Imagina as coisas — não as sabe. O homem: seu pai. Quantos homens haja, todos serão assim: bons e pais. A mulher: sua mãe um tudo.

Bichos? O gato, o cão, o galo índio que canta pela alvorada, as galinhas suras. Sabe por ouvir dizer de outros muitos: da onça — gatão feroz; da anta — bicho enorme; da capivara — porco dos rios; da sucuri — cobra "desta" grossura! Veados e pacas já viu diversos mortos nas caçadas.

Longe do ermo onde está o sítio, é o mundo. Há nele cidades — casas e mais casas, pequenas e grandes, em linha, com estradas pelo meio a que chamam ruas. Nunca as viu, sonha-as. Sabe que nelas moram os ricos, seres de outra raça, poderosos que compram fazendas, plantam cafezais e mandam em tudo.

As ideias que povoam sua cabecinha bebeu-as ali na conversa caseira dos pais.

Um Deus no céu, bom, imenso, que tudo vê e ouve até o que a boca não diz. Ao lado dele, Nossa Senhora, tão boa, resplandecente, rodeada de anjos...

Os anjos! Crianças de asas e longas túnicas esvoaçantes. No oratório da casa há o retrato de um.

Seus prazeres: a vida da casa, os incidentes do terreiro.

— Venha ver, mamãe, depressa!...

— Alguma bobagem...

— ... o pintinho sura trepado nas costas do capão peva, tenteando-se nas asinhas! Venha ver que galanteza. Ei, ei... caiu!

Ou:

— Brinquinho quer por força pegar a cauda. Está que parece um pião, corrupiando.

É bonita? Vidinha o ignora. Não se conhece, não faz de si nenhuma ideia. Se nem espelho possui... É, no entanto, linda, dessa lindeza das telas raras que jazem fora de moldura nos desvãos ignorados. Vestida à maneira dos pobrezinhos, vale o que não está vestido: o corado das faces, a expressão de inocência, o olhar de criança, as mãos irrequietas. Tem a beleza das begônias silvestres. Deem-lhe um vaso de porcelana e cintilará.

Cinderela, a eterna história...

O pai vive na luta silenciosa contra a aridez do solo, disputando às formigas, às geadas, à esterilidade, umas colheitinhas curtas. Não importa. Vive contente. A mãe moureja o dia inteiro nos trabalhos da casa. Cose, arruma, remenda, varre.

E Vidinha, entre eles, orquídea que floriu em tronco rude, brinca e sorri. Brinca e sorri com seus amigos: o cão, o gato, os pintos, as rolas que descem ao terreiro. Em noites escuras vêm visitá-la, cirandando em torno à casa, seus amiguinhos luminosos — os vaga-lumes.

Os anos passam. Os botões se fazem flor.

Um dia Vidinha entrou a sentir vagas perturbações de alma. Fugia aos brinquedos e cismava. A mãe notou a mudança.

— Em que está pensando, menina?

— Não sei. Em nada... — e suspirou.

A mãe observou-a inda uns tempos e disse ao marido:

— É lado de casar Vidinha. Está moça. Já não sabe o que quer.

Mas casa-lá como? Com quem? Não havia ali vizinhos naquele deserto, e a criança corria o risco de estiolar-se como flor estéril sem que olhos de homem casadoiro pusessem reparo em seus encantos.

Não será assim, todavia. O destino levará por diante mais uma cruel experiência.

O lobo fareja de longe a menina da capinha vermelha.

A begônia daquele deserto, filha das selvas, será caça. Será caçada por um caçador...

Está na idade do sacrifício.

O caçador não tardará.

Vem perto, piando de inambu, com a espingarda nas mãos. Trocará de bom grado, vão ver, os inambus perseguidos pela inocente juriti incauta.

— Ó de casa!

— ??

— Venho de longe. Perdi-me nestes carrascais, coisa de dois dias, e não posso comigo de canseira e fome. Venho pedir pousada.

Os ermitões do samambaial acolhem de braços abertos o transviado gentil.

Bonito moço da cidade. Bem-falante, maneiroso — uma sedução!

Como são belos os gaviões caçadores de inocências...

Deixou-se ficar a semana inteira. Contava coisas maravilhosas. O pai esquecia a roça para ouvi-lo, e a mãe desleixava a casa. Que sereia!

No pomar, sob o dossel das laranjeiras abotoadas:

— Nunca pensou em sair daqui, Vidinha?

— Sair? Aqui tenho casa, pai, mãe — tudo...

— Acha muito isso? Oh, lá fora é que é o lindo! Que maravilha é lá fora! O mundo! As cidades! Aqui é o deserto, prisão horrível, aridez, melancolia...

E ia contando contos das *Mil e uma noites* sobre a vida das cidades. Dizia do luxo, da magnificência, das festas, das pedrarias que cintilam, das sedas que acariciam o corpo, dos teatros, da música inebriante.

— Mas isso é um sonho...

O príncipe confirmava.

— A vida lá fora é um sonho.

E desfiava rosários inteiros de sonhos.

Vidinha, num deslumbramento, murmurava:

— É lindo! Mas tudo só para ricos.

— Para os ricos e para a beleza. Beleza vale mais que riqueza — e Vidinha é bela!

— Eu?..

O espanto da criança...

— Bela, sim — e riquíssima, se o quiser. Vidinha é diamante a lapidar. É Cinderela, hoje no borralho, amanhã princesa. Seus olhos são estrelas de veludo.

— Que ideia...

— Sua boca, ninho de colibri feito para o beijo...

— !...

A iniciação começa. E tudo na alma de Vidinha se aclara. As ideias vagas se definem. Os hieróglifos do coração se decifram. Compreende a vida enfim. Sua inquietação era amor, em casulo ainda, a agitar-se nas trevas. Amor sem objeto, perfume sem destino. O amor é febre da idade, e Vidinha chegara à idade da febre sem o saber. Sentia-lhe o queimor no coração, mas ignorava. E sonhava.

Tinha agora a chave de tudo. O príncipe encantado viera afinal. Estava ali ele, o grande mago de palavras maravilhosas, senhor do Abre-te Sésamo da Felicidade.

E o casulo do amor rompeu-se — e a crisálida do amor, ébria de luz, fez-se ardente borboleta de amor...

O gavião da cidade, fino de faro, havia descido no momento oportuno. Dizia-se doente e ia ficando. Sua doença chamava-se — desejo. Desejo de caçador. Ânsia de caçador por mais uma perdiz.

E a perdiz veio-lhe para as garras, fascinada pela estonteante miragem do amor.

O primeiro beijo...

A florada maravilhosa dos beijos...

O último beijo, à noite...

Pela manhã do décimo dia:

— Que é do caçador?

Fugira...

Já não recendem os manacás. São negras as flores do jardim. Não brilham as estrelas do céu. Não cantam os passarinhos. Não luzem os vaga-lumes. O sol não alumia. A noite só traz pesadelos.

Uma coisa só não mudou: o *hu*, *hu* magoado da juriti lá no recesso das grotas.

Os dias de Vidinha são agora vagueios agitados pelo campo. Detém-se às vezes ante uma flor, de olhos parados, como recrescidos no rosto. E monologa mentalmente:

— Vermelha? Mentira. Cheirosa? Mentira. Tudo mentira, mentira, mentira...

Mas Vidinha é juriti, corpo e alma afinados em *u*. Não desespera, não luta, não explode. Chora por dentro e definha. Begônia silvestre que o passante brutal chicoteou, dobra no hastil quebrado, pende para a terra e murcha. Chama de algodão... Torrão de açúcar...

Estava concluída a experiência do Destino. Mais uma vez provava-se que não vive na terra o que não é da terra.

Uma cruz...

E dali por diante, se alguém falava em Vidinha, o velho pai murmurava:

— Era a nossa luz de alegria. Apagou-se...

E a mãe lacrimejante:

— Não me sai da memória a última palavra dela: "Agora um beijo, mamãe, um beijo *seu*...".

OS PEQUENINOS

1939

Ouvi certa vez uma conversa inesquecível. A esponja de doze anos não a esmaeceu em coisa nenhuma. Por que motivo certas impressões se gravam de tal maneira e outras se apagam tão profundamente?

Eu estava no cais, à espera do *Arlanza*, que me ia devolver de Londres um velho amigo já de longa ausência. O nevoeiro atrasara o navio.

— Só vai atracar às dez horas — informou-me um sabe-tudo de boné.

Bem. Tinha eu de matar uma hora de espera dentro dum nevoeiro absolutamente fora do comum, dos que negam aos olhos o consolo da paisagem distante. A visão morria a dez passos; para além, todas as formas desapareciam no algodoamento da névoa. Pensei nos *fogs* londrinos que o meu amigo devia trazer na alma e comecei a andar por ali à toa, entregue a esse trabalho, tão frequente na vida, de "matar o tempo". Minha técnica em tais circunstâncias se resume em recordar passagens da vida. Recordar é reviver. Reviver os bons momentos tem as delícias do sonho.

Mas o movimento do cais interrompia amiúde o meu sonho, forçando-me a cortar e a reatar de novo o fio das recordações. Tão cheio de nós foi ele ficando que o abandonei. Uma das interrupções me pareceu mais interessante que a evocação do passado, porque a vida exterior é mais viva que a interior — e a conversa dos três carregadores era inegavelmente "água-forte".

Três portugueses bem típicos, já maduros; um deles de rosto singularmente amarrotado pelos anos. Um incidente qualquer ali do cais dera origem à conversa.

— Pois esse caso, meu velho — dizia um deles —, me lembra a história da ema que tive num cercado. Também ela foi vítima dum animalzinho muitíssimo menor, e que seria esmagado, como esmagamos moscas, se lhe ficasse ao alcance do bico — mas não ficava...

Esse começo assanhou a curiosidade dos companheiros.

— Como foi? — perguntaram.

— Eu nesse tempo estava de cima, dono de terras, com casa minha, meus animais de cocheira, família. Foi um ano antes daquela rodada que me levou tudo... Peste de mundo! Tão bem que eu ia indo e afundei, perdi tudo, tive de rolar morro abaixo até bater com o lombo neste cais, entregue ao mais baixo dos serviços, que é o de carregador...

— Mas como foi o caso da ema?

Os ouvintes não queriam filosofias; ansiavam por pitoresco — e o homem por fim contou, depois de sacar o cachimbo, enchê-lo, acendê-lo. Devia ser história das que exigem pontuação a baforadas.

— Eu morava em minhas terras, lá onde vocês sabem — na Vacaria, zona de campos e mais campos, aquela planura sem-fim. E há lá muita ema. Conhecem? É a avestruz do Brasil, menor que a avestruz africana, mas mesmo assim um avejão dos mais alentados. Que força tem! Domar uma ema corresponde a domar um potro. Exige o mesmo muque. Mas são aves de boa índole. Domesticam-se facilmente e eu andava querendo ter uma em meus cercados.

— São de utilidade? — perguntou o utilitário da roda.

— De nenhuma; apenas enfeitam a casa. Aparece um visitante. "Viu minha ema?" — e lá o levamos a examiná-la de perto, a assombrar-se do tamanhão, a abrir a boca diante dos ovos. São assim como uma laranja-baiana das graúdas.

— E o gosto?

— Nunca provei. Ovos para mim só os de galinha. Mas, como ia dizendo, fiquei com ideia de apanhar uma ema nova para domesticá-la — e um belo dia eu mesmo o consegui graças a ajuda dum quiriquiri.

A história começava a interessar. Os companheiros do narrador ouviam-no suspensos.

— Como foi? Ande logo.

— Foi num dia em que saí a cavalo para uma chegada à fazendinha do João Coruja, que morava a uns seis quilômetros do meu rancho. Montei no meu pampa e fui varando a macega. Aquilo lá não há caminho, só trilhas de vai-um pelo capim rasteiro. Os olhos alcançam longe naquele mar de verde sujo que some na distância. Fui andando. De repente vi a uns trezentos metros longe qualquer coisa que se movia na macega. Parei. Firmei a vista. Era uma ema a dar voltas num círculo estreito. "Que diabo disto será aquilo?", perguntei comigo mesmo. Emas eu vira muitas, mas sempre a pastarem sossegadas ou a fugirem no galope, nadando com as asas curtas. Assim a dar voltas era novidade. Fiquei de rugas na testa. Que será? A gente da roça conhece muito bem a natureza de tudo; se vê qualquer coisa na "forma da lei", não se espanta porque é o natural; mas se vê qualquer coisa fora da lei, fica logo de orelha em pé — porque não é o natural. Que tinha aquela ema para dar tantas voltas em torno do mesmo ponto? Não era da lei. A curiosidade me fez esquecer o negócio do João Coruja. Torci a rédea ao pampa e lá me fui para a ema.

— E ela fugiu no galope...

— O natural seria isso, mas não fugiu. Ora, não há ema que não fuja do homem — nem ema, nem animal nenhum. Nós somos o terror da bicharia toda. Parei o pampa a cinco passos dela e nada, nada da ema fugir. Nem me viu; continuou nas suas voltas, com ar aflito. Pus-me a observá-la, intrigado. Seria seu ninho ali? Não era. Não havia sinal de ninho. A pobre ave girava e regirava, fazendo movimentos de pescoço sempre na mesma direção, para a esquerda, como se quisesse alcançar qualquer coisa com o bico. A roda que fazia era de raio curto, aí duns três metros, e pelo amassamento do capim calculei que já havia dado umas cem voltas.

— Interessante! — murmurou um dos companheiros.

— Foi o que pensei comigo mesmo. Mais que interessante: esquisitíssimo. Primeiro, não fugir de mim; segundo, continuar nas voltas aflitas, sempre com aqueles movimentos de pescoço para a esquerda. Que seria? Apeei e fui chegando. Olhei-a de bem perto. "A coisa é embaixo da asa", vi logo. A pobre criatura tinha qualquer coisa sob a asa, e aquelas voltas e aquele movimento de pescoço eram para alcançar o sovaco. Aproximei-me mais. Segurei-a. A ema, arquejante, não fez a menor resistência. Deixou-se agarrar. Ergui-lhe a asa e vi...

Os ouvintes suspenderam o fôlego.

— ... e vi uma coisa vermelha atracada ali, uma coisa que se assustou e voou, e foi pousar num galho seco a vinte passos de distância. Sabem o que era? Um quiriquiri...

— Que é isso?

— Um gaviãozinho dos menores que existem, assim do tamanho dum sanhaço — um gaviãozinho-carijó.

— Mas não disse que era vermelho?

— Estava vermelho do sangue da ema. Agarrara-se-lhe ao sovaco, que é um ponto despido de penas, e aferrara-se à carne com as unhas, enquanto com o bico ia arrancando nacos de carne viva e devorando-os. Aquele ponto do sovaco é o único sem defesa num corpo de ema, porque ela não o alcança com o bico. É como esse ponto que temos nas costas e não podemos coçar com as unhas. O quiriquiri conseguira localizar-se ali e estava a seguro de bicadas.

"Examinei a ferida. Pobre ema! Uma ferida enorme, assim dum palmo de diâmetro e onde o bico do quiriquiri fizera menos mal que suas garras, pois, como tinha de manter-se aferrado, ia mudando as garras à proporção que a carne dilacerada cedia. Nunca vi ferida mais arrepiante."

— Coitada!

— As emas são duma estupidez famosa, mas o sofrimento abriu a inteligência daquela. Fê-la compreender que eu era o seu salvador — e a mim entregou-se como quem se entrega a um deus. O alívio que minha chegada lhe produziu, fazendo que o quiriquiri a largasse, iluminou-lhe os miolos.

— E o gaviãozinho?

— Ah, o patife, muito vermelho do sangue da ema, lá ficou no galho seco à espera de que eu me afastasse. Pretendia retomar ao banquete! "Eu já te curo, malvado!", exclamei, sacando o revólver. Um tiro. Errei. O quiriquiri voou para longe.

— E a ema?

— Levei-a para casa, curei-a e tive-a lá por uns meses num cercado. Por fim soltei-a. Não vai comigo isso de escravizar os pobres animaizinhos que Deus fez para vida solta. Se no cercado estava livre dos quiriquiris, era em compensação uma escrava saudosa das correrias pelo campo. Se fosse consultada, certamente que preferiria os riscos da liberdade à segurança da escravidão. Soltei-a. "Vai, minha filha, segue o teu destino. Se outro quiriquiri te apanhar, arruma-te lá com ele."

— Mas então é assim?

— Um velho caboclo da zona informou-me que aquilo é frequente. Esses minúsculos gaviõezinhos procuram as emas. Ficam traiçoeiramente a rondá-las, à espera de que se descuidem e levantem a asa. Eles, então, rápidos como setas, lançam-se; e se conseguem alcançar-lhes o sovaco, ali enterram as garras e ficam como carrapatos. E as emas, apesar de imensas comparadas com eles, acabam vencidas. Caem exaustas; morrem; e os malvadinhos repastam-se no carname durante dias.

— Mas como eles sabem? É o que mais admiro...

— Ah, meu caro, a natureza está inçada de coisas assim, que para nós são mistérios. Com certeza houve um quiriquiri que por acaso fez isso uma primeira vez, e como deu certo ensinou a lição aos outros. Estou convencido de que os animais ensinam uns aos outros o que vão aprendendo. Oh, vocês, criaturas da cidade, não imaginam que coisas interessantes há na natureza da roça...

O caso da ema foi comentado sob todos os ângulos — e deu um broto. Fez sair da memória do carregador de cara amarrotada uma história vagamente similar, em que bichinhos muito pequenos destruíram a vida moral dum homem.

— Sim, destruíram a vida dum bicho imensamente maior, como sou eu em comparação com as formigas. Fiquem vocês sabendo que a mim aconteceu coisa ainda pior que o acontecido à ema. Fui vítima dum formigueiro...

Todos arregalaram os olhos.

— Só se já foste hortelão e as formigas te comeram a fazenda — sugeriu um.

— Nada disso. Comeram-me mais que a fazenda, comeram-me a alma. Destruíram-me moralmente — mas foi sem querer. Pobrezinhas! Não as culpo de nada.

— Conta lá isso depressa!, Manuel. O *Arlanza* não tarda.

E o velho contou.

— Eu era o fiel da firma Toledo & Cia., com obrigação de tomar conta daquele grande armazém da rua Tal. Vocês sabem que tomar conta dum depósito de mercadorias é coisa séria, porque o homem se torna o único responsável por tudo quanto entra e sai. Ora, eu, português dos antigos, desses de antes quebrar que torcer, fui escolhido para "fiel" porque era fiel — era e sou. Não valho nada, sou um pobre homem ao léu, mas honradez está aqui. Meu orgulho sempre foi esse. Criei reputação desde menino. "O Manuel é dos bons; quebra mas não torce." Pois não é que as formigas me quebraram?

— Conta lá isso depressa...

— A coisa foi assim. Na qualidade de fiel do armazém, nada entrava nem saía sem ser por minhas mãos. Eu fiscalizava tudo e com tal severidade que Toledo & Cia. juravam sobre mim como sobre a Bíblia. Certa vez entrou lá uma partida de trinta e dois sacos de arroz, que contei, conferi e fiz empilhar a um canto, junto a uma pilha de velhos caixões que lá estavam encostados de muito tempo. Trinta e dois. Contei-os e recontei-os e escrevi no livro de entradas trinta e dois, nem mais um, nem menos um. E no dia seguinte, conforme velho hábito meu, ainda me fui à pilha e recontei os sacos. Trinta e dois.

"Pois muito que bem. O tempo se passa. O arroz lá fica meses à espera de negócio, até que um dia recebo do escritório ordem para entregá-lo ao portador. Vou dirigir a entrega. Fico na porta do armazém conferindo os sacos que por ali passavam às costas de dois carregadores — um, dois, vinte, trinta e um... Faltava o último.

"— Anda com isso! —, berrei ao carregador que fora buscá-lo, mas o bruto aparece-me lá dos fundos com as mãos vazias:

"— Não há mais nada.

"— Como não há mais nada? — exclamei. — São trinta e dois. Falta um. Vá buscá-lo, vá ver.

"Ele foi e voltou na mesma:

"— Não há mais nada.

"— Impossível!

"E fui eu mesmo fazer a verificação e nada achei. Misteriosamente desaparecera um saco de arroz da pilha...

"Aquilo pôs-me tonto de cabeça. Esfreguei os olhos. Cocei-me. Voltei ao livro de entradas; reli o assento; claro como o dia: trinta e dois. Além disso eu lembrava-me muito bem daquela partida por causa dum incidente agradável. Logo que terminei a contagem eu havia dito 'trinta e dois, última dezena do camelo!', e aproveitei o palpite na venda da esquina. Mil-réis na dezena trinta e dois: de tarde apareceu-me o empregadinho com oitenta mil-réis. Dera o camelo com trinta e dois.

"Vocês bem sabem que essas coisas a gente não esquece. Eram pois trinta e duas sacas — e como então só estavam lá trinta e uma? Pus-me a parafusar. Furtar ninguém furtara, porque eu era o mais fiel dos fiéis, não arredava pé da porta e dormia lá dentro. Janelas gradeadas de ferro. Porta, uma só. Que ninguém furtara o saco de arroz era coisa que eu juraria perante todos os tribunais do mundo, como o jurava para a minha consciência. Mas a saca de arroz desaparecera... e como era?

"Tive de comunicar ao escritório o desaparecimento — e foi o maior vexame da minha vida. Porque nós, operários, temos a nossa honra, e a minha honra era aquela — era ser o único responsável por tudo quanto entrasse e saísse daquele depósito.

"Chamaram-me ao escritório.

"— Como explica a diferença, Manuel?

"Cocei a cabeça.

"— Meu senhor — respondi ao patrão —, bem quisera eu explicá-la, mas por mais que torça os miolos não o consigo. Recebi os trinta e dois sacos de arroz; contei-os e recontei-os, e tanto eram trinta e dois que nesse dia deu essa dezena e 'mamei' do vendeiro da esquina oitenta 'paus'. O arroz demorou lá meses. Agora recebo ordem para entregá-lo ao caminhão. Vou presidir à retirada e só encontro trinta e um. Furtá-lo, ninguém o furtou; isso juro, porque a entrada do armazém é uma só e eu sempre fui cão de fila — mas o fato é que o saco de arroz desapareceu. Não sei explicar o mistério.

"As casas comerciais têm que seguir certas normas, e se eu fosse o patrão faria o que ele fez. Já que era o Manuel o responsável único, se não havia explicação para o mistério, pior para o Manuel.

"— Manuel — disse o patrão —, a nossa confiança em você sempre foi completa, como você muito bem sabe, confiança de doze anos; mas o arroz não podia ter-se evaporado como água ao fogo. E como desapareceu um saco podem desaparecer mil. Quero que você mesmo nos diga o que devemos fazer.

"Respondi como devia.

"— O que há a fazer, meu senhor, é despedir o Manuel. Ninguém furtou a saca de arroz, mas a saca de arroz confiada à guarda do Manuel desapareceu. O que o patrão tem a fazer é fazer o que o Manuel faria se estivesse em seu lugar: despedi-lo e contratar outro.

"O patrão disse:

"— Muito lamento ter de agir assim, Manuel, mas tenho sócios que me fiscalizam os atos, e serei criticado se não fizer como você mesmo me aconselha."

O velho carregador parou para avivar o cachimbo.

— E foi assim, meus caros, que depois de doze anos de serviço no armazém de Toledo & Cia. fui para o olho da rua, suspeitado de ladrão por todos os meus colegas. Se ninguém podia furtar aquele arroz e o arroz desaparecera, qual o culpado? O Manuel, evidentemente.

"Fui para a rua, meus caros, já velhusco e sem carta de recomendação, porque recusei a que a firma me quis dar por esmola. Em boa consciência, que carta poderiam dar-me os senhores Toledo & Cia.?

"Ah, o que sofri! Saber-me inocente e sentir-me suspeitado — e sem meios de defesa. Roubar é roubar, seja mil-réis, sejam contos. Cesteiro que faz um cesto faz um cento. E eu, que era um homem feliz porque compensava a minha pobreza com a fama de honestidade sem par, rolei para a classe dos duvidosos. E o pior era o rato que me roía os miolos. Os outros podiam satisfazer-se atribuindo a mim o furto, mas eu, que sabia da minha inocência, não arrancava aquele rato da cabeça. Quem tiraria de lá o saco de arroz? Esse pensamento ficou-me lá dentro como um berne dos cabeludos.

"Dois anos se passaram, em que envelheci dez. Um dia recebo recado da firma, 'que aparecesse no escritório'. Fui.

"— Manuel — disse-me o mesmo chefe que me despedira —, o misterioso desaparecimento do saco de arroz está decifrado e você reabilitado da maneira mais completa. Ladrões tiraram de lá o arroz sem que você visse...

"— Não pode ser, meu senhor! Tenho orgulho do meu trabalho de guarda. Sei que ninguém entrou lá durante aqueles meses. Sei.

"O chefe sorriu.

"— Pois saiba que inúmeros ladrõezinhos entraram e saíram com o arroz.

"Fiquei tonto. Abri a boca.

"— Sim, as formigas...

"— As formigas? Não estou entendendo nada, patrão...

"Ele contou então tudo. A partida dos trinta e dois sacos fora arrumada, como já disse, junto a uma pilha de velhos caixões vazios. E o último saco ficava pouco acima do nível do último caixão — disso eu me lembrava perfeitamente. Fora esse o saco desaparecido. Pois bem. Um belo dia o escritório dá ordem ao novo fiel para remover de lá os caixões. O fiel executa-a — mas ao fazê-lo nota uma coisa: grãos de arroz derramados no chão, em redor dum olheiro de formigas-saúvas. Foram as saúvas as roubadoras da saca de arroz número trinta e dois!"

— Como?

— Subiram pelos interstícios da caixotaria e furaram o saco último, o qual ficava um pouco acima do nível do último caixão. E foram retirando os grãos um a um. Com o progressivo esvaziar-se, o saco perdeu o equilíbrio e escorregou da pilha para cima do último caixão — e nessa posição as formigas completaram o esvaziamento...

— E...

— Os senhores Toledo & Cia. pediram-me desculpas e ofereceram-me de novo o lugar, com paga melhorada a título de indenização. Sabem o que respondi? "Meus senhores, é tarde. Já não me sinto o mesmo. O desastre matou-me por dentro. Um rato roubou-me todo o arroz que havia dentro de mim. Deixou-me o que sou: carregador do porto, saco vazio. Já não tenho interesse em nada. Continuarei portanto carregador. É serviço de menos responsabilidade — além de que este mundo é uma pinoia. Pois um mundo onde uns bichinhos inocentes dão cabo da alma dum homem, então isso é lá mundo? Obrigado, meus senhores!", e saí.

Nesse momento o *Arlanza* apitou. O grupo dissolveu-se e também eu fui colocar-me a postos. O amigo de Londres causou-me má impressão. Magro, corcovado.

— Que te aconteceu, Marinho?

— Estou com os pulmões afetados.

Hum!, sempre a mesma coisa — o pequenininho a derrear o grande. Quiriquiri, saúva, bacilo de Koch...

A FACADA IMORTAL

1942

Todos os tratados de xadrez descrevem a célebre partida jogada por Philidor no século XVIII, a mais romântica que os anais enxadrísticos mencionam. Tão sábia foi, tão imprevista e audaciosa, que recebeu o nome de *Partida Imortal*. Embora depois dela se jogassem pelo mundo milhões de partidas de xadrez, nenhuma ofuscou a obra-prima do famoso François-André Danican Philidor.

Também a "facada" do Indalício Ararigboia, um saudoso amigo morto, se vem perpetuando nos anais da alta malandragem como a *La Gioconda* do gênero ou como está admitido nas rodas técnicas — a *Facada Imortal*. Indalício foi positivamente o Philidor dos faquistas.

Lembro-me bem: era um rapaz lindo, de olhos azuis e voz suavíssima; as palavras vinham-lhe como pêssegos embrulhados em paina, e sabiamente *camaralentadas*, porque, dizia ele, o homem que fala depressa é um perdulário que deita fora o melhor ouro da sua herança. Ninguém dá tento ao que esse homem diz, porque *quod abundat nocet*. Se não valorizamos nós mesmos as nossas palavras, como pretendermos que os outros as prezem? Meu mestre nesse ponto foi o general Pinheiro Machado, num discurso que lhe ouvi certa vez. Que astuciosa e bem calculada lentidão! Entre uma palavra e outra o Pinheiro punha um intervalo de segundos, como se sua boca estivesse perdigotando pérolas. E a assistência o ouvia com religiosa unção, absorvendo como pérolas o que como pérolas era emitido. Substantivos, adjetivos, verbos, advérbios e conjunções caíam sobre os ouvintes como seixos lançados à lagoa; e antes que cada um chegasse bem lá no fundo, o general não soltava outro. Cacetíssimo, mas de alta eficiência.

— Foi ele então o teu mestre na arte de falar valorizadamente...

— Não. Nasci sonolento. O Pinheiro apenas me abriu os olhos quanto ao valor monetário do dom que a natureza me dera. Depois de ouvir esse seu discurso é que passei a dedicar-me à nobre arte de fazer com os homens o que fazia Moisés nas rochas do deserto.

— Fazê-los "sangrar"...

— Exatamente. Vi que se somasse minha natural lentidão do falar com alguma psicologia vienense (Freud, Adler), o dinheiro dos homens me atenderia como as galinhas atendem ao *quit, quit* das donas de casa. Para cada bolso há uma chave Yale. Minha técnica se resume hoje em só abordar a vítima depois de descobrir a chave certa.

— E como o consegue?

— Tenho minha álgebra. Considero os homens equações do terceiro grau — equações psicológicas, está claro. Estudo-os, deduzo, concluo — e esfaqueio com precisão praticamente absoluta. O mordedor comum é um ser indecoroso, digno do desprezo que lhe dá a sociedade. Pedincha, implora; apenas desenvolve, sem a menor preocupação estética, o surrado cantochão do mendigo: "Uma esmolinha pelo amor de Deus!". Comigo, não! Assumi essa atitude (porque o pedir é uma atitude na vida), primeiro, por esporte; depois, com o fito de reabilitar uma das mais velhas profissões humanas.

— Realmente, a intenção é nobilíssima...

Indalício racionalizara a "mordedura" ao ponto da sublimação. Citava filósofos gregos. Mobilizava músicos de fama.

— Liszt, Mozart, Debussy — dizia ele — nobilitaram essa coisa comum chamada "som" à força de harmonizá-lo de certo modo. O escultor nobilitará até um paralelepípedo de rua, se lhe der forma estética. Por que não nobilitaria eu o deprimentíssimo ato de pedir? Quando lanço a minha facada, sempre depois de sérios estudos, a vítima não me *dá* o seu dinheiro, apenas paga a finíssima demonstração técnica com que o tonteio. Paga-me a facada do mesmo modo que o amador de pintura paga o arranjo de tintas que o pintor faz sobre uma estopa, um quadrado de papelão, uma relíssima tábua. O faquista comum, notem, nada dá em troca do miserável dinheirinho que tira. Eu dou emoções gratíssimas à sensibilidade das criaturas finas. Minha vítima tem que ser fina. O simples fato da minha escolha já é um honroso diploma, porque nunca me desonrei em esfaquear criaturas vulgares, de alma grosseira. Só procuro gente na altura de compreender as sutilezas das paisagens de Corot ou dos versos de Verlaine.

Como se requintava a formosura do Indalício nos momentos em que discorria assim! Envolvia-o a aura dos predestinados, dos apóstolos que se sacrificam para aumentar de alguma coisa a beleza do mundo. De sua barba loura, à Cristo, escapavam os suaves reflexos de *cendré*. As frases fluíam-lhe da boca de fino desenho como o óleo ou o mel escorre duma ânfora grega suavemente inclinada. Suas palavras traziam patins aos pés. Tudo no Indalício eram mancais de esferas. Talvez o ajudasse a circunstância de ser surdinho. Isso de não ouvir bem põe veludos em certas pessoas, dá-lhes um macio de violoncelo. Como não se distraem com a vulgaridade dos sons que todos nós normalmente ouvimos, atentam mais em si próprios, "ouvem-se mais", concentram-se.

Nosso costume naquele tempo era reunir-nos todas as noites no velho Café Guarany com *y* grego — a reforma ortográfica ainda dormia no calcanhar do Medeiros de Albuquerque; ficávamos ali horas trabalhando para a Antarctica e comentando as proezas de cada um. Rodinha muito interessante e vária, cada um com a sua mania, a sua arte ou a sua tara. Ligava-nos apenas uma coisa: o pendor comum pelas finuras mentais em qualquer campo que fosse, literatura, perfídia, oposição ao Governo, arte de viver, amor. Um deles era absolutamente ladrão — desses que a sociedade trancafia. Mas que ladrão engraçado! Estou hoje convencido de que roubava unicamente com um fim: deslumbrar a rodinha com a primorosa estilização das proezas.

Outro era bêbado profissional — e talvez pela mesma razão: informar à roda sobre o que é a vida do clã de adoradores do álcool que passam a vida nas "botecas". Outro era o Indalício...

— E antes, Indalício? Que é que fazias?

— Ah, perdia o tempo numa escola do Rio como professor de meninos. Nada mais desinteressante. Fugi, farto e refarto. Odeio qualquer atividade vazia dessa "emoção da caça", que considero a coisa suprema da vida. Fomos caçadores durante milhões e milhões de anos, na nossa longuíssima fase de homens primitivos. A civilização agrícola é coisa de ontem, e por isso ainda espinoteiam com tanta vivacidade, dentro do nosso modernismo, os velhos instintos do caçador. Continuamos os caçadores que éramos, apenas mudados de caça. Como nestas cidades de hoje não existem aqueles *Ursus speleus* que no período das cavernas nós caçávamos (ou nos caçavam), matamos a sede do instinto com as amáveis cacinhas da civilização. Uns caçam meninas bonitas, outros caçam negócios, outros caçam imagens e rimas. O Breno Ferraz caça boatos contra o Governo...

— E eu, que caço? — perguntei.

— Antíteses — respondeu de pronto o Indalício. — Fazes contos, e que é o conto senão uma antítese estilizada? Eu caço otários, com a espingarda da psicologia. E como isso me dá para viver folgadamente, não quero outra profissão. Tenho prosperado. Calculo que nestes últimos três anos consegui remover do bolso alheio para o meu cerca de duzentos contos de réis.

Aquela revelação fez que o nosso respeito pelo Indalício aumentasse de dez pontos.

— E sem abusar — continuou ele —, sem forçar a nota, porque meu intento nunca foi acumular dinheiro. Em dando para o passadio à larga, está ótimo. O lucro maior que obtenho, entretanto, está na contenteza de alma, na paz da consciência — coisas que nunca tive nos anos em que, como professor de educação moral, eu transmitia às inocentes crianças noções que hoje considero absolutamente falsas. As nevralgias da minha consciência naquela época, quando provava nas aulas, com infames sofismas, que a linha reta é o caminho mais curto entre dois pontos!

Com o perpassar do tempo o Indalício desprezou completamente as facadas simples, ou do "primeiro grau", como dizia ele, isto é, as que apenas produzem dinheiro. Passou a interessar-se unicamente pelas que representavam "soluções de problemas psicológicos" e lhe davam, além do íntimo prazer da façanha, a mais pura glória ali na rodinha. Uma noite desenvolveu-nos o teorema do máximo...

— Sim, cada homem, em matéria de facada, tem o seu máximo; e o faquista que arranca cem mil-réis dum freguês cujo máximo é de um conto, lesa-se a si próprio — e ainda perturba a harmonia universal. Lesa-se em novecentos mil-réis e interfere na ordem preestabelecida do cosmos. Aqueles novecentos mil-réis estavam predestinados a mudarem-se de bolso *naquele dia, naquela hora*, por meio *daqueles agentes*; a inépcia do mau faquista perturba a predestinação, dessa arte criando uma ondulazinha de desarmonia que até ser reabsorvida contribui para o mal-estar do Universo.

Essa filosofia ouvimo-la no dia do seu "grande deslize", quando o Indalício nos apareceu no Guarany seriamente incomodado com a perturbação que essa sua "mancada" podia estar determinando na harmonia das esferas.

— Errei — disse ele. — Meu assalto foi contra o Macedo, que, vocês sabem, é a maior vítima dos mordedores de São Paulo. Mas fui precipitado em minhas conclusões quanto ao seu máximo e dei-lhe um golpe de dois contos apenas. A prontidão com que atendeu, *reveladora de que estava ganhando três*, demonstrou-me, da maneira mais evidente, que o máximo do Macedo é de cinco contos! Perdi, pois, três contos... E o pior não está nisso, mas na desconfiança em que fiquei de mim mesmo. Estarei por acaso decaindo? Nada mais grotesco do que ferir em oitenta ao otário cujo máximo é de cem. O bom atirador não gosta de acertar perto. Há de enfiar as balas, exatinho, no centro geométrico do alvo.

Nesse dia foram necessários dez chopes para abafar a inquietação do Indalício; e ao recolher-nos, lá pela meia-noite, saí com ele a pretexto de consolá-lo, mas na realidade para impedi-lo de passar pelo viaduto. Mas afinal descobri a aspirina adequada ao caso.

— Só vejo um meio de te restaurares na confiança perdida, meu caro Indalício: dares uma facada no Raul! Se o consegues, terás realizado a proeza suprema de tua vida. Que tal?

Os olhos do Indalício iluminaram-se, como os do caçador que depois de perder um quati dá de frente com um precioso veado — e foi assim que teve início a construção da grande obra-prima do nosso saudoso Indalício Ararigboia.

O Raul, velho companheiro de roda, tinha-se, e era tido, como absolutamente imune a facadas. Rapaz de modestas posses, vivia duns quatrocentos mil-réis mensalmente drenados do Governo; mas tratava-se bem, vestia-se com singular apuro, usava lindas gravatas de seda, bons sapatos; para perpetuar semelhante proeza, entretanto, adquirira o hábito de não pôr fora dinheiro nenhum, e hermeticamente fechara o corpo a facadas, por mínimas que fossem. Recebido o ordenado no começo do mês, pagava as contas, as prestações, retinha os miúdos do bonde e pronto — ficava até o mês seguinte leve como um beija-flor. Em matéria de facadas sua teoria sempre fora de negação absoluta.

— "Morre" quem quer — dizia ele. — Eu por exemplo não sangrarei nunca porque de há muito *deliberei* não sangrar! O mordedor pode atacar-me de qualquer lado, norte, sul, leste, oeste, a jusante ou a montante, e com uso de todas as armas, inclusive as do arsenal do Indalício: inútil! Não sangro, pelo simples fato de haver deliberado não sangrar — além de que por sistema não ando com dinheiro no bolso.

Indalício não ignorava a inexpugnabilidade do Raul, mas como se tratasse dum companheiro de roda nunca pensou em tirar o ponto a limpo. Minha sugestão daquele dia, porém, fê-lo mudar de ideia. A inexpugnabilidade do Raul entrou a irritá-lo como intolerável desafio à sua genialidade.

— Sim — disse o Indalício —, porque verdadeiramente imune a facadas não creio que haja ninguém no mundo. E se alguém, como o Raul, faz essa ideia de si, é que nunca foi abordado por um verdadeiro mestre — um Balzac como eu. Hei de destruir a inexpugnabilidade do Raul; e se meu golpe vier a falhar, talvez até me suicide com a pistola de Vatel. Viver desonrado aos meus próprios olhos, nunca!

E Indalício pôs-se a estudar o Raul a fim de descobrir-lhe o máximo — sim, porque até no caso do Raul aquele gênio insistia em ferir no máximo! Duas semanas depois confessou-me, com a habitual suavidade:

— O caso está resolvido. O Raul realmente jamais levou facada e considera-se em absoluto imune — mas lá no fundo da alma, ou do inconsciente, está inscrito o seu máximo: cinco mil-réis! Tenho orgulho em revelar a minha descoberta. Raul considera-se inesfaqueável, e jurou morrer sem a menor cicatriz no bolso; a sua consciência, portanto, não admite máximo nenhum. *Mas o máximo do Raul é de cinco*! Para chegar a essa conclusão tive de insinuar-me nos desvãos de sua alma com a gazua do Freud.

— Só cinco?

— Sim. Só cinco — e máximo absoluto! Se o Raul se psicanalisasse, descobriria, com assombro, que apesar das suas juras de imunidade a natureza o colocou na asa dos cinco.

— E vai o nosso Balzac sujar-se com uma facada de cinco mil-réis! Em que ficou a tua fixação do mínimo em duzentos?

— De fato, hoje não dou facadas de menos de duzentos, e me julgaria desonrado se me abaixasse a uma de cento e oitenta. Mas o caso do Raul, especialíssimo, me força a abrir uma exceção. Vou esfaqueá-lo em cinquenta mil-réis...

— Por que cinquenta?

— Porque ontem, inopinadamente, a minha álgebra psicológica demonstrou que há possibilidade de um segundo máximo no Raul, não de cinco, como está inscrito no seu inconsciente, mas de dez vezes isso, como consegui ler na aura desse inconsciente!...

— No inconsciente do inconsciente!...

— Sim, na verdadeira estratosfera do inconsciente raulino. Mas só serei bem-sucedido se não errar na escolha do momento mais favorável, e se conseguir deixar em ponto de bala por meio da aplicação de diversas cocaínas psicológicas. Só quando Raul se sentir levitado, expandido, com a alma bem rarefeita, é que sangrará no máximo astral que eu descobri!...

Mais um mês gastou o Indalício em estudos do Raul. Certificou-se do dia em que lhe pagavam no Tesouro, do quanto lhe levavam as contas e prestações, e quanto costumava sobrar-lhe depois de satisfeitos todos os compromissos. E não há por aqui toda a série de preparos psicológicos, físicos, metapsíquicos, mecânicos e até gastronômicos a que o gênio do Indalício submeteu o Raul; encheria páginas e páginas. Resumirei dizendo que o ataque em voo *piqué* só seria realizado depois do completo "condicionamento" da vítima por meio da sábia aplicação de todos os "matadores". O nosso pobre Indalício faleceu sem saber que estava lançando os fundamentos do moderno totalitarismo...

No dia 4 do mês seguinte avisou-me da iminência do golpe.

— Vai ser amanhã, às oito da noite, no Bar Baron, quando o Raul cair na leve crise sentimental que lhe provocam certas passagens da *Petit Chose* de Daudet, recordadas entre a segunda e a terceira dose do meu vinho...

— Que vinho?

— Ah, um que descobri em estudos *in anima nobile* — nele mesmo: a única vinhaça que de mistura com o Daudet do *Petit Chose* deixa o Raul, durante meio minuto, sangrável no máximo astral! Vocês vão abrir a boca. Estou positivamente criando a minha obra-prima! Aparece amanhã no Guarany às nove horas para ouvires o resto...

No dia seguinte fui ao Guarany às oito e já lá encontrei a roda. Pu-los ao par dos desenvolvimentos da véspera e ficamos a comentar os prós e contras do que àquela hora estaria se passando no Bar Baron. Quase todos jogavam no Raul.

Às nove entrou o Indalício, suavemente. Sentou-se.

— Então? — perguntei.

Sua resposta foi tirar do bolso e sacudir no ar uma nota nova de cinquenta mil-réis.

— Fiz um trabalho preparatório perfeito demais para que me falhasse o golpe — disse ele. — No momento decisivo bastou-me um *quit*, *quit* dos mais simples. Os cinquenta *fluíram* do bolso do Raul para o meu — contentes, felizes, alegrinhos...

O assombro da roda chegou ao auge. Era realmente escachante aquele prodígio!

— Maravilhoso, Indalício! Mas põe isso em troco miúdo — pedimos. E ele contou:

— Nada mais simples. Depois do preparo do terreno, a técnica foi, entre a segunda e a terceira dose da vinhaça e o Daudet, ferir fundo nos cinquenta — e o que eu esperava ocorreu. Ultrassurpreso de haver no globo quem o avaliasse em cinquenta mil-réis, a ele, que na intimidade trevosa do subconsciente só admitia o miserável máximo de cinco, Raul deslumbrou-se... Raul perdeu o controle de si próprio... sentiu-se levitado, rarefeito por dentro, estratosférico — e com os olhos emparvecidos meteu a mão no bolso, sacou tudo quanto havia lá, exatamente esta nota, e entregou-ma, sonambúlico, num incoercível impulso de gratidão! Instantes depois voltava a si. Corou como a romã, formalizou-se, e só não me agrediu porque a minha sábia fuga estratégica não lhe deu tempo...

Maravilhamo-nos sinceramente. Aquela Yale psicológica era talvez a única, dos milhões de chaves existentes no universo, capaz de abrir a carteira do Raul para um faquista; e o tê-la descoberto e manejado com tanta segurança era coisa que indiscutivelmente vinha fechar com chave de ouro a gloriosa carreira do Indalício como de fato fechou: meses depois a gripe espanhola de 1918 nos levava esse precioso e amável amigo.

— Parabéns, Indalício! — exclamei. — Só a má-fé te negará o dom da genialidade. A *Partida Imortal* do grande Philidor já não está sem pendante no mundo. Criaste a *Facada Imortal*.

Como ninguém da roda jogasse xadrez, todos me olharam perguntativamente. Mas não houve tempo para explicações. Vinha entrando o Raul. Sentou-se, calado, contido. Pediu uma caninha (sinal de rarefação no bolso). Ninguém disse nada. Esperamos que ele se abrisse. Indalício estava profundamente absorvido nos "Pingos e Respingos" dum *Correio da Manhã* sacado do bolso.

Súbito, veio-me uma infinita vontade de rir, e foi rindo que rompi o silêncio:

— Então, seu Raul, caiu, hein?...

Realmente desapontado, o querido Raul não achou a palavra chistosa, o "espírito" com que em qualquer outra circunstância comentaria um seu desazo qualquer. Limitou-se a sorrir amareladamente e a emitir um "Pois é!..." — o mais desenxabido "Pois é" ainda pronunciado no mundo. Tão desenxabido que o Indalício engasgou-se de rir... com o "Pingo" que lia.

A POLICITEMIA DE DONA LINDOCA

s/d

Dona Lindoca não era feliz. Quarentona bem puxada apesar dos trinta e sete anos em que fizera finca-pé, via pouco a pouco chegar a velhice com seu empaste de feições, rugas e macacoas.

Não era feliz, porque nascera com o gênio da ordem e do asseio meticuloso — e gente assim passa a vida a amofinar-se com criados e coisinhas. E como também nascera casta e amorosa, não ia com o desamor e desrespeito do mundo. O marido jamais lhe retribuíra o amor com os mimos entressonhados em noiva. Não tinha "caídos", nem usava para a sua sensibilidade, sempre menineira, desses pequeninos nadas cariciosos que para certas criaturas constituem a suprema felicidade na terra.

Isso, porém, não traria a dona Lindoca mal de monta, excedente a suspiros e queixas às amigas, se a certeza da infidelidade do Fernando não viesse um dia estragar tudo. Estava a boa senhora a escovar-lhe o paletó quando sentiu vago aroma suspeito. Foi logo aos bolsos — e apanhou o corpo do delito num lencinho perfumado.

— Fernando, você deu agora para usar perfume? — indagou a santa esposa aspirando o lenço comprometedor. — E "*Coeur de Jeannette*", inda mais...

O marido, pegado de surpresa, armou a cara mais alvar de toda a sua coleção de "caras circunstanciais" e murmurou o primeiro rebate sugerido pelo instinto de defesa:

— Você está sonhando, mulher...

Mas teve que render-se à evidência, logo que a esposa lhe chegou ao nariz o crime.

Há coisas inexplicáveis, por mais lépida que seja a presença de espírito de um homem traquejado. Lenço cheiroso em bolso de marido que jamais usou perfume, eis uma. Põe em ti o caso, leitor, e vai estudando desde já uma saída honrosa para a hipótese de te suceder o mesmo.

— Pilhéria de mau gosto do Lopes...

O melhor que lhe acudiu foi lançar à conta do espírito brincalhão do seu velho amigo Lopes mais aquela. Dona Lindoca, está claro, não engoliu a grosseira pílula — e desde aquele dia entrou a suspirar suspiros de um novo gênero, com muita queixa às amigas sobre a corrupção dos homens.

Mas a realidade era diferente de tudo aquilo. Dona Lindoca não era infeliz; seu marido não era um mau marido; seus filhos não eram maus filhos. Gente toda ela muito normal, vivendo a vida que todas as criaturas normais vivem. Dava-se apenas o que se dá sempre na existência da generalidade dos casais pacíficos. A peça matrimonial "Multiplicai-vos" tem um segundo ato em excesso trabalhoso na procriação e criação dos rebentos. É uma dobadoura de anos, na qual os atores principais mal têm tempo de cuidar de si, tanto lhes monopolizam as energias os cuidados absorventes da prole. Nesse período longo e rotineiro, quanto perfume vago não trouxe da rua o doutor Fernando! Mas o olfato da esposa, sempre saturado com o cheirinho das crianças, jamais deu tento de nada.

Um dia, porém, começou a dispersão. Casaram-se as filhas e os filhos foram deixando o borralho um por um, como passarinhos que já sabem fazer uso das asas. E como o esvaziamento do lar ocorreu no período muito curto de dois anos, o vácuo trouxe a dona Lindoca uma penosa sensação de infelicidade.

O marido não mudara em coisa nenhuma, mas como só agora dona Lindoca tinha tempo de dar-lhe atenção, parecia-lhe mudado. E queixava-se dos seus eternos negócios fora de casa, da sua indiferença, do seu "desamor". Certa vez, perguntou-lhe ao jantar:

— Fernando, que dia é hoje?

— Treze, filha.

— Treze só?

— Está claro que 13 só. Impossível que fosse 13 e mais alguma coisa. É da aritmética.

Dona Lindoca arrancou um suspiro dos mais sucados.

— Essa aritmética antigamente era bem mais amável. Pela aritmética antiga, hoje não seria 13 só e sim 13 de julho...

O doutor Fernando bateu na testa.

— É verdade, filha! Não sei como me escapou que é hoje dia dos teus anos. Esta cabeça...

— Essa cabeça não falha quando as coisas a interessam. É que para você eu já passei... Mas console-se, meu caro. Não me ando sentindo bem e breve deixarei você livre no mundo. Poderá então, sem remorso, regalar-se com as Jeannettes...

Como as recriminações alusivas ao caso do lenço perfumado fossem uma "*scie*", o marido adotara a boa política de "passar", como no pôquer. "Passava" todas as alusões da esposa, meio eficaz de torcer em germe o pepino de um debate tão inútil quão indigesto. Fernando "passou" a Jeannette e aceitou a doença.

— Sério? Sente qualquer coisa, Lindoca?

— Uma ansiedade, uma canseira, isto desde que vim de Teresópolis.

— Calor. Estes verões cariocas derrancam até aos mais pintados.

— Sei quando é calor. O mal-estar que sinto deve ter outra causa.

— Nervoso, então. Por que não vai ao médico?

— Já pensei nisso. Mas a qual médico?

— Ao Lanson, filha. Que ideia! Pois não é o médico da casa?

— Deus me livre. Depois que matou a mulher do Esteves? Isso quer você...

— Não matou tal, Lindoca. É maldade inventada por aquela caninana da Marocas. Ela é que diz isso.

— Ela e todos. Voz corrente. Além do mais, depois daquele caso da corista do Trianon...

O doutor Fernando espirrou uma gargalhada.

— Não diga mais nada! — exclamou. — Adivinho tudo. A eterna mania.

Sim, era a mania. Dona Lindoca não perdoava infidelidade de marido, nem no seu nem no das outras. Em matéria de moralidade sexual não cedia milímetro. Como fosse de natural casta, exigia castidade de todo mundo. Daí o desmerecerem ante seus olhos todos os maridos que na voz das comadres andavam de amores fora do ninho conjugal. Aquele doutor Lanson perdera-se no conceito de dona Lindoca não porque houvesse "matado" a mulher do Esteves — pobre tuberculosa que mesmo sem médico tinha de morrer —, mas porque andara às voltas com uma corista.

A gargalhada do marido enfureceu-a.

— Cínicos! São todos os mesmos... Pois não vou ao Lanson. É um sujo. Vou ao doutor Lorena, que é homem limpo, decente, um puro.

— Vai, filha. Vai ao Lorena. A pureza desse médico, que eu cá chamo hipocrisia requintada, com certeza lhe há de ajudar muito a terapêutica.

— Vou, sim, e nunca mais me há de entrar aqui outro médico. De Lovelaces ando eu farta — concluiu dona Lindoca sublinhando a indireta.

O marido olhou-a de soslaio, sorriu filosoficamente e, "passando" o "Lovelaces", pôs-se a ler os jornais.

No dia seguinte, dona Lindoca foi ao consultório do médico puritano e voltou radiante.

— Tenho uma policitemia — foi logo dizendo. — Garante ele que não é grave, embora requeira tratamento sério e longo.

— Policitemia? — repetiu o marido com vincos na testa, sinal de que entendia suas pitadas de medicina.

— Que espanto é esse? Policitemia, sim, a doença da rainha Margarida e da grã-duquesa Estefânia, disse-me o doutor. Mas cura-me, assegurou — e ele sabe o que diz. Como é fino o doutor Lorena! Como sabe falar!...

— Sobretudo falar...

— Já vem você. Já começa a implicar com o homem só porque é um puro... Pois, quanto a mim, só sinto tê-lo conhecido agora. É um médico decente, sabe? Fino, amável, muito religioso. Religioso, sim! Não perde a missa das onze na Candelária. Diz as coisas de um modo que até lisonjeia a gente. Não é um sujo como o tal Lanson, que anda metido com atrizes, que vê humores em tudo e põe as clientes nuas para examiná-las.

— E o teu Lorena, como as examina? Vestidas?

— Vestidas, sim, está claro. Não é nenhum libertino. E se o caso exige que a cliente se dispa em parte, ele aplica os ouvidos mas fecha os olhos. É decente, ora aí está! Não faz do consultório casa de encontros.

— Venha cá, minha filha. Noto que você fala com leviandade de sua doença. Tenho minhas noções de medicina e parece-me que essa tal policitemia...

— Parece nada. O doutor Lorena afirmou-me que não é coisa de matar, embora de cura lenta. Doença até distinta, de fidalgos.

— De rainhas, grãs-duquesas, sei...

— Só que exige muito tratamento — sossego, regime alimentar, coisas impossíveis nesta casa.

— Por quê?

— Ora essa. Quer você que uma dona de casa possa cuidar de si tendo tanta coisa em que olhar? Vá a pobre de mim deixar de matar-se na trabalheira, para ver como isto vira de pernas para o ar. Tratamento na regra, só para essas que tomam o marido das outras. A vida é para elas...

— Deixemos isso, Lindoca, até cansa.

— Mas vocês não se cansam delas.

— Elas, elas! Que elas, mulher? — exclamou já exasperado o marido.

— As perfumadas.

— Bolas.

— Não briguemos. Basta. O doutor... ia-me esquecendo. O doutor Lorena quer que você apareça por lá, no consultório.

— Para quê?

— Ele dirá. Das duas às cinco.

— Muita gente a essa hora?

— Como não? Um médico daqueles... Mas a você não fará esperar. É negócio à parte da clínica. Vai?

O doutor Fernando foi. O médico desejava adverti-lo de que a doença da dona Lindoca era grave, havendo perigo sério caso o tratamento que prescrevera não fosse seguido à risca.

— Muito sossego, nada de contrariedades, mimos. Principalmente mimos. Indo tudo a contento, num ano poderá estar boa. Do contrário, teremos mais um viúvo em pouco tempo.

A possibilidade da morte da esposa, quando assim se antolha pela primeira vez a um marido de coração sensível, abala profundamente. O doutor Fernando deixou o consultório e rodando para casa ia a recordar o tempo róseo do namoro, o noivado, o casamento, o enlevo dos primeiros filhos. Não era mau marido. Poderia até figurar entre os ótimos, no juízo dos homens que se perdoam uns aos outros os pequenos arranhões no pacto conjugal, filhos da curiosidade adâmica. Já as mulheres não compreendem assim, e dão demasiado vulto a borboleteios que muitas vezes só servem para valorizar as esposas aos olhos dos maridos. Assim é que a notícia da gravidade da moléstia de dona Lindoca despertou em Fernando um certo remorso, e o desejo de redimir com carinhos de noivo os anos de indiferença conjugal.

— Pobre Lindoca. Tão boa de coração... Se azedou um bocado, a culpa foi só minha. O tal perfume... Se ela pudesse compreender a absoluta insignificância do frasco donde emanou aquele perfume...

Ao entrar em casa indagou logo da esposa.

— Está em cima — respondeu a criada.

Subiu. Encontrou-a no quarto, numa preguiçosa.

— Viva a minha doentezinha! — e abraçou-a e beijou-a na testa.

Dona Lindoca espantou-se.

— Ué! Que amores esses agora? Até beijos, coisas que me dizias fora da moda...

— Vim do médico. Confirmou-me o diagnóstico. Não há gravidade nenhuma, mas exige tratamento de rigor. Muito sossego, nada de amofinações, nada que abale o moral. Vou ser o enfermeiro da minha Lindoca e hei de pô-la sãzinha.

Dona Lindoca arregalou os olhos. Não reconhecia no indiferente Fernando de tanto tempo aquele marido amável, tão perto do padrão com que sempre sonhara. Até diminutivos...

— Sim — disse ela —, tudo isso é facil de dizer, mas sossego de fato, repouso absoluto, como, nesta casa?

— Por que não?

— Ora, você será o primeiro a dar-me aborrecimentos.

— Perdoe-me, Lindoca. Compreenda a situação. Confesso que não fui contigo o esposo entressonhado. Mas tudo mudará. Você está doente e isso vai fazer que tudo renasça — até o velho amor dos vinte anos, que não morreu nunca, apenas encasulou-se. Não imagina como me sinto cheio de ternura para com a minha mulherzinha. Estou todo lua de mel por dentro.

— Os anjos digam amém. Só receio que com tanto tempo o mel já esteja azedo...

Apesar de mostrar-se assim tão incrédula, a boa senhora irradiava. O seu amor pelo marido era o mesmo dos primeiros tempos, de modo que aquela ternura a fez logo reflorir, à imitação das árvores desfolhadas pelo inverno a um chuvisco de primavera.

E a vida de dona Lindoca de fato mudou. Os filhos passaram a vir vê-la com frequência — logo que o pai os advertiu da vida periclitante da boa mãe. E mostravam-se muito carinhosos e solícitos. Os parentes mais chegados, também por influxo do marido, amiudaram as visitas, de tal jeito que dona Lindoca, sempre queixosa outrora de isolamento, se fosse queixar-se agora seria de solicitude excessiva.

Veio uma tia pobre do interior tomar conta da casa, chamando a si todas as preocupações amofinantes.

Dona Lindoca sentia um certo orgulho da sua doença, cujo nome lhe soava bem aos ouvidos e fazia abrir a boca aos visitantes — *policitemia*...

E como o marido e os demais lhe lisonjeassem a vaidade enaltecendo o chique das policitemias, acabou por considerar-se uma privilegiada.

Falavam muito na rainha Margarida e na grã-duquesa Estefânia como se fossem pessoas da casa, havendo um dos filhos conseguido e posto na parede o retrato de ambas. E certa vez em que os jornais deram um telegrama de Londres noticiando achar-se enferma a princesa Mary, dona Lindoca sugeriu logo, convencidamente:

— Vai ver que uma policitemia...

A prima Elvira trouxe de Petrópolis uma novidade de sensação.

— Viajei com um doutor Maciel na barca. Contou-me que a baronesa de Pilão Arcado também está com policitemia. E também aquela grandalhona loura, mulher do ministro francês — a Grouvion.

— Sério?

— Sério, sim. É doença de gente graúda, Lindoca. Este mundo!... Até em questão de doenças as bonitas vão para os ricos e as feias vão para os pobres! Você, a Pilão Arcado e a Grouvion com policitemia — e lá a minha costureirinha do Catete, que morre dia e noite em cima da máquina de costura, sabe o que lhe deu? Tísica mesentérica...

Dona Lindoca fez cara de nojo.

— Eu nem sei onde "essa gente" apanha tais coisas...

Outra ocasião, ao saber que uma sua ex-criada de Teresópolis fora ao médico e viera com diagnóstico de policitemia, exclamou, incrédula, a sorrir com superioridade:

— Duvido! A Liduína com policitemia? Duvido!... Vai ver que quem disse tal bobagem foi o Lanson, aquela toupeira.

A casa virou perfeita maravilha de ordem. As coisas surgiam à hora e no ponto, como se anões invisíveis estivessem a prover tudo. A cozinheira, ótima, fazia pitéus de arregalar o olho. A arrumadeira alemã dava ideia de uma abelha em forma de gente. A tia Gertrudes era uma governante de casa como jamais existiu outra.

E nenhum barulho, todos na ponta dos pés, com *pssius* aos estouvados. E presentinhos. Os filhos e noras jamais esqueciam a boa mamãe, ora com flores, ora com os doces de que ela mais gostava. O marido fizera-se caseiro. Deu jeito aos negócios e pouco saía, e à noite nunca, passando a ler para a esposa os crimes dos jornais nas raras vezes em que não tinham visitas.

Dona Lindoca começou a viver vida de céu aberto.

— Como me sinto feliz agora! — dizia. — Mas para que nada haja perfeito, tenho a policitemia. Verdade é que esta doença não me incomoda em nada. Não a sinto absolutamente — além de que é doença fina...

O médico vinha vê-la amiúde, mostrando boa cara à doente e má ao marido.

— Demora ainda, meu caro. Não nos iludamos com aparências. As policitemias são insidiosas.

O curioso era que dona Lindoca realmente não sentia coisa nenhuma. O mal-estar, a ansiedade do começo que a levara a consultar o médico, de muito que havia passado. Mas quem sabia da sua doença não era ela e sim o médico. De modo que enquanto ele não lhe desse alta teria de continuar nas delícias daquele tratamento.

Certa vez chegou a dizer ao doutor Lorena:

— Sinto-me boa, doutor, completamente boa.

— Parece-lhe, minha senhora. O característico das policitemias é iludir assim os doentes, e pô-los derreados, ou liquidados, à menor imprudência. Deixe-me cá levar o barco a meu modo, que para outra coisa não queimei as pestanas na escola. A grã-duquesa Estefânia também se julgou boa, certa vez, e contra o parecer do médico assistente deu-se alta a si própria...

— E morreu?

— Quase. Recaiu e foi um custo pô-la de novo no ponto em que estava. O abuso, minha senhora, a falta de confiança no médico, tem levado muita gente para o outro mundo...

E repetiu ao marido aquele parecer, com grande encanto de dona Lindoca, que não cessava de abrir-se em elogios ao grande clínico.

— Que homem! Não é à toa que ninguém diz "isto" dele, neste Rio de Janeiro das más-línguas. "Amantes, minha senhora", declarou ele outro dia à prima Elvira, "ninguém me apontará jamais nenhuma."

O doutor Fernando ia se saindo com uma ironia à moda antiga, mas recolheu-se a tempo, por amor ao sossego da esposa, com a qual jamais esgrimira depois da doença. E resignou-se a ouvir o estribilho de sempre: "É um homem puro e muito religioso. Fossem todos assim e o mundo seria um paraíso".

Durou seis meses o tratamento de dona Lindoca e duraria doze, se um belo dia não rebentasse um grande escândalo — a fuga do doutor Lorena para Buenos Aires com uma cliente, moça da alta sociedade.

Ao receber a notícia dona Lindoca recusou-se a dar crédito.

— Impossível! Há de ser calúnia. Vai ver como ele logo aparece por aqui e tudo se desmente.

O doutor Lorena jamais apareceu; o fato confirmou-se, fazendo dona Lindoca passar pela maior desilusão de sua vida.

— Que mundo, meu Deus! — murmurava. — Em que mais acreditar, se até o doutor Lorena faz dessas?

O marido rejubilou-se por dentro. Sempre vivera engasgado com a pureza do charlatão, comentada todos os dias em sua presença sem que ele pudesse explodir o grito da alma que lhe punha um nó na garganta: "Puro nada! É um pirata igual aos outros".

O abalo moral não fez dona Lindoca recair enferma, como era de supor. Sinal de que estava perfeitamente curada. Para melhor certificar-se disso o marido lembrou-se de consultar outro médico.

— Pensei no Lemos de Souza — sugeriu ele. — Está com muito nome.

— Deus me livre! — acudiu logo a doente. — Dizem que é amante da mulher do Bastos.

— Mas trata-se de um grande clínico, Lindoca. Que importa o que lá do seu namoro dizem as más-línguas? Neste Rio ninguém escapa.

— A mim importa muito. Não quero. Veja outro. Escolha um decente. Sujeiras não admito aqui.

Depois de comprido debate acordaram em chamar o Manuel Brandão, professor da Escola e já em adiantado grau de senilidade. Não constava que fosse amante de ninguém.

Veio o novo doutor. Examinou cuidadosamente a doente e ao cabo concluiu com absoluta segurança.

— Vossa Excelência não tem nada — disse ele. — Absolutamente nada.

Dona Lindoca pulou, muito lépida, da sua preguiçosa.

— Então sarei de uma vez, doutor?

— Sarou... se é que esteve doente. Não consigo ver sinal nenhum em seu organismo de doença presente ou passada. Quem foi o médico?

— O doutor Lorena...

O velho clínico sorriu e, voltando-se para o marido:

— É o quarto caso de doença imaginária que o meu colega Lorena (aqui entre nós, um refinadíssimo patife) leva a explorar durante meses. Felizmente raspou-se para Buenos Aires, ou "desinfetou" o Rio, como dizem os capadócios.

Foi um assombro. O doutor Fernando abriu a boca.

— Mas então...

— É o que lhe digo — reafirmou o médico. — A sua senhora teve qualquer crise nervosa que passou com o repouso. Mas, policitemia, nunca! Policitemia!... Até me espanta que tão grosseiramente pudesse o tal Lorena iludir a todos com essa pilhéria...

A tia Gertrudes voltou para sua casa no interior. Os filhos foram se tornando mais parcos nas visitas e os demais parentes idem. O doutor Fernando retomou a vida de negócios e nunca mais teve tempo de ler crimes para a desconsolada esposa, sobre cujos ombros recaiu a velha trabalheira de zelar pela casa.

Em suma, a infelicidade de dona Lindoca voltou com armas e bagagens, fazendo-a suspirar suspiros ainda mais profundos que os de outrora. Suspiros de saudade. Saudade da policitemia...

"QUERO AJUDAR O BRASIL..."

1938

JÁ CONTEI ESTE CASO. Vou contá-lo de novo. Hei de contá-lo toda a vida, porque é um grande conforto de alma. É a coisa mais bonita que ainda vi.

Foi no começo de nossa tremenda campanha pró-petróleo. Havíamos com Oliveira Filho e Pereira de Queiroz lançado a Companhia Petróleos do Brasil — em que ambiente, santo Deus! Tudo contra. Todos contra. O Governo contra. Os homens de dinheiro contra. Os bancos contra. A "sensatez" contra.

Ceticismo absoluto em todas as camadas. Uma guerra surda por baixo, subterrânea, que naquele tempo não sabíamos donde emanava. Guerra de difamação ao ouvido — a pior de todas. As coisas ditas em voz alta não causam efeito; ao ouvido, sim.

— Fulano é um escroque.

Enunciadas assim ao natural não impressionam a ninguém, tanto andamos afeitos a ouvir acusações dessas. Mas a mesma frase dita muito em reserva, ao ouvido, com a mão em tapa-som, "para que ninguém mais ouça", cala fundo, faz-se imediatamente crida — e quem a recebe corre a propagá-la como dogma.

A guerra contra os promotores da nova companhia era assim: de ouvido em ouvido, as mãos sempre em tapa-som — *para que ninguém mais ouvisse o que era preciso que todos soubessem*. A calúnia é a rainha da técnica.

Nos seus manifestos os incorporadores haviam sido em extremo leais. Admitiam a possibilidade de fracasso, com perda total do capital empatado. Pela primeira vez na vida comercial deste país se propunha ao público um negócio com admissão das duas faces: vitória esplêndida, em caso de encontro do petróleo, ou perda total dos dinheiros invertidos, no caso reverso. Esta franqueza impressionou. Inúmeros subscritores vieram arrastados por ela.

— Vou tomar tantas ações só por terem os senhores mencionado a hipótese da perda total dos dinheiros. Isso me convenceu de que se trata de negócio sério. Os negócios não sérios só acenam com lucros, jamais com possibilidades de perda.

A lealdade dos incorporadores foi vencendo o público miúdo. Só aparecia no escritório gente simples, tentada pelas vantagens tremendas do negócio em caso de sucesso. O raciocínio de todos era o mesmo de na compra dum bilhete das grandes loterias do Natal.

Os incorporadores levaram o escrúpulo a ponto de lembrar a cada novo subscritor a hipótese da perda total do dinheiro.

— Sabe que corre o risco de perder o seu cobre? Sabe que se não tocarmos em petróleo o fracasso da empresa será completo?

— Sei. Li o manifesto.

— Mesmo assim subscreve?

— Mesmo assim.

— Então assine.

E desse modo iam sendo as ações absorvidas pelo público.

Certo dia entrou-nos pela sala um preto modestamente vestido, de ar humilde. Recado de alguém, certamente.

— Que deseja?

— Quero tomar umas ações.

— Para quem?

— Para mim mesmo.

Oh! O fato surpreendeu-nos. Aquele homem tão humilde a querer comprar ações. E logo no plural. Quereria duas, com certeza, uma para si, outra para a mulher. Isso importaria em duzentos mil-réis, quantia que já pesa num orçamento de pobre. Quantos sacrifícios não teria de fazer o casal para pôr de lado duzentos mil-réis ratinhados ao salário miserável? Para um ricaço tal quantia corresponde a um níquel; para um operário é uma fortuna, é um capital. Os salários no Brasil são a miséria que sabemos.

Repetimos ao extraordinário preto a cantiga de sempre.

— Sabe que há mil dificuldades neste negócio e que corremos o risco de perder a partida, com destruição de todo o capital empatado?

— Sei.

— E mesmo assim quer tomar ações?

— Quero.

— Está bem. Mas se houver fracasso não se queixe de nós. Estamos a avisá-lo com toda a lealdade. Quantas ações quer? Duas?

— Quero trinta.

Arregalamos os olhos e, duvidando dos nossos ouvidos, repetimos a pergunta.

— Trinta, sim — confirmou o preto.

Entreolhamo-nos. O homem devia estar louco. Tomar trinta ações, empatar três contos de réis num negócio em que a gente mais endinheirada não se atrevia a ir além de algumas centenas de mil-réis, era evidentemente loucura. Só se aquele homem de pele preta estava escondendo o leite — se era rico, muito rico. Na América existem negros riquíssimos, até milionários; mas no Brasil não há negros ricos. Teria aquele, por acaso, ganho algum pacote na loteria?

— Você é rico, homem?

— Não. Tudo quanto tenho são estes três contos que juntei na Caixa Econômica. Sou empregado na Sorocabana há muitos anos. Fui juntando de pouquinho em pouquinho. Hoje tenho três contos.

— E quer pôr tudo num negócio que pode falhar?

— Quero.

Entreolhamo-nos de novo, incomodados. Aquele raio de negro nos atrapalhava seriamente. Forçava-nos a uma inversão de papéis. Em vez de acentuarmos as probabilidades felizes do negócio, passamos a acentuar as infelizes. Enfileiramos todos os contras. Quem nos ouvisse, jamais suporia estar diante de incorporadores duma empresa que pede dinheiro ao público — mas de difamadores dessa empresa. Chegamos a afirmar que pessoalmente não tínhamos muitas esperanças de vitória.

— Não faz mal — respondeu o preto na sua voz inalteravelmente serena.

— Faz, sim! — insistimos. — Jamais nos perdoaríamos se fôssemos os causadores da perda total das reservas duma vida inteira. Se quer mesmo arriscar, tome duas ações só. Ou, três. Trinta é demais. Não é negócio. Ninguém põe tudo quanto possui num cesto só, e muito menos num cesto incertíssimo como este. Tome três.

— Não. Quero trinta.

— Mas por quê, homem de Deus? — indagamos, ansiosos por descobrir o segredo daquela decisão inabalável.

Seria a cobiça? Crença de que com trinta ações ficaria milionário em caso de jorrar o petróleo?

— Venha cá. Abra o seu coração. Diga tudo. Qual o verdadeiro motivo de você, um homem humilde, que só tem três contos de réis, insistir desta maneira em jogar tudo neste negócio? Ambição? Pensa que pode ficar um Matarazzo?

— Não. Não sou ambicioso — respondeu ele serenamente. — Nunca sonhei em ficar rico.

— Então por que é, homem de Deus?

— É que eu quero ajudar o Brasil...

Derrubei a caneta debaixo da mesa e levei uma porção de tempo a procurá-la. Maneco Lopes fez o mesmo, e foi embaixo da mesa que nos entreolhamos, com caras que diziam: "Que caso, hein?". Em certas ocasiões só mesmo derrubando uma caneta e custando a achá-la, porque há umas tais glândulas que nos turvam os olhos com umas aguinhas impertinentes...

Nada mais tínhamos a dizer. O humilde negro subscreveu as trinta ações, pagou-as e lá se foi, na sublime serenidade de quem cumpriu um dever de consciência.

Ficamos a olhar uns para os outros, sem palavras. Que palavras comentariam aquilo? Essa coisa chamada Brasil, que é de vender, que até os ministros vendem, ele queria ajudar... De que brancura deslumbrante nos saíra aquele negro! E como são negros certos ministros brancos!

O incidente calou fundo em nossas almas. Cada um de nós jurou lá por dentro levar avante a campanha do petróleo custasse o que custasse, sofrêssemos o que sofrêssemos, houvesse o que houvesse. Tínhamos de nos manter na altura daquele negro.

A campanha do petróleo tem sofrido variados desenvolvimentos. Guerra grande. Luta peito a peito. E se o desânimo não nos vem nunca, é que as palavras do negro ultrabranco não nos saem dos ouvidos. Nos momentos trágicos das derrotas parciais (e têm sido muitas), nos momentos em que os lidadores no chão ouvem o juiz contar o tempo do nocaute, aquelas palavras sublimes fazem que todos se ergam antes do DEZ fatal.

"— É preciso ajudar o Brasil..."

Hoje sabemos de tudo. Sabemos das forças invisíveis, externas e internas, que puxam para trás. Sabemos os nomes dos homens. Sabemos da sabotagem sistemática, dos móveis da difamação ao ouvido, do perpétuo dar para trás da administração. Isso, entretanto, deixa de ser obstáculo porque é menor que a força haurida nas palavras do negro.

Abençoado negro! Um dia teu nome será revelado. O primeiro poço de petróleo em São Paulo não terá o nome de nenhum ministro nem presidente. Terá o teu. Porque talvez tenham sido tuas palavras a secreta razão da vitória. Os teus três contos foram mágicos. Amarraram-nos para sempre. Trancaram com pregos a porta da deserção...

SORTE GRANDE

1939

Foi numa quieta cidadezinha entrevada, dessas que se alheiam do mundo com a discrição humilde dos musgos. Havia lá a gente do Moura, o arrecadador de taxas municipais no mercado. A morte arrecadou o Moura muito fora de tempo e propósito. Consequência: viúva e sete filhos na "dependura".

Dona Teodora, quarentona que nunca soubera a significação da palavra descanso, viu-se de trabalhos dobrados. Encher sete estômagos, vestir sete nudezas, educar outras tantas individualidades... Se houvesse justiça no mundo, quantas estátuas a certos tipos de mães!

A vida em tais lugarejos lembra a dos liquens na pedra. Tudo se encolhe no "limite" — no mínimo que a civilização comporta. Não há "oportunidades". Os meninos mal empenam emigram. As meninas, como não podem emigrar, viram moças; as moças passam a "tias"; e as tias evoluem para velhinhas enrugadas como o maracujá murcho — sem que nunca venha ensejo para a realização dos dois grandes sonhos: casamento ou ocupação decentemente remunerada.

Os empreguinhos públicos, de paga microscópica, são tremendamente disputados. Quem se aferra a um, dali só é arrancado pela morte — e passa a vida invejado. Uma só saída para as mulheres, afora o casamento: a meia dúzia de cadeiras das escolinhas locais.

O mulherio de Santa Rita lembra os rizomas de gladíolos de certas casas de "cera e sementes" pouco frequentadas. O dono do negócio os expõe numa cesta à porta, à espera do freguês eventual. Não aparece freguês nenhum — e o homem os vai retirando da cesta à proporção que murcham. Mas o estoque não diminui porque entram sempre rizomas novos. O dono da casa de "cera e sementes" de Santa Rita é a Morte.

A boa mãe revoltava-se. Tinha culpa de terem vindo ao mundo as cinco meninas e os dois meninos, e de nenhum modo admitia que elas virassem maracujás secos e eles se estiolassem na lambança viciosa dos zés-ninguém.

O problema não era totalmente insolúvel com os meninos, porque podia mandá-los para fora no momento oportuno — mas as meninas? Como arranjar a vida de cinco moças numa terra em que havia seis para cada homem casadouro — e só cinco cadeirinhas?

A mais velha, Maricota, herdara o temperamento, a valentia materna. Estudou o que pôde e como pôde. Fez-se professora — mas já estava nos vinte e quatro e nem sombra de colocação. As vagas iam sempre para as de maior peso político, ainda que analfabetas. Maricota, um peso-pluma, que poderia esperar?

Mesmo assim dona Teodora não desanimava.

— Estudem. Preparem-se. De repente qualquer coisa acontece e vocês se arrumam.

Os anos, entretanto, passavam sem que a esperadíssima "qualquer coisa" viesse — e os apertos recresciam. Por muito que trabalhassem em cocadas, bordados de enxoval e costurinhas, a renda não se distanciava do zero.

Dizem que as desgraças gostam de vir juntas. Quando a situação dos Mouras atingiu o ponto perigoso da "dependura", nova calamidade sobreveio. Maricota recebeu do céu um estranho castigo: a singularíssima doença que lhe atacou o nariz.

No começo não deram importância ao caso; só no começo, porque a doença entrou a progredir, com desorientação de todos os entendidos em medicina das redondezas. Nunca, verdadeiramente nunca, ninguém soubera por lá de coisa assim.

O nariz da moça crescia, engordava, engrouvinhava, lembrando o de certos bêbados incorrigíveis. A deformação nessa parte do rosto é sempre desastrosa. Dá à fisionomia um ar cômico. Todos se apiedavam da Maricota — mas riam-se sem querer.

A maldade dos lugarejos tem a insistência de certas moscas. Aquele nariz foi virando o prato predileto do Comentário. Nos momentos de escassez de assunto era infalível porem-no à mesa.

— Se aquilo pega, ninguém mais planta rabanetes em Santa Rita. É só levar a mão ao rosto e colher um...

— E dizem que está crescendo...

— Se está! A moça já não põe o pé na rua — nem para a missa. Aquela negrinha, cria de dona Teodora, me disse que já não é nariz — é beterraba...

— Sério?

— Cresce tanto que se a coisa continua vamos ter um nariz com uma moça atrás e não uma moça com um nariz na frente. O maior, o principal, ficará sendo o rabanete...

Nos galinheiros também é assim. Quando aparece uma ave doente, ou ferida, as sãs correm-na a bicadas — e bicam-na até destruí-la. Em matéria de maldade o homem é galináceo. A tal ponto chegou a de Santa Rita que quando aparecia alguém de fora não vacilavam em enfileirar entre as curiosidades locais a doença da moça.

— Temos várias coisas dignas de ver-se. Há a igreja, cujo sino tem um som sem igual no mundo. Bronze do céu. Há o pé de cacto da casa do major Lima, com quatros metros de roda na altura do peito. E há o rabanete da Maricota...

O visitante espantava-se, está claro.

— Rabanete?

O informante desfiava a crônica do famoso nariz com invençõezinhas cômicas de sua lavra. "Não poderei ver isso?" "Creio que não, porque ela já não tem ânimo de pôr o pé na rua — nem para a missa."

Chegou o momento de recorrer aos médicos especialistas. Como por lá não houvesse nenhum, dona Teodora lembrou-se de um doutor Clarimundo, especialista de todas as especialidades na cidade próxima. Tinha de mandar-lhe a filha. O nariz de Maricota estava ficando clamoroso demais. Mas... mandar como? A distância era grande. Viagem por água — pelo rio São Francisco, em cuja margem direita se assentava Santa Rita. O percurso custaria dinheiro; e custariam dinheiro a consulta, o tratamento, a estada lá — e onde o dinheiro? Como reunir os duzentos mil-réis necessários?

Não há barreiras para o heroísmo das mães. Teodora redobrou de faina, operou milagres de gênio e por fim reuniu o dinheiro da salvação.

Chegou o dia. Muito vexada de mostrar-se em público depois de tantos meses de segregação, Maricota embarcou para a viagem de dois dias. Embarcou num gaiola — o *Comandante Exupério* — e logo que se viu a bordo tratou de descobrir um cantinho em que ficasse a salvo da curiosidade dos passageiros. Inutilmente. Deu logo nos olhos de vários, sobretudo nos dum moço de bom aspecto, que entrou a mirá-la com singular insistência. Maricota esgueirou-se de sua presença e, de bruços na amurada, fingiu-se absorta na contemplação da paisagem. Fraude pura, coitadinha. A única paisagem que via era a sua — a nasal. O passageiro, entretanto, não a largava.

— Quem é essa moça? — quis saber, e um de boca perdigotante, também embarcado em Santa Rita, regalou-se em contar pormenorizadamente tudo quanto sabia a respeito.

O moço refranziu a testa. Reconcentrou-se a meditar. Por fim seus olhos brilharam.

— Será possível? — murmurou em solilóquio, e resolutamente encaminhou-se na direção da triste criatura absorvida na contemplação da paisagem.

— Perdão, minha senhora, eu sou médico e...

Maricota voltou para ele os olhos, muito vexada, sem saber o que dizer. Como um eco, repetiu:

— Médico?...

— Sim, médico, e o seu caso está me interessando profundamente. Se é o que suponho, talvez que... Mas, venha cá, conte-me tudo, conte-me como isso começou. Não se vexe. Sou médico — e para os médicos não há segredos. Vamos...

Maricota, depois de alguma resistência, contou tudo, e à medida que falava o interesse do moço recrescia.

— Com licença — disse ele, e pôs-se a examinar-lhe o nariz, sempre com perguntas cujo alcance a moça não percebia.

— Como é seu nome? — atreveu-se a indagar Maricota.

— Doutor Cadaval.

A expressão do médico lembrava a do garimpeiro que encontra um diamante de valor fabuloso — um Cullinan! Nervosamente ele insistia:

— Conte, conte...

Queria saber tudo; como aquilo começara, como se desenvolvera, que perturbação ela sentira e outras coisinhas técnicas. E as respostas da moça tinham o condão de aumentar-lhe o entusiasmo. Por fim:

— Maravilhoso! — exclamou. — Um caso único de boa sorte...

Tais exclamações desnortearam a doente. "Maravilhoso?" Que maravilhamento poderia causar a sua desgraça? Chegou a ressentir-se. O médico tentou sossegá-la.

— Perdoe-me, dona Maricota, mas o seu caso é positivamente extraordinário. De momento não posso firmar parecer — estou sem livros; mas macacos me lambam se o que a senhora tem não é um rinofima — um RINOFIMA, imagine!

Rinofima! Aquela palavra estranha, dita naquele tom de entusiasmo, em coisa nenhuma melhorou a situação de atrapalhamento de Maricota. O fato de sabermos o nome de uma doença não nos consola nem cura.

— E que tem isso? — perguntou ela.

— Tem, minha senhora, que é uma doença raríssima. Pelo que sei a respeito, não se conhece ainda um só caso em toda América do Sul... Compreende agora o meu entusiasmo de profissional? Médico que descobre casos únicos é médico de nome feito...

Maricota começava a compreender.

Longamente Cadaval debateu a situação, informando-se de tudo — da família, do objeto da viagem. Ao saber de sua ida à cidade próxima em busca do doutor Clarimundo, revoltou-se.

— Qual Clarimundo, minha senhora! Esses médicos da roça não passam de perfeitas cavalgaduras. Formam-se e afundam nos lugarejos, nunca leem nada! Atrasadíssimos. Se a senhora vai consultá-lo, perderá o seu tempo e o seu dinheiro. Ora, o Clarimundo!

— Conhece-o?

— Claro que não, mas adivinho. Conheço a classe. O seu caso, minha senhora, é a maravilha das maravilhas, desses que só podem ser tratados pelos grandes médicos dos grandes centros — e estudado pelas academias. A senhora vai mas é para o Rio de Janeiro. Tive a sorte de encontrá-la e não a largo mais. Ora estar! Um rinofima destes nas mãos do Clarimundo! Tinha graça...

A moça alegou que a sua pobreza não lhe permitia tratar-se na capital. Eram paupérrimos.

— Sossegue. Eu farei todas as despesas. Um caso como o seu vale ouro. Rinofima! O primeiro observado na América do Sul! Isso é ouro em barra, minha senhora...

E tanto falou, e tanto gabou a beleza do rinofima, que Maricota deu de sentir uns começos de orgulho. Depois de duas horas de debates e combinações, já estava outra — sem vexame nenhum dos passageiros —, a exibir pelo tombadilho o seu rabanete como quem exibe algo fascinante.

O doutor Cadaval era um moço extremamente expansivo, dos que não param de falar. O empolgamento em que ficou fê-lo debater o assunto com todos de bordo.

— Comandante — disse ao capitão horas depois —, aquilo é uma preciosidade sem par. Único na América do Sul, imagine! O sucesso que vou fazer no Rio — na Europa! É dessas coisas que arrumam a carreira de um médico. Um rinofima! Um ri-no-fi-ma, capitão!...

Não houve passageiro que se não inteirasse da história do rinofima da moça — e o sentimento de inveja tornou-se geral. Evidentemente Maricota fora marcada pelo Destino. Possuía algo único, uma coisa de fazer a carreira de um médico e de figurar em todos os tratados de medicina. Muitos houve que instintivamente correram os dedos pelo nariz na esperança de apalpar um comecinho da maravilha...

Maricota, ao recolher-se à cabina, escreveu à mãe:

> Tudo está mudando da maneira mais esquisita, mamãe! Encontrei a bordo um médico distintíssimo, que ao dar com o meu nariz abriu a boca no maior entusiasmo. Eu só queria que a senhora visse. Acha que é uma grande — uma grandíssima coisa, a coisa mais rara do mundo, única na América do Sul, imagine! Disse que vale um tesouro, que para ele foi o mesmo que ter encontrado um tal diamante Cullinan. Quer que eu vá para o Rio de Janeiro. Paga tudo. Como aleguei que somos muito pobres, prometeu que depois da operação me arranja um lugar de professora. Imagine, eu professora no Rio de Janeiro! Que ponta, hein? Estou que não caibo em mim. Professora no Rio!... Até a vergonha lá se foi. Passeio com o nariz bem à mostra, alto. E, coisa incrível, mamãe, todos me olham com inveja! Inveja, sim — eu leio nos olhos de todos. Decore esta palavra: RINOFIMA. É o nome da doença. Ah, eu só queria ver a cara desses bobos de Santa Rita que tanto caçoavam de mim — quando souberem...

Maricota mal conseguiu dormir essa noite. Grande mudança de ideias se operava em sua cabeça. Qualquer coisa a advertia de que era chegado o momento de uma grande tacada. Tinha de tirar vantagens da situação — e como ainda não dera resposta definitiva ao doutor Cadaval, deliberou executar um plano.

No dia seguinte o médico abordou-a de novo.

— Então, dona Maricota, está resolvida, afinal?

A moça estava resolvidíssima; mas, boa mulher que era, fingiu.

— Não sei ainda. Escrevi à mamãe... Há a minha situação pessoal e a da minha gente. Para que eu vá ao Rio preciso ficar sossegada quanto a estes dois pontos. Tenho dois irmãos e quatro irmãs — e como é? Ficar lá no Rio sem eles, impossível. E como deixá-los sozinhos em Santa Rita, se sou o esteio da casa?

O doutor Cadaval refletiu uns momentos. Depois disse:

— Os rapazes eu posso colocar facilmente. Já suas irmãs, não sei. Que idade têm elas?

— Alzira, a logo abaixo de mim, está com vinte e cinco anos. Muito boa criatura. Borda que é um primor. Bonitinha.

— Se tem essas prendas, poderemos colocá-la numa boa casa de modas. E as outras?

— Há a Anita, com vinte e dois, mas essa só sabe ler e escrever versos. Sempre teve um jeito extraordinário para a poesia.

O doutor Cadaval coçou a cabeça. Colocar uma poetisa não é nada fácil — mas veria. Há os empregos do Governo, nos quais cabem até os poetas.

— Há a Olga, com vinte anos, que só pensa em casar. Essa não quer outro emprego. Nasceu para o casamento — e lá em Santa Rita está secando porque não há homens — todos emigram.

— Arranjaremos um bom casamento para a Olga — prometeu o médico.

— E há a Odete, com dezenove anos, que ainda não revelou disposição para coisa nenhuma. Boa criatura, mas muito criançola, bobinha.

— Vai ser outro casamento — sugeriu o médico. — Arranja-se. Arranjaremos a vida de todos.

O doutor Cadaval ia prometendo com aquela facilidade porque no íntimo não tinha intenção de colocar tanta gente. Poderia, sim, arrumar a vida de Maricota — depois de operá-la. Mas o resto da família que se fomentasse.

Assim não sucedeu, entretanto. As aperturas da vida tinham dado a Maricota um senso das realidades verdadeiramente totalitário. Percebendo que aquela oportunidade era a maior da sua vida, resolveu não deixá-la escapar. De modo que ao chegar ao Rio, antes de entregar-se ao tratamento e exibir na Academia de Medicina o seu caso único, impôs condições. Alegou que sem a irmã Alzira não tinha jeito de ficar sozinha na capital — e o remédio foi a vinda de Alzira. Mal pilhou lá a irmã, insistiu em colocá-la —

porque não tinha o menor propósito ficarem as duas nas costas do médico. "Assim, a Alzira acanha-se e volta."

Ansioso por dar início à exploração do rinofima, o médico pulou para arranjar a colocação da Alzira. E depois disso deu novos pulos para mandar vir e colocar a Anita. E depois da Anita chegou a vez da Olga. E depois da Olga chegou a vez da Odete. E depois da Odete chegou a vez de dona Teodora e dos dois rapazes.

O caso da Olga foi difícil. Casamento! Mas Cadaval teve uma ideia filha do desespero: intimou um seu ajudante no consultório, português quarentão de nome Nicéforo, a casar-se com a menina. *Ultimatum* da Moral.

— Ou casa-se ou vai para o olho da rua. Não quero mais saber de auxiliares solteirões.

Nicéforo, tipo bastante pai da vida, coçou a cabeça mas casou-se — e foi o mais feliz dos Nicéforos.

A família já estava toda arrumada, quando Maricota se lembrou de dois primos. O médico, porém, resistiu.

— Não. Isso também é demais. Se continua assim, a senhora acaba forçando-me a arranjar um bispado para o padre de Santa Rita. Não e não.

A vitória do doutor Cadaval foi verdadeiramente estrondosa. Encheram-se as revistas médicas e os jornais com a notícia da solene apresentação à Academia de Medicina do belíssimo caso — único na América do Sul — dum maravilhoso rinofima, o mais belo dos rinofimas. As publicações estrangeiras acompanharam as nacionais. O mundo científico de todos os continentes ficou sabendo de Maricota, do seu "rabanete" e do eminente doutor Cadaval Lopeira — luminar da ciência médica sul-americana.

Dona Teodora, felicíssima, não cessava de comentar o estranho curso dos acontecimentos.

— Bem se diz que Deus escreve direito por linhas tortas. Quando havia eu de imaginar, ao nos surgir aquela horrível coisa no nariz de minha filha, que era para o bem geral de todos!

Restava a parte última — a operação. Maricota, entretanto, ainda nas vésperas do dia marcado vacilava.

— Que acha, mamãe? Deixo ou não deixo que o doutor me opere?

Dona Teodora abriu a boca.

— Que ideia, menina! Claro que deixa. Pois há de ficar toda vida assim com esse escândalo na cara?

Maricota não se decidia.

— Podemos demorar um pouco mais, mamãe. Tudo quanto nos veio de bom saiu do rinofima. Quem sabe se nos rende mais alguma coisa? Há ainda o Zezinho a colocar — e o pobre do Quindó, que nunca achou emprego...

Mas dona Teodora, arquifarta do rabanete, ameaçou de levá-la de volta para Santa Rita, se ela teimasse na asneira de retardar, por um só dia, a operação. E Maricota foi operada. Perdeu o rinofima, ficando com um nariz igual ao de todas as outras, apenas levemente enrugadinho em consequência dos enxertos de epiderme.

Quem positivamente desapontou foi a gente maldosa do lugarejo. O maravilhoso romance de Maricota era comentado em todas as rodinhas com grandes exageros — até com o exagero de que ela estava noiva do doutor Cadaval.

— Como a gente se engana neste mundo! — filosofou o farmacêutico. — Todos pensamos que aquilo fosse doença — mas o verdadeiro nome de tais rabanetes, sabem qual é?

— ?

— Sorte grande, minha gente! Sorte grande da Espanha...

DONA EXPEDITA

1939

— …

— Minha idade? Trinta e seis…

— Então, venha.

Sempre que dona Expedita se anunciava no jornal, dando um número de telefone, aquele diálogo se repetia. Seduzidas pelos termos do anúncio, as donas de casa telefonavam-lhe para "tratar" — e vinha inevitavelmente a pergunta sobre a idade, com a também inevitável resposta dos trinta e seis anos. Isso desde antes da Grande Guerra. Veio o 1914 — ela continuou nos trinta e seis. Veio a batalha do Marne; veio o armistício — ela firme nos trinta e seis. Tratado de Versalhes — trinta e seis. Começos de Hitler e Mussolini — trinta e seis. Convenção de Munique — trinta e seis…

A futura guerra a reencontrará nos trinta e seis. O mais teimoso dos empaques! Dona Expedita já está "pendurada", escorada de todos os lados, mas não tem ânimo de abandonar a casa dos trinta e seis anos — tão simpática!

E, como só tem trinta e seis anos, veste-se à moda dessa idade, um pouco mais vistosamente do que a justa medida aconselha. Erro grande! Se à força de cores claras, ruges e batons, não mantivesse aos olhos do mundo os seus famosos trinta e seis, era provável que desse a ideia duma bem aceitável matrona de sessenta...

Dona Expedita é "tia". Amor só teve um lá pela juventude, do qual às vezes, nos "momentos de primavera", ainda fala. Ah, que lindo moço! Um príncipe. Passou um dia a cavalo pela sua janela. Passou na tarde seguinte e ousou um cumprimento. Passou e repassou durante duas semanas — e foram duas semanas de cumprimentos e olhares de fogo. E só. Não passou mais — desapareceu da cidade para sempre.

O coração da gentil Expedita pulsou intensamente naqueles maravilhosos quinze dias — e nunca mais. Nunca mais namorou ou amou ninguém — por causa da casmurrice do pai.

Seu pai era um caturra de barbas à Von Tirpitz, português irredutível, desses que fogem de certos romances de Camilo e reentram na vida. Feroz contra o sentimentalismo. Não admitia namoros em casa, e nem que se pronunciasse a palavra casamento. Como vivesse setenta anos, forçou as duas únicas filhas a se estiolarem ao pé da sua catarreira crônica. "Filhas são para cuidar da casa e da gente."

Morreu, afinal, e arruinado. As duas "tias" venderam a casa para pagamento das contas e tiveram de empregar-se. Sem educação técnica, os únicos empregos antolhados foram os de criada-grave, dama de companhia ou "tomadeira de conta" — graus levemente superiores à crua profissão normal de criada comum. O fato de serem de "boa família" autorizava-as ao estacionamento nesse degrau um pouco acima do último.

Um dia a mais velha morreu. Dona Expedita ficou só no mundo. Que fazer, senão viver? Foi vivendo e especializando-se em lidar com patroas. Por fim distraía-se com isso. Mudar de emprego era mudar de ambiente — ver caras novas, coisas novas, tipos novos. Um cinema — o seu cinema! O ordenado, sempre mesquinho. O maior de que se lembrava fora de cento e cinquenta mil-réis. Caiu depois para cento e vinte; depois para cem; depois oitenta. Inexplicavelmente as patroas iam-lhe diminuindo a paga a despeito da sua permanência na linda idade dos trinta e seis anos...

Dona Expedita colecionava patroas. Teve-as de todos os tipos e naipes — das que obrigam as criadas a comprar o açúcar com que adoçam o café às que voltam para casa de manhã e nunca lançam os olhos sobre o caderno de compras. Se fosse escritora teria deixado o mais pitoresco dos livros. Bastava que fixasse metade do que viu e "padeceu". O capítulo das pequeninas decepções seria dos melhores — como aquele caso dos quatrocentos mil-réis...

Foi certa vez em que, saída de um emprego, andava em procura de outro. Nessas ocasiões costumava encostar-se à casa de uma família que se dera com a sua, e lá ficava um mês ou dois até conseguir nova colocação. Pagava a hospedagem fazendo doces, no que era perita, sobretudo num certo bolo inglês que mudou de nome, passando a chamar-se o "bolo de dona Expedita". Nesses interregnos comprava todos os dias um jornal especializado em anúncios domésticos, no qual lia atentamente a seção do "procura-se". Com a velha experiência adquirida, adivinhava pela redação as condições reais do emprego.

— Porque "elas" publicam aqui uma coisa e querem outra — comentava filosoficamente, batendo no jornal. — Para esconder o leite, não há como as patroas!

E ia lendo, de óculos na ponta do nariz: "Precisa-se duma senhora de meia-idade para servicinhos leves".

— Hum! Quem lê isto pensa que é assim mesmo — mas não é. O tal servicinho leve não passa de isca — é a minhoca do anzol. A mim é que não me enganam, as biscas...

Lia todos os "procura-se", com um comentário para cada um, até que se detinha no que lhe cheirava melhor. "Precisa-se duma senhora de meia-idade para serviços leves em casa de fino tratamento."

— Este, quem sabe? Se é casa de fino tratamento, pelo menos fartura há de haver. Vou telefonar.

E vinha a telefonada do costume com a eterna declaração dos trinta e seis anos.

O hábito de lidar com patroas manhosas levou-a a lançar mão de vários recursos estratégicos; um deles: só "tratar" pelo telefone e não dar-

-se como ela mesma. "Estou falando em nome duma amiga que procura emprego." Desse modo tinha mais liberdade e jeito de sondar a "bisca".

— Essa amiga é uma excelente criatura — e vinham bem dosados elogios. — Só que não gosta de serviços pesados.

— Que idade?

— Trinta e seis anos. Senhora de muito boa família — mas por menos de cento e cinquenta mil-réis nunca se empregou.

— É muito. Aqui o mais que pagamos é cento e dez — sendo boa.

— Não sei se ela aceitará. Hei de ver. Mas qual é o serviço?

— Leve. Cuidar da casa, fiscalizar a cozinha, espanar — arrumar...

— Arrumar? Então é arrumadeira que a senhora quer?

E dona Expedita pendurava o fone, arrufada, murmurando: "Outro ofício!".

O caso dos quatrocentos mil-réis foi o seguinte. Ela andava sem emprego e a procurá-lo na seção do "procura-se". Súbito, esbarrou com esta maravilha: "Precisa-se duma senhora de meia-idade para fazer companhia a uma enferma; ordenado, quatrocentos mil-réis".

Dona Expedita esfregou os olhos. Leu outra vez. Não acreditou. Foi em busca duns óculos novos adquiridos na véspera. Sim. Lá estava escrito quatrocentos mil-réis!...

A possibilidade de apanhar um emprego único no mundo fê-la pular. Correu a vestir-se, a pôr o chapeuzinho, a avivar as cores do rosto e voou pelas ruas afora.

Foi dar com os costados numa rua humilde; nem rua era — numa "avenida". Defronte à casa indicada — casinha de porta e duas janelas — havia uma dúzia de pretendentes.

— Será possível? O jornal saiu agorinha e já tanta gente por aqui?

Notou que entre as postulantes predominavam senhoras bem-vestidas, com o aspecto de "damas envergonhadas". Natural que assim fosse porque um emprego de quatrocentos mil-réis era positivamente um fenômeno. Nos seus... trinta e seis anos de vida terrena jamais tivera notícia de nenhum. Quatrocentos por mês! Que mina! Mas como um emprego assim em casa tão modesta? "Já sei. O emprego não é aqui. Aqui é onde se trata — casa do jardineiro, com certeza..."

Dona Expedita observou que as postulantes entravam de cara risonha e saíam de cabeça baixa. Evidentemente a decepção da recusa. E o seu coração batia de gosto ao ver que todas iam sendo recusadas. Quem sabe? Quem sabe se o destino marcara justamente a ela como a eleita?

Chegou por fim a sua vez. Entrou. Foi recebida por uma velha na cama. Dona Expedita nem precisou falar. A velha foi logo dizendo:

— Houve erro no jornal. Mandei por quarenta mil-réis e puseram quatrocentos... Tinha graça eu pagar quatrocentos a uma criada, eu que vivo à custa do meu filho, sargento da polícia, que nem isso ganha por mês...

Dona Expedita retirou-se com cara exatamente igual à das outras.

O pior da luta entre criados e patroas é que estas são compelidas a exigir o máximo, e as criadas, por natural defesa, querem o mínimo. Nunca jamais haverá acordo, porque é choque de totalitarismo com democracia.

Um dia, entretanto, dona Expedita teve a maior das surpresas: encontrou uma patroa absolutamente identificada com suas ideias quanto ao "mínimo ideal" — e, mais que isso, entusiasmada com esse minimalismo — a ajudá-la a minimizar o minimalismo!

Foi assim. Dona Expedita estava pela vigésima vez na tal família amiga, à espera de nova colocação. Lembrou-se de recorrer a uma agência, para a qual telefonou. "Quero uma colocação assim, assim, de duzentos mil-réis, em casa de gente arranjada, fina e, se for possível, em fazenda. Serviços leves, bom quarto, banho. Aparecendo qualquer coisa deste gênero, peço que me telefonem" — e deu o número do aparelho e da casa.

Horas depois retinia a campainha do portão.

— É aqui que mora madame Expedita? — perguntou em língua atrapalhada uma senhora alemã, cheia de corpo, de bom aspecto.

A criadinha que atendeu disse que sim, fê-la entrar para o *hall* de espera e foi correndo avisar dona Expedita. "Uma estrangeira gorda, querendo falar com madame!"

— Que pressa, meu Deus! — murmurou a solicitada, correndo ao espelho para os retoques. — Nem três horas faz que telefonei. Agência boa, sim...

Dona Expedita apareceu no *hall* com um excessozinho de ruge nos beiços de múmia. Apareceu e conversou — e maravilhou-se, porque pela primeira vez na vida encontrava a patroa ideal. A mais *sui generis* das patroas, de tão integrada no ponto de vista das "senhoras de meia-idade que procuram serviços leves".

O diálogo travou-se num crescendo de animação.

— Muito boa tarde! — disse a alemã com a maior cortesia. — Então foi madame quem telefonou para a agência?

O "madame" causou espécie a dona Expedita.

— É verdade. Telefonei e dei as condições. A senhora gostou?

— Muito, mas muito mesmo! Era exatamente o que eu queria. Perfeito. Mas vim ver pessoalmente, porque o costume é anunciarem uma coisa e a realidade ser outra.

A observação encantou dona Expedita, cujos olhos brilharam.

— A senhora parece que está pensando com a minha cabeça. É justamente isso o que se dá, vivo eu dizendo. As patroas escondem o leite. Anunciam uma coisa e querem outra. Anunciam serviços leves e botam em cima das pobres criadas a maior trabalheira que podem. Eu falei, eu insisti com a agência: servicinhos leves...

— Isso mesmo! — concordou a alemã, cada vez mais encantada. — Serviços leves, bem leves, porque afinal de contas uma criada é gente — não é burro de carroça.

— Claro! Mulheres de certa idade não podem fazer serviços de mocinhas, como arrumar, lavar, cozinhar quando a cozinheira não vem. Ótimo! Quanto à acomodação, falei à agência em "bom quarto"...

— Exatamente! — concordou a alemã. — Bom quarto — com janelas. Nunca pude conformar-me com isso de as patroas meterem as criadas em desvãos escuros, sem ar, como se fossem malas. E sem banheiro em que tomem banho.

Dona Expedita era toda risos e sorrisos. A coisa lhe estava saindo maravilhosa.

— E banho quente! — acrescentou com entusiasmo.

— Quentíssimo! — berrou a alemã batendo palmas. — Isso para mim é ponto capital. Como pode haver asseio numa casa onde nem banheiro há para as criadas?

— Ah, minha senhora, se todas as patroas pensassem assim! — exclamou dona Expedita erguendo os olhos para o céu. — Que felicidade não seria o mundo! Mas no geral as patroas são más — e iludem as pobres criadas, para agarrá-las e explorá-las.

— Isso mesmo! — apoiou a alemã. — A senhora está falando como um livro de sabedoria. Para cada cem patroas haverá cinco ou seis que tenham coração — que compreendam as coisas...

— Se houver! — duvidou dona Expedita.

O entendimento das duas era perfeito: uma parecia o "dublê" da outra. Debateram o ponto dos "serviços leves" com tal mútua compreensão que os serviços ficaram levíssimos, quase nulos — e dona Expedita viu erguer-se diante de si o grande sonho de sua vida: um emprego em que não fizesse nada, absolutamente nada...

— Quanto ao ordenado — disse ela (que sempre pedia duzentos para deixar por oitenta) —, fixei-o em duzentos...

Avançou isso medrosamente e ficou à espera da inevitável repulsa. Mas a repulsa do costume pela primeira vez não veio. Bem ao contrário disso, a alemã concordou com entusiasmo.

— Perfeitamente! Duzentos por mês — e pagos no último dia de cada mês.

— Isso! — berrou dona Expedita levantando-se da cadeira. — Ou no comecinho. Essa história de pagamento em dia incerto nunca foi comigo. Dinheiro de ordenado é sagrado.

— Sacratíssimo! — urrou a alemã levantando-se também.

— Ótimo — exclamou dona Expedita. — Está tudo como eu queria.

— Sim, ótimo — repetiu a alemã. — Mas a senhora também falou em fazenda...

— Ah, sim, fazenda. Uma fazenda boa, com bastante frutas, bastante leite, bastante ovos porque há fazendas muito feias.

O quadro da fazenda bonita, toda frutas, leite e ovos, extasiou a alemã. Que maravilha...

Dona Expedita continuou:

— Gosto muito de lidar com pintinhos.

— Pintos? Ah, é o maior dos encantos! Adoro os pintos — as ninhadas... O nosso entendimento vai ser absoluto, madame...

O êxtase de ambas sobre a vida de fazenda foi subindo numa vertigem. Tudo quanto havia de sonhos incubados naquelas almas refloriu viçoso. Infelizmente a alemã teve a ideia de perguntar:

— E onde fica a *sua* fazenda, madame?

— A *minha* fazenda — repetiu dona Expedita refranzindo a testa.

— Sim, a sua fazenda — a fazenda para onde madame quer que eu vá...

— Fazenda pra onde eu quero que a senhora vá? — tornou a repetir dona Expedita, sem entender coisa nenhuma. — Fazenda, eu? Pois se eu tivesse fazenda lá andava a procurar emprego?

Foi a vez de a alemã arregalar os olhos, atrapalhadíssima. Também não estava entendendo coisa nenhuma. Ficou uns instantes no ar. Por fim:

— Pois madame não telefonou para a agência dizendo que tinha um emprego assim, assim, na sua fazenda?

— *Minha* fazenda uma ova! Nunca tive fazenda. Telefonei procurando emprego, se possível numa fazenda, isso sim...

— Então, então, então... — e a alemã enrubesceu como uma papoula.

— Pois é — disse dona Expedita percebendo afinal o quiproquó. — Estamos aqui feito duas idiotas, cada qual querendo emprego e pensando que a outra é a patroa...

O cômico da situação fê-las rirem-se — e gostosamente, já retomadas à posição de "senhoras de meia-idade que procuram serviços leves".

— Esta foi muito boa! — murmurou a alemã levantando-se para sair. — Nunca me aconteceu coisa assim. Que agência, hein?

Dona Expedita filosofou.

— Eu bem que estava desconfiada. A esmola era demais. A senhora ia concordando com tudo que eu dizia — até com os banhos quentes! Ora, isso nunca foi linguagem de patroa — dessas biscas. A agência errou, talvez por causa do telefone, que estava danado hoje — além do que sou meio dura dos ouvidos...

Nada mais havia a dizer. Despediram-se. Depois que a alemã bateu o portão, dona Expedita fechou a porta, com um suspiro arrancado do fundo das tripas.

— Que pena, meu Deus! Que pena não existirem no mundo patroas que pensem como as criadas...

HERDEIRO DE SI MESMO

1939

O POVO DE DOIS RIOS NÃO CESSAVA DE COMENTAR a inconcebível "sorte" do coronel Lupércio Moura, o grande milionário local. Um homem que saíra do nada. Que começara modesto menino de escritório dos que mal ganham para os sapatos, mas cuja vida, dura até aos trinta e seis anos, fora daí por diante a mais espantosa subida pela escada do Dinheiro, a ponto de aos sessenta ver-se montado numa hipopotâmica fortuna de sessenta mil contos de réis.

Não houve o que Lupércio não conseguisse da Sorte — até o posto de coronel, apesar de já extinta a pitoresca instituição dos coronéis. A nossa velha Guarda Nacional era uma milícia meramente decorativa, com os galões de capitão, major e coronel reservados para coroamento das vidas felizes em negócios. Em todas as cidades havia sempre um coronel: o homem de mais posses. Quando Lupércio chegou aos vinte mil contos, a gente de Dois Rios sentiu-se acanhada de tratá-lo apenas de "senhor Lupércio". Era pouquíssimo. Era absurdo que um detentor de tanto dinheiro ainda se conservasse "soldado raso" — e por consenso unânime promoveram-no, com muita justiça, a coronel, o posto mais alto da extinta milícia.

Criaturas há que nascem com misteriosa aptidão para monopolizar dinheiro. Lembram ímãs humanos. Atraem a moeda com a mesma inexplicável força com que o ímã atrai a limalha. Lupércio tomara-se ímã. O dinheiro procurava-o de todos os lados, e uma vez aderido não o largava mais. Toda gente faz negócios em que ora ganha, ora perde. Ficam ricos os que ganham mais do que perdem e empobrecem os que perdem mais do que ganham. Mas caso de homens de mil negócios sem uma só falha, existia no mundo apenas um — o do coronel Lupércio.

Até aos trinta e seis anos ganhou dinheiro de modo normal, e conservou-o à força da mais acirrada economia. Juntou um pecúlio de quarenta e cinco contos e quinhentos mil-réis como o juntam todos os forretas. Foi por essas alturas que sua vida mudou. A Sorte "encostou-se" nele, dizia o povo. Houve aquela tacada inicial de Santos e a partir daí todos os seus negócios foram tacadas prodigiosas. Evidentemente, uma Força Misteriosa passara a protegê-lo.

Que tacada inicial fora essa? Vale a pena recordá-la.

Certo dia, inopinadamente, Lupércio apareceu com a ideia, absurda para o seu caráter, de uma estação de veraneio em Santos. Todo mundo se espantou. Pensar em veraneio, em flanar, botar dinheiro fora, aquela criatura que nem sequer fumava para economia dos níqueis que custam os maços de cigarros? E quando o interpelaram, deu uma resposta esquisita:

— Não sei. Uma coisa me empurra para lá...

Lupércio foi para Santos. Arrastado, sim, mas foi. E lá se hospedou no hotelzinho mais barato, sempre atento a uma só coisa: o saldo que lhe ficaria dos quinhentos mil-réis que destinara à "maluquice". Nem banhos de mar tomou, apesar da grande vontade, para economia dos vinte mil-réis da roupa de banho. Contentava-se com ver o mar.

Que enlevo de alma lhe vinha da imensidão líquida, eternamente a aflar em ondas e a refletir os tons do céu! Lupércio extasiava-se diante de tamanha beleza.

"Quanto sal! Quantos milhões de milhões de toneladas de sal!", dizia lá consigo — e seus olhos em êxtase ficavam a ver pilhas imensas de sacas de sal amontoadas por toda a extensão das praias.

Também gostava de assistir à puxada das redes dos pescadores, enlevando-se no cálculo do valor da massa de peixes recolhida. Seu cérebro era a mais perfeita máquina de calcular que o mundo ainda produzira.

Num desses passeios afastou-se mais que de costume e foi ter à Praia Grande. Um enorme trambolho ferrugento semienterrado na areia chamou-lhe a atenção.

— Que é aquilo? — indagou dum passante.

Soube tratar-se dum cargueiro inglês que vinte anos antes dera à costa naquele ponto. Uma tempestade arremessara-o à praia onde encalhara e ficara a afundar-se lentissimamente. No começo o grande casco aparecia quase todo de fora — "mas ainda acaba engolido pela areia", concluiu o informante.

Certas criaturas nunca sabem o que fazem nem o que são, nem o que as leva a isto e não aquilo. Lupércio era assim. Ou andava assim agora, depois do "encostamento" da Força. Essa Força o puxava às vezes como o cabreiro puxa para a feira um cabrito — arrastando-o. Lupércio veio para Santos arrastado. Chegara até aquele casco arrastado — e era a contragosto que permanecia diante dele, porque o sol estava terrível e Lupércio detestava o calor. Travava-se dentro dele uma luta. A Força obrigava-o a atentar no casco, a calcular o volume daquela massa de ferro, o número de quilos, o valor do metal, o custo do desmantelamento — mas Lupércio resistia. Queria sombra, queria escapar ao calor terrível. Por fim venceu. Não calculou coisa nenhuma — e fez-se de volta para o hotelzinho com cara de quem brigou com a namorada — evidentemente amuado.

Nessa noite todos os seus sonhos giraram em torno do casco velho. A Força insistia para que ele calculasse a ferralha, mas mesmo em sonhos Lupércio resistia, alegava o calor reinante — e os pernilongos. Oh, como havia pernilongos em Santos! Como calcular qualquer coisa com o termômetro perto de quarenta graus e aquela infernal música anofélica? Lupércio amanheceu de mau humor, amuado. Amuado com a Força.

Foi quando ocorreu o caso mais inexplicável de sua vida: o casual encontro de um corretor de negócios que o seduziu de maneira estranha.

Começaram a conversar bobagens e gostaram-se. Almoçaram juntos. Encontraram-se de novo à tarde para o jantar. Jantaram juntos e depois... a farrinha!

A princípio a ideia de farra tinha assustado Lupércio. Significava desperdício de dinheiro — um absurdo. Mas como o homem lhe pagara o almoço e o jantar, era bem possível que também custeasse a farrinha. Essa hipótese fez que Lupércio não repelisse de pronto o convite, e o corretor, como se lhe adivinhasse o pensamento, acudiu logo:

— Não pense em despesas. Estou cheio de "massa". Com o negocião que fiz ontem, posso torrar um conto sem que meu bolso dê por isso.

A farra acabou diante de uma garrafa de uísque, bebida cara que só naquele momento Lupércio veio a conhecer. Uma, duas, três doses. Qualquer coisa levitante começou a desabrochar dentro dele. Riu-se à larga. Contou casos cômicos. Referiu cem fatos de sua vida e depois, oh, oh, oh, falou em dinheiro e confessou quantos contos possuía no banco!

— Pois é! Quarenta e cinco contos — ali na batata!

O corretor passou o lenço pela testa suada. *Uf*! Até que enfim descobrira o peso metálico daquele homem. A confissão dos quarenta e cinco contos era algo absolutamente aberrante na psicologia de Lupércio. Artes do uísque, porque em estado "normal" ninguém nunca lhe arrancaria semelhante confissão. Um dos seus princípios instintivos era não deixar que ninguém lhe conhecesse "ao certo" o valor monetário. Habilmente despistava os curiosos, dando a uns a impressão de possuir mais, e a outros a de possuir menos, ao que realmente possuía. Mas "*in whiskey veritas*", diz o latim — e ele estava com quatro boas doses no sangue.

O que se passou dali até a madrugada Lupércio nunca o soube com clareza. Vagamente se lembrava de um estranhíssimo negócio em que entravam o velho casco do cargueiro inglês e uma companhia de seguros marítimos.

Ao despertar no dia seguinte, ao meio-dia, numa ressaca horrorosa, tentou reconstruir o embrulho da véspera. A princípio, nada; tudo confusão. De repente, empalideceu. Sua memória começava a abrir-se.

— Será possível?

Fora possível, sim. O corretor havia "roubado" os seus quarenta e cinco contos! Como? Vendendo-lhe o ferro-velho. Esse corretor era agente da companhia que pagara o seguro do cargueiro naufragado e ficara dona do casco. Havia muitos anos que recebera a incumbência de apurar qualquer coisa daquilo — mas nunca obtivera nada, nem cinco, nem três, nem dois contos — e agora o vendera àquele imbecil por quarenta e cinco!

A entrada triunfal do corretor no escritório da companhia, vibrando no ar o cheque! Os abraços, os parabéns dos companheiros tomados de inveja...

O diretor da sucursal fê-lo vir ao escritório.

— Quero que receba o meu abraço — disse-lhe. — A sua façanha vem pô-lo no primeiro lugar entre os nossos agentes. O senhor acaba de tornar-se a grande estrela da Companhia.

Enquanto isso, lá no hotelzinho, Lupércio amarfanhava o travesseiro desesperadamente. Pensou na polícia. Pensou em contratar o melhor advogado de Santos. Pensou em dar tiro — um tiro na barriga do infame ladrão; na barriga, sim, por causa da peritonite. Mas nada pôde fazer. A Força lá dentro o inibia. Impedia-o de agir neste ou naquele sentido. Forçava-o a esperar.

— Mas esperar que coisa?

Ele não sabia, não compreendia, mas sentia aquela impulsação tremenda que o forçava a esperar. Por fim, exausto da luta, ficou de corpo largado — vencido. Sim, esperaria. Não faria nada — nem polícia, nem advogado, nem peritonite, apesar de ser um caso de escroqueria pura, desses que a lei pune.

E como não tivesse ânimo de regressar a Dois Rios, deixou-se ficar em Santos num empreguinho dos mais modestos — esperando, esperando... não sabia o quê.

Não esperou muito. Dois meses depois rebentava a Grande Guerra, e a tremenda alta dos metais não demorou a sobrevir. No ano seguinte Lupércio revendeu o casco do *Sparrow* por trezentos e vinte contos de réis. A notícia encheu Santos — e o corretor estrela foi tocado da companhia de seguros quase a pontapés. O mesmo diretor que o promovera ao "estrelato" despediu-o com palavras ferozes:

— Imbecil! Esteve anos e anos com o *Sparrow* e vai vendê-lo por uma ninharia justamente nas vésperas da valorização. Rua! Faça-me o favor de nunca mais me pôr os pés aqui, seu coisa!

Lupércio voltou para Dois Rios com os trezentos e vinte contos no bolso e perfeitamente reconciliado com a Força. Daí por diante nunca mais houve amuos, nem hiatos na sua ascensão ao milionarismo. Lupércio dava ideia do demônio. Enxergava no mais escuro de todos os negócios. Adivinhava. Recusava muitos que todos consideravam da China, para realizar outros que todos refugavam — e o que inevitamente sucedia era o fracasso desses negócios da China e a vitória dos de todos refugados.

No jogo dos marcos alemães o mundo inteiro perdeu — menos Lupércio. Um belo dia deliberou "embarcar nos marcos", contra o conselho de todos os prudentes locais. A moeda alemã estava a cinquenta réis. Lupércio comprou milhões e mais milhões, empatou nela todas as suas disponibilidades. E com espanto geral o marco principiou a subir. Foi a sessenta, a setenta, a cem réis. O entusiasmo pelo negócio tornou-se imenso. Iria a duzentos, a trezentos réis, diziam todos — e não houve quem não se atirasse à compra daquilo.

Quando a cotação chegou a cento e dez réis, Lupércio foi à capital consultar um banqueiro das suas relações, verdadeiro oráculo em finanças internacionais — o "infalível", como diziam nas rodas bancárias.

— Não venda — foi o conselho do homem. — A moeda alemã está firmíssima, vai a duzentos, pode chegar mesmo a oitocentos — e só então será o momento de vender.

As razões que o banqueiro deu para demonstrar matematicamente o asserto eram de perfeita solidez; eram a própria evidência materializada em raciocínio.

Lupércio ficou absolutamente convencido daquela matemática — mas arrastado pela Força encaminhou-se para o banco onde tinha os seus marcos — arrastado como o cabritinho que o cabreiro conduz à feira — e lá, em voz sumida, submisso, envergonhado, deu ordens para a venda imediata dos seus milhões.

— Mas, coronel — objetou o empregado a quem se dirigiu —, não acha que é erro vender agora que a alta está numa vertigem? Todos os prognósticos são unânimes em garantir que teremos o marco a duzentos, a trezentos, e isso antes de um mês...

— Acho, sim, que é isso mesmo — respondeu Lupércio, como que agarrado pela garganta. — Mas quero, sou "forçado" a vender. Venda já, já, hoje mesmo.

— Olhe, olhe... — disse ainda o empregado. — Não se precipite. Deixe essa resolução para amanhã. Durma sobre o caso.

A Força quase estrangulou Lupércio, que com os últimos restos de voz apenas pôde dizer:

— É verdade, tem razão — mas venda, e hoje mesmo...

No dia seguinte começou a degringolada final dos marcos alemães, na descida vertiginosa que os levou ao zero absoluto.

Lupércio, comprador a cinquenta réis, vendera-os pelo máximo da cotação alcançada — e justamente na véspera de debacle! O seu lucro foi de milhares de contos.

Os contos de Lupércio foram vindo aos milhares, mas também lhe vieram vindo os anos, até que um dia se convenceu de estar velho e inevitavelmente próximo do fim. Dores aqui e ali — doencinhas insistentes, crônicas. Seu organismo evidentemente decaía à proporção que a fortuna aumentava. Ao completar os sessenta anos Lupércio tomou-se de uma sensação nova, de pavor — o pavor de ter de largar a maravilhosa fortuna reunida. Tão integrado estava no dinheiro, que a ideia de separar-se dos milhões lhe parecia uma aberração da natureza. Morrer! Teria então de morrer, ele que era diferente dos outros homens? Ele que viera ao mundo com a missão de chamar a si quanto dinheiro houvesse? Ele que era o ímã atrator da limalha?

O que foi a sua luta com a ideia da inevitabilidade da morte não cabe em descrição nenhuma. Exigiria volumes. Sua vida ensombreceu. Os dias iam se passando e o problema se tornava cada vez mais angustioso. A morte é um fato universal. Até aquela data não lhe constava que ninguém houvesse deixado de morrer. Ele, portanto, morreria também — era o inevitável. O mais que poderia fazer era prolongar a vida até os setenta, até oitenta. Poderia mesmo chegar a quase cem, como o Rockefeller — mas ao cabo teria de ir-se, e então? Quem ficaria com os duzentos ou trezentos mil contos que deveria ter por essa época?

Aquela história de herdeiros era o absurdo dos absurdos para um celibatário de sua marca. Se a fortuna era dele, só dele, como deixá-la a quem quer que fosse? Não. Tinha de descobrir um jeito de não morrer, ou...

Lupércio interrompeu-se no meio do raciocínio, tomado de súbita ideia. Uma ideia tremenda, que por minutos o deixou de cérebro paralisado. Depois sorriu.

— Sim, sim... Quem sabe? — e seu rosto iluminou-se de uma luz nova. As grandes ideias emitem luz...

Desde esse momento Lupércio revelou-se outro, com preocupações que nunca tivera antes. Não houve em Dois Rios quem o não notasse.

— O homem mudou completamente — diziam. — Está se espiritualizando. Compreendeu que a morte vem mesmo e começa a arrepender-se da sua feroz materialidade.

Lupércio fez-se espiritualista. Comprou livros, leu-os, meditou-os. Passou a frequentar o centro espírita local e a ouvir com a maior atenção as vozes do Além, transmitidas pelo Chico Vira, o famoso médium da zona.

— Quem havia de dizer! — era o comentário geral. — Esse usurário, que passou a vida inteira só pensando em dinheiro e nunca foi capaz de dar um tostão de esmola, está virando santo. E vão ver que faz como o Rockefeller: deixa toda a fortuna para o Asilo de Mendigos...

Lupércio, que nunca lera coisa nenhuma, estava agora se tornando um sábio, a avaliar pelo número de livros que adquiria. Entrou a estudar a fundo. Sua casa fez-se centro de reuniões de quanto médium aparecia por lá — e muitos de fora vieram a Dois Rios a convite seu. Generosamente hospedava-os, pagava-lhes a conta do hotel — coisa inteiramente aberrante dos seus princípios financeiros. O assombro da população não tinha limites.

Mas o doutor Dunga, diretor do Centro Espírita, começou a estranhar uma coisa: o interesse do coronel Lupércio pela metapsíquica centrava-se num só ponto — a reencarnação. Só isso o preocupava realmente. Pelo resto passava como gato por brasas.

— Escute, irmão — disse ele um dia ao doutor Dunga. — Há na teoria da reencarnação um ponto para mim obscuro e que no entanto me apaixona. Por mais autores que eu leia, não consigo firmar as ideias.

— Que ponto é esse? — indagou o doutor Dunga.

— Vou dizer. Já não tenho dúvidas sobre a reencarnação. Estou plenamente convencido de que a alma, depois da morte do corpo, volta — reencarna-se em outro ser. Mas em quem?

— Como em quem?

— Em quem, sim. Meu ponto é saber se a alma do desencarnado pode escolher o corpo em que vai novamente encarnar-se.

— Está claro que escolhe.

— Até aí vou eu. Sei que escolhe. Mas "quando" escolhe?

O doutor Dunga não percebia o alcance da pergunta.

— Escolhe quando chega o momento de escolher — respondeu.

A resposta não contentou o coronel. O momento de escolher! Bolas! Mas que momento é esse?

— Meu ponto é o seguinte: saber se a alma de um vivo pode antecipadamente escolher a criatura em que vai futuramente encarnar-se.

O doutor Dunga estava tonto. Fez cara de não entender nada.

— Sim — continuou Lupércio. — Quero saber, por exemplo, se a alma de um vivo pode antes de morrer marcar a mulher que vai ter um filho em quem essa alma se encarne.

A perplexidade do doutor Dunga recrescia.

— Meu caro — disse por fim Lupércio —, estou disposto a pagar até cem contos por uma informação segura — seguríssima. Quero saber se a alma de um vivo pode antes de desencarnar-se escolher o corpo da sua futura reencarnação.

— Antes de morrer?

— Sim...

— Em vida ainda?

— Está claro...

O doutor Dunga quedou-se pensativo. Estava ali uma hipótese em que jamais refletira e sobre que nada lera.

— Não sei, coronel. Só vendo, só consultando os autores — e as autoridades. Nós aqui somos bem pouco neste assunto, mas há mestres na Europa e nos Estados Unidos. Podemos consultá-los.

— Pois faça-me o favor. Não olhe as despesas. Darei cem contos, e até mais, em troca de uma informação segura.

— Sei. Quer saber se ainda em vida do corpo podemos escolher a criatura em que vamos reencarnar-nos...

— Exatamente.

— E por que isso?

— Maluquices de velho. Como ando a estudar as teorias da reencarnação, lógico que me interesso pelos pontos obscuros. Os pontos claros esses já os conheço. Não acha natural a minha atitude?

O doutor Dunga teve de achar naturalíssima aquela atitude.

Enquanto as cartas de consulta cruzavam o oceano, endereçadas às mais famosas sociedades psíquicas do mundo, o estado de saúde do coronel Lupércio agravou-se — e concomitantemente se agravou a sua pressa pela solução do problema. Chegou a autorizar pedido de resposta pelo telégrafo — custasse o que custasse.

Certo dia o doutor Dunga, tomado de vaga desconfiança, foi procurá-lo em casa. Encontrou-o mal, respirando com esforço.

— Nada ainda, coronel. Mas a minha visita tem outro fim. Quero que o amigo fale claro, abra esse coração. Quero que me explique a verdadeira causa do seu interesse pela consulta. Francamente, não acho natural isso. Sinto, percebo, que o coronel tem uma ideia secreta na cabeça...

Lupércio olhou-o de revés, desconfiado. Mas resistiu. Alegou que era apenas curiosidade. Como nos seus estudos sobre a reencarnação nada vira sobre aquele ponto, viera-lhe a lembrança de esclarecê-lo. Só isso...

O doutor Dunga não se satisfez. Insistiu:

— Não, coronel, não é isso, não. Eu sinto, eu vejo, que o senhor tem uma ideia oculta na cabeça. Seja franco. Bem sabe que sou seu amigo.

Lupércio resistiu ainda por algum tempo. Por fim confessou, com relutância.

— É que estou no fim, meu caro — e tenho de fazer o testamento...

Não disse mais, nem foi preciso. Um clarão iluminou o espírito do doutor Dunga. O coronel Lupércio, a mais pura encarnação humana do dinheiro, não admitia a ideia de morrer e deixar a fortuna aos parentes. Não se conformando com a hipótese de separar-se dos sessenta mil contos, pensava em fazer-se o herdeiro de si mesmo em outra reencarnação... Seria isso?

Dunga olhou-o firmemente, sem dizer palavra. Lupércio leu-lhe o pensamento nos olhos inquisidores. Corou — pela primeira vez na vida. E, baixando a cabeça, abriu o coração.

— Sim, Dunga, é isso. Quero que vocês me descubram a mulher em que vou nascer de novo — para fazê-la em meu testamento a depositária da minha fortuna...

CAMISAS
e
PIJAMAS

1923

O MACACO QUE

SE FEZ HOMEM

ERA NO PARAÍSO...

1923

Era no Paraíso e Deus estava contente. Tinha criado a luz, as estrelas, o ar, a água e por fim criou a Vida, semeando-a sob milhares de formas por cima da terra fresquinha e nua. E esfervilhou de viventes o orbe, aqui bactéria e mastodonte, ali musgo e baobá, além craca e baleia — a suma variedade de aspectos dentro da perfeita unidade de plano.

E Deus, que achara aquilo bom, deliberou consolidar sua obra de vida *per secula seculorum* com o invento da Fome e do Amor, dois apetites tremendos engastados no âmago das criaturas à guisa de moto-contínuo da Perpetuação. E cofiando a imensa barba branca, velha como o Tempo, lançou a palavra mágica que tudo move e tudo explica:

— Comei-vos uns aos outros e nos intervalos amai!

Em seguida elaborou para regência da animalidade o Código da Sabedoria Ingênita.

Não deu esse nome ao Código, visto como, no começo, não existindo homem, não existiam nomes.

— Não existindo homens?...

Sim, o homem não estava nos planos do Criador. Esta revelação mirífica, que ainda há de roer pelos alicerces as caducas verdades oficiais (e talvez me conquiste o prêmio Nobel), está ansiosinha por me fugir da pena. Que fuja, que se espoje no espírito do leitor. Adeus, filha!...

Não era escrito esse Código. Lei escrita vale por pura invenção humana — donde a rapidez com que envelhecem os códigos humanos e as humanas leis. Escrever é fixar e fixar é matar. Perpétuo movimento, a vida é infixa. Entretanto, se o não escreveu, foi além Jeová: impregnou com ele cada uma das criaturas recém-formadas, de modo que ao nascer já viessem ricas da sabedoria infusa e agissem automaticamente de acordo com os imutáveis preceitos da lei natural.

Este saber sem aprender receberia do homem o nome de Intuição, assim como o Código Ingênito receberia o nome de Instinto. Os futuros homens se caracterizariam pelo vezo de dar nome às coisas, gozando-se da fama de sábios os que com maior entono e mais pomposamente as nomeassem. Grande doutor, o que tomasse o pulso a um doente, lhe espiasse a língua e gravibundo dissesse, tirando do nariz os óculos de ouro: *polinevrite metabólica*; e, grande mestre, o que apontasse o dedo para um grupo de estrelas e declarasse com voz firme: *constelação do Centauro*. Doença e estrelas, com ou sem nome, seguiriam o seu curso prefixo — mas nada de louvores ao médico que apenas dissesse: *doença*, ou ao mestre que humilde murmurasse: *astros*. Paga ou louvor não os teria o ignorante, isto é, o homem que não sabe nomes. Viva o nome!

Assim, inoculou Deus em todos os seres a sabedoria da vida e pô-los no orbe como notas cromáticas do *pot-pourri* sinfônico de cuja audição integral somente os seus ouvidos gozariam o privilégio.

E Deus achou que estava ótimo.

Grandes coisas tinha feito. A gravitação dos mundos era jogo de movimentos que mais tarde derrubaria o queixo a Newton — mas não passava de mecânica pura.

A concepção do éter, da luz, do calor, assombrosas invenções eram — mas mecânica fria.

O bonito fora a criação da Vida, porque, obra de arte das mais autênticas, só ela dava medida completa dos imensos recursos do alto engenho de Deus.

Quanta afinação no tumulto aparente! A bactéria às voltas com o mastodonte, o musgo em simbiose com o baobá, a craca aparasitada à baleia... Vida em vida, vida devorando vida, vida sobrepondo-se à vida, vida criando vida... O perpétuo ressoar dos uivos de cólera, berros de dor, guinchos de alegria, gemidos de gozo sonorizando o perpétuo agitar-se das formas — voo de ave, arranque de tigre, coleio de serpe, rabanar de peixe, tocaiar de sáurio...

Tão pitoresca saiu a ópera VIDA que o Sumo Esteta a elegeu para recreio de sua Eterna Displicência. E, debruçado na amplidão, as longas barbas dispersas ao vento, o contemplativo Jeová antecipou a figura do sábio que no fundo dos laboratórios cisma sobre o microscópio.

Ora, pois, certo dia de estuporante mormaço, um casal de chimpanzés dormitava beatificamente no esgalho de enorme embaúba. Digeriam as bananas comidas e prelibavam, risonhos, as bananas da manhã seguinte.

Eram chimpanzés como os demais, sábios de sabedoria inculcada pelo Eterno, e bem-comportadinhas notas da ópera paradisíaca.

Mas Éolo suspirou no seu antro e um forte pé de vento deu, que vascolejou com frenesi a árvore e fez o chimpanzé macho, perdido o equilíbrio, precipitar-se de ponta-cabeça ao chão.

Seria aquilo um tombo como qualquer outro, sem consequências funestas, se a malícia da serpente não houvesse colocado ao pé da embaúba uma grande laje, na qual se chocou o crânio do infeliz desarvorado.

Perdeu os sentidos o macaco; e a macaca, presa de grande aflição, pulou incontinênti a socorrê-lo. Rondou-lhe em torno aos guinchos, soprou-lhe nos olhos, amimou-o, beliscou-lhe as carnes insensíveis e, por fim, convencida de que estava bem morto, deu de ombros, já com a ideia na escolha de quem lhe consolasse a viuvez.

Mas não morrera o raio do chimpanzé. Minutos depois entreabria os olhos, piscava sete vezes e levava as mãos à fronte, significando que lhe doía.

Neste comenos funga no juncal próximo um tigre. Desde o Paraíso que os tigres "adoram" os macacos, como desde o Paraíso que os macacos arrenegam dos tigres. Em virtude de tal divergência, a fungadela felina valeu por frasco de amoníaco nas ventas do contuso. Pôs-se de pé, inda tonto e, ajudado da companheira, marinhou embaúba acima, rumo ao galho de pouso, onde, a bom recato, pudesse distrair a dor de cabeça com a linda cena que é um tigre faminto à caça de bicho que não seja chimpanzé.

Desde essa desastrada queda nunca mais funcionou normalmente o cérebro do pobre macaco. Doíam-lhe os miolos, e ele queixava-se de vágados e de estranho mal-estar.

É que sofrera seriíssima lesão.

Digo isto porque sou homem e sei dar nomes aos bois; homem ignorante, porém, não vou mais longe, nem ponho nome grego à lesão. Afirmo apenas que era lesão, certo de que me entendem os meus incontáveis colegas em ignorância nomenclativa.

Lesão grave, gravíssima, e de resultados imprevisíveis à própria presciência de Jeová.

A Bíblia já tratou do assunto; de modo simbólico, entretanto, fugindo de tomar a Queda ao pé da letra. Moisés, redator do Gênesis, tinha veleidades poéticas — mas não previra Darwin, nem a força do prêmio Nobel como áureo pai de grandes descobertas. Moisés poetizou... Fez um Adão, uma Eva, uma serpente e um pomo, que certos exegetas declaram ser a maçã, e outros, a banana. Compôs assim uma peça com a mestria consciente de Edgar Poe ao carpinteirar *O corvo*, mas sem deixar, como Poe, um estudo da psicologia da composição, onde demonstrasse que fez aquilo por a + b e com bem estudada pontaria. E foi pena! Quanto papel, tinta e sangue tal esclarecimento não pouparia à humanidade, sempre rixenta na interpretação dos textos bíblicos!

Vem daí que é o Gênesis uma peça de fina psicologia, e por igual penetrante nas cabeças duras e nas dos Pascais, permeabilíssimas; o que escasseia ao Gênesis é acordo com a verdade dos fatos. Essa verdade, mais preciosa que o diamante Cullinan, eu a achei sob o montão de cascalho das hipóteses e sem nenhum alarde aqui a estampo de graça. Já é ser generoso! Tenho nas unhas a verdade das verdades e não requeiro do Congresso um prêmio de cinquenta contos! Contento-me com um apenas...

A partir da Queda, o nosso macaco entrou a mudar de gênio. Sua cabeça perdeu o frescor da antiga despreocupação e deu de elaborar uns mostrengozinhos, informes, aos quais, com alguma licença, caberia o nome de ideias.

Vacilava, ele que nunca vacilara e sempre agira com os soberbos impulsos do automatismo. Entre duas bananas pateteava na escolha tomado de incompreensíveis indecisões — e por vezes perdeu ambas, iludido por monos de bote pronto que não vacilavam nem escolhiam.

Para galgar de um ramo a outro calculava agora não só a distância como a força do salto — e errava, ele que antes da lesão nunca errara pulo.

Até em suas relações sentimentais com a velha companheira o chimpanzé variou. Ganho de malsãs curiosidades, examinava as outras macacas do bando, comparava-as à sua e cometia o pecado de desejar a macaca do próximo.

Como também claudicasse na escolha das frutas, comeu diversas impróprias à alimentação símia, daí provindo as primeiras perturbações gastrointestinais observadas na higidez do Paraíso — enterites, colites, disenteria ou o que seja.

Quando iam águias pelo céu, punha-se a contemplar os seus harmoniosos voos, com vagos anseios nas tripas e muito desejo na alma de ser águia. Era a inveja a nascer, má cuscuta que vicejaria luxuriantemente na execrável descendência desse mono. Invejou as aves que dormiam em ninho fofo e os animais que moravam em boas tocas de pedra. Abandonou o viver em árvore, prescrito para os da sua laia pelo Código Ingênito, e deu de andar sobre a terra de pé sobre as patas traseiras, com as dianteiras — futuras mãos — ocupadas em construir ninho, como os via fazer às perdizes, ou toca, como as tem o tatu.

E sempre nervoso e inquieto, e descontente com a ordem das coisas estabelecida no Éden, imaginava mudanças e "melhoramentos". E variava e tresvariava, e malucava, arrastando consigo a pobre companheira que, sem nada compreender de tudo aquilo, em tudo o imitava passivamente, dócil e meiga.

Aconteceu o que tinha de acontecer. A admirável disciplina reinante no Éden viu-se logo perturbada pelo estranho proceder do macaco, advindo daí murmurações e por fim queixas a Jeová. E tais e tantas foram as queixas, que o Sumo, zangado com a nota desafinadora da sua música divina, ordenou ao anjo Gabriel que pusesse no olho da rua o sustenido anárquico.

Até esse ponto vai certo Moisés. Onde começa a fazer poesia é daí por diante. De fato, Jeová ordenou a expulsão do rebelde e são Gabriel deu para executá-la os primeiros passos. A curiosidade, porém, que dizem feminina mas aqui se vê que é divina, fez o Criador reconsiderar.

— Suspende, Gabriel! Estou curioso de ver até que extremos irá o desarranjo mental do meu macaco.

Era Gabriel o *Sarrazani* daquele jardim zoológico e, graças ao convívio com o Eterno, adquirira alguma coisa da divina presciência. Assim foi que objetou:

— Vossa Eternidade me perdoe, mas se lá deixamos o trapalhão aquilo vira em "humanidade"...

— Sei disso — retorquiu o Soberano Senhor de todas as coisas. — A lesão do cérebro do meu macaco põe-no à margem da minha Lei Natural e fa-lo-á discrepar da harmonia estabelecida. Nascerá nele uma *doença*, que seus descendentes, cheios de orgulho, chamarão inteligência — e que, ai deles!, lhes será funestíssima. Esse mal, oriundo da Queda, transmitir-se-á de pais a filhos — e crescerá sempre, e terrivelmente influirá sobre a terra, modificando-lhe a superfície de maneira muito curiosa. E, deslumbrados por ela, os homens ter-se-ão na conta de criaturas privilegiadas, entes à parte no universo, e olharão com desprezo para o restante da animalidade. E será assim até que um senhor Darwin surja e prove a verdadeira origem do *Homo sapiens*...

— ?!

— Sim. Eles nomear-se-ão *Homo sapiens* apesar do teu sorriso, Gabriel, e ter-se-ão como feitos por mim de um barro especial e à minha imagem e semelhança.

— ?!!

— Os demais chimpanzés permanecerão como eu os criei; só o ramo agora a iniciar-se com a prole do lesado é que se destina a sofrer a diferenciação mórbida, cuja resultante será cair o governo da terra nas unhas de um bicho que não previ.

— ?!!!

— Essa inteligência se caracterizará pela ânsia de ver-me através das coisas, e para que bem a compreendas, Gabriel, te direi que será como asas sem ave, luz sem sol, dedos sem pés...

Gabriel não compreendeu coisa nenhuma da longa definição de Jeová — e como sucederia o mesmo com os meus leitores, interrompo-a nos dedos sem pés. Até aí ainda a percepção é possível; mas no ponto em que Jeová lhe assinalou a essência última, nem Einstein pescaria um *x*...

Vendo o ar aparvalhado de Gabriel, o Criador pulou da metagênese abaixo e falou fisicamente.

— Essa inteligência apurará aos extremos a crueldade, a astúcia e a estupidez. Por meio da astúcia se farão eles engenhosos, porque o engenho não passa da astúcia aplicada à mecânica. E à força de engenho submeterão todos os outros animais, e edificarão cidades, e esfuracarão montanhas, e rasgarão istmos, destruirão florestas, captarão fluidos ambientes, domesticarão as ondas hertzianas, descobrirão os raios cósmicos, devassarão o fundo dos mares, roerão as entranhas da terra...

Gabriel estremeceu. Apavorou-o a força futura da inteligência nascente; mas Jeová sorriu, e quando Jeová sorria Gabriel serenava.

— Nada receies. Essa inteligência terá alguns atributos da minha, como o carvão os tem do diamante, mas estará para a minha como o carvão está para o diamante. A fraqueza dela provirá da sua jaça de origem. Inteligência sem memória, inteligência de chimpanzé, o homem *esquecerá* sempre. Esquecerá o que ensinei aos seus precursores peludos e esquecerá de colher a boa lição da experiência nova.

"Seu engenho criará engenhosíssimas armas de alto poder destrutivo — e empolgados pelo ódio se estraçalharão uns aos outros em nome de pátrias, por meio de lutas tremendas a que chamarão guerras, vestidos macacalmente, ao som de músicas, tambores e cornetas — esquecidos de que não criei nem ódio, nem corneta, nem pátria.

"E transporão mares, e perfurarão montes, e voarão pelo espaço, e rodarão sobre trilhos na vertigem louca de vencer as distâncias e chegar depressa — esquecidos de que eu não criei a pressa nem o trilho.

"E viverão em guerra aberta com os animais, escravizando-os e matando-os pelo puro prazer de matar — esquecidos de que eu não criei o prazer de matar por matar.

"E inventarão alfabetos e línguas numerosas, e disputarão sem tréguas sobre gramática, e quanto mais gramáticas possuírem menos se entenderão. E se entenderão de tal modo imperfeito que aclamarão o messias do entendimento geral um doutor Zamenhoff..."

— Já sei! Um que proporá a supressão das línguas.

Jeová sorriu.

— Não! Apenas o criador de mais uma. E eles elaborarão ciências e excogitarão toda a mecânica das coisas, adivinhando o átomo e o planeta invisível, e saberão tudo — menos o segredo da vida.

"E um Pascal, muito cotado entre eles, dará murros na cabeça, na tortura de compreender os *xx* supremos — e os homens admirarão grandemente esses murros.

"E criarão artes numerosas, e terão sumos artistas e jamais alcançarão a única arte que implantei no Éden — a arte de ser biologicamente feliz.

"E organizarão o parasitismo na própria espécie, e enfeitar-se-ão de vícios e virtudes igualmente antinaturais. E inventarão o Orgulho, a Avareza, a Má-Fé, a Hipocrisia, a Gula, a Luxúria, o Patriotismo, o Sentimentalismo, o Filantropismo, a Colocação dos Pronomes — esquecidos de que eu não criei nada disso e só o que eu criei é.

"E em virtude de tais e tais macacalidades, a inteligência do homem não conseguirá nunca resolver nenhum dos problemas elementares da vida, em contraste com os outros seres, que os terão a todos solvidos de maneira felicíssima.

"Não saberá comer; e ao lado das minhas abelhas, de tão sábio regime alimentar — sábio porque por mim prescrito —, o homem morrerá de fome ou indigestão, ou definhará achacoso em consequência de erros ou vícios dietéticos.

"Não saberá morar — e ao lado das minhas aranhas, tão felizes na casa que lhes ensinei, habitarão ascorosas espeluncas sem luz, ou palácios.

"Não resolverá o problema da vida em sociedade, e experimentará mil soluções, errando em todas. E revoluções tremendas agitarão de espaço em espaço os homens no desespero de destruir o parasitismo criado pela inteligência — e as novas formas de equilíbrio surgidas afirmar-se-ão com os mesmos vícios das velhas formas destruídas. E o homem olhará com inveja para os meus animaizinhos gregários, que são felizes porque seguem a minha lei sapientíssima.

"E não solverá o problema do governo; e mais formas de governo invente, mais sofrerá sob elas — *esquecido de que não criei governo*. E criará o Estado, monstro de maxilas leoninas, por meio do qual a minoria astuta parasitará cruelmente a maioria estúpida. E a fim de manter nédio e forte esse monstro, os sábios escreverão livros, os matemáticos organizarão estatísticas, os generais armarão exércitos, os juízes erguerão cadafalsos, os estadistas estabelecerão fronteiras, os pedagogos atiçarão patriotismos, os reis deflagrarão guerras tremendas e os poetas cantarão os heróis da chacina — para que jamais a guerra cesse de ser uma permanente.

"Queres ver ao vivo, Gabriel, o que vai ser a chimpanzeização do mundo? Corre essa cortina do futuro e espia por um momento a humanidade."

Gabriel correu a cortina do futuro e espiou. E viu sobre a crosta da terra uma certa poeira movediça. Mas, ansioso de detalhes, Gabriel microscopou e distinguiu uma dolorosa caravana de chimpanzés pelados, em atropelada marcha para o desconhecido.

Miserável rebanho! Uns grandes, outros pequenos; estes louros, aqueles negríssimos — nada que recordasse a perfeição somática dos outros viventes, tão iguaizinhos dentro do tipo de cada espécie. Que feia variedade! Ao lado do Apolo, o torto, o capenga, o cambaio, o corcovado, o corcunda, o raquítico, o trôpego, o careteante, o zanaga, o zarolho, o careca, o manco, o cego, o tonto, o surdo, o espingolado, o nanico... Caricaturas móveis, com os mais grotescos disparates nas feições, era impossível apanhar-lhes de pronto o tipo-padrão. E Gabriel evocou mentalmente a linda coisa que é um desfile de abelhas ou pinguins, no qual não há um só indivíduo que destoe do padrão comum.

Da manada humana subia um rumor confuso. Gabriel desencerrou os ouvidos e pôde distinguir sons para ele inéditos: tosse, espirros, escarradelas, fungos, borborigmos, ronqueira asmática, gemidos nevrálgicos, ralhos, palavrões de insulto, blasfêmias, gargalhadas, guinchos de inveja, rilhar de dentes, bufos de cólera, gritos histéricos...

Depois observou que à frente das multidões caminhavam seres de escol, semideuses lantejoulantes, vestidos fantasiosamente, pingentados de cristaizinhos embutidos em engastes metálicos, com penas de aves na cabeça, cordões e fitas, crachás e miçangas...

— Quem são?

— Os chefes, os magnatas, os reis: os condutores de povos. Conduzem-nos... não sabem para onde.

E viu, entremeio à multidão, homens armados, tangendo o triste rebanho a golpes de espada ou vergalho. E viu uns homens de toga negra que liam papéis e davam sentenças, fazendo pendurar de forcas miseráveis criaturas, e a outras cortar a cabeça, e a outras lançar em ergástulos para o apodrecimento em vida. E viu homens a cavalo, carnavalescamente vestidos, empenachados de plumas, que arregimentavam as massas, armavam-nas e atiravam-nas umas contra as outras. E viu que depois de tremenda carnificina um grupo abandonava o campo em desordem, e outro, atolado em sangue e em carne gemebunda, cantava o triunfo num delírio orgíaco, ao som de músicas marciais. E viu que os homens de penacho organizadores das chacinas eram tidos em elevadíssima conta. Todos os aplaudiam, delirantes, e os carregavam em charolas de apoteose. E viu que a multidão caminhava sempre inquieta e em guarda, porque o irmão roubava o irmão, e o filho matava o pai, e o amigo enganava o amigo, e todos se maldiziam e se caluniavam, e se detestavam e jamais se compreendiam...

Horrorizado, Gabriel cerrou a cortina do futuro e disse ao Criador:

— Se vai ser assim, cortemos pela raiz tanto mal vindouro. Um chimpanzé a menos no Paraíso e estará evitado o desastre.

— Não! — respondeu o Criador. — Tenho um rival: o Acaso. Ele criou o homem, provocando a lesão desse macaco, e quero agora ver até a que extremos se desenvolverá essa criatura aberrante e alheia aos meus planos.

Gabriel piscou por uns momentos (catorze vezes ao certo), desnorteado pela expressão "quero ver" jamais caída dos lábios do Senhor. Haveria porventura algo fechado, ou obscuro, à presciência divina?

E Gabriel ousou interpelar Jeová.

— Não sois, então, Senhor, a Presciência Absoluta?

Jeová franziu os sobrolhos terríveis e murmurou apenas:

— Eu Sou, e se Sou, Sou também O que se não interpela.

Gabriel encolheu-se como fulminado pelo raio e sumiu-se da presença do Eterno com pretexto de uma vista de olhos pelo Éden.

Linda tarde! O sol moribundo chapeava debruns de cobre nos gigantescos samambaiuçus, a cuja sombra dormitavam megatérios de focinhos metidos entre as patorras.

As *arqueopterix* desajeitadonas chocavam na areia seus grandes ovos.

Um urso das cavernas catava as pulgas da companheira com a minuciosa atenção dum entomologista apaixonado, e de longe vinham urros de estegossauros perseguidos por mutucões venenosos.

Ao fundo dum vale de avencas viçosas como bambus, dois labirintodontes amavam-se em silencioso e pacato idílio, não longe de um leão fulvo que comia a carne fumegante da gazela caçada.

Aves gorjeavam amores nos ramos; serpes monstruosas magnetizavam monstruosas rãs; flores carnívoras abriam a goela das corolas para a apanha de animaizinhos incautos.

Paz. Paz absoluta. Felicidade absoluta. A Vida comia a Vida e a Vida amava para que não se extinguisse a Vida — tudo rigorosamente de acordo com a senha divina.

Só Adão, o macaco lesado, discrepava, piscando os olhinhos vivos, como a ruminar certa ideia.

Gabriel parou perto dele e deixou-se ficar a observá-lo. Viu que Adão, de olhos ferrados numa toca de onça, *raciocinava*: "Ela sai e eu entro, e fecho a porta com uma pedra, e a casa fica sendo minha...".

Eva, a macaca ilesa, permanecia muda ao lado, embevecida no macho pensante. Não o compreendia — não o compreenderia nunca! —, mas admirava-o, *imitava-o* e obedecia-lhe passivamente.

Nisto, a onça deixou o antro e foi tocaiar uma veadinha.

— Acompanhe-me! — disse Adão à companheira, e ambos precipitaram-se para a toca da onça, cuja entrada fecharam por dentro com uma grande pedra roliça. E ficaram *donos*.

Gabriel, que acompanhara toda aquela maromba, acendeu um cigarro de papiro, baforou para o céu três fumaças e murmurou:

— Ele já é inteligência. Ela não passa de imitação. É lógico: só ele foi lesado no cérebro; mas vão ver que Eva, a instintiva, ainda acabará fingindo-se lesada...

E o primeiro difamador da mulher foi jogar sua partida de gamão com o Todo-Poderoso.

A NUVEM DE GAFANHOTOS

1914

SER EMPREGADO PÚBLICO DE INFERIOR CATEGORIA e por mal de pecados demissível: será isso programa que seduza alguém?

— É.

E para Pedro Venâncio mais que seduzia — sorria. Foi, pois, com enlevo de alma que recebeu a notícia de sua nomeação para fiscal da Câmara Municipalzinha de Itaoca.

— Vou sossegar — disse consigo, esfregando as mãos de contentamento. — Cavei o meu osso e agora é roê-lo pela vida afora na santa paz do Senhor.

E ferrou o dente no ossinho.

Mas acontece que há osso e osso. Osso de bom tutano e osso pedra-pomes. No andar dos tempos verificou Venâncio que o tal ossinho era desses que embotam os dentes sem dar o mínimo de suco.

Gastar a vida inteira naquilo? É ser tolo, cochichou-lhe a humana ambição de melhoria, engenhosa fada a quem se devem todos os progressos do mundo. Assim espicaçado, entrou Venâncio a fariscar tutanos. Recorreu antes de mais nada à loteria, pois que é a Sorte Grande o supremo engodo dos pés-rapados. Venham gasparinhos! Todas as semanas adquiria um — e sonhava. O mesmo vendeiro que lhe fornecia aos sábados a semanal quarta de feijão, os semanais oito litros de arroz e o semanal cento de cigarros, juntava na conta mil-réis de sonhos. E Venâncio, comido o feijão, fumado o cigarro, sonhava. Sonhava o doce beijo da Fortuna, boa deusa que o despegaria do atoleiro com um simples toque de sua asa potente.

Em matéria de cultura não era Venâncio de todo cru. Lia suas coisas e tinha lá suas ideias. Revelara desde cedo grande embocadura para a lavoura e documentava o pendor assinando quanta publicação oficial existe. Publicações gratuitas...

Assim, nas palestras da farmácia ninguém piava sobre lavoura sem que ele pulasse no meio com a sua colher torta. E era de ver o calor da sua argumentação e a riqueza das suas citações estatísticas.

Fazendeiro que nesses momentos passasse havia que parar e abrir bem aberta a boca. Venâncio possuía planos grandiosos para salvar o café e pô-lo aí a quarenta mil-réis a arroba...

— Quarenta mil-réis, Venâncio? Não acha meio muito?

Venâncio incendiava-se.

— Por que muito? Não somos os maiores produtores? Não temos o quase privilégio dessa cultura? Se é assim, o lógico é que imponhamos o preço. Eu disse quarenta, não foi? Pois digo agora quarenta e cinco! Digo cinquenta!

— !!!

— Não se espantem. Eu provo que pode ser assim e que os americanos têm que gemer ali no dolarzinho, queiram ou não queiram!

— !!!

— Quei-ram ou não quei-ram! — reafirmava o salvador, escandindo as palavras.

E provava.

Também extinguia em menos de um ano a lagarta-rosada, mais o curuquerê; e triplicava a corrente imigratória; e extraía o azoto do ar, pondo o adubo ao alcance de todos, a cem réis o quilo, talvez mesmo a setenta.

— Porque, como os senhores sabem, a química agrícola demonstra que...

E demonstrava.

Num desses rompantes demonstrativos o coronel da terra, de passagem pela rua, deteve-se a ouvi-lo e, finda a tirada, disse-lhe à queima-roupa:

— Que excelente ministro da Agricultura não daria você! Duvido que os Calmons e os Bezerras[1] entendam mais de lavoura...

— Está caçoando, coronel! — murmurou Venâncio com modéstia, embora no íntimo convencido da justiça da apreciação.

— Falo sério. Bem sabe que não brinco.

Os circunstantes sorriram discretamente, enquanto o massa de ministro se lambia todo, como boi feliz.

Em casa repetiu à esposa a opinião do chefe político.

— Brincadeira dele, Pedro! — objetou a sensatíssima consorte. — Não está vendo?

— Brincadeira nada! O coronel é homem que não brinca, você bem sabe...

Desde esse dia, imaginariamente, Venâncio transformou-se num maravilhoso ministro da Agricultura. Plantou-se de armas e bagagens no casarão da Praia Vermelha e com raro tino administrativo salvou o país. Que eficácia de medidas! Que sábias leis protetoras! Que maravilhosos resultados! Lagarta nos algodoais? Nem umazinha para remédio! Curuquerê? Nem sombra! O café trepou à casa dos quarenta...

— Por arroba?

— Por dez quilos, homem!

E, firmíssimo, revelava tendências para alta ainda maior. Os mais pessimistas já concediam que não era de admirar fosse a cinquenta.

A borracha do Norte arrancou-se ao marasmo em que emperrava e voltou a ser um Pactolo[2] de esterlinas.

1. Referências a José Rufino Bezerra e a Miguel Calmon du Pin e Almeida, ambos ministros da Agricultura nas primeiras décadas do século XX. (N.E.)
2. Pactolo é um pequeno rio da Líbia, segundo a lenda, célebre pelas pepitas de ouro nele encontradas, desde que o rei Midas se banhou ali. Significa, assim, fonte de riquezas. (N.E.)

Azoto andava por aí aos pontapés, como um trambolho.

E na cabeça de Venâncio os sonhos lotéricos desapareceram trocados pelos sonhos administrativos, muito mais amplos e de muito maior alcance patriótico.

A consequência foi que Venâncio se eternizou no Ministério. Vários presidentes se sucederam sem que nenhum ousasse tocar em sua pasta. Era sagrado aquele ministro de gênio, que salvara o país, enriquecera a lavoura, desafogara o comércio, consolidara a indústria e que, adorado pela nação, teria estátua em vida.

Que teria? Que teve! Por mais que em sua infinita modéstia o grande ministro recusasse tal homenagem, a gratidão nacional teimou em glorificá-lo no bronze.

Inesquecível a manhã em que Venâncio, de lágrimas nos olhos, viu rasgarem-se os véus do seu monumento.

AO SALVADOR DA PÁTRIA,

O POVO AGRADECIDO.

Agradecido ou enriquecido? A turvação dos olhos não lhe permitiu distinguir a expressão exata — e por longo tempo semelhante dúvida o torturou.

Mas a grande recompensa teve-a ele em casa, ouvindo à esposa estas deliciosas palavras:

— Agora, sim, Venâncio, acredito que você é mesmo o que dizia. Até estátua!...

A boa senhora só se convencia com provas de bronze...

O doloroso, porém, era o contraste das duas vidas — ministro por dentro e fiscal da Câmara por fora, obrigado a interromper a matutação de um projeto salvador da pátria para ir, de bonezinho na cabeça, cercar na rua carros de boi não aferidos...

Um ano se passou assim, no qual os gasparinhos falharam lamentavelmente. O mesmo dinheiro; zero, zero, zero; o mesmo dinheiro; zero, zero. Os seus rapapés à Sorte Grande recebiam da grande cortesã apenas esta magra resposta. Tábuas sobre tábuas; carranca amarrada sempre e jamais o sorrisozinho de uma "aproximação" para consolo.

Mas um dia...

Nesse dia Venâncio disputava com a esposa, que pedia dinheiro para umas compras.

— Estamos com a louça reduzida a cacos. Xícara de chá, duas e desbeiçadas. De café, três e sem asas. Ontem, quando aquele cacetão do Freitas esteve aqui, fui obrigada a pedir emprestada uma xícara da vizinha. Veja que vergonha...

Venâncio relutou.

— Mas por que é que quebram a louça? O ano passado, lembro-me, eu mesmo comprei meia dúzia de cada.

Dona Fortunata pôs as mãos na cintura.

— Por que quebram? A pergunta é bem idiotazinha... A louça quebra-se porque é quebrável. Se fosse inquebrável não se quebraria. Parece incrível que um homem já indicado para ministro...

— Não admito ironias! Quer louça? Compre com o dote que trouxe...

— Já esperava por essa resposta. Está mesmo uma resposta de ministro... do coronel — concluiu dona Fortunata venenosamente.

Venâncio, engasgado de cólera, ia replicar, quando a porta da sala se abriu e o vendeiro irrompeu como um pé de vento:

— Deixe ver o seu bilhete! Se é o 3.743, deu a tacada!

O improviso do lance transformou em estupor a cólera de Venâncio, que entrou a piscar, numa tonteira, como quem leva porretada no crânio.

— Quê? Que há? — tartamudeava ele.

O vendeiro bateu o pé, impaciente.

— O bilhete, homem! Deixe ver o seu bilhete, homem de Deus! Parece estuporado...

Custou a Venâncio encontrar na papelada agrícola que lhe enchia os bolsos o raio do bilhete. Suas mãos tremiam e o cérebro andava-lhe à roda.

Por fim achou-o.

Era o 3.743.

Pegara os vinte contos.

Estas revoluções operadas pela sorte em cérebros venancinos não há aí quem as conte. É banho de ópio, é fumarada de haxixe, é gole de cocaína, é bebedeira que rompe toda a velha cristalização dos miolos. A ebriez do ouro vale pela soma da essência última de todas as mais ebriedades. Só ela abre a gaiola a "todos" os sonhos e põe o homem leve, com pequeninas asas em cada célula do corpo.

No caso do Venâncio, porém, não houve muita vacilação. Sua diretriz estava traçada pelo insopitável pendor agrícola.

Uma fazenda, uma grande fazenda, a melhor fazenda do município — a fazenda-modelo da zona. Da zona? Do país, por que não? E depois — quem sabe? — o ministério, desta vez de verdade. O mundo dá tantas voltas...

E faria isto mais aquilo, e mais isto e mais aquilo. Meu Deus! Como a fazenda se foi aperfeiçoando, e a que requintes de primor atingiu! Legiões de curiosos vinham de longe visitá-la, e pasmavam. A fama corria, os jornais estudavam-na em artigos longos. Por fim o Governo, impressionado com a voz pública, mandava examiná-la e propunha-lhe compra. Era forçoso que pertencesse ao patrimônio da nação uma coisa daquelas para que todos pudessem aprender na maravilhosa escola as palavras últimas do aperfeiçoamento agrícola.

Mas vendê-la? A um particular, nunca! À nação, sim, coagido pelo patriotismo. Isso mesmo, porém sob uma condição! Oh, sim, uma condição *sine qua non*: darem-lhe a pasta da Agricultura...

— Porque eu, senhores, farei do Brasil inteiro o mimo que fiz da minha fazenda. Um vergel florido! A nova Califórnia! O paraíso terreal!...

O Governo chorava de emoção e dava-lhe a pasta, sob as aclamações do povo agradecido...

Infelizmente, os vinte contos não eram elásticos e Venâncio teve que arrepiar da vertigem megalomaníaca e adquirir um pequeno sítio aí de trinta contos de réis. Deu quinze à vista e ficou a dever quinze sob hipoteca.

Sítio velho, de terras cansadas; mas isso mesmo queria ele, para estrondosa demonstração do axioma tantas vezes berrado na botica:

— Não há terras más, há más cabeças. Com a química agrícola na mão esquerda e o arado na direita, eu faço o Saara produzir milho de pipoca!

— Mas Venâncio...

— Não há "mas", há "más"; más cabeças, já disse. De pipoca!

Tinha agora de provar o asserto.

Começou mudando o nome antigo — Sítio do Embirussu — por este muito mais adiantado — Granja-Modelo de Pomona.

Apesar do lindo nome, o sítio permaneceu a pinoia que sempre fora. Barba-de-bode, guanxuma, saúva, cupins, joveva, geadas — todos os mimos da brasileiríssima deusa Praga.

Em compensação, no tocante ao pitoresco poucos haveria mais bem-arranjados. Tudo velho e musgoso e carcomido, como o quer a estética. Vate de cabeleira que ali caísse desentranhava-se logo em sonetos do mais repassado bucolismo; e o pintor de paisagens encontrava quadrinhos já feitos, encantadores, que era um gosto trasladar para a tela.

As paineiras laterais à casa faziam em setembro o enlevo dos colibris e das abelhas — mas a paina produzida mal dava para encher um travesseiro.

O pomar, velhíssimo, lembrava um ninho de faunos tocadores de avena; laranjeiras de cinquenta anos, pitangueiras altíssimas, ameixeiras musgosas, jabuticabeiras, romeiras — o que há de virgiliano e romântico e sombrio e parasitado. Renda, porém, zero.

Tudo mais pelo mesmo teor.

Venâncio mediu com os olhos penetrantes a grandeza da sua tarefa e sorriu. Tinha tanta convicção de transmutar aquele bucolismo em fonte de lucros...

Começou pelas aves. Em vez daquele sórdido restolho de galinhame da terra, sem sangue de *pedigree*, venham Leghorns para ovos e Orpingtons para carne. Imbecil o fazendeiro que não adota as belas raças americanas!

A mesma coisa com os porcos. Nada de canastrões ou tatuzinhos, tardios ou degenerados. Venham o Yorkshire, o Duroc-Jersey!

E venham mudas de boas árvores frutíferas, caquis, ameixas-do-japão, damascos, maçãs, peras, tudo isto com explicações ao eterno nariz torcido da esposa:

— Porque você vê, Fortunata, dá o mesmo trabalho e vale cinco vezes mais. Um ovo de Orpington, por exemplo: quanto vale no Rio? Dois mil-réis; mais que uma dúzia de ovos crioulos!

E venham sementes de capim-de-rodes para as pastagens.

E venha um aradinho de disco, e agora uma semeadeira, e uma carpideira, e uma grade...

E venha isto e mais aquilo — e as novidades vinham vindo e os cinco contos iam indo muito mais depressa do que ele o imaginou.

Tudo isso não seria nada se não viesse também uma coisa bem fora dos cálculos de Venâncio: visitas.

Um belo dia o correio trouxe uma carta do Rio: "... e soubemos que V. está de maré, empacotado pela sorte grande (200 ou 500?) e já montado em linda fazenda. E como andamos todos aqui muito amarelos, e a Bibi necessitada, a conselho médico, de ares de campo, lembramo-nos de passar uns dias aí, se o caro parente não levar isso a mal...".

— "Caro parente"?!...

Venâncio releu a missiva.

— Quem será este novo parente, Ladislau Teixeira?

Consultou a mulher. Dona Fortunata refranziu a testa.

— Vai ver que é aquele filho da Carola...

— ??

— ... que casou por lá com uma tipa de beiço rachado...

— Ahn!...

— ... e esteve uma vez em Itaoca um ano atrás.

— Em casa do Estevinho, sei...

— Isso. Um tal Lalau.

— Sei, sei... Mas que diabo de parentesco tem ele comigo? Só se por parte de Adão e Eva...

— Você já reparou, Venâncio, quantos parentes estão aparecendo agora?

— É verdade. Com este, cinco. E amigos, então? Nunca imaginei que os possuísse tantos...

Venâncio respondeu que a casa, casa de pobres, estava às ordens; que viessem.

Vieram. Quinze dias depois um trole despejava no terreiro um senhor de meia-idade, sua esposa Filoca, três filhas empalamadas, Bibi, Babá, Bubu, e mais uma preta mucama. Venâncio reconheceu-os vagamente, mas por delicadeza fingiu intimidade.

— Bem-vindos sejam à casa do parente pobre!

Lalau abraçou-o carinhosamente.

— Não diga isso! Você é hoje a glória da família. Recebeu a recompensa que merecia. Quantas vezes eu não disse à Filoca: aquele nosso parente vai longe, porque quem planta colhe. Não é verdade, Filoca?

Dona Filoca sibilou através do beiço rachado uma confirmação plena:

— É sim! Nós nunca duvidamos do futuro do "primo" Venâncio.

Venâncio ficou sabendo que eram primos...

Nisto um novo trole assomou à porteira. Lalau explicou:

— Ia-me esquecendo... Vieram conosco umas vizinhas, moças muito boazinhas, as Seixas. Não te avisei na carta porque foi coisa de última hora. Devem ser parentas de dona Fortunata, ao que me disseram...

Venâncio interrogou furtivamente a esposa com o olhar e esta respondeu-lhe com um imperceptível movimento de beiço.

Apearam do segundo trole três moças e uma negrinha. Lalau apresentou-as.

— Dona Fafá, dona Fifi, dona Fufu.

As moças abraçaram os fazendeiros com grande cordialidade e abriram-se em louvores às belezas bucólicas.

— Veja, Fifi, que coisa estupenda esta paineira!

— Nem diga! E aquele maravilhoso beija-flor? Que belezinha! Como ficaria bem no meu chapéu azul...

E Babá para Venâncio:

— Que ar, primo! Que pureza de ar! A vida aqui deve ser um encanto. E que apetite dá! Eu, que não como nada, seria capaz de devorar um leitão inteiro hoje!

A Bibi conversava com a "prima" Fortunata:

— Leite há muito, já sei. Fazenda quer dizer fartura. Lá na capital o leite é água de polvilho, e caríssimo! É como os ovos: pela hora da morte e metade chocos. Sua galinhada, quantas dúzias põe por dia?

E a Fifi para a Bubu:

— Pesei-me antes de vir: 49 quilos, veja que miséria! Mas daqui não saio sem alcançar 58! Ah, não saio! O meu peso normal deve ser este, diz o médico.

Dona Fortunata atendia a todos, sorrindo amavelmente, enquanto Lalau, já no pomar, investia contra as laranjas com fúria de "retirante".

— A minha conta, quando me pilho num pomar, são três dúzias. Pelo-me por laranjas!

Venâncio, armando cara alegre, dizia-lhe que era chupar, chupar...

Mas lá consigo pensava que naquela toada não venderia aquele ano uma dúzia sequer. Só o Lalau daria cabo da safra inteira em quinze dias...

À decima quinta laranja Lalau parou, entupido.

— Estou por aqui! — grugulejou, riscando no pescoço o nível do caldo.

E, confidencial, ao ouvido do primo:

— Agora, que ninguém nos ouve, diga lá a verdade: duzentos ou quinhentos contos?

Venâncio não teve ânimo de pronunciar a palavra vinte. Também não quis mentir, e marombou:

— Não chega lá. Tirei apenas uns cobrinhos...

O primo cutucou-lhe a barriga:

— Está escondendo o leite? Faz muito bem, que isso de arrotar grandeza é transformar-se em "fruteira": todo mundo pega a aproveitar-se.

E dando-lhe o braço:

— Conselho de velho: defenda os arames, enforque a cobreira! Do contrário, começam a aparecer amigos e parentes que não acabam mais.

Venâncio entreparou pasmado.

— É o que lhe digo — prosseguiu Lalau. — Enquanto não possuímos nada, ninguém se importa com a gente. Mas logo que a maré chega, brotam da terra aproveitadores — como cogumelos!

Venâncio pasmou dois pontos mais, e Lalau, lendo a seu modo aquele pasmo, insistiu:

— É o que lhe digo! Como cogumelos! Você é inexperiente ainda, não tem os anos que tenho, e deve, portanto, ouvir-me. Como parente próximo, zelo pela família e faço grande empenho em abrir os seus olhos contra a caterva de parasitas que vai por este mundo de Cristo. Quer saber de uma coisa? Foi por esse motivo que eu vim. Motivo real! O resto foi pretexto, você compreende. Eu disse à Filoca: é preciso abrir os olhos ao primo; dinheiro escorrega das mãos como peixe e se lhe não acudo com os meus conselhos, adeus sorte grande! Vê? Foi por este motivo que vim.

Inda atônito, Venâncio balbuciou umas palavras de agradecimento pela generosa intenção, e Lalau, colhendo nova laranja, continuou:

— Porque, cá comigo, é assim: para salvar um parente não poupo sacrifícios! Ah, não poupo! Vou longe atrás dele, gasto dinheiro, mas aviso-o. Pensa que não foi um sacrifício esta minha viagem? Só de trem, duzentos mil-réis! Mas, como já disse, não olho a despesas. É parente? É amigo? Não olho a despesas. Ah, não olho! Não acha que devo ser assim?

— Está claro — sussurrou Venâncio.

— Parece claro, mas poucos pensam deste modo e, em vez de sacrificarem um bocado das suas comodidades e virem abrir os olhos ao parente em perigo, sabe o que fazem?

— ?

— Vêm explorá-lo. Vêm ex-plo-rá-lo, primo! Admira-se? Pois saiba que o mundo está cheio de gente assim. Olhe, eu conheço um caso que...

Nessa noite o casal de fazendeiros passou a dormir na cozinha. Tiveram que ceder seu quarto ao Lalau e à esposa. As B... acomodaram-se na sala de espera. As F..., numa alcova. As duas criadas, na despensa. Ficou a casa repleta, tendo a cozinheira de dormir fora, no paiol.

Venâncio perdeu o sono. Altas horas inda matutava:

— Não sei como está para ser! De um momento para outro, onze bocas a mais...

— E que bocas! — observou dona Fortunata. — Como comem! A tal Fifi, que é um bilro e parece viver de brisas, bebeu um litro de leite para "rebater" meia dúzia de ovos. E sabe o que disse, toda espevitada? "Isto é para começarrrr... O médico mandou-me ir aumentando as doses aox poucox..." Veja você!

— Parece que chegaram da seca do Ceará! Lalau chupou duma assentada quinze laranjas, e das de umbigo...

— Esse não me admiro, que é homem e grandalhão. Mas aquele figo seco da tal prima Filoca? Com partes de enfastiada, foi à cozinha e chamou para o bucho todos os torresmos que eu tinha guardado para você. Dizem que é o ar...

— Ar! Ar! Eu respiro o mesmo ar e nunca tenho apetite. Esfaimados por natureza é o que eles são.

— E depois isto de comer à custa alheia deve ser um regalo! — concluiu dona Fortunata, valente criatura que jamais provara um quitute que não fosse preparado por suas próprias mãos.

O sono custou a vir, mas veio, e com ele um sonho. Sonhou Venâncio que uma nuvem de gafanhotos vinda do Sul se abatera no sítio, deixando-o nu em pelo, sem folha nas árvores, nem soca de capim nos pastos.

Despertou sobressaltado. A manhã ia alta, com réstias de sol a coarem-se pelos vidros. Saltou da cama e foi à janela. Um vulto caminhava rumo ao pomar, de pijama, faca de mesa na mão, assobiando despreocupadamente o *pé de anjo*.

— Lá vai ele — murmurou Venâncio. — Lá vai às laranjas-baianas...

— Quem? — indagou a esposa, interrompendo o amarrar da saia.

— Ora quem! O gafanhoto-mor.

E como a esposa fizesse cara de interrogação, Venâncio contou-lhe o sonho da nuvem.

Dona Fortunata concluiu o nó da saia apreensivamente:

— Queira Deus não dê certo!

Deu certo. Nunca um sonho profético antepintou o futuro com maior precisão. Os hóspedes devoraram o sítio do Venâncio em poucas semanas. Foram-se todos os porcos, transfeitos em torresmos, lombo assado e linguiça. Os lindos leitõezinhos que brincavam no terreiro acabaram no espeto, um por um. O mesmo destino tiveram as aves, com exceção do casal de Orpingtons, amarelas, que muito tentou a gula dos hóspedes, mas que Venâncio, por precaução, mandou esconder em casa de um vizinho. Os ovos, porém, se perderam.

— Sabe — disse dona Fortunata ao marido uma noite (era sempre à noite, na cama, que murmuravam contra a praga dos gafanhotos) —, sabe que a ninhada de ovos de raça já se foi?

— Não me diga! — exclamou Venâncio.

— Pois escondi-os num canto, no quarto dos badulaques, mas aquele pau de virar tripa da Bubu meteu o nariz lá e descobriu-os e veio berrando muito lampeira: "Prima, suas galinhas estão botando no quarto dos cacaréus. Olhe que lindos ovos encontrei lá! Duas dúzias: a continha certa para hoje". Expliquei-lhe o caso, contei que eram ovos de raça, caros, que você reservava para chocar. Sabe o que a bisca respondeu? "Ora, não seja somítica. Nós vamos embora logo e suas galinhas ficam por aqui botando ovos pelo resto da vida."

Venâncio suspirou.

Um mês. Dois meses. Três meses.

No dia em que os hóspedes se foram, Venâncio mais a esposa deram uma volta pelo sítio, em desconsoladora inspeção. Tudo deserto. Nem um frango no galinheiro, nem uma goiaba no pomar, nem um porquinho na ceva.

— Comeram até o cachaço! — murmurou Venâncio, sacudindo a cabeça.

Na horta, as leiras de couve só apresentavam talos esguios — folhas nenhuma. Os pés de abóbora davam dó: nem uma aboborinha, nem um broto...

— Como eles gostavam de cambuquira! — recordou dona Fortunata.

Finda a inspeção, um olhou para o outro, com desanimadíssimos focinhos.

— E agora? — indagou a mulher.

— Agora? — repetiu Venâncio. — Agora é fazer a trouxa e tocar para Itaoca antes que morramos de fome.

— E volta você para o empreguinho?

— Que remédio? Os "primos" devoraram a carne; tenho que roer o osso.

E foi graças ao apetite daqueles bem-aventurados primos que Itaoca viu reintegrar-se em seu seio um precioso elemento social. As palestras da botica andavam mortas, e sempre que se ventilava um ponto agrícola todos lamentavam a ausência do argumentador seguro, que sempre detivera com tanto brilho a palma da vitória.

Mas a volta de Venâncio foi uma decepção. O antigo entusiasmo murchara-lhe e nunca mais em sua vida piou sobre o tema favorito. E se acaso falavam perto dele em pragas da lavoura, geada, ferrugem, curuquerê ou o que seja, sorria melancolicamente, murmurando de si para si:

— Conheço uma muito pior...

E conhecia.

TRAGÉDIA DUM CAPÃO DE PINTOS

1923

Nasceram na mesma semana um pinto, um peruzinho e um marreco. Até aqui, nada. Todos os dias vêm ao mundo marrecos, perus e pintos sem que isso ponha comichões na pena dos novelistas. O estranho do caso foi que nasceram irmãos, contra todos os preceitos biológicos.

— ??

Explica-se. Tio Pio, preto cambaio que tomava conta do terreiro, tivera a ideia de reunir sob certa galinha, em choco sobre apenas cinco ovos, mais três de perua e dois de marreca salvos de ninhadas infelizes, conseguindo assim dar vida àquela estranha irmandade de nova espécie.

Dos nove ovos só vingaram três, e lá estavam os produtos já crescidotes sob a guarda solícita do Peva-de-raça, capão de pintos posto a pajeá-los para que dona galinha não perdesse tempo com tão pífia ninhada.

Triste sorte na fazenda a dos galos cotós de pernas! Tio Pio os punha de parte para capões de pintos, transformando os belicosos "clarins da aurora" em tristes eunucos, bichos metade galo, metade galinha, senhores de crista, espora e cauda flamante não mais destinadas a seduzir frangas, senão a divertir pintinhos.

Peva-de-raça tinha este nome pelas razões que o nome indica. Mas vá lição para os leitores da cidade, gente que de galos e galinhas só conhece os da torre das igrejas e as que aparecem ao jantar em molho pardo. *Peva*: perna curta; *de raça*: raça estrangeira.

— A mó que Plimu — explicava Pio aos interpelantes.

Excelente sujeito o Peva! Tomara os órfãos no primeiro dia sem nenhuma relutância e dera com eles criados à custa de infinitos de pachorra.

Muitos dissabores sofreu. O marrequinho, sobretudo, causou-lhe sérios aborrecimentos.

Havia na fazenda um tanque bordado de taboas esbeltas, rico de traíras e sapinhos de cauda. Esse tanque era a mania do lindo pompom de arminho amarelo. Quantas vezes não ficou o Peva à beira d'água seguindo de olhos aflitos as evoluções do mimoso palmípede, que nela penetrava e nadava, e mergulhava com louca afoiteza, inconcebível para o velho capão!

Já os outros não o afligiam tanto. Divertiam-no até. O capão gostava de ver o peruzinho em caça às moscas. Magricela e tonto, como sabia marcar a presa, achegar-se com extrema lentidão e de repente — *zás!* — uma bicada certeira!

O pinto, esse era mestre em travessuras. Subia-lhe às costas, tenteando-se nas asinhas, e trepava-lhe pelo pescoço até alcançar a crista, cujas carúnculas bicava.

Era muito cauteloso, o Peva. Se vinha chuva, punha-se logo de agacho para abrigo dos guris — de dois apenas, que o terceiro, o marreco, nenhum caso d'água fazia, antes pelava-se por chuva, só recolhendo ao sentir-se entanguido.

E era muito metódico, o Peva. Mal a tarde fechava a carranca anunciativa da noite, lá ia ele de rumo ao terreiro aninhar-se rente ao muro, sempre no mesmo lugar. Escarrapachava-se ali ao jeito das galinhas e esperava que os órfãos, depois dumas derradeiras voltas por perto, viessem chegando e se metessem dentro da plumosa casa viva.

Entrava primeiro o peru, um friorento de marca; depois o pinto; o marreco por último.

E o Peva cochilava, transfeito em esquisito animal de quatro cabeças: a sua, grande, cristuda, e mais três cabecinhas curiosas, que abriam seteiras na plumagem e espiavam o mistério do mundo a envolver-se nas sombras da noite.

Aquela singularidade deu nome e renome aos três bichinhos. Quantos pintos, perus e marrecos houvesse na fazenda eram todos conhecidos por pinto, peru e marreco, genericamente. Só eles se personalizavam. Eram o Pinto Sura, o Peruzinho do Capão e o Reco-Reco. Seres privilegiados, libertos da disciplina comum do galinheiro, tornaram-se logo as criaturinhas mais populares daquele pequeno mundo. Viviam soltos sem lei nem grei, como boêmios errantes encontradiços por toda parte — nos chiqueiros, nos pastos, ao pé das tulhas, à porta das cozinhas, onde quer que aparecesse fartura de milho, siriris e quireras.

Havia na fazenda outros animais populares. Havia a Ruça, mulinha de carroça, bastante velha e próxima da aposentadoria. Só trabalhava em serviços leves de terreiro, puxando a "carrocinha de dentro". Pertencera à tropa, transportara muito café para a cidade, sempre com carga de oito arrobas, façanha de que, com saudades, se recordava agora.

Entre as vacas era a Princesa a mais popular. Vaca de estimação. Enriquecera a fazenda de numerosos filhos, entre os quais o possante Beethoven, agora pastor do rebanho. Dera ainda a Rosita, leiteira de truz fiel à estirpe e certa nas doze garrafas diárias. E quantas outras crias que já andavam por sua vez de bezerrinho novo, ou na canga, a puxar carros! Vivia às soltas, livre de cercas, sempre no pasto dos porcos, ocupando o tempo em mascar babosamente boas palhas de milho.

Quem mais? Sim, o Vinagre — fiel guardião da "casa-grande", veadeiro de fama outrora, hoje um dorminhoco que o que fazia era cochilar ao sol, de focinho entre as patas e olhos lacrimejantes. Todo ele era passado. Durante as sonecas vinham agitá-lo pesadelos, nos quais reviviam as cenas violentas das caçadas de antanho. E o glorioso veterano acuava a dormir.

Os homens nunca prestam grande atenção aos animais que os rodeiam. Brutinhos, dizem, e desprezam-nos. Mas a verdade é que a esses nossos manos o que os inferioriza é não gozarem o dom da fala, pelo menos de fala inteligível para nós, visto como pensam e superiormente raciocinam, possuindo sobre os homens e as coisas ideias terrivelmente lógicas.

Ali na fazenda eram todos concordes num ponto: a supremacia de Tio Pio sobre os demais seres humanos. Era Tio Pio a atenção que nada esquece, a justiça que dá e pune, o amor que compreende, o deus que cura, a ordem que tudo simplifica.

Para o trio do Peva era Tio Pio o Recolhe-ovos, o Deita-ninhadas, o Mata-piolho, o Varre-galinheiro, o Pega-frango, o Arruma-ninho, o Traz-quirera, o Rebenta-cupim, o Espanta-cachorro — modalidades várias dum alto espírito de providência.

Para a Princesa era o Traz-milho, o Tira-leite, o Prende-bezerro, o Esvurma-berne, o Fecha-porteira, o Bota-no-pasto.

Para a mulinha era o Põe-carroça, o Arruma-arreios, o Escova-pelo, o Dá-ração.

Para o Vinagre era o Lava-cachorro, o Traz-angu, o Atiça-atiça, o Prega-pontapés.

Só ele, entre tantos homens da fazenda, revelava-se, apesar de preto, claro de intenções e compreensível; só ele não podia desaparecer sem grave dano geral. Lembravam-se de como todos padeceram certa ocasião em que Tio Pio caiu de cama. Houve desordem grossa. Pintos morreram de fome; Vinagre emagreceu; a Princesa viu-se privada de palha; o Peva dormiu fora do terreiro pela primeira vez. Ao cabo de dez dias, quando o preto ressurgiu, recém-sarado, foi como se repontasse o sol em seguida a longo tempo de chuvas. Que alegria!

As demais criaturas humanas afiguravam-se-lhes misteriosas e sobretudo ilógicas. Impossível ao Vinagre entender o patrão. Já de cara alegre, já de cara amarrada, recebia-o alternativamente com carinho ou pontapés. E o velho cachorro filosofava: como é que um mesmo ato meu, sempre gesto de afago e submissão, ora recebe prêmio, ora castigo? Não entendia...

E muito menos o entendiam o Peva, a Princesa e a Ruça. Sua presença no curral ou no pasto era signo certo de calamidade — morte, prisão, tortura. "Mate aquele boi", "Pegue aquele frango", "Arreie aquele cavalo", "Cape aquele porco". Mate, pegue, arreie, cape, venda, esfole — não se lhe ouviam outras palavras. E toda gente corria pressurosa a executar-lhe as ordens, por mais tirânicas que fossem.

Igualmente incompreensíveis eram os filhotes do homem. Que criaturinhas variáveis, irrequietas, cruéis! Sempre de vara na mão, perseguiam abelhas e borboletas, esmagavam os sapos, atropelavam as galinhas. Ao vê-las, Vinagre disfarçadamente saía para longe e o Peva bandeava-se com seus órfãos para o outro lado dalgum vedo. Só a Princesa nenhum caso deles fazia, certa do terror que lhes inspiravam os seus longos chifres.

Já a Dona, mulher do Senhor, não infundia medo senão às aves. Terrível inimiga do galinheiro! Depredava os ovos e condenava à morte justamente os mais belos frangos e as mais respeitáveis matronas de pena — "galinhas velhas", como dizia a ingrata.

Para os outros animais a Dona significava apenas ignorância. Era a "Perguntativa" e a "Muda-cor". Hoje de cor-de-rosa, amanhã de azul, não usava cor fixa. E vivia interrogando:

— Pio, que burro é esse?

— Não é burro, sinhá, é a mulinha Ruça.

Perguntava sempre. Que *caroços* eram aqueles na vaca? Que boi estava *rinchando* no pasto? Que *trepadeira* andavam a tirar das árvores?

Viera duma cidade grande, havia pouco tempo, cheia de gritinhos e medo aos bichos. Ignorava tudo, fora pilhar ninhos. *Papa-ovo*, apelidou-a o Peva, como já havia apelidado Tio Pio de *É-hora* e aos demais camaradas da fazenda de *Sim-Senhores*, porque *Sim Senhor* era o estribilho com que habitualmente retrucavam a todas as ordens do Dono.

Por uma tarde igual às outras, recolhia-se Peva ao pouso do costume seguido dos três órfãos já marmanjões. No céu, a caraça vermelha do sol escondia-se detrás do morro, e na terra os primeiros grilos ensaiavam as asas cricrilantes. Rente à porteira a mulinha, solta no pasto minutos antes, espojava-se regalada.

— Boa tarde! — saudou-a o Peva. — Cansadinha, hein?

A mula interrompeu a cabriola e abanou as orelhas como quem diz: "É verdade". Depois falou:

— Acho prudente que tome cuidado com seus filhos. A Perguntativa anda interessada por eles — e isso é mau sinal. Vi-a em conversa com É-hora e pilhei este pedacinho: "O marreco do capão está no ponto". Não sei o que quer dizer, mas boa coisa não será.

O Peva enrugou a testa, apreensivo. Jamais a Perguntativa se referia a alguma ave sem que sobreviesse desgraça. "Está no ponto" — que quereria dizer aquilo?

A mulinha ignorava-o. Sabia de algumas palavras triviais, conhecia o *pegue*, o *prenda*, o *mate* — mas o *está no ponto* era-lhe coisa nova.

— Quem há de saber disto é o Vinagre. Mora na casa-grande e entende a língua dos homens melhor do que nenhum de nós. Consulte-o, e não deixe também de consultar a Princesa, cuja experiência da vida é grande.

Peva se foi à Princesa, que encontrou mascando as palhas do costume.

— *Está no ponto* — poderá dizer-me, senhora Princesa, que coisa significa na língua dos homens?

A vaca interrompeu a mascação e disse:

— Já ouvi essa palavra aplicada ao meu filho segundo, o Barroso. Tinha ele dois anos e meio. O Dono passava em companhia de um Sim-Senhor. Avistou de longe o meu Barroso no pasto e ordenou: "Aquele boizinho está no ponto. Carro com ele!". No dia seguinte laçaram-no, meteram-no na canga e o pobre do meu garrote muito que padeceu a puxar um carro pesadíssimo. Deste incidente concluo que *estar no ponto* quer dizer *carro*.

Peva, um tanto curto de ideias, tremeu ante aquela revelação. Horror, meterem no carro ao seu querido marrequinho! Em seguida duvidou. Andar no carro era coisa que só vira fazer aos bois. Não podia ser. A vaca errara evidentemente.

"Resta-me consultar o Vinagre", refletiu, e todo pepé, com ruguinhas de apreensão na crista, foi ter com o velho cachorro.

Vinagre não resolveu o enigma, embora respondesse como o mais sábio dos oráculos.

— Pode ser muita coisa. A linguagem dos homens varia, ora quer dizer isto, ora aquilo. Mas que não é coisa boa, isso eu asseguro.

Nesse dia o capão, seguido dos órfãos, recolheu-se ao pouso habitual sem a despreocupação de outrora. Custou-lhe conciliar o sono. Não lhe saíam da cabeça as palavras misteriosas e de sentido inapreensível. Por fim dormiu e sonhou. Sonhou que ao lado do Barroso jungiam ao carro o pobre marrequinho. O sonho virou pesadelo e Peva sofreu horrores ante o quadro do filho adotivo a debater-se sob a monstruosa canga...

No dia seguinte, no momento da ração de milho, Tio Pio inesperadamente agarrou o marrequinho pelas pernas e lá se foi com ele para a Cozinha.

Aflitíssimo, tomado de imenso desespero, Peva inda alimentou esperanças de vê-lo. Mas a noite chegou e com ela a primeira desilusão de sua vida. Nada do marreco. Pela manhã, nada. Meio-dia, nada.

À hora do jantar encontrou Vinagre roendo uns ossos no terreiro.

— Que é isso, amigo?

— Ossos de marreco.

— De marreco! — exclamou Peva, surpreso.

— Sim. Que admiras? Que os marrecos tenham ossos? Têm-nos, e excelentes...

Peva estarreceu. Compreendia afinal o tremendo sentido das palavras misteriosas. *Está no ponto* significava condenação à morte. Horror!...

Guardou consigo, entretanto, aquela mágoa. Nada disse ao peruzinho nem ao frango, prevendo para os dois sorte idêntica.

— Bem triste a vida sob o domínio cruel do homem! Nada de bom vem deles... — filosofou.

Nessa mesma tarde Peva cruzou-se com a Princesa e disse-lhe:

— Erraste, Princesa. *Está no ponto* quer dizer *morte*.

A vaca parou a mastigação da palha e sorriu da ingenuidade do Peva. Ela tinha tanta certeza de que queria dizer *carro*...

A vida na fazenda rolava na mesmice de sempre. Tudo continuava. A Ruça, a puxar a carrocinha; a Princesa, a mascar palhas; o Vinagre, a acuar em sonhos. Só na tribo do Peva a alegria não era a mesma. Saudades do marreco. Várias vezes o frango indagou do destino de Reco-Reco, forçando o capão a mentir. "Anda de viagem, uma longa viagem... Um dia volta."

Mas com que tristeza punha os olhos no tanque ou nas poças de enxurro que se formavam em dias de aguaceiro, pensando lá consigo: "Nunca mais!"...

O tempo corre, as estações se sucedem. A primavera anunciou-se nos mil botões que se arredondavam nas laranjeiras. Os órfãos do capão já eram mais companheiros de ciscagem do que filhotes pipilantes. Já dispensavam a sua solícita assistência. O peruzinho, grandalhudo e bem empenado, fez-se independente. O frango punha crista, com as esporas abotoadinhas. Mudara de gênio, e se via alguma franga ia arrastar-lhe a asa até que algum galo de verdade o escorraçasse.

Certa manhã a Perguntativa veio assistir à amilhagem das aves. Fez várias perguntas e deu várias ordens ao Pio, concluindo, de dedo apontado para o frango:

— Está pedindo panela, aquele!

— Qual, Sinhá? O Sura?

— Sura quer dizer sem rabo? É. É ele mesmo.

Peva, que tudo ouvira, engasgou-se com o grão de milho que tinha no bico, perdeu a fome e incontinênti saiu do bando. Embora não compreendesse o sentido daquelas palavras, previu que "boa coisa não seria", como filosofava o Vinagre.

E acertou. O frango, no dia imediato, desapareceu misteriosamente. Peva procurou-o por todos os cantos e, desconfiado, foi rondar os fundos da Cozinha na esperança de ouvi-lo piar lá dentro. Não ouviu pio nenhum — mas encontrou penas suspeitas no monte de lixo...

Adquirida a certeza do novo desastre, fez-se ainda mais tristonha a vida do pobre capão. A Cozinha! Era nas goelas daquele horrendo Moloch que sucessivamente iam desaparecendo os seus queridos órfãos. Engolira o marreco, engolira o frango... Engoliria também o peruzinho, por que não?

Velho e desalentado, com o coração sempre saudoso dos travessos garotinhos que criara, tornou-se macambúzio. Inda passeava com o peru, apesar da cada vez maior independência deste. Chegou a notar que era ele, Peva, quem o acompanhava agora. Notou-o, mas procurou iludir-se e simulava amadrinhá-lo, como outrora...

Pela força do hábito inda dormiam juntos, no antigo pouso ao pé do muro. Mas logo o peru, que é amigo de poleiro, elegeu um, cômodo, em certa escada velha, e o capão teve de acompanhá-lo na mudança. E ali passaram a dormir juntinhos e encorujados no mesmo degrau.

Assim viveram até a chegada do Ano-Bom.

Na véspera a Perguntativa apareceu no momento do dar milho e disse ao Pio:

— Olhe, amanhã temos o peru. Não esqueça de comprar pinga.

Desta feita Peva não vacilou quanto ao sentido da expressão. *Está no ponto — panela — temos o peru* — deviam ser frases equivalentes. Estava pois condenado a entrar para a Cozinha o seu derradeiro filho...

Cheio de resignação e com a alma em transes, Peva passou o dia num canto, jururu, remoendo as doces recordações de outrora. Ao cair da noite recolheu-se. Empoleirou-se na velha escada e achou muito natural que o peru não comparecesse.

Dormiu tarde e teve o sono agitado de contínuas estremeções de angústia.

No dia seguinte notou movimento fora do comum na casa-grande. Vinha gente de longe, mulheres de trole, homens a cavalo. Vinagre, esquecido da soneca do costume, entrava e saía, abanando a cauda com vivacidade de cachorro novo.

Num destes vaivéns Peva o deteve.

— Que há na casa-grande? Tanta gente...

— Há peru — respondeu o cão. — Quando há peru, os homens se assanham, vestem roupas novas, brincam e dançam. Tenho notado que a presença do peru à mesa provoca nos homens uma espécie de delírio, como entre as galinhas a queda de içás.

Esta observação do cachorro, embora muito lisonjeira para a raça dos perus, não consolou nada ao nosso Peva, que se sentia ganho menos de tristeza que de funda indiferença pela vida. O sucessivo sacrifício dos filhotes calejara-lhe por partes o coração. No dia do marreco a dor que sentiu foi verdadeira dor de pai; em seguida, pela morte do frango, a sua dor foi dor de pai adotivo; agora, ao perder o peru, a dor era calma e resignada. Dor de filósofo. Compreendia, afinal, que a vida foi e é assim, e não melhora...

Os capões inspiram desprezo aos galos e talvez piedade irônica às senhoras galinhas. Por isso Peva, em sua triste solidão, deambulava pelo terreiro como criatura sem lugar na vida. As lindas frangas, as viçosas poedeiras, e até as velhas galinhas aposentadas, tinham pela sua honesta companhia um profundo desdém. E como nem os frangotes o procuravam, o isolamento do triste eunuco era completo.

Esse errar à toa fê-lo notado de Tio Pio, que se lembrou de pô-lo a criar nova ninhada.

— Anda vadiando aqui, este diabo... Espera que te arrumo.

Agarrou-o, levou-o ao galinheiro, esfregou-lhe urtiga no abdome e deitou-o sobre uma ninhada de dez pintos nascidos na véspera.

Não ofereceu Peva a menor resistência. Deixou fazer. Agachou-se como dantes e cobriu lindamente os gentis recém-nascidos.

Altas horas, porém, ergueu-se e tomou rumo do poleiro, abandonando aos frios da noite a roda de vidinhas pipilantes. Não mais queria exercer a profissão de mãe. Para quê?

— Se têm de morrer na Cozinha, morram agora enquanto ainda não lhes tenho amor.

Os pintos amanheceram mortos, entanguidos de frio.

Quando Tio Pio tomou conhecimento do desastre, ficou furioso.

— Cachorro! Você fez mas paga!

Houve um corre-corre. A galinhada assustadiça debandou; os marrecos meteram-se no tanque.

Cotó de pernas, frouxo de asas, Peva pouco resistiu à perseguição do negro. Rendeu-se e, seguro pelas patas, de cabeça para baixo: com as ideias perturbadas pela congestão do cérebro, por sua vez transpôs a soleira da Cozinha, insaciável sorvedouro de vidas, odioso túmulo de Reco-Reco, do Sura, do Peru e agora do venerável tutor da estranha irmandade...

Quem na manhã do dia seguinte passasse pelo fundo da horta veria no monte de lixo um punhado de penas escaldadas, escorridas, sem cor, sujas de cinza. E veria duas pernas rugosas de longas esporas recurvas. E veria ainda uma dolorosa cabeça de crista violácea, com os olhos semiabertos, em cujas pupilas de vidro várias formiguinhas se miravam.

Horríveis, aqueles despojos?

Um urubu pousado ali perto não pensava assim...

DUAS CAVALGADURAS

1923

UM GRANDE AMIGO DOS LIVROS, o estudante Batista de Ribeiro Couto.[1]

Na sua dolorosa miséria de rapaz pobre, solto sem padrinhos na voragem carioca, desses bons amigos se socorria para desafogo da alma crestada ao vento das decepções. Falhava-lhe o sonhado emprego? Abria *Dom Casmurro* e logo a malícia de Capitu empolgava, levando-o para casos bem distantes do seu dorido caso pessoal. Traía-o algum amigo? O moço embarcava para Florença no *Lys Rouge*, hospedava-se com Miss Bell e, de visita às igrejas com Dechartre, ei-lo embriagado no ardente amor da condessa.

O estômago, porém, é Sancho. Não digere contemplações. Exige pão. E a fome, um dia, apresentou ao estudante o seu inexorável *ultimatum*: Mata-me ou mato-te.

Um só recurso lhe restava: reduzir a pão duro os seus amados livros.

Fê-lo, mas com que mágoa! Como vacilou na escolha da primeira

1. Lobato se refere ao personagem que dá título ao livro de contos *O crime do estudante Batista* (1922), de Ribeiro Couto, publicado pela editora de Monteiro Lobato. (N.E.)

vítima! E como lhe doeu o sórdido negocismo do belchior, miserável depreciador da "mercadoria" com o fito de obtê-la pelo mínimo!

Era este belchior certo judeu mulato com um sebo à rua do Catete. Mulato de barbicha irônica, própria para coçadelas nos momentos de engatilhar o preço. Tinha um jeito irritante de tomar os livros e ler o título por baixo dos óculos, como se os cheirasse. Tipo desagradável de múmia ressurreta, em perfeita harmonia com a sordidez da casa.

Que vitrina! Já ali se lhe anunciava a alma. Livros encardidos, brochuras de cantos surrados, canetas de vintém, lápis "quebra a ponta", tinteiros de refugo — tudo desbotado pelo sol e tamisado pela horrível poeira negra da rua. Dentro, um cheiro de velhice, misto de mofo e ranço — bafo proveniente metade da múmia, metade das estantes prenhes de brochuras infectas.

Pois foi nas garras de tal aranha barbada que o pobre contemplativo caiu, e um a um lhe sorvia ela todos os volumes da amada biblioteca, sempre a ratinhar, a rosnar, a espichar níqueis para o que valia notas.

Uma vez recebeu o moço más notícias de casa e instante pedido de uma linda irmãzinha que deixara em Catalão. Era forçoso servi-la, inda que houvesse de vender a alma ao diabo.

O jeito era um só: negociar em bloco os livros restantes. Que vá, que vá! Uma grande dor única é de preferir-se a mil dorezinhas parceladas. Que vá tudo!

Contou-os. Trezentos. Pelo preço médio que o judeu lhe pagava por unidade, obteria com aquele sacrifício os duzentos mil-réis necessários e mais uns bicos. Que vá.

Batista retesou-se de alma, amordaçou o coração, meteu na carroça os velhos amigos e, como vai para a guilhotina o condenado, foi com eles para a rua do Catete.

O judeu examinou os volumes um por um, cheirou-os, sopesou-os e depois de longas manobras, engasgos, meias palavras e coçadelas da barbicha, abriu a oferta.

— Dou-lhe quarenta mil-réis, moço, por ser para o senhor. E lamba as unhas, hein?

Tomado de súbita onda de cólera homicida, o estudante não lambeu as unhas: lambeu-lhe a vida. Estrangulou-o...

Havia eu lido esse formoso conto e ficara com os tipos gravados em relevo na memória, tanta nitidez dera à pintura o autor. O judeu mulato, sobretudo, passara a viver dentro de mim em lugar de honra na "sala de Harpagão".

Somos todos nós uns museus de tipos apanhados na rua ou colhidos na literatura. Museus classificados, com salas disto e daquilo. A minha sala dos usurários encerrava bom número de Shylockzinhos modernos, fisgados à porta de cartórios ou diretamente nos antros onde costumam empoleirar-se como harpias pacientes à espera dos náufragos da vida. Ombro a ombro conviviam eles com os patriarcas do clã — mestre Harpagão, tio Grandet e o João Antunes, de Camilo Castelo Branco.

Lida a novela de Couto, entrou para a sala mais um — o judeu mulato do Catete, tipo de tal vida que uma suspeita breve me tomou: "Este diabo existe. Não pode ser ficção. Há nele traços que se não inventam. E se existe, hei de vê-lo".

E pus-me a procurá-lo em certo dia de folga.

Fui feliz. Logo adiante do palácio do Catete certa vitrina atraiu-me a atenção. Acerquei-me dela com cara de Colombo. Aqueles livros desbotados, aquelas canetas... Tudo exato!

Mas... e aquele coelhinho?...

Sim, havia a mais, na sórdida vitrina, um coelhinho de lã do tamanho de um punho fechado. Encardido, os olhos de louça já bambos, as longas orelhas roídas, visivelmente brinquedo já muito brincado.

Aquele coelhinho!

Uma criança existe de quem o usurário comprou o coelhinho...

Meu Deus! Poderá haver em corpo humano almas assim?

Shakespeare, Balzac: que fraca imaginação a vossa! Criastes Shylock, Grandet, mas a potência do vosso gênio não previu este caso extremo. O judeu mulato reabilita os vossos heróis e atinge a suprema expressão do sórdido.

Furtou o coelhinho à criança...

Furtou-o com a gazua dum níquel...

Privou a pobrezinha do seu único brinquedo, do seu único amigo, talvez...

Abra-se um parêntesis.

Aqui intervém a imaginação.

Bastou que meus olhos vissem na sórdida vitrina o coelhinho de lã para que a irrequieta rainha Mab me viesse cabriolar na cachola.

E todo um drama infantil se me antolhou, nitidamente.

Era um menino de poucos anos, filho de pais miseráveis.

O homem bebia e a mãe definhava nas unhas "da pertinaz moléstia". Minto: da tísica. "Pertinaz moléstia" é a tísica dos ricos...

O clássico operário bêbado, em suma, e a clássica mãe tuberculosa. É sempre assim nos romances e é sempre assim na vida, essa impiedosa plagiária dos romances.

Reina a miséria na cafua úmida em que vivem, ele a delirar o seu eterno delírio alcoólico, ela a tossir os pulmões cavernosos — e a triste criança, sempre de olhos assustados, a criar-se um mundinho de sonhos para refúgio da almazinha que teima em ser alma.

Só tem um amigo essa criança: o coelhinho de lã que a mãe lhe deu em certo dia de doença grave.

Excelente quinino! A febre cedeu incontinênti e dois dias depois o enfermo se punha de pé.

Desde aí ficou sendo o coelhinho o amigo único da criança triste, seu confidente de todas as horas, seu irmãozinho mais novo.

Conversavam o dia inteiro, brincavam, contavam-se mutuamente lindas histórias; e à noite, muito abraçados, dormiam o sono dos anjos e dos coelhos.

Aquele coelhinho de lã...

É preciso ser Dickens para compreender o papel dos brinquedos únicos na vida das crianças miseráveis.

O comum dos homens não vê nisso coisa nenhuma.

Triste coisa, o comum dos homens...

Um dia, o pai desapareceu.

Inutilmente a tísica o esperou até altas horas, e o esperou no dia seguinte, e o esperou a semana inteira.

Desapareceu, e está dito tudo.

Na vida os miseráveis desaparecem, tal qual nos romances.

Vida, romance; romance, vida: será tudo um?

A tísica piorou, e certa manhã não pôde erguer-se da cama.

E a fome veio.

E foi mister vender, hoje isto, amanhã aquilo, todos os trapos e cacos da mansarda em crise.

A *mansarda*! Que lindo efeito faz em romance esta palavra lúgubre! A *man-sar-da*!...

Vendeu-se tudo.

Luizinho era o leva e traz.

Levava o trapo, o caco, e trazia os níqueis do pão. E assim até que as reservas se esgotaram e a mansarda ficou nua como Jó.

— E agora?

A tísica lançou os olhos cansados pelas paredes nuas, pelos cantos nus.

Nada. Só viu o coelhinho. Mas era um crime sacrificar o coelhinho de lã...

Resistiu ainda algum tempo.

Por fim, disse:

— Vai, meu filho, vai vender o coelhinho de lã...

A criança relutou, mas cedeu ao cabo de muitas lágrimas. A fome impunha-lhe aquele sacrifício: trocar o seu tesouro por um pão.

O que chorou nessa manhã!

Como apertava contra o peito o amiguinho, sem ânimo de notificá-lo da tragédia iminente!

Resolveu mentir.

— Sabe? — disse ao coelho. — Vou pôr você numa casa que tem vitrina para a rua. Fica lá sentadinho a ver quem passa, os bondes, os automóveis tão bonitos! E eu vou todos os dias espiar você através do vidro. Quer?

O coelhinho não compreendeu aquilo e desconfiou.

— Mas por quê? Estou tão bem aqui...

Não era fácil iludi-lo; a fome, porém, é capciosa e Luizinho continuou a mentir:

— É cá uma coisa que sei. Uma pândega! Por enquanto é segredo. Fica você lá quietinho uns tempos, depois volta para cá de novo e eu conto a história.

O coelhinho de lã piscou para o menino, cavorteiramente. Gostava desses mistérios...

Luizinho levou-o ao belchior. Mostrou-o ao judeu; ofereceu-lho. O aranho tomou o coelhinho entre os dedos rapinantes, examinou-o, apalpou-o, cheirou-o e abrindo a gaveta suja tirou de dentro o menor níquel.

— Toma!

Luizinho ressentiu-se. Já conhecia o valor do dinheiro; achou aquilo "pouco demais". Vendo, porém, pela cara do judeu que era inútil insistir, pegou do níquel, beijou o coelhinho e disparou a correr.

No dia seguinte reapareceu no Catete. Parou diante da vitrina e longo tempo esteve a namorar o amigo, trocando com ele sinais de inteligência. O coelhinho piscava-lhe com uma vontade doida de rir e ele piscava para o coelhinho com uma vontade doida de chorar. E assim todos os dias, a semana inteira.

— A semana inteira, senhor novelista? Não estou compreendendo nada. Vosmecê disse que o último recurso dos famintos fora o coelhinho de lã, que trocaram por um pão. Ora, comido o pão, e nada mais havendo para vender, manda a lógica que mãe e filho tenham morrido de fome.

— Obrigado, senhor lógico! Vejo que leu Stuart Mill e Bain, mas que nunca leu Dickens, nem Escrich, nem Montepin. Devia ser como dizes, se a vida fosse feita pelos lógicos. Mas Deus não era lógico, era apenas romancista. Não morreram, não, nem mãe nem filho. E não morreram porque justamente naquele dia o pai bêbado reapareceu...

— Oh!...

— Sim, meu Bain, reapareceu. E sabe que mais? Reapareceu regenerado...

— Oh! Oh!...

— ... e com dinheiro no bolso. Quer mais? E rico! Quer mais? E milionário, com a sorte grande da Espanha no papo. Quer mais? Quer mais? Nos romances há o epílogo e não sabe que o epílogo é o esparadrapo que une os bordos da ferida?, o dedo de Deus que recompensa?, o suspiro de consolo que nos reconcilia com a vida?

— Mas isto, afinal de contas, é vida ou romance?

— Grande tolo... É a vida com a lição da arte. A arte corrige a vida, dizendo-lhe: se não és assim, megera, devias sê-lo; se não procedeste assim, harpia, devias ter procedido; se não fizeste o bêbado reaparecer no momento oportuno, carcaça, devias tê-lo feito. A arte ensina à vida o seu dever.

Imagina tu, amigo lógico, que quando Deus criou o mundo..."

Feche-se o parêntesis.

Mas acordei. A rainha Mab fugiu-me do cérebro a galope em sua carruagenzinha *made by the joiner squirrel*, e entrei no belchior.

Lá estava no balcão o judeu mulato com sua barbicha de bode, os óculos de latão, o gorro sebento.

Não morrera, o aranho; apesar de estrangulado na novela de Ribeiro Couto, passava muito bem de saúde, o infame.

Era ele mesmo!

Naquele momento cheirava o lombo de um livro que um novo estudante Batista lhe oferecera.

Enquanto negociavam, pus-me à espreita disfarçadamente.

Exatinho! Couto fotografara-o com objetiva Zeiss. Até a voz...

— *Hum! Hum!* — fungou ele depois de lido o título. — Oscar Wilde... Isto não se vende, já passou da moda. Tenho carradas de *Dorian Gray*... A pior coisa que ele escreveu...

— Mas quanto oferece? — indagou o estudante, aborrecido de tantas micagens.

— Por ser freguês, pago sete tostões. E lamba as unhas, que hoje me pegou de veia!

O meu estudante Batista não fez como o de Ribeiro Couto. Não lhe lambeu a vida. Lambeu-lhe os sete níqueis oferecidos e saiu a pegar o bonde, displicentemente.

— E o senhor, que deseja? — disse-me então o pirata, depois de encafuar o livro na estante.

Eu não desejava coisa nenhuma, além de vê-lo, apalpá-lo, cheirá-lo, talvez estrangulá-lo de verdade. Não obstante, fiz-me de tolo.

— Ando à procura de um livro. Um livro de Wilde. Tem aí qualquer coisa deste escritor?

A fisionomia do estrangulado iluminou-se.

— Tenho a melhor coisa que Wilde escreveu, *O retrato de Dorian Gray*, conhece? — disse, puxando fora da estante o volume adquirido momentos antes. — Coisa papa-fina!

Tomei o livro, folheei-o. Edição francesa vulgar. Valeria, novo, quatro mil-réis.

— Quanto pede?

— Seis mil-réis, por ser para o amiguinho.

Sorri-me por dentro e por fora. Larguei o volume e acendi o cigarro.

— Não me interessa. É caro.

— Caro? Um livro destes, nesta encadernação, deste editor, deste autor? Nem me diga isso! E o senhor deve saber que *Dorian Gray* é a obra-prima de Oscar Wilde.

Meus dedos se crisparam. Que prazer estrangular aquela harpia! Contive-me, porém.

— E aquele coelhinho? — perguntei-lhe. — Quanto?

— Que coelhinho? — exclamou o aranho, mudando de cara.

— Um que está na vitrina.

— Ah, sim... Aquele coelhinho não vendo.

— Por que o expõe, então?

— Expu-lo ao sol. Mora aqui na minha mesa, mas como a casa é úmida ponho-o às vezes lá para evitar o bolor.

Diabo! O homem principiava a desnortear-me. Tinha em casa um objeto que não vendia. Era lá possível que um judeu daqueles não vendesse até a alma?

Insisti:

— Dou-lhe cinco mil-réis pelo coelhinho.

— Já lhe disse que não é de venda. Cinco mil-réis! Nem cinco contos, sabe?

Revoltei-me. Veio-me à imaginação toda a tragédia do Luizinho e tive ímpetos de insultá-lo.

Contive-me e disse apenas:

— No entanto, furtou-o a uma pobre criança miserável...

O meu Shylock abriu a mais expressiva cara de espanto que já topei na vida. Depois encarou-me a fito e seus olhos lacrimejaram. Sentou-se, como aniquilado de súbita dor e explicou-me, em voz entrecortada:

— Não sou casado, não tenho filhos, não tenho ninguém no mundo. Mas tive uma criança. Enjeitaram-na aqui à minha porta e recolhi-a. Criei-a. Durante sete anos constituiu a minha única alegria. O Antoninho... Um dia veio a gripe e levou-o para o céu. Seu último brinquedo foi esse coelhinho de lã. Conservo-o aqui na minha mesa como joia preciosa, pois me fala do Antoninho melhor que um livro aberto. Como quer que o venda? Não há no mundo o que para mim valha esse coelhinho...

Foi à vitrina e recolheu o brinquedo. Pô-lo sobre a mesa ao lado do tinteiro. E depois de uma pausa exclamou, olhando-o com um sorriso que me pareceu divino:

— Tinha um nome. O Antoninho só dizia "o Labi"...

— ?

— Sim, Rabi... Quer dizer rabicó, sem cauda. O Antoninho trocava o *r* pelo *l*.

Saí da casa do judeu completamente desorientado. Fui ao telégrafo e expedi ao autor de *O crime do estudante Batista* o seguinte despacho: "Couto, somos duas cavalgaduras!".

UM HOMEM HONESTO

1923

— EXCELENTE CRIATURA! Dali não vem mal ao mundo. E honesto, ah!, honesto como não existe outro — era o que todos diziam do João Pereira.

João Pereira trabalhava em repartição pública. Estivera a princípio num tabelionato e depois no comércio como caixeiro do empório Ao Imperador dos Gêneros.

Deixou o empório por discordância com a técnica comercial do imperante, que toda se resumia no velhíssimo lema: gato por lebre. E deixou o cartório por não conseguir aumentar com extras o lucro legal do honradíssimo tabelião. Atinha-se ao regimento de custas, o ingênuo, como se aquilo fora a tábua da lei de Moisés, coisa sagrada.

Na repartição vegetava já de dez anos sem conseguir nunca mover passo à frente. Ninguém se empenhava por ele, e ele, por honestidade, não orgulho, era incapaz de recorrer aos expedientes com tanta eficácia empregados pelos colegas na luta pela promoção.

— Quero subir por merecimento, legalmente, honestamente! — costumava dizer, provocando risinhos piedosos nos lábios dos que "sabem o que é a vida".

João Pereira casara cedo, por amor — não compreendia outra forma de casamento — e já tinha duas filhas mocetonas. Como fossem sobremaneira curtos os seus vencimentos, a pequena família remediava-se com a renda complementar dos trabalhos caseiros. Dona Maricota fazia doces; as meninas faziam crochê — e lá empurravam a pulso o carrinho da vida.

Viviam felizes. Felizes, sim! Nenhuma ambição os atormentava e o ser feliz reside menos na riqueza do que nessa discreta conformidade dos humildes.

— Haja saúde que vai tudo muito bem — era o moto de João Pereira e dos seus.

Mas veio um telegrama...

Nos lares humildes telegrama é acontecimento de monta, anunciador certo de desgraça. Quando o estafeta bate na porta e entrega o papelucho verde, os corações tumultuam violentos.

— Que será, santo Deus?

Não anunciava desgraça aquele. Um tio de João Pereira, residente no interior, convidava-o a servir de padrinho no casamento da filha.

Era distinção inesperada e Pereira, agradecido, foi. E muito naturalmente foi de segunda classe, porque nunca viajara de primeira, nem podia.

Bem recebido, apesar de sua roupa preta fora da moda, funcionou gravemente de testemunha, disse aos nubentes as chalaças do uso, comeu os doces da festa, beijou a afilhada e no dia seguinte se fez de volta.

Acompanharam-no à estação o tio e os noivos, amáveis e contentes; mas protestaram indignados ao vê-lo meter a maleta num carro de segunda.

— Não admitimos!... Tem que ir de primeira.

— Mas se já comprei o bilhete de volta...

— É o de menos — contraveio o tio. — Mais vale um gosto do que quatro vinténs. Pago a diferença. Tinha graça!...

E comprou-lhe bilhete de primeira, sacudindo a cabeça:

— Este João...

João Honesto, assim forçado, pela primeira vez na vida embarcou em vagão de luxo, e o conforto do *Pullman*, mal o trem partiu, levou-o a meditar sobre as desigualdades humanas. A conclusão foi dolorosa. Verificou que é a pobreza o maior de todos os crimes, ou, pelo menos, o mais severa e implacavelmente punido.

Aqui, por exemplo, neste vagão dos ricos, refletia ele: poltronas de couro, boas molas no *truck*, asseio meticuloso, janelas amplas, criado às ordens. Tudo pelo melhor. Já nos carros dos pobres é o reverso, demonstrando-se o propósito de castigar com requinte de crueldade o crime de pobreza dos que neles embarcam. Nada de molas nos *trucks* para que o rodar áspero, solavancado, faça padecer a carne humilde. Nos bancos de tábua, tudo reto e anguloso, sem sequer um boleio que favoreça o repouso das nádegas. Bancos feitos de tabuinhas estreitas, separadas entre si de modo a martirizar o corpo. O espaldar — uma tábua a prumo — vai só até meia altura, negando assim a esmolinha dum apoio à triste cabeça do "sentado". Bancos, em suma, que parecem estudados pacientemente por grandes técnicos da judiaria com o fim de obter o mínimo de comodidades no máximo de possibilidades torturantes. As janelas sem vidraças, só de venezianas, dir-se-iam ajeitadas ao duplo fim de impedir o recreio da vista e canalizar para dentro todo o pó de fora. Nada de lavatórios: o pobre deve ser mantido na sujeira. Água para beber? Vá ter sede na casa do senhor seu sogro!

João sorriu. Veio-lhe à ideia lindo "melhoramento" escapo à sagacidade dos técnicos: encanar para dentro dos vagões de segunda a fumaça quente da locomotiva.

— Incrível não terem ainda pensado nisso!...

Lembrou-se depois dos teatros, e viu que eram a mesma coisa. As torrinhas são construídas de jeito a manter bem viva na consciência do espectador a sua odiosa condição social.

— És pobre? Toma! Aguenta a dor de espinha do banco sem espaldar nos trens e nos teatros resigna-te a não ver nem ouvir o que vai no palco.

João Pereira ainda filosofava estas desconsoladoras filosofias quando o trem chegou.

Desembarcaram todos — à rica, pacotes e malas por mãos de solícitos carregadores. Só ele conduzia a sua, pequenina mala barata de papelão a fingir couro.

Saiu. Na rua, porém...

— *Diário Popular*, *Plateia*...

... lembrou-se dum jornal comprado em caminho e que deixara no carro. Não vale nada um jornal lido? Vale, sim, e tanto que Pereira voltou depressa a buscá-lo. Sempre é um bocado a mais de papel na casa. Ao penetrar no *Pullman* vazio tropeçou num pacote largado no chão.

— Não sou eu só o esquecido! — refletiu Pereira a sorrir, apanhando-o.

A curiosidade não é privilégio das mulheres. João apalpou o pacote, cheirou-o e por fim rasgou de leve um canto do invólucro.

— Dinheiro!

Era dinheiro, muito dinheiro, um pacotão de dinheiro!

Pereira sentiu um tremelique de alma e corou. Se o vissem naquele momento, sozinho no carro, com o pacote a queimar-lhe as mãos... "Pega o larápio!" Esqueceu do jornal lido e partiu incontinênti à procura do chefe da estação.

— Dá licença?

O chefe interrompeu o que fazia e olhou-o com displicência.

— Encontrei num carro do expresso este pacote de dinheiro.

À mágica voz de dinheiro o chefe perfilou-se e, arregalando os olhos num dos bons assombros da sua vida, exclamou pateticamente:

— Dinheiro?!...

— Sim, dinheiro — confirmou João. — Num carro do expresso. Eu voltava de Himenópolis, e ao desembarcar...

— Deixe ver, deixe ver...

João depôs sobre a mesa o pacote. Com os óculos erguidos para a testa, o chefe desfez o amarrilho, desembrulhou o bolo e assombrado viu que era na verdade dinheiro, muito dinheiro, um dinheirão!

Contou-o, com dedos comovidos.

Pasmou. Encarou a fito o homem sobrenatural.

— Trezentos e sessenta contos!

Piscou. Abriu a boca. Depois, erguendo-se, disse em tom sincero, espichando-lhe a mão:

— Quero ter a honra de apertar a mão do homem mais honesto que ainda topei na vida. O senhor é a própria honestidade sob forma humana. Toque!

João apertou-lha humildemente e também a de outros auxiliares que se haviam aproximado.

— O seu caso — continuou o chefe — marcará época. Há trinta anos que sirvo nesta companhia e nunca tive conhecimento de coisa idêntica. Dinheiro perdido é dinheiro sumido. Só não é assim quando o encontra um... como é o seu nome?

— João Pereira, para o servir.

— Um João Pereira, o Honrado. Toque de novo!

João saiu nadando em delícias. A virtude tem suas recompensas, deixem falar, e a consciência dum ato como aquele cria na alma inefável estado de êxtase. João sentia-se muito mais feliz do que se tivera no bolso, suas para sempre, aquelas três centenas de contos.

Em casa narrou o fato à mulher, minuciosamente, sem todavia indicar o *quantum* achado.

— Fez muito bem — aprovou a esposa. — Pobres, mas honrados. Um nome limpo vale mais do que um saco de dinheiro. Eu sempre o digo às meninas e puxo o exemplo deste nosso vizinho da esquerda, que está rico, mas sujo como um porco.

João abraçou-a comovido e tudo teria ficado por ali se o demônio não viesse espicaçar a curiosidade da honrada mulher. Dona Maricota, depois do abraço, interpelou-o:

— Mas quanto havia no pacote?

— Trezentos e sessenta contos.

A mulher piscou seis vezes, como se jogada de areia nos olhos.

— Quan... quan... quanto?

— Tre-zen-tos e ses-sen-ta!

Dona Maricota continuou a piscar por vários segundos. Em seguida arregalou os olhos e abriu a boca. A palavra dinheiro nunca lhe sugerira a ideia de contos. Pobre que era, dinheiro significava-lhe cem, duzentos, no máximo quinhentos mil-réis. Ao ouvir a história do pacote imaginou logo que se trataria aí duns centos de mil-réis apenas. Quando, porém, soube que a soma atingia a vertigem de trezentos e sessenta contos, sofreu o maior abalo de sua existência. Esteve uns momentos estarrecida, com as ideias fora do lugar. Depois, voltando a si de salto, avançou para o marido num acesso de cólera histérica, agarrou-o pelo colarinho, sacudiu-o nervosamente.

— Idiota! Trezentos e sessenta contos não se entregam nem à mão de Deus Padre! Idiota! Idiota!... Idiooooota...

E caiu numa cadeira, tomada de choro convulso.

João pasmou. Seria possível que morasse tantos anos com aquela criatura e ainda lhe não conhecesse a alma a fundo? Tentou explicar-lhe que seria absurdo variar de proceder só porque variava a quantia; que tanto é ladrão quem furta um conto como quem furta mil; que a moral...

Mas a mulher o interrompeu com outra série de "idiotas" esganiçados, histéricos, e retirou-se para o quarto, descabelando-se, louca de desespero.

As filhas estavam na rua; quando voltaram e souberam do caso, puseram-se incontinênti ao lado da mãe, furiosíssimas contra a *tal honestidade* que lhes roubava uma fortuna.

— Você, papai...

João quis impor a sua autoridade paterna. Ralhou e fê-las ver quão indecoroso era pensarem de semelhante maneira. Foi pior. As meninas riram-se, escarninhas, e deram de suspirar com o pensamento posto na vida de regalos que teriam se o pai possuísse melhor cabeça.

— Automóvel, um bangalô em Higienópolis, meias de seda...

— ... com *baguettes*...

— ... chapéus de Mme. Lucille, vestido de tafetá...

— Tafetá? Seda *lamée*!...

— Meninas! — esbravejou Pereira. — Eu não admito!

Elas sorriram com ironia e retiraram-se da sala, murmurando com desprezo.

— Coitado! Até dá dó!

Aquele nunca imaginado desrespeito magoou-o inda mais do que a repulsa da mulher. Pois quê?! Ter aquela recompensa uma vida inteira de sacrifícios norteados no culto severo da honra? Insultos da esposa, censura e sarcasmo das filhas? Teria, acaso, errado?

Verificou que sim. Errara num ponto. Devia ter entregado o dinheiro em segredo, de modo que ninguém viesse a ter notícia do incidente...

Os jornais do dia seguinte trouxeram notas sobre o grande acontecimento. Louvaram com calor aquele "gesto raro, nobilíssimo, denunciador das finas qualidades morais que alicerçam o caráter do nosso povo".

A mulher leu a notícia em voz alta, por ocasião do almoço, e como não houvesse sobremesa disse à filha:

— Leva, Candoca, leva este elogio ao armazém e vê se nos compra com ele meio quilo de marmelada...

João encarou-a com infinita tristeza. Não disse palavra. Largou o prato, ergueu-se, tomou o chapéu e saiu.

Na repartição consolou-se. Receberam-no com parabéns e louvores.

— O teu ato é daqueles que nobilitam a espécie humana — disse, dando-lhe a mão, um companheiro. — Toque.

Pereira apertou-lha, mas já sem comoção nenhuma, preferindo no íntimo que não lhe falassem naquilo.

Estavam todos curiosos de saber como fora a coisa e rodearam-no.

— Conta por miúdo a história, João.

— Muito simples — respondeu ele com secura. — Encontrei um pacote de dinheiro que não era meu e entreguei-o, aí está.

— Ao dono?

— Não. A um chefe, a um chefe lá...

— Muito bem, muito bem. Mas escuta: não devias ter entregado o dinheiro antes de saber a quem pertencia.

— Perfeitamente — acudiu outro. — Antes de saber a quem pertencia e antes que o dono reclamasse...

— ... e provasse — pro-vas-se, entendes? — que era dele! — concluiu um terceiro.

João irritou-se.

— Mas que é que têm vocês com isso? Fiz o que a minha consciência ordenava e pronto! Não compreendo essa meia honestidade que vocês preconizam, ora bolas!

— Não se abespinhe, amigo. Estamos dando nossa opinião sobre um fato público que os jornais noticiaram. Você hoje é um caso — e os casos debatem-se.

O chefe de seção entrou nesse momento. A palestra cessou. Cada qual foi para sua mesa e João absorveu-se no trabalho, de cara amarrada e coração pungido.

À noite, na cama, já mais conformada, dona Maricota voltou ao assunto.

— Você foi precipitado, João. Não devia ter tanta pressa em entregar o pacote. Por que não o trouxe primeiro aqui? Eu queria ao menos ver, pegar...

— Que ideia! "Ver, pegar"...

— Já contenta uma pé-rapada como eu, que nunca enxergou pelega de quinhentos. Trezentos e sessenta contos!...

— Não suspire assim, Maricota! Basta a cena de ontem...

— Impossível. É mais forte do que eu...

— Mas, venha cá, Maricota, fale sinceramente, fale de coração: acha mesmo que fiz mal procedendo honestamente?

— Acho que você devia ter trazido o dinheiro e devia consultar-me. Guardávamos o pacote e esperávamos que o dono o reclamasse — e provasse — pro-vas-se que era dele...

— Dava na mesma. Esse dinheiro nunca seria meu.

— Ficava sendo, é boa! Mas, olhe, João, você nunca pensou bem. Você não tem boa cabeça. É por isso que vivemos toda a vida esta vidinha miserável, comendo o pão que o diabo amassou...

— "Vidinha miserável!"... Sempre fomos felizes, nunca percebemos que éramos pobres...

— Sim, mas percebo-o agora, porque só agora nos surgiu a ocasião de enriquecer. Foi uma sorte grande que Deus nos mandou.

— "Deus... "

— Deus, sim, e você o ofendeu afastando-a com o pé. Poderíamos estar ricos, fazendo caridade, beneficiando os doentes... Quanta coisa! Mas a *tal honestidade*...

— "A tal honestidade!..."

— Sim, sim! Tudo tem conta na vida, homem! Ladrão é quem furta um; quem pega mil é barão, você bem sabe. Veja os seus companheiros. O Nunes, que começou com você no cartório, já ronca automóvel e tem casa.

— Mas é um gatuno!

— Gatuno, nada! O Claraboia, esse já tem fábrica de chapéus. O seu Miguel — até quem, meu Deus! — comprou outro dia um terrenão em Vila Mariana.

— Mas é um passador de nota falsa, mulher!

— Passador de nota falsa, nada! Tem boa cabeça, é o que é. Não vai na onda. Não é um trouxa como você...

E não teve mais arranjo a vida do homem honrado. Adeus, paz! Adeus, concórdia! Adeus, humildade! A casa tornou-se-lhe um perfeito inferno. Só se ouviam suspiros, palavras duras. João perdeu a esposa. Impossível reconhecer na meiga companheira de outrora a criatura amarga, irredutível de ideias, que a visão dos trezentos e sessenta contos produzira.

E aquele coro que com ela faziam as meninas, sempre irônicas, sarcásticas...

— O vestido da Climene custou quinhentos mil-réis. Quando teremos um assim!

— Pois, olhe, às vezes a gente *acha* na rua vestidos assim, não um, mas centenas...

— Que adianta? *Acha*, mas *desacha*...

E suspiros.

Também na repartição foi-se-lhe o sossego. Todos os dias torturavam-no com alusões e indiretas irônicas.

Certa vez um dos colegas disse logo ao entrar:

— Sabem? Encontrei na rua um lindo broche de brilhantes.

— E levaste-o logo ao *chefe*, digo, ao Gabinete dos Objetos Achados...

— Não sou nenhum trouxa! Levei-o, sim, ao prego. Deu-me trezentos e sessenta mil-réis — e desde já vos convido a todos para uma vasta farra no domingo próximo.

— Vai também, seu Pereira?

O mártir não respondeu, fingindo-se absorto no trabalho.

— Não dá a honra... É um homem honeeeesto... Raça privilegiada, superior, que não se mistura, que não liga... Pois vamos nós, beber à beça, beber o broche inteirinho! Nem todos nascem com vocação para santo do calendário.

E o pior foi que desde o malfadado encontro do dinheiro João Pereira entrou a decair socialmente. Parentes e conhecidos deram de fazer pouco-caso do "trouxa". Se alguém lhe lembrava o nome para algum negócio, era fatal o sorrisinho de piedade.

— Não serve, o João não serve. É um coitado...

Convenceram-se todos de que João Pereira não era "um homem do seu tempo". O segredo de todas as vitórias está em ser um homem do seu tempo...

Seis meses depois o descalabro da casa era completo. Perdida a alegria de outrora, dona Maricota azedara de gênio. Vivia num desânimo, lambona, descuidada dos afazeres domésticos, sempre aos suspiros.

— Para que lutar? Nunca sairemos disto... As ocasiões não aparecem duas vezes e quem deixa de agarrá-las pelos cabelos está perdido.

Aquele desleixo agravou a situação financeira da casa. Todos os encargos recaíam agora sobre os ombros do chefe, cujo ordenado não aumentava.

João enojou-se da vida e perdeu o ânimo de vivê-la até o fim. Desejou a morte e acabou pensando no suicídio. Só a morte poria termo àquele martírio de todos os momentos, forte demais para uma alma bem formada como a sua.

Um dia o proprietário do prédio suspendeu o aluguel. Dona Maricota deu a notícia ao marido, cheia de indiferença.

— Esteve cá o homem da casa e disse que do próximo mês em diante são mais cinquenta...

— ?!...

— Mais cinquenta mil-réis, sim, ali na ficha! Ou, então, olho da rua!

— Mas é uma exploração miserável! — exclamou Pereira. — A casa é um pardieiro e nós não podemos, positivamente não podemos...

— Pois é. E quando uns diabos destes perdem pacotes — porque você bem sabe que só eles possuem pacotes para perder —, inda aparece quem lhos restitua... Você está vendo agora como eles formam os tais pacotes. Arrancando o pão da boca duns miseráveis como nós — dos *honestos*...

— Pelo amor de Deus, Maricota, não me fale mais assim que sou capaz duma loucura!...

— Está arrependido? Está convencido de que foi tolo? Pois quando encontrar outro pacote faça o que todos fariam: meta-o no bolso. Quem rouba a ladrão tem cem anos de perdão.

Estavam à mesa, sozinhos, tomando o magro café da noite.

— E você ainda não sabe de uma coisa — continuou ela depois duma pausa, como indecisa se contaria ou não.

— Que é?

— Disse-me hoje a Ligiazinha que você anda por aí de apelido às costas...

— Quê?

— *João Trouxa!* Ninguém diz mais Pereira...

O mártir ergueu-se, lançado por violento impulso interno.

— Basta! — exclamou num tom de desvario que assustou a mulher, e largando de chofre a xícara retirou-se para o quarto precipitadamente.

Dona Maricota, ressabiada, susteve a sua caneca a meio caminho da boca. E assim ficou, suspensa, até que tombou para trás, estarrecida.

Reboara no quarto um tiro — o tiro que matou o último homem honesto...

O BOM MARIDO

1922

Enquanto a mulher morria no trabalho, com oito filhos à cola, Teofrasto, o bom marido, procurava emprego.

Teofrasto Pereira da Silva Bermudes. Magro, alto, arcado, feio. Bigodeira, orelhas cabanas, pastinha na testa.

Dona Belinha casara-se contra a vontade dos seus, movida, quem sabe, menos de amor que de dó. Apiedou-a a humildade romântica de Téo, cujo palavrear de namoro feria habilmente uma tecla apenas — sua pobreza.

— Que vale haver dentro de mim um coração de ouro, nicho que habitarias a vida inteira, Isabel? Que vale este meu amor puríssimo, forte como a morte, feito de todas as abnegações, renúncias e delicadezas, se sou pobre? Que crime horroroso, ser "pobrezinho"!... — e ele armava a cara dolorida das presas da Fatalidade.

O noivado inteiro foi esse ferir a nota exata. Teofrasto adivinhou por instinto que a corda sensível da moça era a da piedade e fê-la vibrar de mil maneiras. Lido que era nas *Tristezas à beira-mar*, em *Graziela*, Escrich e mais lacrimogêneos do ultrassentimentalismo, seu cérebro virou arsenal de glândulas peritas em verter lágrimas de 1840 sobre o coração das mulheres de hoje.

Venceu assim aquela e fê-la romper com a família — burgueses arranjados de límpida visão prática.

Inutilmente tentaram os pais abrir os olhos à moça.

— É um vagabundo, Belinha, sem eira nem beira, incapaz de ganhar a vida, malandro completo. Esteve na venda do Souza, mas foi posto no olho da rua por excesso de preguiça. Também esteve no cartório um mês e perdeu o lugar pelas mesmas razões. Além disso, é filho do Chico Manteiga, o maior parasitão que já vegetou por estes lados. Puxou ao pai...

— Falta de sorte — exclamava Belinha. — Téo ainda não se arrumou porque ainda não foi compreendido.

— Sorte!... Incapacidade é que é. Teofrasto não presta. Quem chega aos trinta e dois anos sem achar o que fazer na vida está julgado: não presta. Ele inventou esse casamento contigo por uma razão só: viver à tua custa.

— Isso não! Téo jurou que há de trabalhar feito um mouro para que eu tenha a melhor das vidas. Sou professora, mas ele não admite que eu tire cadeira.

— Diz isso agora. Casa-te e verás como tudo muda. Nasceu para chupim o malandro e escolheu-te para tico-tico...

A moça, entretanto, teimou. Preferiu romper com a família a soltar o romântico pretendente. As juras de Téo, suas cartas de arrancar lágrimas às pedras, recebidas todos os dias, e aquele seu modo de olhar com infinitos de meiguice, deram à menina forças para resistir à sensatez dos conselhos.

— Ninguém te conhece, Téo. Desprezam-te porque és pobre. Mas para mim a riqueza que vale é a que me ofereces: esse tesouro de amor e carinho que sinto em teu peito.

Téo respondia dando corda às glândulas lacrimais e estilando grossos pingos.

— Anjo de bondade, tu és o orvalho que reanima a planta queimada do sol, és a chuva que abranda o fogo do deserto, és o pão que mata a fome ao faminto, és Deus, és Tudo...

E abraçava-a, soluçante.

— Isabel, meu anjo da guarda, meu paraíso, minha salvação... Abençoado o momento em que te encontrei na vida...

Repousava a cabeça no colo da moça e ficava a soluçar baixinho, enquanto Isabel lhe alisava maternalmente as melenas revoltas.

Realizado o casamento, Teofrasto, ganho de súbito furor, deu de procurar emprego. Passava os dias fora de casa, na "labuta", e só vinha para as refeições, cansado.

— *Uf!* Não posso mais...

— Conseguiste alguma coisa?

— Promessas por enquanto.

Isabel revoltava-se contra a dureza dos homens. Por que motivo repeliam assim criatura tão boa, tão honesta, tão esforçada e de tanta capacidade? Todos se arrumavam, aqui, ali, bem ou mal; só Teofrasto se debatia em vão... Por quê? Três meses já de caça ao trabalho e nada...

Resolveu ajudá-lo. Obteria uma cadeira, mesmo contra a vontade dele, e lecionaria. Trezentos mil-réis por mês! Já dá...

Quando o marido soube desses projetos, indignou-se.

— Não consinto! Para trabalhar aqui estou eu, homem e forte. Tinha graça ver-te a ensinar meninos e a custear as despesas da casa...

— Mas, Téo, tu vives a te matar sem conseguires coisa nenhuma...

— Mas conseguirei. Insistirei até o fim. Fecham-me as portas? Arromba-las-ei. Habilitações não me faltam, tu sabes; falta-me sorte apenas.

— Sei disso. Ninguém o reconhece melhor do que eu. Mas havemos de ficar assim toda a vida, esperando?...

— Peço-te um mês de prazo. Juro-te que dentro de um mês estará tudo arrumado. O que não quero, o que de maneira nenhuma consinto, é que digam por aí: "Olhem o Téo, um homenzarrão, a viver do trabalho da pobre mulher". Isso nunca!

Passou-se o mês concedido, e mais outro, e o terceiro. Agravando-se a situação, resolveu Isabel requerer cadeira às escondidas do esposo. Fê-lo e foi feliz, vendo-se nomeada logo.

Nesse dia esteve Teofrasto na farmácia, como de costume. Lá se reuniam todas as tardes diversos amigos para comentário dos fatos locais e encrencas da alta política. Nenhum dissertava tão bem quanto ele. Ninguém como ele para "descangicar" aquela trapalhada de "hermismo" e "civilismo" que dividia o país.

Era hermista. Adorava o marechal Hermes, o Pinheiro Machado, o Surucucu e *tutti quanti*.

— Precisamos endireitar este país, custe o que custar. Basta de conselheiros! Venha a espada! Venha o pulso forte que diz — quero, posso e mando. É de despotismo, de um sábio e largo despotismo, que o país precisa.

Os civilistas troçavam.

— Espada burocrática, que vale? Antes a pena luminosa da Águia de Haia.

Téo pulava da cadeira, furioso.

— Águia de Haia? Sabem quem foi a verdadeira Águia de Haia? Foi o barão do Rio Branco! Rui não passou dum fonógrafo. Os discos iam daqui, pelo telégrafo.

Tomou fôlego, gozando-se da piada, e prosseguiu:

— Depois, respondam-me cá: e as emissões? Rui é emissor, e eu sou contra a emissão!

Um coronel lido em jornais saltou-lhe à frente.

— Calúnia velha! Rui já provou que o ministro da Fazenda que emitiu menos foi ele.

— Será. Mas a Revisão? A Constituição, como diz o Pinheiro, deve ser a arca santa, a deusa intangível — e Rui é revisionista.

— Está claro! Foi ele quem fez a joça e sabe melhor do que ninguém os vícios que ela encerra. O Pinheiro, um pente-fino de marfim, que é que entende de constituições? Entende de cavalos e *poker*, e nada mais...

— Não admito!

— Vá não admitir na casa do diabo!

Teofrasto abandonou a arena e foi para casa furioso. Entrou e caiu na rede, já com a habitual cara de vítima.

— Que infeliz sou, Isabel! O mundo me persegue. Corri ceca e meca. Nada...

— Não faz mal — respondeu a moça, cuja fisionomia irradiava. — Requeri às escondidas uma cadeira e obtive-a!...

Téo sentou-se de golpe.

— Quê?

— É verdade. Fui nomeada hoje adjunta ao grupo escolar.

Téo desmanchou a pastinha.

— Fado cruel! Destino espezinhador! Eu, que te adoro, que te quero com todas as veras de alma, ser obrigado a viver do produto do teu trabalho? Nunca!

— Mas que tem isso, bobo? Não sou vadia, gosto de serviço e a escola me distrairá.

— Nunca! Não consinto, não admito que minha adorada esposa trabalhe. Antes rebentar os miolos à bala!

— Não digas isso, Téo!...

— Digo, digo porque sinto! És um anjo e não me conformo com a situação.

E arrepelando a grenha, de olhos cravados no teto:

— Em que signo maldito nasci eu? Que te fiz, meu Deus, para me castigares desta maneira?

A criadinha veio nesse momento chamá-lo para o jantar. À mesa Téo prosseguiu na lamúria, alternando imprecações com garfadas.

— Não me conformo! Não me sujeito! Pensas que não tenho brio, Isabel? Como me conheces pouco ainda! Passa-me o arroz...

Isabel acalmava-o.

— Tolice. Todo mundo trabalha. A mulher do Pessegueiro não está a lecionar depois de velha? O marido perdeu o emprego e ela agora é quem... Coma deste bolinho, que está muito bom.

— Sim, mas ali o caso é diferente. Ele perdeu o emprego, mas logo arranja outro. Tem sorte, tem a proteção de todo mundo. Cerveja!... Oh! Isto é então um banquete?

— Natural. Quis fazer-te surpresa dupla: nomeação e jantarzinho melhor.

— Nomeação! Não pronuncies tal palavra, Isabel, que me ofendes sem querer. Hamburguesa? Por que não compraste Brahma? Gosto mais da Brahma.

Houve sobremesa e Téo repetiu o papo de anjo.

Entraram em fase nova. O ordenado da professora veio salvar as finanças do casal. E seriam perfeitamente felizes se não fora a resistência de Téo. Mas não se conformava, o homem...

Depois do almoço, todos os dias, saíam ambos, ela para a escola, ele para o "serviço exaustivo" de procurar emprego — na farmácia, onde crescia de virulência o eterno bate-boca político.

Assim viveram até a vinda do primeiro filho, cuja presença perturbou o regime da casa. Fazia-se necessário meter nova criada, simples pajem que fosse.

Téo achou que não.

— É boa! E quem pajeia o menino durante a minha ausência? — quis saber a esposa.

— Ora quem! Eu, Isabel.

— Não consinto. Nada mais ridículo que um homem de bigodes a pegar criança. Prefiro tomar costuras para fazer à noite e com o rendimento pôr criada.

— Mas eu é que não consinto que redobres de trabalho! Costurar à noite, que horror! Nunca!

Isabel, que já conhecia o gênio do marido, cedeu provisoriamente e finda a licença retomou as aulas, deixando em casa o marido às voltas com o pimpolho.

Correu tudo muito bem durante os primeiros dias, enquanto brincar com o filho era para Téo novidade. Ao termo de duas semanas, porém, fartou-se e principiou a sentir saudades da farmácia. Disse-o à esposa, estilizadamente.

— Não vai bem assim, Isabel. Perco o meu tempo aqui a lidar com o menino e desse modo não arrumo a vida. Quinze dias já que não procuro emprego.

— Não to dizia? O melhor é fazer como pensei. Tomo costuras de fora e ponho criada.

— Mas não posso conformar-me com esse redobro de trabalho, Isabel! Vá que ensines, mas costurar para fora...

— Que é que tem? Nada me custa, sou forte — e além disso é o jeito...

Veio a criada. Dona Isabel tomou costuras e passava as noites à máquina, pedalando. Cosia habitualmente até as onze. Inúmeras vezes ao se recolher encontrava o marido no vale dos lençóis, ressonando. Entrava de manso na ponta dos pés e despia-se sem rumor para não acordar o coitadinho. Como o queria! Tão carinhoso... Incapaz de entrar a desoras, às oito já estava ali ao lado dela, brincando com o pequeno, enfiando a agulha da máquina, contando os casos do dia.

— Tive com o Bragadas hoje uma discussão violenta na farmácia. Provei que o Hermes vai ser a salvação do país e ele embuchou. Ninguém pode comigo na polêmica! Nasci para advogado.

— Por falar, por que não tiras carta de solicitador? O João Candó não vive tão bem como rábula?

Téo segurou o queixo.

— É verdade. Está aí uma ideia que não me ocorreu ainda. Vou pensar nisso.

Teofrasto Pereira da Silva Bermudes pensou naquilo durante vários anos. Nesse intervalo vieram novos filhos, dois, três, quatro, cinco. Os encargos da família redobraram e dona Isabel teve que fazer prodígios para assegurar a subsistência do clã.

Pobre criatura! Perdera a mocidade. Seus vinte e seis anos pareciam quarenta. A beleza fora-se-lhe minada pela gravidez ininterrupta. Por fim, em consequência de certo aborto infeliz, entrou a perder a saúde. Era já com esforço que prosseguia na tarefa penosa, muito acima das suas forças.

Não se queixava, entretanto. Gabava-se até de feliz. Ao receber visitas, puxava logo a palestra para o tema clássico das mulheres, *os maridos*, e louvava o seu.

— Não é por me gabar, prima Biluca, mas marido como o meu não há outro. Téo me adora! A nossa lua de mel não acabou, nem acabará nunca. Que carinhos! Que meiguice! Sempre entrou cedo em casa, nunca me disse palavra dura, vive para mim, faz tudo quanto quero. Um mimo!

Biluca já não dizia o mesmo do seu. Casara com um homem forte, de rara atividade, que se absorvia nos negócios e estava prosperando magnificamente. Dava à família o máximo conforto, educava os filhos muito bem, mas... não era carinhoso. Muito ocupado sempre, não a punha ao colo, não lhe dizia palavrinhas doces.

Isabel irradiava.

— Téo não é assim. Beija-me sempre, ao sair e ao entrar. Tem caídos de noivo. E se você soubesse como se amofina de me ver trabalhar... Coitado!

Abria pausa de ternura e prosseguia:

— Sim, porque isso de homem para uso externo, uma figa! Quero maridinho para mim e não para as outras, não acha?

— Pois decerto!

— Téo mata-se no trabalho, passa os dias no serviço...

— No serviço?

— Sim... procurando emprego. Você sabe que não tem sorte nenhuma, o pobre; não há pior serviço do que esse. Mas não consegue colocar-se...

A fama do bom marido correu mundo. Todas as mulheres apontavam-no como o exemplo a seguir.

Os homens exemplares, porém, enfureciam-se.

— Um vagabundo daqueles! Um miserável chupim!

— Que tem isso? — disse uma. — Eu, franqueza, preferia que fosses também chupim, mas que me desses o carinho que ele dá à Isabel.

— É o cúmulo! Pois não vês que aquilo é profissão? Tipo asqueroso!... Agrada à mulher porque vive dela. É o seu negócio. Como há de um malandro daqueles encher o dia senão conversando bobagens na farmácia ou beijocando a idiota da esposa em casa?

Todos os homens pensavam assim; as mulheres, entretanto, liam pela cartilha da dona Isabel — e invejavam-na.

Dez anos se passaram sem que o emprego viesse. Estava escrito no livro do destino que Teofrasto morreria a procurar emprego. Fatalidade...

O triste é que viviam em penúria crescente. O trabalho da professora, por mais estirado que fosse, já não dava para vestir e alimentar os oito filhos pequenos e mais o nono, de bigodes.

A doença começou a derreá-la.

Mas como se galvanizava! Como insistia na terrível luta sem tréguas! Dona Isabel transformava em alento os carinhos do esposo. Comovia-se com eles e enlevava-se à noite a ouvi-lo dizer, da rede onde se balançava de pernas cruzadas, lançando baforadas para a ar:

— Isabel, como me dói ver-te sempre pedalando essa máquina! Por que não descansas um pouco? (Baforada.) Tenho o coração em chaga viva, pisado, torturado pela dor de não poder aliviar-te. (Baforada.) Tu te matas, Isabel, e eu...

Numa dessas vezes espicaçou-o uma ideia. Ergueu-se de salto e disse:

— Isto não pode ficar assim. Vou agarrar o coronel na rua e obrigá-lo a dar-me o posto de fiscal da Câmara. Se o não fizer, mato-o!

A mulher, assustada, interrompeu a costura.

— Pelo amor de Deus, Téo, não me vás cometer alguma loucura!...

— Não me detenhas, Isabel! Tudo tem fim na vida. Hei de conseguir, hei de extorquir, hei de arrancar o emprego! Não se martiriza assim um homem...

E saiu — ou vai ou racha — deixando a esposa apavoradíssima.

Fora, o ar livre acalmou-o e Téo seguiu para a farmácia, onde penetrou dizendo:

— Aposto o que vocês quiserem como antes do fim do mês os russos estão em Berlim. Assumiu o Governo o Kerensky, e o Kerensky é um bicho!

— Como sabe?

— Li. Como também aposto que o general Cadorna vai envolver os austríacos por cima e dar um pealo por baixo — exclamou fazendo gestos no ar, indicativos das operações estratégicas.

O diálogo se passava durante a Grande Guerra.

— Pois eu aposto — retrucou um germanófilo — que o Ludendorff esfrega toda essa canalha em três tempos!

A conversa pegou fogo. Aquela gente entendia de guerra muito mais que os beligerantes, e o ardor de Teofrasto excedia ao do próprio Clemenceau. O debate só arrefeceu quando o relógio da matriz soou as dez.

— Diabo! Perdi a conta esta vez! — exclamou Téo.

Despediu-se e tocou para casa apressadamente. Dona Isabel, assustada com a demora, recebeu-o convencida de tragédia.

— Que houve, Téo? Fizeste alguma para ele?

— Ele, quem?

— O coronel...

— Ah, sim, o coronel... Ficou para amanhã. Não houve meio de encontrá-lo.

A mulher calou-se, compreendendo tudo...

O estado de dona Isabel agravava-se dia a dia. Por mais que se fizesse de tesa, tinha de arrear a carga. Ponderou tudo com o seu raro bom senso e escreveu à família: "Fiz o que pude, mas estou vencida. Não me queixo. Sou feliz, imensamente feliz. Téo me adora e faz o possível para colocar-se. Não tem sorte. Persegue-o a mais cruel das fatalidades. Venham olhar para estas crianças, que o meu fim está próximo".

Téo nada soube desse passo e muito admirado ficou de ver chegarem os sogros.

Os velhos olharam-no com rancor e dirigiram-se para o quarto da filha.

Foi dolorosa a cena do encontro. Separados de dez anos, mal a reconheciam agora.

— Em que estado te encontramos, Belinha! Por que não nos chamou há mais tempo? O orgulho te matou...

Isabel, no fundo da cama, sorria.

— Perdoe, mamãe, e lembre-se de que não me queixo. Fui feliz. Téo é para mim um anjo de bondade. O que nos fez mal foi a miséria e agora a doença. Estou no fim.

Os pais choravam, assombrados em face da múmia a que se reduzira a linda menina de outrora. E culpavam-se de a terem abandonado, de não a terem socorrido a tempo.

Veio o doutor. Os velhos conferenciaram com ele a um canto.

— Caso perdido. Galopante. Morre exausta de canseira, de trabalheira excessiva, de partos e abortos mal conduzidos — de miséria, em suma. Aquele infame assassinou-a...

Dona Isabel morreu nos braços do bom marido, beijando-o e abençoando--o. Suas últimas palavras foram:

— O que mais me dói, Téo, é deixar-te sozinho no mundo, ao desamparo. Mas já pedi... e mamãe... olhará... por...

Não teve forças para o *ti*. Enunciou-o com os olhos e fechou-os para sempre.

Após o enterro, o sogro dispôs tudo para levar consigo o batalhãozinho de órfãos. Quanto ao chupim, puseram-no incontinênti no olho da rua.

— Fora daqui, assassino! Vá procurar outra!...

Teofrasto humildemente obedeceu. Saiu, procurou outra e achou... Um mês mais tarde ligava-se a certa mulata doceira, cuja quitanda ia próspera.

Guardou, entretanto, luto rigoroso e só dois meses mais tarde reapareceu na farmácia.

— *Resurrexit!* — exclamaram os amigos.

Teofrasto cumprimentou-os com cara de circunstância, triste como se recebera pêsames. E falou da morta.

— Uma santa! O meu consolo é que tenho a consciência tranquila. Fui o melhor dos maridos e fi-la a mais contente das esposas.

— Lá isso parece. Ela o dizia e *todas* o repetem. Mas, olha, isto aqui não é sala de visitas de casa de defunto. Está na berlinda a declaração de guerra do Brasil à Alemanha. Que achas?

Teofrasto mudou de cara, esquecido já da santa e todo nas unhas da paixão política.

— Acho que fizemos muito bem. Precisamos entrar na guerra e mostrar aos alemães de quantos paus se faz uma canoa. O presidente Wenceslau Braz é um bicho!...

O RAPTO

1923

Sou oculista.

Dentre tantas especialidades abertas ao anel de pedra verde, barafustei pela oftalmologia, movido de nobres razões sentimentais. Lutar contra a noite, arrebatar presas à treva: poderá existir profissão mais abençoada?

Assim pensei, e jamais me arrependi de o ter pensado. Minha melhor paga nunca foi o dinheiro ganho em troca dos milagres da faca de De Graefe,[1] senão o êxtase da triste criatura imersa na escuridão ao ver-se de súbito restituída à luz.

O oculista, fora dos grandes centros, é um animal andejo. Não pode estacionar permanentemente no mesmo ponto, a exemplo dos colegas que curam todas as moléstias conhecidas e *quibusdam aliis*. Encontra em cada zona um reduzido grupo de clientes, curados os quais, ou desenganados, força é que se abale de freguesia.

Fiz-me andejo. Andei de déu em déu, por ceca e meca, desfazendo cataratas, recompondo nervos ópticos; e se não enriqueci, vale um tesouro

1. Faca de Graefe: instrumento cirúrgico usado nas operações de catarata. (N.E.)

o livro da minha carreira clínica, tão cheio o tenho de impressões suculentas de psicologia ou pitoresco.

Estampo cá uma delas: o caso do cego de Rio Manso. Não é caso cômico e não será trágico; duvido, porém, que me apresentem outro mais humano — e de tão grande rigor de lógica.

Rio Manso é viloca que os fados plantaram seis léguas além de Itaguaçu, cidadezinha onde permaneci três meses de consultório aberto.

Parti para Rio Manso — lembro-me tão bem! — bifurcado em aspérrimo sendeiro de aluguel, avatar evidente do Rocinante, salvo o trote, que o tinha capaz de desfazer em pandarecos a nobre vestimenta de lata do herói manchego.

Meu Sancho era o Geremário, excelente cabrocha a quem extirpei uma catarata e que virou desde aí o meu fidelíssimo escudeiro.

Nem eu nem ele conhecíamos o caminho. Não obstante, funcionou Geremário como perfeita bússola, agudíssimo que é o senso de orientação adquirido pela gente da roça no traquejo da vida ao ar livre.

A terra é para eles um mapa vivo; e o chão das estradas, um roteiro luminoso. Conhecem a primor a linguagem dos sinais impressos no solo vermelho — sulcos de carros, pegadas de animais, galhos partidos, restos de fogueirinhas — e os leem como nós lemos a letra de forma. Foi assim que o arguto Geremário em certo ponto da viagem murmurou convictamente, com os olhos postos no caminho:

— Estamos chegando!

Olhei em redor e nada vi senão a mesma morraria desnuda, as mesmas samambaias. Nada denunciativo de povoado próximo.

— Como sabe, se nunca viajou destas bandas?

O meu cabrocha sorriu com malícia e explicou:

— A estrada está piorando. Estrada ruim, Câmara Municipal perto...

De fato, o caminho, bom até ali, principiava a esburacar-se. Pus-me a observar a mudança, rápida transição para pior, até que, dobrada uma curva, de chofre avistamos as primeiras casas da vila.

— Não disse? — exclamou jubiloso o pajem. — Câmara Municipal é marca que não nega...

Ri-me por fora, e por dentro admirei a suave ironia daquela agudeza de altos quilates.

Todos os nossos povoados possuem o mesmo aspecto suburbano — a mesma somática, como diria o meu velho professor de patologia, no seu preciosismo de acadêmico.

A estrada principia de repente a margear-se de humildes casebres de sapé e barro, com cercas de bambu atrepadas do melão-de-são-caetano, ou cercas vivas de pinhão-do-paraguai, cactos e outras plantas da zona. Aos poucos os casebres melhoram. Começam a surgir casas de telha, já rebocadas, já caiadas; e vendinhas; e tendas de ferradores; e assim vai em gradação insensível até virar rua, com passeios e espaçados lampiões de querosene.

Também a categoria social dos moradores acompanha tal ascensão. De mendigos, de velhos negros capengas, de sórdidas pretas que se espiolham ao sol — perfeita varredura humana de entristecedor aspecto —, a população passa a jornaleiros, a gente pobre mas arranjadinha, até chegar à "gente limpa". E como a rua, no crescendo em que vai, desfecha em praça — o largo da matriz, com gramados, coreto de música e casas de comércio —, assim também as "almas" sobem do mendigo roto ao senhor doutor delegado e ao excelentíssimo senhor coronel N. N., chefe da política local, semideus, dono e tutu-marambaia da terra.

Ao entrar em Rio Manso, vencidos os primeiros casebres, chamou-me a atenção um berreiro. Em certa casinhola fechada ia rolo velho, surra ou luta, a avaliar pelos gritos que de lá vinham. Não posso ver dessas coisas sem intervir. Parei à porta e com rompante de autoridade dei com a argola do relho.

— Que é lá isso aí?

O rumor interno cessou, mas ninguém me respondeu. Nisto aproximaram-se alguns vizinhos, de mãos no bolso e ar velhaco.

— Que terra é esta? — gritei. — Mata-se gente dentro das casas e ninguém se move?...

Retrucou-me um deles:

— Se a gente fosse se incomodar cada vez que o Bento Cego desce o guatambu nos filhos...

Bento Cego... O caso interessava-me. Pedi informações.

— É um cego que mora aqui, o Bento. Ele gosta da sua pinguinha. Bebe às vezes demais, vira valente e mete a lenha nos filhos. Tranca a porta e é, como diz o outro, pancada de cego!

Fiquei na mesma e, vendo que o sujeito não me adiantava o expediente, bati de novo na porta com o cabo do relho. Abriu-ma dessa feita um rapazinho aí dos seus catorze anos. Interpelei-o. O menino, a coçar-se, olhou para a gente reunida atrás de mim e riu-se.

— Bem se vê que o senhor não é daqui. Papai é assim mesmo. Bebe seus martelinhos e quando esquenta a cabeça o gosto dele é bater. *Nós deixa*, e até *se diverte* com isso...

Assombrei-me. Um pai cujo gosto é bater na prole e filhos que se divertem com a surra! Mas como cada roca tem seu fuso e eu não conhecia o uso daquela terra, não pedi mais — toquei para o hotel, vivamente interessado pelo estranho costume daquela família.

Armei tenda em Rio Manso e pus-me a consertar olhos. Entrementes, enfronhei-me na história do Bento Cego. Nascera arranjado, filho dum fiscal da Câmara, e quando casou morava em casa própria, legada pelo pai e sita em rua de procissão. Maus negócios fizeram-no perdê-la e passar à rua mais modesta. Vieram filhos, vieram doenças, macacoas de toda espécie, urucas, e Bento, a decair mais e mais, foi rolando para pior até acabar cego, à beira da cidade, na zona da mendicância.

Como e por quê?

Era Bento um triste incapaz. Não prestava para coisa nenhuma. Começasse por onde começasse, seu destino seria sempre aquele, acabar na rua chorando esmolas. Bobo em negócios, tinha, entretanto, fumos de esperto. Piscava o olho a cada transação que fazia, e quando os arregalava via-se logrado, tungado, embrulhado, furtado pelos "passadores de perna".

Fez-se barganhista, e jamais a barganha lhe deu o menor lucro. Começou pela casa. Barganhou-a por outra, muito inferior, tentado pela "volta". Em três meses comeu a "volta" e ficou a nenhum em matéria monetária.

Mas a tentação da "volta" não o abandonou mais. Iria barganhando e comendo as "voltas": solução mirífica, pensou ele piscando o olho.

E assim fez.

Casão por casa, casa por casinha, casinha por dois carros e quatro juntas de bois, os carros por dois cavalos, os dois cavalos por uma besta de fama que fazia e acontecia e não sei quem dava por ela oitocentos "bagos" — um negocião, sempre um negocião!

A ciganagem espigatória viu nele uma perfeita mina incapaz de resistir ao sésamo "volta"!

E tantas voltas deram no pisca-olho, que Bento se viu por fim com toda a herança paterna reduzida à mula, que não valia nem metade do preço. O freguês dos oitocentos bagos era fantástico e por muito feliz se deu ele de passá-la adiante por duzentos e sessenta mil-réis, mais uma garrucha velha de lambuja.

Os filhos, já taludos por esse tempo, saíram ao pai. Nunca frequentaram escolas, nem queriam saber de trabalho. Não se "sojeitavam". Pelas vendas, à toa pelas ruas, viraram os piores moleques da terra e transformaram num inferno a casa do Bento. Exigências, brigas diárias, palavrões imundos e uma lambança das mais sórdidas. E como o pai, frouxíssimo de caráter, nunca tivesse ânimo de lhes torcer o pepino, eles acabaram torcendo o pepino ao pai. Tratavam-no como alguém trata cachorro, aos pontapés, e por fim, quando a miséria chegou e faltou um dia feijão à panela, foram às últimas — espancaram-no.

Bento não reagiu.

Reagir como, se eram três e ele não chegava a um? Resignou-se. Estimulados por tamanha covardia, entraram os filhos a repetir as doses, a amiudarem-nas, até o meterem para ali, num canto, bode expiatório e armazém de pancadas.

Bento deixou de ser homem. Passou a coisa humana, triste molambo de carne pensante, tímida, apavorada; desprezado de todos, seu consolo único era o álcool, em cujo sopor vivia agora imerso.

Tal situação durou até a venda da besta. Aí explodiu. Quando entraram em casa os duzentos e sessenta mil-réis, mais a garrucha, Bento anunciou que ia aplicá-los num excelente negócio. Fartos de excelentes negócios, os filhos opuseram-se. Ele havia que repartir o cobre.

Bento resistiu, retesando as vagas fibras da energia ainda restante em sua alma. Os filhos quebraram-lhe a cara com o cabo da garrucha e fugiram com o dinheiro.

Datou daí a cegueira do homem; do espancamento resultou traumatismo do nervo óptico e consequente catarata.

Bento passou a mendigo.

Viúvo que era, sem cão em casa, arranjou um cão, um porrete, um negrinho sarambé para guia e iniciou vida nova.

Como em Rio Manso não existissem cegos, todos se apiedaram dele. Davam-lhe roupas velhas, chapéus, mantimentos, dinheiro — afora consolações verbais.

Resultou disso que uma relativa abundância veio substituir-se à miséria de até então. Chapéus, possuía-os às dúzias, e de todos os formatos, inclusive cartola! Calças, paletós e coletes, às pilhas. Até fraques e uma formosa sobrecasaca de debrum vieram enriquecer-lhe o guarda-roupa.

Bento dizia:

— Deus dá nozes a quem não tem dentes. Agora que é um corpo só na casa, tanta roupa, até fraque...

Mas os filhos marotos cheiraram de longe a reviravolta da fortuna e bateu-lhes a pacuera do arrependimento. Hoje um, amanhã outro, vieram os três, cabisbaixos e humílimos, implorar perdão ao velho.

Que não perdoará um cego, inda mais pai? Bento perdoou-os e readmitiu-os em casa. A esmola sempre farta havia de dar para todos.

E deu. Nunca daí por diante faltou feijão à panela, nem roupa ao corpo, nem dinheirinho para o resto, inclusive cachaça e fumo.

Milagre! Aquele homem que de olhos perfeitos jamais conseguira coisa alguma na vida além do desprezo público e da pancada dos filhos recebia agora provas de carinho, gozava certa consideração, fazia-se chefe da casa, respeitado, ouvido — e até temido!

Acostumou-se a mandar e a ser obedecido. E não o fizessem! E não o fizessem depressa! Sua mão, outrora tão frouxa, esmagava agora todas as resistências. Sua vontade encorpou, enrijou, deitou os galhos da veneta.

Até da viuvez se remendou o Bento. Surgiu logo uma parenta pobre que lhe escreveu propondo-se a morar com ele e cuidar da casa. Veio a mulher, arrumou-se, deu boa aparência de limpeza e ordem ao tugúrio da lambança e do desmazelo, fazendo coisa fina, que a toda gente causava pasmo.

Bento chegou a pensar na aquisição da casinha, e para isso foi apartando cobres.

Mais tarde, novo parente em petição de miséria veio achegar-se à sua sombra — um misantropo que lhe contava lorotas e lia capítulos do Bertoldo e da história de *Carlos Magno e os doze pares de França.*

Bento era fanático de Roldão e nunca admitiu que fosse lida a segunda parte do livro, em que Bernardo Del Carpio vence os doze pares.

— Mentira! Não venceu nada — dizia ele. — Veja se um Bernardo, seja donde diabo for, é lá capaz de aguentar uma só lambada da durindana de Roldão! Venceu coisa nenhuma...

Uma nuvem apenas toldava a paz da família restaurada. Bento bebia, e se errava a dose, sorvendo a mais um martelo que fosse, esquentava a cabeça. Aspectos da vida antiga vinham-lhe então à memória: o caso da besta, a cena da pancadaria, e Bento, com grande furor, apostrofava os filhos criminosos. Em seguida castigava-os. Corria os ferrolhos das portas e, chispando maldições tremendas, deslombava-os à cega.

Os filhos suportavam o tratamento sem a mínima reação. Mereciam-no e, além disso, era tão gostosa aquela vidinha esmolenga...

Foi por essas alturas que cheguei a Rio Manso, e o caso do Bento, que desde o primeiro dia me interessara à curiosidade, interessou-me depois à piedade.

Resolvi curá-lo.

Examinei-o e vi que cegara em virtude de catarata de origem traumática, sob forma de fácil remoção. A faca de De Graefe punha-o bom em três tempos.

Propus-lhe o tratamento.

— Deus que o abençoe! Que vontade tenho de ver de novo o sol! O sol, as cores, as gentes... Só quem perdeu a vista sabe o que valem os olhos. Esta noite sem fim...

— Terá fim a tua, meu velho. O caso é simples e tenho a certeza de pôr-te sãozinho como dantes. Apronto-te um quarto em minha casa, donde só sairás curado.

— Deus o ouça! Sempre pensei em procurar curar-me. Mas não havia médico por aqui, era preciso ir longe, viagem cara... Se os "videntes" soubessem o que é a cegueira...

"Videntes"! Ele chamava videntes aos que enxergam...

— Pois está combinado. Amanhã cedo vais ao meu consultório e amanhã mesmo te opero. E verás de novo o sol, as flores, o céu...

A fisionomia do cego irradiava.

— Sabe o que mais desejo ver? — disse revirando nas órbitas os olhos branquicentos. — A cara dos meus filhos. Eram tão maus e são hoje tão bonzinhos...

No dia seguinte, cedo, preparada a ferramenta, fiquei à espera do meu homem.

Oito, nove horas, dez, onze e nada. Bento não aparecia.

— Geremário, já aprontou o quarto do cego?

— Não, senhor.

— Por quê? Não ordenei isso ontem?

Geremário sorriu maliciosamente.

— O homem não vem, seu doutor. Vai ver que não vem. Pois se a sorte dele é ser cego...

Revoltou-me aquele cinismo de opinião e ordenei-lhe com rispidez que cumprisse minhas ordens sem mais filosofias. E inda de vincos na testa saí de rumo à casa do Bento.

Encontrei-a fechada. Bati e ninguém me respondeu. Insistia nisso quando à janela do casebre fronteiro assomou a trunfa duma bodarrona em camisa.

— Pode dizer-me que fim levou a gente desta casa? — perguntei-lhe.

— Seu Bento? Seu Bento foi-se embora. Ali pelas dez da noite os filhos "vinheram" com um carro de boi e um recado seu.

— Meu?...

— Seu sim! Que o doutor mandou dizer que fosse já, já, por causa da operação — uma história comprida. Seu Bento trepou no carro, com aquela coruja que mora com ele, mais o leitor de livros, e as roupas, e o cachorro, e o negrinho, e a cacaria inteira. Até uma cartola desta altura levaram! Depois o carro seguiu por esse mundo afora. Os filhos consumiram com ele...

Fiquei parvo, inteiramente desnorteado de ideias.

A boda prosseguiu:

— Mas se ele só presta porque é cego... Se sarasse, toda a família afundava na miséria outra vez...

No meu primeiro ímpeto de dar queixa à polícia disparei para a casa do delegado. A meio caminho, porém, estava arrefecida essa inspiração e, ao chegar à delegacia, gelada de todo. Parei à porta. Vacilei.

Em seguida dei de ombros, convencido de que o Geremário tinha razão e tinha razão a boda, e os filhos do cego tinham razão, e todo mundo tem razão.

Polícia! A polícia viria romper ineptamente esse maravilhoso equilíbrio das coisas de que resulta a harmonia universal.

Rodei para casa.

Logo ao entrar apareceu-me o Geremário com ar de quem adivinhou tudo.

— Ponha o almoço — ordenei-lhe secamente.

— Sim, senhor. E... posso desarrumar o quarto do cego?

Olhei bem para ele, ainda irritado. Mas a irritação caiu logo. Que culpa tinha o Geremário de conhecer a vida melhor do que eu?

Humilhei-me e respondi apenas:

— Desarrume...

MARABÁ

1923

Bom tempo houve em que o romance era coisa de aviar com receitas à vista, qual faz o honesto boticário com os seus xaropes.

Quer trabuco histórico? Tome tanto de Herculano, tanto de Walter Scott, um pajem, um escudeiro e o que baste de Briolanjas, Urracas e Guterres.

Quer indianismo? Ponha duas arrobas de Alencar, uns laivos de Fenimore, pitadas de Chateaubriand, graúnas *quantum satis*, misture e mande.

Receitas para tudo. Para começo (fórmula Herculano): "Era por uma dessas tardes de verão em que o astro-rei etc., etc.".

E para fim (fórmula Alencar): "E a palmeira desapareceu no horizonte...".

Arrumado o cenário da natureza, surgia, lá em Portugal, um lidador com o seu espadagão, todo carapaçado de ferro e ereto no lombo de árdego morzelo; ou, aqui no Brasil, um cacique de feroz catadura, todo arco, flechas e inúbias.

E vinha, ou uma castelã de olhos com cercadura de violetas, ou uma morena virgem nua, de pulseira na canela e mel nos lábios.

E não tardava um donzel trovadoresco que "cantava" a castelã, ou um guerreiro branco que fugia com a Iracema à garupa.

Depois, a escada de corda, o luar, os beijos — multiplicação da espécie à moda medieval; ou um sussurro na moita — multiplicação da espécie à moda natural.

A tantas o pai feroz descobria tudo e, à frente dos seus peões, voava à caça do sedutor em desabalada corrida, rebentando dúzias de corcéis; ou o cacique de rabos de arara na cabeça erguia as mãos para o céu de Tupã implorando vingança.

E dom Bermudo, apanhando o trovador pirata, o objurgava em estilo de catedral, com a toledana erguida sobre sua cabeça:

— Mentes pela gorja, perro infame!

Ou o cacique, filando o guerreiro branco, o trazia para a taba ao som da inúbia e lá o assava em fogueira de pau-brasil; vingança tremenda, porém não maior que a de dom Bermudo a fender o crânio do pajem e a arrancar-lhe o coração fumegante para depô-lo no regaço da castelã manchada.

E a moça desmaiava, e o leitor chorava e a obra recebia etiqueta de histórica, se passada unicamente entre Dons e Donas, ou de indianista, se na manipulação entravam ingredientes do empório Gonçalves Dias, Alencar & Cia.

Veio depois Zola com o seu naturalismo, e veio a psicologia e a preocupação da verdade, tudo por contágio da ciência que Darwin, Spencer e outros demônios derramaram no espírito humano.

Verdade, Verdade!... Que musa tirânica! Como fez mal aos romancistas — e como os *força* a ter talento!

Foram-se as receitas, os figurinos. Cada qual faça como entender, contanto que não discrepe do *veritas super omnia*, latim que em arte significa mentir com verossimilhança.

— Tudo isso para quê? — perguntará o leitor atônito.

É que trago nos miolos uma novela tão ao sabor antigo, tão fora da moda, que não me animo a impingi-la sem preâmbulo. E não é feia, não. Vem de Alencar, esse filho de alguma Sherazade aimoré, que a todos nós, na juventude, nos povoou a imaginação de lindas coisas inesquecíveis. E compõe-se de um guerreiro branco, duas virgens das selvas, caciques, danças guerreiras, fuga heroica etc.

Chama-se "Marabá" e principia assim:

Era por uma dessas noites enluaradas de verão, em que a natureza parece chovida de cinzas brancas.

Dorme a taba, e dorme a floresta circundante, sem sussurros de brisas, nem regorjeio de aves.

Só o urutau pia longe, e uma ou outra suindara perpassa, descrevendo voos de veludo ao som dum *clu, clu, clu*... que ora se aproxima, ora se perde distante.

No centro do terreiro, atado a um poste da canjerana rija, o prisioneiro branco vela. Foi vencido em combate cruento, teve todos os seus homens trucidados e vai agora pagar com a vida o louco ousio de pisar terra aimoré. Será sacrificado pela manhã ao romper do sol, cabendo ao potente Anhembira, cacique invicto, a honra de fender-lhe o crânio com a ivirapema de pau-ferro. Seu corpo será destroçado pelas horrendas megeras da tribo, sua carne devorada pelos ferozes canibais.

O guerreiro branco rememora com melancolia o viver tão breve — sua meninice de ontem, o engajamento numa nau, a viagem por mar, as aventuras nas terras novas de Santa Cruz, norteadas pela desmedida ambição do ouro.

É louro e tem olhos azuis. Em suas veias corre o melhor sangue do reino. Seu avô caiu nas Índias, varado duma zagaia cingalesa; seu pai, nos sertões inóspitos dos Brasis, acabou na paralisia do curare que seta fatal lhe inoculou.

Chegara a vez do mal-aventurado rebento último dessa estirpe de heróis...

Em redor, guerreiros cor de bronze, exaustos da dança e bêbados de cauim, jazem estirados, as mãos soltas dos tacapes terríveis. Também dormita o velho pajé, de cócoras rente à ocara, com o maracá em silêncio ao lado.

Que mais? Sim, a lua... A lua que no alto passeia o seu crescente.

Súbito, um vulto se destaca de moita vizinha e aproxima-se cauteloso, com pés sutis de corça arisca.

É Iná, a mais formosa virgem das selvas, oriunda do sangue cacical de Anhembira, o Morde-corações.

A virgem caminha em direção ao prisioneiro. Para-lhe defronte e por instantes o contempla, como presa de indecisas ideias.

Por fim decide-se e, ligeira como a irara, desfaz os nós da muçurana fatal e dá de beber ao guerreiro branco o trago de cauim desentorpecedor dos músculos adormentados. Em seguida mira-o a furto nos olhos, perturbada, e num gesto indica-lhe a mata, sussurrando em língua da terra:

— Foge!

O guerreiro branco vacila. Não conhece a mata, que é imensa, e teme encontrar em seu seio morte mais cruel que a pelo tacape de Anhembira.

Iná compreende o seu enleio e, tomando-lhe a mão, leva-o consigo; conhece a mata a palmo e sabe o caminho de pô-lo a seguro em sítio até onde não ousa alongar-se a gente aimoré.

A noite inteira caminham, e só quando um grande rio de águas negras lhes tranca o passo é que a virgem morena se detém. Aponta o rio ao moço guerreiro e nesse gesto diz que está finda a sua missão, pois que o rio leva ao mar e o mar é o caminho dos guerreiros brancos.

O moço tem o peito a estourar de gratidão e amor, e como não pode significá-los com palavras lusas, recorre ao esperanto da natureza: abraça a virgem morena, beija-a e, a céu aberto, ao som múrmuro das águas eternas, louco de paixão, a possui.

Reticências.

Ao romper da madrugada:

— É a cotovia que canta!... — diz ela.

— Não; é o rouxinol — retruca Romeu.

— É a cotovia...

— É o rouxinol...

Vence a cotovia. O moço beija-a pela última vez e parte. Não esquece, porém, de enfiar no dedo de Julieta um anel — joia indispensável ao desfecho da nossa tragédia.

PRIMEIRO ATO

A tribo está apreensiva. As velhas murmuram e o pajé inquieta-se.

— Marabá! — sussurram todos.

Castigo de Tupã? Sinal do céu que marca o termo da glória de Anhembira, o chefe da tribo?

Uma criança nascera ali, de olhos azuis e loura, evidentemente marabá. E nascera de Iná, a virgem bronzeada em cujas veias corre o sangue do grande morubixaba.

Traição!

A mãe mentira à raça, e do contato com o estrangeiro invasor, cruel inimigo que do seio do mar surgiu para desgraça do povo americano, teve aquela filha. O louro dos cabelos, o azul dos olhos, a alvura da pele denunciavam claramente o imperdoável crime.

— Marabá! — sussurram todos.

E um vago terror espalha-se pela tribo.

O pajé reúne em concílio os velhos para decidirem sobre o gravíssimo caso. E após longas ponderações a assembleia resolve o sacrifício da pequena marabá, em holocausto aos manes irritados da tribo.

Levam a sentença ao cacique, que é pai, mas que antes de pai é o chefe, o inexorável guardião da Lei velha como o tempo.

Anhembira cerra o sobrecenho, baixa a cabeça e queda-se imóvel como a própria estátua da dor.

Entre parêntesis.

Uma coisa me espanta: que haja inda hoje, nestes nossos atropelados dias modernos, quem *escreva* romances! E quem os *leia*!...

Conduzir por trezentas páginas a fio um enredo, que estafa!

Nada disso. Sejamos da época. A época é apressada, automobilística, aviatória, cinematográfica, e esta minha "Marabá", no andamento em que começou, não chegaria nunca ao epílogo.

Abreviemo-la, pois, transformando-a em entrecho de filme. Vantagem tríplice: não maçará o pobre do leitor, não comerá o escasso tempo do autor e ainda pode ser que acabe filmada, quando tivermos por cá miolo e ânimo para concorrer com a Fox ou a Paramount.

Vá daqui para diante a cem quilômetros por hora, dividida em *quadros* e *letreiros*.

QUADRO

Enquanto Anhembira, de cabeça derrubada sobre o peito, medita sobre a sentença que condenou a criança loura, uma índia velha corre a avisar Iná.

Iná é mãe e as mães não vacilam. Toma a filhinha nos braços e foge para as selvas...

QUADRO

Lindo cenário. Trecho de mata virgem trancado de cipoeira, trançado de taquaruçus. Vê-se à direita um velho tronco de enorme jequitibá ocado. É nesse oco que mora a menina loura de olhos azuis. A mãe ajeitou-o para esconderijo seguro; tapetou-o de musgos macios; fez dele um ninho de meter inveja às aves.

Ali dorme o lindo anjo, filho do amor a céu aberto. Ali recebe a mãe inquieta, que de fuga lhe traz o seio nutriz. De fuga, pois a tribo ignora o estratagema e está certa de que a filha de Anhembira arrojou ao abismo das águas o fruto maldito do seu ventre.

LETREIRO

Marabá cresceu no sombrio da mata, como a ninfa mimosa do ermo. Iná ensinou-lhe a vida e deu-lhe armas com que abatesse as aves que piam no subosque, e a caça ligeira que entoca, e os peixes faiscantes que se alapam nas pedras.

QUADRO

Marabá despede-se de sua mãe.

Já pode viver por si e quer seguir para ermos distantes onde não chegue o som das inúbias de Anhembira — lá onde o rio é como um deus irrequieto que ora escabuja nas fragas, ora brinca com as pétalas mortas remoinhantes em seus remansos.

Iná despede-se da filha e, repetindo o gesto do guerreiro branco, põe-lhe no dedo o anel de núpcias.

QUADRO

A vida solitária de Marabá. Seu namoro com o rio. Nele banha-se e mergulha e nada, com a linda coma loura flutuante, e nele mira seus olhos feitos de pedaços do céu.

É seu amante, é seu deus o rio eterno. É o ser vivo em cuja companhia refoge à depressão do ermo absoluto.

LETREIRO

Em Marabá confluem duas psíquicas — a da terra, herdada de sua mãe, e a do moço louro vindo de além-mar, duma plaga distante que em sonhos indecisos sua alma em botão adivinha.

QUADRO

Mas pouco cisma, a linda Marabá. O tempo lhe é escasso para a delirante vida de ninfa que é o seu viver ali.

Ora perde a manhã inteira na perseguição do gamo que veio beber ao rio; ora galga a pedranceira em prodígios de arrojo para colher uma flor que se abriu no mais alto da penha.

Persegue borboletas — e que quadro é vê-la no campo, veloz como a gazela, a loura cabeleira solta ao vento!

Sua nudez de virgem esplende em fulgor de escultura divina. Deus a esculpiu — e escultor nenhum jamais concebeu corpo assim, de linhas mais puras, seios mais firmes, ancas mais esgalgas, braços de torneio mais fino.

Tem a nudez divina, Marabá — porque existe a nudez humana: das criaturas que convivem entre humanos e sofrem todos os vincos da humanidade.

Marabá não viciou sua nudez no contato humano; é nua como é nu o lírio — sem saber que o é.

Mas é mulher. Adivinha de instinto que as flores fê-las Deus para a mulher, e colhe-as, e tece-as em guirlandas, e com elas enfeita os cabelos e o colo e a cintura. E assim, toda flores, mira-se no espelho das águas e sorri. E porque sorri, logo salta, alegre, e dança. E porque dança, anima as selvas da luz maravilhosa que os helenos ensinaram ao mundo.

Súbito, um rumor fá-la estacar. A filha de Dionísio se apaga e surge Diana. Ei-la de arco em punho, em louca desabalada, na pista do cervo incauto que lhe interrompeu a bela improvisação coreográfica.

Quem lhe ensinou a dançar?

Tudo. O sangue estuante em suas veias, o vento que agita a fronde das jiçaras, o remoinho das águas, as aves. Viu dançarem os tangarás, um dia, e desde esse momento sua vida é uma contínua e maravilhosa criação em que a alma da terra americana se exsolve em movimentos rítmicos.

Sempre mulher, Marabá amansou uma veadinha de leite e tem-na consigo como inseparável companheira, dócil às suas expansões de carinho. Com a pequena corça brinca horas a fio, e abraça-a, e beija-a no mimoso focinho róseo.

Que festa a vida de Marabá!

Ninguém a vence em riquezas. Ouro, dá-lhe o sol às catadupas, e todo só para ela. Perfume, não em frascos microscópicos o tem, mas ambiente, perenal; as flores só exalam para ela, e todas as brisas se ocupam em trazê-lo de longe, tomado da corola das orquídeas mais raras.

E as abelhas ofertam-lhe o mel puríssimo; e os ingazeiros de beira-rio dão-lhe a nívea polpa dos seus frutos invaginados; e cem árvores da floresta parecem precipitar a maturescência de suas bagas rubras, roxas, verdoengas, para que mais cedo os alvos dentes da ninfa as mordam com delícia.

E os dias de Marabá são assim um delírio de luz, de perfumes, de movimentos sadios e livres, capaz de enlouquecer a imaginação dos pobres seres chamados homens, que vivem em prisões chamadas cidades, dentro de gaiolas chamadas casas, com poeira para os pulmões em vez de ar, catinga de gasolina em vez de vida...

NOTA A MR. CECIL B. DE MILLE

Este papel de Marabá tem que ser feito por Annette Kellermann. Como, porém, Annette já está madura e Marabá é o que existe de mais botão, torna-se preciso inventar um processo que rejuvenesça de trinta anos a intérprete.

QUADRO

Um dia, um caçador tresmalhado surpreende a ninfa no banho.

É Ipojuca, o filho dileto de Anhembira e seu sucessor no cacicado. Três dias e três noites correu ele em perseguição de um jaguar; mas no momento em que dobrava o arco para desferir a flecha certeira, descaiu-lhe das mãos a arma e seus olhos se dilataram de assombro.

O corpo nu da virgem loura emergira das águas à sua frente.

— Iara?

No primeiro momento o medo sobressaltou-o — mas o sangue de Anhembira reagiu em suas veias, e não seria o filho do guerreiro que jamais conheceu o medo quem tremesse diante de mulher, Iara que fosse.

E Ipojuca imobilizou-se à margem do rio, em muda contemplação, até que a ninfa, percebendo-o, fugisse para o lado oposto, mais arisca do que a tabarana.

Ipojuca atravessou o rio e logo mergulhou na floresta, em sua perseguição.

Jamais as ninfas venceram a faunos na corrida. Foi assim na Grécia; seria assim sob o céu de Colombo. O filho do cacique alcançou-a. Seu braço de ferro enlaçou-a; suas mãos potentes quebraram-lhe a resistência e dobraram-lhe a cabeça loura para o beijo de núpcias.

Mas a virgem vencida abriu para o macho vitorioso os grandes olhos azuis e, encarando-o a fito, murmurou a tremenda palavra que afasta:

— Sou Marabá!

Ipojuca estarrece, como fulminado pelo raio, e deixa que a presa loura fuja para o recesso das selvas.

QUADRO

Ipojuca, o vencedor vencido, caminha de cabeça baixa, absorto em sonhos. Vai de regresso à taba. O jaguar que tinha perseguido cruza-se-lhe à frente. Ipojuca não o vê. A seta que lhe destinara cravou-lha Eros no coração.

QUADRO

Na taba, Ipojuca, desde que regressou, vive arredio. Pensa.

A cabeça lhe estala. Travam-se de razões seu cérebro e seu coração — o dever de solidariedade para com a tribo e o amor. Um impõe-lhe o desprezo da criatura maldita; outro pede-a para o beijo.

LETREIRO

Vence Amor — o eterno vencedor, e Ipojuca volta ao ermo em procura de Marabá.

QUADRO

A virgem loura, desde o encontro fatal, perdida tem a sua serenidade de lírio.

Cisma.

Horas e horas passa imóvel, com o olhar absorto. Sua veadinha ao lado inutilmente espera as carícias de sempre. Marabá não a vê. Marabá esqueceu-a. Como esqueceu as borboletas amarelas que douram o úmido em redor da laje onde jaz reclinada. Como não vê o casal de martins-pescadores que a três passos a espiam curiosos.

Marabá só vê o guerreiro de pele bronzeada que a subjugou com o braço potente, que lhe premiu com violência a carne virgem, que lhe derramou na alma um veneno mortal.

Marabá só vê o seu guerreiro.

Vê-lhe o vulto ereto, firme e forte como os penedos. Vê-lhe a musculatura mais rija que o tronco da peroba. Vê o fogo que seus olhos chispam.

E com tamanha nitidez o vê que para ele estende os braços, amorosamente.

E Ipojuca, pois era Ipojuca em pessoa e não sua sombra o que ela via, cai-lhe nos braços e esmaga-lhe nos lábios o primeiro beijo.

QUADRO

Idílio. Marabá espera o seu guerreiro no alto de uma canjerana.

Ipojuca chega, procura-a, chama-a, aflito.

A resposta é um punhado de bagas rubras que a virgem lhe lança da fronde.

Ágil como o gorila, Ipojuca abarca o tronco da canjerana e marinha galhos acima.

Ao ser alcançada, Marabá despenha-se no rio e mergulha.

Susto do índio, logo seguido de alegria ao vê-la emergir além. Lança-se à água, persegue-a — e são dois peixes de pasmosa agilidade que brincam.

Agarra-a — e a luta finda-se na doce quebreira dos beijos.

QUADRO

Moema, a formosa virgem por Anhembira destinada para esposa de Ipojuca, desconfia dos modos de seu noivo. Aquelas contínuas ausências, aquele incessante cismar, seu alheamento a tudo, dizem-lhe com clareza que uma rival se interpõe entre ambos.

E, como desconfia, segue-o cautelosa. E tudo descobre, pois alcança o rio onde, o coração varado de crudelíssima flecha, assiste, oculta em propícia moita, às expansões amorosas dos ternos amantes. Adivinha quem é a rival, pois que ainda tem vivo na memória o caso da marabazinha misteriosamente desaparecida.

QUADRO

Moema regressa à tribo e, sequiosa de vingança, denuncia ao pajé o esconderijo da virgem maldita.

O velho reúne os guerreiros, arenga-os, incita-os à vingança antes que volte Anhembira, alongado numa expedição de vindita contra os brancos invasores. Receia que o cacique perdoe à neta, movido pelas lágrimas da velha Iná.

QUADRO

Os guerreiros em marcha para a vingança.

QUADRO

Surpreendidos pelos índios, os amantes fogem rio abaixo numa piroga. (É difícil explicar o aparecimento desta providencial piroga, mas não impossível. Derivou rio abaixo, por exemplo, e ali ficou enredada numa tranqueira. Não esquecer de introduzir num dos quadros anteriores um *close-up* da piroga.)

Os índios metem-se em outras pirogas. (Mais pirogas! É que não derivou uma só, sim várias...) E remam com fúria na esteira dos fugitivos.

QUADRO

Continua a perseguição. Não há flechaços, para evitar-se o perigo de ferir-se Ipojuca. Perseguição silenciosa, à força de remos que estalam.

QUADRO

A noite vem e a regata continua ao luar.

QUADRO

E descem os fugitivos até que, de súbito, dão de cara com um fortim português.

LETREIRO

Entre dois fogos!

QUADRO

Os remos caem das mãos de Ipojuca. Marabá aninha-se-lhe ao peito rijo, indiferente à morte — que nada há mais suave do que acabar assim, a dois, em pleno apogeu do delírio do amor.

QUADRO

Os índios perseguidores ganham terreno. São avistados pelos portugueses, que logo acodem com os seus trabucos de boca de sino e abrem fuzilaria.

QUADRO

Os perseguidores fogem desordenadamente. Ipojuca, ferido no peito, é aprisionado juntamente com Marabá.

QUADRO

Na praia, ao lado do seu arco, Ipojuca estorce-se nas dores da agonia, enquanto Marabá é levada à presença do capitão do forte, que demora um minuto para apresentar-se.

QUADRO

Rodeiam-na os lusos e admiram-lhe a beleza do tipo europeu.

Nisto o capitão do fortim aparece.

Interroga-a; examina-a cheio de pasmo, como que tomado de vagos pressentimentos.

Marabá tem o anel que Iná lhe deu.

O capitão examina-o e, assombrado, o reconhece.

— Minha filha! — exclama.

E numa delirante explosão de amor paterno abraça-a e beija-a com frenesi.

QUADRO

Ipojuca, a distância, estorce-se na agonia. Vê a cena e, sem compreender o que se passa, julga que o capitão, como um sátiro, rouba-lhe a amante querida. Reúne as últimas forças, toma do arco, ajusta uma flecha e despede-a contra Marabá.

QUADRO

A flecha crava-se no peito da virgem loura, que desfalece e morre nos braços do pai atônito, enquanto na praia o heroico Ipojuca exala o derradeiro suspiro, murmurando:

LETREIRO

— *Minha ou de ninguém!*

(Acendem-se as luzes e enxugam-se as lágrimas.)

FATIA DE VIDA

1923

Não era homem querido, o doutor Bonifácio Torres. Não era querido pela ponderosa razão de pensar com sua própria cabeça. Para ser querido é força pensar como toda gente.

"Toda gente!"

Moloch social cujos mandamentos havemos de seguir de cabecinha baixa, sob pena dos mais engenhosos castigos. Um deles: incidir na pecha de esquisitice.

"É um esquisitão."

Inútil dizer mais. O homem marcado vê-se logo posto de través e à margem, como o leproso. Torna-se um indesejável. É um suspeito. Haja meio e eliminam-no do grêmio como a um corpo estranho, de malsão convívio.

Assombramo-nos ao recordar os crimes de grupo que enchem a história — Santo Ofício, guerras, matanças religiosas. Transportados à época vemos que o progredir humano não passa da consolidação das vitórias do "esquisitão" sobre "Toda gente".

"Toda gente" não tolerava dúvidas sobre a fixidez da Terra. Vem um esquisitão e diz: A Terra move-se em redor do Sol. "Toda gente", por intermédio de seus representantes legais, agarra o velho pelo gasnete e força-o a retratar-se.

— Renega a heresia, infame, ou asso-te já na fogueira!

Galileu baixou a cabeça encanecida e abjurou. E a Terra, que começara a girar em torno ao Sol, teve que mudar de política e imobilizar-se por muito tempo ainda. Hoje roda livremente. O monstro deu-lhe essa liberdade...

Como se vê, apesar da guerra que "Toda gente" move aos esquisitões as ideias destes influenciam e aos poucos transformam a mentalidade do Moloch. No começo o monstro encarcera, esquarteja, empala, sufoca. Depois volta atrás, medita e murmura: "Ele tinha razão!", e adere com a maior inocência.

"Toda gente" tem hoje a caridade como dogma infalível, e por esse motivo encarou com assombro o doutor Bonifácio quando o esquisitão sorriu a uma frase nédia e lisa do cônego Eusébio. O cônego Eusébio, conspícuo representante legal do Moloch, dissera no tom solene dos que monopolizam a verdade sobre o orbe:

— Não há virtude mais sublime. Só ela tem forças para resolver a questão social. Aquele movimento belíssimo durante a epidemia da gripe em São Paulo — que réplica de escachar o espírito que nega! Todos à urna, governos, matronas, meninas, associações, todos empenhados em lenir o sofrimento dos pobres, como que a derramar Deus nos corações!...

O doutor Bonifácio sorrira e o padre olhara-o de revés, com saudades, quem sabe, do bem-aventurado tempo em que sorrisos assim recebiam a réplica do fogo pio.

— Sorri-se o herege? — interpelou o padre. — Nega até a caridade?

— Não nego — respondeu mansamente o filósofo —, porque não nego nem afirmo coisa nenhuma. Negam e afirmam os atores, os que se agitam no palco da vida. Eu tenho meu lugar na plateia e, como não represento, observo. E como observo, sorrio — sorrio para não chorar...

— Seja mais claro.

— Serei. Quando o reverendo se abriu em louvores à caridade, não desfiz nessa cristianíssima virtude. Apenas me lembrei de certo drama a que assisti — e, repito, sorri para não chorar...

Depois de breve pausa de interrogativa expectação o doutor Bonifácio principiou.

— Isaura, a minha lavadeira...

As anedotas têm força de ímã. Vários curiosos aproximaram-se e ficaram a ouvir.

— Minha lavadeira, como todas as lavadeiras, era uma pobre mulher de incomparável heroísmo, desse que os épicos não cantam, o Estado não recompensa e ninguém sequer observa. Para mim, entretanto, é a forma nobre por excelência do heroísmo — a luta silenciosa contra a miséria.

— Que esquisitice!

— Porque é heroísmo ininterrupto, sem tréguas — continuou o doutor Bonifácio —, sem momento de repouso e, além disso, sem nenhuma esperança de qualquer espécie de paga.

— Vamos ao caso...

— Viúva com quatro filhos, a heroica Isaura matava-se no trabalho incessante. Aquelas mãos vermelhas e curtidas... Aqueles braços requeimados... Que máquinas! Era do movimento deles que vinha o sustento da casa. Parassem, repousassem — e a Fome, esquálida megera que ronda os bairros pobres, meter-se-ia portas adentro...

— Romantismo... "Esquálida megera"...

— No primeiro sábado da Grande Gripe, Isaura, minha pontualíssima lavadeira, não me apareceu como de costume com a sua bandeja de roupa lavada. Em lugar dela veio uma vizinha.

"— A Isaura? — perguntei-lhe.

"— Anda às voltas com os filhos. Deu lá a 'espanhola' e a pobre está que está numa roda-viva.

"— Hei de ir vê-la, coitada...

"— É caridade, senhor. A pobre é bem capaz de endoidecer...

"Não fui. Impediu-mo a própria gripe, cujos primeiros sintomas nesse mesmo dia comecei a sentir. Passei de molho três semanas e quando me levantei, e me preparava para ir ver Isaura, eis que ela me reaparece em pessoa.

“Em que estado, porém! Envelhecera vinte anos, tinha os cabelos brancos, os olhos no fundo, o ar de uma coisa vencida pelo destino. E tossia.

“— Sente-se e conte-me tudo.

“Sentou-se e, sem derramar uma só lágrima, pois já as chorara todas, narrou-me a sua tragédia.

“Tinha em casa uma filha de dezoito anos, que trabalhava na costura; outra de dezesseis, que a ajudava na lavagem; um filho de quinze, entregador de roupa, e mais uma netinha de seis anos, órfã.

“A gripe apanhou-os a todos e a ela também. Mas a pobre criatura não soube disso, não o notou. Como perceber que estava doente se suas faculdades eram poucas para atentar nos filhos? E lá sarou de pé, sem um remédio. E como ela também sarariam os filhos todos se...”

O doutor Bonifácio voltou-se para o cônego.

— ... se a caridade não interviesse...

— Já sei onde quer bater — exclamou o cônego. — Mas cumpre notar que quando falo de caridade não me refiro à assistência pública, nem sequer à filantropia. Falo da caridade sentimento, da caridade virtude cristã — concluiu baforando o cigarro, alegre, com ar de quem cortou vazas.

O doutor Bonifácio prosseguiu:

— ... se a caridade sentimento não sobreviesse por intermédio do coração bondoso de uma vizinha. Esta vizinha, compadecida daquele angustioso transe, telefonou a um posto médico narrando o caso e pedindo assistência. A ambulância veio justamente durante a ausência da Isaura, que saíra a compras, e levou-lhe todos os filhos para o Hospital da Imigração.

“Corriam boatos apavorantes a respeito deste hospital improvisado, onde — murmuravam — só se recebiam os pobres bem pobres e o tratamento era o que devia ser, porque pobre bem pobre não é bem gente. De modo que nada apavorava tanto o povinho miúdo como ir para a Imigração.

“Assim, ao voltar da rua e saber do acontecido Isaura estarreceu. Foi como se o próprio inferno houvesse aberto as goelas e engolido os adorados doentes. Quem zelaria por eles? Sozinhas no meio de desconhecidos, de enfermeiros mercenários, que seria das pobres crianças?

"Correu para aqueles lados, inquirindo às tontas: 'A Imigração? Onde fica a Imigração?'. 'É por aqui.' 'Dobre à direita.' 'É lá naquela casa grande', informavam-na pelo caminho.

"Chegou. Bateu. Esperou à porta um tempo enorme. Entravam e saíam pessoas apressadas, médicos, ajudantes, homens de avental. 'Não é comigo', diziam. 'Espere.' 'Bata outra vez.'

"Afinal, uma alma caridosa..."

— Ca-ri-do-sa — repetiu o cônego, sorrindo.

— ... uma alma caridosa apareceu e deu-lhe a informação pedida. Os filhos estavam lá, mais a netinha. A de dezesseis anos, porém, atacada de tifo.

"— Tifo?! — exclamou, alanceada, a pobre mãe.

"A alma caridosa enterrou mais fundo o punhal:

"— Sim, tifo, e do bravo.

"A mulher já não ouvia. De olhos esbugalhados, como fora de si, repetia a esmo a palavra tremenda — 'Tifo!' Conhecia-o muito bem. Fora a doença malvada que lhe arrebatara o marido.

"— Quero vê-la, quero ver minha filha!...

"— Impossível!

"Isaura lutou, insistiu.

"Inútil.

"A porta fechou-se com chave e a pobre mulher se viu despejada na rua.

"Andou muito tempo à toa, como ébria, sem destino. 'Olha a louca!', gritavam os moleques. E parecia mesmo, se não louca, pelo menos aluada.

"Súbito Isaura resolveu-se. Havia de ver os filhos. Era mãe. 'São meus, o mundo nada tem com eles. Eu os tive, eu os criei, só eu os quero no mundo. São tudo para mim. Como gentes estranhas me roubam assim os filhos, me impedem que eu, mãe, os veja? Nem ver, apenas ver? Oh, isso é demais.'

"Havia de vê-los.

"Galvanizada pela resolução, Isaura correu a implorar socorro de um homem influente cuja roupa lavava.

"O influente deu-lhe uma carta. 'Vá com isto que as portas se abrem.'

"Nova corrida ao hospital. Nova espera angustiosa. Por fim a mesma alma caridosa..."

O doutor Bonifácio entreparou, olhando para o sacerdote. E, como desta vez ele silenciasse, prosseguiu:

— Por fim a alma caridosa reapareceu e disse à desolada mãe:

"— Posso ir lá dentro saber de seus filhos, mas deixá-la entrar, não!

"— E a carta?

"— Inútil. É expressamente proibido.

"— Pois dê-me notícias de meus filhos, então.

"A alma caridosa foi saber dos doentinhos e a triste mãe, embrulhada em seu xale humilde, ficou a um canto, esperando. Minutos depois reaparecia a alma caridosa.

"— Olhe, sua filha morreu.

"— Morr...

"E os olhos da miseranda mãe exorbitaram, seus dedos se crisparam...

"— Morreu!... Mas qual delas?

"— Uma delas.

"— Mas qual? Qual?...

"Já eram gritos lancinantes que lhe saíam da boca. A alma caridosa fechou a porta e sumiu-se...

"O infinito desespero de Isaura nessa noite em casa, a revolver-se na cama, a remorder o travesseiro... 'Qual? Qual das minhas filhas morreu?...' A dor requintava-se ante a incerteza. 'Seria a Inesinha? Seria a Marietinha?' E o cérebro lhe estalava na ânsia de adivinhar. 'Qual delas, meu Deus?'

"São dores que a palavra não diz. Imagina-as a imaginação de cada um. Adiante.

"No outro dia a mulher correu de novo ao hospital. Repete-se a mesma cena — a ansiosa espera de sempre, os pedidos com lágrimas a saltarem dos olhos. O ambiente é o mesmo — de indiferença geral. Só não há indiferença na alma caridosa, que reaparece e pergunta:

"— Que quer de novo, santinha?

"— Meus filhos... saber...

"— Seus filhos? Não estão mais aqui. Foram removidos para o hospital do Isolamento, os dois.

"— Os dois?!...

"— Os dois, sim, porque a mais pequena também morreu.

"— A minha netinha morreu?!...

"— Coragem, minha velha, a vida é isto mesmo.

"E a porta fechou-se pela última vez."

As três ou quatro pessoas reunidas em torno do doutor Bonifácio ansiavam pelo final da história. "E depois?", era a sugestão de todos os olhos.

O doutor Bonifácio prosseguiu:

— Depois? Depois a gripe declinou, a normalidade foi se restabelecendo e os dois filhos restantes voltaram à casa materna. Em que estado! O menino, semimorto, cadavérico, e a Inês (só ao vê-la chegar soube Isaura qual das duas morrera) e a Inês com uma tosse de tuberculosa. E ali ficaram, destroços de horrível naufrágio, aqueles três miseráveis molambos de vida, sob a assistência da negra enfermeira — a Fome. Continuaram a viver, sem saber como, por instinto — num desvario, numa alucinação...

"Da última vez que vi a pobre Isaura, disse-me ela, entre dois acessos de tosse:

"— Tudo porque me levaram de casa os filhos. Se ficassem nada lhes teria acontecido. A nossa vizinha, tão boa, coitada, quis fazer o bem e fez a nossa desgraça. É um perigo ser muito bom..."

O doutor Bonifácio calou-se. O cônego não achou que fosse caso de comentar. A roda dissolveu-se em silêncio.

A MORTE DO CAMICEGO

1919

Foi o Edgard quem "lançou" esse monstro. O Camicego era para sua imaginação de quatro anos um "bicho malvado", grande como o guarda-louça. Depois foi crescendo, chegou a ficar do tamanho do morro.

Morávamos na fazenda, num casarão rodeado de morros, e ser grande como o morro avistado da "porta da rua" era algo sério...

Comia gente o Camicego, e tinha um bico *assim*! Este *assim* não era explicado com palavras, mas figurado numa careta de lábios abrochados em bico e olhos esbugalhados.

Com tão gentil focinho, não devia ser má rês o monstro — pensava a "gente grande" que, de passagem, via o Edgard refranzir os beicinhos naquela onomatopeia muscular. Mas para os nervosos cinco anos de sua irmã, a Marta, era de crer que fosse horrendo, tal o ríctus de pavor com que, enfitando a macaquice do irmão, instintivamente lhe arremedava o muxoxo.

E todas as noites, na rede da sala de jantar, ficavam os dois absorvidos no caso do Camicego — ele a desfiar as proezas incontáveis do monstro, ela a interrompê-lo com perguntas.

— E come gente?

(Preocupava à Marta, sempre que se lhe antolhava algo desconhecido, visto pela primeira vez — um besourão, um lagarto, uma coruja —, saber o grau de antropofagia da novidade. Para ela o mundo se dividia em duas classes: a dos seres bons, que não comem gente, e a dos maus, que comem gente.)

— Come sim! — inventava o Edgard. — Pois não sabe que comeu o filhinho da Mariana no dia da chuvarada?

Marta volvia os olhos sonhadores para a paisagem enquadrada na janela e quedava-se a cismar...

Nisto vinha para a rede um terceiro, o Guilherme, cujos dois anos e pico o traziam ainda muito amodorrado de imaginativa. Ouvia as histórias mas não se impressionava coisa nenhuma, e no meio da papagueada hoffmânica saltava ao chão e pedia coisa mais positiva — o pão de ló, o bolinho de milho, a gulodice qualquer do dia, entrevista no armário.

E a história continuava a dois, sempre na rede, onde eles se balançavam isócronos como dois ponteiros de metrônomo — sempre entremeada das perguntas da menina, futura leitora de Wallace e cabalmente dilucidada pelo Edgard, um Wells em embrião.

— E onde mora o Camicego?

No quarto escuro, no porão, debaixo da cama, no buraco do forno, naquele barranco onde caiu a vaca pintada — o Edgard encontrava incontinênti uma dúzia de biocos tenebrosos onde encafuar a sua criação.

Às vezes brincavam de casinha na sala de visitas, um grande salão sempre mergulhado em penumbra. Sob o sofá antigo, de canela-preta, armavam com álbuns de música e almofadas a casinha da Irene, a grande boneca de louça sem uma perna.

Que maravilhosa mobília tinha a casa da Irene! Coloridos cacos de tigela figuravam de suntuosa porcelana. Havia travessas e sopeiras "de mentira". Em torno sentavam-se sabugos de milho representando as grandes personagens da fazenda — Anastácia, a cozinheira; Esaú, o preto tirador de leite; Leôncio, o domador. Quando comparecia à mesa este herói, não deixava de figurar também, solidamente amarrado a um pé de cadeira, o último animal que ele amansara. Este último animal era sempre o mesmo chuchu com quatro palitos à guisa de pernas, uma pena de galinha como cauda e três caroços de feijão figurando boca e olhos — sugestiva escultura da cozinheira que aquelas crianças preferiam aos mais bem-feitos cavalinhos de pau vindos da cidade.

Assim brincavam horas, até que, de súbito, farto já, o Edgard apontava para um canto da sala, onde eram mais intensas as sombras, e berrava com cara de terror:

— O Camicego!

Debandavam todos em grita, tomados de pânico, rumo à sala de jantar, a rirem-se do susto.

Um dia apareceu no quintal um grande morcego moribundo, de asas rotas por uma vassourada da copeira.

O Edgard foi quem o descobriu; trouxe-o para dentro e sem vacilar o identificou:

— O Camicego!

Reuniram-se os três em torno do monstro, em demorada contemplação: a menina mais arredada, no instintivo asco da sua sensibilidade feminil; o Guilherme espichado de barriga, o rosto moreno apoiado nas duas mãos; o Edgard pegando sem nojo nenhum no bicharoco, estirando-lhe as asas em gomos de guarda-chuva, abrindo-lhe a boca para mostrar a serrilha dos alvos dentinhos. E explicava petas a respeito.

— E este Camicego também come gente? — perguntou a menina.

— Boba! Pois não vê que é um coitado que nem come esta palhinha? — e Edgard enfiou uma palha goela adentro do bicho já morto.

Nesse momento "gente grande" apareceu na sala e pilhou-os na "porcaria", e com ralhos ásperos dispersou o bando, pondo termo à lição anatômica.

O morcego, pegado com asco pela pontinha da asa, lá voou por cima do muro, pinchado, e xingado — "... esta imundície...".

Mas de nada valeu a energia. O improvisado necrotério transferiu-se ali da sala para detrás do muro, à sombra de uma laranjeira onde caíra o morcego. O Edgard, com uma faca de mesa, procurava abrir a barriga do "porco" para ver o que tinha dentro. Depois teve uma grande ideia: fazer sabão da barrigada!

A faca, porém, não cortava aquelas pelancas moles e rijas, o "porco" fugia à direita e à esquerda, e assim foi até que a Anastácia, de passagem para a horta em busca de coentro, pilhou-os de novo na "porcaria".

— Cambadinha! Vou já contar pra mamãe!...

Nova dispersão do grupo, e voo final da nojenta pelanca do vampiro, que desta vez foi parar em poleiro inacessível — em cima do telhado.

Datou daí a morte do Camicego. Não amedrontava mais.

Se Edgard o relembrava, os outros riam-se, porque a imaginação dos guris passara a encarnar o monstro na figura triste do pobre morcego morto, a estorricar-se ao sol no telhado.

Os homens, crianças grandes, não procedem de outra maneira. Os seus mais temerosos Camicegos saem-lhes morcegos relíssimos, sempre que uma boa vassourada da crítica os pespega para cima da mesa anatômica...

FORTUNA CRÍTICA

A presente fortuna crítica foi selecionada a partir do precioso arquivo pessoal de Maria Pureza Natividade Monteiro Lobato, a dona Purezinha, esposa de Lobato, que, durante anos, recortou cuidadosamente todas as notícias relacionadas ao marido e as colava num álbum – rica fonte para vários pesquisadores e que hoje se encontra na Biblioteca Monteiro Lobato, em São Paulo.

Como os textos eram recortados e colados segundo o critério de dona Purezinha, muitas vezes o recorte não incluía a data ou o nome do jornal ou revista em que o texto foi publicado. A maioria dos artigos do álbum contém apenas o autor do texto. Assim, não foi possível à editora localizar e obter a autorização apropriada desses veículos.

A seleção aqui apresentada foi feita a partir dos arquivos digitalizados por Vladimir Sacchetta, a quem a editora agradece especialmente. Quando foi possível localizar a data ou o veículo, está descrito no fim dos textos.

OS EDITORES

CARTA A MONTEIRO LOBATO

Oswald de Andrade

Meu velho amigo. Quero também trazer as minhas flores aos vinte e cinco anos moços dos *Urupês*. Transcrevo de um diário: "A Cyclone observou que o Lobato não é besta – senta de atravessado na vida". "Na salinha da Revista metralhada de estalidos de Remington, Lobato tira talões de recibo e grita para o Caiubi – 10 Urupês, 30 Sacis, 40 Mulas-sem-cabeça. Nacionalismo e comércio. O país que lê". Com esses trechos, apólogos autografados por Léo Vaz, recém-vindo de Piracicaba. Depois: "Lobato está célebre. O René Thiollier quer almoçar com ele no Jabaquara".

1918 – São Paulo ouvia o ruído dos primeiros aviões, voando muito alto, no azul, com medo de esbarrar nas casas de dois andares. E parava gente para ver. Da minha janela, naquela garçonnière que era um pouco distante do centro – na rua Líbero Badaró – olhávamos também. Por cima do cretone de um largo sofá de palha, sem bordas, misto de divã e de cama, rolavam umas provas. Na primeira página lia-se impresso o seu nome. E mal suspeitávamos – eu e você e os outros frequentadores daquele refúgio da cidade, que nos aparecia vulcânica nos tímpanos ainda recente da Light and Power – que uma oposição começava entre o seu livro e o avião. Hoje, passados cinco lustros, é você quem reclama a sua parte gloriosa na recuperação da nacionalidade que alguns daqueles moços iam arduamente tentar nas lutas da literatura. E lendo a frase de sua entrevista: "Os fatos mostram que o verdadeiro *Marco Zero* de Oswald de Andrade é esse livro", não venho retificar e sim esclarecer. De fato, *Urupês* é anterior ao Pau Brasil e à obra de Gilberto Freyre.

Mas você, Lobato, foi o culpado de não ter sua merecida parte de leão nas transformações tumultuosas, mas definitivas, que vieram se desdobrando desde a Semana de Arte de 22. Você foi o Gandhi do modernismo. Jejuou e produziu, quem sabe, nesse e noutros setores a mais eficaz resistência passiva de que se possa orgulhar uma vocação patriótica. No entanto, martirizaram você por ter falta de patriotismo!

Essas cousas acontecem. Os vinte e cinco anos dos *Urupês* são outro marco. Hoje, o tumulto parou diante de uma borboleta mecânica, onde se pede carta de identidade para o futuro. E você tem mais que isso, tem uma heráldica inteira, onde de um lado a saudade e de outro a faísca mordaz e sadia do riso cortam o campo laborioso da vida. Contra essa rica unidade, creia, nada prevalecerá!

Hoje, passados vinte e cinco anos, sua atitude aparece sob o ângulo legitimista da defesa da nacionalidade. Se Anita e nós tínhamos razão, sua luta significava a repulsa ao estrangeirismo afobado de Graça Aranha, às decadências lustrais da Europa podre, ao esnobismo social que abria os seus salões à Semana. E não percebia você que nós trazíamos nossas canções, por debaixo do "futurismo", a dolência e a revolta da terra brasileira. Que as camadas mais profundas, as estratificações mais perdidas da nossa gente iam ser resolvidas por essa "poesia de exportação" que eu proclamava no Pau Brasil. E que dela sairia aquele negro de Jorge Amado saudando, no cais da Bahia, todas as raças humanas.

O seu equívoco, Lobato, e o meu também, foi ter querido ganhar a vida como qualquer mascate. Você ingressava nas lides da cidade, com aquela confiança otimista que os temperamentos milionários oferecem ao sádico frigorífico do capitalismo, principalmente quando este é moço e age numa época sem polícia e numa terra sem escrita. Você oferecia um peito nu e atlético aos golpes mais profundos de que lançam mão a usura e o latrocínio. Viesse a forca, o empalamento, a proscrição, você responderia sempre com aquele riso inquietante, cheio de amanhãs, onde havia, sobretudo, uma honestidade integral, uma honestidade que não é deste mundo. E o resultado foi mais que a forca, o empalamento e a proscrição, foi a agrura de uma vida devalizada e incompreendida, ante a montagem dos grandes carnívoros que se alimentaram muitas vezes das suas ideias, das suas iniciativas e descobertas, como o abutre do Cáucaso ante a entrega messiânica de Prometeu.

De outro lado eu partia acreditando também, mas sem as amarras da Mantiqueira que você guardava nos olhos da infância. Eu vinha dos açoites do mar, com quatro séculos de aventura transcontinental, onde minha gente travou conhecimento, na África e na Amazônia, em Minas e no Ceará, com secas, jacarés, adamastores e meirinhos. Não me intimidavam, portanto, os chapéus melosos dos Graça Aranha, os sorrisos políticos dos magnatas ou o convívio gelado e interrogativo dos cristãos-novos das casas bancárias. Você não trazia essa cicloidia que me fazia tirar retratos, de barba, ao Aldo de Olavo Bilac no Jardim da Luz, batizar uma dançarina no Duomo de Milão e entrevistar Isadora Duncan nas madrugadas confortáveis dos hotéis. E por isso mesmo, muitas vezes fez de mim o "engraçado arrependido" do seu conto. Você, como o caboclo, amava sua casa de trepadeiras, longe das estradas batidas e solares. Queria era a viola no violáceo dos vales sem fim, barrados pelas montanhas, onde se escondem e agem os espíritos tutelares. Mas a vida obrigava você a endossar letras, assinar escrituras e travar conhecimento de perto com o Agostinho, o João, o Domingos e outros clientes vocacionais do T... S... N...

Que flama era essa que obrigava você a deixar a pacífica modorrada paisagem brasílica pela Ágora perigosa e barulhenta? É que, como todo poeta, você queria criar e trazia, em seu cérebro, a ação. Você carregava no seu destino o esquema do livro e a profecia do petróleo. E aí começou a dilapidação heroica. Você, insultado pela honradez, indefeso pela própria natureza do sonho que alimentava, entre os espias grosseiros do intresse, os adventícios do lucro, os exatores tenebrosos do negócio.

Pergunto-me às vezes por que você não realizou a obra revelada na anunciação das manhãs orvalhadas dos Urupês. E respondo com minha própria vida. Há dez anos que venho trabalhando o ciclo de romances de *Marco Zero* e somente agora posso entregar ao editor o primeiro volume. Porque, Lobato, nós não temos os funâmbulos da pesquisa, os trapezistas do documento, não temos, enfim, as amestradas "equipes" com que, na sombra das lareiras e na glória dos escritórios, os homens de veludo se divertem compondo compêndios impressionantes de economia e de política. Temos a rua, dura para trilhar, a mesa sem dosséis para escrever e a missão dolorosa e sobranceira de dizer o que pensamos.

Você sentiu-se cansado e refugiou-se numa calçada, rodeado de crianças. E começou a contar histórias. A princípio, a criançada achou divertidíssimo o que você falava. Era um roldão de informações, curiosidades e ensinos que vinham transfigurados em personagens de um país de maravilhas. Pouco a pouco a roda cresceu. Gente curiosa aproximava-se. Veio um senhor grave, sentou, outro, uma senhora de chapéu... E de um misto interessado de gente grande e de pirralhos, se compôs desde então o seu público apaixonado e crescente. Mas em torno de você, entrou a subir a atoarda mecânica de trilos e buzinas da cidade moderna, começou o cinema a passar, a pisca-piscar o anúncio luminoso, o rádio a esgoelar reencontros e gols. E a meninada pouco a pouco se distraiu. Um foi ver os *Esquadrões da madrugada*. Outro o Império submarino, um terceiro, com dentinhos em mudança, abriu a boca porque o Leônidas tinha machucado o dedão do pé esquerdo. E quando Tarzan passou, ali perto, pelo horto de Santos, maior era o mundo de adultos que rodeavam a sua ilustrada carochinha que o de crianças, ocupadas a dar tiro de canhão com a boca, andar de quatro, roncar como avião, grunhir de chimpanzé e imitar a marcha truncada e fantasmal do Homem de Aço. Sinais dos tempos!

Lobato, trava-se uma luta entre Tarzan e Emília. Mas isso há de ter fim. Já há exceções. Se, em outra ala, o garoto de Sérgio Milliet lê *Macunaíma*, conforme a informação do ilustre professor Dreyfus, ele há de voltar à Emília. E até o culto Occhialini, que desce a pé todas as semanas, das Agulhas Negras, para vir buscar o Gibi, há de trocar o L'il Abner pelo Rabicó. É uma crise imensa essa que toma conta da vida no furacão da guerra ideológica. A aparição histórica de Hitler fez todos os sucedâneos do homem primitivo saírem da caverna, tomarem corpo blindado e lutarem. Os mitos do século xx, do Rosenberg, foram postos a nocaute pelo mocinho russo, pelo marinheiro Popeye e pelo justiçador dos sertões vaqueiros. E o super-homem de Nietzsche não pôde com o super-homem do Gibi. Mas aí é que reside perigo candente. Um combate maior se anuncia num campo mais vasto, à sombra dos seringais generosos, na extensão solar das coxilhas, nas macegas, como nas ruas comerciais, nos escritórios e nos lares do Brasil, querem liquidar o Jeca Tatu!

O Jeca, você sabe melhor que ninguém, tem sobre o seu Cáucaso oleoso a pata gigantesca e astuta dos interesses equívocos. Dão-lhe armas mas negam-lhe os mananciais do sangue que movimenta as máquinas, ergue os aviões e equipa as cavalarias mecanizadas. Ele bem que é ajudado por uma ala simpática da América do Norte, à frente da qual está o cowboy Roosevelt e o camarada Wallace. Mas isso não basta. Lá mesmo, no solo dessa América medíocre e insípida que você conheceu, e Sérgio Milliet ainda ultimamente visitou, trava-se a luta entre os pioneiros do mundo melhor e o capitalismo de vistas curtas e unhas longas, tão longas que podem um dia alcançar a carne rochosa de nossas costas. Então será a vez do Jeca falar. Ele durante trinta anos garantiu a unidade da pátria contra os tubarões loiros da primeira Holanda, estendeu os tentáculos nacionais pelo trilho continental das bandeiras, lutou com o Bequimão nas estradas maranhenses, bateu-se mais de uma vez nas ruas de Recife, ombreou com os negros revoltados de Salvador, com os mineradores paulistas, com os farroupilhas, trabalhou o sertão e a cidade... fez o Brasil. E em paga de tudo isso, ficou aquele ser verminado e mulambento que você foi encontrar escorando com santinhos as paredes dos ranchos mortos. Cumpre despertá-lo, Lobato! E se a tecnização não for possível no aparelhamento de uma siderurgia imediata, refaça-se o milagre da resistência dos Sertões que Euclides apontou como penhor e flecha da independência viril do nosso povo.

Esqueçamos a estética e a Semana de Arte e estendamos a mãos à sua oportuna e sagrada xenofobia. Hoje, as comunhões são necessárias.

O Jeca vai para a guerra, vai dar o seu sangue pela redenção da Europa. Ficará, depois, à mercê da tecnização amável que, por acaso, queira interessar-se pelas gulodices do mundo em paz? Seria preferível refluirmos então para o coração da mata no rasto das bandeiras atuais. E lá resistir e de lá voltar para os Guararapes de amanhã. Já que é pela liberdade que se luta, que nossa independência se firme solar e decisiva, erguida sobre a técnica e regada pelo sangue útil do petróleo que você anunciou.

Sem o que, teremos que usar o chuço do Conselheiro, o cassetete dos Xavantes e o mosquetão que tenazmente derrotou todas as Holandas da nossa história. E usaremos.

Que, em torno do Urupê de hoje, se restabeleça, pois, Lobato, a "rocha viva" que Euclides sentiu na Stalingrado jagunça de Canudos.

PROBLEMA VITAL

Lima Barreto

Poucas vezes se tem visto nos meios literários do Brasil uma estreia como a do sr. Monteiro Lobato. As águias provincianas se queixam de que o Rio de Janeiro não lhe dá importância e que os homens do Rio só se preocupam com as coisas do Rio e da gente dele. É um engano. O Rio de Janeiro é muito fino para não dar importância a uns sabichões de aldeia que, por terem lido alguns autores, julgam que ele não os lê também: mas, quando um estudioso, um artista, um escritor, surja onde ele surgiu no Brasil, aparece no Rio, sem esses espinhos de ouriço, todo o carioca independente e autônomo de espírito está disposto a aplaudi-lo e dar-lhe o apoio de sua admiração. Não se trata aqui da barulheira da imprensa, pois essa não o faz, senão para aqueles que lhe convém, tanto assim que sistematicamente esquece autores e nomes que, com os homens dela, todo o dia e hora lidam.

O sr. Monteiro Lobato com o seu livro *Urupês* veio demonstrar isso. Não há quem não o tenha lido aqui e não há quem o não admire. Não foi preciso barulho de jornais para o seu livro ser lido. Há um contágio para as boas obras que se impõem por simpatia.

O que é de admirar em tal autor e em tal obra, é que ambos tenham surgido em São Paulo, tão formalista, tão regrado que parecia não admitir nem um nem a outra.

Não digo que, aqui, não haja uma escola delambida de literatura, com uma retórica trapalhona de descrições de luares com palavras em "ll" e de tardes de trovoadas com vocábulos com "rr" dobrados; mas São Paulo, com as suas elegâncias ultraeuropeias, parecia-me ter pela literatura, senão o critério da delambida que acabo de citar, mas um outro mais exagerado.

O sucesso de Monteiro Lobato, lá, retumbante e justo, fez-me mudar de opinião.

A sua roça, as suas paisagens não são coisas de moça prendada, de menina de boa família, de pintura de discípulo ou discípula da Academia Julien: é da grande arte do nervoso, dos criadores, daqueles cujas emoções e pensamentos saltam logo do cérebro para o papel ou para a tela. Ele começa com o pincel, pensando em todas as regras do desenho e da pintura, mas bem depressa deixa uma e outra coisa, pega a espátula, os dados e tudo o que ele viu e sentiu sai de um só jato, repentinamente, rapidamente.

O seu livro é uma maravilha nesse sentido, mas o é também em outro, quando nos mostra o pensador dos nossos problemas sociais, quando nos revela, ao pintar a desgraça das nossas gentes roceiras, a sua grande simpatia por elas. Ele não as embeleza, ele não as falsifica; fala-as tal e qual.

Eu quereria muito me alongar sobre este seu livro de contos, *Urupês*, mas não posso agora. Dar-me-ia ele motivo para discorrer sobre o que penso dos problemas sociais que ele agita; mas são tantos que me emaranho no meu próprio pensamento e tenho medo de fazer uma coisa confusa, a menos que não faça com pausa e tempo. Vale a pena esperar.

Entretanto, eu não poderia deixar de referir-me ao seu estranho livro, quando me vejo obrigado a dar notícia de um opúsculo seu que me enviou. Trata-se do "Problema vital", uma coleção de artigos publicados por ele, no *Estado de S. Paulo*, referentes à questão do saneamento do interior do Brasil.

Trabalhos de jovens médicos, como os doutores Arthur Neiva, Carlos Chagas, Belisário Penna e outros, vieram demonstrar que a população roceira do nosso país era vítima desde muito de várias moléstias que a alquebravam fisicamente. Todas elas têm uns nomes rebarbativos que me custam muito a escrever, mas Monteiro Lobato os sabe de cor e salteado e, com ele, hoje muita gente. Conhecia-as, as moléstias, pelos seu nomes vulgares: papeira, opilação, febre e o mais difícil que tinha na memória era — bócio. Isto, porém, não vem ao caso e não é o importante da questão.

Os identificadores de tais endemias julgam ser necessário um trabalho sistemático para o saneamento dessas regiões afastadas e não só estas.

Aqui mesmo, nos arredores do Rio de Janeiro, o dr. Belisário Penna achou duzentos e cinquenta mil habitantes atacados de maleitas etc. Residi, durante a minha meninice e adolescência, na Ilha do Governador, onde meu pai era administrador das Colônias de Alienados. Pelo meu testemunho, julgo que o dr. Penna tem razão. Lá todos sofriam de febre e logo que fomos para lá, creio que em 1891, não havia dia em que não houvesse, na nossa casa, um de cama, tremendo com a sezão e delirando de febre. A mim, foram precisas até injeções de quinino.

Por esse lado, julgo que ele e os seus auxiliares não amplificam o estado de saúde das nossas populações campestres. Têm toda a razão. O que não concordo com eles é com o remédio que oferecem. Pelo que leio em seus trabalhos, pela que a minha experiência pessoal pode me ensinar, me parece que há nisso uma questão de higiene domiciliar e de regime alimentar.

A nossa tradicional cabana de sapé e parede de taipa é condenada e a alimentação dos roceiros é insuficiente, além do mau vestuário e do abandono do calçado.

A cabana de sapé tem origem muito profundamente no nosso tipo de propriedade agrícola — a fazenda. Nascida sob o influxo do regime do trabalho escravo, ela se vai eternizando, sem se modificar, nas suas linhas gerais. Mesmo em terras ultimamente desbravadas e servidas por estradas de ferro, como nossa zona da Noroeste, que Monteiro Lobato deve conhecer melhor do que eu, a fazenda é a forma com que surge a propriedade territorial no Brasil. Ela passa de pais a filhos; é vendida integralmente e quase nunca, ou nunca, se divide. O interesse do seu proprietário é tê-la intacta, para não desvalorizar as suas terras. Deve ter uma parte de matas virgens, outra parte de capoeira, outra de pastagens, casa de moradia, de colonos, currais etc.

Para isso, todos aqueles agregados ou coisa que o valha, que são admitidos a habitar o latifúndio, têm uma posse precária das terras que usufruem; e, não sei se está isto nas leis, mas nos costumes está, não podem construir casa de telha, para não adquirirem nenhum direito de locação.

Onde está o remédio, Monteiro Lobato? Creio que procurar meios e modos de fazer desaparecer a "fazenda".

Não acha? Pelo que li no "Problema vital", há Câmaras Municipais paulistas que obrigam os fazendeiros a construir casas de telhas para os seus colonos e agregados. Será bom? Examinemos. Os proprietários de latifúndios, tendo mais despesas com os seus miseráveis trabalhadores, esfolarão mais os seus clientes, tirando-lhes ainda mais dos seus míseros salários do que tiravam antigamente. Onde tal coisa irá repercutir? Estamos, portanto, na mesma.

Em suma, para não me alongar. O problema, conquanto não se possa desprezar a parte médica propriamente dita, é de natureza econômica e social. Precisamos combater o regime capitalista na agricultura e latifúndio, dividir a propriedade agrícola, dar a propriedade da terra ao que cava a terra e planta e não ao doutor que vive na "Casa Grande" ou no Rio ou em São Paulo. Já é tempo de fazermos isto e é isto que eu chamaria o "Problema vital".

NEGRINHA

Luiz da Câmara Cascudo

Negrinha é o segundo tomo do *Urupês*. Ligam-se pelo mesmo vínculo de observação, crítica e ideias nossas, originais, sabendo à terra, aos ares e às coisas do Brasil. Desviam-se da literatura que entulha as livrarias do Rio e São Paulo. Livrinhos bolorentos, imagens que a França nos impinge através de Calmann-Lévy, Lemerre, Vernier, de Carpentier ou o aristocrático Ferrand. Estamos nos debatendo numa turbamulta de nervosismos, simbolismos, cubismos, futurismos, aplicados às letras, cheirando a mofo e incenso — temas velhíssimos se batidos por três séculos de frivolidades parisienses. Monteiro Lobato é um pioneiro fortíssimo junto à nova bandeira que desbasta e alarga as nossas terras, apondo às exteriorizações banais das brochuras "*avec ex-libris*" estudos, contos, narrativas, romances e discursos, onde, cantando e reflorindo, a alma do Brasil cresce e domina. São Paulo está se tornando a nossa Leipzig — a cidade dos livros. O caminho perlustrado por Afonso Arinos traz, após o seu exemplo, uma nova corrente de estetas e patriotas. Monteiro Lobato à frente da sua empresa editora faz-nos um duplo bem: incentiva a cultura dos nossos cenários, coisas e costumes, multiplica, pela ação do seu espírito, as energias adormecidas dos nossos intelectuais que Bourget e Anatole haviam embotado. Quer em prosa ou verso, Gustavo Barroso, Valdomiro Silveira, Paulo Setúbal, Coelho Neto, Amadeu Amaral e Afrânio Peixoto vão nos guiando a um estado de perfeição maior, de Arte pura, cantando e descrevendo almas e costumes que nos cercam.

Negrinha reúne bem à técnica o esforço do artista, a clareza e luminosidade do verbo; o "Drama da geada" é um exemplo. Fala-nos do sacrifício, da energia paulistana domando a terra, ordenando a gleba, dispondo os elementos, orientando, dentro da canalização da vontade, os impulsos instintivos de Cíbele revoltada. O desastre da geada destruindo o labor de muitos anos traz-nos à ideia, num contraste vivo, o nosso sertanejo lutando à procura d'água num terreno de brasas, sob um sol de fogo. "Fitas da vida" é emoção pura. Arte na acepção máxima do vocábulo. Raros, nestes tempos d'annunzianos de estesias e nevroses, são os que percebem a doçura e o sentimento desta joiazinha em que fulgura o nortista bravio, retendo no coração de bronze o amor e a lealdade instintiva por quem lhe fez o bem. "Negrinha" é a história do cativeiro infame que 1888 não acabou, e que se prolonga ainda hoje. "Bugio moqueado" é um duplo trabalho de adaptação, técnica e vigor. "Colocador de pronomes" segue o ritmo das historias adoráveis de *Cidades mortas*. É um caso bem nosso, um "documento humano" como se dizia no velho tempo de Zola. Aldrovando Cantagalo se esparrama e se esgalha em filhos e acostados de família por todos os recantos do Brasil. O homem a grunhir sentenças filológicas é tão comum por aqui como o poeta de cabeleira imensa e Bilac na munheca. "Jardineiro Timóteo" é uma obra-prima. Nunca mais me saiu da lembrança aquele velho jardineiro cultivando num quintalejo da província floresinhas agrestes e antigas. Os amores-perfeitos, miosótis, violetas, perpétuas, sempre-vivas, resedás, perfumam estranha e emotivamente o conto. Por ele relembrei flores que já desapareceram daqui: as bocas-de-leão, vermelhas como rubis, rosas maxixes, goivos cor de opala e crisoberilos, hortênsias dum brilho fosco de safiras, margaridas, humildes arremedos do crisântemo triunfal e aristocrático, ora-pro-nóbis, maravilhas, espirradeiras esgalhantes, uma multidão de flores que a Crisandália, a Paul Neron, a La France ou a Bola de Ouro substituíram e venceram, no pequeno reino perfumado dos canteiros floridos. Toda a tortura do velho Timóteo é bem natural e bem nossa, e, numa página de arte e de estilo curvado e alegre, fazendo viver num recanto estranho duma fazenda sulista, a floração antiga dos nossos campos — perfumes e vidas que desapareceram para sempre.

Monteiro Lobato continua a espalhar nos seus livros o seu espírito finíssimo de seleção, escolhendo e burilando amorosamente assuntos tão ligados ao nosso sentimento que os sentimos viver, numa vida luminosa e efêmera, nas mãos criadoras do artista.

Monteiro Lobato, triunfador, consegue em cada livro publicado uma nova vitória, cercando os seus assuntos de ideias e paisagens nossas, graça, vigor e sentimento, domando a Crítica estreita, e fóssil numa apoteose de espírito e de vontade.

Março de 1921

CIDADES MORTAS

Luiz da Câmara Cascudo

Monteiro Lobato reuniu sob este título romântico alguns contos, umas crônicas, umas observações felizes, e subtitulou-as "Contos e impressões". Fosse eu, o rótulo seria o proclamado por Maria Amália Vaz de Carvalho "Coisas que eu penso". A crítica é impossível para este livro. Amizades ou antipatias cercam-nos. A pena é impelida pela dupla visão do querer ou do aborrecer, como nas velhas brincadeiras de prendas. Certas frases, ditos, estilo, tom, colorido, maneira de se expressar nos são tão compatíveis e amoldáveis que fatalmente vai o espírito compondo no diapasão da "Crítica admirativa", no dizer feliz de Cláudio Gans. Ante Machado de Assis, Rui Barbosa ou o ciclópico Euclides da Cunha, ficamos eternamente naquele "êxtase convencional" que horrorizava Théophile Gautier e o supercrítico Fradique Mendes. Oscar Wilde frisa: "Sem o espírito crítico não há criação artística alguma digna deste nome". Entra aí o novo Taine como um selecionador, um sentimento mais atilado na escolha das criações, a mais perfeita. A crítica no Brasil apresenta-se sempre (pelo menos é caracterizada pelos seus maiores, Araripe, Romero, Verissimo etc.) uma dualidade coeterna e insuperável: ora é a chuva de Danae que fulgura cobrindo tudo d'ouro e de amor, ora a síntese esterilizadora das quatro patas do cavalo de Átila. O meio-termo ainda não apareceu. Nestor Victor é melhor, é típico e luminoso ensaísta que crítico. João Ribeiro é possuidor duma teoria de estética extremamente complexa. Andrade Murici com o seu "Emiliano Perneta" ou Tasso da Silveira com o "Romain Rolland" descrevem sinceramente o que sentem, isto é, a grande admiração, o apoio incondicional, imutável, aos espíritos que os impressionou. O criador do "Vultos do meu caminho" não é que um impressionista em literatura como o foi Manet em desenho. Medeiros e Albuquerque é o paradoxo vivo. Depende de certas particularidades a sua visão crítica. Ronald de Carvalho é quase perfeito, se não tem olvidado ali ação de Luiz Delfino e os nomes de Vicente de Carvalho, Nestor Victor e Almachio Diniz. Eu tenho por lema que a crítica é múltipla e depende do maior ou menor grau de amizade espiritual para com o autor, ou melhor, para os dizeres, as descrições. Para avaliar um livro mau se formos atender a todos os atenuantes do autor, idade, meio, crença, raça, cultura etc. Daí o melhor é, clara, lógica e sinceramente, lançarmos em letra de forma as impressões. Descrever o que sentiu ao ler e não tentar ler o que sentiu. É melhor verdade, pois, dizer "gastei porque no bem ao espírito" do que remexer Brunetière e acordar Sainte-Beuve. Espíritos iniciantes no mundo adoram aquelas Madalenas, as Théodoras, o imperador Carlos Magno, Roldão. Depois ascendem... Passam num voo rápido e ousado todas as éticas e estéticas. Voltam ou terminam naqueles poemas de Rabindranath Tagore; simples e emotivos. Para mim as tonitruâncias ruidosas de Euclides, descrevendo o Sertão, não m'o fizeram reconhecer a verdade saída do poço, como a vi, no *Terra de sol* de Gustavo Barroso. Simplesmente porque um sentiu e o outro viu. Um andou, passou, olhou, descreveu. Um outro padeceu, caminhou, viveu a vida triste das vilas sertanejas, viu o grande espírito do seu povo e de sua terra por uma razão banal, ele era da terra e do povo que descreveu. Em literatura as transplantações são sempre desastradas. Cada macaco no seu galho. São estas as minhas ideias. Naturalmente evoluirão. De Petalan para cá, o mundo marcha, e com ele os homens, as modas e as crenças. Há duas maneiras clássicas de se rotular um livro bom. E dizer "há de ficar" ou "são páginas de bronze e de neve". Quer dizer que umas vão e outras ficam. Sei que existem livros que "ficaram". Ficaram como penedos, rochas, lajes, monotrilhos. Eternizam-se pela resistência inamovível, e para todo o sempre "ficam" como a esfinge de Gizé, que todos olham e ninguém compreende. No entretanto, na lei fatal das compensações, livros passaram, e ainda hoje, vago, irreal, transitório, perpassam noutras publicações os dizeres felizes, as imagens gravadas pelo artista no momento feliz da glorificação. *Cidades mortas* entra no segundo caso. Passará porque é um livro de época. Emoção transitória, leitura rápida, fácil, luminosa. Prestígio dum nome aureolado. Porém ficará perfumando, as suas imagens, os ditos simples, as histórias amenas, delicadas, *humour* sadio e límpido que faz bem. Demais em arte quero eu que seja a perfeição, a maior ou menor facilidade do artista criar no ambiente que o cerca o mundo interior que o deslumbra. O único dever do esteta criador seria conservar quem o lê, no mesmo grau de emoção sentida pelo autor. *Cidades mortas* prendem inexoravelmente a atenção desde a primeira página. As sensações daquelas cidades adormecidas num recanto quieto da província e ligadas à vida dos centros maiores pelo "débil cordão umbilical do correio" são flagrantíssimas e apontamo-las iguais em todos os Estados. Aqui possuímos São José, São José de Mipibú, que o talento irônico de Ivo Filho chamou "Alto da Soledade", eu o chamaria "Oblivion". É uma Oblivion sem a Cruz de Ouro. O "Isaac-garrafa-de-licor-de-cacau", sem o carrinho, sem a enxada sonorosa, sem um espírito sadiamente humorista que lhe anote as pequenas causas. São José é uma "Oblivion" ainda mais silenciosa e monótona. Vê-se que Monteiro Lobato não criou, descreveu, não pensou, sentiu, viu, e naturalmente venceu descrevendo as impressões.

Requeremos leituras como a de *Cidades mortas*. Livros que não peçam dicionários, nem uma paciência de Jó. Um livro leve, perfumado, airoso, de uma simplicidade perfeita, uma crítica irresistível aos costumes, uma ironia delicada, flexível, cortante, que sibila, que voa e que fere brilhando. O "Luzeiro agrícola", "O plágio", "O espião alemão", "*Gens ennuieux*", "O fígado indiscreto", "O adorável", "Caso do tombo", o emotivo conto "Cavalinhos", demonstram mais uma vez a capacidade crítica de Monteiro Lobato. Para o Sertão revendo o que o cérebro heleno de Affonso Arinos descreve e canta, o inimitável senhor de Jeca Tatu dá-nos páginas soberbas como "O Resto de Onça". Todos os mais trabalhos, desde o "Por que o Lopes se casou" até o estranho e sentido "A poesia e o poeta", são sínteses felizes de observações admiráveis. *Cidades mortas* é um livro para ser lido nas horas calmas da sesta, amorável, humorístico, delicado. Quando terminei a leitura tive a impressão de ver um imenso lago tranquilo e sereno, todo azul, onde a Malícia delicada da Frase, de leve passa, e de leve esfrola.

CABOCLISMO

(A propósito das *Ideias de Jeca Tatu*)

Ribeiro Couto

Pelo vigor quase muscular do seu estilo, eu tinha a impressão, antes de conhecer o sr. Monteiro Lobato, de que o criador de Jeca era um homenzarrão de voz tonitruante, gesticulando nervoso, agitado. Depois verifiquei, ainda uma vez, que o estilo não é o homem... Nada de voz tonitruante, nem de gestos nervosos. Quando numa tarde chuvosa de São Paulo subi as escadas da *Revista do Brasil*, conduzido pela mão de Oswald de Andrade, esse curioso sensitivo das páginas romanescas do *João Miramar*, vi um sr. Monteiro Lobato como as fotografias não mo poderiam mostrar nunca: um homenzinho moreno amarelado, abstrato, ar de fadiga, gestos moles, frases vagas. Era o próprio Jeca Tatu, porém barbeado, limpo, vestido com a decência normal de um negociante matriculado. Apenas com um enorme talento emboscado lá no íntimo.

Estas *Ideias de Jeca Tatu* — ideias que Jeca Tatu teria, se ele pensasse, diz o autor no prefácio — são a prova da força desse enorme talento. E da cultura do sr. Monteiro Lobato.

Eu não quero dizer com isso que concordo com as ideias desse Jeca retórico e irreverente. Mesmo, acho que o sr. Monteiro Lobato erra quando, cabeçudamente, estreitamente, subordina todas as questões e todas as coisas ao ponto de vista preconceituosíssimo do seu nacionalismo. O nacionalismo do pai espiritual de Jeca (e pai material, porque é o seu editor) aproxima-se imenso, aproxima-se tanto, que se confunde con o caboclismo. Definir o caboclismo *periculosum est*. Todos sabem, no entanto, que é mais ou menos um sistema patriótico caracterizado pela ideia vã de fabricar, em dois tempos, um Brasil absolutamente brasileiro, rejeitando tudo o que é estrangeiro. Esse sistema genial nasceu no interior do Brasil. Nenhum homem das cidades litorâneas pensa nisso, muito simplesmente porque as cidades litorâneas — não só do Brasil, como de todos os países — devem a sua grandeza ao contato de ideias, formas e mercadorias estrangeiras. As reações regionalistas nascem sempre no interior do país. O caboclismo, porém, é menos que uma reação regionalista, porque não quer subordinar o país aos costumes e ao espírito de uma região. O caboclismo quer que o Brasil esplêndido (apesar de tudo esplêndido) de 1920, com cidades maravilhosas que o estrangeiro ajudou a construir, com uma cultura feita pelas elites nos livros europeus, com uma literatura, onde há obras recomendáveis como os *Urupês*, o caboclismo quer, ingênuo e ridículo, que se diga cardápio em vez de *menu* e que só se leia Camilo Castelo Branco, aquele enorme Camilo que deixou cem livros e nenhuma obra de arte!

Ideias de Jeca Tatu é a Bíblia dos caboclistas...

Não obstante, eu admiro nas páginas deste livro impetuoso e sonoro a chispa imprevista das sátiras, o brilho súbito de certas ironias, os relâmpagos de um pensamento novo, o fulgor de fé com que o sr. Monteiro Lobato grita e reclama por uma "originalidade" na arte do país. É um livro luminoso. Evocando daqui o escritório da *Revista do Brasil*, tenho a impressão de que aquela sala é uma oficina de ferreiro e que o sr. Monteiro Lobato, iluminado pelos clarões da forja, é um ferreiro vigoroso, malhando o ferro aceso das suas ideias...

Para mim, a maneira errônea, porém, harmônica e consciente, de um escritor encarar um fenômeno determinado, seja ele social ou estético, não constitui um "defeito". Constitui, simplesmente, a sua "maneira". Mas, se não pensasse desse modo, eu diria que o defeito do sr. Monteiro Lobato é o seu caboclismo. Para ele, tudo o que não cheirar, em culinária, o tutu de feijão com toicinho: em poesia, a

A casa em que mora aquela
Menina cor de açucena,
É uma casa pequena,
Casa de porta e janela;

em pintura, ao *Negaceando* de Almeida Júnior; em arquitetura, aos casarões feitos no estilo acaçapado e balordo dos tempos do rechonchudinho d. João VI; em indumentária, a roupa comprada feita, de carregação "et cœtera, et cœtera" — é estrangeirado, é sem fibra, é sem originalidade, é "almofadinha", é idiota. Não conheço ninguém maia escravo de uma ideia fixa, parada, estática do que o sr. Monteiro Lobato. Ele não compreendeu ainda, ou finge não compreender por atitude de polemista cioso de vender os seu livros, o fenômeno de absorção étnica do momento brasileiro. Explico-me: estamos numa fase de evolução, melhor, de gênese, em que todos os valores — artísticos, morais, sociais, raciais — existentes no país tendem a fundir-se, ou talvez harmonizar-se, para daí nascer um "tipo". Tipo de tudo: raça, costumes, pensamento, estética. Estamos absorvendo. Estamos sofrendo uma ampla endosmose.

Natura non facit saltus. E por isso mesmo, porque a natureza não é palhaço de circo, essa "originalidade" geral que o sr. Monteiro Lobato tanto quer virá a seu tempo, suavemente, sem trancos nem pulos. Pode ele gritar contra os mil e um estilos arquitetônicos de São Paulo e pedir que se invente um estilo com base fisionômica colonial. Havemos de "evoluir" para um estilo único, mas com o tempo. Um estilo arquitetônico é a expressão, em pedra e cal, da psicologia de um momento nacional. Ora, o nosso momento nacional é confuso, baralhado, polifisiológico. Os mil e um estilos, que fazem o sr. Monteiro Lobato zangar-se, exprimem com sinceridade esse momento...

E a evolução para o "estilo brasileiro" não há de se dar em São Paulo somente. É em todo o Brasil.

Porque outro "defeito" do sr. Monteiro Lobato é olhar apenas São Paulo. O sr. Monteiro Lobato só enxerga o panorama que se descortina da janela da *Revista do Brasil*. A sua visão dos fenômenos sociais e artísticos do país só vai até a Moóca, Vila Mariana e Água Branca. "Não temos arte!" Por quê? Porque o sr. Freitas Valle escreve poemas em francês. Ora, isso é caboclismo... Um artista escreve na língua que melhor transmite as suas sensações. Se a sensibilidade do sr. Freitas Valle se encontra mais à vontade no francês, que escreva nessa língua os seus belos "tragi-poemas". Se o sr.

Monteiro Lobato não pode dizer o que quer com talento, senão em português, dentro do qual se sente em pijama e chinelos, que nos dê outros livros como *Urupês*, *Cidades mortas* e *Ideias de Jeca Tatu*.

Ideias de Jeca Tatu, entretanto, como todos os seus preconceitos caboclos, é um livro necessário. Todo livro que representa uma reação é necessário. E mais necessário ainda é este sr. Monteiro Lobato, que sabe dizer as coisas com uma honesta independência e, no estilo, uma certa chalaça, camiliana. A sua franqueza é tão simpática que dá vontade à gente de apertar-lhe a mão.

(Depois do que eu lhe digo aqui, também com independência, ele apertará a minha?)

Ideias de Jeca Tatu, portanto, é um livro para levar muito a sério. Livro-látego. Livro-ataque. Livro-reação. Desperta o desejo da luta. Eu, que aqui estou de sobrolho franzido, sorrindo, com cigarro irônico à boca, não sou a prova disso?

O sr. Monteiro Lobato, afirmei, é necessário. E muito. Pois que estamos naquele apontado período de evolução, o sr. Monteiro Lobato é um elemento de equilíbrio entre o nosso fácil instinto de imitação *à la diable* e uma forte tendência, que há também, para o Brasil retrogradar ao tempo das gravuras de Rugendas...

O sr. Monteiro Lobato quer um tipo brasileiro para todas as coisas. Um tipo, um estilo, uma fisionomia. É ótimo. Simplesmente, isso não pode aparecer da noite para o dia, nem tampouco desprezando a gente os elementos estrangeiros que intumescem de sangue novo as veias da nação.

Entretanto, o caboclismo do sr. Monteiro Lobato tem uma característica bastante estranhável. Havendo por aqui alemães, italianos, franceses, espanhóis, ingleses, americanos, polacos, japoneses, em número global superior ao de portugueses, ele parece querer que na prosa fiquemos com o Camilo para mestre; e na arquitetura, com os casarões de janelinhas quadradas. Por que não tomar para modelo Heine e a arquitetura alemã, D'Annunzio e a arquitetura italiana, Flaubert e a arquitetura francesa, Carlos e a arquitetura espanhola?

O sr. Monteiro Lobato dirá, rindo do meu argumento, que é porque os portugueses são a nossa base étnica. E eu responderei que o moderno pensamento brasileiro, que se esboça, tem tanto de parecido com o Portugal de ontem como um filho educado em Paris com o pai que ficou a vida toda no balcão.

Nem a uns, nem a outros, devemos tomar por modelo. Devemos ser o que sentimos. E quando o que todos os brasileiros sentirem tiver características gerais de semelhança, então teremos o "tipo".

Para isso, é preciso que a fusão se faça. O sr. Monteiro Lobato com a sua sistemática, pirrônica atitude contra as coisas estrangeiras, não contribui para isso. *Urupês*, como livro de contos, é nesse ponto muito mais aproveitável, porque concorre para a unificação do sentimento nacional, do que *Ideias de Jeca Tatu*, em que vêm ataques à sensibilidade da sra. Anita Malfatti e aos *menus* do Trianon.

GUERRA AO... CAIPIRA

Cornélio Pires

Monteiro Lobato é incontestavelmente um moço de muito talento e de magnífica organização literária.

O seu estilo simples e claro atrai, prende, enleva e delicia.

Monteiro Lobato escreveu um ótimo artigo (na forma) para o *Estado*, dando-lhe um título com ares de quem trata de pomicultura... "Uma velha praga"; título aliás sempre empregado pelos que cuidam de coisas agrícolas, e talvez o nosso querido escritor o escolhesse por tratar da destruição das matas pelo fogo.

Mas a "Velha praga" de que trata Lobato não é o fogo mau deitado às enramas das florestas por criminosas mãos: a "Velha praga" é o caboclo, é o caipira.

Após um período estupendo destes:

"A serra da Mantiqueira — região que observamos, ardeu como uma aldeia belga e é hoje um cinzeiro imenso, entremeado, cá e acolá, de manchas de verdura — as restingas úmidas, as grotas frias, as nesgas salvas a tempo pelos aceiros. Tudo o mais é crepe negro." — O articulista, de um pessimismo atroz, empunha a piuva, desanca o pobre caboclo que, geralmente, morre onde nasceu, sem imigrar jamais.

Infelizmente os nossos civilizados têm por hábito mover sanhuda guerra ao camponês patrício, simplesmente pelo fato deste imitar-lhe o costume de trabalhar pouco...

Para muita gente, tudo quanto é nacional nada vale e é pernicioso. — E os homens? Oh! esses são um elemento perverso, mau indomável, pernicioso, humanamente prejudicial...

E nisso está a nossa pequenez, a nossa fraqueza, a nossa falta de união, falta que só poderá desaparecer com uma grande guerra que nos una no ódio e na carnificina, misturando ao sangue do caboclo selvagem o do civilizado que trabalha três a quatro horas por dia à sombra e tem tempo de sobra para dar largas ao seu pessimismo.

(Desculpa-me, Lobato, mas esta é a verdade: nós somos um grande povo...)

Diz adiante: "Poderíamos, analogicamente, classificá-lo como variedade do *Porrigo decalvans*, o parasita do couro cabeludo produtor da 'pelada', pois que, onde assiste, vai-se a terra despojando de sua coma vegetal até cair em morna decrepitude, nua e descalvada. Em quatro anos, a mais cobertosa região se despe dos jequitibás e perobeiras milenárias, seu orgulho e grandeza, para, em achincalho crescente, cair em capoeira, passar desta à humildade da vassourinha, e, decaindo sempre, vir encroar definitivamente na desdita do sapeseiro, sua tortura e vergonha.

"Este funesto parasita é o caboclo, espécie de homem baldio, seminômade, inadaptável à civilização, mas que vive à beira dela, na sua penumbra. À medida que o progresso vem chegando, com a via férrea, o italiano, o arado, a valorização das terras, vai ele refugindo em silêncio, com o seu cachorro, o seu pilão, o pica-pau, o isqueiro, de modo a se conservar sempre na beirada, mudo e sorno. Encoscorado em uma rotina de pedra, recua, para se não adaptar. É de vê-lo abordar a sítio novo e nele se implantar como 'agregado'; nômade por força de vagos atavismos não se liga à terra como o campônio europeu, 'agrega-se-lhe' temporariamente, tal qual o 'sarcopta' pelo tempo necessário à completa sucção da seiva convizinha; feito o que, salta para diante com a mesma bagagem com que ali chegou."

Quanto a este ponto, respondo pelo meu caipira paulista e posso asseverar que esse *chapéu* não serve para os nossos simples e inteligentíssimos campônios.

Talvez Lobato conheça bem o matuto mineiro, que não conheço ainda, e trate dele. Quem sabe!

O caipira paulista tem propriedades, é possuidor do solo em que vive e cria seus filhos, com quem reparte em celamins as suas terras à medida que a prole cresce. Vem comigo, Lobato, pelo interior de São Paulo, e encontrarás pelas estradas fundas e sinuosas caipirinhas engarupados num *poleiro*, matungo cheio de *gafeiras*, rumo da *escola*, muitas vezes distante uma légua da choça.

Verás então que o caipira não é a "espécie de homem baldio, seminômade, inadaptável à civilização"; ele procura instruir os filhos, muito bem educadinhos em casa, a cipó e cinta muitas vezes... Verás que o caipira observa os usos da cidade, e procura introduzi-los no sítio, separando o joio do trigo, não aprendendo conosco esse dilúvio de defeitos que nos cerca.

Estabelecer paralelo entre o imigrante que deixa sua pátria amada e os seus idolatrados para *ganhar* dinheiro com o filho do lugar, ali fixado em seu lar por toda a vida, que ali está e só deseja *viver* alegre e feliz, como vive; comparar o estrangeiro que quer para a felicidade dele e nossa *ganhar*, que veio para esse fim, com o caipira que quer *viver*... não é possível! É partir de um princípio errôneo.

O caipira trabalha, sim, para si próprio e gratuitamente para seus vizinhos, em *mutirões*, além de trabalhar alguns dias por semana para o fazendeiro mais próximo. — Naturalmente o caipira não é *trouxa* de se matar no serviço... Não vai nisso! — Basta que haja dinheiro para ir à loja e à venda para espingarda e a viola, e que haja feijão e milho no paiol e uns capadetes no chiqueiro e toca a viver!

Feliz caipira! Lobato move-te guerra! Toca a pegar o *guatambu*, no duro...

Lobato diz mais: "Quem foi o incendiário? Donde partiu o fogo? Indaga-se, descobre-se o ponto de partida. Mas o 'sarcopta' justifica-se, e fica por isso. Quando, porém, é pilhado, que se faz dele? 'Toca-se'; o caboclo nunca sai dum lugar espontaneamente; é sempre 'tocado'. É comum ouvi-lo perguntar: se eu fizer isto o sr. não me toca? Despedir, expulsar etc. são meios usados para afastar outras categorias de homens. Ao caboclo toca-se, como se toca um cachorro importuno, ou uma galinha que vareja pela sala".

É boa! *Tocar* o caipira da sua propriedade!

Lobato faz uma lamentável confusão, partindo da exceção para a regra... Confundir o *mumbava* vagabundo com *todos* os caipiras... é demais!

E fique sabendo o talentoso jovem que os incendiários de mata são os criminosos errantes, caboclos ou pretos (estes principalmente) perseguidos em toda a parte pela justiça e pelos... caipiras.

Quanto aos agregados, que são muito comuns nas *fazendas de criar*, tenho notado que tomam tal amor à propriedade... alheia, que julgam-na sua e dela melhor cuidam, defendendo-a, que o verdadeiro dono, além de prestarem a todo o momento o melhor auxílio ao fazendeiro.

A guerra de Lobato aos caipiras deve se estender às locomotivas, que são as maiores incendiárias, fazendo o caboclo suar o tapete para cercar o fogo.

Ali o matuto mineiro representando o papel de bandeirante paulista, *afundando no mato*, tocando os *bugres* para o centro.

Fazem a roçada de arbustos da mata virgem para obterem o *facho* e metem fogo depois de feito o *aceiro*; plantam em seguida o milho, que não colhem, pois quando este está no ponto, soltam a porcada na roça para a *engorda* e.... no ano seguinte *tocam para diante*, desbravando os sertões.

É, pois, injusta a guerra movida ao matuto e fino caipira.

O GRANDE LOBATO

José Lins do Rego

Rio, 13 — Há vinte e cinco anos um fazendeiro chamado José Bento, de velha família de brasão, pois era neto do visconde de Tremembé, publicava um livro de contos. Tudo isto nada seria se este homem não se transformasse em Monteiro Lobato. O sr. José Bento de Santa Maria, em Taubaté, de repente assumiu uma posição incômoda para um fazendeiro, de terras cansadas. Passara de plantador de café a criador de vida. O cafezal minguava na terra comida pela erosão, mas havia no território humano de Lobato um mundo de gente para nascer, para sofrer, para viver. *Urupês* foi o livro de quem queria salvar a terra. Há em todo ele o gemer do homem que se sente culpado de um crime monstruoso, o de ter se consumido na solidão. O homem de Monteiro Lobato é um ser vencido pelo desespero de estar só. É aí que está a grandeza de sua obra de criador. Quando ele pretende levantar mundos imaginários, criar homens diferentes dos seus homens, não é o grande escritor dos fracassados do interior paulista. Lobato foi, no Brasil, o primeiro escritor que deu à tristeza brasileira uma verdadeira grandeza. A nossa literatura regional, tirante Simões Lopes Neto, era de fraqueza de fazer pena. Lobato, que era da terra, imprimiu ao seu mundo de ficção a realidade de que fugíamos, com medo. Ele viu o brasileiro nu, na sua miséria, no seu pungir, na vil desgraça. Já Euclides da Cunha soltara o grito épico de *Os Sertões*. Em Lobato, porém, o poder da análise, a força de ver a sensibilidade de artista, não seriam como em Euclides uma enchente de tempestade. Lobato, mais do que Euclides, era uma criatura da terra. Euclides era homem da tragédia grega; Lobato era mais do romance russo. O escritor que lera Camilo Castelo Branco vinha para a literatura com uma marca de elevação que sempre nos faltou: com senso de humor. Aí está a superioridade de Lobato sobre o mestre Euclides. É que, enquanto o profeta tem arrancos de Jeremias, o outro tem um amargo sorriso, que é mais doloroso ainda que o desespero euclidiano. O grande escritor que saíra do fazendeiro de Taubaté se alimentava de um pessimismo fecundo, o pessimismo dos que tomam as dores do mundo como carga que é preciso carregar.

Lobato não é um escritor de muito agrado para o povo, e é, no entanto, popular. Razão esta que vem da sua verdade, da sua lealdade em fixar a vida de sua gente. "Jeca Tatu" se transformou em personagem brasileira porque há um pedaço dele em qualquer um de nós. Os que quiseram atribuir o sucesso de Monteiro Lobato às referências de Rui Barbosa, hoje já devem ter mudado de opinião. Havia no rapaz que estreava aquilo que é raro neste mundo de Deus, gênio criador. A vida que ele punha em relevo de forma, a gente, a terra, a miséria, as dores, as alegrias, o ridículo e a tristeza que o escritor tomara para matéria-prima, é hoje um mundo que superou ao tempo. O "Jeca Tatu" poderá se transformar no mais feliz rotariano, todas as terras mortas poderão renascer, mas a arte e o gênio do escritor já nos deram a sua existência, a sua vida real.

Já não existem almas mortas na Rússia, mas existe Gógol, eternamente.

LOBATO

Nelson Werneck Sodré

Entre todos os que atualmente fazem parte da vida literária do país, Lobato tem sido, sem dúvida alguma, aquele que mais intensamente a vem agitando. Não pelo simples ruído que oculta, em regra, a ausência de sentido e de valor, mas pela força de uma atividade que se desdobra em numerosas faces, em todas elas tendo oferecido o autor de *Urupês* uma contribuição digna de apreço, que sempre alcançou resultados expressivos, senão notórios, pelo menos fonte de sugestões e origem de debates calorosos e fecundos. Lobato tem sido, por isso mesmo, um dos raros casos do escritor tornado homem público, em nossa terra, onde a atividade do homem de pensamento é tão inócua, sem que, entretanto, se tivesse embalsamado em nenhum cargo administrativo que é, ao que parece, o único aspecto sob o qual o brasileiro costuma aceitar a atividade pública, no sentido em que ela se exerce em favor da coletividade. É evidente, entretanto, que, desde o momento quando passa a despertar, pela sua obra, qualquer que seja o seu sentido, a atenção geral, o escritor está exercendo uma atividade pública, significando o seu papel um manancial de orientações, rumos, diretrizes, que afetam a existência da comunidade até um ponto em que o meio comporte a difusão dessas orientações. Desse modo, foi muito cedo que Lobato se tornou um nome nacional, isto é, um nome não apenas conhecido, mas atuante pela força do que escrevia. Penso que esse lado da existência de Lobato não tem sido devidamente apreciado nas comemorações, também públicas, com que o honraram todos aqueles que, de algum modo, o escutaram ou o seguiram.

Dentro da multiplicidade de aspectos que a atividade de Monteiro Lobato assumiu pouco depois da conquista do seu primado nas letras, primado que lhe serviu de instrumento formidável para todas as lutas subsequentes, seria difícil graças às coordenadas dessa atividade, conferindo a cada uma delas o seu justo valor, porque, tendo feito de pena a sua poderosa clava, e tendo sido, antes de tudo, um escritor, absorveu e envolveu, em outras atividades laterais, tantas forças e tantos interesses que a precisa avaliação deles é tarefa para o futuro. Deles podemos ter uma ideia de grandeza, entretanto, pela simples repercussão de alguns dos gestos e atitudes do infatigável demolidor, repercussão que alcançou camadas ainda não penetradas pela ação de nenhum outro homem de pensamento, entre nós. Não é estranho que, propositadamente, misturemos, aqui, a apreciação do escritor com o homem de combate por algumas orientações novas e evidentemente revolucionárias. Essas faces da personalidade de Lobato, embora aparentemente divorciadas, permaneceram sempre intimamente ligadas umas às outras. E o fundo foi, em todos os tempos, a atividade literária. Estranhável, sem dúvida, por muitos títulos, essa atividade literária, assumindo atitudes novas, em nosso ambiente, justamente porque, nele, as letras ainda permanecem, e foram quase sempre, mais ainda nos tempos em que Lobato começava a se fazer um nome nacional, uma coisa frívola e vazia, destinada a divertir mais do que a instruir, mero instrumento acessório, enfeite e ornamento variado de atividades outras, sem ação e sem projeção. A força da atividade literária de Lobato esteve precisamente em que foi atuante, dinâmica, movimentando os assuntos e os interesses, agindo, vivendo, em suma. Desse ponto de vista, Lobato foi o primeiro entre nós a revestir essa malfadada atividade em uma coisa sensível, capaz de agitar o panorama morno em que, costumeiramente, se exercia, tornando-a uma poderosa clava, apta a servir aos seus propósitos e digna de servi-los.

Estranharão alguns que a palavra "demolidor" tenha aparecido, aqui, para caracterizar um homem que se preocupou, em todos os lances, com o sentido de construir, isto é, de fomentar riqueza, de emancipar uma população abandonada, de conferir nova condições ao trabalho. Para construir, entretanto, no Brasil, há muito que demolir, tanto a nossa estrutura permanece ainda colonial, tanta é a resistência de um meio em que as tradições têm raízes profundas, tamanha a sua inércia aos ímpetos novos e destinados a alterar as suas linhas simples e antigas. Não me canso de repetir a frase de Graça Aranha de que, entre nós, há sempre muito que destruir. Qualquer que seja o sentido de uma tarefa, e qualquer que seja o seu fundamento, no Brasil, tem ela de destruir, inicialmente, um mundo, para a tentativa de se impor — o impor apenas como ideia digna de apreço, já não se diga como realidade a que é necessário adaptar-se. É claro que nesse sentido Lobato foi um demolidor, e o ruído de algumas de suas atitudes ainda está bem próximo para que possamos verificar, com absoluta nitidez, a face destruidora de sua tarefa. É preciso ir mais adiante: se Lobato não conseguiu levar até o fim a face construtora de algumas de suas iniciativas, a parte preparatória de destruição, que empreendeu, aí está, com os seus extraordinários frutos e notórias consequências. E foi por coincidência que foi ele escolhido para isso? Não por coincidência mas como o mais apto, aquele que era dotado do instrumento mais flexível, mais fácil, mais simples, para falar a todo o mundo, para ser compreendido por todos, para alcançar todas as inteligências. E foi por isso que o escritor constituiu a base de sua múltipla personalidade — escritor de um tipo novo, entre nós, aquele que se comunica, que leva ao povo, à comunidade, as suas ideias e intenções, que combate por elas, que as propaga e defende. Que prova maior do que esse poderoso instrumento era fácil, simples, poderosamente trabalhado e polido de que a sua difusão como escritor para crianças? A objetividade da criança lavrou uma sentença irrecorrível, escolhendo esse escritor para seu companheiro.

A edição com que a antiga companhia em que Lobato exerceu uma de suas melhores tarefas comemora o vigésimo quinto aniversário de sua atividade literária marca um acontecimento, entre nós. Artur Neves, fazendo a introdução, compreendeu, com absoluta nitidez, e expôs com segurança de verdadeiro escritor a função de Lobato no meio brasileiro. Quem viver, verá como, à proporção que o tempo passar, essa figura há de crescer, ao contrário de outras que, ao seu lado, têm apenas o valor do contraste: indicam como tem sido ele grande.

MONTEIRO LOBATO

Caio Prado Júnior

Monteiro Lobato escritor, Monteiro Lobato pensador, Monteiro Lobato empreendedor e realizador: sob qualquer desses aspectos, o grande morto apresenta facetas inúmeras que merecem, como têm merecido, análise e a justa homenagem que todos lhe tributavam. Mas, há ainda mais em Monteiro Lobato, alguma coisa que o sintetiza melhor que outro traço qualquer de sua invulgar e tão rica personalidade: refiro-me a Monteiro Lobato, homem de caráter. E com isso não pretendo apenas prestar-lhe minha homenagem, mas também para edificação de todos nós, destacar o que de mais precioso, a meu ver, ele deixou no seu acervo para a posteridade: o exemplo magnífico de uma inflexibilidade de ação e pensamento que encontra muito poucos paralelos. Exemplo inestimável porque muito necessitamos dele.

Compare-se Monteiro Lobato com homens de sua geração, com seus amigos e companheiros de jornada literária. Contam-se nos dedos aqueles que no momento das grandes definições sobrenadaram nesse oceano de transigências e acomodações que nos cerca, e em que o Brasil se afoga nos nossos dias: os dedos de uma só mão seriam demais. Desapareceram todos, sumiram; ou antes, aparecem talvez ainda, mas à custa do prêmio que lhes valeram suas concessões. São os peixes daquele oceano. Alguns pequeninos, sardinhas humildes à cata de iscas microscópicas; outros monstruosos, tubarões e baleias rechonchudas passeando sua importância havida à custa quem sabe de quantos "arranjos".

Ter-lhes-ia faltado o talento de Monteiro Lobato? Seria uma interessante tese de psicologia essa de explicar o aviltamento intelectual por uma insuficiência de talento a ser suprida com outros elementos. Tal insuficiência seria então uma causa. Eu diria antes que é efeito. Não é sem riscos, e tão pouco sem consequências graves, que um homem de pensamento malbarata o que de mais precioso ele tem, e que é precisamente esse pensamento; que lhe retira o fio cortante, que o embota com concessões de toda ordem. Cada transigência, toda acomodação de ordem financeira, social ou outra qualquer, representa uma amputação do espírito e não há talento, não há inteligência, por mais rigoroso que seja, capaz de resistir muito tempo a uma tal mutilação continuada e sistemática das fontes vivas da inspiração e da produção intelectual.

Mas por que ocuparam-nos com essas múmias que são hoje quase todos os antigos companheiros de Monteiro Lobato, e que, mesmo quando vivas, há muito já se enterraram? Não é por elas que as referi aqui. Foi apenas para ressaltar a personalidade do grande morto, e pôr em relevo o que nessa personalidade mais contribuiu para seu brilho invulgar e sua magnífica trajetória pela vida. E foi também para com esse contraste tão chocante recolher o que afirmei acima ter sido o seu mais preciso legado.

O caráter de Monteiro Lobato! Quantos não precisariam hoje inspirar-se nesse exemplo, não apenas em benefício próprio (isso é assunto íntimo que a cada um pertence), mas para o bem do nosso país e da comunidade dos brasileiros! Tivessem-no sempre os intelectuais brasileiros frente aos olhos, e não assistiríamos por certo ao triste espetáculo que é quase a regra, na grande maioria deles, de talentos e inteligências esterilizados pela preocupação de resguardar pequeninos interesses e miúdas ambições.

Procure-se hoje nos grandes embates da opinião brasileira, na discussão dos problemas fundamentais da nossa nacionalidade, a posição e a participação dos chamados intelectuais brasileiros, com tão poucas e honrosas exceções. Não as descobrimos. Está claro que não me refiro àqueles que se passam francamente de armas e bagagens para o campo da traição dos interesses do povo de nosso país. Falo daqueles (felizmente ainda a maioria) que, honra lhes seja feita, conservam o suficiente de dignidade para recuar diante do último passo da capitulação que ainda lhes custa dar. Sua capitulação toma outro aspecto: o da dissimulação. Fecham os olhos, recusam-se, sob os mais variados e fúteis pretextos, a encarar a realidade que os cerca. Encerram-se numa torre de marfim onde não lhes chega o vozerio da rua, o palpitar da conturbada vida em que hoje mergulhamos.

Observe-se o que se passa. O Brasil, como aliás o mundo, atravessa um desses momentos culminantes na evolução da humanidade em que se jogam os destinos de todos os homens. Que papel estão representando nossos intelectuais nesse embate tremendo do qual sairá um futuro de duração imprevisível? Que fazem eles que deveriam ser os guias e conselheiros do momento, que deveriam iluminar com seu pensamento e suas ideias a difícil jornada em que estamos empenhados? Discutem educação aplicada aos aborígenes da Oceania e outros assuntos de igual importância para o bem-estar da humanidade. Divagam em torno de temas literários e estéticos e de esdrúxulos problemas filosóficos. Em nome de não sei que "pensamento puro", fogem do concreto e se conservam todos os assuntos nos domínios suprassensíveis das teses e abstrações. Na realidade, estão se escondendo da vida e do mundo, refugiando-se lá onde não correm ou pensam não correr o mínimo risco por isso, também se esterilizam. E talvez eles mesmos muitas vezes não o percebam. Nunca abundaram tanto entre nós, como agora, assuntos dos mais estranhos, de nomes complicados, e desenvolvidos numa fraseologia de desesperar o mais complicado professor germânico. Um observador desprevenido e ingênuo verá nisso um índice incontestável de progresso cultural. Nada disso, mesmo porque não se trata senão de repetições, de jogo de palavras com ideias emprestadas; de uma pseudociência de segunda quando não de terceira ou quarta mão. É "prudência" e nunca de segurança (ou o que se julga ser segurança) numa época de insegurança geral.

E por isso é tão importante relembrar homens como Monteiro Lobato que nunca se preocuparam com essa "segurança": que sempre olharam de frente para o mundo e a vida. Enfermo, no limiar da morte que logo o colheria, Monteiro Lobato, contando já embora com toda uma existência de lutas, ainda não esmorecera, ainda procurava aperfeiçoar e completar sua obra. Criador de Jeca Tatu, dá aos brasileiros mais essa outra figura simbólica do nosso camponês: Zé Brasil. E fê-lo, sabendo que o fazia à custa de mais ódios, mais vinditas e perseguições, Um dos pioneiros da campanha do petróleo, a que já dedicara alguns dos melhores anos de sua vida, retorna à luta quando soa a hora decisiva do grande embate, decidido como sempre, e arrostando mais uma vez as iras do monopólio mais poderoso no Brasil e no mundo. Batalhador incansável em todas as causas em que se jogaram interesses de nosso país, arrosta novos riscos para trazer sua generosa solidariedade e conforto moral a vítimas da reação policial que outros, com mais responsabilidade e obrigações, preferiram tolerar. A Monteiro Lobato pouco importavam as consequências desses gestos; tornavam-se nele irreprimíveis e quase automáticos sob o estímulo de um caráter que não conhecia desfalecimentos.

Esse foi Monteiro Lobato. Esqueça-se o Brasil de sua obra literária; seria um erro imperdoável; seria um vácuo, impossível de preencher, no que de mais precioso existe em nosso patrimônio cultural. Mas não se esqueça nunca daquilo que Monteiro Lobato deixou de totalmente insubstituível: o exemplo de seu caráter.

CRÉDITOS DAS IMAGENS

P.2 Desenho em nanquim de Monteiro Lobato. [Paisagem rural]. [1914?]. **PP.5-7** Desenho em bico de pena de Monteiro Lobato [Vista parcial do Rio de Janeiro]. 1926. **PP.27-28** [Vista parcial da Buquira]. ca. 1890-1900. **P.29** [Retrato de José Bento Marcondes Lobato]. [187_?]. **P.30 A** [Retrato de homem não identificado]. [entre 1880 e 1900]. **PP.30-31** [Família Monteiro Lobato: Da esquerda para a direita, em pé, Marta, Purezinha e Monteiro Lobato, sentados, os filhos Guilherme e Ruth.]. [1925 ou 1926]. **P.31B** [Retrato de mulher não identificada]. [entre 1880 e 1900]. **P.32** [Retrato de Maria Belmira de França, Viscondessa de Tremembé]. [188_?]. **P.33** Fotografia de Monteiro Lobato [Fachadas de um hotel]. [1939]. [Colônia Mallet]. **PP.34-35** (Detalhe ampliado) [Retrato de homem não identificado]. [entre 1880 e 1900]. **P.36** [Paulo Natividade fantasiado de índio]. [entre 1870 e 1890]. **P.181** [Martha Monteiro Lobato, sentada no chão, e Benedita Rodrigues, em pé, ao lado de uma mulher não identificada. Em cima de uma pedra, Edgard Monteiro Lobato, em pé, e um menino não identificado]. [ca. 1915]. **P.182** [Retrato de Monteiro Lobato com beca na colação de grau da faculdade de Direito]. 15 dez. 1904. **P.183** [Lateral da casa do Barão de Tremembé]. [entre 1860 e 1880]. P. 184 [Retrato de Anastácia com Guilherme Monteiro Lobato na fazenda São José, Buquira]. 1913. **P.185** [Retrato de Olympia Augusta Monteiro]. [ca. 1868]. **P.186** [Homem não identificado]. [190_?]. **P.187** [Monteiro Lobato em um almoço ao ar livre. Vê-se, sentados à mesa, da esquerda para à direita, Oswald de Andrade, Godofredo Rangel, Monteiro Lobato e outros. E da direita para à esquerda, Guilherme de Almeida é o terceiro.]. [ca.1920]. **PP.188-189** (Detalhe ampliado em duas páginas) Fotografia de Monteiro Lobato [Maria da Pureza Natividade Lobato em Campos do Jordão]. 1935. **P.190** [Paineira do Largo do Teatro]. [193_?]. [Taubaté]. **P.332** [Cincinato Souza e Castro, sua esposa, filho e empregados]. [192_?]. [São Paulo]. **P.333** Fotografia de Monteiro Lobato [Fachadas de um hotel]. [1939]. [Colônia Mallet]. **P.334** [Mulher não identificada na casa de Martha Campos]. [1948?]. [São Paulo]. **P.335** [Monteiro Lobato e Eneas Natividade às margens de um riacho]. 1935. Campos do Jordão. **PP.336-337** (Detalhe ampliado em duas páginas) [Noemia e Finoca Natividade na fazenda São José]. [entre 1911 e 1917]. **P.338** Fotografia de Monteiro Lobato. [Joyce e crianças em sua residência]. [ca. 1940]. [Campos do Jordão]. **P.510** [Ruth Monteiro Lobato e Joyce Campos sentadas em uma fonte]. [1946]. [Buenos Aires]. **P.511** [Cincinato Souza e Castro com seu filho José Quirino]. [192_?]. **P.512** [Joyce Campos em uma praia]. [1940?]. [Ubatuba]. **P.513** [Monteiro Lobato caminhando por uma rua]. [ca. 1940]. São Paulo. **P.514** [Retrato de Alaide Natividade em traje carnavalesco]. 19 fev.1928. **P.515** [Vista parcial de Taubaté]. [190_?]. **PP.516-517** (Detalhe ampliado em 2 páginas) [Noemia Varela ao lado de seu sogro, Varela, e de seu marido, Cesar Varela]. [ca.1920]. **P.518** [Martha Lobato Campos em uma árvore]. [1936?]. [Campos do Jordão].

Todas as imagens fazem parte do arquivo do CEDAE – Centro de Documentação Cultural "Alexandre Eulalio", do Instituto dos Estudos da Linguagem da Unicamp – Universidade de Campinas, e suas descrições foram feitas pela arquivista Patrícia Cano Saad. A editora agradece especialmente a Cristiano Diniz, pela sempre generosa disponibilidade.

Este livro, composto na fonte Fairfield,
foi impresso em Norbrite 66,6g na gráfica Ave Maria.
São Paulo, Brasil, agosto de 2016.